D1720928

Martin Claßen
Change Management aktiv gestalten

Martin Claßen

Change Management
aktiv gestalten

Personalmanager und Führungskräfte als
Architekten des Wandels

2., aktualisierte und erweiterte Auflage

Luchterhand Verlag

Bibliografische Information der Deutschen Nationalbibliothek

Die Deutsche Nationalbibliothek verzeichnet diese Publikation in der Deutschen Nationalbibliografie; detaillierte bibliografische Daten sind im Internet über http://dnb.dnb.de abrufbar.

ISBN 978-3-472-08534-8

www.wolterskluwer.de
www.personalwirtschaft.de

Lektorat: Richard Kastl, Freiburg
Produktmanagement: Andrea Porschen
Programmleitung: Jürgen Scholl
Herstellung: Frauke Hille

Umschlaggestaltung: KD1, Köln
Cover-Illustration: Ute Helmbold, Essen
Satz: Konrad Triltsch Print und digitale Medien GmbH, Ochsenfurt-Hohestadt
Druck: Druckerei Skleniarz, Krakau, Polen

Gedruckt auf säurefreiem, alterungsbeständigem und chlorfreiem Papier.

Inhaltsverzeichnis

Die Interviewpartner

1 Vorspann: Kontaktaufnahme mit diesem Buch

Hürden auf dem Weg ins Morgen

Change-Management gilt als hohe Kunst des *Social Engineering*. Es lebt sehr gut davon. Denn viele Menschen wollen nicht so, wie sie sollen. Bei Veränderungsprozessen sind menschliche Schwierigkeiten und schwierige Menschen ein Fakt im organisatorischen Leben. Daran wird sich in absehbarer Zeit nichts ändern. Keine technische Innovation, keine genetische Manipulation, keine modernistische Sozialisation wird menschliche Barrieren des Wandels elegant beiseite räumen. Vermutlich werden bei Veränderungsprozessen die Probleme im Bereich von Soft Facts sogar zunehmen. Die unablässige Bewegung von Organisationen und ihre zunehmende Beschleunigung sind ebenfalls unbestritten: Phasen der Ruhe, Augenblicke des Festhaltens, Zeiten ohne Umgestaltung sind nicht mehr als angenehme Momentaufnahmen. In der organisatorischen Gegenwart reiht sich ein Change an den nächsten, immer öfter übermütig, überlappend, überfordernd. Die derzeitigen Schlagworte des Wandels – Profitable Growth, Digitalisierung, Globalisierung & Co. – halten Unternehmen in dauernder Bewegung, mehr Galopp als Trab. Es geht immer weiter und weiter und weiter!

Die häufigen Richtungswechsel in Organisationen werden nur noch als fremdbestimmtes Hin und Her empfunden, ohne echtes Ziel und rechten Plan. In dieser hektischen Betriebsamkeit mit Zickzackkurs wollen viele Betroffene ihre persönlichen Konsequenzen nicht mehr akzeptieren. Sie werden zu Spielverderbern. Die Implementierung *besserer* Strategien, Strukturen, Prozesse, Systeme und Regeln wird von den durch Verlust- oder Versagensängsten irritierten Stakeholder nicht mehr ausgehalten, sondern durch Verzögerungstaktiken aufgehalten oder sogar angehalten. Veränderungsprozesse haken und nerven, sind mühsam und dornenreich, verbrennen Zeit, Gelder und Menschen. Business-Transformation kann und wird wehtun. Wer anderes behauptet, ist entweder grenzenloser Optimist oder wundergläubiger Scharlatan. Von beidem gibt es mehr als genug im Markt der Möglichmacher.

In Organisationen ist jede größere Veränderung zum Kraftakt geworden, der bei Null beginnt. Heute sogar oftmals – durch Sünden der Vergangenheit – in der Minuszone. Deshalb kann Change-Management kein Zaubermittel, Turbobeschleuniger, Problemabschaffer sein, der in Transformationszeiten sämtliche Widerstände per Knopfdruck ausschaltet und flugs in jubelnde Zustimmung umwandelt. Veränderungen – so die Beteuerung von Change-Management-Machern – seien jedoch besser und damit schneller, günstiger und genauer umzusetzen. Nur mit Change-Management wären Veränderungsziele heute überhaupt noch zu erreichen. Es birgt eine gewisse Ironie, dass das anhaltende Erfordernis einer ständigen Veränderung die einzige Konstante im Change-Management ist. Die prozessuale Gestaltung von Wandel hat sich unersetzlich gemacht. Für Business-Management ist Change-Management zur Versicherungspolice mit ökonomisch einleuchtenden Argumenten geworden: Die »total costs of change management« sind deutlich geringer als die Folgekosten von fehlendem Veränderungsmanagement (vgl. 8.3). Vielerorts wird allerdings noch anders gerechnet. Dort landen die Fiktionen und Friktionen überambitionierter Veränderungsprozesse auf unverfänglichen Kostenstellen. Oder sie vergrößern die bereits im Alltagsgeschehen kurz vor dem Platzen stehende *Leadership-Bubble* (vgl. 4.2).

Das Leben in Organisationen steht nicht still. Wandel ist immer und überall. Er bleibt strapaziös. Seit langem kämpfen viele, die an der People-Dimension eines Unternehmens interessiert und bei der Prozessdimension von Veränderungen engagiert sind, für ein besseres Change-Management. Inzwischen gibt es kräftige Argumente für die Ergänzung von harten Realitäten bei organisatorischen Veränderungen mit Soft Facts. Gelegentlich geraten diese weichen Fakten noch allzu weich, bestehen nur aus Werten, Haltungen, Menschenbildern. Das ist zu wenig. Andererseits entziehen sich diese weichen Fakten einer ökonomischen Rationalisierung mit ihrem engstirnigen Business-Case-Denken. Professionelles Change-Management bewegt sich im Zwischenraum, zwischen Glaubenssache und Zahlenfetisch. Eines ist inzwischen jedenfalls gewiss: Change scheint nicht mehr ohne Change-Management zu gehen. Auf die Frage von Business-Managern, was die prozessuale Gestaltung von Wandel denn bringe, werden heute praktikable, effektive und konkrete Antworten gegeben. Gleichzeitig stellen Change-Manager die Gegenfrage: »Wie denn sonst wollen Sie das Handeln ihrer Führungskräfte und Mitarbeiter in die gewünschte Richtung bewegen und die Veränderung nachhaltig sichern?« Wie denn sonst? Ist professionelles Change-Management also die derzeit am besten perfektionierte Sozialtechnik zur Transformation von Organisationen?

Struktur der Zweitauflage im Überblick

Dieses Buch greift diverse Themen rund um die Gestaltung des Wandels auf (Abb. 1). Es basiert auf einer gegenüber der ersten Auflage deutlich veränderten Struktur (Abb. 2). Die Kapitel können in der vorgeschlagenen Abfolge durchgelesen werden. Sie bieten zudem einen in sich geschlossenen Lesestoff. Mit dem können die Leserinnen und Leser ihren Zugang selbst gestalten. Durch Verweise auf frühere und spätere Themen lassen sich die Bezüge vorziehen oder nachholen.

Kapitel 2 vertieft die vielfältigen Change-Management-Basics: Was sind Anlässe von organisatorischen Veränderungen? Welche Dimensionen sind dabei wesentlich, beim Change und im Management? Lässt sich Change-Manage-

Abb. 1: Themenfelder der Zweitauflage

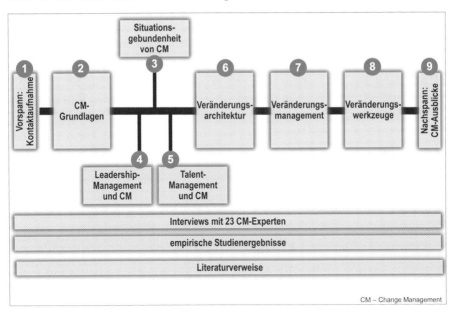

Abb. 2: Struktur der Zweitauflage

ment griffig definieren und, wenn ja, wie? Welche Vorteile bietet Change-Management? Was zeigen die mittlerweile ausufernden Change-Management-Studien? Zum Abschluss dieses Kapitels geht es an den philosophischen Kern. Der so tiefgründig nun auch wieder nicht ist. Dazu werden zunächst wichtige Theorien und Ansätze vorgestellt. Dabei zeigt sich, dass es einen heftigen Disput zwischen der Inhalts- und der Prozessdimension von Veränderung gibt. Der kann aber mit wechselseitiger Offenheit wertschöpfend und wertschätzend gelöst werden.

Kapitel 3 bietet eine der Kernaussagen in diesem Buch: Es kommt darauf an! Jede Veränderung ist speziell und an die jeweilige Situation gebunden. Deshalb werden Verfahren zur Unternehmensdiagnostik vorgestellt, die unterschiedliche Veränderungsfähigkeit von Organisationen beleuchtet und mikropolitische Realitäten im Unternehmen samt ihren Beeinflussungsmöglichkeiten aufgezeigt.

Kapitel 4 und 5 sind wichtige Neuerungen in dieser Zweitauflage. Sie greifen die beiden derzeit – und wohl auch in der kommenden Zeit – größten Herausforderungen im People-Management auf: Qualität der Führungskräfte und Talent-Management. Beide Themenfelder werden im Hinblick auf die Gestaltung von Wandel betrachtet. Beim Leadership-Management (Kapitel 4) geht es um Führungskräfte als wichtigsten *Enablern* jeder Transformation. Aus vielfältigen Gründen agieren diese oftmals jenseits ihrer Leistungsfähigkeit. In diesem Dilemma muss Change-Management konkrete Lösungen finden. Beim Talent-Management (Kapitel 5) geht es um Veränderungen der Kräfte im Arbeitsmarkt. Unternehmen können von den begehrten *Wertschöpfungsgebern* immer weniger erwarten, am wenigsten Veränderung. Denn die für künftigen Unternehmenserfolg entscheidenden Akteure sind inzwischen anders und knapper. Der Machtwechsel zu Lasten der Organisation verändert die Spielregeln in Zeiten des Wandels (und bereits im Alltag). Aus dem Nehmen wird immer mehr ein Geben. Dem muss sich Change-Management stellen.

Kapitel 6 dreht sich um die Veränderungsarchitektur: Was sind die Erfolgsfaktoren von Wandel? Wie sieht das Design von Veränderung aus? Wie werden Transformationen gestartet? Welche Möglichkeiten der emotionalen Befeuerung und dramaturgischen Gestaltung haben sich in der Praxis bewährt? Kapitel 7 gibt Empfehlungen zum Veränderungsmanagement: Welche Akteure spielen eine Rolle und tragen Verantwortung? Warum muss der Change-Management-Verantwortliche ein erstklassiger Professional sein? Welche organisatorischen Lösungen bieten sich für Change-Management an? Wie ist die Personalfunktion bei der Gestaltung organisatorischen Wandels eingebunden? Kapitel 8 bietet dann Handfestes: Veränderungswerkzeuge. Denn im Grunde ist Change-Management das, was unter dem Label Change-Management gemacht wird. Wobei diese Zweitauflage ganz bewusst kein Tool-Buch ist. Nach einem Überblick zur unermesslichen Vielfalt von Change-Management-Instrumenten werden die beiden basalen Werkzeuge vertieft: Information/Kommunikation sowie Qualifizierung. Das Kapitel wird mit einem Blick in die höchst schwierige Thematik des Change-Management-Controllings abgerundet.

Kapitel 9 ist schließlich Zusammenfassung und Zukunftsschau zu gleichen Teilen. Hier werden Spuren aus der Gegenwart des Change-Managements in dessen Morgen erkundet. Dabei – so viel sei bereits hier verraten – geht es kaum um ein *anderes* Change-Management, sondern um *mehr*, *besser* und *stärker*.

Rund wird dieses Buch durch drei weitere Elemente:

- Interviews mit ausgewiesenen Change-Management-Experten,

- empirische Ergebnisse (eigene und fremde Studien),

- Literaturverweise für den an Vertiefung interessierten Leser.

Interviews mit Change-Management-Experten

Eine wesentliche Neuerung gegenüber der ersten Auflage sind Interviews mit ausgewiesenen Veränderungsmanagern aus Unternehmen, Akademia und Beratung. Ziel ist es, Ihnen als Leserinnen und Leser weitere Reflexionsflächen als nur die des Autors anzubieten. Sie gehen über meine Erfahrungen, Sichtweisen, Auffassungen hinaus und setzen teilweise sogar einen Kontrapunkt.

Insgesamt 23 Interviews werden im Verlauf des Buchs an passender Stelle eingestreut. Jeweils mit drei individuellen Fragen zu einem Fokusthema aus dem weiten Rund des Change-Managements sowie einer gemeinsamen Abschlussfrage an alle Interviewees zu Entwicklungsfeldern bei der Gestaltung des Wandels (Feen-Frage). Bis auf eine Ausnahme werden sämtliche Interviews mit Realnamen veröffentlicht. Lediglich bei einem heiklen Thema zog es der Interviewee aus verständlichen Gründen vor, namenlos zu bleiben (Anonymus).

Insgesamt gab es lediglich sechs Absagen auf meine Interviewanfragen. Zwei von *erfolgsarroganten Unternehmen*, die sich nicht zu Veränderungen aus einer solchen momentanen Pole-Position heraus befragen lassen wollten. Schade! Die weiteren Absagen wurden mit Argumenten wie Konkurrenzsituation, Arbeitsbelastung oder Öffentlichkeitsscheu begründet. Umgekehrt wurden drei Interviews meinerseits gestoppt, da sich diese Interviewees in von Political Correctness geprägter Belanglosigkeit oder Selbstdarstellung verloren. Natürlich wären zusätzliche Interviews möglich gewesen. So werden sich vermutlich *die Katheterfraktion* und *der Mittelstand* nicht angemessen repräsentiert fühlen. Doch irgendwann musste ich meine primär von Wertschöpfung für Leser getragene und durch Umfangsvorgaben begrenzte Hamsterung weiterer Interviews einstellen.

Dass Veränderungen auch die befragten Change-Management-Experten persönlich betreffen, zeigen zwischenzeitliche Stellenwechsel von zwei Interviewees. Bei denen somit eine doppelte Textfreigabe erforderlich wurde, vom alten und vom neuen Unternehmen. Die Interviews wurden im Zeitraum April bis Oktober 2012 durchgeführt. Die eine Hälfte im persönlichen Gespräch, die zweite als Mail-Ping-Pong mit mehrmaligem Hin und Her nach einem ersten Aufschlag.

Akzentuierung dieser Zweitauflage

Diese Zweitauflage ist ein neues Buch über Change-Management. Das liegt an den Akzenten, die genauer herausgearbeitet und schärfer nachgefeilt worden sind. Jedes Wort der ersten Fassung wurde überprüft und bei Bedarf aufgefrischt. Was ziemlich oft der Fall gewesen ist. Im Grunde liegen die Dinge wie beim Modellwechsel eines VW Golf. Die äußere Form samt ihrer *Gestalt* bleiben weitgehend die Gleiche; unter der Motorhaube, am Fahrwerk und im Innenraum wurde jedoch kräftig Hand angelegt.

Mittelwege: Change-Management bewegt sich im breiten Spektrum zwischen einerseits kognitiver Programmschule mit instruktiven, wertschöpfenden Interventionen und ökonomischer Dominanz sowie andererseits systemischer Adaptivschule mit situativen, wertschätzenden Impulsen und publizistischer Hegemonie (vgl. 2.8). Beide Schulen sind – in Teilen – ziemlich dogmatisch. Die eine steht für technizistisches Social Engineering, die andere träumt von der wahren Organisationsentwicklung. Beide Extreme sind des Guten zuviel. Jede Übertreibung zu einer Seite provoziert substanziellen Widerspruch. Es braucht den Sinn für Maß und Mitte. In der Veränderungspraxis geht es um stimmige Balance und undogmatische Nutzung des Besten von beidem. Was nicht immer ganz einfach zu entdecken ist. Dieses Buch bietet deshalb Mittelwege – meistens.

Wertschöpfung und Wertschätzung: Wenn man sich nicht auf eine Seite schlagen möchte, muss man auf beides Rücksicht nehmen, Mittelwege eben. Über meiner kleinen Unternehmensberatung steht der Leitspruch manage.PEOPLE.values. Er gilt einer Balance im Umgang mit Menschen einer Organisation (People). Einerseits geht es um aktive Gestaltung der Humanressourcen (manage). Genauso bedeutsam ist die Menschenwürde von Mitarbeitern (Values). Mit diesem ausgewogenen Blick erweist sich die People-Dimension mehr und mehr als entscheidende Differenzierung im Wettbewerb. Dieses Buch plädiert deshalb für Wertschöpfung und Wertschätzung.

Reflexionsflächen: Die Zweitauflage ist weiterhin kein Kochbuch, ist kein Patentrezept, ist kein Werkzeugkasten. Um beim Bild des Kochens zu bleiben, das wäre dann auch nur Fast Food, ohne richtige Nährstoffe und mit flauem Bauchgefühl. Oder ein Blick über die Schultern tatsächlicher oder vermeintlicher Sterneköche mit ihrem Gourmetkönnen. Bücher mit Change-Management-Instrumenten – bis hin zur überzogenen *Toolmania* – gibt es ohnehin bereits mehr als genug (vgl. 8.1). Vor dem Handeln kommt bei Transformationsprozessen jedenfalls das Denken. Nicht zu lange, aber eben doch. Die folgenden Seiten wollen erobert werden, sind *Food for Thought*. Bisherige Sichtweisen zur Gestaltung organisatorischer Veränderungen kommen auf den Prüfstand. Gefordert werden: mehr Professionalität, Souveränität und Contenance – damit das Tun im Change-Management besser wird. Dieses Buch bietet deshalb Reflexionsflächen.

Handwerkliches: Reflexionsflächen sind das Eine, praxisorientierte Handlungsempfehlungen das Andere. Diese basieren auf langjähriger Projekterfahrung, empirischen Studienergebnissen und aufmerksamen Organisationserlebnissen. In dieser Zweitauflage sind deshalb durchaus Anregungen in der Manier »man müsste, man sollte, man könnte« zu finden; teilweise sogar im (Check)Listen-Format. Change-Management ist allerdings kein Wunderwerk mit dem sämtliche Widerstände von überall her in freundlichem Wohlgefallen für alle Betroffenen aufgelöst werden. Selbst wenn sich manche Stars der Szene mit einer Aura von Magie, Mystik und Manna umgeben. Change-Management bleibt anspruchsvolle Arbeit für erstklassige Profis. Dieses Buch bietet deshalb Handwerkliches.

Situative Zugänge: Vermutlich fällt im Change-Management kein Satz so häufig wie »Es kommt darauf an«. Er mag bei fehlenden Ideen gelegentlich als Ausrede dienen. Aber dieses – den Raum des Möglichen zunächst weit öffnende – Statement beschreibt unbestritten die Realität. Jeder Fall ist anders. Er muss für sich interpretiert, spezifiziert und konkretisiert werden. Ohne dabei allzu lange im Nebulösen zu verweilen. Die an raschen Lösungen interessierten Business-Manager (»So what?«) werden einen Stoizismus mit unscharfen, biegsamen, dehnbaren Hinweisen nicht akzeptieren. Zu viel Halt will heute niemand mehr. Zu wenig Halt kann heute kaum jemand mehr. Dieses Buch bietet daher situative Zugänge.

Gesunder Menschenverstand: »Sapere aude« wurde zum Leitspruch der Aufklärung und meinte die Nutzung des gesunden Menschenverstands. Mit dem war das freilich schon damals und ist es immer noch so eine Sache. Jeder hat den seinen. Ob es ihn also überhaupt gibt, den gesunden Menschenverstand? Zudem hat uns alle die affektive Revolution samt ihrer Emotionalisierung längst wieder auf Gefühl und Stimmung getrimmt (vgl. 6.4). Dieses Buch bietet daher keinen gesunden Menschenverstand. Aber es appelliert sehr, sehr, sehr oft an ihn.

Optimistischer Grundtenor, meistens: Subjektive Betrachtung der nicht nur bei Veränderungsprozessen niemals objektivierbaren Realität ist stets eine Frage individueller Wahrnehmungsmuster, Erwartungshaltungen und Seelenhaushalte. Diese Zweitauflage bietet eine von vielen möglichen Betrachtungsweisen. Dem Optimisten erscheint ein halb gefülltes Glas halbvoll. Dem Pessimisten dünkt dasselbe Glas halbleer. Jeder kennt das. Wie bereits der

Vorgänger steckt dieses Buch voller Einschätzungen zum derzeitigen Ist, zum möglichen Soll sowie zum daraus resultierenden Delta – im breit gestreuten Durchschnitt der Unternehmen: Oft mit viel, mal mit weniger Optimismus. Eine rosarote Brille ist nicht bei sämtlichen Zustandsbeschreibungen der derzeitigen Change-Management-Praxis angebracht. Ein anderer Betrachter mag zu anderen Einschätzungen kommen. Dieses Buch bietet jedenfalls einen optimistischen Grundtenor – meistens.

Konstruktive Provokation: Es sind Mittelwege, die einen ausgewogenen Lösungsansatz bieten. Extreme Pfade, ob an der linken oder rechten Flanke des vielstimmigen Treibens, mögen allerdings ansprechender, aufregender, verführerischer wirken. Sie bleiben Holzwege. Wenn sich der publizistische Mainstream oder die beraterische Differenzierung zu sehr auf eine Seite neigt – was in der Organisationsentwicklung fast schon die Regel ist – kann es hilfreich sein, der anderen Seite eine deutliche Stimme zu geben, als pointiertes Gegengewicht. Nicht um aufzureizen, sondern als Anregung. Selbst wenn das für manchen Geschmack etwas barsch klingt. Dieses Buch bietet deshalb konstruktive Provokation – gelegentlich.

K(l)eine Innovationen: Wer von diesem Buch völlig Bahnbrechendes erwartet, das absolute Veränderungskonzept ersehnt, den finalen Widerstandsauflöser erhofft, wird ein klein wenig enttäuscht werden. Dazu haben sich schon zu viele kluge Köpfe mit der Gestaltung organisatorischen Wandels auseinandergesetzt – ohne solche Resultate. Und dazu sind großformatige Transformationen einfach zu schwierig. *Change-Management 2.0* oder epochale Entwürfe zur Organisationsentwicklung bleiben Knacknüsse kommender Generationen. Im Grunde ist vieles bereits einmal geschrieben oder zumindest gedacht worden. Dieses Buch bietet daher k(l)eine Innovationen. Was je nach dem auch viel sein kann.

Abgerundetes Ganzes: Die Zweitauflage basiert auf der ersten vor fünf Jahren erschienenen Ausgabe, zwischenzeitlich entstandenen Texten und Studien (von anderen und mir selbst) sowie frischen Empfindungen, Erfahrungen, Eindrücken bei der Schreiberei, aus der Beraterei und dem Leben. Das anfängliche Chaos an Stoffen, Botschaften und Formulierungen hat sich mit der Manuskripterstellung – so hoffe und denke ich – zu einem deutlich verbesserten Produkt entwickelt. Dieses Buch bietet daher ein abgerundetes Ganzes – rund um Change-Management.

Hinweis

Auf www.personalwirtschaft.de/changemanagement erwartet Sie spannendes Bonusmaterial zur zweiten Auflage. Klicken Sie mal rein!

Merci!

Zwischen der ersten und zweiten Auflage hat es bei mir einige Veränderungen gegeben, etwa im beruflichen Bereich. Warum dieser Wechsel vom Consultingkonzern zur Soloberatung? Bei mir geschah er eigentlich recht spät. Manchmal kommt eben der Zeitpunkt, an dem man anfängt zu glauben, dass das Gras jenseits des Zauns dann doch leckerer sein könnte. Im Beruf hat dies mit Freiheitsgraden zu tun, mit Zukunftsfähigkeit von Geschäftsmodellen, mit systemischen, personellen und kulturellen Unabänderlichkeiten einer Organisation. Solche Entscheidungen sind zudem im lebenszyklischen Kontext zu sehen. Vermutlich wollte ich vor der Rente nochmal etwas Neues probieren.

Zwar ermöglicht meine neue Freiheit in einer eigenen Beratungsorganisation eine ungemeine Freiheit in der Organisationsberatung. Sowie beim Verfassen von Schriftgut. Eine vielseitige Publikation wie diese verwertet jedoch allerlei Ideen, Projekte, Kontakte. Sachbücher zu People-Themen entstehen nicht in der Einsiedelei. Von alleine wäre dieses Buch niemals entstanden. Mein Dankeschön geht an viele – Freunde, Partner und gänzlich Fremde.

Mein erster Dank geht natürlich an die fast zwei Dutzend Interviewees. Ganz besonders gilt das Dankeschön meinen *Buddies*, die ich jederzeit mit wilden Thesen und wüsten Texten belästigen kann: Felicitas von Kyaw, Dr. Christian Gärtner, Dr. Zoltan Juhasz, Dieter Kern und Dr. Rolf Stiefel. Großer Dank gebührt meinen Therapeuten, die mir die bis vor kurzem unüberwindliche Angst vor Checklisten (Enumeratialphobie) nehmen konnten. Dieses Buch ist dadurch checklistiger geworden als sein Vorgänger.

Danke meinen Kunden, für die vielen Entdeckungsreisen und Gestaltungsfelder des realen Change-Managements in ihren Unternehmen: wenn Führungskräfte und Mitarbeiter nicht so wollten, wie sie sollten, und wir gemeinsam nach Lösung der Knoten suchten. Und sie in den meisten Fällen auch fanden. Oder die Transformation abgeblasen haben (was mehr als einmal vorgekommen ist).

Ein weiteres Dankeschön verdienen Täter samt Aufdecker der zahlreichen Plagiatsfälle in jüngerer Vergangenheit. Ohne sie hätte ich den Wert geistiger Urheberschaft bei Thesen, Ansätzen, Konzepten sowie die in der digitalen Welt leicht zu knackenden Abbildungsrechte bestimmt weitaus lockerer gehandhabt. Nun behindert das Zitieren eben gelegentlich den Lesefluss. Sorry! Sofern nicht anders ausgewiesen, liegt aus demselben Grund die Urheberschaft der in diesem Buch verwendeten Abbildungen beim Autor.

Ein großer Dank geht schließlich an den Verlag und dort besonders an Frau Dr. Andrea Porschen und Herrn Jürgen Scholl. Allemal auch an den Lektor,

Herrn Richard Kastl, für die nunmehr bereits serielle Zusammenarbeit beim dritten Buch.

Das allergrößte Dankeschön geht – noch einmal – an meine Frau Gabi und unseren seit der Erstauflage ein gehöriges Stück gewachsenen Vincent. Denn dieses Buch ist in den Musestunden des Daseins entstanden. Dafür braucht es Verständnis und Freiräume. Beides habe ich von Euch beiden erhalten.

Trotz Aufmerksamkeit, beim Zuhören, beim Anschauen, beim Nachlesen ist diese Zweitauflage nicht vor Fehleinschätzungen und weiteren Mängeln gefeit. Diese gehen auf meine Kappe. Neben meiner Familie, der Beraterei als Beruf und gelegentlichen persönlichen Ausflügen kann ich derzeit eben nicht besser. Will es womöglich nicht einmal.

Merci!
Mai 2013, in Freiburg-Ebnet
Wo auch sonst?
Martin Claßen

2 Grundlagen im Change-Management

2.1 Anlässe von Veränderungen

»Wieso ändern«?

Nun, es gibt Geheimnisse langfristig erfolgreicher Unternehmen (etwa Pfeffer 1998, Collins 2001, Collins/Hansen 2011, Stadler/Wältermann 2012). Zu diesen Wundermitteln gehören das Denken in langen Linien sowie sensibel und mit Bedacht angelegte Veränderungen. Auch Change-Management samt einer Betonung der People-Dimension im Unternehmen gehört dazu. Warum aber finden Veränderungen in Organisationen überhaupt statt? Die Veränderer haben die Erwartung, dass eine bessere Zukunft – im Vergleich mit der als unzureichend oder zunehmend problematisch empfundenen Gegenwart – möglich sei. Erfolgreiche Veränderungsprozesse aus der Vergangenheit wirken zwar noch, allerdings verlieren sie allmählich ihre positive Wirkung, vor allem im Vergleich mit den gleichfalls beweglichen Wettbewerbern (Bach u. a. 2012: 351 – 354). Spätestens dann steht die nächste Transformation an.

Die Veränderer besitzen zudem die Überzeugung, dass sie den Wandel aktiv gestalten können. Dabei gibt das Business-Management – als inhaltliche Komponente mit seiner ökonomisch geprägten Haltung – weitgehend die Begründung, das Geschehen und die Entscheidung vor. Die People-Dimension kann dabei jedoch – zumindest in einer mehr und mehr verbreiteten Auffassung – nicht ausgeblendet werden. Das dafür primär zuständige Change-Management als people-bezogene und prozessuale Komponente der Veränderung ist niemals und nirgends Selbstzweck, sondern integrierter Bestandteil im Veränderungsmanagement einer Organisation. Mit dieser Vorstellung von Veränderung sind sechs Grundannahmen verbunden, die natürlich allesamt zu hinterfragen sind. Diese Grundannahmen, die in diesem Kapitel noch aufgegriffen werden, lauten:

1. Veränderungen im Sinne permanenter Verbesserung sind *not-wendig*. Ansonsten zieht der Wettbewerb vorbei oder vergrößert seinen Vorsprung.

2. Frühere Veränderungen verlieren mit der Zeit ihre Wirkungskraft. Organisationen können sich nicht lange ausruhen.

3. Veränderungen können und müssen durch Manager machbar gemacht und umgesetzt werden. Auf Glück und Zufall sollte kein Manager vertrauen.

4. Taktgeber der Veränderung ist stets das Business und damit die Idee des Profitable Growth. Unternehmen sind eine ökonomische Veranstaltung.

5. Mitarbeiter und weitere *systemische* Aspekte sind für den Veränderungserfolg wichtig. Diese Soft Facts stehen im Fokus des Change-Managements.

6. Am allerbesten wäre es, die Organisation veränderungsfähig zu gestalten. Damit die erforderlichen Neuerungen schon sehnsüchtig erwartet werden.

»Weswegen ändern?«

Zunächst ein Bild: Unternehmen gleichen einem Haus, das zwar bewohnbar, aber niemals ganz fertig und inzwischen schon wieder brüchig und windschief geworden ist – eine ewige Baustelle mithin. Der erste Bauherr und sein Architekt sind meist längst von dannen. Seine jetzigen Bewohner, also das was wir Führungskräfte und Mitarbeiter nennen, bemerken das Notdürftige, Behelfsmäßige, Unzulängliche kaum. Weil sie die meiste Zeit in ihrem Haus verbringen und wenig anderes gut kennen. Sie halten ihr Bauwerk für ziemlich normal. Das Geld zur Renovation ist ohnehin knapp. Gelegentlich träumen sie von einem schnieken Anwesen. Gut möglich, dass der eine oder die andere dann etwas schimpft, Worte wie Bruchbude verwendet. Denn alles, was im Haus inzwischen eingebaut wurde, ist an die einmal entstandene Schieflage angepasst: Versorgungsleitungen und Abflussrohre, Zufahrten, Eingangstore, Inneneinrichtung und Fassade, besonders an der Vorderseite. Auch das Dach ist nicht mehr ganz dicht. Aber alles funktioniert, irgendwie jedenfalls, aber immerhin. Problematisch wird es für die Bewohner eigentlich erst, wenn das ganze Gebäude aufgrund seiner Schieflage einzustürzen droht, von außen zuwuchert oder das Dach weiter leckt. Dann wachen sie auf, vielleicht, und möchten renovieren, vielleicht, oder sogar alles komplett umbauen, vielleicht, oder am liebsten ganz weit fortziehen, vielleicht.

Ausgangspunkt für Veränderungen in Unternehmen ist das vom Business als Verbesserung identifizierte Bild einer schöneren Zukunft. Die allererste Frage einer Transformation geht stets nach der Ursache, dem Anlass, dem Ziel der Veränderung – »the why of change«. Viele Studien haben sich dieser Grundsatzfrage zur Begründung von Wandel angenommen. Da sie von den Beteiligten und Betroffenen vermeintlich leicht beantwortet werden kann. In meinen eigenen vier Change-Management-Studien und der Folgestudie im Zweijahresturnus zwischen 2003 und 2012 wurde diese Frage jedes Mal am Anfang zum Aufwärmen gestellt – mit wenig überraschenden Resultaten (Claßen/von Kyaw 2010: 14–16 sowie Capgemini Consulting 2012: 16). Unabhängig davon, wie die Perspektive angelegt wird – ob als Rückschau oder als Vorschau – oder wie die konjunkturelle Situation sich zum Zeitpunkt der Befragung darstellt – ob Aufschwung oder Abschwung –, kristallisieren sich sechs Hauptgründe für Veränderungen heraus (Abb. 3).

1. **Restrukturierung/Reorganisation:** Dieser Anlass für Veränderungen belegte in allen fünf Studien den Spitzenplatz. Strukturen und Aufbauorganisationen haben heute eine sehr begrenzte Lebensdauer. Weshalb es an ihnen häufig etwas zu verändern gibt. In 80 Prozent der mitteleuropäischen Unternehmen wurde im Zeitraum 2010/11 mindestens eine organi-

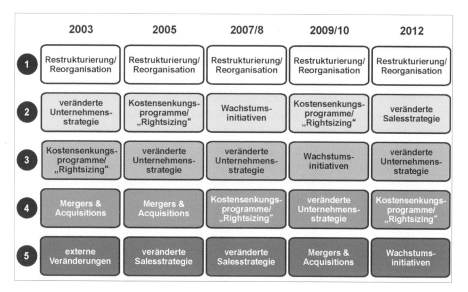

2003	2005	2007/8	2009/10	2012
1 Restrukturierung/ Reorganisation	Restrukturierung/ Reorganisation	Restrukturierung/ Reorganisation	Restrukturierung/ Reorganisation	Restrukturierung/ Reorganisation
2 veränderte Unternehmens- strategie	Kostensenkungs- programme/ „Rightsizing"	Wachstums- initiativen	Kostensenkungs- programme/ „Rightsizing"	veränderte Salesstrategie
3 Kostensenkungs- programme/ „Rightsizing"	veränderte Unternehmens- strategie	veränderte Unternehmens- strategie	Wachstums- initiativen	veränderte Unternehmens- strategie
4 Mergers & Acquisitions	Mergers & Acquisitions	Kostensenkungs- programme/ „Rightsizing"	veränderte Unternehmens- strategie	Kostensenkungs- programme/ „Rightsizing"
5 externe Veränderungen	veränderte Salesstrategie	veränderte Salesstrategie	Mergers & Acquisitions	Wachstums- initiativen

Abb. 3: Die wichtigsten Veränderungsanlässe im konjunkturellen Auf und Ab

sationsweite Neusortierung durchgeführt, in jedem dritten Unternehmen sogar zwei und mehr (Kern/Köbele 2011: 81). Das wird so bleiben.

2. **Kostensenkungsprogramme/Rightsizing:** Etwas besser geht immer. Solange es Unternehmen gibt, bleibt die Suche nach höherer Effizienz und größerer Effektivität ein maßgeblicher Treiber, ob nun *reaktiv in schlechten Zeiten* oder aber – was strategischer ist und deswegen seltener passiert – *proaktiv in guten Zeiten.* Damit ein Unternehmen *wetterfest* wird und bleibt. Kostensenkungsprogramme haben im Gegensatz zu Wachstumsinitiativen jederzeit Konjunktur.

3. **Wachstumsinitiativen:** Neben der *Bottom-Line* hat ein zukunftsorientiertes Management stets auch die *Top-Line* im Blick. Denn bloße Kostensenkung ist keine Strategie. Das Ziel *Profitable Growth* muss – auch wenn die Ideen dafür rarer zu werden scheinen – immer wieder mit belebenden Innovationsprogrammen neu entfacht werden. Wachstumsinitiativen steigen und fallen mit der konjunkturellen Situation. Der Fokus wird deshalb aus der oftmals wachstumsschwachen Heimatregion in die zukunftsträchtigen *Emerging Markets* verlagert.

4. **Veränderte Unternehmensstrategie:** Nicht mehr ganz so bedeutsam wie in der ersten Dekade nach dem Jahrtausendwechsel ist die grundsätzliche Neuausrichtung von Firmen. Viele Unternehmen scheinen unterdessen ihre strategische Linie gefunden zu haben. Die Zeiten des zwei- bis dreijährigen Strategiehoppings sind tendenziell erst einmal vorbei. In Zeiten der Beschleunigung und mit weiterer Verkürzung von Marktzyklen dürfte

dies jedoch allenfalls eine zeitweise Beruhigung von Grundsatzüberlegungen zum Unternehmenszweck und Geschäftsmodell sein.

5. **Mergers & Acquisitions (M&A):** Heute werden Unternehmensteile oder sogar ganze Firmen permanent hin- und hergeschoben, je nach veränderter Strategie, errechneten Synergien und erwarteter Vorteile. M&A-Projekte und die sich daraus ergebenden Post-Merger-Integrationen (PMI) gelten im Übrigen als die Formel 1 des Change-Managements. Bei ihnen wird die gesamte Palette an Themen zur Gestaltung des Wandels inklusive kultureller Aspekte relevant (Felder 2003: 156–165).

6. **Veränderte Sales-Strategie:** Der Kunde als zunehmend unberechenbares Wesen erfordert eine stete Aufmerksamkeit von Unternehmen. Anpassung an veränderte Bedürfnisstrukturen und Verhaltensweisen sind der Schlüssel zum Überleben und für die nicht nachlassenden Renditeerwartungen.

Insgesamt hat sich zwischen der ersten Studie in 2003 (ein Krisenjahr) über die zweite Studie 2005 (beginnender Aufschwung) und die dritte Studie in 2008 (Erhebung in 2007 – ein Boomjahr) bis zur vierten Studie in 2010 (Erhebung in 2009 – ein Krisenjahr) die Verschiebung von der kostenfokussierten Selbstbeschäftigung hin zur marktorientierten Außenorientierung und dann wieder zurück zur Nabelschau ergeben, mit den entsprechenden Auswirkungen auf die dadurch induzierten Transformationsprogramme. Und diese Binnenthemen haben sich zwischenzeitlich – mit der fünften Studie (Erhebung in 2012 – ein Boomjahr) – wieder Richtung Wachstum und Blick nach draußen in die Märkte gedreht.

Das Ganze wird sich in unserer zyklischen Ökonomie vermutlich wieder ins Krisenhafte umkehren. Immer öfter, und selbst für Insider urplötzlich, geraten Unternehmen unter ernstlichen Existenzdruck und müssen um ihre Daseinsberechtigung bangen. Beim Schreiben dieser Zeilen sind solche schwachen volkswirtschaftlichen Signale zu erkennen. In Zukunft wird es allerdings weit weniger Gleichklang innerhalb einer Volkswirtschaft und selbst in einem Unternehmen geben. Die eine Branche wächst und lanciert allerorts Wachstumsinitiativen. Eine andere Branche kämpft um ihr Überleben und setzt auf Restrukturierung/Reorganisation sowie Kostensenkungsprogramme/Rightsizing. Die eine Business-Unit des Unternehmens weiß vor Kraft nicht wohin mit ihren Budgets und erfindet zusätzliche Veränderungsthemen. Eine andere Business-Unit unter gleichem Dach schreibt tiefrote Zahlen und muss betriebsbedingte Kündigungen umsetzen.

Weitere in diesen Studien abgefragte *Challenges* sind immer wieder Anlass für großformatige Transformationen: externe Veränderungen (etwa durch neue Gesetze), Innovationen der (Informations-)Technologie, das weite Feld kontinuierlicher Verbesserungsprogramme, Internationalisierung/Globalisierung (etwa der Absatzmärkte, Produktionsstätten oder Beschaffungsprozesse), Internationalisierung der Organisation (etwa durch Relativierung des Mutterlandes), veränderte HR-Konzepte (etwa durch neue Vergütungssysteme), veränderte Governance-Strukturen (etwa durch Privatisierung, Börsengang oder Demerger) sowie manch anderes mehr. Der Anstoß für grundlegende Veränderungen einer Organisation hat sehr unterschiedliche Motive.

Kernziele von Business-Transformation

Bei den Anlässen für Veränderungsprozesse kommt meistens ein Bündel unterschiedlicher Kernziele im Business-Management gleichzeitig zum Tragen: Wachstum erhöhen, Kosten senken, Qualität verbessern, Integration stärken, Globalität erreichen oder etwas ganz anderes. In den erwähnten Change-Management-Studien wurde daher eine Zusatzfrage gestellt (Claßen/von Kyaw 2010: 16): »Wenn Sie die Ursachen auf ein einziges Kernziel der Business-Transformation reduzieren würden, welches wäre dies für Ihr Unternehmen?« Es war – um den Fokus zu erhöhen – lediglich eine einzige Nennung möglich (Durchschnittswerte 2008/10):

1. Wachstum erhöhen (43 Prozent),

2. Kosten senken (26 Prozent),

3. Integration stärken (11 Prozent),

4. Qualität verbessern (10 Prozent),

5. Globalität erreichen (4 Prozent),

6. etwas ganz anderes (6 Prozent).

Erwartungen seitens der Kapitalmärkte hinsichtlich des *Profitable Growth* der Unternehmen erfordern zuvorderst beständiges Wachstum und damit die Top-Line-Orientierung. Kostensenkung als zweiter Aspekt von Profitable Growth und damit die Bottom-Line-Orientierung ist ebenfalls ein Dauerbrenner. Wachstum erhöhen und Kosten senken bilden das stete Wechselspiel des Wirtschaftslebens und dominieren zwei von drei Transformationsprogrammen. Inzwischen wird beides vielerorts sogar parallelisiert und hinterlässt nicht selten eine paralysierte Organisation.

»Integration stärken« steht auf Platz drei der Kernziele. Dies übersetzt sich in zahlreiche »OneXYZ«-Programme vieler Konzernkonglomerate zur Reduktion ihrer Zentrifugalkräfte. Denn wenn die Strategie endlich geklärt und für einige Zeit verabschiedet ist, gilt es, das Gemeinsame zu betonen und endlich die versprochenen Synergien zu realisieren. Oder aus einer Finanzholding eine Managementholding zu formen. Oder den Pendel mal wieder Richtung Zentralisierung, Harmonisierung, Standardisierung schwingen zu lassen.

»Qualität verbessern« ist die Nummer vier bei den Kernzielen. Denn über eine starke Binnenorientierung wurde in manchen Firmen der Kunde mit seinen Leistungserwartungen vergessen. Oder die Premiumstrategie setzt auf permanente Innovationen und die sind im anspruchsvollen sowie nur mit gewaltiger Kraftanstrengung steigerungsfähigen *High-End-Bereich* angesiedelt. Oder die Wettbewerber haben sich einen Vorsprung erarbeitet, den es wieder einzuholen gilt. Natürlich beißt sich dieses Hauptziel mit dem zweitwichtigsten Wunsch »Kosten senken«. Beides zusammen bleibt ein Vorstandstraum, geht selten im Einklang zueinander, ist der Ballast vieler überbordender Transformationsprogramme.

An fünfter Stelle der Kernziele steht »Globalität erreichen«. Die Internationalisierung vieler Unternehmen zu »truly global players« ist im vollen Gange. Bislang können erst wenige Firmen für sich in Anspruch nehmen, ein global integrierter und grenzenlos agierender Kosmopolit zu sein. Auch wenn in der politischen Diskussion bereits seit den siebziger Jahren die Angst vor MNEs (Multinational Enterprises) geschürt wird, stehen die allermeisten Unternehmen, selbst aus der DAX-30-Meisterklasse, erst am Beginn ihrer Entdeutschung. Einige schweizerische Unternehmen aus dem SMI sind diesbezüglich bereits weiter. Allerdings ist es keine gewagte These, die Internationalisierung als eines der ganz großen Transformationsthemen der laufenden Dekade auszurufen.

Megatrends hinter der Business-Transformation

Die Zeit steht nicht still. Das von Fukuyama vor nunmehr einem Vierteljahrhundert vorhergesagte *Ende der Geschichte* ist nicht eingetreten. Weitgreifende Veränderungen in Gesellschaft, Ökonomie und Technologie bestimmen für jeden von uns weiterhin den Takt des Lebens. An dieser Stelle sollen jedoch keine Studien zitiert oder Megatrends vertieft werden. Es handelt sich ohnehin um die üblichen Verdächtigen, wie beispielsweise Digitalisierung/Internet, Wissensgesellschaft, Nano-/Bio-/Gentechnologie, Globalisierung, China/Asien/Emerging Marktes, Urbanisierung/Metropolen, Säkularisierung/Wertewandel, Gesundheit/Wellbeing, Klimawandel/Umweltschutz, Rohstoffe/Ressourcen und aus der HR-Domäne die beiden verwandten Blockbuster Talent-Management (vgl. 5.1) sowie Demografie/Diversity.

Als Change-Management-Experte sollte man bei diesen und weiteren Entwicklungen mit einem Auge wachsam bleiben. Es lohnt sich, sich in regelmäßigem Abstand mit Studien auseinandersetzen, die von Trendforschern, Beratungsunternehmen und Zukunftsjournalisten auf den Markt der Meinungen gespült werden. Das hilft zum einen für den Small Talk bei passender Gelegenheit. Zudem erleichtert es die Einordnung der im Unternehmen gerade anstehenden Veränderungen, denn diese Megatrends bilden den Hintergrund für gegenwärtige Transformationsprozesse und die dabei erforderlichen Change-Management-Aktivitäten. Außerdem bieten Megatrends beliebte Begründungsmuster für kommende Veränderungsvorhaben. Wer heute bereits weiß, was morgen auf ihn und sein Unternehmen zukommen wird, kann sich besser auf diese Entwicklungen einstellen.

In einer früheren Change-Management-Studie wurde die Relevanz von zwanzig Megatrends für betriebliche Transformationsprozesse ermittelt (Claßen/von Kyaw 2008). Die Detailergebnisse sollen hier nicht wiedergegeben werden, da sie sich mit den oben erwähnten Megatrends wie Digitalisierung/Internet & Co. decken. Zwei elementare Schwierigkeiten des alltäglichen Handelns und Entscheidens haben es – ich bin fast geneigt *erfreulicherweise* zu sagen – unter die Top Five der Megatrends geschafft (vgl. 4.1). Das Dilemma der Komplexität (z.B. Ende der Eindeutigkeit) wird als zweitwichtigster Megatrend und wohl als große persönliche Herausforderung empfunden (39 Prozent). Das Faktum der Beschleunigung (z.B. »time to market«) gehört für jeden dritten Befragten zu den elementaren Herausforderungen der Zukunft und steht auf Platz fünf (33 Prozent).

Zehn Nachfasser

Erster Nachfasser – Vergangenheit ist Vergangenheit: Das Rad der Zeit kann nicht zurückgedreht werden. Selbst wenn man dies ab und an gerne möchte. Veränderungen sind stets zukunftsorientiert und damit nach vorne gerichtet. Gestrigen Mängeln, Fehlern, Sünden sollte nicht nachgetrauert werden. Immerhin können aus der Geschichte Lehren gezogen werden. Die Historiker nennen dies »the benefit of hindsight«.

Zweiter Nachfasser – Locker bleiben: Dem Handlungsdruck der Neuzeit werden gelegentlich die Lehren des Laotse entgegengehalten (Poller 2010: 23). Dieser meinte vor zweieinhalbtausend Jahren mit seinem »wu wei« (wörtlich: nicht eingreifen), das Kennzeichen des vollkommenen Menschen sei Stille und die damit verbundene Weigerung in den natürlichen Lauf der Dinge einzugreifen. Handeln bedeutet dann Nichthandeln und Geschehenlassen, fast im Geiste des neuzeitlichen Laissez-faire: »Man soll über ein Problem nicht nachgrübeln, es genügt, es sich anzusehen ohne darüber nachzudenken und den Rest getrost dem Tao zu überlassen. Wenn Handeln erforderlich ist, werden wir spontan durch Intuition dazu angeregt. Gemeint ist nicht Passivität, sondern ein Handeln, das dank Anerkennung der gegebenen Ordnung ohne Mühen ins Ziel gelangt. Nicht-Handeln siegt öfter als Handeln« (ebd.). Diese und ähnliche fernöstliche Weisheiten sind manchem Change-Management-Experten nicht fremd. Besonders die Systemiker besitzen eine geistesverwandte Nähe zu dieser Stärke durch Nichtstun (vgl. 2.8). Die Bereitschaft von westlich geprägten Managern auch nur das klitzekleinste Detail dem *Tao* zu überlassen ist allerdings eher schwach ausgeprägt. Es sei denn dieser ominöse Tao kann über eine konkrete Zielvereinbarung gesteuert werden. Doch dies mag wiederum Tao nicht leiden und antwortet gelassen »wu wei«.

Dritter Nachfasser – Rechtfertigung der Ist-Situation: Auch der Status-quo (= keine Veränderung) muss begründet werden. Man darf den Vergleich mit Andersartigem, Unterschiedlichem, Grundverschiedenem nicht scheuen. Es braucht einigen Mut, sich selbst und anderen einzugestehen, dass es bessere Alternativen als die aktuelle Lösung geben könnte. Denn »die Gefahr des Beharrens auf hergebrachtem Verhalten scheint umso größer zu sein, je erfolgreicher man bisher war. Erfolg ist der größte Feind des Wandels. Erfolgreiche Firmen sind gegenüber radikalen Umbrüchen besonders gefährdet. Der Marktführer von heute ist der potenzielle Verlierer von morgen. … In vielen Unternehmen hat man den Eindruck, dass zwar jede Änderung, nicht aber die Fortsetzung des Bisherigen der Begründung bedarf. Im Zweifel oder bei Uneinigkeit bleibt man beim Hergebrachten. Auch das ist eine Entscheidung. … Das 'Weitermachen wie bisher' sollte genauso wie das Andersmachen begründet werden« (Simon 2011: 110 – 111). In jedem Fall muss ein allzu großer Veränderungsstau vermieden werden: »Organisationen lassen sich nicht mehr auf das Risiko ein, ihre Strukturen auf zu lange Zeit festzulegen; es darf kein großer Anpassungsbedarf anwachsen, der nur mittels brachialer Change-Prozesse aufzuholen wäre« (Krizanits 2011: 33).

Vierter Nachfasser – Eile mit Weile: Eine erste grobe Veränderungsidee bietet noch lange nicht den perfekten Lösungsweg. Sie ist Startpunkt für ein langwieriges Transformationsvorhaben mit mancherlei Zuckungen. »Am Anfang des Veränderungsprozesses muss sich eine mitreißende Veränderungsvision mit einer '80 %-Lösung' ('nicht vollständig ausgereift, aber Kontur klar erkennbar') verbinden, die eine erste Vorstellung gibt, wohin es gehen könnte … Wenn sich das 'Window of Opportunity' öffnet, ist es gut, wenn die 'Blaupausen fertig in der Schublade liegen' …, da dann oft nicht die Zeit ist länger nach sinnvollen Lösungen zu suchen. Der Wettbewerb um die beste Lösung führt dann zu Modifikationen der vorgeschlagenen Option(en)« (Kristof 2010: 524).

Fünfter Nachfasser – Im Strom der Zeit: Viele Veränderungen geschehen mit dem Zeitenlauf. Der durch Management nur sehr bedingt beschleunigt oder abgelenkt werden kann. Manches Ding verschwindet ganz von selbst und wird durch mutmaßlich Besseres ersetzt. In der Realität gelingt eher selten der große Wurf. Denn Veränderungen sind ein stetiger Prozess mit Vorwärtstrippeln, Rückwärtsschritten und Seitwärtsbewegung. So beschreibt es zumindest für den politischen Raum einer seiner Protagonisten (Steinbrück 2010: 284 – 285): Wo immer das große Rad gedreht wird, müssen viele kleine und mittelgroße Schrauben berücksichtigt werden, um den Rundlauf des gesamten Systems halbwegs zu gewährleisten. Das und die vorhersehbaren enormen Hürden dürfen allerdings nicht davon abhalten, sich gegen das weitere Durchwursteln zu entscheiden. Ohne Mut zur Veränderung wird der Status-quo früher oder später kollabieren. Die entsprechenden Veränderungen brauchen Zeit. Sie müssen die Chance haben, sich zu bewähren und ihre Wirkung erst zu entfalten. Nachjustierungen folgen Erkenntniszuwächsen und dürfen im Durcheinander der Aufgeregtheiten nicht als Scheitern diskreditiert werden. Wenn man sich an einer solchen Transformation keinen Bruch heben oder schon mit Vorüberlegungen im Kreuzfeuer stecken bleiben will, muss man mit einer Analyse der derzeitigen Situation den Weg bereiten. Was in der Politik gilt, trifft auch für die (Mikro-)Politik der Unternehmen zu (vgl. 3.4).

Sechster Nachfasser – Abschied vom Göttlichen: Die traditionelle Vorstellung von Veränderung, sie fließe vom Denken derer oben in das Handeln jener unten, hat sich deutlich relativiert: »Ein Großteil der proaktiven Managertätigkeit erfolgt in umgekehrter Richtung: Sie geschieht experimentell, sukzessive und aufstrebend und fließt von unten nach oben. … Top-Manager sollten nicht nur selbst Veränderungen anstoßen, sondern mindestens ebenso sehr helfen, dass die von anderen angestoßenen Veränderungsinitiativen von Erfolg gekrönt werden« (Mintzberg 2010: 278). Immer wieder werden Umbrüche natürlich als »Top-down-Vorgehen« angegangen. Wenn es hart auf hart geht, wenn es ganz besonders pressiert, wenn der Druck scheinbar übermächtig ist. Es gibt derartig explosive Situationen. Dann handelt es sich aber nicht um einen intentionalen Transformationsprozess, sondern um akutes Krisenmanagement. Im Gegensatz dazu hat sich ein dienendes Führungsverständnis entwickelt, in der angloamerikanischen Version des Servant-/Developmental-Leadership (vgl. 4.1) und seinem deutschen Ausleger des postheroischen Managements (Baecker 1994).

Siebter Nachfasser – Perfektions-Antreiber ignorieren: Nicht jede der zahlreichen Unvollkommenheiten in einer Organisation muss *not-wendig* verändert werden. Viele suboptimalen Strategien, Strukturen, Prozesse, Systeme und Regeln können weiterhin so bleiben wie sie sind. Vor allem dann, wenn die Wettbewerber darin auch nicht besser sind oder es sich um Nebensächlichkeiten handelt. Mit den meisten Imperfektionen kann ein Unternehmen – im Sinne des »Satisficing« von Herbert Simon statt des »Maximicing« (March/Simon 1958: 140) – sehr gut leben. Und Hermann Simon meinte kürzlich (2011: 194): »Hüten Sie sich davor, jedes 1-Prozent-Problem mit einer 100-Prozent-Regel zu bekämpfen. Es ist effizienter und billiger, gewisse Fehler durchgehen zu lassen, als alles perfekt kontrollieren zu wollen«. Man muss nicht Simon heißen, um sich gegen den Perfektionswahn zu stemmen. Es gibt ein Menschenrecht auf Unvollkommenheit. Oft ist *Overchanging* im Management sogar unklug, da vieles nur auf den animierten Powerpoints und nicht in der betrieblichen Lebenspraxis funktioniert oder als paradiesischer Zustand auf den Sankt-Nimmerleins-Tag zielt. Alternative Prinzipien sind – statt der organisatorischen Nullfehlerregel oder dem persönlichen Vollendungsanspruch – Gelassenheit im Sinne »nobody and nothing is perfect« und die 80/20-Regel (von mir aus auch gerne 95/05). Solche Appelle sind jedem Controlling- und Compliance-Hardliner sowie den Pedanten dieser Welt ein Graus. Natürlich ist damit kein Aufruf zum Schlendrian verbunden. Für gewisse Hochsicherheitsbereiche muss 100 % das beständige Ziel sein, etwa im Flugzeug, im Krankenhaus, im Kernkraftwerk.

Achter Nachfasser – Dringend-/Wichtig-Paradox: Langfristige Herausforderungen werden meist von kurzfristigen Problemstellungen unterlaufen. Eben der klassische Konflikt zwischen Wichtigkeit und Dringlichkeit, das als Eisenhower-Prinzip dem ehemaligen US-Präsidenten zugeschrieben wird: »Je weiter das Problem zeitlich und räumlich von der Zielgruppe entfernt ist und je schleichender es auftritt, desto schwieriger ist es, die Veränderungsnotwendigkeit auf emotionaler und inhaltlicher Ebene zu vermitteln« (Kristof 2010: 526). Veränderungen mit Weitblick bis an die Horizontlinie erfordern sehr große Anstrengungen und besonders überzeugende Argumente.

Neunter Nachfasser – Überkomplexität der Zukunft: Die Plan- und Steuerbarkeit der kommenden Zeit hat deutlich abgenommen und tendiert gegen Null. Selbst wenn die Wissenschaft inzwischen konzeptionelle Muster für Veränderungsverläufe wie beispielsweise die Pfadtheorie zur Verfügung stellt (Schreyögg u. a. 2003 und Eberl 2010): »Pfadabhängigkeit ist ein analytisches Konzept in den Sozialwissenschaften, das Prozesse modellieren soll, deren zeitlicher Verlauf strukturell einem Pfad ähneln. Wie bei einem Pfad gibt es dort Anfänge und Kreuzungen, an denen mehrere Alternativen oder Wege zur Auswahl stehen. Anschließend, nach Auswahl einer solchen Alternative, folgt eine stabile Phase, in der die Entwicklung durch positive Feedback-Effekte auf dem eingeschlagenen Weg gehalten wird. Während an den Kreuzungspunkten kleine Störungen einen großen Effekt haben können, bewirken sie in der darauf folgenden stabilen Phase kaum mehr eine Richtungsabweichung. Ein späteres Umschwenken auf eine der am Kreuzungspunkt noch mühelos erreichbaren Alternativen wird in der stabilen Phase nach der Entscheidung zunehmend aufwendiger, da Rückkopplungseffekte Hindernisse aufbauen. So wird an einem Pfad unter Umständen selbst dann festgehalten, wenn sich später herausstellt, dass eine andere Alternative überlegen gewesen wäre« (Wikipedia). Klingt gut – bringt für die Praxis nichts. Man könnte fast zum Anhänger der Chaostheorie werden.

Zehnter Nachfasser – Veränderung am Tiefpunkt wird hart: Bei ihren Veränderungen legen Unternehmen aus unterschiedlichen Startpositionen los (Abb. 4). So entstehen beim *Change for Survival* ganz andere Anforderungen als beim *Change for Renewal* und dieser erfordert wiederum etwas völlig anderes als der *Change for Excellence.* Es gehört nicht viel dazu zu behaupten, dass der Kampf ums Überleben zu den unschönen Veränderungsprozessen zählt. Zumal das damit stets einhergehende Downsizing die Aufbauarbeit hinsichtlich Kompetenz und Engagement der Belegschaft auf Jahre zerstört. Mit reinem Downsizing steht ein Unternehmen, wie Gandolfi (2008) in seiner Meta-Analyse zeigt, hinterher meist schlechter da als zuvor: »Unequivocally, the overall picture of the reported financial effects of downsizing is bleak. While a few firms have reported some financial improvements, the majority of surveyed firms have been unable to report improved levels of efficiency, effectiveness, productivity, and profitability. … Non downsized firms financially outperform downsized firms in the short, medium, and long run« (ebd. S. 5). Das mühsam aufgebaute Talent-Management kommt zum Stillstand (vgl. 5.3). Hinzukommen Nachteile für die Verbleibenden (Survivor) im Vergleich mit den meisten Entlassenen (Victims), wenn diese nicht in die Dauerarbeitslosigkeit entgleiten. Denn die Verbleibenden erfahren weitaus mehr Stress (und dies über einen längeren Zeitraum) als die Freigesetzten. Zudem kommen die materiellen Ressourcen für die Restrukturierung zum weitaus größeren Teil den Entlassenen zu Gute. Hingegen erhalten die Überlebenden wenig bis keine Aufmerksamkeit, von einer materiellen Verbesserung einmal ganz abgesehen. »Victims who found employment post downsizing reported considerably more positive outcomes than did employees who remained in the downsized environment. The victims felt lower levels of stress on the job, reported higher levels of perceived job control, and experienced fewer negative effects than the survivors« (ebd. S. 11). Aber sagen Sie dies alles einmal einem CEO/CFO, der gerade um das Überleben seines Unternehmens kämpft. Er wird dies nicht hören wollen.

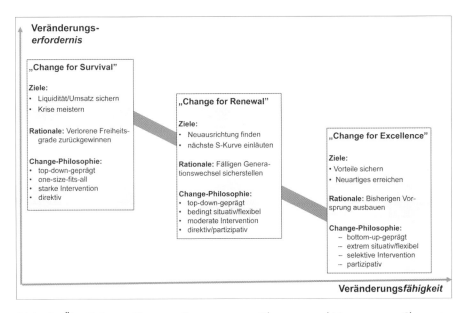

Abb. 4: Überlebens-Change, Erneuerungs-Change und Vorsprungs-Change

2.2 Dimensionen von Change

Strategie – Inhalt – Prozess

Seit langem hat sich eine dreidimensionale Sicht auf Veränderungen etabliert: Strategie, Inhalt und Prozess. Diese Dreiteilung ist bereits so etabliert, dass ihre originäre Quelle unterdessen unauffindbar ist. Mit der strategischen Dimension wird die Ausgangs- und Grundsatzfrage der Zielsetzung adressiert. Was soll mit der Veränderung überhaupt erreicht werden (Warum ändern?) und weshalb ist sie zum gewählten Zeitpunkt erforderlich geworden (Wieso jetzt?). Bei der inhaltlichen Dimension steht die konkrete Ausgestaltung der neuen Welt im Vordergrund, die Hard Facts (Was ändern?). In der prozessualen Dimension geht es darum, wie diese Veränderungen erreicht werden können und welche Soft Facts dabei tangiert sind (Wie ändern?).

Natürlich ist diese Trennung künstlich, stehen doch das Warum, das Was und das Wie der Veränderung in enger Verbindung. Denn ein allzu globales Statement im Ziel – »besser, günstiger, schneller« – oder in der Begründung – »Benchmark erreichen«, »Rückstand aufholen«, »Ergebnis verbessern«, »Globalität erlangen«, »Synergien heben« – hilft nicht, wenn Mitarbeiter gewonnen, Führungskräfte eingebunden, Stakeholder gewogen sein wollen. Selbst die Investoren erwarten aus der Change-Story des Unternehmens deutlich mehr an substanziellen Botschaften.

Dennoch hat sich aus dieser Dreiteilung vielerorts eine Aufgabenteilung bei Veränderungsprozessen ergeben. Der Vorstand und seine internen wie externen Beistände kümmern sich um den neuen Leitgedanken und seine Begründung. Die Fachbereiche (Business-Manager) optimieren auf dieser Basis und mit Blick auf das vorgegebene Ziel die Strukturen, Systeme, Prozesse und Regeln. Also alles das, was als veränderungswürdig oder -nötig definiert worden ist. Übrigens (dies ist eine häufige alltagssprachliche Verwirrung): Prozesse meint an dieser Stelle die Ablaufgestaltung im Unternehmen und nicht die Verlaufsgestaltung der Veränderung (Bach u.a. 2012: 134–137). Diese ist schließlich die Sphäre des Change-Managements, für die inzwischen vielerorts ebenfalls interne und/oder externe Spezialisten eingesetzt werden, die Change-Manager.

In vielen Fällen bleibt der Wandel doppelt unschön. Erstens ist Veränderung für viele Führungskräfte und Mitarbeiter immer noch und wohl auch in Zukunft mit einem grundsätzlichen Makel behaftet. Das unbekannte Morgen (Soll-Situation) ist anders als das vertraute Heute (Ist-Situation). Daher wird das Neue von vielen erst einmal abgelehnt und im Vergleich mit der Gegenwart als weniger attraktiv empfunden. Zweitens lösen die Ursachen für Veränderung schon deshalb keine Freude aus, weil die Ausgangssituation meist als fundamentale Krise behandelt wird (Burning-Platform), die nach grundsätzlicher persönlicher Veränderung verlangt. Das gefällt den Meisten ebenfalls nicht auf den ersten Blick, vielfach nicht einmal beim zweiten.

Prozessdimension inzwischen etabliert

Es gibt viele gute Gründe, Transformationsvorhaben ganz bewusst mit Change-Management durchzuführen. Diese Auffassung hat sich über die Jahre immer stärker durchgesetzt. Veränderung und damit die Gestaltung des Wandels gelten mittlerweile als »the new normal«. Mit der fünften Change-Management-Studie wurde beides – Change und dessen Management – endgültig als Normalität und »fact of life« ausgerufen (Capgemini Consulting 2012: 19). Inzwischen konnte sich also die Prozessdimension als (fast) gleichwertig etablieren. Sie ist mehr oder weniger ein zentraler Bestandteil im Business-Management geworden. Mehr oder weniger deshalb, weil Change-Management immer noch und wohl auch weiterhin insbesondere dann eingesetzt wird, wenn bereits in der Vergangenheit positive Erfahrungen mit einer aktiven Gestaltung des Wandels gemacht worden sind. Wer einmal durch Ergebnisse überzeugt worden ist, wird auch bei zukünftigen Veränderungsprozessen nur noch ungern darauf verzichten wollen. Denn einer autopoietischen Selbstregulierung von Organisationen wird nach wie vor mit hoher Skepsis begegnet: »Steuerung ist erforderlich« (ebd.).

Bereits in den ersten beiden Change-Management-Studien (Claßen u. a. 2005: 21 – 22) wurden Gründe für den Einsatz von Change-Management näher untersucht (Durchschnittswerte 2003/5). Nach meinem Eindruck dürfte sich an diesen Resultaten bis heute wenig verändert haben:

- Erfahrung bei früheren Veränderungen (59 Prozent),

- Überzeugung der Entscheider (56 Prozent),

- Sicherstellung der Umsetzung bei hohem Zeitdruck (27 Prozent),

- entsprechendes Wertesystem des Unternehmens (25 Prozent),

- Begründung durch allgemeinen Business-Case, Gesamtprojekt (12 Prozent),

- Begründung durch spezifischen Business-Case, Prozessdimension (9 Prozent),

- Forderungen durch die Mitarbeiter (6 Prozent),

- Forderungen durch den Betriebsrat (3 Prozent).

Eine der Schlüsselfragen für Change-Management ist die Verbindung von inhaltlicher und prozessualer Dimension. Veränderung spielt sich nicht nur im fachlichen Bereich – der Inhaltsdimension – ab. Das Geschehen – die Prozessdimension – besitzt für die Umsetzung eine Nützlichkeit an sich. In Veränderungsprojekten einer Organisation läuft es meist auf ein Zusammenbringen beider Lebenswelten hinaus. Ob es dann immer gleich zur Komplementärberatung kommt, wie es in einer Publikation aus systemischer Perspektive auf der Suche nach Anschlussfähigkeit postuliert wird (Königswieser u. a. 2006), ist eine später zu behandelnde Thematik (vgl. 2.8).

Interessant ist dabei eine Fragestellung aus der dritten Change-Management-Studie (Claßen/von Kyaw 2008: 45–46): »Erfolgreiche Veränderungsprozesse basieren immer sowohl auf der Gestaltung der Inhaltsebene (z. B. neue Themen) als auch der Prozessebene (z. B. neues Denken). Was aber ist wichtiger: Inhalt oder Prozess? Wie sehen Sie die Gewichte verteilt, wenn Sie in der Summe zehn Prioritätspunkte vergeben können?« Durch das Eingabeformat konnten für Inhalt und Prozess jeweils eine Zahl zwischen null und zehn eingetragen werden. Die in der Summe zehn ergeben mussten, zum Bewusstmachen der Dualität (Abb. 5).

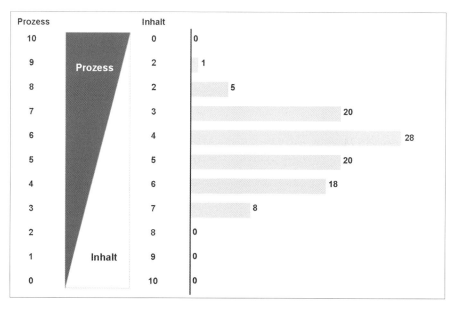

Abb. 5: Prozessdimension auf Augenhöhe mit Inhaltsdimension

Keiner der befragen Change-Management-Experten entschied sich komplett für eine der beiden Dimensionen. Die Werte 10/0 und 9/1 sind auf beiden Seiten (die Grafik von oben bzw. unten gelesen) quasi nicht vertreten; für Inhalt blieb sogar der Wert 8/2 ungenutzt. Zumindest ein wenig von der jeweils anderen Dimension wird also selbst von orthodoxen Vertretern beider gegenläufigen Schulen für erforderlich gehalten. Nur Inhalt funktioniert nicht. Nur Prozess wäre l'art pour l'art. Im Mittel über sämtliche Sichtweisen bleibt ein leichtes Übergewicht für Prozess (Durchschnittswert von 5,5) versus Inhalt (4,5). Was vermutlich an der prozessaffinen Neigung der Befragten liegt. Die mittleren Positionen (4/6 – 5/5 – 6/4) werden von zwei Dritteln bevorzugt. Es gibt immerhin ein Viertel, das eindeutig der Prozessfraktion zuzurechnen ist (8/2 – 7/3). Strenge Parteigänger der Inhaltsfraktion (8/2 – 7/3) sind mit acht Prozent in einer klaren Minderheit. Selbst wenn die Befragten dem Change-Management-Einsatz gegenüber grundsätzlich aufgeschlossen waren, überrascht die hohe Bedeutung, welche der Prozessdimension im Vergleich mit der Inhaltsdimension zugesprochen wird.

»Embedded« Change-Management

Die meisten Unternehmen stecken inzwischen in seriellen und multiplen Veränderungsprozessen, um Geschäftsmodelle zu innovieren und Geschäftsergebnisse zu potenzieren. Die Idee von Business-Transformation hat sich nichts weniger als dieser Zielsetzung verschrieben: ganzheitliche, multidimensionale, hochkomplexe Veränderungsprozesse wirklich und wirksam zum Erfolg zu bringen. Es liegt auf der Hand, dass es meist nicht mehr um evolutionären Wandel, sondern um elementare Quantensprünge und fundamentale Paradigmenwechsel geht. Eine Business-Transformation ist keine kleinteilige, eindimensionale, unkomplizierte Veränderung. Sie geht an die Grundfesten der Organisation mit großer Reichweite für Beteiligte und Betroffene bis weit hinein ins Umfeld (Ecosystem). Also so etwas wie Change hoch zwei.

Nun steckt die Managementliteratur voll mit *fetten* Ansätzen zur Weiterentwicklung von Unternehmen (etwa Gouillart/Kelly 1995, Lawler 1996, Mintzberg 1999 und 2010, Drucker 2002, Scheuss 2008, Malik 2011). Es gibt inzwischen unzählige Business-Transformation-Konzepte, gerade auch von Beratungsunternehmen. Diese können in diesem Buch unmöglich allesamt wiedergegeben oder überblicksartig vorgestellt werden (siehe Stiefel 2006: 51 – 62). Alle nehmen für sich eine absolute, holistische, universelle Perspektive mitsamt dem Königsweg oder sogar der Kaiserpromenade in Anspruch. In den Jahren 2006/7 wirkte ich selber bei der Entwicklung eines solchen anspruchsvollen und mittlerweile wieder vergessenen Ansatzes mit (Capgemini Consulting 2007). Das Ganze wird dann stets zur Geschmacksfrage und führt zum Disput über mentale Modelle, grafische Formate und effektives Marketing. Da kann sich jeder nach seinem eigenen Gusto bedienen. Inzwischen ist, so nicht nur mein Eindruck, die Hochzeit der »great pictures for mega transformations« ohnehin wieder vorbei. Zumal neuere Studien wie die der Warwick Business School (Stadler/Wältermann 2012) den Charme von evolutionärem Wandel wiederentdeckt haben. Dosierte, allmähliche, schrittweise Veränderung statt radikalen Kurswechseln erlebt als strategisches Erfolgsprinzip seine Renaissance.

Welche Rolle spielt jedoch Change-Management im Rahmen solcher ganzheitlicher Konzepte? Am besten keine besondere, abgelegene, ausgegrenzte mehr, wie es immer noch vielerorts propagiert wird. Modernes Change-Management ist »embedded«. Eingebettet, eingebaut und eingepflanzt sind mögliche Übersetzungen in unsere Muttersprache. Es ist kein Fremdkörper mehr, sondern integrierte und akzeptierte Aufgabenstellung in jedem Veränderungsprozess bis hin zur großformatigen Business-Transformation. In Transformationen wird heute nicht mehr dogmatisch zwischen dem »Links« der Prozessdimension und dem »Rechts« der Inhaltsdimension unterschieden. Dabei muss Change-Management mehr als nur die Prozessdimension bedienen. Es muss sich auf die Strategie- und noch mehr auf die Inhaltsdimension einlassen. Zwischen Strategie, Inhalt und Prozess bestehen wechselseitige Abhängigkeiten mit erheblichen Rückkopplungen. Natürlich gibt es diesbezüglich gegensätzliche Auffassungen, denen eine Einbettung zuwider ist und die für getrennte Betten am besten in separaten Räumen plädieren (vgl. 2.8). Dieses Verwobensein von Change-Management mit dem *Rest* der Business-Transformation mag den Puristen stören, den Separatisten befremden, den Sezessionisten verstören. Es ist aber wirklichkeitsnäher als Vereinzelung und Vereinsamung der Prozessdimension.

Stellenwert von Change-Management

Bei sämtlichen Change-Management- und Human-Resources-Studien in jährlicher Taktung zwischen 2002 und 2012 hat Change-Management in der Rangliste von bedeutenden (HR)-Themen stets einen Spitzenplatz belegt (Claßen/von Kyaw 2010: 11–12, Kern/Köbele 2011: 33, Capgemini Consulting 2012: 59). Die exakten Prozentwerte von »sehr wichtig« – im Zeitverlauf mit Tendenz nach oben und zusammen mit »wichtig«-Aussagen mittlerweile deutlich im 90-Prozent-Plus-Bereich – spielen keine Rolle mehr (Abb. 6). Ein *No-Brainer-Ergebnis* wie jenes, dass die Erde keine Scheibe ist. Diese Relevanz wird in weiteren aktuellen Studien wieder und wieder bestätigt (etwa BCG/EAPM 2011, Kienbaum 2012, BCG/WFPMA 2012). Selbst bei thematisch breiter angelegten CEO-Studien belegt das eng verwandte Thema Business-Transformation einen der vorderen Plätze. Damit ist und bleibt Change-Management für HR-Manager wie Business-Manager eine zentrale Herausforderung.

Die seit längerem unbestrittene Relevanz von Change-Management darf freilich nicht dazu verleiten, die Gestaltung von Transformationsprozessen zu überhöhen oder gar nur auf diese eine Karte zu setzen. Führungskräfte sind heute im Business-Management mit zahlreichen sowie bestimmt nicht widerspruchsfreien Herausforderungen und Engpässen konfrontiert, die allesamt gleichzeitig zu managen sind, ohne dass einzelne Themen dabei besonders herausragen – auch nicht die Gestaltung des Wandels (vgl. 5.3). Die Prozessdimension bei Veränderungen sowie die grundsätzliche Verbesserung von Veränderungsfähigkeit einer Organisation müssen, so wichtig sie auch sind,

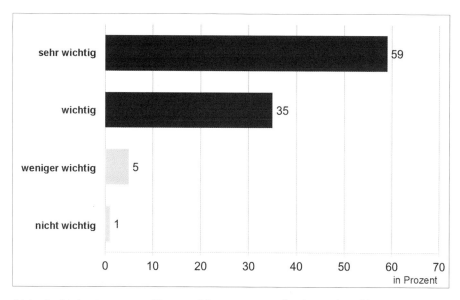

Abb. 6: Bedeutung von Change-Management (in der Zukunft)

stets aufs Neue begründet und gegenüber anderen gegenläufigen, anspruchsvollen, zeitraubenden Aufgabenstellungen im Business-Management gerecht-
fertigt werden. Die Legitimation kommt nicht von allein. Zum Selbstläufer
wird Change-Management selbst bei breiter Anerkennung bestimmt nicht.

Um in einem Bild zu sprechen: Ein »Nunatak« (dies ist ein Wort aus der Es-
kimosprache) bezeichnet eisfreie Berge, die markant die sie umgebenden
Gletscher überragen. Solch ein Nunatak ist Change-Management keineswegs.
Überhaupt gibt es im breiten und zähen Gletscherstrom des Business-Managements nur ganz wenige solcher Nunataks wie etwa Profitable Growth
(vgl. 2.3). Ein Nunatak will Change-Management aber auch gar nicht sein.
Denn Change-Management kann die Fließbewegungen nicht aufhalten, sondern – im Gegenteil – soll das Vorwärtskommen des Gletscherstroms beschleunigen. Der Prozess von Veränderung steht in symbiotischer Verbindung zum Inhalt von Veränderung. Nun gibt es freilich Change-Manager, die
eine Gestaltung des Wandels zum eigenständigen Nunatak-Gipfel erklären
und seine Besteigung als Lebensziel kundtuen – wie etwa einige Traditionalisten der Organisationsentwicklung. Doch dies wäre wie bereits gesagt l'art
pour l'art (vgl. 2.8).

Change-Management bietet für ambitionierte Führungskräfte immerhin zwei
mögliche Positionierungen in karrieretechnischer Hinsicht: zum einen als Ergänzung und Abrundung des bisher anders ausgerichteten Managementpro-
fils zur Erlangung einer kompletten, weil inhaltlichen und prozessualen
Transformations-Kompetenz. Zum zweiten die bewusste Fokussierung und
Spezialisierung als Gestalter von Veränderungen, sei es als Transformations-

Architekt oder Transformations-Manager, wie er sich derzeit etwa mit dem HR-Business-Partner in Unternehmen etabliert (vgl. 7.4).

Interview mit Thomas Sattelberger

One-Dollar-Manager und Monolith der HR-Szene, München

»Die wilde 68er-Jugend ist lange her«: Um einiges weiser und weiterhin mit Herzblut und Energie bei Veränderungsprozessen

Stuttgart 21 ist jüngstes Menetekel für politisches Engagement einer neuen Zivilgesellschaft. Was bedeutet dies für Partizipation von Führungskräften und Mitarbeitern in Unternehmen?

Meine Beschäftigung mit Change begann ebenfalls in Stuttgart, viele Jahre früher. Nicht meine verbohrten Irrungen, später als Maoist. Da war ich fehlgeleitet. Habe die immensen Verführungsmächte von Ideologien und deren Kadergehorsam bis hin zur Anwendung psychischer Gewalt selbst am eigenen Leib erlebt. Bei meinem »Stuttgart 68« ging es um mehr Freiheit, in der Schülermitverwaltung, gegen Zensur von Schülerzeitungen, für Meinungsvielfalt im Unterricht. Dafür kämpften wir. Es gibt immer wieder Situationen wie damals und unlängst, nicht nur im Schwabenland, in denen man weiß: So wie bisher geht es nicht weiter. Dann bleiben zwei Optionen: Man kann flüchten und sich Biotope vermeintlich heiler Welt suchen. Die meisten Personaler fühlen sich in ihren Personalentwicklungs-, Admin-, Rechts- und Psycho-Nischen an der Peripherie des Geschehens wohl. Meinen sogar wichtigtuerische Kommentare aus der Ecke abgeben zu müssen. Die indes verhallen. Oder man kann sich auflehnen. Persönlich neige ich zu diesem zweiten Weg. Und mit mir inzwischen manch andere in den Unternehmen. Top-Down-Management geht heute weniger denn je. Und morgen noch weniger. Allerdings wolle Mächtige ihre Macht stabilisieren, mit traditionellen Vehikeln von Machterhalt. Ohne Gewaltenteilung: Legislative sowie Recht und Justiz sind intern nicht existent. Die Exekutive, verwirrt durch Hin- und Her-Strategien sowie organisatorischen Wirrwarr in der Matrix. Was bleibt ist Gleichschaltung: Staatspresse alias Kommunikationsabteilungen. Bildung alias Corporate Universities als Sozialisationsmaschinerie, Trainingskataloge als Brot und Spiele für das Volk. Kirche alias »Sinn«-Stifter und »Dienst«-Leister im HR-Ressort, Missionare, Prediger und gelegentliche Beichtväter. Polizei, alias Revision, Controlling und neuerdings mit voller Wucht Compliance. Bei diesem Machtspiel soll Change-Management als Charme-Initiative des Systems die Grenzen des Mach(t)baren noch ein gutes Stück weiterschieben. Und das Machtgebaren der Mächtigen stützen. Change-Management ist zum Vehikel der Macht geworden. Oder noch schlimmer, zur Eventmaschinerie verludert. Wer erinnert sich noch an die Grundidee der Organisationsentwicklung, neue Verhältnisse zu schaffen? Heute werden die herrschenden Machtverhältnisse kaschiert, wie dies der Film »Work hard – Play hard« zeigt.

In der Gesellschaft ist es die Mischung aus repräsentativer und – bei Betroffenheitsthemen – zunehmend partizipativer Demokratie. In Unternehmen sind es hierarchisch-autoritäre Interpretationen des Marktgeschehens: Auf was muss ein Mitarbeiter verzichten, wenn er am Morgen seinen Arbeitsplatz betritt? Will er/sie das überhaupt noch?

Lassen Sie mich zunächst eine Bilanz ziehen: Erstens, im mittleren Management trauen sich bislang nur wenige konstruktiv kritisch oder sogar rebellisch zu sein. Wer sich nicht anpasst, da geht es bei uns subtil angloamerikanisch zu, wird ziemlich schnell ausgegrenzt. Hingegen wollen und können sich die Jungen – durch ihre Stärke im Arbeitsmarkt – bereits etwas anders verhalten als sie es von den Mächtigen gewohnt sind. Zweitens, es gibt immer mehr »erschütternde« Fälle in den Unternehmen, seien es Ergo, Mediamarkt oder Deutsche Bank. Über die dank Medien und Internet immer seltener ein Mantel des Schweigens gehüllt werden kann. Drittens, das traditionelle Übersetzungsmonopol von der Gesellschaft in die (Unternehmens-)Politik durch Arbeitgeberverbände und Gewerkschaften ist zu einem zwar weiterhin lautstarken, zum Glück aber zunehmend belanglosen Gezeter geworden. Viertens, durch Krisen der jüngeren Vergangenheit ist in der Zivilgesellschaft eine deutliche Ablehnung von Kasinokapitalismus und selbst softerer Varianten der Angebotsökonomie festzustellen. Fünftens: Längst stoßen die meisten Industrien an Grenzen evolutionären Wandels. Disruptiver Wandel ist »the new normal« und erfordert eine eruptive, Viele einbindende Innovationsklaviatur. Mein Fazit aus alledem: Ist der gesellschaftliche Veränderungsdruck auf Unternehmen bereits groß? Noch nicht genug! Sind erste Signale bereits sichtbar? Ganz deutlich! Können sich Unternehmen noch eine Zeit lang durchwursteln? Ja! Wird es Rückschritte geben? Ja! Trotzdem wird es in Unternehmen eine markante Entwicklung hin zu mehr Demokratie geben. Es gärt und dampft. Vielerorts ist heute der Deckel noch auf dem Topf. Paradigmenwechsel – gerade in den Machtverhältnissen – brauchen Zeit, Jahrzehnte. Stuttgart 68 und Stuttgart 21 sind lediglich zwei von vielen Katalysatorereignissen. Übrigens meinte bereits Thomas Kuhn, Paradigmenwechsel seien keine Frage besserer rationaler Argumente oder empirischer Belege, sondern veränderter Kräfteverhältnisse, also Macht, Einfluss, Herrschaft. Oder es braucht fundamentale Krisen. Dies kann niemand wollen. Aber sie geschehen zum Glück trotzdem.

Die Marke Sattelberger steht für vieles, in Inhalt und Stil. Sie äußern sich klar und laut zu reichlich Themen wie Frauenquote, Bologna-Prozess, Leadership-Blase und einigem mehr. Was ist der rote Faden, ihr persönlicher USP mit Blick auf Change-Management?

Vermutlich habe ich im Transformations-Management mehrere Leitfäden, die sich zu einem bunten Zopf verflechten: Sparsamkeit, Freiheit, Fürsorge und Umsetzung. Da ist als erster Faden eine bereits als vierjähriger Bub auf der schwäbischen Alb über meinen Großvater erlebte Sparsamkeit. Effizienz ist bei mir frühkindliche Prägung. Heute nenne ich dies den Nenner in der Gleichung eines Unternehmens. Klar geht es Unternehmen um Wachstum, den Zähler, der mittels Kundenorientierung, Innovation, Kultur, Vielfalt ge-fördert wird. Genauso wichtig ist Effizienz, eben der Nenner. Was immer wieder schwierige Veränderungen wie Restrukturierung, Kostensenkung, Freisetzung erfordert. Diese Gleichung pendelt um die Eins herum. Würde ihr Wert deutlich höher steigen, wäre dies illusorisches Schönwetter-Mana-gement. Zweiter Faden ist Freiheit, in mehrfacher Hinsicht: Eigene Wege gehen, autonomes Lernen, atmen können, gegen den Mainstream wettern, eigene Stärken und deren Grenzen ausloten, selbst Entscheidungen treffen. Vor vielen Jahren habe ich dies Liberating-Talent genannt. Bei diesem auf-rechten Vorwärtsdrängen – das macht für mich Veränderung aus – auch ir-ren und scheitern zu können. Und bei alledem Freiheiten der Anderen zu achten. Im Geiste von Diversity: Jeder soll nach seiner und nicht meiner Fa-con oder der von Mächtigen glücklich werden. Dritter Faden ist mein Arg-wohn gegenüber Verführungsmächten von Ideologien und Mächtigen in einer Organisation. Ich habe oft Sorge um den Einzelnen, der sich so wie ich im politischen Dogmatismus verfängt, sich in gewaltigen Abhängigkeiten sieht, psychisch, materiell und perspektivisch. Sind nicht gerade die derzeit vielgepriesenen Kulturen von Apple, Google und Co. eine besonders raffi-nierte, subtile, debile Form der Ausbeutung? Gegen solche Verführungs-mächte mit ihrer Gefahr zur Selbstausbeutung braucht es eine schützende Fürsorgemacht. Damit menschliche Organisationen menschengerecht wer-den oder bleiben, besonders in Zeiten des Wandels. Letztlich dient gerade diese Fürsorgemacht auch der organisatorischen Existenzsicherung, Verän-derungsfähigkeit, Zukunftschance. Entscheidend dabei ist ein stets waches Bewusstsein, dass (m)eine gut gemeinte Idee plötzlich kippen und schlecht werden kann. Was man zunächst allenfalls ganz leicht spürt. In meiner Kar-riere gab es immer wieder Situationen bei denen ich nicht mehr wusste, was noch richtig ist und schon falsch. Da half nur noch der Zugang zu weiteren als den bisherigen Realitäten, also Grenzüberschreitung. Vierter Faden ist mein Anspruch an »Walk the talk«. Was ich in der Öffentlichkeit gesagt habe, habe ich in meiner jeweiligen Organisation konsequent angegangen und meist umgesetzt. Natürlich nimmt mir dies – nicht wissend oder nei-disch – nicht jeder ab. Beispiel: Zu unser beider Thema, der Leadership-Blase (Claßen/Sattelberger 2011), konnte ich bei der Telekom ein wirklich einzig-artiges Frühwarninstrumentarium einführen, übrigens nicht nur für Füh-rungskräfte, und dann auch beharrlich anwenden.

Wenn Ihnen eine gute Fee zur Seite stehen würde, die Ihnen einen freien Wunsch zum Change-Management zugesteht – welcher wäre dies? Was würden Sie sich für ein noch besseres Change-Management unbedingt wünschen?

Wenn man die sechste Wertediskussion, das achte Unternehmensleitbild, das zehnte Leadership-Modell diskutiert, später Bilanz zieht und sieht, wo dieser enorme emotionale und politische Aufwand endet, natürlich nahe dem Nichts, fällt es schwer nicht zynisch zu werden. Liebe Fee, es braucht ein Ende von Omnipotenzwallungen im Top-Management mit von oben dominierten Transformationsprozessen. Wenn Werte, Leitbilder, Führungskonzepte und ihre Vehikel wie instrumentalisierte Presse und Trainings der Ausdruck eines Prägungswillen in Vorstand und Geschäftsführung sind, also Macht pur, die auf eine schweigende, geklonte und manipulierbare Menge unter sich setzt, dann sind das autoritäre, ja fast totalitäre Verhältnisse. Die noch dazu von Personalern gepflegt werden. Und die ich, ganz viele andere und vermutlich selbst die gute Fee keinesfalls mehr haben möchten. Liebe Fee, im Grund wünsche ich mir »bloß« drei Dinge: Lernen als Brücke zwischen Unternehmens-Dogmatik mit ihrem inneren Verschweigen und den anderen äußeren Realitäten, also Bildungsbereiche und -initiativen als Transformation-Center des Kulturwandels. Change-Management als Ausbalancierung von Wertschätzung und Wertschöpfung, dem Zähler und Nenner meiner Gleichung. Schließlich HR-Funktionen als Gärhefe, im Härtefall als Che Guevaras, zumindest aber Aktivisten für »Stuttgart 2030«. Mit diesem letzten Wunsch tut sich die Fee bestimmt am schwersten. Doch die Fee ist das Eine. Für mich ist das Ringen um bessere oder zumindest nicht schlechtere Verhältnisse nicht beendet. »Lotta continua« – der Kampf geht weiter.

2.3 Dimensionen im Management

Kunden – Eigentümer – People

Ähnlich bedeutsam wie die Dreiteilung Strategie, Inhalt, Prozess sind die drei zentralen Stakeholder im Management (vgl. Freeman 1984): Kunden, Eigentümer und Führungskräfte/Mitarbeiter. Letztere werden immer häufiger als People-Dimension bezeichnet, selbst im deutschsprachigen Raum. Übrigens lässt sich mit einer solchen Sicht problemlos die von Unternehmenslenkern oft genutzte Aussage »Belegschaft als wichtigste Ressource« unterbringen: Kunden und Eigentümer sind keine Ressource (Pfeffer 1998). Diese drei zentralen Stakeholder haben – aus Unternehmenssicht – jeweils eine Binnen- und Außenperspektive, verbunden mit einer Kernzielsetzung, Zielgrößen und Konflikten/Risiken. Überblicksartig und mit der durch die hier gebotene Kürze stark vereinfachten Darstellung sind die drei zentralen Dimensionen im Management sehr unterschiedlich zu charakterisieren (Abb. 7).

Natürlich sind alle drei Dimensionen – für sich gesehen suuuuuper wichtig: Die Kunden bringen die Umsätze. Die Eigentümer tragen die Risiken. Die Belegschaft erstellt die Leistungen. In mehreren Studien wurde die relative Bedeutung dieser drei Dimensionen aus Sicht des Top-Managements untersucht (zuletzt Claßen/Kern 2009 und Kern/Köbele 2011). Jedes Mal misst das Top-Management den Kunden eine deutliche höhere Priorität zu als Aktionären und noch mehr als Mitarbeitern (Abb. 8). Marketing/Sales – mit dem Kundenargument – und Finance – mit dem Eigentümerargument – pochen schon lange vehement auf ihre Bedeutung bei Unternehmensentscheidungen. Immerhin können Protagonisten der People-Dimension neuerdings eine weitere Studie zitieren. Die einer starken People-Orientierung und modernem HR-Management enorme ökonomische Hebelkräfte – gemessen an der Profitabilität – testiert (BCG/WFPMA 2012: 38–40). »People-Management mastery translates into economic success and competitive advantage« (ebd.: 46).

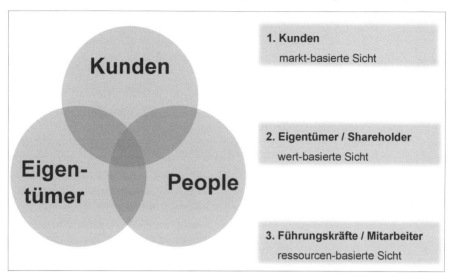

Abb. 7: Dimensionen im Management

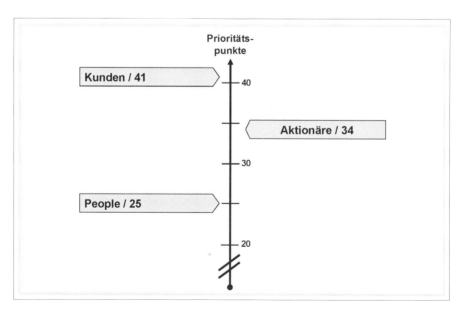

Abb. 8: Stellenwert der drei zentralen Stakeholder aus Top-Management-Sicht

Inzwischen setzt auch die People-Dimension auf eine Wiederentdeckung sowie Erstarkung ihrer Themen und Konzepte. Besonders durch zunehmende Engpassentwicklung im Zuge des Megatrends Talent-Management (vgl. 5.1). Unternehmen sind ganz entscheidend vom Zugang zu Ressourcen abhängig. Ressourcenabhängigkeit ist bestimmt durch den relativen Anteil, den eine Ressource an den Einnahmen und Ausgaben einer Organisation hat sowie durch den Zugang zu dieser Ressource und den Möglichkeiten zur Substitution (Pfeffer 1994). Besonders in den wenig kapitalintensiven Dienstleistungsunternehmen mit den Flaschenhälsen von True Performern sind Teile der People-Dimension inzwischen knapp (vgl. 5.1). Dort, und nur dort, steht der Mensch mehr und mehr im Mittelpunkt. Und ist nicht bloß Mittel. Punkt (nach Neuberger 1990).

Die oftmals kritisierten ökonomischen Sachzwänge bieten zudem weitere Argumente für eine künftig wachsende Bedeutung der Human Resources und folglich der People-Dimension. Wenn nämlich Unternehmen ertragreich wachsen wollen (Profitable Growth), und dies sollen sie nach Ansicht ihrer derzeitigen Eigentümer und potenzielle Investoren nach wie vor, dann brauchen sie Innovationen bei ihren Produkten und in der Produktion. Unabhängig davon, ob es sich um Dienstleistungsunternehmen, Industriebetriebe oder Finanzinstitute handelt, selbst in der öffentlichen Verwaltung, kommen diese Innovationen und ihre Implementierung von Menschen. Diese Menschen müssen gewonnen und gehalten, überzeugt und verändert, informiert und qualifiziert, motiviert und engagiert werden. Sie stehen für bessere Entscheidungen und für bessere Handlungen.

Die ob ihrer über Jahrzehnte fruchtlosen Predigten für einen höheren Stellenwert der Belegschaft frustrierten Personaler wird diese Entwicklung vielleicht erstaunen: Zumindest in den Engpassbereichen wird ein zunehmend pfleglicher Umgang mit der kostbarer werdenden Ressource Personal praktiziert. Und dies nicht etwa wegen eines normativ-ethischen Paradigmenwechsels der Wirtschaft in Richtung Humanismus oder gar Sozialismus – solche Anläufe sind bislang ins Leere gelaufen –, sondern als Konsequenz der schieren ökonomischen Notwendigkeit als knappe Ressource mit einem höheren Preis. Die People-Dimension wird in bestimmten Segmenten an Bedeutung zunehmen (vgl. 5.1). Und in ihrem Schlepptau – wenn sie brauchbare Ergebnisse liefert – sogar die Personalfunktion (vgl. 7.4).

Leitidee des Profitable Growth

Der Zweck eines wirtschaftenden Unternehmens ist seit über zweihundert Jahren Kernthema in Betriebsökonomie und Gesellschaftspolitik sowie in sämtlichen sozial- und geisteswissenschaftlichen Disziplinen (siehe etwa Drucker 2002: 35 – 45, Remer 2004: 186 – 224, Mintzberg 2010: 21 – 32, Bach u. a. 2012: 3 – 5). Als *klare Kante* hat sich aus dieser Diskussion eine ökonomische Leitidee herausdestilliert: Unternehmen überleben durch stete Gewinne und mit beständigem Wachstum – Profitable Growth. Inzwischen ist dieses Grundmotiv des Wirtschaftens in vielfacher Hinsicht diskutiert und relativiert – manche befürchten *verwässert* und andere erhoffen *bereichert* – worden. Darum geht es in einem Buch über Change-Management ebenfalls. Denn der Zweck des Unternehmens schwingt bei der Veränderung des Unternehmens beständig im Hintergrund mit. Weil die im Steigerungsspiel notwendigen Innovationen in allererster Linie von Menschen kommen. Von wem auch sonst? Diese innovativen Menschen sind – auf Sicht – nur sehr bedingt durch Kapital oder Technologie substituierbar. Exzellente und motivierte Mitarbeiter denken sich Innovationen aus, setzen sie in Produkten um und vermarkten diese. Gegenwärtige und künftige Wettbewerbsfähigkeit entsteht durch bessere People – im Vergleich mit den Konkurrenten. Das haben inzwischen auch die Unternehmensführer verstanden. Kaum eine CEO-Befragung mehr, in der Talent-Management nicht in den Top 3 erscheint (vgl. 5.1). Zur Frage »Warum sollen Kunden gerade unsere Produkte erwerben?« und der Frage »Warum sollen Aktionäre gerade uns ihr Geld anvertrauen?« kommt mehr und mehr die Frage »Warum sollen kompetente und engagierte Führungskräfte und Mitarbeiter gerade für uns arbeiten?«

Bei alledem bleibt *Profitable Growth* nach wie vor das ökonomische Mantra. So meinte etwa Schwester Theodolinde, Generaloberin der Kongregation Barmherziger Schwestern und Mitglied im Beirat des Unternehmens Adelholzener Alpenquellen kürzlich in einem Interview: »Wachstum gehört zu jedem Unternehmen dazu, Stillstand ist Rückgang. Deswegen sind Innovation und Investition seit jeher die Grundpfeiler unseres Unternehmens«. Und werden – da kann man sie ergänzen – erst durch anhaltende Gewinne möglich. Change-Manager jedweder politischer Couleur, ethischer Position und normativer Attitude können sich bei der Gestaltung des Wandels diesem primären Unternehmenszweck nicht entziehen. Wer gegenüber der Ökonomie moralische Bedenken unüberwindbarer Gestalt hat, möge sich bitte andere Betätigungsfelder suchen. Die gibt es.

Zwischen der Erstauflage (2008) und dieser in vielerlei Hinsicht modifizierten Zweitauflage (2013) ist einiges auf den Finanz- und Gütermärkten und tief hinein in die politischen und gesellschaftlichen Systemen geschehen: Verschuldungskrise, Finanzierungskrise, Wirtschaftskrise und Währungskrise. Dies hat bei fast allen ein Nachdenken und bei ziemlich vielen ein Umdenken ausgelöst. Bisherige Sichtweisen sind zerbröselt, dazu etwas ausführlicher zwei prominente Beispiele: »Für mich, als überzeugten Marktwirtschaftler, waren die Finanzkrise … und ihre dramatischen Folgen für die Weltwirtschaft ein Schlag ins Weltbild. Vor dieser Krise hatte ich dezidiert und mit Überzeugung den Standpunkt vertreten, dass man die Dinge dem Markt … überlassen solle. Heute bin ich mir da nicht mehr so sicher. …

Eines aber weiß ich: Die Krise hat mein Bild von Wirtschaftswissenschaftlern, Bankern, Finanz- und Geldpolitikern massiv in Mitleidenschaft gezogen« (Simon 2011: 65 – 7). Und Schirrmacher meinte in der FAS (vom 14. 08. 2011): »Im bürgerlichen Lager werden die Zweifel immer größer, ob man richtig gelegen hat, ein ganzes Leben lang. Gerade zeigt sich in Echtzeit, dass die Annahmen der größten Gegner zuzutreffen scheinen. Ein Jahrzehnt enthemmter Finanzmarktökonomie entpuppt sich als das erfolgreichste Resozialisierungsprogramm linker Gesellschaftskritik. … Es geht darum, dass die Praxis dieser Politik – wie in einem Echtzeitexperiment – nicht nur belegt, dass die gegenwärtige 'bürgerliche' Politik falsch ist, sondern, viel erstaunlicher, dass die Annahmen ihrer größten Gegner richtig sind. 'Die Stärke der Analyse der Linken', so schreibt der erzkonservative Charles Moore im Daily Telegraph, 'liegt darin, dass sie verstanden haben, wie die Mächtigen sich liberal-konservativer Sprache als Tarnumhang bedient haben, um sich ihre Vorteile zu sichern'. …Das politische System dient nur den Reichen? Es gibt Sätze, die sind falsch. Und es gibt Sätze, die sind richtig. Schlimm ist, wenn Sätze, die falsch waren, plötzlich richtig werden. Dann beginnt der Zweifel an der Rationalität des Ganzen. Dann beginnen die Zweifel, ob man richtig gelegen hat, ein ganzes Leben lang. … Es zeigt sich – wie die Linke immer behauptet hat –, dass ein System, das angetreten ist, das Vorankommen von vielen zu ermöglichen, sich zu einem System pervertiert hat, das die wenigen bereichert. … Es war ja nicht so, dass der Neoliberalismus wie eine Gehirnwäsche über die Gesellschaft kam. Er bediente sich im imaginativen Depot des bürgerlichen Denkens: Freiheit, Autonomie, Selbstbestimmung bei gleichzeitiger Achtung von individuellen Werten, die Chance, zu werden, wer man werden will, bei gleichzeitiger Zähmung des Staates und seiner Allmacht. … Entstanden ist so eine Welt des Doppel-Standards, in der aus ökonomischen Problemen unweigerlich moralische Probleme werden. Darin liegt die Explosivität der gegenwärtigen Lage. … Ein Bürgertum, das seine Werte und Lebensvorstellungen von den 'gierigen Wenigen' (Moore) missbraucht sieht, muss in sich selbst die Fähigkeit zu bürgerlicher Gesellschaftskritik wiederfinden«.

Und die *alte Linke* setzt noch einen drauf und meint zu den Leitfiguren des Finanzparketts als Treiber der *Profitable-Growth-Leitidee* (Zielke in der Süddeutschen Zeitung vom 23. 01. 2010): »In keiner anderen Berufswelt gibt es eine solche Dichte von bedingungsloser Fokussierung, von professioneller Höchstleistung, nein Brillanz, von kompetitiver Härte, Dynamik und Arbeitswut, von Egomanie und Narzissmus, von Testosteron und Familienferne, von Glücksrittertum, Risikobereitschaft und strengster Disziplin in einem, von nonkonformistischer Intelligenz, List und Finesse. Und nicht zu vergessen diese Dichte von gebieterischer Arroganz«. Allerdings ist es nicht so, dass sich nun die eine Seite des politischen Spektrums über die andere erheben könnte (vgl. Güllner 2012, Hacke/diLorenzo 2010).

Es gibt sogar noch grundsätzlichere Kritik am *System* aus den unterschiedlichsten Federn und meist mit mehr Fragen als Antworten (etwa Beck 1986, Schulze 2003, Marx 2008, Sinn 2009, Vogl 2010, Wimmer 2010). Zumindest für mich selber habe ich irgendwann aufgehört solche Einwürfe zu inhalieren. Auch wenn es immer noch weitere Kapitalismuskritiker in die Bestsellerlisten Mitteleuropas schaffen. Hängengeblieben sind brutale Sätze wie der von Vogl (2010: 138) mit Blick auf Business-Transformation: »Wer die Ratgeberliteratur für Lohnempfänger aufschlägt, wird über das Ende beruflicher Routinen, über das Ende erwartbarer Lebenswege und Karrieren belehrt. Der ältere Auftrag, Lebensläufe als Selbstwerdungsprozesse zu verwirklichen, weicht der Aufgabe, sich mit einer Kunst des Anderswerdens zu arrangieren«. Soll ich mit dem Schreiben einer Change-Management-Buchs an dieser Stelle aufhören? Nein. Denn ich halte es immer noch mit Mintzberg (2010: 195): »Viele von uns hegen eine Art Hassliebe Managern und Führungskräften gegenüber. Einige vergöttern sie und erwarten sich von ihnen Antworten auf alle Probleme dieser Welt. Bringt uns die richtige Führungspersönlichkeit und alles wird gut. Andere wiederum verabscheuen sie und sehen in ihnen die Ursache für alle Probleme der Welt. Schaffen wir sie ab und alles wird gut. Die meisten, so vermute ich, sind je nach Stimmung und zuletzt gemachter Erfahrung zu beiden Positionen fähig« (vgl. 4.4).

Menschliche Spannungsfelder

Bei alledem gibt es das menschliche Spannungsfeld aus Rationalität, Emotionen und Politik (Abb. 9); also einer Trias und keinesfalls einem eindimensionalen, vernunftsdominierten, gefühls- und absichtslosen Menschenbild. Die in den Wirtschaftswissenschaften an vielen Stellen mit Dickköpfigkeit gegenüber der Lebensrealität weiterhin propagierte Reduktion des Menschen auf Rationalität hat sich als falsche Fährte erwiesen. Die Idee eines rein zweckrationalen Handelns entstammt einer inzwischen überkommenen Theoriephase der Wirtschaftswissenschaften (Downs 1968, Becker 1976, Moe 1979, Kirchgässner 1991), die in der fiktionalen Philosophie des »als ob« von Wolff (1926) und Vaihinger (1927) fußt. Im Change-Management hat dieser *Homo oeconomicus* ohnehin niemals richtig Fuß gefasst. Gerade in Veränderungssituationen existieren viele *weiche* Faktoren rund um das Wissen, Können, Wollen und Dürfen. Diese lassen sich selbst mit einem überdehnten Kosten-Nutzen-Verständnis nicht einfangen. Neben der reinen Vernunft schimmern immer wieder zwei weitere Facetten menschlicher Natur durch: der Makrokosmos von Emotionen und die Lebensrealität von (Mikro-)Politik. In Ergänzung zu einer primär an Vernunft orientierten Vorgehensweise bedarf es der Identifizierung emotionaler Barrieren (vgl. 6.4) und politischer Blockaden (vgl. 3.4). Veränderung bleibt nicht nur das mechanistische Ausführen der vorteilhaftesten Lösung im allerbesten Ingenieursinne. Es geht auch – auf der Individualebene von Führungskräften und Mitarbeitern – um Berücksichtigung der menschlichen Willensfreiheit und – auf der Aggregatebene des Sozialsystems Organisation – um die Schaffung eines zwischenmenschlichen Konsensus. Weitestmöglich! Derzeit werden die Grenzen vielerorts noch zu früh gezogen.

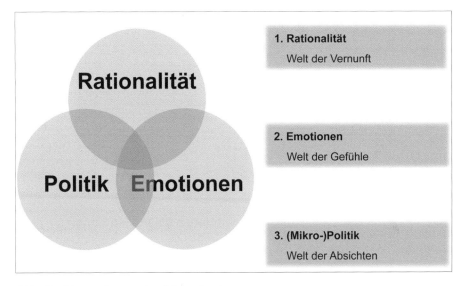

Abb. 9: Dimensionen des Menschseins

Analog zur weiter oben dargestellten Stakeholder-Frage wurde in zwei Studien die – zugegebener Weise methodisch nicht unproblematische – *Menschsein-Frage* gestellt (Claßen/von Kyaw 2010: 52 – 54, Capgemini-Consulting 2012: 20): »Veränderungen berühren die emotionale, politische und rationale Dimension. Gewichten Sie diese drei Dimensionen zueinander durch Verteilung von 100 Prioritätspunkten«. Die Antworten streuen immens. Dies zeigt nicht nur unterschiedliche Realitäten in den Unternehmen, sondern wohl auch deren subjektive Wahrnehmung durch die Befragten. Durchschnittswerte über alle Befragten geben jedoch einen guten Eindruck über den prinzipiellen Stellenwert der drei Dimensionen (Abb. 10). Bei Veränderungsprozessen sind – dies erstaunt den erfahrenen Praktiker keineswegs – Emotionen mit deutlichem Vorsprung am wichtigsten. Die (Mikro-)Politik liegt mit ziemlichem Abstand an zweiter Stelle, die Rationalität nochmals ein Stück dahinter. Mit dieser Erkenntnis müssen nun die Lehrbücher zur Gestaltung des Wandels keineswegs umgeschrieben werden. Denn es ist nicht nur die Kognition, auf die es ankommt. Aber dies haben Sie, liebe Leserinnen und Leser, vermutlich schon längst gewusst. Würden Sie sich doch ansonsten nicht für diese Publikation interessieren. Nun haben Sie es eben nochmals schwarz auf weiß.

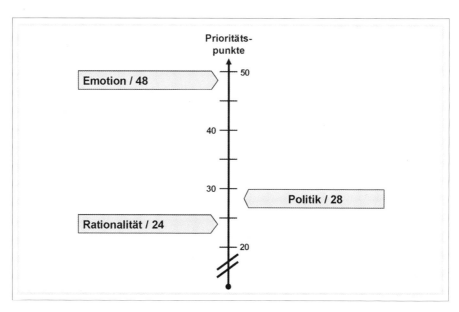

Abb. 10: Stellenwert menschlicher Dimensionen bei Veränderungsprozessen (Durchschnittswerte 2010/12)

Interview mit Kathrin Menges

Mitglied des Vorstands, zuständig für den Unternehmensbe-
reich Personal sowie Infrastruktur-Services, Henkel, Düsseldorf

Wichtigste Ressource? People-Dimension im Unternehmen

*Weshalb besitzen Mitarbeiter bei Henkel – gerade im Verlauf von Verände-
rungsprozessen – einen hohen Stellenwert?*

Hinter jeder Veränderung, jedem Vorankommen und jeder Innovation stehen die Kreativität, der Unternehmergeist und das Engagement von Menschen. Insbesondere Veränderungsprozesse können nur dann erfolgreich
umgesetzt werden, wenn Mitarbeiter – und zwar auf allen Ebenen – aktiv
die Veränderungen mittragen. In international aufgestellten Unternehmen
wie Henkel betreffen Veränderungsprozesse selten nur einen Teilbereich,
sondern sind fast immer bereichs- und länderübergreifend. Vor diesem Hintergrund ist es enorm wichtig, die globale Mannschaft zu mobilisieren und
zu motivieren. Mitarbeiter werden so zu aktiven Unterstützern und im Ide-
alfall zu überzeugten Botschaftern im eigenen Kollegenkreis. Ein Beispiel
für einen erfolgreichen Veränderungsprozess bei Henkel ist die Einführung
eines weltweit einheitlichen, transparenten Talent-Management-Prozesses,
der es uns ermöglicht, die Leistungskultur im Unternehmen noch stärker zu
verankern. Die Bewertung eines Mitarbeiters geschieht nicht mehr durch ei-

nen einzelnen Vorgesetzten, sondern wird offen in einem ausgewählten Kreis von Kollegen diskutiert, die sinnvoll zu seiner Bewertung beitragen können. Die gemeinsam entwickelte Einschätzung wird mit dem Mitarbeiter persönlich besprochen. Zusammen werden die nächsten Entwicklungsschritte abgestimmt und umgesetzt. Der Erfolg des Talent-Management Prozesses beruht letztlich darauf, dass alle involvierten Mitarbeiter und Vorgesetzten von dem Konzept überzeugt sind und sich aktiv beteiligen.

Was bedeutet dies für das Change-Management – welche Maßnahmen kommen bei Henkel konkret zum Zuge?

Zentraler Treiber und Multiplikator bei Change-Management-Prozessen ist unser globales Führungsteam. Ihm obliegt es, Vision in Strategie und konkrete Veränderungen zu übersetzen und Mitarbeiter in den Change-Prozess einzubinden. Das hat jüngst auch eine wissenschaftliche Studie bestätigt, die wir gemeinsam mit einem externen Partner durchgeführt haben. Daher sehe ich die wichtigste Aufgabe unseres Personalmanagements darin, unser globales Führungsteam auf diese Herausforderung vorzubereiten und die entsprechenden Instrumente zur Verfügung zu stellen, beispielsweise interaktive Plattformen, die es Mitarbeitern und Führungskräften ermöglichen, zeit- und ortsunabhängig in direkten Austausch miteinander zu treten. Darüber hinaus fördern und unterstützen wir eine Kultur des lebenslangen Lernens, die für uns ein wesentlicher Erfolgsfaktor bei Change-Prozessen ist. Sie ermöglicht es, Dinge zu hinterfragen und zum Besseren zu verändern. Auch hier sind unsere Führungskräfte maßgeblich beteiligt.

Im Zweifel für …: Wie lösen Sie bei Henkel die Zielkonflikte zwischen Interessen der Anleger, der Kunden und der Mitarbeiter?

Das geht nur durch ein frühzeitiges Einbinden der verschiedenen Interessengruppen. Deshalb werden bereichsübergreifende Veränderungsprozesse bei Henkel auch nicht innerhalb einer kleinen Spezialistengruppe erarbeitet und entschieden, sondern stets in breit aufgestellten interdisziplinären Projektteams. Oft sind auch externe Partner wie Kunden oder Experten Teil dieser Teams. Innerhalb der Gruppe werden gemeinsam Ziele definiert und Lösungsansätze auf Augenhöhe diskutiert. Transparenz und Offenheit führen zu einem gleichen Informationsstand. Das baut Vertrauen zwischen den Beteiligten auf und nur so kann die Organisation als Ganzes mitgezogen werden. Aufgabe der Führungskräfte ist es, im Unternehmen deutlich zu machen, dass der jeweiligen Projektgruppe vollstes Vertrauen entgegengebracht wird.

Wenn Ihnen eine gute Fee zur Seite stehen würde, die Ihnen einen freien Wunsch zum Change-Management zugesteht – welcher wäre dies? Was würden Sie sich für ein noch besseres Change-Management unbedingt wünschen?

Mehr Zeit zum Zuhören und Erklären. Besonders im Rahmen von Veränderungsprozessen ist es wichtig, unsere Mitarbeiter umfangreich einzubinden, ausführlich zu erklären und aktiv zuzuhören, um sicherzustellen, dass am

Ende alle Beteiligten das gleiche Verständnis haben und an einem Strang ziehen können – ganz im Sinne von ONE Henkel.

2.4 Change-Management: Definition

Auf den ersten Blick

Change-Management ist ein bereits klassischer Begriff aus der Managementtheorie, im Beraterjargon und in der Medienlandschaft, der sich viele Jahre nach seinem Auftauchen und wohl noch auf weitere Zeit ungebrochener Aktualität erfreut. Als Beleg für diese These mögen die an einem Dienstag im August 2005 in erstaunlichen 0.08 Sekunden gefundenen 135 Millionen Google-Treffer zum Stichwort gelten. An einem Donnerstag im Januar 2008 spuckte Google dann in der doppelten Zeit sogar mehr als die fünffache Trefferzahl aus. An einem Montag im Oktober 2012 waren es in 0.19 Sekunden lediglich noch 32 Millionen Google-Hits. Was vermutlich kein Beleg für die abnehmende Relevanz des Themas, sondern für neue Algorithmen der bei solchen Themen nicht mehr nützlichen Suchmaschine ist.

Auf den ersten Blick scheint der Begriff Change-Management klar zu sein. Bei näherer Betrachtung werden hingegen seine zahlreichen Facetten deutlich. Auf der Suche nach abfragbaren Definitionen (etwa für Studien) werden schnell Unterschiede und Unterscheidungen deutlich. Viele Standardwerke winden sich regelrecht um eine Begriffsbestimmung ihres Gegenstands. Im Grunde kein unkluger Kunstgriff. Der Blick in die Literatur oder die Behandlung im Internet bestätigen – erstaunlich ist dies nicht – das Fehlen einer allgemein akzeptierten Definition. Natürlich muss zumindest das ein oder andere betriebswirtschaftliche Lehrbuch (etwa Bach u.a. 2012: 354) sowie Wikipedia eine Wortbedeutung bieten. Diese stecken den Rahmen ganz gut ab: »Unter Veränderungsmanagement (englisch change management) lassen sich alle Aufgaben, Maßnahmen und Tätigkeiten zusammenfassen, die eine umfassende, bereichsübergreifende und inhaltlich weit reichende Veränderung – zur Umsetzung neuer Strategien, Strukturen, Systeme, Prozesse oder Verhaltensweisen – in einer Organisation bewirken sollen« (aufgerufen am 22. 10. 2012). Im Duden wird Change-Management als »Initiieren, Leiten und Durchführen von grundlegenden Veränderungsprozessen in Firmen« beschrieben (aufgerufen am selben Tag). Und der Fachverband Change-Management im Bundesverband Deutscher Unternehmensberater (www.change-management.bdu.de) versteht unter seinem Thema Folgendes: »Immer dann, wenn Organisationen, Abteilungen, Gruppen oder Teams bewusst eine systematische Veränderung vornehmen und dieser Wandel reflektiert und gesteuert wird, sprechen wir von 'Change-Management'. Für Führungskräfte sowie Mitarbeiterinnen und Mitarbeiter bedeutet Change lebenslanges Lernen. Der Prozess des Wandels zeigt sich in neuen Fähigkeiten, Verhaltensweisen, Ritualen und Werten. Wir verstehen Change-Management als eine vernetzte, ganzheitliche Unternehmensaufgabe, die von der Symptombehandlung zur Auflösung erstarrter, behindernder Strukturen und Haltungen führt. Wandel hat hierbei immer eine Eigendynamik und kann einen völlig anderen Verlauf nehmen als ursprünglich vorgesehen. Darauf muss ein erfolgreiches Change-Management schnell und flexibel reagieren« (aufgerufen am selben Tag). Ansonsten wird von Experten – selbst bei Klassikern – lediglich ganz vereinzelt eine Definition gewagt.

Außerdem ist »Tschäääntsch« mancherorts bereits ein abgenutzter Begriff, der eher rote Flecken als heiße Begierde erzeugt. Denn wiederholte Veränderung bedeutet abermalige Korrektur des Bisherigen und ist daher per se für viele eine Zumutung. Emsig werden deswegen liebenswürdigere, freundlichere, arglosere Begriffe gesucht: Reform, Wende, Wandel, Umbau, Aufbruch, Innovation, Änderung, Entwicklung, Neugestaltung, Korrektur, Modifikation, Aktualisierung, Erneuerung, Umschwung, Verbesserung, Überarbeitung. Fortschritt oder Transformation. Doch begriffliche Alternativen zu Change sind ebenfalls nicht wirklich sexy.

Auf den zweiten Blick

In der ersten Change-Management-Studie wurden die Befragten gebeten, den Begriff in einem Satz prägnant zu definieren (Claßen u. a. 2003: 13 – 15). Da die Literatur nichts Griffiges hergab, wurden diverse Lesarten *erfunden*. Immerhin wiesen die vorgegebenen Definitionen bestimmte Ähnlichkeiten auf, besonders den engen Bezug zur Prozessdimension der Veränderung. Sie ließen sich aber hinsichtlich ihres Grundtenors unterscheiden; wobei die insgesamt sechs Variationen nicht den Anspruch auf klare Trennschärfe oder inhaltliche Präzision erhoben. Am populärsten erwies sich vor einer Dekade die planungsorientierte Definition: Change-Management ist ein geplanter Prozess zur Veränderung von Kultur, Systemen und Verhalten einer Organisation mit dem Ziel, die Effizienz dieser Organisation bei Problemlösung und Zielerreichung zu verbessern. Auf den Plätzen folgten die stakeholderorientierten, ergebnisorientierten, prozessorientierten, systemorientierten und ursachenorientierten Definitionen.

Aus der hohen Streuung bei der Zustimmung zu diesen sechs Definitionen zogen wir damals den Schluss, dass es keine allseits anerkannte Definition von Change-Management gibt. Und wohl sogar – wie bei derartigen Management-Basics nicht ungewöhnlich – niemals geben wird. In der Praxis ist deshalb ein sehr heterogenes Begriffsverständnis zu beobachten. Change-Management wird auf die unterschiedlichste Weise interpretiert. Das Verständnis zur Gestaltung des Wandels ist von situativen, personellen und kommerziellen Aspekten bestimmt. Es muss bei jedem konkreten Veränderungsprojekt wieder neu definiert und fixiert werden. Beim erstmaligen Zusammentreffen und -arbeiten von Change-Management-Experten muss zunächst einmal abgeklärt werden, über was denn überhaupt gesprochen wird. Bei der Beschreibung von Change-Management im Rahmen von Transformationsprojekten sind vor dem Start von Aktivitäten oftmals längere Diskussionen über Theorien und Ansätze, Instrumente und Ergebnisse an der Tagesordnung. Diese Unschärfe mag auch der Grund dafür sein, dass sich im Markt der Change-Management-Beratung immer wieder Scharlatane mit ihrem Gehabe und Schein über lange Zeit behaupten können (vgl. 2.7).

Auf den dritten Blick

Wir wählten dann für uns selbst – weil *man* als Beratungsunternehmen glaubt seinen Kunden eine Definition bieten zu müssen – die ergebnisorientierte Auslegung: »Change-Management ist die systematische und nachhaltige Begleitung großformatiger Transformationen in Organisationen. Die adaptive Architektur der Interventionstechniken hat zum Ziel, die positive Motivation der Stakeholder und deren aktives Handeln im Sinne der Veränderung zu unterstützen« (Capgemini Consulting 2008 verbatim).

Indessen haben wir das Irren und die Wirren um eine Change-Management-Definition für einige Zeit ruhen lassen. Denn wir hatten Sorge vor einem definitorischen Autismus, wie ihn der schweizerische Schriftsteller Bichsel (1974: 18 – 27) in einem ganz anderen Kontext beschrieben hat: »Ich will von einem alten Mann erzählen, von einem Mann, der kein Wort mehr sagt, ein müdes Gesicht hat, zu müd zum Lächeln und zu müd, um böse zu sein. ... Dann gab es einmal einen besonderen Tag, einen Tag mit Sonne, nicht zu heiß, nicht zu kalt, mit Vogelgezwitscher, mit freundlichen Leuten, mit Kindern, die spielten – und das besondere war, dass das alles dem Mann plötzlich gefiel. Er lächelte. 'Jetzt wird sich alles ändern', dachte er. ... Aber im Zimmer war alles gleich, ein Tisch, zwei Stühle, ein Bett. ... Es muss sich etwas ändern. ... 'Immer derselbe Tisch', sagte der Mann, 'dieselben Stühle, das Bett, das Bild. Und dem Tisch sage ich Tisch, dem Bild sage ich Bild, das Bett heißt Bett, und den Stuhl nennt man Stuhl. Warum denn eigentlich?' ... 'Warum heißt das Bett nicht Bild', dachte der Mann und lächelte, dann lachte er, lachte, bis die Nachbarn an die Wand klopften und 'Ruhe' riefen. 'Jetzt ändert es sich', rief er, und er sagte von nun an dem Bett 'Bild'. 'Ich bin müde, ich will ins Bild', sagte er, und morgens blieb er oft lange im Bild liegen und überlegte, wie er nun dem Stuhl sagen wolle«.

Auf den vierten Blick

Aus purer Neugier stellten wir in der vierten Change-Management-Studie erneut die Definitionsfrage (Claßen/von Kyaw 2010: 90 – 1). Wir wollten wissen, wie die befragten Experten Change-Management – in wenigen Worten auf einen prägnanten Nenner gebracht – kurz und knapp charakterisieren. Eigentlich hatten wir es aus der ersten Studie bereits gewusst und hätten es uns denken können. Wobei die Frage selbst nicht die Schwierigkeiten erzeugt hat, sondern die bei einer geschlossenen Fragestellung vorzugebenden Antwortkategorien. Finden Sie, liebe Leserinnen und Leser, in der Literatur oder anderen Fundstellen eingängige Formulierungen zum Change-Management. Die Ihnen dann nicht als Plattitüden erscheinen. Daher hatten wir hin und her diskutiert, in Pretests mit erfahrenen und geduldigen Probanden die Charakterisierungen zu verifizieren versucht sowie zwischenzeitlich die ganze Fragestellung sogar fallengelassen. Doch unser Wunderfitz hat gesiegt. Denn die kurzen Definitionen zeigen durchaus den genetischen Code im Change-Management-Verständnis. So wie es eben jeweils verstanden wird.

Der mit großem Vorsprung gängigste Einzeiler betont die Vermittlungsfunktion des Change-Managements: »Klare, glaubwürdige Botschaften senden, offene Kommunikation fördern« (58 Prozent). Auch das zweitwichtigste Statement betont diese Transmissionsrolle bei Veränderungen: »Den Wandel nachvollziehbar und begreifbar machen« (42 Prozent). Auf dem dritten Platz folgt dann der Klassiker »Betroffene zu Beteiligten machen« (35 Prozent), der mit seiner partizipativen Komponente auf die Mobilisierungsfunktion abzielt. Nummer vier und fünf adressieren in erster Linie die Steuerungsfunktion: »Komplexe Veränderungen in einer Organisation aktiv steuern« (29 Prozent) beziehungsweise »Veränderungen systematisch und nachhaltig begleiten« (20 Prozent). Es folgten dreizehn weitere Einzeiler zur Charakterisierung von Change-Management. Ein Fazit wurde dabei ebenfalls deutlich: Die breit akzeptierte Charakterisierung des Change-Management in einem knackigen Satz lässt weiter auf sich warten.

Auf den fünften und vorerst letzten Blick

Es ist klar geworden: Unter Change-Management werden die unterschiedlichsten Theorien und Ansätze, Prozesse und Methoden, Vorstellungen und Sichtweisen verstanden. Sie alle vermögen nur einen Teil der prozessualen Aufgabenwelt komplexer Veränderungsprozesse abzubilden. Die betriebliche Praxis macht es sich hingegen einfach und definiert Change-Management ganz pragmatisch als das, was unter dem Label Change-Management veranstaltet wird. Doch die Suche nach einer landläufigen Definition geht munter weiter.

2.5   Change-Management: Vorteile

Jenseits des Zahlenfetisches

Wer in der People-Dimension des Unternehmens neben die Wertschätzung für Menschen die Wertschöpfung von Menschen rückt, muss sich einer Herausforderung stellen: der Messung von Wertschöpfung. Daran führt in ökonomischen Organisationen mit ihrer Profitable-Growth-Zielsetzung kein Weg vorbei. Selbst wenn dieser mit vielen Stolperfallen und Hindernissen versehen ist, die an anderer Stelle unter dem Stichwort *Zahlenfetisch* ausführlich dargestellt wurden (Claßen/Kern 2010: 70 – 75). Sie werden später in diesem Buch unter dem Stichwort *Change-Management-Controlling* nochmals aufgegriffen (vgl. 8.3). Allerdings findet Controlling erst hinterher (ex post) statt, wenn die Veränderung bereits gelaufen ist. Doch Change-Management benötigt oft schon mit Beginn des Wandels (ex ante) seine ökonomische Legitimation, ob und wie die Prozessdimension bei der Veränderung überhaupt bedient wird.

Indessen stehen immer noch keine belastbaren Wirkungsparameter für Change-Management und sein Instrumentarium zur Verfügung, weder aus theoretischer Forschung noch aus empirischen Analysen (vgl. Claßen u. a. 2005: 58 – 60, Stock-Homburg 2007: 816). Beim Blick auf die Tücken des Themas ist das keineswegs überraschend. Die Wissenschaft scheint ihre Suche nach validen Wirkungsparametern inzwischen aufgegeben zu haben. Diese Lücke kann hier lediglich ansatzweise gefüllt werden: indem die Thematik pauschalisiert und simplifiziert wird. Eine besondere Aufmerksamkeit in den bereits mehrfach erwähnten Change-Management-Studien haben nämlich die Gesamteffekte von unzureichend begleiteten Veränderungsprozessen auf Produktivität und Fluktuation genossen.

Zunächst drei Vorbemerkungen: Erstens, die folgenden Schätzungen basieren auf Erfahrungen der befragten Change-Management-Professionals. Sie stellen damit ein solides Expertenurteil, nicht aber eine millimetergenau vermessene Veränderung der Produktivitäts- und Fluktuationsrate dar. Zweitens, die erschreckenden Rückgänge bei Produktivität beziehungsweise Zuwächse bei Fluktuation sind durch professionelles Change-Management sicherlich nicht vollständig zu vermeiden. Sie wären freilich durch einen besser begleiteten Veränderungsprozess deutlich zu reduzieren. Drittens, die hohen Werte können nicht als Einzelmeinung von über die Jahre zynisch gewordenen Business-Managern oder Change-Experten abgetan werden. Dazu haben sie sich im Längsschnitt von drei Befragungen und im Querschnitt über die deutschsprachigen Länder und die unterschiedlichen Branchen inzwischen als sehr stabil erwiesen. Weitere methodische und inhaltliche Details sind andernorts nachzulesen (Claßen/von Kyaw 2010: 80 – 83).

Effekte bei fehlendem Change-Management

Die negativen Effekte von fehlendem oder schlechtem Change-Management auf die Produktivität sind dramatisch (Abb. 11). Im Durchschnitt erwarten Experten einen Produktivitätsrückgang von 25 Prozentpunkten. Bei zwei früheren Studien lag der entsprechende Wert leicht darunter. In Worten: fünfundzwanzig Prozent weniger Produktivität der Belegschaft, wenn beim Veränderungsmanagement grobe Fehler oder gar nichts gemacht werden. Anders ausgedrückt ist dann jeder vierte Mitarbeiter ein Komplettausfall. Eins, zwei, drei, unproduktiv, fünf, sechs, sieben, unproduktiv, neun, zehn, elf, unproduktiv. Wird dieser Wert in Bilanzkennzahlen übersetzt, kommen rasch Millionensummen zusammen, die vernachlässigtes Change-Management kosten kann. Dies gilt insbesondere bei Projekten mit längerer Laufzeit und zahlreichen Betroffenen sowie für Unternehmen, in denen sich mangelnde Produktivität der Mitarbeiter direkt in das Ergebnis übersetzt wie etwa bei Dienstleistungsunternehmen.

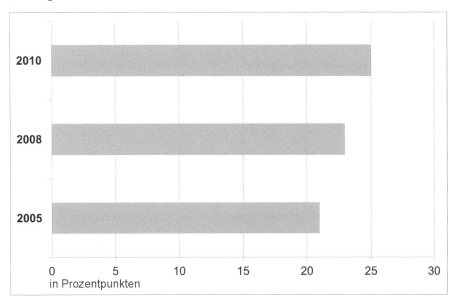

Abb. 11: Rückgang von Produktivität bei ungenügendem Change-Management

Dazu eine simple Kalkulation (Basisannahmen: Unternehmen mit 10.000 Mitarbeitern à durchschnittlich 50.000 Euro Personalfaktorkosten und einem halbjährigen Veränderungsprojekt): In diesem Fall beträgt der Produktivitätsverlust bei unzureichendem Change-Management 62,5 Millionen Euro. Solche Werte hinterlassen tiefe Spuren in der Bilanz. Wenn besseres Change-Management den Produktivitätsrückgang nur um ein einziges Prozentpünktchen vermindern würde, hätten sich selbst Aufwendungen in Höhe von 2,5 Millionen Euro rasch amortisiert. Übrigens: Unlängst ermittelte Mercuri Urval (2012) für den Mittelstand sogar einen veränderungsbedingten durchschnittlichen Produktivitätsausfall von 40 Prozent (Deutschland) beziehungsweise 45 Prozent (Schweiz).

Eine weitere Analyse fokussiert auf die Frage, welche negativen Effekte mit Auswirkung auf Produktivität auftreten, wenn Change-Management bei Veränderungen vernachlässigt wird (Claßen/von Kyaw 2008: 52–57 – Durchschnittswerte 2005/08):

- ineffizientes Arbeiten wegen fehlender Information über Veränderungsprozess (81 Prozent),

- bewusstes Agieren gegen Veränderung (Blockieren, Verzögern, Vermeiden) (75 Prozent),

- ineffizientes Arbeiten wegen fehlender Information über Veränderungsergebnis (42 Prozent),

- häufige Arbeitsunterbrechung (Flurfunk, Pausen, Internet) (37 Prozent).

Diese Ergebnisse zeigen, dass es zwei dominante Produktivitätseffekte gibt, wenn Change-Management zu kurz kommt. In vier von fünf Unternehmen führt dies zu ineffizientem Arbeiten durch fehlende Informationen über den Veränderungsprozess. In kaum weniger Organisationen findet sogar ein bewusstes Agieren gegen die Veränderung statt. In *lediglich* zwei von fünf Unternehmen kommt es zu ineffizientem Arbeiten durch fehlende Informationen über das Veränderungsergebnis. Mitarbeiter möchten also wesentlich stärker über den Veränderungsprozess (Was geschieht?) als über das Veränderungsergebnis (Was entsteht?) informiert werden. Sie erwarten dies im wachen Bewusstsein, dass Information über den Prozess schon in frühen Projektphasen möglich ist. Auch wenn Informationen über das Ergebnis dann meist noch nicht konkret vorliegen und diesbezügliche Erwartungen unangemessen wären. Wissbegier auf Fakten und Neugier auf News beginnen jedenfalls mit der Stunde Null einer Ankündigung, dass sich etwas verändert. Und oft bereits zuvor beim ersten halbwegs plausiblen Gemunkel.

Auf den ersten Blick weniger dramatisch, bei genauer Analyse jedoch ebenfalls erheblich, sind negative Effekte von schlechtem Change-Management auf die Fluktuation im Sinne von unerwünschten Abgängen (Regretted Leavers). Im Durchschnitt rechnen Experten mit einem Anstieg der Fluktuation von Leistungsträgern und Talenten um elf Prozentpunkte. Bei zwei früheren Studien lag der entsprechende Wert etwas tiefer. Nach neun Veränderungen hätte sich die Belegschaft eines durchschnittlichen Unternehmens damit einmal komplett erneuert.

Vom Glauben zum Wissen

In jedem Fall ist Zweierlei deutlich geworden: Change-Management muss und kann seine Wirtschaftlichkeit belegen. Dabei kann es kaum mit Hard Facts dienen. Immerhin wird mit ziemlich harten Soft Facts deutlich, welche positive oder negative Wertschöpfung hinter der Prozessdimension von Veränderung steht. Auf dem Weg vom Glauben zum Wissen ist Change-Management vielerorts dem Wissen bereits recht nah.

In der vierten Change-Management-Studie wurde die Wertschöpfungswirkung anhand von 26 Effekten umfassend untersucht. Diese Effekte immaterieller sowie gefühlter Natur resultierten aus Projekterfahrungen sowie bekannten theoretischen Argumentationsmustern und wurden durch Pretests des Fragebogens validiert. Weitere methodische und inhaltliche Details sind andernorts ausgefaltet (Claßen/von Kyaw 2010: 76 – 78). Wenig überraschend hat Change-Management vielfältige wertschöpfungsrelevante Effekte auf das Projekt, die Mitarbeiter und das Unternehmen. Hier nun das obere Drittel der untersuchten Wirkungen (Werte für »sehr stark positive Wirkung«):

- Klarheit der Projektziele (36 Prozent),

- Unternehmensklima (32 Prozent),

- Akzeptanz von Projektergebnissen (31 Prozent),

- Zusammenarbeit im Unternehmen (30 Prozent),

- Unterstützung des Veränderungsvorhabens (29 Prozent),

- Motivation und Engagement der Mitarbeiter(29 Prozent,

- Vermeidung von Projektblockaden (25 Prozent),

- Zufriedenheit der Mitarbeiter (25 Prozent),

- Klarheit der Aufgabenverteilung (24 Prozent),

- Commitment der Mitarbeiter (24 Prozent).

Damit zeigt sich, dass Change-Management deutlich mehr als nur Wohlbehagen (Feel good) bei den Betroffenen erzeugt. Immerhin vier von fünf Befragten messen Change-Management eine stark positive oder sogar sehr stark positive Bedeutung zur Gesamtproduktivität des Unternehmens bei. Am wichtigsten bleiben freilich die Wirkungen von Change-Management auf Mitarbeiter und deren (Zu-)Stimmung zum Wandel. Wobei der aus einer Organisationsentwicklungs-Sage überlieferte Ursache-Wirkungs-Mythos von der Kommunikation und Partizipation hin zum Kopfnicken vermutlich zu kurz greift (vgl. 3.4). »Die Realität zeigt: Einsicht allein genügt nicht« (Oltmanns/ Nemeyer 2010: 58 – 67).

Natürlich lassen sich diese Produktivitätseffekte von Change-Management nicht Eins-zu-Eins in Projekt- und Unternehmenserfolg ummünzen. Ganz so einfach ist es nun auch wieder nicht. Allein, ohne professionelles Change-Management dürfte heute kaum mehr ein Veränderungsprozess gelingen. Da sind sich die befragten Experten sicher. Change-Management trägt zum Profitable Growth bei. Da es allerdings weiterhin Zweifler und Gegner gibt (sowie eine gehörige Portion Eigenkontrolle und Zurückhaltung niemals schadet), wachsen die Budgets nicht ins Uferlose und bleibt der Ruf nach Change-Management-Controlling weiterhin vernehmbar (vgl. 8.3).

Interview mit Joachim Sauer

Präsident des Bundesverbandes der Personalmanager (BPM), Berlin, und Geschäftsführer Personal Faurecia, Augsburg

»Olle Kamellen«: Change-Management ist heute total normal

Wann und wie ist Ihnen der Begriff Change-Management zum ersten Mal untergekommen? Und was hat er damals ausgelöst?

Ich kann mich nicht daran erinnern wann ich das erste Mal von Change-Management gehört habe. Aber heutzutage höre ich täglich ca. 10–20mal davon. Es ist wichtig Veränderungen zu managen und zu begleiten, anstatt sie einfach nur umzusetzen. Dennoch bestand das Risiko, dass es sich bei Change-Management um einen Modebegriff handelt, über den in vielen Diskussionsrunden philosophiert wird und Experten raten, dies unbedingt in Organisationen zu etablieren, um zukünftig im Wettbewerb bestehen zu können. Für mich war es von Anfang an wichtig zu erfahren, was Change-Management konkret bedeutet, wie es praktisch in Unternehmen umgesetzt werden kann und somit zu einem nachhaltigen Mehrwert führt.

Wenn Sie Change-Management heute hören – was bewegt dies in Ihnen noch?

Obwohl Change-Management in vielen Unternehmen bereits seit langer Zeit implementiert ist, verliert es nicht an Bedeutung und kommt immer wieder zur Sprache. Die Herausforderung besteht darin, die zunehmende Komplexität der Systeme zu managen. Dies drückt sich in einer immer größer werdenden Vernetzung einer Vielzahl von Variablen aus, die jedoch aufgrund ihrer Wichtigkeit nicht außer Acht gelassen werden können. Die Handhabbarkeit des großen Ganzen wird somit immer schwieriger, da sich im System selbst Prozesse in Gang setzen die nicht vorhersehbar sind. Nicht alle Verbindungen sind transparent und oftmals mangelt es an einer klaren Zielsetzung. Standardisierten Prozessen kann in diesem Fall nicht gefolgt werden, da die Instabilität komplexer Systeme keine Gesetzmäßigkeiten zulässt. So wundert es nicht, dass häufig Fehler auftreten. Change-Management ist meist nicht in der Unternehmenskultur verankert und die Notwendigkeit Veränderungen zu begleiten wird nicht deutlich gemacht. Weiterhin existiert häufig keine aussagekräftige Vision beziehungsweise stehen dieser Hindernisse im Weg oder sie wurde nicht großflächig kommuniziert. Das Management einer jeden Organisation muss hinter Veränderungsprozessen stehen, deren Fortschritte stetig begleiten, darf aber den erfolgreichen Abschluss nicht zu früh ausrufen.

Gehört Change-Management in den (BPM-)Unternehmen inzwischen zu den Standardaufgaben eines Managers (oder ist es immer noch etwas Besonderes)?

Change-Management gehört zu den täglichen Aufgaben eines jeden Managers. Dabei müssen jedoch die unterschiedlichen Ausprägungen von Veränderungen berücksichtigt werden. Evolutionäre Veränderungen, die durch das starke Wachstum eines Unternehmens impliziert werden und von Investoren und Öffentlichkeit mitgetragen werden unterscheiden sich erheblich von radikalen Veränderungen, die einen tiefgreifenden Wandel mit sich bringen. Diese bereiten den meisten Organisationen erhebliche Schwierigkeiten, da Probleme nun häufig außerhalb der bestehenden Problemlösungsstrukturen betrachtet werden müssen. In akuten Krisenfällen wird das Change-Management zu spät aktiviert, wodurch überwiegend nur noch reaktiv gehandelt werden kann, da sich niemand getraut hat, die Problematik rechtzeitig zu offen anzusprechen. Betrachtet man also die verschiedenen Ausprägungen von Veränderungen, so kann man keineswegs davon sprechen, dass es sich dabei um »Standard« handelt.

Wenn Ihnen eine gute Fee zur Seite stehen würde, die Ihnen einen freien Wunsch zum Change-Management zugesteht – welcher wäre dies? Was würden Sie sich für ein noch besseres Change-Management unbedingt wünschen?

Es sollte sich an den Erfolgsfaktoren in der Prozessgestaltung orientieren. Wurde Veränderungsbedarf erkannt und analysiert, sollte anhand der Konzeption eines zielführenden Prozesses zunächst die Sinnhaftigkeit des Wandels erläutert werden. Neben der Unterstützung proaktiver Treiber der Veränderung innerhalb der Organisation ist das Alignement des Managementteams unabdingbar. Durch das Nutzen günstiger Momente können Aktivitäten möglich gemacht und Abweichungen durch konstruktives Feedback gemanagt werden. Ist zusätzlich dazu eine transparente, ehrliche Kommunikation etabliert und Change-Management in der Unternehmenskultur fest verankert, können selbst komplexe Veränderungen zum Erfolg führen.

2.6   Change-Management: Studien

Licht und Schatten

Noch in den Neunzigern gab es wenige empirische Studien rund um die Gestaltung des Wandels. Etwa seit dem Jahr 2000 hat sich ein nicht abebbender Boom in Sachen Change-Management-Analysen ergeben (Stock-Homburg 2007). Dies kann mittlerweile niemand mehr vollständig verarbeiten, selbst als schmökerfreudiger Vielleser nicht. In den letzten Jahren ist die Studien-Quantität – nicht deren Qualität – weiter gewachsen. Insbesondere seitens der Beratungshäuser jeglicher Couleur mit dem Motiv zur Marktpositionierung. Wobei diesbezüglich jede weitere Studie zu einem abnehmenden Grenznutzen führt. Nur noch wenige ragen heraus. Die meisten gehören in die Kategorie »Duftmarke« (vgl. 2.7), und haben wenig bis gar nichts Neues zu bieten. Es interessiert inzwischen niemanden mehr außer den Autoren, ob nun 89,3 oder 92,8 Prozent der Befragten Change-Management »sehr wichtig« finden (und ähnlich redundantes Grundrauschen).

Auf einen Update zum ausführlichen Überblick von Change-Management-Studien zwischen 2003 und 2008 aus der ersten Auflage (S. 295 – 327) habe ich deshalb hier verzichtet. Selbst die Behandlung desselben Aspekts kann durch unterschiedliche Untersuchungsdesigns, Fragestellungen und Antwortfelder zu recht verschiedenen Ergebnissen führen. Zumal Ergebnisse nicht selten von einer Marktpositionierung der urplötzlich als *Wissenschaft* agierenden Dienstleister durchwirkt scheinen. So wird etwa der an sich unbedeutende Digital Change dann ein hochstilisiertes Thema, wenn es zum eigenen Beratungsportfolio gehört.

Beliebtestes Thema von Studien sind nach wie vor die Erfolgsfaktoren von Veränderungsprozessen beziehungsweise ihre Kehrseite: Stolpersteine, Herausforderungen und Umsetzungsbarrieren (vgl. 6.1). Lassen sich dadurch doch geschickt Defizite in Unternehmen aufzeigen und Produkte von Beratungen, Trainern, Coachs empfehlen. Der Vergleich von Resultaten über die Studien hinweg ist allerdings kaum möglich. Die meisten Analysen sind Eintagsfliegen und bekommen keinen seriellen Charakter. Weshalb Entwicklungen im Zeitverlauf oder die Bestätigung von Ergebnissen zu einem späteren Zeitpunkt nicht nachvollzogen werden können. Schließlich muss man bei einigen »CEO-Studien« einfach glauben, dass sich der vielbeschäftigte Vorstand tatsächlich die Zeit genommen und den Fragebogen selbst ausgefüllt hat (und nicht ein emsiger Assistent mit wenig Praxiserfahrung).

Theorie und Praxis

Zwischen der akademischen und organisatorischen Realität gibt es manche Missverständnisse. Dies liegt vermutlich an unterschiedlichen Zielsystemen. Das Interesse der Wissenschaft richtet sich auf neue Erkenntnisse. Der Output von Nachdenken besteht aus Theorien und Thesen. Als Basis dienen Gedankengebäude sowie mehr und mehr Modellierung und Quantifizierung. Relevanzkriterium ist die Publikation in »A journals« (vgl. Böckelmann 2011: 74 – 83). Das Interesse der Unternehmenspraxis liegt auf dem *Profitable Growth* (vgl. 2.3). Der Output von Nachdenken besteht aus Entscheidungen. Als Basis dienen Alltagstheorien, Bauchgefühl sowie Selbsterfahrung. Relevanzkriterium ist die Praktikabilität des Augenblicks. Solche Differenzen führen zu gegenseitigen Missverständnissen: »In den Hochschulen gibt es eine Art nordkoreanischer Realitätsverweigerung der innovativen Wirklichkeit in Unternehmen« (Stiefel in MAO 1/2011: 6).

Die Konsequenz (nun aus Sicht eines Hochschullehrers): »Wissenschaft und Praxis entwickeln sich immer weiter auseinander. Die Wissenschaftler analysieren immer kleinere Ausschnitte der Wirklichkeit, der Praktiker hat seine

Entscheidungen unter Berücksichtigung vieler als bedeutsam erachtender Faktoren zu treffen. Aufrichtige Wissenschaftler wagen daher auch immer seltener, sich zu Fragen der Praxis zu äußern« (Wolf in Personalmagazin 05/2011: 36). Dieser tiefer werdende Graben hat Auswirkungen auf die Begleitung von organisatorischen Veränderungsprozessen: »Mit ihrem spezifischen Ansatz der Wissensgenerierung steht die Unternehmensberatung im Spannungsfeld zur Akademia, die sich der Aufgabe verschreibt, über systematische Forschung langfristig gegenständliche Theorien von Organisationen und Führung zu entwickeln. Nur gelegentlich leitet umgekehrt die Akademia daraus Interventionen, Methoden und integrierte Organisationsmodelle ab. Hier reden quasi zwei Zugänge – der kasuistische Wissenszugang von Praktikern und der grundsätzliche Wissenszugang von Akademikern – aneinander vorbei. Das wäre weiter nicht tragisch, würde sich nicht immer wieder die eine oder andere Seite die alleinige Definitionsmacht zuschreiben« (Krizanits 2011: 184–185). Besonders pikant wird das Ganze, wenn die Akademia in die Beratung einsteigt oder die Beratung sich mit Akademia verziert; aus den unterschiedlichsten Motiven.

Noch pikanter wird es, wenn unredlich auf die Zweckbehauptung »Aktuelle Studien belegen, dass …« zurückgegriffen wird, am schlimmsten ohne korrektes Zitieren und empirische Belege (etwa Neun 2011). Wer heute mit ein wenig Muße sucht, findet zu allem seine Argumentationsmuster. Dies soll am Beispiel Erziehungsstil illustriert werden: Der eine plädiert für *weniger Grenzen* (Jesper Juul), der andere für *mehr Grenzen* (Bernhard Bueb). Der eine kämpft für *weniger fordern* (Michael Winterhoff) und die andere für *mehr fordern* (Amy Chua). Auch im Change-Management lassen sich derart für beinahe jedes Vorgehen, selbst fernab des Mainstreams, vermeintliche Beweise finden (vgl. Gmür/Schwerdt 2005). Wie oftmals in der Medizin, Politik oder Justiz wird es bei der Gestaltung des Wandels ganz bestimmt die wissenschaftlich untermauerte Zweitmeinung geben (vgl. Böckelmann 2011: 282–9): Zwei Veränderungsmanager – zwei Meinungen. Mindestens, der Trend geht zur Drittmeinung.

Interview mit Randolf Jessl

Chefredakteur der Zeitschrift »Personalmagazin«,
Haufe Gruppe, Freiburg

»Fragen an den HR-Fachjournalisten«: Was regt einen Leser heute noch an und auf?

Mit welchen Angeboten für Beiträge rund um Change-Management werden Sie derzeit zugeschüttet? Was ist daran abgedroschen, langweilig, alltäglich?

Es gibt eine Fülle von Erhebungen, meist von Beratungsunternehmen getrieben und in kleinen Stichproben realisiert, die danach fragen, wer in Unternehmen Change-Management verantwortet und steuert, was die Unternehmen dabei tun, welche Erfolge sie sehen und welche Hürden sie zu nehmen haben. Da scheint alles gesagt – aber offensichtlich noch nicht von allen relevanten Playern. In Sachen Tools, Methoden und Erfolgsfaktoren habe ich schon lange nichts Überraschendes mehr gesehen.

Bei welcher Message zur Gestaltung des Wandels würden Sie im nächsten Personalmagazin sofort einen Sechsseiter freiräumen?

Bei uns gibt es so gut wie keine Sechsseiter – und gute Botschaften lassen sich auch knapper kommunizieren. Aber mit Begeisterung würde ich einem Beitrag Raum geben, der noch einmal ganz grundsätzlich die Sinnfrage klassischer Change-Management-Projekte stellt. Der Wandel ist allgegenwärtig und lässt sich aus meiner Sicht nicht befriedigend in Projekten, die einander in immer kürzeren Abständen ablösen, managen. Was nottut ist die Ausbildung der Eigenschaft »Wandlungsfähigkeit« in und von Organisationen und Personen. Dann sprechen wir also mehr über Strukturen und persönliche Eigenschaften als über Beeinflussungs- und Kommunikationstechniken. Ist nämlich »Wandlungsfähigkeit« gegeben, dürfte der Aufwand, der benötigt wird, um die nötige »Wandlungsbereitschaft« der Akteure zu erzielen, deutlich und dauerhaft zu reduzieren sein. Der Rest an Veränderungsmanagement wäre dann Sache der internen Kommunikation und des klassischen Projektmanagements. Zu denken gab mir in diesem Zusammenhang der Vertreter eines Großunternehmens, der meinte, die Millionen, die Firmen für Change-Management ausgeben, wären in Maßnahmen des Gesundheitsmanagements besser investiert.

Was reizt einen Medienprofi an Checklisten wie »Die fünf goldenen Regeln zur erfolgreichen Transformation«?

Checklisten sind immer wieder Anlass für wohlfeilen Spott und Polemik von besonders reflektierten Zeitgenossen. Die haben natürlich im Kern Recht, wenn sie darauf hinweisen, dass sich nicht jede Lösung eines Problems ins »Schema F« passen und stumpf abarbeiten lässt. Dennoch wissen zumindest die Gebildeten unter den Verächtern von Checklisten, dass hochkomplexe Prozesse in der Luftfahrt oder in der Chirurgie von sehr fähigen Menschen durchaus mit Hilfe von Checklisten bestritten werden. Und auch Modellbildung, was ja oft der Abfassung einer Checkliste zugrunde liegt, ist ein anspruchsvolles und anerkanntes erkenntnistheoretisches Unterfangen. Also: Gute Checklisten helfen, in komplexen Situationen handlungsfähig zu sein, und liefern Modelle für Vorgehensweisen, die idealerweise das Endprodukt eines fundierten Analyse- und Erkenntnisprozesses sind. Ihre oft banal wirkenden Leitsätze (Betroffene zu Beteiligten machen) verdichten Erkenntnisse auf einprägsame Weise. Was also kann einem Medienprofi Besseres passieren, als seinen Lesern Erkenntnisse in fünf eingängigen Regeln zu vermitteln, wo andere mit ausufernden Textkonvoluten ihren Lesern die Auffassung vernebeln.

Wenn Ihnen eine gute Fee zur Seite stehen würde, die Ihnen einen freien Wunsch zum Change-Management zugesteht – welcher wäre dies? Was würden Sie sich für ein noch besseres Change-Management unbedingt wünschen?

Dass es im Sinne des oben Gesagten aufhört, eine hoch elaborierte Kunst des »Social Engineerings« zu sein. Und dass es stattdessen in den Schoß des klassischen Projektmanagements und der Organisationsgestaltung zurückfindet. Das hätte zur Folge, dass sich das Augenmerk, das nach meiner Beobachtung hauptsächlich auf der Befindlichkeit und dem »Alignment« der Belegschaft liegt, auf den Prozess zurückverlagert, wie Ziele und Wege eines Veränderungsprojekts gefunden und ausgehandelt werden. Da fehlt es meines Erachtens noch an Erkenntnissen und alternativen Modellen zum Mainstream in unseren Unternehmen.

2.7 Change-Management: Theorien und Ansätze

Keine Blaupausen

Das Thema Change-Management wird in der Literatur mindestens seit den fünfziger Jahren in vielfältiger Weise und mit unterschiedlichen Ansätzen behandelt. Daraus ließe sich die blauäugige Vermutung ableiten, man könne in dieser Literatur, auf Konferenzen oder bei Beratungen passende Blaupausen für betriebliche Veränderungsprozesse finden und diese dann Eins zu Eins anwenden. Behauptet wird dies von den Anbietern jedenfalls. Die Ergebnisse der ersten Change-Management-Studie (Claßen u. a. 2003: 15 – 16) zeigen freilich eindrucksvoll, dass dem nicht so ist. Zwei Drittel der Befragten bevorzugten für ihre Praxis keinen spezifischen Change-Management-Ansatz (66 Prozent). Jeweils deutlich weniger als ein Fünftel favorisierte eine Kombination mehrerer Change-Management-Ansätze beziehungsweise einen ganz spezifischen Change-Management-Ansatz (insgesamt 34 Prozent). Daran hat sich bis zur fünften Change-Management-Studie wenig geändert. Selbst wenn sich die Quoten etwas in Richtung Modellnutzer und dort zu den selbstgestrickten Ansätze verschoben haben (Capgemini Consulting 2012: 28 – 29).

Fazit Eins: Die Gestaltung des Wandels ist und bleibt die Domäne eines Best-Fit-Vorgehens und lässt wenig Raum für Best-Practice-Konzepte. Noch aber ist »die Praxis des Change-Managements kontextblind. … Der Hauptstrom der Beratungspraxis hat keinen Blick für die konkreten Umstände eines Unternehmens, für Traditionen, Reifegrade, Herkünfte, Lokales. … Unterschiedslos beglückt (man) … mit heilsabsoluten Konzepten. … Es gibt nicht nur einen Modernisierungspfad, nicht nur ein Fortschrittsmodell. … Vergleiche können lehrreich sein, aber über begehbare Auswege verraten sie allenfalls Anschauliches« (Sprenger im Manager-Magazin-Interview 04/2012: 66).

Selbst bei jenen Befragten, die sich an bestehenden Theorien, Ansätzen und Konzepten zum Change-Management orientierten, erschien keinem Einzigen eine Eins-zu-Eins-Umsetzung für das jeweilige Unternehmen möglich. »Leichte Modifikationen« (38 Prozent) oder »erhebliche Modifikationen« (24 Prozent) nach eigenem Geschmack waren die Konsequenz. Für die restlichen Befragten (38 Prozent) stellte der bevorzugte Ansatz bestenfalls ein »gedankliches Grundgerüst« dar. Als die gängigsten *Favoriten* aus den über dreißig genannten Blaupausen zeigten sich – im Jahre 2003 – aus der angloamerikanischen Hemisphäre Lewin, Senge sowie Kotter und im deutschsprachigen Raum das Doppler/Lauterburg-Handwerksbuch. Solche Renner aus 2003 sind jetzt, zehn Jahre später, bis auf Lewin immer noch populär. Natürlich sind – siehe unten – inzwischen neue »must reads« hinzugekommen.

Die vierte Change-Management-Studie (Claßen/von Kyaw 2010: 85 – 87) zeigt das über die Jahre abnehmende Vertrauen auf programmatische Modelle ziemlich deutlich. Lediglich neun Prozent bevorzugen gegenwärtig ein ganz bestimmtes Modell (Modell-Protagonisten). Weitere neun Prozent adaptieren ein oder mehrere bereits vorhandene Modelle (Modell-Adaptierer). Keines der mit offener Fragestellung abgefragten Modelle vereinigt eine nennenswerte Anhängerschaft. Auf eine größere Schar von treuen Jüngern scheint keine Theorie bauen zu können. Freunde spezifischer Change-Management-Konzepte sind auf viele Lager verstreut. Die Praktiker bedienen sich eben im Markt der Möglichkeiten nach ihrem Gusto. Fast die Hälfte (47 Prozent) meinen sogar kein fremdes Modell zu bevorzugen, sondern ein eigenes Konzept anzuwenden. Mehr als jeder Dritte (36 Prozent) bekundet schließlich überhaupt kein spezifisches Modell einzusetzen.

Damit scheint es bei Change-Management-Praktikern drei sehr unterschiedliche Parteien zu geben. Die erste und mit insgesamt weniger als einem Fünftel kleinste Fraktion der Modell-Nutzer (= Protagonisten + Adaptierer) verwendet vorhandene Denkmuster für die Umsetzung im Sinne einer Eins-zu-Eins-Übertragung. Die zweite, und mit rund der Hälfte stärkste Fraktion, der Modell-Entwickler setzt auf eigene Kreationen. Aus meiner Erfahrung reicht dieses »do it yourself« von zaghaften Übungen im mit Werkzeugen mäßig bestückten Hobbykeller bis hin zu tatsächlichen »*Leading-Edge-Konzepten*, die keinen Vergleich mit Lichtgestalten der Szene scheuen brauchen. Die dritte, und mit einem guten Drittel nicht zu vernachlässigende Fraktion der Modell-Verweigerer, stimmt der Umsetzung auf Basis von vorgegebenen Konzepten nicht einmal im Grundsatz zu. Sozusagen die Fundamentalopposition oder freischaffenden Künstler des Change-Managements mit völlig flexiblen, situativen, adaptiven Architekturen.

Zweites Fazit: »Change-Management ist und bleibt methodisch gesehen ein heterogenes Feld. ... So entsteht ein methodisches Patchwork, das immer wieder ergänzt und modifiziert wird« (Capgemini Consulting 2012: 28). Die allermeisten Verantwortlichen lassen sich im Veränderungsmanagement durch Theorien allenfalls anregen. Die Orchestrierung von konkreten Maßnahmen ist dann aber Resultat von Erfahrungen und Kenntnissen, Vorlieben und Abneigungen, Ressourcen und Konstellationen, Freunden und Gegnern. Change-Management-Modelle sind für die meisten Praktiker allenfalls Hintergründiges im Nebel des Veränderungsgeschehens.

Vielfalt der Anregungen

In Theorie und Praxis werden – primär aus der angloamerikanischen Welt – diverse Strukturierungen von Change-Management-Philosophien vorgeschlagen (siehe Stiefel 2006: 51–62): Dunphy/Stace (1993) unterscheiden zwischen »Scale of Change (small/big)« und »Style of Change (collaborative/coercive)«. Nadler und andere (1995) differenzieren »Continuity (incremental/discontinuous)« von »Timing (anticipatory/reactive)«. Struckmann/Yammarino (2003) trennen »Time Period of Change (short-term/long-term)« und »Reach of Issue (core/peripheral)«. Es gibt inzwischen manch weitere Systematisierung (bei Stock-Homburg 2007, Smith/Graetz 2011).

Jede Strukturierung stellt eine Herausforderung und Bereicherung der eigenen Wahrnehmung dar. Außer der eigenen Bequemlichkeit spricht eigentlich nichts gegen eine ernsthafte Prüfung. Natürlich ist jede Veränderung *irgendwie* anders und lässt sich nur bedingt schablonisieren. Die komplette Offenheit des Change-Managements – basierend auf der immer wieder gepredigten These des einzigartigen Falles – entzieht sich hingegen einer Systematisierung, ungewollt oder ganz bewusst.

Als Fazit gilt festzuhalten: Es gibt keinen grundlegend überlegenen Change-Management-Ansatz (vgl. 3.1). Und deswegen auch keinesfalls immer auszuschließende Wege zum Ziel. Wer in der Change-Management-Beratung an einer Erweiterung des Verhaltensrepertoires seiner *Klienten* arbeitet, kann sich seinen *Kunden* gegenüber selbst nicht auf einziges Verhalten beschränken. Natürlich wird sich jeder Theoretiker und Praktiker dem einen Vorgehen eher zuneigen als dem anderen. Die Wahl des richtigen Vorgehens sollte aber weniger von persönlichen Vorlieben des jeweiligen Transformationsverantwortlichen oder Möglichkeiten und Begrenzungen seiner internen und externen Berater geprägt sein. Unterschiedliche Problemlagen und Zielsetzungen erfordern unterschiedliche Herangehensweisen. Der Start und das Ende bestimmen den Weg. Es wird nicht ein einziger Ansatz für sämtliche Veränderungssituationen geeignet sein. Change-Management-Expertise entsteht dann durch Ausdehnung des persönlichen Verhaltensrepertoires und dem Einschätzungsvermögen, wann, wo und wie was von alledem am besten passt.

Veränderung hängt von den konkreten Umständen ab, lässt sich nur bedingt pauschalisieren. Es kommt wirklich darauf an. Erfolgsfaktoren und Umsetzungsbarrieren von Transformationen sind inzwischen hinlänglich bekannt.

Nicht alle gelten immer und überall, sind vor allem nicht jedes Mal gleich bedeutsam. Darum sollte gleich zu Beginn der Veränderung geprüft werden, was in der konkreten Situation tatsächlich erforderlich ist – und was nicht. Die Transformation-Architektur und die Interventions-Techniken sind daraufhin abzustimmen (vgl. 6.3 und 8.1). Zudem ist die Veränderung aus einem umfassenden, die Strategie-, Inhalts- und Prozessdimension integrierenden Modell heraus zu gestalten. Dabei ist Change-Management in diesen Gesamtrahmen »embedded« und keine Parallelveranstaltung mehr.

Systematisierung Nummer Eins: Schlachtplan versus Mystifizierung

Bei meiner nunmehr rund fünfundzwanzigjährigen Tour de Change-Management und in der Business-Transformation-Beratung bin ich in Theorie und Praxis auf zwei diametrale Positionen getroffen. Die wie jede Gegenüberstellung natürlich spitzer ist als die Realität (Abb. 12):

- Die *Change-Macher*, die von der aktiven Machbarkeit einer Transformation überzeugt sind. Um sie zum unvermeidlichen Durchbruch zu bringen. Also dem Typus *Manager*.

- Die *Change-Möglichmacher*, die die Voraussetzungen für eine Transformation möglichst günstig gestalten wollen. Um ihr beim Durchbruch zu helfen. Also dem Typus *Enabler*.

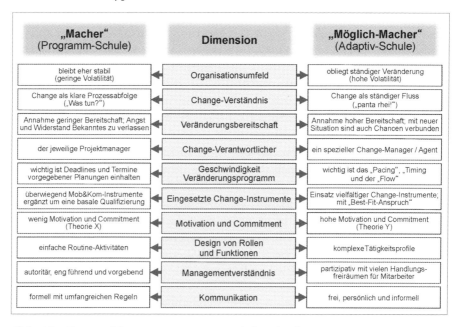

Abb. 12: Change-Management-Verständnisse (1/2)

Natürlich sind beide Auffassungen ganz wesentlich von den dahinter liegenden Menschenbildern und Wertevorstellungen, Lebensereignissen und Lernerfahrungen, Entwicklungsmodellen und Wirkungsketten geprägt. Natürlich gibt es zwischen diesen beiden Polen zahlreiche moderate Zwischenpositionen und Varianten. Natürlich ist die Welt des Change-Managements nicht ganz so konträr, dichotom, polarisiert, wie sie in den folgenden Absätzen geschildert wird.

Keine von beiden Perspektiven ist per se richtiger, erfolgreicher, zeitgemäßer. Weder die eine noch die andere kann immer, überall und Eins-zu-Eins in der unternehmerischen Praxis umgesetzt werden. Freilich schlagen sich die meisten Veränderungsmanager fast schon dogmatisch auf eine der beiden Seiten. Nur wenige bedienen sich situativ am jeweils Bestgeeigneten. Eine solche Verbreiterung des Verhaltensrepertoires ist der sicherlich nicht immer einfach einzulösende Anspruch dieses Buches.

Gleichwohl unterscheiden sich beide Ansätze in einer zentralen Frage grundsätzlich: Lassen sich Veränderungsprozesse komplexer Systeme vorab denken und gezielt steuern? Oder geht gerade dies eben nicht? Das sind zwei fundamental gegensätzliche Positionen. Die sehr schwer zu verbinden, noch schwerer zu vereinen und eigentlich nicht zu verschmelzen sind. Zwei gegnerische Paradigmen lassen sich, wenn beides in einen Topf geworfen wird, allenfalls zu einer gräulichen Pampe zusammenrühren. Falls das Ganze nicht sogar hochkocht.

Das eine Lager postuliert – teilweise noch basierend auf den frühen *Unfreezing-/Moving-/Refreezing-Überlegungen* von Lewin (1951) – die Machbarkeit von großformatigen Veränderungen, aktiv, bewusst, geplant. Diese Change-Management-Philosophie wird hier als *Programm-Schule* mit getakteten, statischen, fixierenden Maßnahmen bezeichnet.

Die andere Fraktion verneint dies – sich realistischer und modernistischer gebend – mit Argumenten zur Unplanbarkeit sozialer Systeme. Diese seien lediglich bedingt begreifbar, geschweige denn im Vorfeld vollständig berechenbar. Hier wird sie *Adaptiv-Schule* genannt. Sie verlangt vom Change-Management ein situatives, flexibles, adaptives Reagieren auf die Zeitläufe, mit Impulsen, Interventionen sowie Introspektion. Und damit einen reagierenden Wandel aus sich selbst heraus, deutlich mystischer also. Dieses Vorgehen wird in der angloamerikanischen Literatur als »emergent« bezeichnet. In jüngerer Zeit haben diese Auffassungen eine publizistische Dominanz erhalten (nicht jedoch in der Unternehmenspraxis). Ohne für viele praktische Probleme im Veränderungsgeschehen eine brauchbare Lösung anbieten zu können. Und ohne von allen Beteiligten und Betroffenen wegen ihrer Offenheit, Unschärfe und Verschleierung überhaupt als zumutbar empfunden zu werden. Und ohne die *Empathie für eine konkrete Situation* mit verständlichen Erklärungsmustern gestalten zu können. Aber das ist auch nicht mehr der Anspruch. Mystifizierung lebt vom Unbegreifbaren. Damit ist es verwandt mit dem Spirituellen, Religiösen und Gnostischen – was selbst in der Moderne bleibende Bedürfnisse sind.

Übrigens: Eine nicht unähnliche Dualität von Change-Management-Ansätzen hatten Beer/Nohria (2000: 137) bereits vor über einem Dutzend Jahren vorgestellt. Ihre Unterscheidung war mir bei der ersten Auflage nicht bekannt. Sie argumentieren amerikanisch prägnant: Theorie E fokussiert sich als *harter* Ansatz auf ökonomische Wertsteigerung. Theorie O orientiert sich als *weicher* Ansatz an organisatorischen Kapabilitäten. Abgelehnt werden ebenfalls die Extreme (entweder/oder) zugunsten einer geschickten Kombination beider Ansätze (sowohl/als auch): »The advantage can come only from a constant willingness and ability to develop organizations for the long term combined with a constant monitoring of shareholder value – E dancing with O, in an unending minuet« (ebd. S. 141).

Wertschätzung ohne Wertschöpfung?

In den Vereinigten Staaten und Großbritannien stehen zahlreiche, unterschiedliche Autoren für diesen adaptiven beziehungsweise emergenten Ansatz, meist verbunden mit einem klaren Innovationsanspruch (beispielsweise »Cracking the Code of Change« von Beer/Nohria 2000, »Advanced Change Theory« von Quinn u. a. 2000, »Viral Change« von Herrero 2008 und 2011 oder »Theory U« von Scharmer 2008). Auch die beiden angloamerikanischen Fachmagazine, das »Journal of Change-Management« sowie das »Journal of Organizational Change-Management«, bevorzugen diese Ausrichtung.

Im deutschsprachigen Raum ist die mit systemtheoretischen Versatzstücken angereicherte Adaptiv-Schule die publizistisch eindeutig dominierende Auffassung. Zum Beispiel vertreten durch Change-Management-Ikonen wie etwa Pechtl (1995), Doppler und Lauterburg (2002), Wimmer (2009), Königswieser (1995 und 2006), Häfele (2007) und Fatzer (2005 und 2011). Bekannte Ausbildungsstätten wie etwa die Beratergruppe Neuwaldegg, das Management Centrum Vorarlberg und das Wieslocher Institut für systemische Beratung stehen dafür, unzählige weitere Berater-Boutiquen, ebenso wie die deutschsprachigen Fachblätter »OrganisationsEntwicklung« und »profile«. Ein großer gemeinsamer Nenner der *Systemiker* und *Organisationsentwickler* ist allerdings äußerst schwierig zu greifen. Vielleicht liegt er im eher verhohlen vorgebrachten politischen Anspruch, »um das große gemeinsame Vorhaben einer menschenwürdigen Ökonomie und Arbeitswelt voranzutreiben« (Weber 2011: 84). Und im Demokratisierungsbedürfnis mittels externer Impulse: »Es ist nach wie vor von ganz zentraler Bedeutung, den beraterischen Fokus auf die Verbesserung der Kommunikations- und Kooperationsverhältnisse in Organisationen zu legen, das heißt auf ein oftmals mangelhaftes

Führungs- und Partizipationsgeschehen« (Wimmer 2010: 88). Das sind originär politische Anliegen (vgl. Güllner 2012: 118–119).

Die richtige Haltung

Ohne die *richtige* Haltung geht nach Ansicht vieler systemischer Change-Management-Experten gar nichts: »Die differenziertesten Modelle, die ausgeklügeltsten Techniken überzeugen nicht und haben keine Wirkung, wenn die Haltung der Berater nicht mit dem Anspruch übereinstimmt, der ihre Beratungs-'Philosophie' vermittelt. Unter Haltung verstehen wir das Weltbild, die Werte, Überzeugungen und Glaubenssätze, die Wahrnehmungskategorien, die Art, wie wir uns zu unserer Umwelt in Beziehung setzen. All das steuert unsere Denk- und Verhaltensweisen, bestimmt unser Selbstverständnis, unsere Identität und gibt folglich bestimmte Stoßrichtungen unserer Interventionsstrategien vor. Haltung und Wertvorstellung basieren auf einem spezifischen Weltbild bzw. bestimmten Glaubenssätzen (1). Daraus folgen die Art der Beziehungsgestaltung und das Rollenselbstverständnis (2), und aus beiden resultiert die strategische Stoßrichtung unserer Beraterinterventionen (3)« (www.koenigswieser.net; aufgerufen am 27.09.2012).

Merkmale systemischer Beratung, ein Versuch

Die Merkmale systemischer Beratung sind kognitiv sehr schwer zu fassen (und für einen Nicht-Systemiker nicht einmal zu fühlen). Sie zeigen sich in Selbstverständnis, Menschenbild und Haltungen, beim Wert der Emotionen, bei Rollen, Methoden und Interventionen, in der Empathie menschlicher Interaktion, beim strengen Fokus auf die Prozessdimension von Veränderung. Also bei normativen Positionen, mentalen Modellen und den aus ihnen abgeleiteten konkreten Aktivitäten. Ausgangspunkt ist jedenfalls die »naturwüchsige Selbststeuerung« von Organisationen, die durch »(ver)störende Steuerung stimuliert« werden soll, um einen ihrer Protagonisten (Exner) zu zitieren. Inzwischen wird von einer Matadorin der Systemiker-Szene (Heitger) sogar mittels YouTube-Clip versucht, die Frage »Was ist systemisch?« – also den Markenkern ihres Beratungsbusiness – zu beantworten, mit sanftem Augenaufschlag und suchendem Blick nach oben (www.youtube.com/watch?v=K1BuCtKXE24).

Grosso modo zeigt sich der systemische Ansatz in unterschiedlichen Variationen und zahlreichen Spielarten. Ganz wesentlich ist das ergebnisoffene Erkunden mittels Leitfragen, in einem Moment des Innehaltens mit bewusster Distanz zum Geschehen. Diese Kunst des richtigen Fragens wird in Ausbildung und Beratung regelrecht kultiviert (siehe Roehl u.a. 2012: 97–104). Einige Beispiele: Wohin wollen wir eigentlich und wo stehen wir derzeit? Wo liegen unsere Probleme bei der Umsetzung? Was können wir daraus lernen und von nun an anders machen? Wer müsste denn eigentlich etwas tun, damit sich etwas ändert? Wer würde am ehesten bestreiten, dass es sich überhaupt um ein Problem handelt? Solche und weitere Fragen bieten richtig kräftige Analysehebel. Gelöst sind die erkannten Schwierigkeiten damit noch lange nicht. Problembewusstsein ist immerhin ein großer Schritt auf dem Weg zur Problemlösung. Systemiker möchten sich allerdings keinesfalls »in die klassische Expertenrolle verführen lassen« (Wimmer 2010: 100). Was ist daran eigentlich so schlimm?

Der Versuch zur Charakterisierung systemischer Beratung beschränkt sich auf seine grundlegende Elemente (siehe Königswieser u. a. 2006, Häfele 2007, Krizanits 2009, Wimmer 2010):

- Menschen, ihre Wahrnehmung und ihr Verhalten sind kontextabhängig: Organisatorisches *Zusammenspiel* bestimmt das Bewusstsein und die Aktionen.

- Konstruktivistischer Grundgedanke (hinsichtlich Erkenntnis): Wahrnehmung ist nie objektiv oder *wahr*, sondern immer an erkennendes Subjekt gebunden.

- Keine mechanistische Simplifizierung: Es geht um Wechsel des Perspektivraums, Erweiterung des Bezugsrahmen und Flexibilisierung des Verhaltensspektrums.

- Mitlaufende Aufmerksamkeit: Notwendig ist eine permanente Wachsamkeit (Alert) über das Geschehen in der People-Dimension des Unternehmens.

- Keine kausale Wirkungsmuster: Durch Wechselwirkung von Strukturen sind Zusammenhänge (wenn/dann) kaum erklärbar, geschweige denn vorhersagbar.

- Systeme sind von außen nicht zielgerichtet beeinflussbar: Nur zum System passende Anreize werden von diesem – möglicher Weise – absorbiert.

- Postheroisches Management: Gewollt ist eine Abkehr vom *Great-Man-Mythos* und damit von über den Dingen stehenden Lichtgestalten, Alleskönnern, Wunderwuzzis.

- Prinzip der Allparteilichkeit: Alle beteiligte Akteure (und nicht nur der Auftraggeber oder andere Favoriten) sollen eine wertschätzende Zuwendung erfahren.

- Intensivierte Wahrnehmung von Funktionsmustern (Beobachtungen zweiter Ordnung): Bewusste Irritation sorgt für konstruktive Verstörung gewohnter Praktiken.

- Verstrickung zwischen Kundensystem und Beratungssystem: Diese ist unbedingt zu vermeiden. Erforderlich sind eine klare Trennung und kein Hineinziehen der Berater (Staff).

- Trennung von Entscheidung und Beratung: Als externer Beobachter darf ein Berater niemals auch nur in die Nähe von Entscheidungsverantwortung geraten.

- Existenz von Ressourcen zur Problemlösung bereits im System: Die Betroffenen sollen Wege und Ziele selber aufdecken, von Externen allenfalls unterstützt mit sanfter Handreichung (pull), nicht aber durch harte Interventionen (push).

- Zurückhaltung bei konkreten Stellungnahmen und Ratschlägen: Es sind lediglich Angebote zur Erweiterung des Verhaltensrepertoires abzugeben und keine *So-what-Lösungskonzepte*.

- Verneinung der Existenz *problematischer* Menschen: Nicht Eigenschaften einer Person sind ein Problem, sondern *nur* deren Verhalten. Das kann verändert werden.

- Spezifische Vorstellungen über *richtige* Vorgehensweise in Organisationsberatung: Es gibt überlegene Zugänge (zum Beispiel durch systemische Fragen).

Zudem gibt es einen ideologischen Kern systemischer Beratung. Der ganz wesentlich in der Tradition der Frankfurter Schule (z.B. Poller 2010: 441–454) steht. Dies wird selbst von ihren Vertretern nicht bestritten: »Prozessberatung besitzt ihren Fokus normalerweise ausschließlich auf der Sozialdimension. Sie sieht den hauptsächlichen Beratungsbedarf … in den mangelhaften Kommunikations- und Kooperationsmustern … Unsicherheitsabsorption erfolgt über das Herstellen von Konsensbedingungen, über spezifisch inszenierte Partizipationsprozesse und emotional berührende Kommunikationserfahrungen. Veränderungen in den zwischenmenschlichen Beziehungskonstellationen, vor allem der Umbau von demotivierenden Macht- und Einflussasymmetrien schaffen letztlich die Grundlage für tragfähige Organisationslösungen. … Das zugrunde liegende Entwicklungsverständnis ist in der Regel von ganz bestimmten, normativ gefassten Werthaltungen der beratenden Akteure gespeist (Hierarchieabbau, teamförmige Arbeitsstrukturen, persönliche Potenzialentfaltung« (Wimmer 2010: 96). Adorno und Luhmann in einem Theoriegebäude vereint, das kann nur misslingen.

Systemische Change-Management-Beratung erlebte über Jahre einen regelrechten Boom, beanspruchte theoretische Ausnahmestellung und behauptete publizistische Meinungsführerschaft, verbunden mit üblichen Trittbrettfahrereffekten. Ohne systemische Anleihen blieben vielerorts die Türen verschlossen. Inzwischen sind Kunden deutlich kritischer geworden, wenden sich mehr und mehr ab, meistens wegen ausbleibender Ergebnisse. Der immer gleiche Mix aus Affekt, Charisma und Mystischem ist unterdessen ziemlich langweilig geworden, reizt immer weniger neue Kunden, begrenzt sich auf eine kleine und treue Schar von Anhängern. Gelegentlich kommt sogar der Verdacht des Sektiererischen auf. So mancher systemische Berater wird sich mangels Markterfolg und Aufmerksamkeitsdefiziten inzwischen fragen, ob er vor lauter Wertschätzung für die Menschheit im Allgemeinen und das Gegenüber im Besonderen, dem Einblenden von Respekt und dem Ausblenden von Resultaten, dem primären Fokus auf Events, Coaching, Impulsen und die gekonnte Moderation von Workshops seine eigene Wertschöpfung bei Veränderungen nicht etwas überschätzt hat. Die immer wieder zu beobachtende Überbetonung von persönlicher Aura und das damit verbundene Spielen auf der gesamten Klaviatur menschlicher Emotionen bis hin zu Unterordnung, Abhängigkeit und Erotik laufen bei selbstbewussten Kunden zwischenzeitlich regelmäßig ins Leere. Schließlich werden vor lauter Ganzheitlichkeit oftmals nur noch der Wald, aber nicht mehr die einzelnen Bäume gesehen. Systemisch bedeutet für seine Protagonisten noch lange nicht systematisch. Die eigentlichen Ziele und Inhalte der Veränderung degenerieren zur vernachlässigbaren Materie. Weil vor dem Inhalt der Prozess kommt und vor dem Prozess die Beziehungsebene (Feel good).

Eine solche Ausrichtung befindet sich wieder im Abschwung. Die beiden Wörtchen *emergent* und *systemisch* – als Premiummarkenbegriffe gedacht – charakterisieren gleichzeitig die beiden Probleme der Adaptiv-Schule. Emergent bedeutet auftauchen, fast im Sinne von aufdrängen. Ja so ist es: Die Prozessdimension wird der Inhaltsdimension viel zu häufig einfach aufgestülpt, stellt sich über sie, hält sich für etwas Besseres. Systemisch meint vieles, zu vieles. Von den Soziologen entliehen, geht es um den Blick für das Ganze und seine Teile, die Vernetzung zwischen den Dingen und selbstverständlich – es gibt ja noch das Moralische, Ethische, Politische – um das Menschenmögliche und Menschenwürdige. So ist es eben: Die Prozessdimension behält alles Wichtige im Auge (und eigentlich ist alles wichtig) und möchte dazu noch anständig bleiben (also mit normativem Anspruch). Daher lähmt sie sich viel zu häufig selbst. Denn praktikable Lösungen sind heute nur noch durch gezielte Ausblendungen zu erreichen. Management eben und nicht bloß Change. Selbst wenn dies gelegentliche Härten bedeutet (Feel bad).

Es ist keinesfalls in Abrede gestellt, dass systemisches Denken in vielen Veränderungssituationen und für bestimmte Ansprechpartner eine markante Bereicherung darstellt. Die Offenheit dieser Ansätze, sie sollen Transformationsverantwortliche sowie Betroffene zum selbständigen Denken und Handeln anregen, sind sympathisch. In diesem permanenten Druck zur situativen Adaption, der anfänglichen Offenheit, Unbestimmtheit, Grenzenlosigkeit von Architekturen und Interventionen liegt jedoch eine entscheidende Schwäche.

Nicht jeder kann dies aushalten oder möchte sich darauf einlassen. Systemische Beratung ist auch eine persönliche Zumutung. Meist positiv als beabsichtigte *Irritation* gedeutet. Außerdem wird die inhaltliche Dimension einer Veränderung, das Was, oftmals zugunsten der prozessualen Dimension, dem Wie, sehr weit in den Hintergrund gestellt. Manchmal sogar komplett ausgeblendet, ist doch das Menschliche bereits schwer genug.

Keine Parallelwelten

Vor über sechzig Jahren, damals bei Lewin (1951), wurde die neu entdeckte Managementaufgabe *Change* im Herzen des Veränderungsgeschehens platziert. Doch dann hat sich diese unsägliche Trennung zwischen inhaltlicher und prozessualer Dimension aufgetan. Auf der einen Seite der fachliche Bereich für die Welt der Inhalte. Ihr gegenüber *das Veränderungsgeschehen* für die Welt der Menschen. Change-Management hat sich für eine Konzentration auf diese zweite Seite entschieden. Die Überwindung von Human-Widerständen wurde an Experten zur Gestaltung organisatorischen Wandels und der People-Dimension überwiesen.

Mit ihrer glatten Trennung in zwei Welten liegt die Adaptiv-Schule allerdings falsch. Inzwischen hat sie es selbst bemerkt und möchte jetzt endlich korrigieren. Dies ist sie sich schon alleine deswegen schuldig, da ihr eigener Anspruch auf Ganzheitlichkeit bei weitem nicht mehr eingelöst werden konnte. Das Defizit ist in jüngerer Zeit zugunsten einer Aufwertung der von Systemikern als *Fachberatung* klassifizierten Parallelwelt und ihrer stärkeren (Wieder-)Verheiratung mit der Prozessdimension im Sinne einer *Komplementärberatung* (Königswieser u. a. 2006) oder eines *dritten Modus der Beratung* (Wimmer 2007, 2010) angegangen worden. Mit ihr sollen beide Welten vereinigt oder sogar mittels Synthese hinter sich gelassen werden. So soll wieder zusammenkommen was unnötiger Weise auseinandergerupft wurde. Dies blieb als einzig möglicher Ausweg aus einer Sackgasse. Die sich kaum mehr um die ökonomisch motivierte Veränderung scherte, sondern primär um die zu Verändernden und deren Befindlichkeiten kümmerte, und in der die Betroffenheit von Beteiligten zur Handlungsmaxime wurde. Das Ergebnis einer Veränderung ist für die meisten Systemiker nicht deshalb wichtig, weil es das Unternehmen auf dessen Weg in die Zukunft voranbringt. Es ist für sie deshalb bedeutsam, da das Ergebnis ihren Kunden im Unternehmen wichtig sein könnte. Würden diese etwas ganz anderes bis hin zum Unsinnigen wollen, wäre dies ebenso recht und würde am Vorgehen nichts ändern.

Wenn freilich ganze Arbeitsbereiche von Veränderungsprozessen aus dem Auge geraten und die Inhaltsdimension des Wandels fast schon vergessen ist, sollte deren Wiederentdeckung eher im Stillen und nicht als Innovation gefeiert werden. Und weiterhin schauen die einen von rechts, vom Inhalt, und die anderen von links, vom Prozess, auf die anstehende Veränderung. Man spricht immerhin wieder miteinander, selbst wenn die Worte sich nur hin und wieder verbinden und die Taten sich nur ab und an vereinen.

Gespür für Menschen, Kleingruppen, Organisationskulturen, die Empathie für den Augenblick sowie eine wertschätzende Haltung reichen für eine Business-Transformation eben doch nicht aus. Dies stellt eine notwendige, aber keine hinreichende Bedingung im Veränderungsmanagement dar. Abschied von der rein menschlichen Organisation und Rückkehr zu ganzheitlichen Problemlösungsvorschlägen für die ökonomische Organisation: Für diese Erkenntnis hat die Auszeit der Systemiker eigentlich zu lange gedauert.

Weitere Gegensätze

Die Programm-Schule geht von einer eher geringen Bereitschaft der Organisation zum Wandel, von Widerständen und Widerständlern aus, die nicht so wollen wie sie sollen. Sie steht damit ganz im Gegensatz zur Adaptiv-Schule, die eine im Grundsatz vorhandene Veränderungsbereitschaft im Unternehmen vermutet. Da etwas anderes als permanente Veränderung heute gar nicht mehr möglich sei. Weick (1977) spricht daher – in Abgrenzung zum *Unfreezing-/Moving-/Refreezing-Denken* von Lewin (1951) – von *Chronically-unfrozen-Systems*.

Organisationen sowie viele ihrer Mitglieder hätten dies inzwischen gelernt und könnten mit sequentiellen und sogar parallelen Transformationen ganz gut umgehen. Die Leitfrage der Programm-Schule lautet auf neudeutsch: »So what?« (Was tun, hier und jetzt?). Das Ziel ist das Ziel. Die Leitidee der Adaptiv-Schule ist demgegenüber das altgriechische »Panta rhei!« (»Alles fließt!«). Der Weg ist das Ziel. Weg, also verschwunden, ist gar nicht so selten aber auch das Ziel. Manchmal steht das Ziel sogar im Weg.

Der Programm-Schule folgend, müsste der jeweilige Projektmanager gleichzeitig der Verantwortliche für weiche Themen der Veränderung sein. Denn nur so könne er die gesamte Transformation konsequent kommandieren. Er wird in seinem Bewusstsein als pragmatisch, ergebnisorientiert und kostenbewusst charakterisiert. Weswegen er Change-Management am liebsten direkt in seine Einsatzzentrale zur Steuerung des Wandels, das *Projekt-Management-Office*, einbinden möchte. Zudem betrachtet er die Gestaltung der Transformation primär unter ökonomischen Aspekten. Die beste Legitimation wäre ein glasklarer Business-Case. Zumindest behält er Input und Output stets im Blick.

Erneut anders die Adaptiv-Schule: Ihr folgend wird die Veränderung am besten von einem dedizierten Change-Manager mit hohem Autonomiegrad betrieben. Meist steckt er mitten im Veränderungsprozess – mit gehörigem Abstand zu *denen vom Inhalt*. Hinsichtlich organisatorischen Wandels ist er geübt, belesen, gebildet, für sein Unternehmen oftmals etwas spleenig oder schrullig; manche drücken dies milder aus und nennen es progressiv. Er will aus dem konkreten Projekt noch persönlich etwas lernen, für sich selbst und über sich, will weiterkommen im konzeptionellen Sinn, möchte nachhaltige Akzente für seine Organisation setzen und »last but not least« als Mensch reifen. Das Veränderungsmanagement wird als gleichberechtigtes Teilprojekt eingerichtet, in jedem Fall aber als eigenständiges Querschnittsthema im Gesamtprojekt verankert. Allein schon die Frage nach einer ökonomischen Legitimierung von Change-Management wird als Zumutung für die eigene Arbeit verstanden. Bevor allerdings ein Umsetzungsinstrument das Licht der Praxis erreicht, hat es zunächst den normativen, theoretischen und nicht selten auch geschmacklichen Prüfungen des Change-Managers Stand zu halten.

Seitens des Programm-Schule ist der Innovationsanspruch gering, eine wissenschaftliche Fundierung nicht nötig. Solange ein Instrument in der Praxis seinen Dienst tut. Geschwindigkeit ist viel, Ergebnisse sind alles: »Speed, Speed, Speed« plus »Results, Results, Results« lauten ihre beiden Devisen. Die Maßnahmen im Change-Management sind von Beginn an geplant und werden möglichst bis zum Projektende getaktet und dann konsequent durchgehalten. Überhaupt die Instrumente: Anderes als Mobilisierung und Kommunikation sowie die nötigste Qualifizierung wird vielfach als unnötiger Firlefanz erachtet. Abgeschlossen ist die Veränderung termingerecht mit dem »going live« oder allerspätestens kurze Zeit darauf. Dann ist für eine gewisse Zeit erst einmal wieder Ruhe. Erneut das Gegenteil, die Adaptiv-Schule: Sie erwartet grundlegend Neues, am besten den *Next-Generation-Approach*. Besser als das abgenutzte Instrument vom letzten Mal ist in jedem Fall »le dernier cri« von der OD-Konferenz in San Francisco. Sozialpsychologische, organisationssoziologische und verhaltenstheoretische Fundierung, immer mehr auch neurobiologische und erkenntnistheoretische Ansätze sind Zulassungsvoraussetzungen für den Einsatz der Instrumente, mehr in jedem Fall als ihre Effektivität. Das Timing ist nicht von hohen Drehzahlen, sondern von einem abgestimmten *Flow* sämtlicher Maßnahmen mit flexiblem, situativem, elastischem Reagieren auf allfällige Unwägbarkeiten geprägt – adaptiv eben (daher der Name). Dem ergebnisorientierten Beobachter von außen wird das Ganze ziemlich wechselhaft und viel zu wenig greifbar vorkommen. Zu sehr auf individuelle Befindlichkeiten eingehend. Bisweilen einfach nur beschaulich oder schon esoterisch, spirituell, mythisch erscheinen. Eine ausgewiesene Change-Management-Expertin meinte vor Jahren fast schon in Räucherstäbchenmanier zu mir: »Wir müssen wohlige Dämpfe erzeugen«. Konkrete Anwendung erfährt ein breites Set an Instrumenten aus dem Change-Management-Portfolio mit einem Faible für wirklich heiße Aufgaben wie Vision-Engineering, Stakeholder-Management oder Leadership-Coaching. An denen man sich regelmäßig die Finger verbrennt. Weil nach dem jetzigen Wandel mit hundertprozentiger Sicherheit gleich schon der nächste folgt, sind Veränderungsprozesse im Prinzip niemals abgeschlossen. Ein Ende der Transformation von Unternehmen gibt es nicht. Durch Veränderungsdruck – fast wie ein Perpetuum mobile – steht das Leben in Organisationen niemals still. Der Adaptiv-Schule geht die Arbeit zu keiner Zeit aus.

Systematisierung Nummer Zwei: Perspektive und Homogenität

Die in den vorigen Abschnitten dargestellte Profilierung von Programm- und Adaptiv-Schule ist natürlich überzeichnet. Wobei mir im weiten Rund der Change-Management-Begleitung immer wieder Prototypen für das eine und das andere begegnen (Abb. 13). Der Regelfall sind jedoch Zwischentöne, mit mehr oder weniger Neigung zu einer der beiden Schulen.

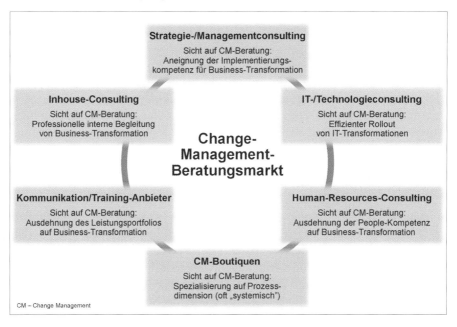

Abb. 13: Heterogener Markt der Change-Management-Begleitung

In Ergänzung zur Programm-Adaptiv-Dichotomie möchte ich eine weitere Systematisierung von Change-Management-Philosophien anbieten, mit zwei Dimensionen (Abb. 14). Die plakative Bezeichnung der vier Ansätze – mit einem Augenzwinkern gewählt – soll nicht amüsieren, sondern die Grundidee betonen:

- Perspektive, von oben aus dem Top-Management (Top-down) oder von unten aus der Basis (Bottom-up),

- Homogenität, vornehmlich individuell (Customized) oder weitgehend identisch und damit standardisiert (»One fits all«).

Ansatz Eins – »Haute Couture« (Customized and Bottom-up): Diese Sichtweise wird oft als Königsweg der Change-Management-Begleitung angesehen,

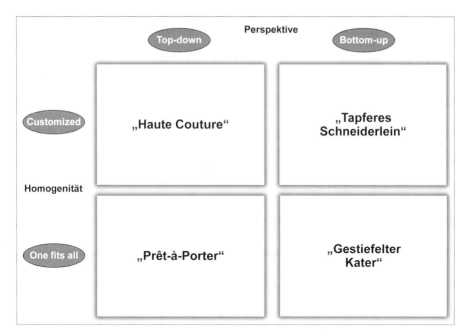

Abb. 14: Change-Management-Verständnisse (2/2)

analog zu maßgeschneiderten Kreationen großer Modezaren. Die konkrete Veränderungssituation wird zunächst von einer zentralen Instanz, nicht selten mit Guru-Nimbus, analysiert. Daraus wird die passende Transformations-Architektur entwickelt und das bestmögliche Transformations-Management umgesetzt. Die Grundidee lautet: Veränderungen sind individuell und werden von oben angestoßen und durchgeführt. Das ist auch ein zentrales Merkmal des weiter oben vorgestellten »embedded« Change-Management. So manche Change-Management-Boutique sieht in diesem Ansatz ihre besondere Stärke. Viele Kunden entscheiden sich nach Image und Look der Marke. Dior, Prada, Zegna oder etwas Frischeres, Fescheres, Flotteres. Die Geschmäcker sind auch im Change-Management verschieden.

Ansatz Zwei – »Prêt-à-porter« (»One fits all« and Top-down): Hier werden auf dem Markt des Veränderungsmanagements simple Standardformate der Veränderung im vorgefertigten und einsatzbereiten Zustand angeboten: Checklisten, Templates, Musterformen. Diese Transformations-Architekturen *von der Stange* besitzen den ökonomischen Vorteil der leichten Replizierbarkeit und Skalierbarkeit. Mit Handbüchern und einigen wenigen Basisinstrumenten (nicht selten lediglich Kommunikation und Qualifizierung) ist dieses Handwerk schnell gelernt und kostengünstig anzubieten. Verpufft aber häufig ohne Wirkung oder befriedigt allenfalls einige Grundbedürfnisse des Wissens und Könnens. Besonders große Beratungskonzerne werden diesem Vorwurf ausgesetzt, für alle Problemstellungen nur einen einzigen Lösungsansatz anzubieten und diesen als kaum individualisierte Pauschallösung mit Beraterklonen aufzudrängen. Solche Kritik stimmt oft. Andere Beratungskonzerne haben sich immer wieder ernsthaft auf die Suche nach einem einsatzfähigen und gleichzeitig situativ flexiblen Change-Management-Konzept begeben. Wie ich es am Beispiel von Capgemini Consulting in der ersten Auflage dieses Buches beschrieben hatte (Claßen 2008: 53–55). Inzwischen ist dort übrigens die vierte Generation installiert, den technizistischen Genen der Organisation entsprechend als *digitale Transformation* (Capgemini Consulting 2012: 26). Die zögerliche Nutzung digitaler Change-Management-Instrumente führt dann zur Enttäuschung: »Noch ist der Boden für den Einsatz von Social Media im Change-Management allerdings nicht optimal, der Durchbruch in den Unternehmen nicht gelungen« (ebd. S. 44).

Ansatz Drei – »Gestiefelter Kater« (»One fits all« and Bottom-up): Bei diesem in der Unternehmenspraxis eher seltenen Ansatz kommt die Veränderungsidee von unten aus dem Kreis der Betroffenen. Sie wird in immer derselben, aber stets erfolgreichen Art und Weise vorangetrieben. Auch wenn das Vorgehen nicht oder allenfalls geringfügig variiert wird, bringt es die Veränderung voran, in Anlehnung an das Märchen der Gebrüder Grimm. Für seinen Freund, den jüngsten Müllersohn, schlüpft der Kater in hohe Stiefel. Er überzeugt den König vom hohen gesellschaftlichen Stand seines Gefährten, überlistet ganz nebenbei einen Zauberer und führt als Lohn zum Ende das Leben des gut situierten Hofkaters. Die Moral? Nicht immer bedarf es großer Macht, um etwas zu erreichen. Manchmal genügt eine einzige gute Idee, die konsequent vorangetrieben wird.

Ansatz Vier – »Tapferes Schneiderlein« (Customized and Bottom-up): Auch hier wird die Veränderung von unten initiiert. Diesmal jedoch auf die unterschiedlichste Art und jedes Mal passende Weise. Mit kreativen Ideen, raffiniertem Einfällen und cleveren Schachzügen wird die Idee zur Veränderung verankert und die Zustimmung zum Wandel gesichert, wie vom listigen Schneiderlein aus einem anderen Grimm'schen Märchen. Diesem Schneider wird es zu eng in seiner Stube und so zieht er in die weite Welt hinaus. Dort erlebt er allerhand Abenteuer mit Riesen, einem Wildschwein und einem Einhorn. Am Ende angelt er sich gar eine Prinzessin und erhält ein halbes Königreich. Bei diesem Ansatz – anfänglich ebenfalls ohne die Macht von oben – geht es primär um die Variation der Ansatzpunkte. Dieses Prinzip wurde – als *Musterbrechen* (Wüthrich u.a. 2009 sowie von Ameln/Zech 2011) – unterdessen sogar zur systemischen Irritation überhöht.

Für manchen Top-Manager verstoßen Vorschläge, die von unten kommen und sich ganz bewusst über Vorgaben hinwegsetzen, gegen bisherige Regeln und es ist für sie nicht mehr weit bis zur Anarchie und zum Chaos (siehe Gärtner/Lederle 2007). Es ist aber Fakt, dass Veränderungen nicht nur aus dem Führungszentrum der Organisation, sondern auch an deren Rändern entstehen und sich bis in den Kern hinein entwickeln können (VeRÄNDE-

Rungsmanagement): »Es ist das gezielte Aufsuchen der eigenen Subsysteme an den Rändern der Firma. In einer stiefmütterlich versorgten Außenstelle, in der kleinen Dependance im Ausland, im hinteren Eckgebäude des Werksgeländes oder ganz am Ende des Flures, wo man nicht oft vorbeikommt, finden sich Menschen mit anderen Perspektiven, mit einer eigenen Denkweise und mit interessanten Prozessen. Oft entstanden aus pragmatischen Bypässen, aus Not, aus Bequemlichkeit, aus Zufall. Vieles davon wird gar nicht an die große Glocke gehängt, da es den Standards der Zentrale nicht entspricht, aber den praktischen Alltag erleichtert« (ebd.). Bei manchen Veränderungsansätzen, etwa der Qualitätsinitiative KVP (kontinuierlicher Verbesserungsprozess), wird aus dieser Grundidee sogar das gesamte Programm entwickelt.

Einen interessanten Zwischenweg bieten Pascale/Sternin (2005) mit ihrem *Positive-Deviance-Approach*. Bei diesem Ansatz wird das Problem zwar von oben erkannt, aber die Lösung von unten gesucht. Da in jeder Organisation bei offenkundigem Verbesserungsbedarf bereits einige Mitarbeiter einen manchmal sogar noch verbotenen Umgang mit den Schwierigkeiten gefunden haben, gilt es diese Innovatoren (Secret Agents) zu erkennen und ihre Praktiken (Work around) für die gesamte Organisation nutzbar machen. Führung bedeutet dann nicht direktive Wegweisung, sondern erleichtert den gemeinsamen Suchprozess nach dem besten Lösungsansatz, von innen heraus (Inside out). Vielleicht für den kontinentaleuropäischen Geschmack zu amerikanisch wird statt auf Organtransplantation auf Selbstheilungskräfte gesetzt.

Die sogenannte Hothousing-Methode – sie setzt ebenfalls auf kreative Lösungen von unten – stellt einen vergleichbaren Zwischenweg dar. Bei ihr werden von oben initiiert mehrere Gruppen gleichzeitig auf die Suche nach konkreten Lösungsvorschlägen geschickt. Dabei wird die Kreativität der Basis und die Konkurrenz der Gruppen genutzt. Ähnlich wie in einem Treibhaus, daher der Begriff, werden die alternativen Problemlösungen heranwachsen. Aus denen wird dann die beste ausgewählt und andernorts ebenfalls eingepflanzt. Falls sich der Boden dafür eignet.

Systematisierung Nummer Drei: Darstellung von Ideen

Change-Management-Konzepte werden in die unterschiedlichsten Formate verpackt. Die Bandbreite reicht von belletristischer Lektüre bis zu theorieschwangeren Wälzern. Da ist für jeden Geschmack und alle Bedürfnisse etwas dabei. Dem folgenden Überblick fehlt mit Sicherheit die Vollständigkeit und Trennschärfe. Zudem unterliegen die Bewertungen meiner persönlichen Einschätzung. Sie sind bar jeder Objektivität. Außerdem sind mir zahlreiche Publikationen nicht bekannt und einige habe ich hier wegen Banalität einfach unter den Tisch fallen lassen. Doch auch so wird die Vielfalt bei der Darstellung von Konzepten zum organisatorischen Wandel deutlich.

Duftmarke: Es gibt Bücher die entbehrlich sind, für ihre Leser. Nicht für den Autor, baut der doch über die Bedeutung eines Themas wie Change-Management und seine Einsichten dazu auf eine weitere Positionierung der Person als Persönlichkeit und Produkt. Eigentlich ist bereits alles gesagt, aber noch nicht von jedem. In diese Kategorie gehören beispielsweise die Bücher von Horx (2009), Radatz (2009), Schichtel (2010), Neun (2011), Doppler/Voigt (2012) sowie Ebeling u. a. (2012). Natürlich finden auch diese Werke ihre Abnehmer. Sind doch die Erwartungshaltungen an Fachliteratur manchmal bescheiden.

Essay: Bei diesem literarischen Format handelt es sich um eine »geistreiche Abhandlung, in der wissenschaftliche oder gesellschaftliche Phänomene betrachtet werden. Im Mittelpunkt steht die persönliche Auseinandersetzung des Autors mit seinem jeweiligen Thema. Die Kriterien streng wissenschaftlicher Methodik können dabei vernachlässigt werden« (Wikipedia). Nun liegt es im Auge des Betrachters, ab wann etwas als geistreich zu bezeichnen ist. Gut möglich, dass für viele der Klassiker von Kotter (1995/96/2011/12) in diese Kategorie fällt.

Storytelling: Hier werden Change-Management und seine Kernbotschaften, meistens die Erfolgsfaktoren von Transformationen, mittels eingängiger Geschichten vermittelt. Dies ist eine angloamerikanische Kernkompetenz. Beispiele hierfür sind Anlehnungen an Krimiromane wie »Who killed change« (Blanchard 2008) oder an Tierfabeln wie »Who moved my cheese« (Johnson 2000) sowie das »Pinguinprinzip« (Kotter/Rathgeber 2011), jeweils mit zig Millionen Verkäufen weltweit. Als mitteleuropäischer Fachbuchautor traut man sich nicht an so etwas (und wird ob der Auflage dennoch neidisch). Eine Ausnahme ist das Cartoon-Buch von Höfler u. a. (2011) »mit 240 praktischen Tipps aus 80 Jahren Beratungserfahrung und 100 begleiteten Veränderungsprozessen«.

Fallstudie: Hier weiß man bereits vor dem Lesen was man bekommt – keine allgemeinen Konzepte, sondern konkrete Beispiele mit hoffentlich brauchbaren Lernimpulsen. Entweder als Einzelfallbeschreibung (aktuell etwa Große-Peclum u. a. 2012) oder in Sammelbänden als Change-Management-Stories verschiedener Autoren aus unterschiedlichen Organisationen (zum Beispiel Rank/Scheinpflug 2008, Krizanits 2011, Eberhardt 2012). Der Wert solcher Fallstudien bemisst sich aus kritischer und distanzierter Reflexion des eigenen Treibens, ganz im Sinne des »detecting and correcting of errors« (Argyris 1993: 3). Dazu sind manche Autoren in der Lage, andere nicht. Fallstudien sind übrigens ein beliebtes Tummelfeld für gesponserte Ausgaben ohne ökonomisches Risiko für den Verlag, etwa durch Druckkostenzuschuss oder Garantieabnahmen.

Kochbuch: Im ersten Halbjahr 2012 ist der deutsche Buchmarkt um fast drei Prozent geschrumpft. Nur Kochbücher legten mit einem Plus von über fünf Prozent deutlich zu. Auch im Change-Management gehen *Kochbücher* im Werkzeugkastenformat immer (vgl. 8.1). Der deutschsprachige Klassiker von Doppler/Lauterburg ist 2008 in seiner zwölften Auflage erschienen. Weitere Werkzeugkästen gibt es beispielsweise von Stiefel (2006), Vahs/Weiand (2010), Roehl u. a. (2012) sowie Leao/Hofmann (2009, 2012).

Reflexionsfläche: Bei diesem Format geht es nicht direkt um Lösungen, sondern um das Nachdenken und (Selbst)Erarbeiten von Lösungsräumen, also nichts für den hurtigen Praktiker. Exzellentes Beispiel ist ein Buch von Kristof (2010 – Abb. 15). Das Faszinierende und Schockierende daran: »Die Prozessleitbilder, die die Veränderungsprozesse maßgeblich mit prägen, sind sehr unterschiedlich und stark von der Sozialisierung des Einzelnen abhängig bzw. von der Kultur, in der die Veränderung stattfindet. Probleme entstehen, wenn unterschiedliche Prozessleitbilder aufeinander treffen und unproduktiv mit den Unterschieden umgegangen wird. … Die Grundvorstellungen zur Gestaltbarkeit von Veränderungsprozessen sind sehr unterschiedlich – sie reichen von einer generalstabsmäßigen Gestaltbarkeit von Veränderungen bis zur völligen Steuerunmöglichkeit. In den neueren Modellen kristalliert sich zunehmend die Erkenntnis heraus, dass Veränderungsprozesse nicht steuerbar im engeren Sinne sind, es aber sehr wohl Ansatzpunkte gibt, sie zu beeinflussen und Erfolgsfaktoren abgeleitet werden können« (ebd. S. 169, 227 – 228). Übrigens möchte dieses Buch sich ebenfalls in die Kategorie Reflexionsfläche einordnen.

Geschichtsschreibung: Chroniken als Protokollierung der Entstehung, Entwicklung und Ausfaltung eines Themenfeldes mögen auf den ersten Blick lediglich etwas für den historisch interessierten Akademiker sein. Sie beschreiben aber oft vorzüglich das Werden von Themen, deren Ausbreitung vom Rand ins Zentrum, die Ausdifferenzierung in rivalisierende Schulen, ihr Verhaftetsein im jeweiligen Zeitgeist und manch anderes mehr. So tragen sie zum Verständnis von Protagonisten und ihrer Konzepte bei. Nützliche Zusammenfassungen bieten beispielsweise Stichworte wie *Organisationsentwicklung* oder *Change-Management* in betriebswirtschaftlichen und sozialwissenschaftlichen Handbüchern sowie spezifische Beschreibungen der Entwicklungsgeschichte (etwa Comelli 1993, Krizanits 2009, Stiefel 2011: 9 – 61, Anderson 2012). Dabei wird deutlich, dass »Organisationsentwicklung und Change-Management als Disziplin aus der praktischen Arbeit heraus entstanden sind, bei denen die Praktiker jeweils ihre eigenen 'Erfolgsformeln' für ihre Projekte, gleichsam ihre persönlichen Handlungstheorien für Erfolg entwickelt haben« (Stiefel in MAO 04/2011: 5).

Theoriewälzer: Hierbei handelt es sich um breit angelegte Darstellungen von organisatorischem Wandel mit einer mehr oder weniger soliden konzeptio-

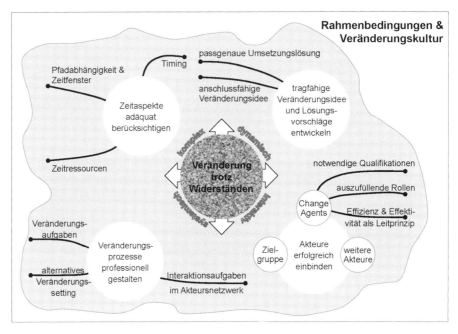

Abb. 15: Veränderungsmodell von Kristof (2010: 210)

nellen Fundierung und literaturhistorischen Reflexion. Wobei der Bezug zur betrieblichen Praxis und die direkte Umsetzbarkeit sehr unterschiedlich ausfallen. Typische Wälzer sind etwa die weiter oben und weiter unten genannten Change-Klassiker von Lewin (1951), Schein (1987), Argyris (1993), Arbeiten von Senge über die »Fünfte Disziplin« mit seinen »Fieldbooks« und überarbeiteten Neuauflagen (1990, 2008, 2011) oder neuerdings Scharmer (2008), Herrero (2008/11), Vaupel (2008), Oltmanns/Nemeyer (2010), Smith/Graetz (2011) und Hohl (2012).

Interview mit Guido Wallraff

Director HR, Cisco Systems,
San Jose/Hallbergmoos bei München

»Leading-Edge?«: Erfahrungen mit einer erfolgreichen amerikanischen Mutter

Sie waren nun mehrere Jahre im kalifornischen Headquarter. Changed es sich dort anders als in »Good old Europe«?

Zweifelsfrei ist Cisco mit dem Stammsitz inmitten des Silicon Valleys extrem in der amerikanischen Prägung mit allen Stärken und Schwächen. Eine der Kernstärken ist, Veränderungen im Markt frühzeitig zu erkennen und zu beeinflussen. Dies erfordert organisatorisch und strategisch Kraft und Mut, sich ständig neu zu erfinden. In Anbetracht der technologischen Entwicklung in der IT-Industrie, die in kurzen Zyklen neue Märkte entstehen und alte verschwinden lässt, ist dies unerlässlich, um Marktführerschaft zu erreichen oder zu erhalten. In einem Umfeld mit der Wettbewerbsdichte und Innovationsintensität eines Silicon Valleys habe ich dies in den vergangenen Jahren sehr spürbar erlebt. Die Begeisterung für neue Trends ist im Valley so groß, dass sich oft gar nicht die Frage stellt, ob man dieser Faszination des Neuen, Veränderten folgt. Es gibt dort eine andere Frage: Ob man etwas wiederholen sollte, obwohl man es doch im Vorjahr schon ähnlich gemacht hat. Manchmal lauert die Übertreibung: »Change for Change's sake«. Für mich als einzigem Deutschen im weltweiten HR-Leitungsteam war eine gewisse, vermutlich kulturell bedingte Hartnäckigkeit oft hilfreich, um sinnvolle Themen auch bis zum guten Ende zu treiben. Ist dies alles nun »Leading-Edge«? Zum Thema Change in meiner Erfahrung: Ja. Es changed sich leichter, und wenn weniger reguliert wird, wächst die Begeisterung für Veränderung. Behält man auch ein Auge auf die Nachhaltigkeit der angestoßenen Veränderungen, ist dies sehr kraftvoll und eine enorme Chance.

Was sind die Lernfelder, bei denen die mitteleuropäische Organisationsentwicklung noch von US-Firmen und Experten lernen kann?

Das Umfeld für Change ist stark von der Kultur im Land, im Unternehmen beeinflusst. Erlebbar ist hier in den USA sicherlich eine höhere Fehlertoleranz, die zu höherer Risikofreude führt. Karrierebiografien dürfen weniger linear sein. Kann man in einem Lebenslauf den Mut sehen, Neues, versucht zu haben, so wird dies oft besonders wertgeschätzt. Die Liebe zur zweiten Chance, das Lernen aus Fehlern, der Persönlichkeitsbildung durch das Überwinden von Niederlagen habe ich stärker ausgeprägt erlebt als in Westeuropa. Kreativität kann man nicht verordnen. Gerade in stark von menschlichem Erfindungsgeist getragenen Industrien wie IT ist ausreichender Freiraum für Innovation businesskritisch. Die USA mit ihre starken Fokussierung auf das Individuum und historischer Abneigung gegen intensiven Einfluss der Staatsmacht, bieten hierfür häufig einen guten Nährboden. Dort erhalten Toptalente den Freiraum, den sie brauchen, um ihr Potenzial und ihre Ideen zu realisieren. Noch eindrücklicher als der Vergleich mit Europa ist hier der mit China. In den boomenden chinesischen Megacities können Sie überall eine beispiellose, beeindruckende Umsetzungskraft erleben. Die aber in der Enge staatlicher Allmacht oft sehnsüchtig nach Innovation sucht.

Auch Cisco hatte seine Ups und Downs. Was sind die Schlüsselfaktoren von Veränderung im Hightech-Bereich?

Schon in der Unternehmensvision ist Veränderung maßgeblich verankert: »changing the way we work, live, play and learn« ist das, was Cisco erreichen möchte. Und tatsächlich sind die gesellschaftlichen Veränderungen durch Nutzung des Internets allgegenwärtig. Digitale Bücher und Musik, Videos on demand und als wachsender Standard beim Telefonieren, Flexibilisierung der Arbeitswelt. Veränderung ist Zukunft, ist spannend und positiv belegt. Sicherlich ein Schlüsselfaktor. Im Jahr 2000 war Cisco als Wunderkind des Internetzeitalters im zarten Alter von 16 nach Marktkapitalisierung das wertvollste Unternehmen der Welt. Eine explosive Entwicklung, die es auf Organisationsseite ermöglichte, Veränderungszyklen wie im Zeitraffer beobachten und beeinflussen zu können. Die richtige Balance beim Erwachsenwerden: Wachstumsbegeisterung erhalten und dennoch Strukturen für ein Unternehmen dieser Größe zu schaffen. Gleichzeitig ließ der extreme Erfolg Phasen einstelligen Wachstums schon als Krisen erscheinen, die Interventionen bis hin zu weltweiten Restrukturierungen erforderlich machten. Change in dieser schmerzhaften Form braucht starke Leadership. Mitarbeiter durch solche Phasen mit Ehrlichkeit, Vertrauen, Kraft und guter Kommunikation zu führen, ist vermutlich erst der Ort, wo Leadership beginnt. In der Umsetzung herausfordernd, ist Leadership ein weiterer Schlüsselfaktor. Eigenverantwortung, Transparenz und Vertrauen prägen bei Cisco das Bild. Weltweite Collaboration per Video und weitere internetbasierte Anwendungen zur virtuellen Teamarbeit überwinden kulturelle, geografische und hierarchische Distanzen. Dabei wird das Netzwerk zur universellen Plattform, die Menschen verbindet. Statt einer autokratisch geführten »Belegschaft« formiert sich bei Cisco eine multinationale Mitarbeiter-Community. In der Ideen ungehindert ausgetauscht und die besten schnell zu marktreifen Lösungen weiterentwickelt werden. Das ist für jedes Unternehmen essenziell, dessen Geschäftserfolg von Marktnähe und hohem Innovationstempo abhängt.

Wenn Ihnen eine gute Fee zur Seite stehen würde, die Ihnen einen freien Wunsch zum Change-Management zugesteht – welcher wäre dies? Was würden Sie sich für ein noch besseres Change-Management unbedingt wünschen?

Wenn ich auf mein eigenes Wertesystem schaue, sind es insbesondere zwei Bereiche, die für mich immer wieder das größte Gewicht haben. Freiheit/Toleranz auf der einen, Ehrlichkeit/Integrität auf der anderen Seite. Im Unternehmensalltag sehe ich diese in vielfältiger Weise einfließen: Freiraum, Innovation, Kreativität, Freude sowie Verlässlichkeit, Operational Excellence, Resultate, Role Modeling, Klarheit. In diesem Spannungsfeld und in der Hoffnung, dass wirklich gute Feen in der Historie häufig drei Wünsche erlaubt haben, wären dies: Erstens, mehr Führungskräfte mit der Kraft zur begeisternden Vision und Klarheit in der Aufzeichnung des idealen Zieles, des »Pictures of Perfection«. Zweitens, stärkere Nutzung und Verbreitung von Einbindungsmechanismen mit geringem Geschwindigkeitsverlust (z. B. soziale Medien im Unternehmen wie etwa WebEx Social). Drittens, die bereits erwähnte Freude an der Veränderung. Change als Chance.

2.8   Change-Management: Inhalt und Prozess

Analysen zum systemischen Ansatz: Bekanntheit und Beliebtheit

Dieses Thema bietet Reibungsfläche. An ihm scheiden sich die Geister. Und es wurde schon so mancher Glaubenskampf ausgefochten. Die Positionierung als Systemiker gehört für manche zum fundamentalen Outing im Change-Management sowie zur marketingtechnischen Positionierung. Bei der Gestaltung des Wandels und in der Organisationsentwicklung gilt den einen der systemische Ansatz als Panazee, dem wundertätigen Elixier und mythisch universalen Heilmittel. Für andere ist er höchstens ein Placebo und bestenfalls ein druidischer Zaubertrank. Man kann sich richtig abarbeiten an diesem Disput. Man könnte dies auch mit heiterer Gelassenheit sehen und es wie Huang-Po halten, einem chinesischen Zen-Mönch aus dem neunten Jahrhundert. Von ihm ist überliefert: »Nichts suchen heißt gelassen bleiben«. Das mag ihm noch leicht gefallen sein, ist er doch fast sein ganzes Leben lang in einem Kloster auf dem immer gleichen Berg geblieben. Im Hier und Heute kommt unsereins dann doch etwas mehr herum, hört und sieht dabei dies und das. Zudem wird einem immer wieder die Frage gestellt: Sag, wie hältst Du es mit dem systemischen Ansatz? Vor der Beschäftigung mit entsprechenden Positionen werden zunächst – durch Befragung ausgewiesener Change-Management-Experten – einige Fakten zum systemischen Ansatz herausgearbeitet, wie die Vertrautheit mit dem Konzept, dessen Charakterisierung und Vorzüge, seine Verbesserungsmöglichkeiten sowie schließlich seine Resonanz im Unternehmen (Claßen/von Kyaw 2010: 93 – 6).

Vertrautheit: Jeder vierte Befragte (25 Prozent) gibt an, sehr gut mit dem Ansatz der systemischen Beratung vertraut zu sein. Jeder Dritte (32 Prozent) schreibt sich immerhin noch ein »gut« zu. Damit besitzt gut die Hälfte der befragten Change-Management-Experten ein solides Wissen oder sogar mehr zu diesem Ansatz für die Gestaltung des Wandels. Ebenfalls jeder Vierte (25 Prozent) bezeichnet seine Vertrautheit als »mittelmäßig«. Und einer von acht (13 Prozent) gesteht ein »kaum«. Nur jeder zwanzigste Befragte (5 Prozent) hat von systemischer Beratung noch nichts gehört. Nun lässt sich trefflich diskutieren, was »sehr gut« oder »kaum« als Antwort bedeuten; einzig das »überhaupt nicht« gibt klare Auskunft. Ein ausgewiesener Experte mag sich selbst nur als mittelmäßig einschätzen, weil er um die vielen Facetten des Ansatzes weiß. Ein Anderer sieht sich möglicher Weise nach einem einzigen Artikel oder kurzen Training vorschnell als exzellenter Kenner.

Charakterisierung/Vorzüge: Die Untersuchung von Merkmalen systemischer Beratung ist alles andere als einfach und wurde schlussendlich als offene Fragestellung gestellt (zu methodischen Details siehe Claßen/von Kyaw 2010: 93 – 4). Als Top-Vier sind folgende Charakteristika zu nennen:

- ganzheitliche, übergreifende Betrachtungsweise (33 Prozent),

- transparentes Wirkungsgefüge (15 Prozent),

- Einbindung und Wertschätzung aller Beteiligten (10 Prozent),

- Förderung eines Perspektivenwechsels (8 Prozent).

Nachteile/Verbesserungsmöglichkeiten: In analoger Weise wurden Defizite ermittelt, Mit einem eindeutigen »low light« – dem fehlenden Bezug zur Inhaltsdimension von Veränderungen. Die folgenden Felder zur Weiterentwicklung drehen sich um ein besseres Marketing der systemischen Beratung:

- Businessorientierung fokussieren (31 Prozent),

- Erfolge messen (15 Prozent),

- Image stärken (15 Prozent),

- Mensch und Umwelt (noch) stärker einbeziehen (13 Prozent).

Resonanz im Unternehmen: Die bereits bei den Nachteilen deutlich gewordene Forderung nach mehr Marketing ist eine Reaktion auf die eher geringe Penetration des Ansatzes in den oberen Führungsetagen von Unternehmen. Zusammenfassend ist zu sagen, dass sich der systemische Ansatz bislang noch nicht auf breiter Front in Vorstand und Geschäftsführung als Mainstream für die Prozessdimension durchgesetzt hat. Keiner der Befragten sieht in seinem Top-Management einen glühenden Verfechter systemischer Ansätze (0 Prozent). Lediglich einer von acht Entscheidungsträgern gilt als »überwiegender« Anhänger (12 Prozent). Knapp die Hälfte oberer Führungskräfte vertritt »teils/teils« systemisches Gedankengut (46 Prozent). Jeder Dritte scheint zumindest »etwas« angehaucht (30 Prozent), und jeder Achte hält von systemischer Beratung »gar nichts« (12 Prozent).

Bis zur flächendeckenden Akzeptanz hat der systemische Ansatz bei der Diffusion aus Theorie über zuständige Change-Management-Verantwortliche bis zu gesamtverantwortlichen Entscheidungsträgern in vielen Unternehmen noch ein weites Stück vor sich. Eine eher ablehnende oder zumindest stark hinterfragende Position zum systemischen Ansatz scheint im Top-Management derzeit eher die Regel zu sein. Ob das Gedankengut überhaupt jemals in den Führungsfluren mehrheitsfähig wird, ist derzeit eine offene Frage. Diese nicht zu übersehende Skepsis im Business-Management – weniger im Change-Management – hinsichtlich der systemischen Idee mündet immer wieder in abschätzige Bemerkungen, angefangen von »Esoterik«, über ein »naja, Kinderkram« bis hin zum »Ringelpiez mit Anfassen«. Vielleicht ist der systemische Ansatz eine zu unwägbare, undeutliche und unbequeme Herangehensweise. Dies würde Leadership erfordern. In der Beletage vieler Unternehmen gibt es aber derzeit noch sehr viele Manager.

Das ist Anlass genug, sich mit systemischen Basisüberlegungen, dem derzeitigen Selbstverständnis und möglichen Verbindungsbrücken zum Business-Management zu beschäftigen. Die folgenden Ausführungen sind (m)ein Diskussionsbeitrag für den gegenwärtigen Wortwechsel über richtige Haltungen und gute Wegfindung im Veränderungsmanagement. Wie gewohnt, ist dieser Beitrag eher eindringlich als einnehmend. Sehr gut möglich, dass nicht jeder

Change-Management-Experte diesen Überlegungen widerspruchslos folgen wird. So entsteht Fortschritt.

Plädoyer gegen Dualität

Change-Management hat es sich zur Aufgabe gemacht, das »Wie« der Veränderung – den Veränderungsprozess – zu gestalten. Es bewegt sich damit im widerständlichen, konfliktbehafteten, nicht nur rationalen, sondern auch emotions- wie politikgeladenen Terrain der Menschen und des Menschlichen. Natürlich kann diese Prozessdimension (Wie ändern?) nicht völlig losgelöst von der Strategiedimension (Warum ändern? Wieso jetzt?) und der Inhaltsdimension (Was ändern?) angegangen werden (vgl. 2.2). Daher muss sich Change-Management die Frage stellen, ob und wie diese beiden Dimensionen – die idealerweise am Ende des Tages wieder zu einem abgestimmten Ganzen zusammenkommen – am besten berücksichtigt werden. Change-Management bewegt sich am besten rund um den Kern des Veränderungsgeschehens, mit leichter Schlagseite zur Prozessdimension (Abb. 16).

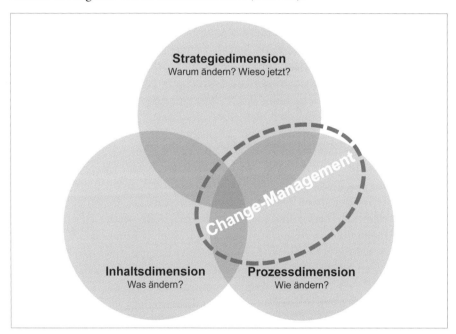

Abb. 16: Change-Management mit leichter Schlagseite zur Prozess-Dimension

Ziemlich leicht sollte das mit der Strategiedimension möglich sein. Denn diese ist, was kaum jemand bestreitet, Leitstern, Bahnbrecher, Richtungsgeber. Und bleibt Domäne des Business-Managements. Was inzwischen allerdings nicht mehr ganz stimmt. Denn vielen visionären oder eleganten oder brachialen Strategien aus dem Top-Management fehlt unterdessen die Bodenhaftung. Das erfährt man spätestens und frühestens bei ihrer Implementierung. Zahlreiche Schwierigkeiten, Hindernisse, Engpässe bei der Strategieumsetzung haben ihre Wurzeln in der People-Dimension. Sie zeigen sich etwa im Mangel an Innovation und der Fülle an Renitenz, ganz zu schweigen von Defiziten beim Wissen, Können, Wollen und Handeln der Betroffenen (Reiß u. a. 1997: 93). Wissen und Können reflektieren dabei die Veränderungsfähigkeit, Wollen und Handeln die Veränderungsbereitschaft. Schwierigkeiten können bei allen vier Verhaltensaspekten auftreten: Durch fehlendes Wissen, wenn Mitarbeiter nicht informiert sind. Durch fehlendes Können, wenn Mitarbeiter nicht qualifiziert sind. Durch fehlendes Wollen, wenn Mitarbeiter nicht motiviert sind. Durch fehlendes Handeln, wenn Mitarbeiter nicht engagiert sind. Gerade deshalb ist Fortschritt mittlerweile nicht mehr bei der Strategieentwicklung, sondern für die Strategieumsetzung erforderlich. Veränderungserfolg wird zu großen Teilen nicht von der großartigen Idee bestimmt, sondern vom Veränderungsprozess und einem »making things happen« in der People-Dimension (Mintzberg 1999 und Pfeffer/Sutton 1999).

Bei dieser Strategieumsetzung sind das Was und das Wie zwei Seiten derselben Medaille. Deren Auseinanderdeklinieren ist lediglich der altbewährte Kunstgriff, durch Zerlegung zunächst etwas mehr Übersichtlichkeit für verwobene Sachverhalte zu bekommen. Dies darf jedoch nicht dazu führen, die Einzelteile fortan nur noch isoliert zu betrachten. Es braucht eine »Antwort auf die einfache, aber elementare Frage: Wie kann nach der Zerlegung in Aktivitäten das Zusammenwirken derselben gesichert werden?« (Vaupel 2008: 160). Bach u. a. (2012: 76) ergänzen: »Bei einer Verteilung der Teilaufgaben auf mehrere Aufgabenträger resultiert aus der Arbeitsteilung ein Abstimmungsbedarf«. Jede Trennung in der betrieblichen Praxis wäre künstlich. Sie mag allenfalls noch akademisch-intellektuell gelingen, wenn überhaupt. Nun ist eine Destruktion sicherlich deutlich einfacher als die anschließende Konstruktion. Nach der Zerlegung, müssen die Einzelteile wieder zu einem Ganzen zusammengefügt werden. Dennoch bringt Schritt Eins – das Zerlegen in Einzelteile – wenig praktikable Erkenntnisgewinne ohne Schritt Zwei – die spätere Zusammenfügung dieser Einzelteile (siehe Gomez/Probst 1999). Bei aller Mechanik, die in diesen Argumenten steckt, darf zur Gestaltung des Wandels nicht vergessen werden, dass mit Einzelteilen, jeweils für sich genommen, wenig anzufangen ist. Ansonsten wird Change-Management leicht zur l'art pour l'art. Change-Management kann nicht »sein Ding machen«, sich am Rande des Veränderungsgeschehens bewegen und sich dabei auch noch als etwas Besonderes fühlen.

Die bewusste und unwiderrufliche Separierung des Wie vom Was beruht auf zwei schwer unterscheidbaren Motiven. Da gibt es zum einen innere Überzeugungen, die zu einer Monokultur führen. Dies ist dann auch mehr als bloße Semantik. Marketing zur Positionierung eigener Dienstleistungsangebote im Rahmen des Veränderungsmanagements mag ein weiterer Beweggrund sein. Vermutlich gerade wegen dieser aktiven Besetzung von Standpunkten hat sich in der Praxis des Veränderungsmanagements eine Dualität zweier professioneller Welten bis hin zum wechselseitigen Unverständnis herausgebildet: Auf der einen Seite die Inhaltsberatung, von manchen auch Fach- oder Expertenberatung genannt, versus – ihr gegenüber in einer *tradierten Arbeitsteilung* (Wimmer 2010: 88) – die Prozessberatung. Die sich mittlerweile, zumindest im deutschsprachigen Raum, am markantesten und populärsten in der Gestalt des systemischen Ansatzes zeigt.

Irgendwann, *irgendwie* und *irgendwo* müssen beide Seiten, Inhaltsdimension und Prozessdimension, wieder zusammenkommen. Natürlich! Allerspätestens bei der konkreten Umsetzung von Veränderung: »Aus der Perspektive der Organisation ergibt die kategorische Unterscheidung zwischen Expertenberatung und Prozessberatung, die für die externen Berater so wesentlich für die Segmentierung des Marktes ist, wenig Sinn« (Krizanits 2011: 234). Dagegen sträuben sich jedoch manche Vertreter systemischer Beratung mit Vehemenz und werden darüber zu Prozesshanseln. Das Zusammenbringen unterschiedlicher Lebenswahrheiten verschiedenartiger Akteure ist eben nicht nur vor Gericht so eine Sache. Allein, im Veränderungsgeschehen gibt es keine Richter mit abschließenden Urteilssprüchen. Die Prozessdimension kann sich auf Dauer separieren, ihr Ding machen, an einer eigenen Realität basteln. Doch dies täte der Organisation mit ihrer Business-Transformation nicht gut. Die Prozessdimension darf sich – meines Erachtens – nicht von einer ganzheitlichen Herangehensweise und einem abgestimmten Gleichklang mit der Inhaltsdimension verabschieden.

Es bringt zudem nichts, eine der beiden Seiten per se als wichtiger und richtiger zu deklarieren. Sie kann einem aparter, attraktiver und angenehmer erscheinen. Man mag sie auch besser beherrschen. Überlegen ist sie deswegen noch lange nicht. Kritisch wird es besonders dann, wenn sich eine der beiden Seiten durch allerlei Kniffe die ethische, normative, moralisierende Erhabenheit zu sichern versucht. Vielmehr geht es in der Praxis um konstruktives Ringen zwischen den Anforderungen aus der Inhaltsdimension und denen der Prozessdimension (und dies alles beim Blick auf die Strategiedimension). Wobei dieses Anbahnen nicht unbedingt zwischen Menschen mit unterschiedlichen Herkünften und Profilen stattfinden muss. Die Annahme, beides zusammen unter einem Dach ginge nicht, die Prozessdimension bräuchte ihre Unabhängigkeit, Eigenständigkeit, Selbstbestimmung, ist durch nichts bewiesen. Das Ringen kann auch in einer Person erfolgen. Wenn diese sowohl die inhaltliche als auch die prozessuale Dimension jeweils für sich begreift und dann zu verbinden versteht. Übrigens: Manche dieser zweidimensionalen Manager leiden persönlich durch ihr tägliches Streiten mit sich selbst um die wichtigen Inhalte und richtigen Prozesse.

Beratung ist nur eine Option

Allzu schnell sind manche Ratgeber ebenfalls dabei, als Konsequenz dieser Dualität und überhaupt in Folge von Ambiguität, Komplexität und Dynamik heutiger Veränderungsvorhaben laut nach Prozess- und People-Beratung für die auf Inhalte konzentrierten Führungskräfte zu rufen. Sei es durch Unterstützung von außen oder durch interne Change-Management-Experten. Wer von Beratung spricht, unterstellt im gleichen Atemzug, dass es die verantwortlichen Manager nicht alleine hinbekommen,

1. weil ihnen die Einsicht, Erfahrung und Expertise abgeht,

2. weil es mit ihrem Nach-, Mit- und Vordenken hapert,

3. weil ihre Selbstbeobachtung und Selbsterkenntnis *von innen* an Grenzen stößt,

4. weil ihre Eigenkonstruktion von Wirklichkeit extrem subjektiv bleibt,

5. weil sie – auf sich alleine gestellt – hilflos werden,

6. weil sie gar nicht an sämtliche Aspekte denken können,

7. weil ihnen auf dem Weg zur Tat ganz Wesentliches verloren geht,

8. weil sie ohne externe Reflektion und Intervention nicht laufen können,

9. weil es ihrer Organisation an Kapabilität und Kapazität mangelt,

10. weil ihre Organisationen der systemspezifischen Blindheit nicht entrinnen kann.

Durch ihre Außensicht, Unbefangenheit, Helikopterperspektive erweitert die unabhängige Begleitung – so das Selbstbild vieler externer und mancher interner Berater – diese Begrenzungen von Führungskräften. Und gerät damit gelegentlich in eine Spirale von Allmachtsfantasien: Niemand sonst hat den Durchblick. Nur ihre Ideen stiften Nutzen. Ohne sie geht gar nichts. Daher planen und steuern Berater oftmals, selbst wenn sie nicht entscheiden wollen und dürfen, den Veränderungsprozess. Damit schwingen sie sich zum Therapeuten für die gesamte Organisation auf, mit eigentümlichen Zielsetzungen. Wo bleiben dann deren Manager mit ihrer Letztverantwortlichkeit für Profitable Growth?

Außerdem dient Beratung zur Befriedigung eigennütziger Bedürfnisse von Kunden, etwa nach Machtsicherung, Karrieresprung und Wertschätzung. Ob solche persönliche Begehren immer im Sinne des Unternehmens und der Veränderung sind, mag dahingestellt sein. Schließlich haben Berater konkrete Eigeninteressen und gehen eine Allianz mit Eigeninteressen ihrer Kunden ein. Wer dies nicht glauben mag, beschäftige sich am besten mit dem Prinzipal-Agenten-Ansatz (etwa Bach u. a. 2012: 49 – 51).

Deshalb muss sich jeder Berater immer wieder selbst hinterfragen. Ob er wirklich für Wertschöpfung oder eher für Überheblichkeit und Windmacherei, Anmaßung und Zumutung, Absicherung und Wohlbefinden steht. Objektiv lässt sich so etwas kaum entscheiden. Wissen tut man es, wenn überhaupt, erst hinterher. Eine gehörige Portion des Unprätentiösen und der neuerdings wieder zu Ehren gekommenen Demut schaden einem Berater in jedem Fall nicht. Doch das ist nicht nur eine persönliche Stilsache, sondern oft eine Frage der Lebensmaxime und Beratungsphilosophie eines *Consultant*, sowie dem Bedarf seiner Kunden an *Support*.

An diesem Punkt muss an eine Diskussion erinnert werden, die in den Sozialwissenschaften bis in den therapeutischen Bereich seit langem schon unentschieden steht, keinen Fortschritt mehr erzielt und deswegen zur Lagerbildung geführt hat: Wie viel Intervention darf es denn überhaupt sein, wie viel soll es eigentlich sein, wie viel kann es letztlich sein? Das Spektrum an Sichtweisen spannt sich von der Haltung, dass bereits die bloße Interaktion eine folgenschwere Intervention darstelle und tiefgreifende Reaktanz auslöse. Sämtliche Verhaltensänderungen könnten prinzipiell nur aus dem *Klienten* selbst heraus kommen, niemals jedoch von außen auferlegt werden. Selbst eine sanfte Herausmoderation wäre bereits des Guten zu viel. Im Zweifel müsse man sich halt in Geduld üben (und weiter die Honorarnoten einstreichen). Andererseits gibt es den Standpunkt, ein *Kunde* würde dafür zahlen, dass man ihm sagt, was er tunlichst zu machen hätte. Er wird sich dann schon das nehmen, was ihm bekommt. Klare Ansagen seien deswegen immer wieder unumgänglich und der effiziente Weg zur effektiven Weiterentwicklung. Viele Change-Manager haben – als Sender von *Guidance* – ihre persönliche Meinung auf diesem Spektrum von »kommen lassen« bis »klare Ansage machen« entwickelt. Und viele Business-Manager weisen hinsichtlich der Prozessdimension im Veränderungsprozess – als Empfänger von *Guidance* – eine Grundsicht auf: selbstbestimmte Handlungsautonomie versus bereitwilliges »Andiehandgenommenwerden«. Diese eigene Position sowie Erwartungen seines Gegenübers muss ein Change-Manager berücksichtigen. Aber er sollte sie nicht absolut setzen! Was bedeutet dies für die Praxis? Sich im Sinne der Empathie an den Bedürfnissen des Business-Managers ausrichten oder sich im Dienste der Sache über dessen Erwartung hinwegsetzen? An diesem Punkt fängt die Verantwortung des Change-Managers an. Die wird ihm niemand nehmen.

Noch eine Anmerkung: Vermeintlich scheint Beratung nicht weit von Training entfernt. Viele Prozessberater greifen deshalb – im Nebenamt oder zur Akquise für ihr Kernprodukt – als Trainer in das Marktgeschehen ein. Ganz abgesehen davon, dass ein erstklassiger Berater noch längst kein erstklassiger Trainer ist et vice versa, sollte man beides im Marktauftritt klar getrennt halten. Denn beide Geschäftsmodelle sind, nicht nur wegen unterschiedlicher

Kompetenzprofile, besser unabhängig voneinander zu praktizieren. In anderen Kontexten – so etwa im Bankgewerbe und bei Wirtschaftsprüfung – wird dies immer wieder zu Recht gefordert. Ein gutes Training sollte einen Trainingskunden vom Bedarf nach Beratung weitgehend entledigen; ansonsten war es kein gutes Training. Und eine gute Beratung sollte bei einem Beratungskunden keine Nachfrage nach Training aufkommen lassen; ansonsten war es keine gute Beratung. In diesem Punkt gibt es – geleitet durch kommerzielle Motive – auch andere Selbstverständnisse, Anbietersichten und *Kundenorientierung*.

»Gemurmeltes Allgemeingut«

Zurück zur Kernfrage: Welche Kombinationsmöglichkeiten von *Content* (der Inhaltsdimension) und *Process* (der Prozessdimension) gibt es überhaupt? Dass hierzu gegenwärtig und hierzulande wieder eine Phase des Nachdenkens stattfindet, zeigt etwa die anhaltende Diskussion in der Zeitschrift Organisationsentwicklung (insbesondere die Ausgaben 1/2009, 2/2009 und 4/2011). An dieser prozesslastigen Debatte beteiligen sich viele kluge Denker, seniore Praktiker und belesene Theoretiker mit einer immensen Meinungsbreite und beeindruckenden Statements. Fatzer (in OE 2/2009: 92) vermutet etwa »eine spannende ethnotainende Emergenz der systemischen Professional Community: Sumo-Kämpfe der dritten kybernetischen Dimension mit eingestreuten Verwirrungsmanövern«. Was ist denn das?

Interessant ist eher die Frage, warum diese Beschäftigung mit sich selbst gerade jetzt stattfindet. Sie ist übrigens ein Phänomen der deutschsprachigen Organisationsentwicklungsszene in der systemischen Variante. Im angloamerikanischen Umfeld sowie in der ideologiefernen Change-Management-Beratung wird die Inhalts-Prozess-Diskrepanz angenehm pragmatischer gehandhabt. Böning (ebd. S. 94) erkennt auch »gar nichts Neues«, sondern ein »fast schon gemurmeltes Allgemeingut der Beraterbranche«. Deshalb macht es wenig Sinn, diese Diskussion mit ihren Verästelungen im Detail auszufalten und damit zu überhöhen. Selbstfindung soll etwas Innerliches bleiben (Details siehe Claßen/von Kyaw 2010: 100–103).

Meine Erklärung und die anderer (wie etwa Königswieser u. a. 2006, Wimmer 2007, Krizanits 2009, Kristof 2010) ist, dass unilaterale Theorie- und Beratungsmodelle, sowohl auf Seiten der Inhalts- als auch der Prozessberatung, längst an ihre Grenzen gestoßen sind. Die eindimensionale Übersteigerung bringt mittlerweile keinen überzeugenden Mehrwert mehr ein. Es wäre jedenfalls vermessen, von vornherein zwischen überlegenen und minderwertigen Ansätzen zu unterscheiden. Dagegen können aus Zusammengang und Zusammenklang beider Dimension weitere Verbesserungen gegenüber dem bisherigen Vorgehen erwartet werden (Abb. 17).

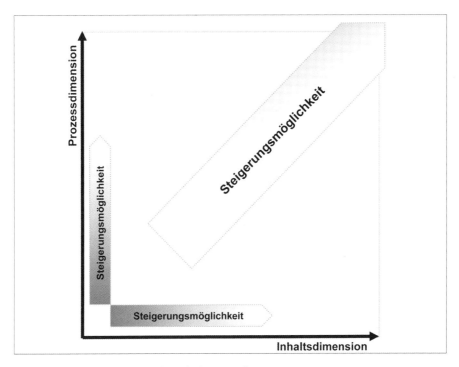

Abb. 17: Zweidimensionalität bringt Verbesserungen

Des Weiteren muss man sich davor hüten, im Falle des Scheiterns beziehungsweise Stolperns von Veränderungsvorhaben einer der beiden Perspektiven sowie ihren Ansätzen Schuld zu geben und die Sündenbockrolle zuzuschreiben. Das Was und das Wie misslingen stets gemeinsam. Wer eine der beiden Dimensionen ausblendet oder gering achtet, ist anfällig für »Was-Fehler« oder »Wie-Fehler« (Vaupel 2008: 294). Zeiten einer Abwertung der jeweils anderen Dimension sollten inzwischen vorbei sein. Zumal sie keinerlei professionellen Erkenntnisgewinn bringt. Schließlich geht es um ein fruchtbares Miteinander von Inhalts- und Prozessdimension. Die einen mögen entlang der einen Achse ihren Beitrag verorten und weiter verbessern, die anderen auf der zweiten, am besten jedoch auf beiden. Wer heute noch von *uns* beim Prozess und *denen* beim Inhalt spricht (oder umgekehrt) hat die unauflösliche Verbundenheit beider Dimensionen nicht akzeptiert. Wirklicher Fortschritt ist nicht mehr durch Ausblenden, sondern durch Verbinden in der organisatorischen Realität zu erzielen.

Sieben Was/Wie-Kombinationen

Blickt man auf die Dualität von Inhalts- und Prozessdimension existieren sieben Kombinationen:

1. Ignoranz seitens Inhaltsdimension (Ausblendung Prozessdimension),

2. Ignoranz seitens Prozessdimension (Ausblendung Inhaltsdimension),

3. Konflikt zwischen Inhalts- und Prozessdimension (als Dauerstreit),

4. Befruchtung Inhaltsdimension durch Prozessdimension,

5. Befruchtung Prozessdimension durch Inhaltsdimension,

6. Synthese Inhalts- und Prozessdimension,

7. Symbiose Inhalts- und Prozessdimension.

Da ist zum Ersten und Zweiten die jeweils komplette Verneinung der anderen Dimension. Beide in der breit gefächerten Beraterszene durchaus vertretenen Extrempositionen sind ignorante Illusionen. Eine solche kategorische Eindimensionalität ist alles andere als zweckdienlich. Es gibt freilich aus Perspektive der Prozessdimension solche dogmatischen Standpunkte, die jedes Einlassen auf die Inhaltsdimension als Nestbeschmutzung ansehen und mit drastischen Formulierungen eine entschiedene Abgrenzung einfordern. Man gäbe damit die Identität, Proprietät und Effektivität auf (Giebeler in Organisationsentwicklung 2/2009: 94). Natürlich ist auf Seiten der Inhaltsdimension ebenfalls immer wieder die rein fachliche Perspektive festzustellen. Eine Vorhaltung, der sich Strategie- und Managementberatungen seit langem ausgesetzt sehen und gegen die sie nun alles Mögliche unternehmen. Auch die dritte Option – der beständige Konflikt beider Dimensionen und ihrer jeweiligen Protagonisten – sollte ein Kapitel aus der Vergangenheit sein. Mehrwert schafft ein permanenter Disput zwischen dem Was und dem Wie keineswegs, im Gegenteil.

Die Optionen vier bis sieben versuchen mit unterschiedlichen Startpunkten und Gewichtungen beiden Dimensionen zu ihrem berechtigten Anspruch zu verhelfen. Bei der Befruchtung der Inhaltsdimension durch die Prozessdimension kommen die Entscheider von der fachlichen Seite, blenden jedoch Anforderungen der People-Dimension nicht aus (auch wenn diese sekundäre Bedeutung besitzen). Bei der Befruchtung der Prozessdimension durch die Inhaltsdimension verhält es sich gerade umgekehrt. Diese beiden Optionen zielen in die richtige Richtung, sind durch ihre Unausgewogenheit allerdings immer noch ziemlich einseitig. Die sechste Option möchte – im Sinne einer Synthese – das Beste aus beiden Dimensionen herausholen und dadurch einen spürbaren Mehrwert schaffen. Schließlich ist als siebte Option sogar eine Symbiose aus Was und Wie möglich (diese Option wird im nachfolgenden Abschnitt behandelt).

Zurück zur sechsten Option der Synthese: Die Aufhebung einer bewussten Trennung von Inhalts- und Prozessdimension besitzt eine bis in die siebziger Jahre zurückgehende und in den neunziger Jahren verstärkte Tradition der Ganzheitlichkeit (Details siehe Claßen/von Kyaw 2010: 103 – 104). Eigentlich ist schon lange klar: Das Eine geht nicht ohne das Andere. Kürzlich flammte diese Diskussion in deutschsprachigen Systemikerkreisen unter der Begrifflichkeit *Komplementärberatung* wieder auf (Königswieser u. a. 2006 und 2009, Königswieser/Lang 2008, Königswieser/Königswieser 2009). Von Protagonisten des vermeintlich Neuen wurde als Beweggrund für ihre Öffnung in Richtung Inhaltsdimension »eigene Grenzerfahrungen mit dem systemischen Ansatz« genannt (Königswieser u. a. 2009: 47). In bewusster Abgrenzung zur Komplementärberatung entstand zudem ein »dritter Modus der Beratung durch Synthese« (Wimmer 2007, 2008, 2010). Diese würde mehr als eine rein semantische Weiterentwicklung bieten. Es geht um die ganz große Herausforderung, die Versorgung einer Organisation mit Charakter, also um Sinnstiftung in inhaltlicher, zeitlicher und sozialer Ausfaltung: »Es kommt besonders darauf an, im Kundensystem für ein problemadäquates 'Reframing' in allen drei Sinndimensionen Sorge zu tragen und mit den Kunden neue, weiterführende Rekombinationsmöglichkeiten zu entdecken. Erst auf dieser Grundlage wird dann ein nächster Entwicklungsschritt organisationaler Antwortfähigkeit möglich« (Wimmer 2010: 95).

Gegner vermuten einen Marketingkniff und Positionierungstrick. Dieser Absprung aus dem Systemiker-Biotop ist lediglich die persönliche Weiterentwicklung einiger Protagonisten von der Ausblendung der Inhaltsdimension über die Befruchtung der Prozessdimension hin zur Gleichwertigkeit von Inhalts- und Prozessdimension. Nochmals: Individuelle Erweckungserlebnisse sollten nicht zu extrovertiertem Missionierungseifer führen. Inzwischen ist es um diesen Relaunch wieder deutlich ruhiger geworden: Die einen machen es nun so – andere hatten es schon lange so gehalten. Hardliner beider Seiten lehnen die Synthese weiterhin grundsätzlich ab.

Symbiose (Option Nummer Sieben)

Die entscheidende Frage lautet: Kann und muss die Inhalts- und Prozessdimension letztlich intra-individuell – in einer einzigen Person (der des entscheidenden Managers) – vereint und ertragen werden? Um mit einer solchen Symbiose die bestmögliche Lösung zur Gestaltung des Wandels zu erzielen. Oder wäre es besser, eine konstruktive Diskussion zwischen Vertretern der einen mit Vertretern der anderen Perspektive zu erzeugen und damit das inter-individuelle Ringen um eine Lösung durch Synthese. Diese wird allerdings, in der Praxis zeigt sich dies deutlich, durch Friktionen der beteiligten Personen und ihrer Organisationen erschwert. Der auf Synergien angelegte Komplementäransatz ist selbst aus Erfahrung ihrer Protagonisten so lange nicht erfolgreich, als Berater für beide Perspektiven aus unterschiedlichen Häusern kommen (Königswieser/Lang 2008). Die stets aufflackernde Konkurrenz und eine geringe Wertschätzung für die jeweils andere Perspektive, das andere mentale Modell, das jeweils vorschnelle Fazit, stehen einem gemeinsamen Ergebnis im Wege. Dieser Dissens kann allenfalls durch *Staff* aus einem Hause aufgehoben werden. Das führt dann zum neuen Geschäftsmodell der Komplementärberatung mit einem »one stop shopping« für die Inhalts- und Prozessdimension. Vom anfänglichen Hype ist mittlerweile, ein halbes Dutzend von Jahren nach der *Erfindung*, freilich nichts mehr zu spüren. Komplementärberatung ist nur eines von vielen Unterstützungsangeboten im Markt.

Dennoch hat die Grundidee ihren Charme. Allerdings müssten die Experten für die Inhaltsdimension und solche für die Prozessdimension schon ein extrem gut eingespieltes Duo sein. Aber, wie sollte dieses Duo funktionieren? Wie einst in den glorreichen Siebzigern von Fußball-Deutschland die beiden Gespanne Franz Beckenbauer und »Katsche« Schwarzenbeck sowie Günter Netzer und »Hacki« Wimmer. Damals war einer der Boss und der zweite sein Gehilfe. Oder, wie im modernen Fußball immer mehr Usus, die Doppelsechs, also die Rollen des Spielmachers und Aufräumers in einer Person vereint und dann noch doppelt besetzt? Von der Synthese muss man also noch einen Schritt weitergehen in Richtung einer konsequenten Symbiose, also des Einklangs von Inhalts- und Prozessdimension in einer Person. Ein Prozess- und Peopleexperte also, dem die inhaltlichen Zielsetzungen von Business-Managern und deren Profitable-Growth-Leitidee vertraut und gleich wichtig sind: Wertschätzungs- und Wertschöpfungs-Profis: »Es braucht ein neues Beratungsverständnis ... ohne in den klassischen Identitätskonzepten zu wurzeln« (Wimmer 2008: 19). Derselbe Autor ergänzt (in Königswieser u. a. 2009: 51): »Wenn Führungspersönlichkeiten einen gewissen persönlichen Entwicklungsstand erreicht haben ... werden sie sich ein Vis-á-vis suchen, das Sparring-Partner in allen relevanten Problemdimensionen ist. Reflektierte (Business) Manager sehen heute, dass sie das zusammen bringen müssen und dass dies die zentrale Führungsherausforderung ist«. Wichtig an diesem Zitat ist weniger die Aussage aus Systemikermund, sondern mehr noch ihr Subjekt. Die Verantwortung für diese Symbiose trägt die Führungskraft und nicht ihr Berater.

Blicken wir nun auf Angebote aus der Beratungsszene. Bei diesen veränderten Anforderungen mit ihrer noch stärker werdenden Umsetzungsorientierung müssen sich diese neu erfinden. Es geht also um die Veränderungsfähigkeit von Change-Management-Beratung. Bisherige Behauptungen einer Einseitigkeit der Inhaltsdimension rührten ganz wesentlich daher, dass Vertreter der Prozessdimension den inhaltlichen Beratern – oft zu Recht – ein standardisiertes und die People-Dimension vernachlässigendes Vorgehen unterstellen konnten. Sicherlich denken viele Inhaltsberater zunächst an ihr Produkt, sei es etwa eine neue Unternehmensstrategie, Marketingkonzeption, Logistikoptimierung, Personalsteuerung, Restrukturierungsaufgabe, und dann an den Prozess zur Umsetzung. Auch bleibt bei so mancher Konzernberatung die eigentliche Beratung zugunsten eines Produktvertriebs auf der

Strecke, denn Karrieren im Consulting werden über Verkaufszahlen *getriggert.* Wenn sich das Geschäftsmodell der inhaltlich geprägten Beratung auf vorgefertigte Lösungen stützt, die beim Ausrollen allenfalls noch geringfügig verändert werden und damit den unterschiedlichen wie wechselnden Anforderungen der Kundenorganisation nicht gerecht werden, dann ist das sicherlich zu wenig.

Wenn sich Beratung jedoch – lediglich in Grundzügen vorgerastert – beim Finden der bestmöglichen Lösung für die Implementierung anpassungsfähig (adaptive) zeigt und mit den Kunden zusammenwirkt (collaborative), dann wird das daraus entstehende Change-Management kein Fremdkörper für die Inhaltsdimension, sondern darin eingebettet sein (embedded). In jedem Fall ist Beratungskompetenz für beide Dimensionen in einer Person unerlässlich, also bei den jeweils angesprochenen Inhalten und für die dabei erforderlichen Prozesse. Eins mal Eins ist Eins. Die beiden Dimensionen sind dabei nicht etwas Auseinandergezogenes, das »irgendwann« und »irgendwie« zusammengebracht werden. Sie sind von vornherein als gleich wichtige Bestandteile einer guten Lösung zu verstehen. Wobei diese rationale, emotionale und politische Aspekte einbezieht. Dies bedeutet natürlich auch, dass ein Prozessberater nicht bei sämtlichen Inhalten aktiv sein kann. Er muss vielmehr seine fachlichen Schwerpunkte suchen und finden. Selbst das einem Change-Management-Berater vermeintlich naheliegende Themenfeld Human-Resources-Management ist fachlich inzwischen weit entwickelt. Sogar bei Personalthemen ist lockeres Mitplappern mittlerweile zu wenig.

Zu dieser Symbiose hat man in der Beratungsszene vielerorts noch ein weites Stück Weg zurückzulegen. Oft lauten die Gleichungen noch $1,0 \times 0,2 = 0,2$ oder $0,5 \times 0,8 = 0,4$. Am besten wäre es freilich, um die Idee weiter zu spinnen, wenn es allenfalls noch punktuell einer Beratung von außen bedarf, sondern das Ganze vom Business-Manager und seinem internen Change-Manager selbst gelöst wird. Nur noch ab und an extern unterstützt, freilich immer weniger und seltener. Jedenfalls hat jeder Change-Manager als »Doppelsechs« ein großes Spielfeld vor sich, ein interessantes dazu.

Sechs Einsprüche

Die präpotente Stellung systemischer Change-Management-Ansätze im deutschsprachigen Raum samt ihrer neumodischen Ausdehnungen (etwa *Komplementärberatung* und *Dritter Modus*) reizen zum Widerspruch. Deshalb möchte ich sechs Einsprüche vorbringen. Da es sich selbstredend um keine gerichtliche Berufungsverhandlung handelt, bleibt jedem Leser (s)ein eigenes Urteil überlassen. Das Schlechte an solch provokativen Ausführungen ist, dass durch sie nur wenige wirklich erregt werden: Seitens der Angeklagten gibt es undurchlässige Schutzmäntel. Seitens der Ankläger hat man es schon immer gewusst.

Anmaßender Absolutheitsanspruch: Da ist zum Ersten die Absolutheit der systemischen Haltung als angeblich einzig möglichem Ausgangspunkt der Prozessdimension. Ohne ihre Verinnerlichung, so der argumentative Reflex, ginge gar nichts. Wobei diese Haltung zwar schwer zu greifen ist (vgl. 2.7), dafür aber die *guten* Prozessberater von den vielen anderen deutlich unterscheidet. Immerhin beruht diese Gnade nicht auf einer adeligen Geburt. Mitgliedschaft und damit *In-group-Zugehörigkeit* entstehen durch persönliche Weihe. Teilhabe kann erworben werden, durch persönliches Glaubensbekenntnis in Wort und Schrift oder – profaner – mit Anmeldung bei entsprechenden Qualifizierungsmaßnahmen und Einbindung in die sich daraus ergebenden Vernetzungsmöglichkeiten. Ist ein solcher im Grunde ideologischer Absolutheitsanspruch einer möglichen und nicht einmal sehr präzise beschriebenen Haltung nicht geradezu unsystemisch – können nicht andere Haltungen die Prozessdimension ebenfalls befruchten? Nicht gerade nett, fast schon gemein und keineswegs richtig finde ich, wenn der Inhaltsberatung und dem »embedded« Change-Management von den Systemikern als Lebensanschauung unterstellt wird, dass die Welt wie eine Maschine und damit ohne Zweck und Sinn funktioniere. Sowie der Mensch als rationales Wesen in einer nach *Profitable Growth* gierenden Welt verstanden würde. Selbst ein üblicherweise differenziert argumentierender Vordenker behauptet dies: »Gemeinsam ist all diesen Denk- und Beschreibungskonzepten [gemeint ist die »klassische Expertenberatung von Consultingkonzernen«, M. C.] das Absehen von der Sozialdimension des organisationalen Geschehens und damit die Vorstellung vom Primat zweckrationaler Gestaltungsmöglichkeit« (Wimmer 2010: 95). Ganz so platt ist heute kaum jemand mehr. Die simple Mechanik von Lewin (1951) ist, wenn sie denn überhaupt jemals so stocksteif gemeint war, längst auch von anderen Haltungen als der systemischen überwunden worden. Wir haben nun lange genug gehört, gelernt und gelesen, dass *systemisch* die bestmögliche und daher einzig zu wählende Perspektive sei. Nur sie könne mit der People-Dimension von Veränderungen angemessen umgehen. Nichts da! Immerhin hat bei einigen – längst nicht allen – Systemikern die Relativierung der eigenen Wurzeln begonnen: »Es ist auch eine Herausforderung, von der Hybris der reinen Systemiker herunterzusteigen, die im Kern die vermessene Haltung haben 'Wir sind eh die Besten, wir haben die systemische Metatheorie und deshalb übernehmen wir die Führung, weil wir ja die Reflektierten sind' … Mich stört an manchen Ausprägungen des systemischen Ansatzes die Hybris bezüglich des eigenen Wahrheitsanspruchs« (Königswieser in Königswieser u. a. 2009: 49 – 50). Denn im Veränderungsmanagement sind alternative Zugänge alles andere als impotent und die systemische Haltung nicht omnipotent. Wenn einer der zentralen systemischen Glaubenssätze gilt – »Wirklich ist, was wirkt« – und zudem absolute Wahrheitsansprüche abgelehnt werden, dann spielt die systemische Haltung und damit ein vermeintlich überlegenes ideologisches *Backing* eine zu vernachlässigende Rolle. Denn im Business-Management wird nicht der Zugang zum

Geschehen bewertet, sondern der Ausgang des Geschehens. Dass eine derartig instrumentelle Argumentation nicht als Einfallstor für normativ grenzwertige Handlungen herangezogen wird, liegt letztlich in der Verantwortung des Business-Managers (und nicht in der seines Change-Management-Beraters). Im Grunde würde ich mir die Systemiker einfach ein wenig gelassener wünschen. Ihre Absolution ist mir egal.

Keine dominanten Instrumente: Da wird zum Zweiten der Eindruck überlegener Change-Management-Instrumente erweckt. Prall wie ein Fixstern prahlt etwa die Komplementärberatung in ihren Publikationen vom *Interventionsraum* als situativem *Oszillieren*, permanenter *Synchronizität* und integrierender *Komplementarität* zwischen Inhalt und Prozess. Hört sich kompliziert an, ist aber ziemlich simpel: Mal ist die eine Perspektive wichtiger, dann wieder die andere, je nachdem eben. Wann freilich der Inhalt in den Vordergrund tritt und wann der Prozess, wird nur sehr vage ausgedrückt – »it depends«. Wie beim Verfassungsgericht sind sogar Minderheitsgutachten möglich (durch *Splitting* im *Reflecting-Team*). Die ändern aber hier wie dort nichts an der Entscheidung – bestenfalls beruhigen sie das eigene Gewissen. Instrumente dienen jedenfalls als *konstruktive Irritation, deblockierte Energie* und *freigesetztes Potenzial* zur *Selbstentwicklung im Sinne der Autopoiese.* Mit Sprachgewalt wird eine Exklusivität bei den eingesetzten Instrumenten vermittelt. Dabei geschehen in der konkreten Praxis eigentlich keine überlegenen Dinge. Und falls doch, werden die wenigen innovativen Werkzeuge rasch publik und kopiert. Das Allermeiste gehört inzwischen zum üblichen Repertoire moderner Change-Management-Architekturen. Zeitgemäßes Handwerk des Veränderungsmanagements bedient sich aus einer ziemlich ähnlichen *Toolbox* (vgl. 8.1). Differenzierung über Instrumente ist heute kaum mehr möglich. Zur Unterscheidung vermeintlich überlegene Begründungszusammenhänge heranzuziehen, kann man gerne machen. Es bringt aber bei aufmerksamen Kunden keinen Vorsprung mehr. Es besteht vielmehr die Gefahr, dass durch die eigene Herkunft vertraute Therapieinstrumente für Individuen und Kleinstgruppen eins zu eins als Methodik der *systemischen Organisationstherapie* eingesetzt werden. Dem *Patient Organisation* wird damit nur bedingt geholfen.

Fehlender fachlicher Tiefgang: Da ist zum Dritten die größtenteils fehlende Bereitschaft vieler ausgewiesener Prozessberater zum Tiefgang in der Inhaltsdimension und allenfalls zur Konzentration auf das Big Picture (etwa Lang in Königswieser u. a. 2009: 47). Ich gebe nur ungern zu, wie auch ich immer wieder auf Vorstandsebene meine Zeit, selbst bei mir fachlich wenig vertrauten Themenfeldern, mit *Small Talk, Buzz Words, Common Sense,* einer Portion Empathie und anderen Kunstgriffen halbwegs elegant überbrücke. Und dabei sogar den Eindruck von Wertschöpfung erzeuge. Natürlich ist gewiss, dass die Helikopterperspektive eine für das reflexive Mindset erforderliche

Distanzierung und Antizipation fördern (Vaupel 2008: 155). Bekanntlich kann der Teufel allerdings auch im operativen Detail stecken und den Überflieger mit seinen großen Entwürfen ziemlich schnell abstürzen lassen. Ja – Abstand und Überblick helfen zweifelsohne immer wieder (man kennt das »vom Wald vor lauter Bäumen nicht sehen«). Nein, der Verzicht auf inhaltliche Gesichtspunkte und Zusammenhänge kann durchaus auf Irrwege leiten (man weiß auch, dass es aus dem Wald so schallt wie man in ihn hineinruft). Change-Management erfordert ein Verständnis dafür, warum verändert wird, und mehr als nur grobe Kenntnisse darüber, was verändert wird. Change-Manager dürfen – weder in der Prozess- noch in der Inhaltsdimension – keine Schwätzer, Schwafler, Schwadronierer sein.

Vorschnelles Fremdeln: Da ist zum Vierten die unabdingbare Abstimmung der beiden zunächst noch getrennten Perspektiven. Diese hängt – es menschelt überall und im Change-Management besonders – ganz wesentlich von den beteiligten Personen, ihrer Qualifizierung und Sozialisation, überhaupt von ihren Persönlichkeiten, Sympathien und Vorurteilen ab. Sicherlich, gemeinsames Reflektieren von Was und Wie in einem konstruktiven Setting bringt oftmals neue Eindrücke, Einblicke und Einsichten – und dann auch bessere Lösungen. Aber manchmal verplaudert oder verläuft man sich einfach nur und merkt es nicht einmal mehr. Zudem sind es oftmals doch Ein-Sichten durch den aus Abschottung entstandenen Autismus des eigenen Beratungssystems: »Die professionelle Identitäten … eignen sich nicht für ein kooperatives Miteinander. … Die Professionalisierungspfade … ziehen ganz bestimmte Persönlichkeiten an. Wie soll hier ein produktives Miteinander … möglich sein?« (Wimmer 2008). Das was als Synthese geplant war, ist in der Praxis oft ein »permanentes Ringen um die jeweiligen Vorherrschaften in der Arbeit mit dem Kunden … mit gewaltigem Abstimmungs- und Konfliktbearbeitungsaufwand zwischen den beteiligten Beratern, die auch das Kundensystem mit nicht unbedingt wertschöpfenden Aktivitäten in Beschlag nehmen« (ebd.). Selbst wenn manche Kunden die Abstimmung (und den Konflikt) von unterschiedlichen Beratern auf ihre Kosten gegenwärtig noch bezahlen, muss dies bei knappen Budgets auf Dauer nicht so bleiben. Erfahrene Kunden wollen sich die aufwendige und nur bedingt nützliche Einschwingung ihrer Berater immer weniger als *Billable Time* aufbürden lassen.

Scharfkantige Identität: Da ist zum Fünften die Frage zur Identität einer (externen) Beratung, und wo sich ein exzellenter Inhalts- und Prozessexperte am besten aufgehoben fühlt. Möglichkeiten gibt es viele: bei einem von Kognition durchfluteten Beratungskonzern mit inhaltlicher Grundprägung, bei einer systemisch veranlagten Beratungsboutique mit Familienanschluss, bei einem thematisch konzentrierten Beratungsspezialisten mit starken Umsetzungsgenen oder – wie ich nun seit einiger Zeit – bei einem inhaltlich fokussierten Soloberater mit Implementierungserfahrung (vgl. Stiefel 2004). Wo stecken eigentlich die besten Consultants? Unternehmen möchten nur und genau diese als ihre(n) Berater haben. Darauf kann ich – ohne pro domo zu sprechen – keine Antwort geben. Allerdings bin ich überzeugt, dass es allzu scharfkantige Profile, auf die Inhaltsdimension als Was oder auf die Prozessdimension als Wie, künftig ziemlich schwer haben werden. Den Kunden geht es bei der Implementierung um eine Symbiose aus Strategie, Inhalt und Prozess. Verantwortliche Führungskräfte müssen vom Gesamtpaket aus Philosophie, Programm und Person überzeugt sein, von der Passung für ihr Unternehmen und der Eignung für ihre Angelegenheit. Gefragt sind mehr und mehr die *Beideskönner* von Was und Wie. Dieser Anspruch auf zweidimensionale Exzellenz sollte einen Prozessexperten in seinem steten Bemühen um Fortschritt als Inhaltsexperte – in wenigen ausgewiesenen Themenfeldern – nicht ruhen lassen. Es geht nämlich um intra-personelle Symbiose statt um inter-personelle Synthese (mit dem Vertrauen darauf, dass der Beratungsprozess als solcher für Synergien sorgt). Allerdings ist der Beratungsmarkt inzwischen so groß, dass für viele randständige Berater immer wieder Brosamen abfallen werden. Bei Glamour und Glitzer sogar mehr als nur das.

Keine hilfsbedürftigen Klienten: Da ist zum Sechsten bei vielen systemischen Prozessberatern die konsequente Verwendung des Wortes *Klient* – statt *Kunde*. Es mag an einer anderen sprachlichen Sozialisation liegen. Aber Klient klingt für mich deutlich mehr nach Untauglichkeit, Unsicherheit und Unvermögen. Fast schon nach Schützling und Patient, also einem zu Beaufsichtigenden und zu Behandelnden, weit unter Augenhöhe eben. Da stößt die Wertschätzung an ihre sprachliche Grenze. Wer sich dann noch als Trainer und Coach, Experte und Anwalt tituliert, hat bei sich den Vorsprung qua Durchblick bereits eingebaut. Der Kunde ist und bleibt aber König, trotz seiner vermeintlichen und tatsächlichen Defizite. Selbst wenn er in Zeiten der Veränderung seine Bedürfnisse alles andere als deutlich formuliert und oft das Unmögliche, und dies auch noch hier und heute, erwartet. Und wenn er stete Innovation und das »Nochniedagewesene« an Verzückung, Entflammen und Energetik für den anstehenden Wandel einfordert sowie allfällige Widerstände am liebsten wie einen Lichtschalter ausschalten möchte. Entscheidend sind die Fragen: Was erwartet der Kunde (und nicht: Was meint man, dass er brauchen könnte, um es ihm dann einzureden)? Und: Wie schafft Beratung spürbare oder sogar messbare Wertschöpfung (und nicht: Wie sähe eine bessere Welt aus, in der alle partizipativ mitentscheiden können)? Denn zuallererst fragt sich der *Kunde Manager*: Wie gestalte ich den Wandel und kreiere damit Wertschöpfung für mein Unternehmen? Welche Strategien, Inhalte, Prozesse benötige ich dafür? Wenn er nicht immer gleich die *richtigen* Gedanken hat, lässt sich auch *Kunde Manager* mit überzeugenden Argumenten auf Alternativen aufmerksam machen.

Das Wahre und die Ware in der Organisationsentwicklung

In der Auseinandersetzung um Meinungshoheit zur Gestaltung organisatorischer Veränderungsprozesse scheint immer wieder eine vermeintlich unvermeidbare Grundsatzentscheidung durch. Entweder man setzt auf Wertschöpfung und schlägt sich damit offenbar auf die Seite von Management und Shareholdern sowie deren berechtigtem Streben nach Profitable Growth oder man steht für Wertschätzung und vertritt damit unverkennbar die Interessen der betroffenen Belegschaft, die People-Dimension des Unternehmens sowie deren verständliche Sehnsucht nach Mitwirkung, Achtsamkeit und Humanitas. Das ist der klassische Konflikt zwischen Kapital und Arbeit. Rein logisch betrachtet, wobei Logik bei solchen dogmatischen und mit Vehemenz verfochtenen Spannungen meist wenig gefragt ist, in Kombination von Wertschöpfung und Wertschätzung gibt es vier Kombinationen:

1. doppelte Bejahung: Wertschöpfung-JA und Wertschätzung-JA,

2. Wertschöpfungs-Mantra: Wertschöpfung-JA und Wertschätzung-NEIN,

3. Wertschätzungs-Mantra: Wertschöpfung-NEIN und Wertschätzung-JA,

4. doppelte Verneinung: Wertschöpfung-NEIN und Wertschätzung-NEIN.

Die dritte und wichtigste Dimension der Unternehmensführung – Kundenorientierung (vgl. 2.3) – spielt bei diesem Disput übrigens eine erstaunlich geringe Rolle. Sie erhöht den Zielkonflikt merklich. Jeder Fortschritt bei Kundenorientierung sowie damit verbundene Investitionen und organisatorische Fokussierung verringern, zumindest kurzfristig, die Wertschöpfung für Eigentümer und Wertschätzung für Mitarbeiter. Es sei denn, es werden sogenannte Win-Win-Win-Situationen geschaffen. Was selten ist. Verbesserungen der Gesamtsituation eines Unternehmens aus optimierter Kundenorientierung wirken auf Wertschöpfung und Wertschätzung meist erst langfristig.

Die doppelte Verneinung – weder ein Ja zur Wertschöpfung noch eines zur Wertschätzung – scheint auf den ersten Blick völlig belanglos zu sein. Aber, liebe Leserinnen und Leser, schauen Sie sich in Ihrem Kollegenkreis um. Es gibt dort vermutlich einige (oft nicht einmal einflusslose) Akteure, die mit ihrem ganzen Mindset beides verkörpern: Verzicht auf Wertschöpfung bei gleichzeitigem Verzicht auf Wertschätzung – der Typus *unangenehmer Zeitgenosse*. Zudem gibt es in manchen Wirtschaftssektoren und (semi)öffentlichen Verwaltungen eine Sondersituation. Statt Kunden mit Wahlmöglichkeiten gibt es Bezieher, Abnehmer und Empfänger. Monopolartige Abschottung lassen Gewinne und deren Steigerung nebensächlich werden. Dies geschieht ohne große Anstrengung. Mitarbeitern wird aber in bürokratischen Hierarchien und verrechtlichten Strukturen jede Form von Eigeninitiative und Selbstverwirklichung genommen. Zwar sind Stellen garantiert und Einkünfte passabel, aber Wertschätzung entsteht nicht durch Besitzstände.

Ein Ja zur Wertschöpfung verbunden mit einem Nein zur Wertschätzung ist der ewige Vorwurf, dem sich das derzeitige Wirtschaftssystem ausgesetzt sieht (vgl. 2.3). Das Wertschöpfungs-Mantra wird für viele Fehlentwicklungen verantwortlich gemacht, wie etwa Armut und Krieg, Unfreiheit, Ungleichheit und Ungerechtigkeit, Despotismus und Tyrannei. Im Zweifel für den Mammon und gegen die Menschlichkeit. »Der Mensch ist Mittel. Punkt!« wie es Neuberger (1990) mit seinem bekannten Bonmot ausdrückte. Und wie es unlängst in einer Studie bestätigt wurde (Steinert/Halstrup 2011): Schlechtes Führungsverhalten wird toleriert, wenn eine Führungskraft ihre operativen Zielvorgaben erreicht. Gutes Leadership per se hingegen nicht belohnt.

Dem gegenüber steht das Wertschätzungs-Mantra – manchmal sozial, manchmal religiös, manchmal humanistisch untermauert – und kulminiert zu Anstand, Haltung und Kopfnote. »Der Mensch ist Mittelpunkt« lautet dieser Gegenentwurf. Das Menschliche, so unterschiedlich es von seinen Protagonisten verstanden wird, soll Ausgangspunkt und Richtschnur jeder Business-Entscheidung sein. Inzwischen wird dieses Prinzip sogar auf Erfordernisse des gesamten Ökosystems ausgeweitet. Und steht damit oftmals im Gegensatz zum freien Spiel der Marktkräfte mit seinem Metaziel des *Profitable Growth*. Wer sich den daraus abgeleiteten ökonomischen Sachzwängen und politischen Machtspielen entgegenstellt, wird nicht selten reflexartig des Gutmenschentums bezichtigt: Der sozialpädagische Ansatz sei eine »historische Last« (Oltmanns/Nemeyer 2010: 53). Eine solche Desavouierung ist Bürde, Ballast und Beeinträchtigung des Wertschätzungs-Mantras.

Die glückliche Fügung eines Gleichklangs von Wertschöpfung und Wertschätzung ist ein historisch eher seltener Umstand. Derzeit wird unter dem Mega-ultra-hyper-super-Stichwort Talent-Management die Harmonie aus Wertschöpfung für das Unternehmen und Wertschätzung für die Belegschaft zelebriert (vgl. 5.1). Da sich die Kräfte im Arbeitsmarkt von bislang starken Unternehmen auf zunehmend knappe Berufseliten verschieben, seien diese mehr und mehr zu hofieren. Nur so lässt sich überhaupt noch Wertschöpfung erzielen. Wertschätzung ist in diesem veränderten Spiel, dies sagen praktische Erfahrung und empirische Forschung, der entscheidende Hebel. Aber eben nur in den Engpasssegmenten und nicht für das austauschbare Arbeitsproletariat. Eine derart geteilte Wertschätzung, pro Berufselite und contra Werktätige, ist Vertretern eines grundsätzlichen Wertschätzungs-Mantras natürlich zuwider. Ein unter dem Label Wertschätzung verbrämtes Wertschöpfungs-Mantra ist sogar suspekt. Nicht nur im Berufsleben, auch in anderen Lebensbereichen wird umfassende Wertschätzung für alle gefordert: Gleiches Recht auf Bildung, gleiches Recht auf Wohnen, gleiches Recht auf Teilhabe, und so weiter. Denn all dies, faire Schulen, anständige Mieten und offene Demokratie, seien Elemente einer Bürgergesellschaft.

Hier geht es jedoch nicht um solche gesellschaftspolitischen Fragen, sondern um Unternehmen und deren Veränderungsprozesse. Dort nämlich gibt es eine unternehmenspolitische Frage, ob es die doppelte Bejahung – ein Ja zur Wertschöpfung und gleichzeitig eines zur Wertschätzung – auch in Zeiten des Wandels und für alle Betroffenen geben kann. Dazu hatte ich mir die Jubiläumsausgabe der Zeitschrift »OrganisationsEntwicklung« (OE 4/2011) über die »Zukunft des Change-Managements« näher angesehen. Dabei musste ich feststellen, dass es in erster Linie um die Vergangenheit der Organisationsentwicklung geht. Denn mit blumigen Worten wird von den Gründern dieser Zeitschrift zwischen der guten, weil wertschätzenden und deshalb *wahren* Organisationsentwicklung und dem bösen, weil wertschöpfenden und als *Ware* von großen Beratungskonzernen vertriebenen Change-Management unterschieden. Das ist eine Erwiderung wert. Die verquaste Vordenkerei aus diversen professoralen Federn in derselben Ausgabe kann hingegen ohne Erkenntnisverlust überblättert werden.

Verteidigung von Jugendträumen

Am prägnantesten wird das Anliegen von Wimmer (in OE 04/2011: 17 – 20) formuliert: »Im Kontext der großen, expertenorientierten Unternehmensberatungen hat sich der Begriff Changemanagement inzwischen stets an Stellen eingebürgert, wo es darum geht, eine von den Beratern entwickelte Organisationslösung, ein Sollkonzept also, das vom Top-Management befürwortet wird, im Organisationsalltag umzusetzen. Alle Aktivitäten, die darauf zielen, eine mit Hilfe spezifischer Tools entwickelte Blaupause des Soll-Zustands der Organisation tatsächlich in die Umsetzung zu bringen, werden … gerne mit dem Begriff ′Changemanagement′ belegt. Es geht also um Bemühungen, auf den Ebenen des mittleren und unteren Managements sowie in der Belegschaft als Ganzes, die Einsicht in die ′Alternativlosigkeit′ des Veränderungsvorhabens zu verankern und damit ein engagiertes Mittun in der Realisierung der von den Experten entwickelten Blaupause sicherzustellen. … Changemanagement degeneriert zur sich wiederholenden Inszenierung der Selbstwirksamkeit des Top-Managements … während der Rest der Organisation Schadensminimierung betreibt.« Durch fehlende Wertschätzung und mangelnde Partizipation sei Change-Management – so Wimmer (ebd.) – getrieben von »einsamen Entscheidungen«, »organisationsinternen Machtauseinandersetzungen«, »optimierter persönlicher Interessenlage« sowie »nackter Verfolgung persönlicher Interessen«. Im Gegensatz dazu sieht Wimmer (ebd.) die gutherzige Organisationsentwicklung: »In dieser Tradition wird das zu bewältigende Kernproblem im Kommunikations- und Führungsverhalten der involvierten Linienvorgesetzten gesehen. Dieser Mangel wird … durch speziell eingerichtete Partizipationssettings zu bearbeiten versucht, in denen ausgewählte Funktionsträger hierarchie- und bereichsübergreifend an der Lösung der anstehenden Veränderungsherausforderungen arbeiten. Es wird erwartet, dass sich in solchen meist breitflächigen Beteiligungsprozessen sowohl tragfähige Organisationslösungen sowie neue Kommunikationsroutinen herauskristallisieren, die bei den Betroffenen auf Akzeptanz und Engagement in ihrer Umsetzung stoßen. … Das wird in dem Maße erleichtert, in dem die Betroffenen auch in die Mitverantwortung für das Finden geeigneter Organisationslösungen gehen können«.

Es gibt im gleichen Heft sehr verwandte Argumentationslinien: So schreiben Trebesch/Minx (OE 04/2011: 21–22): »Spaltung in die Organisationsentwicklung als professionelles Konzept der Veränderung und ein Change-Management als Werkzeug aufgrund der Kundenbedürfnisse. … Die OE wollte partizipativ Kooperationen und Kommunikation optimieren. … Man wollte Hierarchien abbauen. … Effizienz und Menschlichkeit waren die postulierten Ziele, die gleichzeitig realisiert werden sollten. Die OE war normativ orientiert. Sie postulierte die Chance der Harmonie in Organisationen. Sie wollte die Welt effizienter aber auch lebenswerter machen. … OE war ein Hoffnungsträger für die Entwicklung von Unternehmen aller Art. Sie war aber ideologisch basiert und hat damit ihre Anpassungsfähigkeit … reduziert. Sie hat die Ideologie bzw. Paradigmenkorrektur unterschätzt. Diese Schwäche hat zu der parallelen Entwicklung des so genannten Change-Management geführt. Das Change-Management ist nicht OE und schon gar keine Profession. Change-Management ist das beste Beispiel für den Erwartungsdruck der Kunden an die Veränderungsfähigkeit von Organisationen. Das haben insbesondere die konventionellen Berater genutzt, um Change-Management als neues Problemlösungsverfahren in ihr Angebot aufzunehmen. Während die OE das gesamte System als Kunden sieht, so bietet sich das Change-Management insbesondere als Unterstützung für die Führungskräfte an. … Change-Management wird immer mehr – nomen est omen – zur Managementtechnologie. Das Change-Management erfüllt nicht wirklich die Anforderung, grundlegende Änderungen des gesamten Systems zu bewirken. … Zumal sich die grundsätzliche Frage nach der Vereinbarkeit – wenn nicht sogar dem Fundamentalwiderspruch – von Effizienz und Menschlichkeit … stellt«. Immerhin wird zumindest indirekt eingeräumt, dass Organisationsentwicklung vom ursprünglich gleichberechtigten Effizienzziel abgerückt ist und sich damit ins Abseits gestellt hat.

Als Dritter reiht sich hier Doppler (OE 04/2011: 23–25) ein: »Ganzheitlicher Ansatz der Organisationsentwicklung mit der damit untrennbar verbundenen psychologischen und gruppendynamischen Dimension. … ′Change-Management′ … als (technokratischer und reaktionärer Ansatz) setzt auf folgende Aspekte: Veränderungen von oben (durch den Vorstand) und/oder von außen (durch Berater) im wahrsten Sinne des Wortes ′durchdrücken′. … Um nach außen zumindest den Anschein einer angemessenen Berücksichtigung der Interessen und Bedürfnisse der betroffenen Mitarbeiter zu wahren«. Endlich reden die klassischen Organisationsentwickler ganz unverhohlen und mit unbändiger Überzeichnung Klartext.

Mir dünkt, dass der in einem bestimmten Kontext sozialisierten OE-Generation (*68er*), zu der ich nicht mehr gehöre, inzwischen die Zeit davonläuft. Mit einer dröhnenden Wallung soll noch einmal das echte und einzige Fundament von Veränderung verdeutlicht werden: Wertschätzung sowie aus ihr abgeleitet Kommunikation und Partizipation. Nur hinsichtlich der Umsetzungszeiträume ist man nüchterner geworden. Aus einem *Subito!* sind Dekaden geworden: »Die Durchsetzung solcher Transformationen benötigt Generationen. ... Die Pioniere der Organisationsentwicklung haben ein Virus in die Welt gesetzt, das sich inzwischen im Repertoire der Führungskonzepte festgesetzt, sich dort vervielfältigt, unterschiedliche Formen angenommen und über eine Generation hinweg gleichsam den 'Marsch durch die Institutionen' angetreten hat« (Freimuth/Barth in OE 04/2011: 9).

Grundsätzliche Unterschiede zeigen sich bereits in der Semantik: Organisationsentwicklung möchte *Partizipation*. Change-Management setzt *nur* auf Mobilisierung. Partizipation – und zwar die *echte* – wird zum Allheilmittel: »Partizipation ist die freiwillige, gesetzlich nicht vorgeschriebene Beteiligung der Mitarbeiter an der Willensbildung einer hierarchisch höheren Ebene. Dies bedeutet, dass Mitarbeiter von ihrem Vorgesetzten hinsichtlich ihrer Meinung zu anstehenden Entscheidungen gefragt werden. Dies bedeutet aber nicht zwingend, dass die Entscheidung auch entsprechend der Mitarbeiter ausfallen muss. Echte Partizipation verlangt aber, dass die geäußerten Argumente tatsächlich in den Entscheidungsprozess einfließen« (Bach u.a. 2012: 247). Damit geht die Partizipationsidee weit über das Demokratiekonzept hinaus. Außerdem übersieht es das Systemerfordernis fern jeder Basta-Mentalität, dass Entscheidungsprozesse und die auf sie folgende Umsetzung nicht endlos anhalten können. Das Palavern ist kein Freund der Effizienz. Es braucht – für Veränderungen – die Bereitschaft zum Abschluss von Diskussionen und zur verbindlichen Entscheidung über Ziel und Weg. Kevin Costner meinte einmal: »Für mich muss ein Film nicht unbedingt ein Happy End haben. Er muss nur ein Ende haben, das man versteht«.

Organisationsentwicklung setzt hingegen auf eine Charme-Initiative mittels Wertschätzungs-Mantra, selbst auf die Gefahr von »never ending discussions«. Dies erklärt ihren anhaltenden Erfolg im systemischen Mainstream oder neuerdings mit dem Resourceful-Humans-Ansatz. Wenn allerdings Organisationsentwicklung zur Systemkritik hochstilisiert wird, am derzeitigen ökonomischen und politischen System mit seinem angeblich beengenden Wertschöpfungs-Mantra und scheinbar gebieterischen Führungsstil mehr als nur rütteln möchte, dann ist es des Guten zu viel. Vor jeder Veränderung muss klar sein, wie weit die Systemkritik gehen kann. Die eine Einseitigkeit wird sonst durch eine zweite Einseitigkeit verdrängt, die keineswegs mehr

Toleranz gegenüber anderen Sichtweisen aufweist. Wenn Veränderung von Organisationen nur aus einer bestimmten Haltung heraus betrachtet werden darf, dann ist dies ebenfalls ein Absolutheitsanspruch. Und der bleibt ebenfalls tendenziös, dogmatisch und ideologisch: »Durch Kooperation und Beteiligung muss Führung mehr Spielräume geben und Kontrolle kann in Selbstkontrolle übergehen. ... Entwicklungsfähigkeit von Organisationen kann nur durch mündige und beteiligte Menschen gelingen und durch mehr Demokratisierung und Humanisierung. ... [Es besteht der] Mangel an einer tragfähigen industriellen Demokratie« (Freimuth/Barth in OE 04/2011: 6 – 7).

Sobald die Entwicklung einer Organisation von spezifischen Normen seiner Entwickler abhängig gemacht wird, verlieren Unternehmen ihre Freiheit zum zukunftsfähigen Fortschritt. Selbst wenn die systemische Schule der Organisationsentwicklung ein paar Nummern kleiner als die zielgerichtete Entwicklung eines wie auch immer gearteten Weltgeistes á la Hegel daherkommt. Beide Extreme, Wertschöpfungs-Mantra und Wertschätzungs-Mantra, laufen in diese Gefahr einer Vorabfestlegung des Ersehnten und Unerwünschten. Es braucht die doppelte Bejahung sowie den aus diesen Friktionen zwischen Wertschätzung und Wertschöpfung entstehenden Diskussionsprozess. Deswegen sind mir andere Schulen mit ihrer grundsätzlichen Anerkennung beider Positionen und dem Versuch zur Austarierung wertschöpfender und wertschätzender Interessen dann doch näher. Mittelwege eben! Selbst wenn daraus – auf dem Weg zur ausgewogenen Entscheidung – zwischenzeitliche Irrungen und Wirrungen resultieren.

Organisationen und ihre Subjekte, die Menschen, können, müssen und werden sich entwickeln. Aber bitte nicht auf einem – aus einer dominanten normativen Haltung abgeleiteten – vorbestimmten Weg mit unzweideutigem Ziel. So menschlich beides auch klingen mag. Aus einer bestimmten Haltung eine überlegene Einstellung abzuleiten, genau dies macht die systemische Variante des Veränderungsmanagements, ist niemandem verboten. Ich finde dies allerdings keck. Daher plädiere ich für eine Trennung zwischen individueller Haltung des Gestalters und genereller Normierung der Organisation. Letztere ist ein permanenter Aushandlungsprozess und keine A-priori-Setzung. Jedes System ist in seiner Entwicklung erst einmal frei. Dies kann, muss aber nicht, zu mehr Wertschätzung führen. Dass ein Mehr an Wertschätzung in bestimmten Situationen zur klugen Lösung wird, ist dann einfach schön. Vielleicht sogar eine List der Geschichte. Ein Manager, Berater, Coach kann einem System jedoch nicht seine Haltung aufstülpen. Oder sie – über welche verzwickten kommunikativen und moderierenden Wege auch immer – als Hidden Agenda einflößen und dabei die Profitable-Growth-Leitidee ausblenden (vgl. 2.3). Man könnte es stattdessen mit der Stimmungsexpertin Renate Köcher halten (SZ-Interview vom 02.03.2012): »Wir laden Sachfragen oft weltanschaulich auf. Statt es als praktische Aufgabe zu betrachten machen wir daraus eine Glaubensfrage«. Schauen wir uns also als Übernächstes die Erfolgsfaktoren von Veränderung an. Diese bedienen sich nämlich aus beidem, der Wertschätzungs- und der Wertschöpfungskiste.

Interview mit Prof. Dr. Rudolf Wimmer

Berater und Partner, OSB, Wien

»Dritter Modus der Beratung«: Warum die Haltung mehr als nur Halt bietet

Welche grundsätzliche Haltung braucht ein Veränderer – beim Blick auf die Prozessdimension (Wie?) – für die gelungene Gestaltung des Wandels?

Veränderungsvorhaben unterscheiden sich je nach Anlass und Zielsetzung grundlegend. Ich spreche hier von einem weitreichenden organisationalen Wandel, der die Aufgaben und Rollen der Beschäftigten sowie ihre Kooperationserfordernisse, sei es krisenbedingt oder vorausschauend, auf eine neue Grundlage stellt. Die innere Einstellung jener Entscheidungsträger, die für Anstoßen und Gelingen solcher Veränderungsprozesse die Hauptverantwortung tragen, ist eine eminent erfolgskritische Größe. Dazu drei Thesen:

Erstens, die Lösung des unvermeidlichen Glaubwürdigkeitsproblems. Weitreichende organisationale Umbauten zählen nicht zum normalen Erwartungshorizont von Organisationen. Sie sind um die Stabilisierung ihrer eingespielten Routinen herum aufgebaut, Das Gelingen tiefgreifender Veränderungsvorhaben ist nach wie vor ein unwahrscheinliches Phänomen. Inzwischen haben Organisationen »gelernt«, mit periodischen Veränderungszumutungen ihrer jeweiligen (häufig wechselnden) Spitzen so umzugehen, dass sich die Reichweite des Wandels de facto in Grenzen hält. Die Mitarbeitbereitschaft wesentlicher Teile der Beschäftigten ist zweifelsohne im Sinken. In vielen Bereichen ist organisationale Erschöpfung zu beobachten. Gleichzeitig ist unübersehbar, dass gesellschaftlicher Druck auf die Leistungsfähigkeit von Organisationen – dies gilt nicht nur für Wirtschaftsunternehmen – weiter zunimmt. Deswegen steigen Herausforderungen für all jene, die sich vor die Notwendigkeit radikaler Eingriffe in bestehende organisationale Verhältnisse gestellt sehen. Unverzichtbare Voraussetzung für das ernsthafte Gelingen weitreichender Veränderungsvorhaben ist eine ganz bestimmte innere Haltung der Topverantwortlichen, die sich in ihrem Tun, in ihrem Entscheidungsverhalten, in ihrem kommunikativen Auftreten nach Innen wie Außen glaubwürdig vermittelt. Dies zeigt sich etwa in der ernsthaften organisationsinternen Auseinandersetzung mit der entscheidenden Frage des Wozu der Veränderung. Welche aktuelle oder künftig erwartbare »Not« des Unternehmens gilt es mit einschneidenden Schritten zu »wenden«? Nur wenn Topentscheidungsträger von der inneren Überzeugung getragen werden, dass es um das Abwenden einer existenziellen Gefährdung der Organisation geht, wird es ihnen gelingen, bei den Beschäftigten die erforderliche Überzeugung bezogen auf die Unausweichlichkeit von Veränderung (Sense of Urgency) glaubwürdig entstehen zu lassen. Nur wenn es ihnen gelingt, dass die Veränderungsinitiative in weiten Teilen der Organisation gerade nicht (wie üblich) ganz bestimmten Partikularinteressen zugeschrieben wird (etwa Selbstdarstellungsbedürfnis oder Profilierungszwang eines neuen Top-Managements, unterschwelligem Machtkampf im Führungsteam, Renditeerwartungen der Shareholder) entsteht eine Chance, dass sich die Organisation aus ihrem eingeschwungenen Zustand bewegt. Dieses In-Bewegung-Kommen braucht die im Kommunikationsgeschehen glaubwürdig erlebbare Haltung der Führung, dass es ihr um Bewältigung ernsthafter, gut benennbarer Gefährdungslagen geht. Natürlich gehört die Vermittlung des Zutrauens in ein Zukunftsbild dazu, auf das es sich lohnt gemeinsam mit kollektiver Zusatzenergie hinzuarbeiten und das es rechtfertigt, schwerwiegende Veränderungszumutungen auf sich zu nehmen. In den meisten Fällen kommen Unternehmen in die heikle Situation eines radikalen Umbaus nur deshalb, weil es in der Vergangenheit versäumt worden ist, wichtige Entwicklungsimpulse rechtzeitig aufzugreifen. Schonungslose Reflexion des eigenen Verzögerungsanteils ist keine Selbstverständlichkeit. Dieser Anteil sitzt regelmäßig im blinden Fleck der verantwortlichen Akteure. Sie glauben, sich diese kritische Selbstreflexion angesichts ihres tradierten Selbstbildes nicht leisten zu können. Spürt man organisationsintern, dass die Führung sich selbst beim Veränderungsvorhaben ausklammert, hat das für die allgemeine Akzeptanz desaströse Folgen. Führung des Wandels bedingt Wandel der Führung. Letztlich bedeutet dies in jedem Fall die Sicherstellung, dass relevante Schlüsselspieler an einem Strang ziehen, mit aufeinander abgestimmten Botschaften kommunizieren, in einer Kultur des Miteinanders. Das glaubwürdige Signal von Führungsverantwortlichen, dass sie den wesentlichen Veränderungsbedarf sich selbst betreffend verstanden haben und daraus beobachtbare Konsequenzen ziehen, wirkt für den Rest der Organisation als ungeheurer Türöffner.

Zweite These: Balance zwischen autoritativen Setzungen und gezielter Partizipation. Auch dies resultiert aus einer Haltungsfrage, wurzelt im Leadership-Verständnis. Es zählt zur besonderen Kunst des Veränderungsmanagements zu wissen, welche Entscheidungslasten zu welchem Zeitpunkt im kleinsten Kreis an der Spitze zu bewältigen sind und wann es auf einer breiteren Basis die Beteiligung der Betroffenen zu mobilisieren gilt. Um die im Unternehmen verteilte Intelligenz für tragfähige Lösungen gezielt auszuschöpfen und die Identifikation für gefundene Lösungen zu stärken. Dieser Balance liegt eine Haltung zugrunde, die nicht davon ausgeht, in jedem Moment (weil in der Sache perfekt geplant) alles im Griff und unter Kontrolle haben zu müssen. Viele Aspekte der neu angestrebten Organisationsverhältnisse entstehen erst beim Gehen. Dieses Oszillieren-Können zwischen ganz unterschiedlichen Intensitätsgraden von Partizipation erfordert tiefes Zutrauen in die Lösungskraft einer gezielten Beteiligung betroffener Funktionsträger. Dazu gehört eine glaubwürdige Sensibilität für all das, was dieses Voranschreiten bei unterschiedlichen Beschäftigungsgruppen jeweils an emotionalen Verarbeitungsnotwendigkeiten auslöst.

Dritte These: Sinnvolle Arbeitsteilung und fruchtbares Zusammenspiel zwischen Führungsverantwortlichen und ihren internen wie externen Beratungsdienstleistern. Für das Gelingen eines Veränderungsvorhabens ist es zweifelsohne günstig, wenn Führungsverantwortliche nicht dazu neigen, wesentliche Entscheidungslasten an beigezogene Unterstützer zu delegieren. Im Organisationsalltag ist diese Verantwortungsverschiebung schon aus emotionalen Gründen häufig eine naheliegende Option. Denn Auslagern unangenehmer Entscheidungen an die beigezogenen Berater wird nur zu gerne praktiziert. Auf Sicht schwächt dies die Glaubwürdigkeit von Führung in der Organisation.

Sie sehen in der Systemiker- und OE-Szene seit Jahren erhebliche Integrationsanstrengungen zur Überwindung von tradierten professionellen Verengungen. Die »Komplementärberatung« haben Sie kritisch kommentiert. Plädieren selbst für einen »dritten Modus«, im Sinne von Synthese, durch die das Unternehmen in mehrdimensionaler Hinsicht mit Sinn versorgt wird. Wie weit sind diese Integrationsanstrengungen gediehen? Welche professionellen Verengungen erweisen sich nach wie vor als hartnäckig? Welche konnten unterdessen überwunden werden?

Es gibt einen Kreis von systemischen Organisationsberatern, der schon seit zwei Jahrzehnten daran arbeitet, die klassische Aufteilung in inhaltsorientierte Fachberatung und traditionelle Prozessberatung (Organisationsentwicklung) zu überwinden. Diese Weiterentwicklungsversuche der Beraterprofession reagieren auf verstärkt beobachtbare Kundenerwartungen, die inhaltliche Erarbeitung von Lösungen für anstehende Businessthemen und deren nachhaltig wirksame Umsetzung in einem integrierten Prozess aus einer Hand als Beratungsleistung serviert zu bekommen (Nagel/Wimmer 2009). Dieser »dritte Modus« ist eine Beratungspraxis, die einseitige Verengungen tradierter Ansätze überwindet. Es braucht eine Prozessarchitektur – vom Kunden akzeptiert –, die es ermöglicht, gemeinsam mit dem Top-Management unter gezielter Einbeziehung anderer Funktionsträger des Unternehmens das inhaltliche Konzept für die angestrebte Organisationslösung zu erarbeiten. Und zwar in einer Weise, die den Weg zur erfolgreichen Umsetzung bereits grundlegt. Die Kunst liegt darin, den Prozess zur Erarbeitung des Was so zu konzipieren und zu steuern, dass in angemessener Zeit ein Ergebnis mit der wünschenswerten inhaltlichen Qualität herauskommt. Und der Umsetzungsprozess von Schlüsselspielern eigenverantwortlich getragen wird. Solch eine das Was und Wie übergreifende Prozessarchitektur zu konzipieren ist ein ausgesprochen anspruchsvolles Unterfangen. So braucht es beispielsweise langjährige Erfahrung in der Erarbeitung strategieadäquater Organisationsdesigns. Eine solche Kompetenz dient nicht dazu, dem Kundensystem die inhaltliche Erarbeitung und diesbezügliche Entscheidungen abzunehmen. Dieses Wissen auf Seiten der Beratung ist behilflich, um den Entscheidungsträgern als inhaltlicher Sparringpartner, als eine der Quellen von Unsicherheitsbearbeitung und Qualitätssicherung zu dienen. Die Erarbeitung des Was ist als subtiler organisationaler Lernprozess anzulegen, in dessen Verlauf wesentliche Leistungsträger einer Organisation miteinander entdecken, welche Organisationslösungen die künftige Leistungsfähigkeit und damit Überlebensfähigkeit des Unternehmens am ehesten unterstützen. Das heißt, die Prozessqualität in der Erarbeitung des Was der Veränderung entscheidet über die Möglichkeiten ihrer Umsetzung.

Für Berater, die ihre professionellen Wurzeln vornehmlich in der klassischen Prozessbegleitung besitzen, ist es in der Regel eine ziemliche Hürde, in den relevanten Dimensionen der heute anstehenden Herausforderungen von Organisationsgestaltung ausreichend Selbstsicherheit auf der Inhaltsebene zu entwickeln. Im Aufbau des heutzutage erforderlichen Erfahrungswissens, wenn es um komplexe Fragen der inhaltlichen Gestaltung von Organisations- und Führungsstrukturen geht, ist diese Beraterszene zweifelsohne ganz unterschiedlich weit und auch unterschiedlich bereit, sich auf die jeweils zugrunde liegenden Businessherausforderungen ernsthaft einzulassen. Warum ist das so? In die Tradition der Prozessberatung sind eine Reihe von Grundüberzeugungen eingelassen, die den professionellen Zugang zu Businessthemen bezogen auf Führung und Organisation nicht gerade erleichtern. Da ist zum einen die Vorstellung, dass die (häufig latente und damit schwer beobachtbare) zwischenmenschliche Dynamik im organisationalen Geschehen all das präjudiziert, was auf sachlicher Ebene möglich ist. Diese in den Watzlawick'schen Axiomen grundgelegte Überzeugung, dass das Geschehen auf der Beziehungsebene ausschlaggebend für all das ist, was auf der Sachebene geht und was nicht geht, hat sicherlich stark mit dazu beigetragen, an gewissen professionellen Verengungen mit Blick auf Organisationen hartnäckig festzuhalten. Ein anderes »Mitbringsel« aus der Professionsgeschichte ist eine gewisse hierarchiekritische Grundhaltung und damit verbunden eine Überbewertung von Partizipationsschritten in komplexen Veränderungsprozessen. Die im persönlichen Wertekanon tief verwurzelte Beteiligungsorientierung kann leicht dazu führen, dass die elementare Bedeutung einer leistungsfähigen Führungskonstellation unterbelichtet bleibt. Ausgestattet mit einem hierarchiekritischen Organisationsverständnis bekommt Beteiligung eine normative, auf eine Veränderung der eingespielten Machtverhältnisse ausgerichtete Note, die nicht mehr nach dem funktionalen Sinne von partizipativen Elementen fragt. So sind in das traditionelle Rollenverständnis von Prozessberatern eine Reihe von Grundüberzeugungen eingebaut, die es ihnen keineswegs einfach machen, sich den spezifischen Herausforderungen, die jeweils in der Gestaltung des Was einer Veränderung stecken, innerlich unbefangen zu stellen.

Welche inneren Haltungen sind für Sie ein »No go« bei Veränderungsprozessen? Wie stehen Sie zum Profitable-Growth-Leitgedanken?

Ich interpretiere den Leitgedanken des Profitable Growth als regulatives Prinzip, das jeden Veränderungsprozess mit tieferem Sinn ausstattet. Zukunftsfähigkeit heißt, dass Organisationen in der Lage sind, sich selbst laufend so zu revitalisieren, dass sie gemessen an ihren jeweiligen Umweltherausforderungen ihre Existenzberechtigung immer wieder von Neuem unter

Beweis stellen. So gesehen gilt es natürlich nochmals genauer hinzusehen, was mit Begriffen wie Profitabilität und Wachstum im Einzelnen gemeint ist. Die Fähigkeit genügend Gewinne zu erwirtschaften, sorgt für die notwendige Luft zum Atmen. Profitabilität schafft die Voraussetzungen, um den dahinter liegenden Sinn unternehmerischen Handelns (Produkte und Dienstleistungen die Bedürfnisse befriedigen und Kundenprobleme lösen) überhaupt realisieren zu können. Möglichst viel Gewinn zu machen, ist nicht der eigentliche Sinn und Zweck von Unternehmen. Ähnlich kritisch muss man heute auf den Wachstumsbegriff schauen. Wachstum ist per se kein vernünftiges strategisches Ziel. Wachstum ist Ergebnis eines strategisch gut aufgestellten Unternehmens. Wir leben in einer Phase gesamtgesellschaftlicher Entwicklung, die gerade Unternehmen dazu zwingt, sehr, sehr sorgfältig die eigenen, bislang ganz selbstverständlich praktizierten Wachstumskonzepte laufend zu überdenken. Unternehmen werden zunehmend daran gemessen, in welchem Ausmaß sie brennende Themen unserer Zeit mitdenken und ihrer gesellschaftlichen Verantwortung gerecht werden.

Wenn Ihnen eine gute Fee zur Seite stehen würde, die Ihnen einen freien Wunsch zum Change-Management zugesteht – welcher wäre dies? Was würden Sie sich für ein noch besseres Change-Management unbedingt wünschen?

Ich würde mir in verstärktem Ausmaß Entscheidungsträger an der Spitze von Organisationen wünschen, die sich sorgfältig überlegen, warum und in welchen zeitlichen Abständen sie ihre Verantwortungsbereiche mit radikalen Umbauten überziehen. Heute gewinnt man oft den Eindruck einer gewissen »Veränderungshysterie«. Die Vielzahl sich überlagernder Veränderungsprojekte – sicherlich stimuliert durch wachsende Volatilität der relevanten Umweltbedingungen – schafft einen kollektiven Zustand des Daueralarmiertseins, der auf Sicht abstumpft und die Immunkraft des gesamten Systems schwächt. Ich wünsche mir zudem Beratungsunternehmen, die diese Überhitzung aus ihren eigenen Geschäftsinteressen heraus nicht noch weiter anfachen, sondern mithelfen, unsere Organisationen dauerhaft für rasch wechselnde Umfeldbedingungen mit zunehmend widersprüchlichen Anforderungen fitzumachen (Organizational Resilience).

3 Situationsgebundenheit von Change-Management

3.1 Unternehmensdiagnostik

Jede Organisation ist anders …

Menschen sind verschieden – Organisationen ebenfalls. Keine gleicht haargenau einer anderen. Oft bestehen erhebliche Unterschiede. Weil dem so ist, können sie nicht über einen Kamm geschoren werden. Wie beim Menschen sind der genetische Code und die Entwicklungsgeschichte von Organisationen zwei wesentliche Ansatzpunkte für die Gestaltung des Wandels und damit die Veränderungsarchitektur. Analog zu Verhaltenstypologien auf der Individualebene – am bekanntesten ist dort der Myers-Briggs-Typenindikator – oder individualpsychologischen Modellierungen – wie etwa die Transaktionsanalyse (vgl. Zeig 2009) – kann der Charakter eines Unternehmens vor der Veränderung zumindest ungefähr identifiziert und klassifiziert werden. Wesentliches Ziel dabei ist, die spezifische Organisationskultur zu verstehen und daraus die bestmögliche Form des Umgangs mit ihr zu finden. Die Kultur einer Organisation ist ein ganz entscheidender Faktor für ihre Fähigkeit, sich überhaupt zu verändern, und die Möglichkeit, sie bei Veränderungsprozessen bestmöglich anzusprechen: Ein traditionsbehaftetes Versorgungsunternehmen in öffentlichem Besitz mit teilweise geschützten Marktbereichen ist anders zu behandeln als ein noch immer mit Startup-Attributen versehenes und eigentümergeführtes Hightech-Unternehmen auf der Erfolgsspur und dieses wiederum anders als ein an der Börse notierter, internationalisierter Handelskonzern mit knappen Margen und kurzen Manövern und dieser wiederum anders als Ihr Unternehmen, liebe Leserinnen und Leser.

Das Themenfeld Organisationskultur und -diagnostik ist inzwischen zum eigenständigen Fachgebiet im Change-Management geworden (siehe Weinert 1998: 649–683, Doppler/Lauterburg 2002: 233–252, Vahs/Weiand 2010: 157–165). Das in dieser Zweitauflage lediglich angerissen werden kann. Weitgehende Einigkeit besteht über sieben Aspekte.

Erstens: Während früher mechanistische Organisationsmodelle Soft Facts noch ausklammerten und unterschiedliche Typen nicht in Betracht zogen, ist die Existenz von spezifischen Unternehmenskulturen heute unbestritten. Inzwischen ist Unternehmenskultur sogar ein gängiger Begriff im CEO-Sprech geworden. Beispiel: »Mit der Kultur eines Unternehmens steht und fällt alles. Um in diesen Zeiten nachhaltig erfolgreich zu sein, sind eine Kultur des Vertrauens und ein hohes Maß an Loyalität im Unternehmen unabdingbar. Das sind für mich die wesentlichen Grundwerte, und die gelten in jedem Unternehmen. Sie brauchen schlicht die richtigen Mitarbeiter mit der richtigen

Einstellung am richtigen Platz« (Wolfgang Reitzle im Manager-Magazin-Interview 04/2011: 53).

Zweitens: Die Kultur einer Organisation besteht aus den in ihr vorherrschenden Soft Facts wie Traditionen, Grundwerten, Glaubenssätzen, Denkhaltungen und Verhaltensweisen. Dies zeigt sich in Statements wie: »Bei uns hier ist dies eben so und nicht anders!« Organisationskulturen zeigen sich nicht selten in ihr eigenen Symbolen, Routinen und Attributen. Andererseits weist jede Organisationskultur auch harte Ausschlüsse, klare Defizite und blinde Flecken auf.

Drittens: Organisationskulturelle Eigenschaften sind nur teilweise direkt beobachtbar. Die allermeisten bleiben unter der sichtbaren Oberfläche verborgen. Was durch das beliebte Eisbergbild visualisiert wird (sechs Siebtel unter der trüben Wasserlinie), einem der nach wie vor beliebtesten Change-Management-Powerpoints (etwa Doppler/Lauterburg 2002: 203–4). Unternehmen versuchen immer wieder ihre Organisationskultur verbindlich zu fassen: in Unternehmenswerten, Führungsleitbildern, Verhaltensgrundsätzen und weiteren Codices. Diese sollen dann von Mitgliedern einer Organisation gelernt und gelebt werden. Verstöße gegen die Spielregeln werden, wie bei jeder Erziehung – mehr oder weniger drastisch –, mit Sanktionen geahndet.

Viertens: Unter dem Stichwort Diversity wird für Unternehmen inzwischen die Vielfalt in der Einheit für möglich gehalten. Organisationskulturen müssen sich nicht mehr, so die zeitgeistige These, durch möglichst große Homogenität auszeichnen. Im Gegenteil: Verschiedenartigkeit in den Umwelten eines Unternehmens verlange mehr denn je eine *heterogenitäts-begrüßende* statt einer *heterogenitäts-vermeidenden* oder sogar *homogenitäts-verteidigenden* Organisationskultur (Abb. 18). Die Vielfalt wird nicht als eine zu beseitigende Belästigung, sondern als Bereicherung und Fortschritt interpretiert. Außerdem könne in multikulturellen Gesellschaften und in einer globalen Ökonomie eine Organisation ihre monokulturelle Intoleranz nicht mehr aufrecht erhalten und müsse sich öffnen. Nach wie vor verursacht Diversity allerdings vielerorts einen erheblichen *Organizational Stretch.* Andernorts geschieht sie einfach (heterogenitäts-unterwanderte Organisation).

Fünftens: Nationalkulturen mit ihren anthropologischen, historischen, religiösen Wurzeln wirken sich nicht unerheblich auf Organisationskulturen aus. Schweizerische Firmen sind anders als österreichische Betriebe und diese wiederum verschieden von deutschen Unternehmen. Regionalisten und Lokalpatrioten erkennen sogar Unterschiede unterhalb der nationalen Ebene. Angloamerikanisch oder französisch geprägte Muttergesellschaften bringen eine nochmals andere Diktion, ganz zu schweigen von Nationalkulturen aus anderen Kontinenten (Hofstede 2001, Trompenaars/Hampden-Turner 1997). Die zeitweilige These einer Angleichung von Nationalkulturen (Fukuyama

1992) hat sich inzwischen erledigt (Huntington 1996). Was sich selbst in multinationalen Unternehmen widerspiegelt.

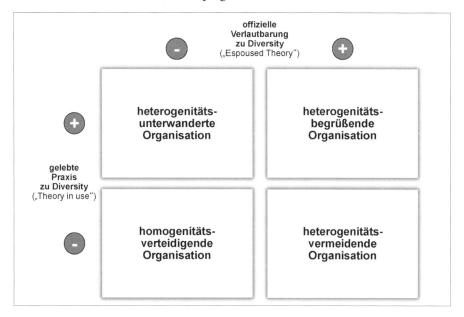

Abb. 18: Organisationskultur und Diversity

Sechstens: Organisationskulturen weisen eine mehr oder wenige günstige Passung zu ihren relevanten Umwelten und Ecosystemen auf. Daher sind sie eine wesentliche Ursache für wettbewerbsüberlegene Positionen oder kompetitive Defizite. Eine phlegmatische Organisationskultur kann über die ihr eigene geringe Veränderungsfähigkeit (vgl. 3.2) zur schwer überwindbaren Barriere des Wandels werden. Emotionale und politische Versteifungen einer Organisation bilden ein maßgebliches sowie meist nur schwer änderbares Element in der Ausgangssituation von Business-Tansformationen, eine Art Erblast. Es gibt nicht viele Unternehmensleitungen, die mit ihrer gegenwärtigen Organisationskultur »sehr zufrieden« sind.

Siebtens: Kulturtransformationen als anspruchsvolles und langwieriges Format von Veränderungsprozessen haben das Ziel, solche Belastungen einer veränderten Zukunft aufzubrechen, um das Unternehmen grundsätzlich veränderungsfähig zu machen. Organisationskulturen sind – zumindest als mittel- bis langfristige Kraftakte – durchaus gestaltbar und damit veränderbar. Dies hat die Transformation von netzgebundenen Monopol-Dienstleistern in Staatsbesitz und mit Beamten in moderne, innovative, privatisierte Unternehmen mit Profitable-Growth-Ambition in Wettbewerbsmärkten gezeigt. Wobei beim Start solcher maximalinvasiver Kulturprojekte das Ziel und der Weg allenfalls grob umrissen werden können.

… aber manche Organisationen ähneln sich

Es gibt mittlerweile ein vielfältiges Angebot organisationskultureller Konzepte. Diese sind nur selten untereinander übersetzbar. Keines davon ist per se überlegen. Und keines hat sich auf breiter Linie durchgesetzt (vgl. Sackmann 2006). Wikipedia meint sogar, die Literatur über Organisationskultur sei »verwirrend« (aufgerufen am 11.10.2012) und bietet einen ungewöhnlich desorientierten Überblick zum Thema. Trotz aller Unterschiede zwischen Organisationen beim mikroskopischen Blick gibt es bei Betrachtung mit einigem Abstand immer wieder ähnliche Grundmuster, die in mehr oder weniger differenzierte Cluster münden. Die Gründungsväter der Organisationssoziologie (etwa Weber 1980, Schein 1985, 1987, 2003, Handy 1986, Cooke/Lafferty 1983) und besonders ihre Schüler entwickelten eine große Ausdifferenzierung von organisatorischen Prototypen.

Bei Kulturmodellen beliebt sind mehrdimensionale Ansätze sowie zweidimensionale Strukturierungen mit jeweils vier Kulturtypen (Abb. 19 und 20):

- *Schein (1985) unterscheidet in seinem Kulturebenenmodell drei Schichten:* Sichtbares Verhalten und weitere Manifestationen als obere Schicht, in der Mitte normative Einstellungen und zuunterst die tief verankerten Grundannahmen.

- *Denison (1990)* unterscheidet zwölf Dimensionen. Analyseinstrument: Denison Organizational Culture Survey als standardisierter Fragebogen (siehe auch Bertelsmann-Stiftung 2006, 2007, Denison 2012).

- *Mintzberg (2010: 141)* differenziert zwischen: unternehmerischer Organisation, Maschinenorganisation, Organisation von Professionals, Projektorganisation, missionarischer Organisation und politischer Organisation.

- *Kets de Vries und Miller (1984)* identifizieren fünf neurotische Unternehmenskulturen: die paranoide, zwanghafte, dramatische, depressive und schizoide Organisation. Von solchen pathologisch beschriebenen Unternehmen möchte man sich am liebsten fernhalten.

- *Bridges (1998)* überträgt den von der Individualebene bekannten Myers-Briggs-Typenindikator auf Organisationen und unterscheidet die bekannten 16 Variationen, nunmehr in Unternehmensgestalt.

Eine Unterscheidung nach zwei Dimensionen findet sich bei folgenden Autoren:

- *Deal/Kennedy (1982):* (1) Rückmeldung und Belohnung und (2) Risiko. Analyseinstrument: nicht standardisierter Fragebogen.

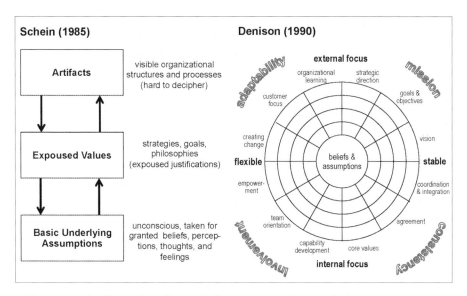

Abb. 19: Mehrdimensionale Modelle zur Organisationskultur

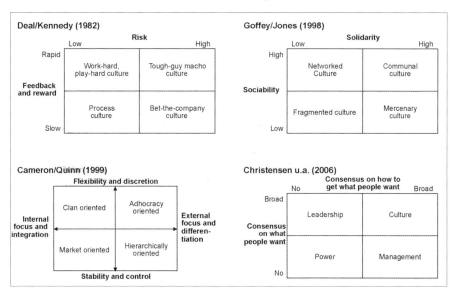

Abb. 20: Zweidimensionale Modelle zur Organisationskultur

- *Goffey/Jones (1998):* (1) Solidarität und (2) Soziabilität (Fähigkeit, soziale Beziehungen aufzunehmen und aufrecht zu erhalten).
  Analyseinstrument: nicht standardisierter Fragebogen.

- *Cameron/Quinn (1999):* (1) Flexibilität vs. Stabilität und (2) intern vs. extern.
  Analyseinstrument: »OCAI – Organizational Culture Assessment Instrument« als standardisierter Fragebogen.

- *Christensen u.a. (2006):* (1) Konsens darüber, was gewollt wird und (2) Konsens darüber, wie man dies erreicht.
  Analyseinstrument: nicht standardisierter Fragebogen.

Diese Aufzählung von Kulturmodellen ist alles andere als vollständig. Viele Beratungsunternehmen haben ein eigenes Diagnostik-Tool entwickelt. Wichtiger als eine der Wirklichkeit möglichst nahekommende Ausdifferenzierung in zig Organisationstypen ist es, dass Unternehmenskultur überhaupt zu einem zentralen Ausgangspunkt für die Veränderungsarchitektur gemacht wird. Nur wer weiß, was für eine Organisation er gerade verändert, kann sich die bestgeeignete Vorgehensweise ausdenken und umsetzen. Dazu reicht meines Erachtens das *simple* Denken in zweidimensionalen Modellen zweifellos aus. Dies pauschalisiert zwar die komplexe Organisationsrealität für viele theoretisch geprägte Analytiker in unzulässiger Weise. Einfache Modelle haben aber unschätzbare Analyse- und Kommunikationsvorteile. Bei der Gestaltung des Wandels ist immer wieder der richtige Punkt zwischen unübersichtlicher Verkomplizierung und unlauterer Simplifizierung zu treffen. Daher sind solche zweidimensionalen Modelle für die allermeisten Zwecke im Veränderungsmanagement ausreichend, um den sich vor einem ausbreitenden Unternehmenskontext zu verstehen. Der Einsatz eines spezifischen Ansatzes bleibt selbstverständlich den Vorlieben, Kenntnissen und Erfahrungen der Anwender anheimgestellt. Übrigens: Unternehmensdiagnostik ist lediglich ein Hilfsmittel und kein Selbstzweck. Inzwischen haben nämlich schon wieder etliche *Kulturexperten* die Diagnostik als thematische Enklave entdeckt, von der aus sie ihre Weltensicht in das Change-Management hineintragen.

Interview mit Christoph Obladen

Director Corporate Human Resources, Heraeus, Hanau

»Family & Friends«: Vorteile mitarbeiterorientierter Shareholder bei Veränderungsprozessen

Welche großen Veränderungen stehen bei Heraeus derzeit an? Was sind die Gründe und Ziele?

Heraeus ist über 160 Jahre in einer sehr dezentralen Organisation und Aufstellung dynamisch gewachsen. Sieben Geschäftsbereiche arbeiten auf Basis von vielfältigen Systemlandschaften in unterschiedlichen Geschäftsmodellen mit einem sehr diversifizierten Produktportfolio. Die Bereiche stoßen mit ihrer Komplexität bezüglich ihrer Führbarkeit an Grenzen. Mit dem bislang größten unternehmensinternen Projekt, dem 2012 gestarteten Prozess- und IT-Harmonisierungsprogramm Magellan, möchten wir diese gewachsene, schwer beherrschbare Komplexität zugunsten einer zukunftsfähigen, einheitlichen IT-Landschaft umbauen. Überall dort, wo es sinnvoll ist, nutzen und stärken wir bereichsübergreifende Synergien. Der Prozess bedeutet natürlich auch eine stärkere Standardisierung und die Überarbeitung und Veränderung von Strukturen. Also eine typische »IT enabled transformation«. Dies wirkt sich signifikant auf das Verhalten in der Organisation aus – auf Führungskräfte und Mitarbeiter. Wir spüren das jeden Tag mehr.

Mit der Heraeus-Familie statt der Börse als Eigentümer im Hintergrund: Macht dies das Leben in Zeiten des Wandels leichter?

Ein klares Ja! Denn Zeit ist bei solchen Großvorhaben stets eine besonders erfolgskritische Dimension. Bei der immer und überall ein Defizit zu beklagen ist. Bei uns glücklicher Weise etwas weniger. Die stellenweise recht grundsätzlichen Veränderungen können mit einer längerfristigen Perspektive vorgenommen werden. Dies bedeutet etwas mehr Luft zum Nachdenken und Ausdenken. Mit einer derart langen Familientradition wird bei strukturellen Weiterentwicklungen, wie die für uns derzeit sehr wichtige Internationalisierung, auf eine Nachhaltigkeit und Sinnhaftigkeit von Entscheidungen und Maßnahmen geachtet. Gerade auch mit Blick auf die unternehmenskulturellen Auswirkungen. Bei denen spielen die HR-Prozesse eine entscheidende Rolle. Ich möchte dies als »die unternehmerische Zielführung unterstützende Gelassenheit« der Eigentümer von Heraeus charakterisieren. Denn die Heraeus-Familie hat rund 200 Jahre unternehmerische Erfahrung gesammelt und für die Zukunft noch weit mehr im Sinn. Trotz der natürlich auch bei uns vorhandenen kurzfristigen Ergebniserwartungen. Vielleicht sogar gerade deswegen. Ähnliches beobachte ich, von außen, eher bei Familien- als bei Aktienunternehmen. Natürlich sind dies allenfalls Tendenzaussagen.

Sie kennen auch shareholderorientierte Unternehmen. Was möchten Sie – aus der Perspektive eines Familienunternehmens – beim Change-Management keinesfalls missen?

Für mich sind – in beiden Rollen: als Veränderer und als Veränderter – drei Dinge besonders wichtig: Authentizität und Offenheit beim wechselseitigen Dialog und in der flächendeckenden Kommunikation. Zweitens: Nähe zu den Menschen, unbedingt. Und drittens: die Überleitung einer bestehenden Struktur als Ausgangspunkt von Veränderungen in eine neue Zukunft, und dies mit langem Atem. Nach meinem Eindruck geht es bei dominanter Shareholderorientierung zu sehr um das Ziel, und zu wenig um den Start und den Weg. Hoffentlich täusche ich mich da.

Wenn Ihnen eine gute Fee zur Seite stehen würde, die Ihnen einen freien Wunsch zum Change-Management zugesteht – welcher wäre dies? Was würden Sie sich für ein noch besseres Change-Management unbedingt wünschen?

Viel Zeit für eine gute Vorbereitung und viel Sorgfalt bei der Umsetzung. Wir haben bei Heraeus damit sehr gute Erfahrungen gemacht und wegen unserer langfristigen Orientierung vermutlich mehr Luft als andernorts. Oftmals fehlt es gerade daran: an mehr Zeit und einer besseren Qualität.

Von der Diagnose zur Architektur

Wie bei Menschen – in der Therapie und im wahren Leben – macht es bei Organisationen wenig Sinn, sie als etwas anderes zu sehen, als sie tatsächlich sind. Dies zu ergründen ist Ziel der Unternehmensdiagnostik. Deren Schlussfolgerungen können meist geradewegs in die Veränderungsarchitektur übersetzt werden. Aus dem Wesen einer Organisation folgen vielfältige Konsequenzen für das Design ihrer Transformation. Zwei Beispiele:

- In einer *hierarchisch orientierten Organisation* – um die OCAI-Terminologie von Cameron/Quinn (1999) aufzugreifen – muss die Transformation großen Wert auf Strukturierung und Monitoring legen. Koordination und Effizienz bleiben während der Veränderung weiterhin die wesentlichen Beurteilungsmaßstäbe von Entscheidern. Selbst in Zeiten des Wandels wird Stabilität oder zumindest der Anschein davon erwartet. Die Transformation muss sich damit in kleinen Schritten von Ankerpunkt zu Ankerpunkt hangeln. Würde sie sich an einer clan-orientierten Organisation – dem diametralen Gegensatz in diesem Modell – ausrichten und die Transformation nach innen gerichtet fast wie in einer großen Familie mit primär personalisierten und partizipativen Elementen gestalten, würde dies scheitern.

- In einer *kultur-orientierten Organisation* – diesmal der Logik von Christensen u. a. (2006) folgend – besteht ein Konsens darüber, was gewollt wird und wie man dies erreicht. Die Transformation wird sich auf Rituale verlegen können und immer wieder an gewohnte Traditionen und bekannte Erfahrungen appellieren. Das Aufwerfen von Grundsatzfragen über das Ziel der Reise und die zu benutzenden Wege spielen keine Rolle mehr. Würde die Veränderung einen machtbezogenen Ansatz wählen – der Gegensatz in diesem Modell bei dem weder über das Ergebnis noch über die Methoden Einigkeit besteht – und sich auf Elemente der Herrschaft wie Kraft, Stärke und Drohung stützen, müsste dies misslingen.

Interview mit Dieter Schade

Leiter Personalbetreuung und Administration, Vetter Pharma, Ravensburg

»Schneller und einfacher?«: Change-Management im Mittelstand

Bitte beschreiben Sie die größte Veränderung für Ihr Unternehmen und seine Mitarbeiter hinsichtlich Ziel, Prozess und Resultat. Was war das Besondere daran?

Vetter Pharma ist ein stark wachsender B2B-Spezialist im Life-Science-Bereich mit umfassendem Know-how in der aseptischen Abfüllung von Injektionssystemen sowie Leistungen für die klinische Entwicklung und kommerzielle Fertigung von unterschiedlichen Wirkstoffen. Vetter bietet darüber hinaus innovative Technologien für Packmittel und maßgeschneiderte Lösungen für den Markterfolg. Durch strategische Entscheidungen unserer Kunden, die großen Pharmaunternehmen mit ihrer Fokussierung auf Entwicklung, Zulassung und Vermarktung von Medikamenten, haben wir als Lohnhersteller die kommerzielle Abfüllung von Wirkstoffen übernommen. Unsere größte Herausforderung besteht darin die Prozesse im dynamischen Wachstumsumfeld (in den letzten drei Jahren wurden über 1.000 Mitarbeiter zusätzlich eingestellt) entsprechend nachhaltig anzupassen. Dieses rasante Wachstum stellt unsere Führungskräfte vor große Herausforderungen und vollkommen neuen Anforderungen, die ich wie folgt charakterisieren möchte: vom technologieorientierten Fokus zum empathischen Dialog mit Hierarchie als neuer Norm. Denn unsere Veränderung – das immense Wachstum – wird auf Sicht so weiter gehen Wir können unsere Führungskräfte dabei nicht alleine lassen. Inzwischen spielen wir auf der gesamten Klaviatur moderner Personal- und Organisationsentwicklung. Ein paar beispielhafte Instrumente: fachliche und persönliche Führungskräftebeurteilung mit individuellem Feedback, Mitarbeiterbefragung, interne und externe Personalentwicklung, Eins-zu-eins-Coaching, Nachfolgeplanung und manch anderes mehr. Hinzu kommen die Anforderungen durch weitere Standorte, drei in der Bodenseeregion und einer in den Vereinigten Staaten. Durch diesen Standort in Chicago für die klinische Entwicklung wird eine weitere Veränderung deutlich, die zügig voranschreitende Internationalisierung.

Was waren bei diesem Veränderungsvorhaben die drei größten Erfolgsfaktoren (in Ihrem persönlichen Rückblick)?

Das ist nicht nur Rückblick, sondern Gegenwart und Zukunft. Es geht vor allem um Nachhaltigkeit in Mitarbeiterführung und -entwicklung. Wir sind dabei, den zu uns passenden Führungskräftetypus zu finden und zu prägen. Wichtig sind uns eine dialogische Kultur und empathische Führung. Denn beides sind wichtige Fundamente für Motivation und Bindung. Zudem sind wir mit der Bodenseeregion in einer traditionell von geringer Arbeitslosigkeit und durch Zuzug von Arbeitskräften geprägten Gegend tätig. Deshalb müssen wir konsequent sein: durch ein attraktives Arbeitgeberimage in unseren Tätigkeitsfeldern; in der Region und mittels Hochschulmarketing darüber hinaus; durch intensives Onboarding unserer neuen Kollegen mitsamt ihren Familien (jeder mit dem Stellenwechsel verbundene Umzug ist für alle Beteiligten, ob Kollege, Partner oder Kinder, stets ein größerer Veränderungsprozess); durch umfassende Schulungen für unsere komplexe und sensible Spezialproduktion; durch den Einklang von Familie und Beruf, der bei unserer Frauenquote von 70 Prozent in Full-Service-Richtung geht; durch den Gemeinschaftsgeist bei Vetter Pharma mit der Devise: »Wenn alle Mitarbeiter an einem Strang ziehen, führt das zum Erfolg des großen Ganzen«.

Kürzere Entscheidungswege einerseits und geringere Budgets/Ressourcen andererseits – was wiegt schwerer bei einem Transformationsprojekt im Mittelstand?

Da möchte ich drei Dinge nennen. Erstens ist Vetter Pharma ein inhaberge-führtes Unternehmen. Mit klarem Commitment der Familie Vetter auf viele Jahre (durch testamentarische Festlegung bis 2029). Das ist ein klares Signal. Dadurch habe ich ein stabiles Umfeld und keinerlei Shareholder-Druck wie andernorts. Zweitens sind wir wie viele Mittelständler nicht politisch, son-dern pragmatisch. Unsere Devise lautet »Spuren statt Staub«. Ich kenne aus eigener Erfahrung auch die Konzernwelt mit ihren geringen persönlichen Gestaltungsmöglichkeiten. Bei uns zählen Ergebnisse und nicht die Positi-onsmacht. Drittens bieten wir den Charme spannender Aufgaben. Das Wachstum, die Internationalisierung und der Handlungsfreiraum werden auch künftig dafür sorgen.

Wenn Ihnen eine gute Fee zur Seite stehen würde, die Ihnen einen freien Wunsch zum Change-Management zugesteht – welcher wäre dies? Was würden Sie sich für ein noch besseres Change-Management unbedingt wünschen?

Da wünsche ich mir etwas mehr individuelle Veränderungsfähigkeit. Schön wäre es, wenn unser dauerhaft absehbarer Veränderungsprozess aus Sicht der Führungskräfte noch bewusster erkannt und noch sinnhafter verstan-den würde. Mehr Selbsterkenntnis für die Veränderungsnotwendigkeiten, dabei könnte uns die Fee schon helfen.

3.2 Veränderungsfähigkeit

Befähigung zum Wandel

Die mit jugendlicher Lässigkeit ausgestattete Vorarlberger Mundartband »Holstuonarmusigbigbandclub« hat kürzlich per Marschmusik den Takt der Veränderung angeschlagen: »Meor ehrod das Ault, mear grüozot das Nü« (Übersetzung für alle des alemannischen Dialekts nicht Mächtigen: Wir eh-ren das Alte und grüßen das Neue). In vielen Organisationen wird das Neue – egal wie es aussieht und daher kommt – allerdings nicht willkommen ge-heißen. Da sich indes Umfelder von Unternehmen in immer rascheren Zy-klen verändern und Organisationen mittels kurzwelliger Transformation an-passen müssen, ist das Top-Management zunehmend daran interessiert, die Veränderungsfähigkeit im eigenen Haus zu steigern, grundsätzlich zu erhö-hen. Immerhin vier von fünf CEOs messen der organisatorischen *Changeabi-lity* eine hohe oder sogar sehr hohe Bedeutung bei (Claßen/von Kyaw 2010: 40). Das Thema Veränderungsfähigkeit ist en vogue. Vier Belege unterschied-licher Herkunft mit verschiedenartigen Nuancen:

1. »Von allen Ressourcen, die bei der Entwicklung von Mitarbeitern eingesetzt werden, ist die wertvollste Ressource die begrenzte Veränderungs-

energie der Mitarbeiter. Diese kostbare Gut muss auf die für ein Unternehmen wichtigsten Veränderungsprozesse fokussiert werden« (Stiefel 2003: 8).

2. »Die wohl wichtigste Antwort auf die schwierige Vorhersagbarkeit der Zukunft besteht in der Erhöhung von Wachsamkeit und Flexibilität. Wenn der überschaubare Zeithorizont kürzer wird, dann kommt es darauf an, Gefahren früher zu erkennen und das Steuer schneller herumzureißen. Fähigkeit zur schnellen Reaktion statt blindes Verlassen auf langfristige Prognosen heißt deshalb die Devise« (Simon 2011: 190).

3. »Der politische Gegenentwurf zu einem Konzept 'Schutz vor Wandel' lautet 'Befähigung zum Wandel'. Die Menschen sind darauf vorzubereiten, dass mit der modernen Welt Ungleichzeitigkeit, Ambivalenzen, Komplexität, selbst politische Widersprüche weiter zunehmen werden. Statt 'entweder – oder' wird ein 'sowohl – als auch' unser Leben bestimmen. Dies beißt sich mit der Sehnsucht nach Entschleunigung, Überschaubarkeit, Rigorismus – mit der Sehnsucht nach der einen großen Wahrheit« (Steinbrück 2010: 52 – 53).

4. »Veränderungsintelligenz ist gefordert, es gibt dafür aber erst wenig ausgearbeitete Grundlagen. Auf die Frage, was sich dahinter verbirgt, gibt es viele Antworten: z.B. Sensibilität für schwache Signale, Toleranz gegenüber Ambiguität, Gefühl für die Dauer realer Veränderungsprozesse, Fähigkeit situationsangemessener Improvisation bei der Prozesssteuerung, Lust an komplexen Aufgabenstellungen, Fähigkeit der Komplexitätsreduktion, Fähigkeit zur Übersetzung verschiedener Handlungs-, Denk- und Erlebniswelten, Sinn für Relativität ('nichts ist absolut'), Anpassungsfähigkeit an neue Gegebenheiten, Balance zwischen Konsens-, Konflikt- und Integrationsfähigkeit, Überzeugungsfähigkeit, systemische Perspektive kennen und Spielregeln überwinden können« (Kristof 2010: 158).

Organisatorische Veränderungsfähigkeit

Um dauerhaft erfolgreich zu sein oder zumindest als Überlebensstrategie, so heißt es nicht nur bei Darwin und Schumpeter, ist eine schnelle und stimmige Anpassung an neuartige Anforderungen unerlässlich. Denn wenn sich das Äußere (von Organisationen) ändert, dann muss sich das Innere (der Organisation) entsprechend wandeln. Die Schaffung einer grundsätzlich veränderungsfähigen Organisation – und nicht nur die konkrete Gestaltung des Wandels in einer spezifischen Situation – ist eine der derzeit größten Herausforderungen für Unternehmen. Changeability als organisatorische Veränderungsfähigkeit wird in einer Zeit weiter zunehmenden Wandels erfolgreiche Unternehmen von langsamen, behäbigen, gemütlichen Betrieben unterscheiden. Es sei denn, die Organisation agiert in einer inselglückseligen

Nische. Doch solche Schutzgebiete an der Peripherie des Weltentrubels sind selten. Aber es gibt sie noch, etwa Üdersdorf in der Eifel: »Oase mitten im Weltentrubel. Hier findet man Ruhe. Das Herz ist voll Jubel« (www.ueders-dorf.de/index.php/kultur, aufgerufen am 05.11.2012).

Inzwischen gilt im Business-Management anderes als Binsenweisheit: Erfolge aus der Vergangenheit verlängern sich nicht automatisch in die Zukunft. Außerdem machen sie anspruchsvoll, verhätschelt und selbstgefällig. In diese Gefahr laufen besonders »erfolgsarrogante Organisationen« (Greve 2010). Es gibt kaum ein größeres Zukunftsrisiko als verwöhnte und satte Führungskräfte und Mitarbeiter, die den Maßstab für Normalität verloren haben. Und die den Erfolg ihrer Organisation als Resultat ihrer individuellen Klasse, Leistung und Genialität interpretieren. Gerade in Branchen wie etwa Pharmaindustrie, Energieversorger, Finanzdienstleister, Softwareunternehmen und Unternehmensberatungen, um nur einige der immer noch oder bis vor kurzem leckermäuligen Sektoren zu nennen, werden vergangene und gegenwärtige Übertreibungen durch hohe Margen über kurz oder lang zu schmerzhaftem Verzicht führen. Vor allem dann, wenn technologische Innovation, politische Intervention oder ökonomische Revolution innert kurzer Frist vollkommen andersartige Rahmenbedingungen setzen und veränderte Geschäftsmodelle erfordern. Solche Paradigmenwechsel wird die Belegschaft als harten Kulturschock erleben, mit entsprechenden Motivations- und Engagementlöchern. In vielen Unternehmen scheint jedoch der organisatorische Handlungsrahmen sowohl bei den Soft Limits als auch bei den Hard Facts eng gesteckt, eben die leidvolle Pfadabhängigkeit (vgl. 4.2): Die Standorte sind falsch, die Technologien sind falsch, die Führungskräfte sind falsch, die gesamten Umstände sind prekär. Es gibt kein richtiges Leben mehr im falschen. Mancher Verantwortliche würde nach einer *Tabula rasa* am liebsten auf der grünen Wiese wieder ganz von vorne anfangen.

Wird organisatorischer Change als unternehmerische Chance verstanden, so ist die Fähigkeit der Führungskräfte und Mitarbeiter zur Veränderung eine ganz wesentliche Voraussetzung. Es gibt nur sehr wenige Unternehmen, die – und selbst das nur für einen begrenzten Zeitraum – ihren Umwelten die Taktung vorgeben können. Permanent zitierte Marktführer wie Amazon, Google und Apple gehören derzeit noch zu dieser exquisiten, aber sehr überschaubaren Gruppe, denen *Changeability* beziehungsweise *Agility, Innovation, Flexibility, Adaptiveness, Responsiveness* oder die Eigenschaft als *lernende Organisation* zugeschrieben wird. Natürlich gibt es auch hier in Mitteleuropa nicht wenige löbliche Ausnahmen (Simon 2012).

Begriffe und Unternehmen kommen und gehen, die Anforderung bleibt. Intuitiv plausibel ist die ganze Angelegenheit immerhin: In Zeiten der Veränderung lebt es sich deutlich leichter, als Mensch und als Unternehmen, wenn man sich die Fähigkeit zur Veränderung bewahrt hat. Unerschütterliche Monolithen und kraftstrotzende Dynastien gingen indessen durch zu geringe Veränderungsfähigkeit in anders gewordenen Zeiten zugrunde. Monopolisten in geschützten Reservaten sind eine zunehmend rarer werdende Spezies. In vielen Unternehmen verringern Erstarrung, Versteifung, Blockierung die Beweglichkeit. Die Geschichte zeigt außerdem in steter Regelmäßigkeit, dass sich Organisationen immer wieder gerade dann und ganz anders als geplant verändern, wenn sie ihre eigene Gestaltungsmöglichkeiten überschätzen, sich nicht an Erwartungen ihrer Stakeholder halten, vermeintliche Spielräume im Ecosystem überreizen und dann – nach dem Fall durch diesen Hochmut – grundlegend aufräumen müssen.

Übrigens: Hier soll keinesfalls einer überzogenen, überreizten, übersteuerten Unruhe das Wort geredet werden. Es geht nicht um Veränderungsfähigkeit im Sinne eines grenzenlosen Steigerungsspiels (Schulze 2003). Die Zeiten von Phlegma, Lethargie und Passivität sind in sämtlichen Branchen und selbst in der öffentlichen Verwaltung aber vorbei. Ein Plus bei Changeability muss nicht zwangsweise in ein Mehr an Veränderung münden. Veränderungsfähigkeit meint das In-der-Lage-Sein zur Veränderung – als Potenz – sowie eine beständige Wachsamkeit – als *Alertness*. Dies ist schon anstrengend genug. Changeability verlangt keinen Change als Dauerturbo. Zur Veränderungsfähigkeit gehört die Begabung, überstürzten Rufen nach sofortigem, beständigem und umfassendem Wandel mit Bedacht zu begegnen. Schon etwas zu viel von der *not*-wendigen Anpassung kann zur *hals*-wendigen Beliebigkeit führen, oder zur überdrehten Veränderungsspirale: So manches flippige Start-up hätte sich in 2001 – zum Ende des Internet-Hypes – etwas mehr von der *Old Economy* gewünscht. Und in 2009 – am Tiefpunkt der Finanzmarktkrise – erinnerte sich manches Unternehmen mit Wehmut an die Grundsätze des redlichen Kaufmanns. Vernunft bleibt ein Kernelement der Veränderungsfähigkeit.

Insgesamt wird das Themenfeld derzeit weder theoretisch, noch empirisch und lediglich ganz vereinzelt praktisch zufriedenstellend beackert. Dies mindert nicht seine Relevanz. Bei organisatorischer Veränderungsfähigkeit geht es um so etwas wie das Imstandesein eines Unternehmens, den Umgang mit Veränderungserfordernissen weiter zu verbessern oder sich gelegentlich sogar neu zu erfinden. Damit künftige Transformationen möglichst problemlos, friktionslos und komplikationslos umgesetzt werden können. Zumindest so ähnlich lautet das landläufige Verständnis in der vielfältigen Literatur rund um Changeability (vgl. Senge 1990, March 1991, Brown/Eisenhardt 1997, Schubert 1998, Lawson/Samson 2001, Bruch/Goshal 2003, Bennebroek-Gravenhorst u. a. 2003, Morgan 2005, Schreyögg/Kliesch 2006, Karp 2006, Teece 2007, Remer/Lux 2009). Damit geht diese organisatorische, systemische, strukturelle Veränderungsfähigkeit über die individuellen Veränderungsfähigkeiten von Führungskräften und Mitarbeitern hinaus. Wobei diese Individualkompetenzen natürlich die Aggregatbefähigung maßgeblich beeinflussen. Dazu kommen veränderungsförderliche oder -störende Ausprägungen der Organisation selbst. Im hier gewählten Verständnis von organisatorischer Veränderungsfähigkeit gehören drei Dimensionen dazu. Das Unternehmen wird dabei wie ein Organismus verstanden, was zur Anwendung der Wissen-Können-Wollen-Trias führt und von vielfältigen Variablen beeinflusst wird (Details siehe Claßen/von Kyaw 2010: 35–38; Abb. 21):

- Veränderungskompetenz (das Neue wissen),

- Veränderungsmöglichkeit (das Neue können),

- Veränderungsbereitschaft (das Neue wollen).

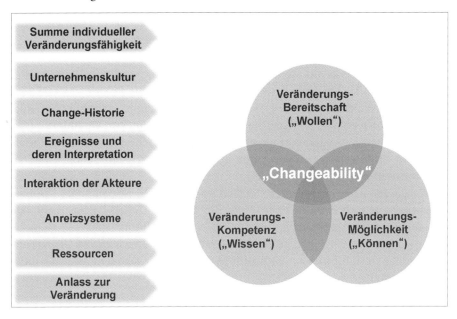

Abb. 21: Dimensionen organisatorischer Veränderungsfähigkeit

Messung organisatorischer Veränderungsfähigkeit

Kaum hat ein eingängiger Begriff das Licht der Business-Welt erblickt, verlangen Zahlenfetischisten reflexartig seine Messung. So natürlich auch bei der organisatorischen Veränderungsfähigkeit. Die Messung von Veränderungsfähigkeit in einem spezifischen Unternehmen ist methodisch freilich noch längst nicht im Griff. Entsprechende Vorschläge wirken teilweise ziemlich konstruiert (etwa Rodenstock 2007). Überhaupt nur jedes achte Unternehmen versucht sich an der Quantifizierung seiner Changeability (Claßen/von Kyaw 2010: 40). Einige Vorschläge sollen hier kurz skizziert werden:

- In der vierten Change-Management-Studie (ebd. S. 41) fielen Antworten auf die offene Frage nach der angewandten Methode recht hemdsärmelig aus: Mitarbeiterbefragung als multifunktionale Wunderwaffe, nun eben auch für organisatorische Veränderungsfähigkeit. Die mir bekannten Anläufe in Unternehmen zur Messung organisatorischer Veränderungsfähigkeit sind zumeist in einer Experimentierphase stecken geblieben.

- Instrumente rund um *Change-Readiness-Assessment* werden von diversen Beratungsunternehmen eingesetzt (etwa Claßen 2008: 94, Götz/Granados 2010, DGFP 2012: 33 – 34, 53). Dabei wird – meist mehrdimensional – ein Soll-Ist-Abgleich der Veränderungsfähigkeit *gemessen*.

- Das Konzept der *Organisationalen Energie* von Bruch/Vogel (2005) hat durch seine begriffliche Eingängigkeit sowie einen handlichen Fragebogen eine gewisse Popularität erzielt. In bewährter Vierfelder-Manier lassen sich vier Energiezustände von Unternehmen unterscheiden. Der Schwerpunkt liegt allerdings auf der Individualebene, insbesondere in der Funktion von visionärem Leadership. Die Aggregatebene bleibt weitgehend außen vor.

- Das Konzept des *KM-Faktors* von Pöyhönen (2004) ist auf eine generelle Erneuerungsfähigkeit von Unternehmen ausgerichtet und entstammt dem Dunstkreis von Senge (1990). Dieser Ansatz bietet ebenfalls ein Instrumentarium zur Messung von Veränderungsfähigkeit.

- Im Internet wird Unternehmen ein Test mit Eigendiagnose zur Verfügung gestellt (www.change-o-meter.de, aufgerufen am 21.10.2012). Nach einer Selbsteinschätzung anhand von 54 Items ergeben sich drei Kategorien: *Champion – Normalo – Todgeweihter*. Immerhin wird ein Todgeweihter gleich zum dahinter stehenden Beratungsunternehmen geroutet, zur letzten Salbung.

In der vierten Change-Management-Studie wurden organisatorische Veränderungsfähigkeit und ihre konstituierenden Komponenten befragungsbasiert ermittelt (Claßen/von Kyaw 2010: 38 – 40; Abb. 22). Insgesamt ist in über der Hälfte der befragten Unternehmen eine allenfalls »mittlere« Veränderungsfähigkeit (o) vorhanden. »Sehr hohe« (++) und »hohe« (+) *Changeability* gibt es nur in etwa jedem dritten Unternehmen. Eines von zehn weist sogar eine »geringe« (-) oder »sehr geringe« (--) Veränderungsfähigkeit auf. Vielerorts steht die Gestaltung des Wandels damit vor einer erheblichen Hürde. Übrigens: Eine ebenfalls nur mittelprächtige Veränderungsfähigkeit von Unternehmen konstatierte fast zeitgleich eine weitere Studie (DGFP 2011: 76).

Die drei Komponenten (Veränderungskompetenz, Veränderungsmöglichkeit, Veränderungsbereitschaft) weichen von diesem Gesamtbild eher geringfügig ab. Die Veränderungsmöglichkeit – das organisatorische Können – stellt die geringste Limitation für Transformationsprozesse dar. Die Veränderungs-

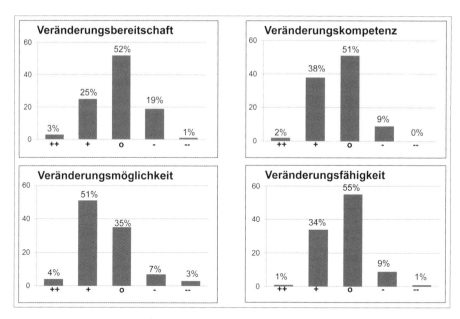

Abb. 22: Veränderungsfähigkeit mitteleuropäischer Unternehmen

kompetenz – das organisatorische Wissen – spiegelt weitgehend die gesamthafte Veränderungsfähigkeit wider. Am dürftigsten ist es um die Veränderungsbereitschaft – das organisatorische Wollen – bestellt. Man kann damit in vielen Organisationen eine nicht zu vernachlässigende Veränderungsmüdigkeit (Change-Fatigue) diagnostizieren (vgl. 3.3). Vielleicht hilft ja ein extrastarker Kaffee.

Individuelle Veränderungsfähigkeit

Für Veränderungen besitzen Unternehmen unterschiedliche Aufsetzpunkte, auf der Organisations-, Gruppen- und Individualebene (Boydell/Leary 1996; Abb. 23). Aus diesem Grund interessiert die individuelle Veränderungsfähigkeit: Welcher Menschentyp erweist sich – in seiner Rolle als Organisationsmitglied (nicht im Privatleben) – als besonders veränderungsfähig? Für eine veränderungsfähige Organisation braucht es veränderungsfähige Führungskräfte und Mitarbeiter. Aus diversen Federn gibt es mehr oder weniger anekdotische Beschreibungen solcher *veränderungsfreudigen* Menschen (etwa Katz 1982: 165, Rogers nach Kristof 2010: 163). Dieser Aspekt kann hier nicht weiter vertieft werden. Vermutlich ist der Empfehlung von Collins (2001) zuzustimmen: Unternehmen sollten nicht mühsam versuchen, veränderungsunwillige Führungskräfte und Mitarbeiter in kleinen Schritten bei deren Veränderungsfähigkeit zu verbessern. Unternehmen müssen vielmehr ihre HR-Prozesse, angefangen bei der Rekrutierung, über die Beurteilung und Entwicklung bis hin zur Freisetzung darauf ausrichten, den veränderungsfreudigen Typus zu mehren und zu stärken. Individuelle Veränderungsfähigkeit wird damit zu einer besonders wichtigen Dimension im Talent-Management (vgl. 5.3).

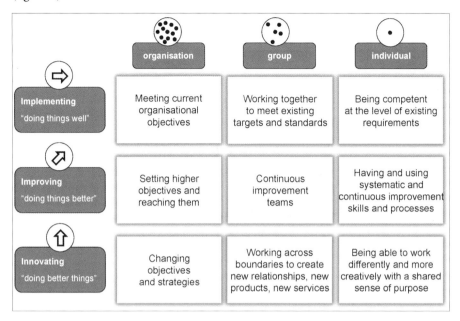

Abb. 23: Aufsetzpunkte für Veränderungen

Interview mit Felicitas von Kyaw

Corporate Vice President Organisational Development & Change, Vattenfall Group, Stockholm/Berlin

Paradigmenwechsel: Organisationsentwicklung bei plötzlichen Strukturbrüchen

Interview wurde wegen Abnahme durch Corporate Communication in Englisch geführt.

Vattenfall faces great challenges. It has internally initiated changes on strategy, structure and culture. This being garnished by the »Energiewende« in Germany, the overall challenges on the global financial markets and increasingly difficult situations on the customer and talent side. Is this not a lot of change at the same time?

Vattenfall launched a new strategic direction beginning of 2011 to manage the challenges it is facing. The owner's mandate has been translated into a new vision: »Vattenfall will create a strong and diversified European energy portfolio with sustainable and increased profits, significant growth options and will be among the leaders in developing environmentally sustainable energy production.« Furthermore, a new, business-led organisational structure was adopted. The previous geographical structure has been replaced by five business divisions. Aside from savings and efficiency improvements, Vattenfall has also carried out a number of divestments of non-core operations and plants. To accompany the change in strategy and structure, new Core Values have been introduced: Safety, Performance and Cooperation. Additionally in 2011, in the first year of implementing all above internal changes, the Fukushima nuclear power plant disaster had major repercussions in the energy market. Parallel with this, the economic recovery lost momentum during the year due to the unstable macroeconomic situation in Europe. So, to conclude: since 2011 a holistic change for Vattenfall in three fundamental areas strategy, structure and culture is ongoing. It has been and still is a challenging journey with manifold demands on managers and employees. As the challenges way forward remain, Vattenfall needs to persevere in efforts. Vattenfall is in the middle of a continuous change and large transformation. From a market perspective, it is without alternative. And without certainty, as market parameters that will determine future development today are not to be fully foreseen.

Before everything gets too much: where will you set the focus with regards to Organisational Development – regarding the people dimension of the company? Or does Vattenfall have to address everything at the same time – being without alternative?

The energy landscape is changing and putting new, high demands on its market players and on Vattenfall. Vattenfall aims at becoming a respected value creator – this requires a shift from a traditional utility company to an energy solution enabler. From an internal perspective, the overarching requirement of the future can be described as striving for »organisational agility«. We cannot foresee our future, thus need to foster a culture and competencies that allow us to adapt at pace, ideally anticipate market requirements ahead of time. In order to cope with uncertainty and complexity we need not only to flexibly adapt but ideally get us in the driver seat of market developments. Our European reorganisation is a first step in terms of internal governance and market approach. However, in order for any improvement to occur, the strategies devised at top-level must be understood and implemented on all levels of the organisation. Consequently, our managers and employees must share a common understanding of what Vattenfall stands for and where we are heading – creating internal engagement. In terms of mind set this implies engaging our employees on this new journey as part of a »new Vattenfall generation«. Our people need to drive this fundamental change with their hearts and minds – and especially in their behaviours. From an external perspective: We cannot create the future on our own. This implies a partnership-based approach towards the market. The energy industry needs collaboration with other industries, with the public sector and with civil society to effectively set a course. Our cooperation with national and city governments, our dialogues with NGOs, and our work on Smart Sustainable Cities and E-mobility are but a few examples. So, it isn't about doing things in a linear approach, the challenges need to be addressed in parallel as they are interdependent. Just potentially changing one aspect simply is not sufficient. This is a phenomenon that not only goes for Vattenfall, but all companies facing massive market requirement changes.

How much time does Vattenfall give itself. officially, according to the project plan and really from an organisational development perspective?

From an organisational development perspective we acknowledge big changes take time, persistence and continuity. Such an all-encompassing journey does not have a literal end point, but is to be understood as an ongoing process. We expect continuous challenges in an ever changing energy landscape. The market is in movement, we need to keep it up ourselves. So way forward it is also about ensuring (the right) focus and keeping up efforts in terms of a »new Vattenfall generation«. In that sense, our transformational journey has just begun and will continue. Looking at the 2012 employee survey scores one can see that Vattenfall is on its way with regards to the internal perception; after a stagnation of scores directly after the introduction of our reorganisation, this second year the results overall are showing in a promising direction. The internal perception has improved, even if people still feel the impact of the changes and an ongoing need for an even better understanding of the strategy and the reasons for the changes are to be recognized. Our strengths remain unchanged: the relationship with the line manager is good and internal cooperation within and across department teams is an asset. These strengths will help us way forward, we will build on them also with regards to further internal organisational development activities.

If you had a fairy at your side, that would allow you one free wish – which one would it be? What would you wish for an even better Change-Management?

One could dream of an »ideal world« and ask this fairy to create it: In this ideal world we would find engaged employees, working self-driven and going the »extra mile«, committed to her/his employer and the higher cause as well as her/his individual job contributions. And we would find an »employer of choice« that acknowledges its employees and understands the people dimension being a key success factor for business performance. In this »ideal state« you wouldn't need a function such as Organisational Development & Change as things would come together quite naturally. Well, and until I meet this fairy, we continue in our belief that people make a difference, and engaged people make all the difference in driving the business agenda.

3.3   Stakeholder-Mapping

Widerstände allenthalben

Zu jedem Thema gibt es heute mindestens zwei Meinungen: dafür und dagegen. Dies gilt zumindest für sogenannte *Position-Issues*, bei denen es unterschiedliche Standpunkte und Interessen gibt. Hingegen sind *Valence-Issues*, bei denen fast alle dieselbe Meinung vertreten, heutigentags ausgesprochen selten. Frieden wäre ein solch unbestrittenes Thema. Aber schon bei den Wegen dorthin gibt es wieder mannigfaltige Auffassungen. Jede Business-Transformation wird ziemlich schnell zum *Position-Issue*. Und schon beginnt die Mikropolitik im Unternehmen ihr buntes Treiben (vgl. 3.4). Bei Veränderungsprozessen – während denen es um konkrete persönliche Interessen geht – potenzieren sich solche Widersprüche noch gegenüber *normalen* Alltagsdisputen. Gegensätzliche Positionen sind bei Transformationen ein Faktum, mithin unvermeidlich.

Manche sagen dann, es müsse halt Blut spritzen. Andere halten dagegen, *man* müsse eben alle ins Boot holen. Dem ersten Statement kann entgegengehalten werden, dass ein solch hartes Vorgehen nicht mehr dem mitteleuropäischen Zivilisationscode entspricht. Dem zweiten Statement kann dagegengesetzt werden, dass ein softes »all inclusive« als traumtänzerische Illusion von keinem *man* der Welt erbracht werden kann. »In der Organisationsentwicklung und im Change-Management gibt es eine ... allgemeingültige Erkenntnis: Veränderungsprozesse verlaufen unsauber. Der Weg von einem Organisationszustand in einen anderen ist gepflastert mit Widerständen, Konflikten, Rückschlägen, Unsicherheit und Zweifeln« (Lauterburg 2011: 29).

Gewonnen werden können Veränderungsprozesse nur dann, wenn überdurchschnittlich viele Beteiligte und Betroffene für den Wechsel von der alten in die neue Welt gewonnen werden. In gradueller Abstufung sind dabei fünf Konstellationen vorstellbar. Wie gerade betont, sind der oberste und unterste Status in keiner Weise praxisrelevant:

1. sämtliche Beteiligten und Betroffenen überzeugen,

2. stabile Mehrheit gewinnen,

3. relative Mehrheit gewinnen (Demokratieprinzip),

4. erfolgskritische Stakeholder gewinnen,

5. sich gegen den Willen von Beteiligten und Betroffenen durchsetzen.

Zusammenfassend ist der Meinung von Kristof (2010: 523) zuzustimmen. Diese ist bereits anspruchsvoll genug: »Ernst zu nehmende Vorbehalte sollten in die Entwicklung der Lösung einbezogen werden. Soweit dies nicht vollständig möglich oder erwünscht ist, ist dies transparent zu begründen und zu signalisieren, dass die Umsetzung nicht an der Minderheit der Gegner scheitern wird. Besondere Aufmerksamkeit ist den Verlierern der Veränderung zu widmen, da sie i. d. R. einen wesentlich stärkeren Einfluss auf die Erfolgschancen des Veränderungsprozesses haben als die Gewinner ('Asymmetrie der Gewinner- und Verliererinteressen')«.

Was der Mitarbeiter heute als Bürger – laut Demokratieidee – gerade in Deutschland, Österreich und besonders der Schweiz an Mitspracheformaten mehr und mehr zugestanden bekommt, will er als *abhängig Beschäftigter* nicht vollständig aufgeben. Was der Mitarbeiter inzwischen als Kunde – laut Marktwirtschaft – an Auswahlmöglichkeiten, bis weit hinein in ehemalige Monopoldomänen, geboten bekommt, will er als *abhängig Beschäftigter* nicht gänzlich preisgeben. Was der Mitarbeiter derzeit als Wertschöpfer – laut Talent-Management – an Eigenverantwortung und Entwicklungsperspektiven aufgezeigt bekommt, will er als *abhängig Beschäftigter* nicht komplett abschreiben. Jede Business-Transformation ist daher kaum mehr als ein Angebot des Unternehmens an seine Führungskräfte und Mitarbeiter, am Ende dann hoffentlich ein überzeugendes. Damit Betroffene zu Mitmachern werden. Transformationsprojekte haben immer etwas von politischem Wahlkampf. Lediglich die persönliche Stimmabgabe wird durch eine Vielzahl individueller Entscheidungen im Sinne von »Ja, da mache ich mit!« oder »Nein, da bin ich nicht dabei!« abgelöst.

Betroffenheit, Bedeutung, Einstellung

Als Stakeholder können in Anlehnung an die Machtschule (Mintzberg 1999: 265–296) diejenigen Akteure beziehungsweise Akteursgruppen bezeichnet werden, die im Veränderungsprozess mitsamt seinen Interessenkollisionen ein spezifisches Anliegen aufweisen. Damit geht es um sämtliche von Wertschöpfung oder Schadschöpfung der Transformation betroffenen Anspruchsgruppen. Das im Ursprung soziologische Stakeholder-Konzept wird inzwischen routiniert auf die Mikropolitik von Unternehmen übertragen. Es hat vor nunmehr zehn Jahren über den ISO-10006-Standard und die DIN-69901-Norm sogar Einzug in die Zertifizierungswelt gefunden. Stakeholder-Mapping ist aber eigentlich ein Thema jenseits von Normierung. Erfahrungsgemäß gibt es in Zeiten des Wandels nicht nur bei Alpha-Tieren eigennützige Motive. Die wegen unauflöslicher Zielkonflikte, begrenzter Ressourcen und weiterer Hürden nicht immer in eine Win-Win-Situation umgemünzt werden können (Oltmanns/Nemeyer 2010: 68–107). Konfliktlösung ohne Verlierer bleibt meist ein Traum. Dem sollte bei Veränderungsprozessen nicht zu lange nachgegangen werden. In der Stakeholder-Theorie werden üblicherweise drei Dimensionen unterschieden (vgl. Mitchell u. a. 1997):

1. Betroffenheit von Veränderung (*Salience*)

2. Bedeutung für Veränderung (*Relevance*)

3. Einstellung zur Veränderung (*Position*)

In den ersten beiden Change-Management-Studien wurden diese drei Dimensionen näher betrachtet. Es ergaben sich fast naturgesetzliche Stimmungslagen (Claßen u.a. 2005: 30–34 – dort auch methodische Details – Durchschnittswerte 2003/05).

Betroffenheit: Hier zeigt sich eine Bottom-up- sowie eine Inside-out-Tendenz. Die Betroffenheit von Veränderung sinkt mit der hierarchischen Position sowie der Entfernung zum Kern des Unternehmens (Abb. 24). Mitarbeiter und mittleres Management sind meist persönlich tangiert. Am Top-Management – als betroffene Person – gehen Veränderungen meist vorbei. Externe Stakeholder schauen von außen zu.

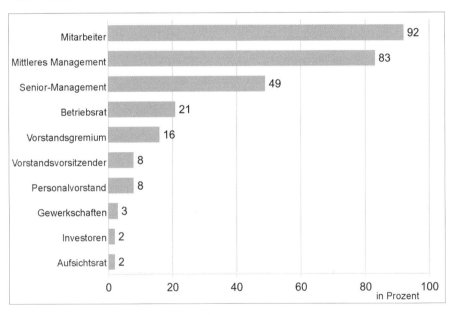

Abb. 24: Betroffenheit von Veränderungen

Bedeutung: Das Bild dreht sich komplett beim Blick auf diese Dimension. Nicht überraschend dominiert das hierarchische Top-down-Prinzip: Ober sticht Unter. Die höchst bedeutsame Rolle des oberen Managements unter der Vorstandsriege wird einmal mehr offensichtlich (vgl. 4.3).

Einstellung: Bei der individuellen Veränderungsbereitschaft zeigt sich ebenfalls ein erwarteter Verlauf (Abb. 25). Je höher die Betroffenheit ist (erste Dimension), desto stärker ausgeprägt ist eine skeptische Haltung gegenüber betrieblichen Veränderungen. Dies bedingt eine der Hauptschwierigkeiten bei Transformationsprozessen: Viele Mitarbeiter lehnen Veränderungen kategorisch ab. Die Einstellung des mittleren Managements ist im Durchschnitt ebenfalls deutlich negativ. Selbst das obere Management zeigt in Teilen keine individuelle Veränderungsbereitschaft.

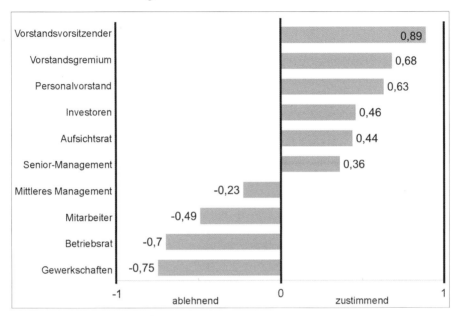

Abb. 25: Einstellung zu Veränderungen

Naturgesetzliche Normalverteilung

Drei Fakten liegen damit auf dem Tisch: (1) Die Belegschaft von den Mitarbeitern bis ins mittlere Management ist die bei Veränderungen am stärksten betroffene Zielgruppe. (2) Deren Einfluss ist eher gering. (3) Ihre grundsätzliche Veränderungsbereitschaft ist ebenfalls gering und von grundsätzlicher Skepsis gegenüber Business-Transformation geprägt. Die vom Wandel tatsächlich Betroffenen besitzen also eine kritische Einstellung und eine geringe Bedeutung.

Aus dieser skeptischen Statistenrolle, die bis in organisatorische Höhen des Senior-Managements reicht (vgl. 4.3), entstehen vielfältiger Widerstand, Gegenwehr und Auflehnung. Natürlich handelt es sich bei diesen empirischen Fakten um Durchschnittswerte und Tendenzaussagen. Die zum besseren Verständnis wieder auseinandergezogen werden müssen. Was in der ersten Change-Management-Studie untersucht wurde (Claßen u. a. 2003: 26 – 27; methodische Details siehe dort). Dabei wurden fünf typische Einstellungsmuster zu Transformationsprozessen unterschieden:

1. Begeisterung (stark positiv)

2. Zustimmung (positiv)

3. Abwarten (neutral)

4. Skepsis (negativ)

5. Ablehnung (stark negativ)

In der Ausgangssituation vor dem Wandel zeigt sich über das gesamte Unternehmen bei den Einstellungen zur Veränderung eine – zur negativen Sicht verschobene – Normalverteilung (Abb. 26): wenig Begeisterte (5 – 10 Prozent), eine eher geringe Anzahl von positiv Gestimmten (20 – 25 Prozent), die große Gruppe der Neutralen (30 – 40 Prozent), ein nicht zu vernachlässigender Anteil von Skeptikern (25 – 30 Prozent) sowie ein harter Kern an Ablehnenden (10 – 15 Prozent). Daher muss beim Start von Veränderungsprozessen von einer naturgesetzlichen Normalverteilung (mit Skepsisneigung) ausgegangen werden.

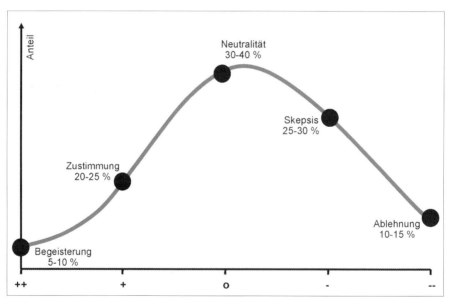

Abb. 26: Naturgesetzliche Normalverteilung in der Ausgangssituation

Stabile Mehrheit als Maßgabe

Damit wird die Ultima Ratio von Change-Management deutlich: Gestaltung des Wandels bedeutet letztlich Bekehrung, Überzeugung und Gewinnung von großen Teilen der Mitarbeiter sowie im mittlerem Management bis hin zum Senior-Management. Es geht darum, die Verteilungskurve der Einstellung zur

Veränderung möglichst rasch, möglichst weit und möglichst stabil nach links zu verschieben. Die klassische Organisationsentwicklung besitzt gegenüber diesem Ziel ein fundamental andersartiges Selbstverständnis (vgl. 2.8). Unberührt von solchen Einwürfen geht es im Change-Management um vier Aktionsbereiche (Abb. 27).

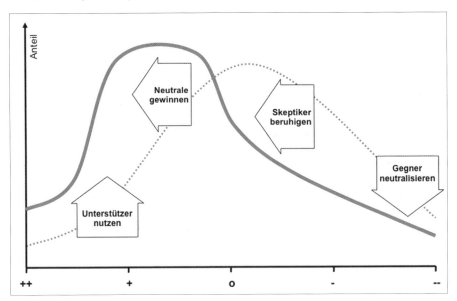

Abb. 27: Ziel von Change-Management: Stabile Mehrheiten

(1) **Unterstützer nutzen:** Ein Transformationsprozess muss auf Begeisterte und Zustimmende bauen. Sie wissen um die Gründe des Wandels und stehen hinter den Zielen. Viele von ihnen haben bereits seit Langem darauf gewartet, dass sich in der Organisation endlich etwas tut. Unterstützer eignen sich besonders gut als Multiplikatoren, Change-Agents und für die Schaltstellen im Veränderungsprojekt. Idealerweise gehören möglichst viele mikropolitisch bedeutsame Stakeholder dazu. Unterstützer bringen wertvolle Optimierungsvorschläge und förderliche Umsetzungshinweise ein. Sie wecken schlafende Energien der Organisation und setzen schlummernde Kräfte frei. Allerdings ist ihr Umgang mit Rückschlägen nicht immer gelassen, wegen geringer Ambiguitäts- und Frustrationstoleranz. Von vorübergehenden Rückschritten fühlen sie sich oft persönlich getroffen.

(2) **Neutrale gewinnen:** Die große Gruppe von anfänglich Unentschiedenen – die *schweigende Masse* – macht alleine schon fast die Mehrheit aus. Sie kann sich im Verlauf einer Transformation in beide Richtungen bewegen, in Gegenden der Zustimmung oder in Landstriche der Ablehnung (vgl. Hotelling 1929, Downs 1968). Mit der Bewegung von Neutralen steht und fällt jeder Veränderungsprozess. Zu Beginn noch unschlüssig, warten sie ab, machen sich ein Bild, klären für sich die Lage: Warum passiert das Ganze überhaupt?

Was wollen *die* überhaupt? Was genau geschieht überhaupt? Was widerfährt mir dabei? Was habe ich davon? Das berühmte »What's in it for me?«, Information, Kommunikation und Qualifizierung werden damit erfolgskritisch (vgl. 8.2). Dabei geht es um zwei Reaktionen von möglichst vielen Neutralen: mindestens Zustimmung und tunlichst Mitwirkung. Die oftmals kritischen Anmerkungen von Neutralen müssen ernst genommen werden. Stecken in ihnen doch häufig wertvolle Hinweise für Verbesserungen »aus der Praxis«. Dies wird vor allem dann wichtig, wenn es vom großen Ganzen (Big Picture) in die Details der Ausgestaltung und an die Barrieren der Umsetzung geht. Andererseits stammen viele Einwände noch aus der alten Welt und sind durch starke Argumente aus der neuen Welt zu entkräften. Übrigens: In vielen Organisationen hat sich konsequente Neutralität als eine mikropolitisch clevere Taktik erwiesen. Das beherzigen erfahrene Akteure. Auch dies ist Anzeichen einer lernenden Organisation.

(3) Skeptiker beruhigen: Für den Wandel vom Saulus zum Paulus braucht es biblische Erweckungserlebnisse. Zweifel, Bedenken, Vorbehalte lassen sich nicht immer so einfach auflösen wie damals in Damaskus. Das ist bei Veränderungsprozessen auch nicht für sämtliche Opponenten erforderlich. Es würde schon reichen, Bedenkenträger, Schwarzseher, Pessimisten mit klugen Argumenten und listigen Manövern in eine neutrale Position zu bringen: nicht dafür, aber auch nicht mehr dagegen. Das ist oftmals schwer genug.

(4) Gegner neutralisieren: Es bleibt ein Fakt des Lebens, dass sich in Organisationen mit Diversity und komplexen Umwelten nicht 100 Prozent der Stakeholder mit anstehenden Veränderungen anfreunden werden. »Der Zweifel, und damit das Nein, läuft unabdingbar mit« (Wimmer 2010: 94). Transformationen benötigen allerdings auch keine nordkoreanischen Zustimmungsraten. Dies muss man akzeptieren. Dies kann man akzeptieren. Schwierig wird es erst, wenn Ablehnung in Widerstand umschlägt, der dann zu kraftvollen Aktivitäten der Fundamentalopposition gegen die Transformation führt. Es gibt bei jedem Veränderungsprozess den Zeitpunkt, an dem ein Ende von Diskussionen geboten ist. Dieser Moment hängt von vielem ab: dem Ausmaß von Konsensorientierung in der Unternehmenskultur, dem Autoritätsgen von Verantwortlichen, ihren individuellen Abhängigkeiten, den mikropolitischen Machtkonstellationen und manch anderem mehr. Er ist im Trubel des Geschehens schwer zu setzen. Aber es gibt solche Zeitpunkte, an denen nicht mehr nur geredet, sondern verbindlich entschieden und gehandelt werden sollte. So wunderschön dies zwar in manchem Change-Management-Buch als paradiesischer Traum beschrieben steht – es können nicht sämtliche Opponenten, insbesondere wenn diese ihren Widerstand systematisch, destruktiv und politisch vorbringen, ins gemeinsame Boot auf der Fahrt in eine bessere Zukunft mitgenommen werden. Zum Lackmus-Test einer Veränderung wird es, wie lange die Bremser ihren Widerstand praktizieren können, ohne Nachteile befürchten zu müssen. Appelle zur Mitwirkung, Vernunft, Einsicht enden an gegensätzlichen Interessen. Kommunikation, Partizipation und Integration sind endlich. Ansonsten dauert ein Veränderungsprozess unendlich.

Andererseits kann das Ende der Diskussion eine zweite Konsequenz haben: Ende der Transformation. Dafür gibt es genügend Belege. Bei Veränderungen haben Gegner vielfältige Ansatzpunkte für Vollbremsungen, etwa Unschärfen von Entscheidungen, Verzögerungen im Fortschritt und Fehltritte der Verantwortlichen. Es gibt bei jedem Veränderungsprojekt Schwächephasen, in denen die Transformation verletzlich ist und angreifbar wird. Routinierte Opponenten kennen solche Sollbruchstellen und arbeiten mit ihrem zersetzenden Widerstand gezielt auf sie hin. Strukturell ist die Opposition meist im Vorteil und unterminiert die Handlungsfähigkeit von Transformatoren. Daher müssen die ablehnenden Kräfte mit ihrer Bremswirkung und dem von ihnen verbreiteten negativen Grundrauschen reduziert werden. Dazu braucht es Fingerspitzengefühl und kreative Ideen. Natürlich sollten allfällige Hinterzimmer-Deals eine verträgliche Kosten-Nutzen-Relation aufweisen. Zudem muss ein Aufbrechen von Widerstand wohl temperiert sein, mikropolitisch abgesichert werden und unternehmenskulturell stimmig bleiben. Ansonsten werden Neutrale und Skeptiker verschreckt. Dabei gibt es eine sehr gute Nachricht für hartnäckige Gegner von Veränderungen: Die Zeiten des Schafotts sind in unseren Breiten vorbei. Das Aufzeigen von Grenzen kann freilich bis zur Freisetzung der ärgsten Widerständler – als symbolisches Signal an die Organisation – reichen. Gelegentlich ist eine Basta-Mentalität nichts Verwerfliches.

Stakeholder-Mapping

Bei Veränderungsprojekten gehört es mittlerweile zum Standard, eine Bestandsaufnahme von Stakeholdern durchzuführen, das sogenannte Stakeholder-Mapping (vgl. Vahs/Weiand 2010: 141 – 148, Roehl u. a. 2012: 84 – 89). Am besten gleich zu Beginn mit Fortschreibung in regelmäßigen Abständen (Stakeholder-Monitoring). Neben deskriptiven Elementen gehören zu einem professionellen Stakeholder-Mapping qualitative Bewertungen (Freund/Gegner) und *manipulative* Elemente (Beeinflussungsmöglichkeiten). Spätestens damit wird deutlich, wie heikel eine solche Bestandsaufnahme der Akteure ist. An ihr haben sich schon viele die Finger verbrannt. Daher sollte Stakeholder-Mapping besser *im kleinen Kreis* mit Vertraulichkeitspflicht und ohne Intranetöffentlichkeit durchgeführt werden.

Die Basisfragen beim Stakeholder-Mapping sind trivial:

- Wer hat ein irgendwie geartetes Interesse im Veränderungsprozess?
- Wie ist seine Betroffenheit von der Veränderung (Salience)?

- Wie ist seine Bedeutung für die Veränderung (Relevance/Impact/Standing)?

- Wie ist seine Einstellung zur Veränderung (Position/Views/Opinion)?

- Wie kann er für die Veränderung gewonnen werden (Influencing)?

Zudem gibt es weiter detaillierte Analysemöglichkeiten (Abb. 28). Für das konkrete Stakeholder-Mapping gibt es unterschiedliche Darstellungsformate (Abb. 29 – 30). Eine weitere Möglichkeit zur Visualisierung von Akteuren und Transparenz ihrer Beziehungsmuster ist die (systemische) Aufstellung (etwa Häfele 2007: 222 – 223). Übrigens: In den meisten Unternehmen resultiert die Bedeutung eines Stakeholders maßgeblich aus seinem wirtschaftlichen Erfolg. Große Umsätze und Profitable Growth sind die stärksten Argumente. Manager aus Verlustbereichen, kleinen Einheiten und Querschnittsfunktionen können selbst mit klugen Beiträgen und umwerfendem Charme kaum mithalten.

Stakeholder erkennen	Stakeholder einschätzen	Stakeholder beschreiben
o **Auflistung Stakeholder** („Brainstorming") o **Gruppierung Stakeholder** („Clustering") o **Beschreibung Stakeholder** – Name – Funktion / Position – Organisationseinheit – Region / Standort – Erreichbarkeit – Rolle bei Veränderung – Kerninteressen – interne Freunde – Meinungsführer – Mentoren – Mentees – ...	o **Betroffenheit** („Salience"): „Change Impact Analyse", Leitfrage: Wer ist betroffen? o **Bedeutung** („Relevance"): „Change Power Analyse", Leitfrage: Wer ist mächtig? o **Einstellung** („Position"): „Change Readiness Analyse", Leitfrage: Wer ist bereit?	o **Darstellung Stakeholder** („Mapping") o **Ansatzpunkt Stakeholder** – Wissensebene (welche Information?) – Könnensebene (welche Qualifizierung?) – Wollensebene (welche Motivation?) – Handlungsebene (welche Anreizsysteme?) o **Präferenz Stakeholder** – Sympathien/Antipathien – Kommunikationsstil – bevorzugte/abgelehnte Mechanismen – ...

Abb. 28: Fragestellungen beim Stakeholder-Mapping

Stakeholder-Mapping dient als Basis für Stakeholder-Management. Spätestens dies ist kein Spiel mehr, sondern reale Mikropolitik. Stakeholder-Management ist meist die Wanderung auf einem sehr schmalen Grat.

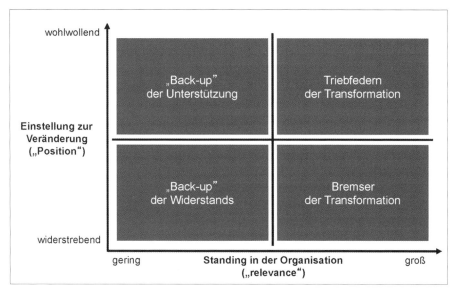

Abb. 29: Stakeholder-Mapping: Beispiel (1/2)

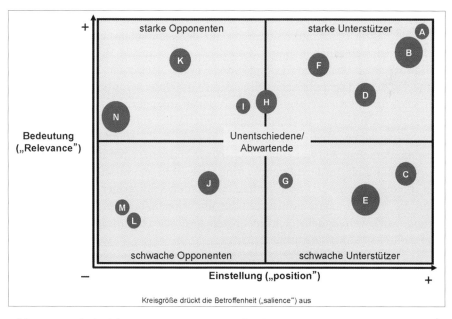

Abb. 30: Stakeholder-Mapping: Beispiel (2/2)

3.4   Mikropolitik bei Veränderungsprozessen

Fakt des Lebens

Vor fast zweieinhalb Jahrtausenden meinte Epikur: »Lebe im Verborgenen!«
Er riet dazu, sich möglichst unauffällig zu verhalten, von der Menge zurück-
zuziehen, stille Innerlichkeit anzustreben. Persönliche Exposition in der Öffentlichkeit schade der eigenen Seelenruhe, so sein Fazit (Epikur/Rapp 2010).
Nun sind Veränderungsprozesse in Unternehmen der Neuzeit kein Hort für
Einzelgänger, Eigenbrötler oder Außenseiter. Die Gestaltung des Wandels von
Organisationen gelingt nur mit anderen Menschen aus und um diese Organisation, die ihre eigenen Vorstellungen von Richtig und Falsch haben. Und
diese Präferenzen, Erfahrungen, Haltungen durchsetzen möchten. Schon ist
man in der Sphäre des Politischen (vgl. Oltmanns/Nemeyer 2010: 108–151).

Politik bleibt wie viele andere Begriffe dieses Buchs ein definitorisches Rätsel, selbst für einen ausgebildeten Politikwissenschaftler wie mich. Nach wie
vor nicht völlig falsch liegt man mit dem Rückgriff auf Weber (1980): »Politik
ist das Streben nach Machtanteil oder nach Beeinflussung der Machtvertei-
lung«. Mit seiner Betonung der Machtdimension von Politik, dem Versuch
zur Durchsetzung von Ego und Willen, Einfluss und Bedeutung, Interessen
und Zielvorstellungen, weist Weber das Spannungsfeld zu weiteren grundlegenden Ordnungsprinzipien auf wie Vernunft, Markt und Sinn. Eine so verstandene Politik beschränkt sich nicht auf den staatlichen, gesellschaftlichen
und volkswirtschaftlichen Raum. Politik ist eine zentrale Hauptachse im organisatorischen Geschehen (vgl. Sandner 1992, Neuberger 2006, Oltmanns/
Nemeyer 2010). Die politische Dimension von Unternehmen wird allerdings
von Ohnmächtigen, Feingeistern und Berufsanfängern als Unerträgliches,
Fremdkörper oder Praxisschock empfunden. Dabei gehört sie ganz elementar
zum Alltagsleben einer Organisation, gerade bei Veränderungsprozessen.
Auseinandersetzungen des *Homo politicus* in fluiden Zeiten des Wandels kosten natürlich Zeit, fordern Energie, binden Ressourcen, können die Organisation in konkurrierende Lager spalten. »In Zeiten schwieriger Veränderungen,
wenn die Macht unvermeidlich und auf unvorhersehbare Art und Weise neu
verteilt wird, verwandeln sich ansonsten gesunde Organisationen in politische Arenen« (Mintzberg 1999: 273).

Wenn hier von der politischen Dimension bei Veränderungen gesprochen
wird, ist Mikropolitik gemeint. Mikropolitik ist so etwas wie Innenpolitik im
Unternehmen. Makropolitik – gewissermaßen die Außenpolitik von Unternehmen – bleibt in diesem Buch ausgeblendet. Diese kann für den Erfolg von
Business-Transformation ebenfalls große Bedeutung besitzen. Wenn es etwa
um Entscheide, Freigaben, Zuschüsse, Absicherungen der Legislative, Exekutive und Judikative geht. Sie zeigt sich in vielfältiger Form: im singulären,
verbandlichen und staatlichen Lobbyismus in Brüssel, Berlin, Zürich, Wien
und andernorts; als Investor Relations an wichtigen Bankenplätzen dieser

Erde, mittels weiterer Interventionsversuche in die Ecosysteme der Organisation.

Nachteile und Vorteile

Politik ist per se nichts Ungesundes. Wie alles, hat Mikropolitik ihre Schatten- und Sonnenseite. Wobei der mikropolitische Charme selten hervorgehoben wird (etwa von Neuberger 2006). Populärer ist eine Diffamierung des Politischen im Unternehmen. Dies mag daher rühren, dass in unseren (medien-)demokratischen Gesellschaften inzwischen jedwede Form hintergründiger Macht als anstößig empfunden wird. Dabei sind die allermeisten Unternehmen weiterhin ziemlich autoritäre und keine partizipativen Systeme (vgl. 4.3), in denen das Weber'sche »Streben nach Machtanteil« spezifischen Regeln unterliegt. Diese *Governance* ist in Organisationsstruktur, Wirtschaftsrecht, Unternehmensverfassung, Geschäftsverteilungsplan plus weiteren internen und externen Regularien sowie informellen Usancen mehr oder weniger präzise geregelt. Eine bürokratische Behörde wird weniger mikropolitische Spielräume ermöglichen als ein Start-up-Unternehmen. Könnte man zumindest denken.

Durch Berufung auf formale Autorität wird in Organisationen legitime Macht geschaffen. Zudem erhält mancher Experte Macht aus überlegenem oder unersetzlichem Fachwissen (Blickle/Solga 2007). Beide Machtbasen – Position und Expertise – sind allerdings gerade in Zeiten des Wandels ein wackliges Fundament. Andererseits braucht es gerade bei Veränderungsprozessen Macht, um Bisheriges aufzubrechen und Neuartiges durchzusetzen. Wer dabei nicht *mit-macht* bleibt – so edel diese grundsätzliche politische Enthaltsamkeit als individuelle Haltung empfunden werden mag – eine Randfigur im Unternehmensgeschehen. Denn Macht ist eine »grundlegende Realität des Lebens in Organisationen« (Mintzberg 1999: 268). Wichtiger als Machtverzicht wäre deshalb eine normativ-ethisch fundierte Selbstbeschränkung auf akzeptable Ziele und faire Methoden. Diese könnte sich beispielsweise am Kategorischen Imperativ von Kant orientieren (Blickle 2004) oder auf Verantwortungsethik statt Gesinnungsethik berufen (Weber 1992) oder zur Reintegration von Moral in die Ökonomie führen (Dyllick in Sandner 1992) oder das persönliche Modell vom wahren Leben zur Messlatte machen.

Ein mächtiger Vorteil von Mikropolitik liegt in der Chance auf bessere Entscheidungen (vgl. Oltmanns/Nemeyer 2010: 152–181). Denn politisches Agieren kann sich auf Dauer nur in Diktaturen weit von der vernünftigen Sachebene entfernen. In offeneren Systemen müssen die Machthaber überzeugende Begründungen abgeben und können sich nicht lange in abwegigen Tiraden verlieren (Downs 1968). Im Wechselspiel von rationalen Argumenten und emotionalem Nachdruck, ohne die es nicht geht, werden Rechtfertigungen geschärft, Erklärungen geliefert, Beweise erbracht und Mobilisierung erzielt. Was auch das Recht des Mächtigen einschließt, im Nachhinein gesehen falsch zu liegen. Was dann beides zur Folge haben kann: Korrekturen oder Machtwechsel.

Politikspiele, Einflussnahmen und Machttaktiken

Nicht jeder nähert sich der Mikropolitik unbefangen. Sieht man dieses Thema jedoch entspannt, bietet die Literatur inzwischen genügend praktische Anregungen für mikropolitische Winkelzüge, Kunstgriffe und Schleichwege:

- Mintzberg (1999) nennt über zwanzig Formen des politischen Spiels.

- Blickle (2004) beschreibt ein gutes Dutzend Beeinflussungstaktiken.

- Neuberger (2006) unterscheidet zehn politische Regulierungs-mechanismen.

- Dehner/Dehner (2007) erläutern den Reichtum an Organisationsspielen.

- Kristof (2010) vertieft das Schmieden von Allianzen mittels Promotoren.

- Oltmanns/Nemeyer (2010) erklären Konflikte zur Managementaufgabe.

Für den ungenierten Pragmatiker gilt die Devise Nachschauen – Ausprobieren – Mitmach(t)en. Besonders gut gefällt mir persönlich die Argumentation von Pfeffer in knackigem Artikelformat (2010) und gründlicher Buchschreibe (2010). Er wartet mit drei Kernbotschaften auf. Die – vermutlich wegen der Fremdsprache – geschmeidiger klingen als der harte deutsche Machtsprech: »Whenever you have control over resources important to others (things like money and information) you can build your power«. Daher möge man endlich seinen Frieden mit Macht machen. Bei vielen Menschen gäbe es dabei allerdings noch drei Barrieren. »(1) the belief that the world is a just place. (2) the leadership literature. (3) a delicate self-esteem«. Seis drum, meint Pfeffer. »Welcome to the real world. It may not be the world we want, but it's the world we have. Job status is still often a zero-sum game. You will triumph if you understand the principles of power and if you are willing to use them«. Dazu empfiehlt er zehn Beeinflussungsstrategien.

Mikropolitische Beeinflussungsstrategien

1. Verteilung von Ressourcen

2. Belohnungen und Bestrafungen

3. Vormarsch von verschiedenen Seiten

4. ersten Schritt machen

5. Gegner für sich einnehmen

6. Beseitigung von Gegnern (möglichst nett)

7. keine unnötigen Feuer entfachen

8. einer Sache die persönliche Note geben

9. nicht lockerlassen

10. wichtige Beziehungen nutzen (wie auch immer)

Solche Theoretiker der Macht bieten erste Anregungen für Mikropolitik. Im Alltagsleben von Organisationen finden noch vielfältige weitere Politikspiele, Einflussnahmen und Machttaktiken statt. Hinzu kommt in Unternehmen die mikropolitische Koalitionsbildung zur Verfolgung gemeinsamer Zielsetzungen. Die Spuren solcher Bündnisse lassen sich nicht immer direkt aus der aktuellen Organisationsstruktur ablesen. Oftmals zeigen frühere Organigramme, vor fünf, zehn oder noch mehr Jahren sowie die Herkunft aus gemeinsamen Organisationswurzeln (bei Unternehmen mit einer intensiven Merger-Tradition), Qualifizierungswurzeln (Alumni der gleichen Universität) oder Nationalitätswurzeln (vertrautes kulturelles Mindset) die tatsächlich stabilen Verbindungen in Form von Seilschaften, Netzwerken und Protektion.

Mikropolitik bei Veränderungsprozessen: Sechs Schritte

Die Steuerung der politischen Dimension bei Veränderungsprozessen wird entlang von sechs Schritten dargestellt.

Schritt 1 – Entscheidungsraum eingrenzen: Zuallererst muss Klarheit darüber entstehen, was es bei einer Transformation überhaupt zu entscheiden gibt. Und wie? Und wer? Für die Gestaltung von Wandel greifen übliche Entscheidungsroutinen aus Normalzeiten oft nicht mehr. Zumal diese teilweise selbst zum Gegenstand von Veränderung werden. Die Definition von Entscheidungen – sowie die damit implizite Festlegung entscheidungsfreier Räume – ist in Unternehmen eine kulturell, historisch und juristisch bedingte Praxis: Formelle Organisationen fordern für jede belanglose Entscheidung eine dezidierte Beschlussfassung von höchster Stelle. Manche formlose Organisation soll selbst Veränderungen mit grundlegender Tragweite einfach nur gemacht, aber niemals wirklich formell entschieden haben. Bei Veränderungsprozessen dient üblicherweise ein Lenkungsausschuss oder Steuerkreis als oberstes und letztes Entscheidungsgremium. Wobei das niedliche Verb *dienen* oftmals nicht den mikropolitischen Scharmützeln gerecht wird. Denn Entscheidungsthemen (Was entscheiden?), Verfahrensweisen (Wie entscheiden?) und Zusammensetzung (Wer entscheidet?) sind bereits eine Entscheidung für sich – mit vielfältigen Interessen. Besonders Diskussionen um die Konstruktion des letztverbindlichen Entscheidungsgremiums sind Mikropolitik par Excellence. Es gibt Veränderungsvorhaben, da wird diese Festlegung von Zuständigkeiten zu einem eigenständigen inhaltsleeren *Vor*-Projekt mit mehrmonatiger Laufzeit. In dieser Zeit geschieht beim eigentlichen Projekt wenig bis nichts. Meist sind Lenkungsausschüsse und Steuerungskreise dann ein Abbild gegenwärtiger Machtbalance, vor der Veränderung. Sie können damit leicht zur wesentlichen Ursache für das Scheitern von Veränderungsvorhaben werden. Besonders wenn zahlreiche skeptische und ablehnende Stakeholder als tatsächliche oder vermeintliche Verlierer sich Sitz und Stimme verschaffen konnten.

Schritt 2 – Interessen erfassen: In der Mikropolitik geht es um Sicherstellung persönlicher Interessen, welcher Art auch immer. Deshalb müssen diese Zielvorstellungen von den Projektverantwortlichen erhoben, erfasst und verstanden werden, im Sinne des Stakeholder-Mapping (vgl. 3.3). Bei dieser nüchternen Analyse geht es um Betroffenheit (Salience), Bedeutung (Relevance) und Einstellung (Position) der Stakeholder bei Veränderungsprozessen. Mit diesem Verstehen ist kein inhaltliches Einverständnis, sondern lediglich das argumentative Nachvollziehen anderer Positionen gemeint. Dazu muss ganz bewusst die jeweilige Perspektive mit ihrer intrinsischen Plausibilität eingenommen werden, selbst wenn diese befremdlich erscheint. Verstehen bedeutet noch lange nicht Bejahung.

Schritt 3 – Entscheidungen treffen: Jedes Veränderungsvorhaben benötigt Beschlüsse, was künftig anders gemacht wird, wie demnächst vorgegangen wird, von wem das Ganze bezahlt wird und zu vielem anderen mehr. Entscheiden über Entscheidungen – also so etwas wie die Metaentscheidung – gehört zu den wesentlichen Momenten jeder Transformation. Denn wer entscheidet, der bestimmt. Und wer nicht entscheidet, der bestimmt nicht. Da sich genau dies herumgesprochen hat, drängeln sich viele Stakeholder im Entscheidungsraum oder in dessen Vorzimmern. In vielen Organisationen gibt es mittlerweile sogar offizielle Vorzimmer: *Sounding Board* als multilaterale oder *Pre-Present* als bilaterale Vorabstimmungen mit den Kraftpaketen und Stimmungsmachern einer Organisation. Bei der Gestaltung des Wandels beginnt spätestens dort das verständliche, wenn auch oftmals nicht mehr erträgliche mikropolitische Vordrängeln, Wegschubsen, Einmischen, Aufzwingen, Rumnölen und manch weiterer unfreundlicher Akt, die alle zum Ellenbogen-, Bodycheck- und Foulspiel-Repertoire vieler Manager gehören. Das Ringen um Ausrichtung und Finanzierung, Vorteile und Kehrseiten, Dabeisein und Absondern, Timing und Pacing der Veränderung findet im Entscheidungsraum sowie bei dessen Vor- und Nachgeplänkeln statt. Im Mindset der entscheidenden Machthaber spiegelt sich der Charakter eines Transformationsprozesses. Ist es konservativ, wird sich das Nachher kaum vom Vorher unterscheiden. Ist es avantgardistisch, wird kein Stein auf dem anderen bleiben. Ist es ambivalent, werden die Nerven einer Organisation durch das Hin und Her überreizt. Die Veränderung kommt konturlos, bleibt verwässert oder wird verschleppt: »The fight will go on«. Daher empfiehlt sich möglichst früh – ex ante – die verbindliche Klärung von Rollen und Verantwortlichkeiten für alle relevanten Stakeholder. Als pragmatische Systematik hat sich dabei die DEBI-Methodik – englisch »RACI« oder alternativ »IBZED« – bewährt (siehe Claßen 2008: 161–162, Bach u. a. 2012: 207–208). Aus ihr ergibt sich zumeist eine zivilisierte Steuerungsstruktur und -kultur. Die beiden wichtigsten DEBI-Rollen:

- *E* steht für Entscheidung: Wer das *E* hat, gibt den Rahmen vor, hat das Sagen und trägt die Verantwortung. Für jede Aufgabe kann es nur einen einzigen Entscheider geben (dies kann auch ein Gremium sein), der zudem die Projekt-Zwischenstände abnimmt.

- *D* steht für Durchführung. Wer das *D* hat, ist für die Erledigung einer Aufgabe zuständig. Um diese Ausführung nicht zu verwässern, sollte für sie nur ein Rollenträger letztverantwortlich sein.

Zusammenkünfte des Entscheidungsgremiums bilden Fixpunkte jeder Veränderungsarchitektur (vgl. 6.3). Entlang dieses terminlichen Pfads entwickelt sich die gesamte Transformation. Wenn schnell und öfters Richtungsentscheidungen benötigt werden, ist eine kurzwellige Steuerungsstruktur empfehlenswert. Hingegen ist eine langwellige Frequenz dann zweckmäßig, falls in den Entscheidungsgremien nicht mehr fundamental um Ziele, Wege und Mittel gerungen wird, sondern nur noch formelle Zustimmung abgeholt wird. Meist ist deshalb die Taktung am Beginn des Veränderungsvorhabens höher und schwingt gegen Ende aus.

Schritt 4 – Entscheidungen fixieren: Wenn Entscheidungen getroffen sind, müssen sie verbindlich festgehalten werden. In der formalistischen mitteleuropäischen Tradition haben sich hierfür Protokolle, Memos und neuerdings auch Mails bewährt. In denen mit klaren Formulierungen die Entscheidung fixiert wird (Engst 2011). Protokolle sind keine trockene Materie für Bürokraten. Sie sind das *Nervenzentrum* von Unternehmen, laut Duden jener »Bezirk im Gehirn, der bestimmte Erregungen aufnimmt, verarbeitet und dadurch Reaktionen und Funktionen des Organismus reguliert«. Protokollführung nur deshalb nicht anzustreben, weil sie spießig, langweilig und niederwertig sei, wäre darum ein unkluger Ratschlag. In Ergänzung zur alten Weisheit »Wer schreibt, der bleibt« kann man für Veränderungsprozesse ergänzen: Wer Entscheide klug fixiert, hat die Sache arrangiert. Nun kann es bei Transformationen trotzdem passieren, dass Entscheidungen unterschiedlich ausgelegt oder abgelehnt werden. Dazu ein paar banale Lehrsätze:

1. Eine Entscheidung ist nicht eher eine Entscheidung, als dass in der Sache tatsächlich entschieden wurde. Wabernde Vorentscheidungen sind bei Veränderungsprozessen nichts wert.

2. Das Aussitzen von Entscheidungssituationen bis zur Selbstregulierung offener Fragestellungen, in Deutschland bekannt als das *Prinzip Kohl*, mag gelegentlich eine weise Vorgehensweise sein, die als solche freilich erst im Nachhinein außer Zweifel steht. Es gibt eben nicht jeden Tag eine Wiedervereinigung, die bisherige Unschlüssigkeit in den Hintergrund treten lässt.

3. Entscheidungen gegen stabile Mehrheiten produzieren mit hoher Wahrscheinlichkeit Widerstand. Dies hat meist die Eskalation in den nächsthöheren Entscheidungsraum zur Folge (wenn der nicht längst erreicht ist).

4. Entscheidungen gegen widerborstige Minderheiten erzeugen ebenso mit hoher Wahrscheinlichkeit Widerstand. Dieser Gegendruck reicht oftmals bis zur Anarchie und anderen Formen der Rebellion.

5. Entscheidungen gegen verdeckte Minderheiten bedeuten desgleichen mit hoher Wahrscheinlichkeit Widerstand. Was den Partisanen, Guerilleros und Freischärlern im Unternehmen mutigen Nachwuchs zuführt.

6. Entscheidungen gegen Werte, Moral und Anstand bewirken gleichfalls mit hoher Wahrscheinlichkeit Widerstand. Dieser geriert sich nicht immer wie bei Ghandi in friedlicher Zurückhaltung.

Mit einer fixierten Entscheidung hört die diesbezügliche Mikropolitik also nicht einfach auf. Eine weitgehend anerkannte Letztinstanzlichkeit wie das Verfassungsgericht im staatlichen System gibt es für Unternehmen nicht mehr überall. Selbst Vorstandsbeschlüsse haben es dort gelegentlich schwer. Zumal in hektischen Zeiten der Veränderung nicht sämtliche Entscheidungen der Ausdruck höchster Reife sind. Machtworte müssen dann mit Bedacht eingesetzt werden. Sanktionen gegen Widerständler bleiben stets Ermessenssache. Außerdem sollte mittlerweile nichts mehr alternativlos – das deutsche Unwort des Jahres 2010 – sein. Bessere Entscheidungen basierend auf tieferen Analysen, anderen Konstellationen, weiteren Alternativen bleiben stets eine Möglichkeit, selbst bei bereits fixierten Entscheidungen. Es bleibt ein schmaler Grat zwischen zulässigen, weil konstruktiven, Korrekturen und ungerechtfertigten, weil destruktiven, Revisionen.

Schritt 5 – Entscheidungen vermarkten: Die Vermarktung von Entscheidungen eines Veränderungsprozesses erfolgt entlang der beiden aus dem Marketing bekannten Dimensionen Bekanntheit und Beliebtheit. Kenntnisnahme von Entscheidungen und deren Anerkennung – als individuelle Interpretation – sind Kernaufgabe eines basalen Change-Management-Instruments: Information und Kommunikation. Ein Zuviel davon gibt es eigentlich nicht, ein Falsch schon (vgl. 8.2). Kommunikation besitzt heute den Nimbus eines Breitbandtherapeutikums. *Mythos Kommunikation?* Vielen gilt eine partizipativ verstandene Interaktion als beste Brücke zwischen kontroversen Standpunkten und diversen Sichtweisen, besser jedenfalls als verschweigen, verdrängen und vergessen. Dennoch versagt Kommunikation bei Veränderungsprozessen immer wieder. Dies trifft besonders dann zu, wenn Sender und Empfänger aneinander vorbei reden. Oder wenn das Thema, wie beispielsweise bei Entlassungen, die Verständigung drückt. Oder wenn das Timing, wie etwa vor wichtigen Ereignissen, eigentlich keine Zeit lässt. Oder wenn die Compliance, wegen irgendwelcher Ge- und Verbote, zum Schweigen rät. Oder wenn die Mikropolitik, mit ihrer ganzen Wucht, weiterhin die Ungereimtheiten deutlich werden lässt. Dennoch bleibt gerade bei Veränderungsprozessen nichts anderes als Information und Kommunikation übrig, um den dünnen Faden der Verständigung durch integrativen Dialog nicht ganz abreißen zu lassen. Immer noch wird dabei in Unternehmen der schreckliche Begriff des Einnordens verwendet. In der Beraterwelt gibt es weniger martialische Tools wie *Expectation-Management* als Modellierung von Sichtweisen, *Issue-Selling* als Marketing von Standpunkten, und *Prepresents* als Abchecken von Gegenwind. Dies alles dient ebenfalls zur Absicherung von Entscheidungen. Wobei sich Menschen – nicht nur die Alphatiere im Management – ihre Zustimmung zu einer Kursänderung nur sehr bedingt vorschreiben lassen, selbst als *abhängig Beschäftigte* nicht.

Schritt 6 – Konsequenzen managen: Aus einer Entscheidung folgen bestimmte Handlungskonsequenzen. Diese sind dann vom Wort in die Tat umzusetzen, damit aus Entscheidungen über Handlungen auch Ergebnisse werden. Dabei geht es primär um die inhaltliche Dimension des Wandels (vgl. 2.2). Der entsprechende Lehrsatz dazu lautet: Entscheidungen, die zwar getroffen sind, dann aber im Sand verlaufen, bringen Veränderungsprozesse nicht weiter. Sie hinterlassen vielmehr einen faden Beigeschmack. Deshalb ist bei jeder Business-Transformation ein beharrliches, zielstrebiges, unerschütterliches Projektmanagement ratsam (vgl. 7.3). Mit vier Leitlinien: (1) Die Koordinationsfunktion samt niedrigschwelliger Interventionsmöglichkeit liegt im Projektbüro, dem PMO (Project-Management-Office). (2) Projektplanung und -steuerung erfordern ab einer gewissen Komplexitätsstufe den Einsatz technologischer Hilfsmittel, etwa MS Project. (3) Die Überprüfung von Projektfortschritt erfolgt in regelmäßigen, am besten wöchentlichen Reviews, in denen akribisch über Engpässe, Missstände, Verzögerungen sowie weitere Verknotungen berichtet wird und konkrete Bewältigungen erarbeitet werden. (4) Idealerweise beruht die Messung von Projektfortschritt auf einer Nullmessung der Ausgangsituation (Baselining) und einer schrittweisen Nutzenrealisierung (Benefit-Tracking). Jede dieser Leitlinien birgt in sich den Kern für weiteren mikropolitischen Dissens (sowie viel Arbeit).

Unpolitische Konfliktlösungen

Es gibt unzählige Gründe für Widerstand bei Veränderungsprozessen und zahlreiche Formen. Meist werden mit der Darstellung von Opposition und

Opponenten auch Lösungsansätze angeboten (etwa Doppler/Lauterburg 2002: 326, Weick/Sutcliffe 2007: 156, Kristof 2010: 467). Dabei wird gerne auf die Arbeiten des österreichischen Konflikt-Papstes Glasl (2011) und sein Stufen-modell mit zahlreichen systemischen Instrumenten wie Konfliktpartitur, Per-zeptionscheck, Perspektivenwechsel, Feedbacktechniken, Konfliktlösungs-workshop et cetera Bezug genommen. Zudem lassen sich vielfältige Verhaltensempfehlungen ableiten, so beispielsweise Ich-Botschaften, Ge-sichtswahrung, Lösungsorientierung, Verständnisklärung, positives Denken, konstruktives Feedback, Verzicht auf psychologische Spiele, Schaffung von Win-Win-Situationen und vieles andere mehr. Dieses Standardwerk mitteleu-ropäischer Konfliktforschung ist eine Fundgrube für Change-Management-Instrumente und jeden mit der People-Dimension im Unternehmen befassten Berater, Trainer, Coach. Das Opus weist beim Lesen allerdings eine gewisse Schwere auf. Daher werden hier – in induktiver Weise aus der Erfahrung bei Veränderungsprojekten – zehn tendenziell unpolitische Strategien zur Kon-fliktlösung in Zeiten des Wandels vorgeschlagen.

1. **Bewusstsein über die beständige Möglichkeit individueller Wahrneh-mungsverzerrungen, besonders bei Transformationen:** Dies wird vom Konstruktivismus bereits seit langem gelehrt und konkret beispielsweise von Picot u.a. (1999) und Dobelli (2011, 2012) beschrieben. Daher wird eine *Objektivierung* individueller Wahrnehmung in vielen Situationen helfen.

2. **Verzicht des Individuums auf dysfunktionale Verhaltensweisen** (vgl. Kristof 2010: 93): Davon hat die Menschheit bei ihrer Evolution recht viele angesammelt. Bei Veränderungsprozessen sollten diese nach Mög-lichkeit vermieden werden. Als da wären (in Auswahl):

   - funktionale Gebundenheit als Betriebsblindheit und Prägnanztendenz,

   - fehlerhafte Attribution als falsche Ursachenzuschreibung,

   - Abwehr kognitiver Dissonanz als Vermeidung unerwünschter Zustände,

   - Überlegenheitsillusion als Überschätzung eigener Stärken,

   - Katastrophieren als eingeschränkte Verhaltensfreiheit und Ohnmachts-gefühl,

   - *Self-fulfilling Prophecy* als Unterstützung der eigenen Vorhersage,

   - erlernte Hilfslosigkeit als Unkontrollierbarkeitsvermutung aus Erfahrung,

   - Illusion der Unverletzlichkeit als Glaube an das Siegergen.

3. **Verzicht von Gruppen auf dysfunktionale Verhaltensweisen** (vgl. Kristof 2010: 94): Dies umfasst auch die Gefahren der für viele so betörenden Schwarmintelligenz. Als da wären (in Auswahl):

- kollektive Rationalisierung,

- Glaube an moralische Überlegenheit,

- Gruppendruck gegen Illusionsstörung,

- selbsternannte Gesinnungswächter,

- Überschätzung der Einmütigkeit,

- Abgrenzung des Kollektivs nach außen,

- Stereotypisierung Außenstehender,

- Selbstzensur bei Abweichung vom Gruppenkonsens,

- Ermüdungserscheinungen erstarrter Gruppen.

4. **Dominanz der Beziehungsebene vor der Inhaltsebene:** Bevor das soziale Verhältnis von Akteuren nicht zumindest halbwegs stimmig ist, bleiben vermeintlich sachliche Themen ziemlich unsachlich. Davon wissen wir aus unseren privaten Beziehungskisten oder spätestens seit Schulz von Thun (1981). Deshalb gilt es Rapport herzustellen, als »aktuell vertrauensvolle, von wechselseitiger empathischer Aufmerksamkeit getragene Beziehung, d.h. 'guten Kontakt' zwischen zwei Menschen« (Wikipedia). Dabei helfen das *Pacing* (Beziehung aufbauen) und *Leading* (Bedeutsamkeit erzielen) sowie die neuerdings vielbeschworene *Mindfullness*, als Achtsamkeit durch Fokus auf das Hier und Jetzt. Zweifelsohne können solche Haltungen und Praktiken, wenn sie als manipulative Technik überschwappen, erheblichen Schaden anrichten.

5. **Differenzierung zwischen Akteurs-Konflikten und System-Konflikten:** Manche Spannungen haben ihre Ursache in andersartigen Persönlichkeiten, Bezugsrahmen. Lebensskripten und Verhaltensweisen der handelnden Akteure (vgl. Dehner/Dehner 2006). Andere Zerwürfnisse liegen an systemimmanenten Fakten, wie etwa rollenbedingte Konflikte in Matrixorganisationen, zwischen Zentrale und dezentralen Einheiten, zwischen Geschäftseinheiten und Stabsbereichen. Was dann zu Organisationsspielen führt (vgl. Dehner/Dehner 2007). Akteurs-Konflikte und System-Konflikte sind bei der Gestaltung des Wandels unterschiedlich anzugehen.

6. **Trennung von Konflikteuren und Akzeptieren der Grenzen von Teamentwicklung:** In der organisatorischen Realität gibt es Limitationen im *Collective Mindset*, bei *Collaboration* und für *Teambuilding*. Die reflexartige Antwort mancher Organisationsentwickler – Teamwork! – verdeckt

das Faktum, dass bestimmte Menschen einfach nicht miteinander können. Dann sollte man sie möglichst wenig zusammenbringen und nicht auf Heilung durch Teamentwicklungsmaßnahmen setzen (vgl. 4.4). Viele Konflikte löst man durch Separierung der Konflikteure sowie neuer Parzellierung von Einflusssphären.

7. **Abwarten von Entspannung:** Dieser Ansatz stammt aus der Pädagogik (Omer 2001) und mündet in die Regel »Schmiede das Eisen, wenn es kalt ist«. Denn nicht nur im Elternhaus und Kindergarten, sondern auch bei großen Kindern steigt die Eskalationsgefahr, je größer die Herrschaftsausrichtung der Akteure ist. Je höher deren psychophysiologische Erregung ist. Je stärker Bitten, Appelle und Predigten eingesetzt werden. Je länger der feindselige Austausch dauert. Je weniger Versöhnungsmaßnahmen aktiv eingesetzt werden. Konfliktlösung in der heißen Phase von Auseinandersetzungen ist zum Scheitern verurteilt. Kommt Zeit, kommt hoffentlich auch etwas mehr Ruhe.

8. **Vermeidung der Schuldfrage:** Dazu ein unsere mitteleuropäische Mentalität entlastendes und gleichzeitig wegweisendes Zitat: »Unser Menschenbild ist ein unabhängiges und selbstbestimmtes. Die Sozialpsychologie spricht von einem independenten Verständnis des Selbst – im Gegensatz zum interdependenten Menschenbild, das in fernöstlichen Kulturen vorherrscht, bei dem sich jeder primär als Teil der Gemeinschaft sieht, in der alle voneinander abhängig sind. Unser Menschenbild beeinflusst unsere Wahrnehmung – und schiebt sie ab und an auf die schiefe Bahn. Besonders dann, wenn es darum geht, bestimmten Geschehnissen bestimmte Ursachen zuzuordnen, was in der Psychologie als Attribution bezeichnet wird. Internale Attribution heißt: Wir suchen die Ursache in der beteiligten Person selbst. Diese Art des Attribuierens bevorzugen wir aufgrund unseres independenten Bild des Menschen in der westlichen Welt. In der fernöstlichen Welt mit ihrem interdependenten Bild des Menschen wird dagegen eher external attribuiert. Heißt: Die Ursachen für bestimmte Ereignisse werden eher der Situation und den äußeren Umständen als den beteiligten Personen zugeschrieben« (Kitz/Tusc 2011). Übrigens denkt so mancher, dass fernöstliche Kulturen bereits in Österreich weit verbreitet sind.

9. **Nutzung spieltheoretischer Erkenntnisse:** Die Spieltheorie als Teilgebiet der Mathematik mit Ausstrahleffekten weit hinein in die Sozialwissenschaften bietet vielfältige *rationale* Konfliktlösungsansätze. Darunter als Beispiel die *Tit-for-tat-Strategie*. Die auch der Bibel, dem alten Lateiner (»Quid pro quo«) und dem deutschen Volksmund (»Wie Du mir, so ich Dir«) vertraut ist. Und die der NATO-Abschreckungsstrategie *Flexible Response* bis zum Ende des Kalten Krieges zugrunde lag. Die Spielregeln sind einfach: Es wird kooperativ begonnen. Züge der Gegenseite werden

– ob kooperativ oder konfliktär – konsequent gespiegelt. Zudem wird – selbst bei harten Konflikten – immer wieder Kooperation angeboten. So etwas funktioniert sogar bei vielen konfliktgeladenen Veränderungsprozessen in Unternehmen recht gut.

10. **Entgegenkommen:** Man könnte schließlich auch einlenken, seine Position aufgeben, dem Kontrahenten das Feld überlassen und diesem Gegenpart überdies eine Rose schenken. Selbst das wäre eine Konfliktlösungsstrategie. Nur gilt sie in vielen Unternehmen als Zeichen von Schwäche und ist verpönt. Selbst wenn nach dem Volksmund der Klügere nachgibt. Doch was nutzt eigene Klugheit bei der Organisationsentwicklung durch andere?

4 Leadership-Management in Zeiten des Wandels

4.1 Leadership und Management

Kurze Vorbemerkung

Die Themen Leadership und Management beschäftigen mich unter den beiden Labeln *Leadership-Effectiveness* (Claßen/vonKyaw 2009, Claßen/Kern 2010, Claßen/von Kyaw 2010) beziehungsweise *Leadership-Bubble* (Claßen/Sattelberger 2011) bereits seit einiger Zeit; besonders im Kontext von Veränderungsprozessen. Auch in der ersten Auflage flackerte das *Leadership-Management-Thema* an vielen Stellen hoch. Die folgenden Ausführungen greifen deshalb stellenweise auf bereits Publiziertes zurück. Unter dem Label *Leadership-Management* möchte ich für die zweite Auflage eine noch prägnantere Argumentationslinie finden und auf die zentrale Verantwortung des Unternehmens für exzellentes Leadership verweisen. Denn dies ist in Zeiten des Wandels – sowie unter dem Vorzeichen des Talent-Managements – besonders erfolgskritisch. Außerdem erweist sich Leadership als der mit Abstand wichtigste Erfolgsfaktor für Organisationen und damit natürlich auch in der Organisationsentwicklung: mit 76 Prozent »sehr wichtig« (Kern/Köbele 2011: 86; Abb. 31). Ein Erfolgsfaktor übrigens, für den der HR-Funktion neben den Kompetenzen die stärkste Gestaltungsmöglichkeit zugesprochen wird: mit 42 Prozent »sehr stark« (ebd.: 87). Zum Change-Management gehört ganz wesentlich das »change the management«: die Optimierung von Führungskräften durch organisatorische Maßnahmen sowie im Wechselspiel von Wertschöpfung und Wertschätzung. Davon handelt dieses neue Kapitel.

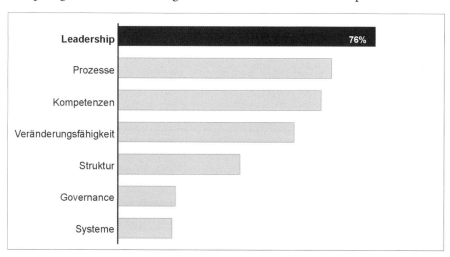

Abb. 31: Leadership als »sehr wichtiger« Erfolgsfaktor von Organisationen

Führungstheorien

Die Literatur rund um das Phänomen Führung ist ausgedehnt, ausgefranst, ausgeufert. Über Führung gibt es mehr Gedrucktes als über Change-Management – das will was heißen. Lehrbücher geben einen ersten Überblick (z. B. Rosenstiel u. a. 2009, Scholz 2011: 389 – 418, Oelsnitz 2012). Im deutschen Sprachraum sind außerdem die Darlegungen von Malik (2006) und Sprenger (2007, 2012) beliebt. Da ich deren Werke allerdings nur als Hörbuch auf langen Autofahrten kennengelernt habe, deshalb nicht seriös zitieren kann und das ganze Themenfeld ziemlich pathetisch dargestellt wird, greife ich lieber auf andere Autoren zurück. Immer noch erscheinen als Indiz für die Dauerkonjunktur des Themas neue Werke, auf der Suche nach der letzten Marktlücke: »Führen beginnt im Kopf des Anderen« (Körner 2011), »Wenn Sie wollen, nennen Sie es Führung« (Achouri 2011), »Erfolgreich durch systemische Führung« (Pinnow 2011) oder »Am Berg kannst Du Dich nicht verstecken« (Lasser/Vogel 2011). Weibler (2012) weitet den Blick auf den Wandel der Führung und listet deren trendige Stichworte auf: Transformationale Führung, Female Leadership, emotionssensible Führung, salutogenetische Führung, Servant Leadership, ambidextre Führung, multikulturelle Führung, paternalistische Führung, Distanzführung, e-Leadership, Distributed/Shared Leadership, Netzwerkführung und Complexity Leadership. Böckelmann (2011: 137 – 138) beschreibt süffisant die Risiken von Mitarbeiterführung. Besonders Mutige fabulieren bereits über *Leadership 2030* (Hay Group 2011). Außerdem gibt es inzwischen basisdemokratische Unternehmen, bei denen die Manager abgeschafft sind und die vollkommen ohne Führung auszukommen scheinen (Hamel 2012).

Es gibt nicht die Theorie zur Führung und zum mit ihr verwandten Leadership beziehungsweise Management. »Den heiligen Gral des Managererfolgs gibt es nicht« (Mintzberg 2010: 281). Es existieren unzählige Formen des Managens. Wobei sich »die Form der Organisation als der bei Weitem wichtigste Faktor erweist, um zu verstehen, was die Manager tun« (ebd.: 140). Es kommt also mal wieder darauf an, auf die jeweiligen Umstände. Dennoch haben sich über die Jahrzehnte einige, wenn auch wenige harte Wahrheiten oder zumindest Ahnungen herausgeschält.

Man ahnt inzwischen, dass es zwischen Leadership und Management keinen faktischen, sondern allenfalls einen konzeptionellen Unterschied gibt. Der für die Führungspraxis keinen Unterschied macht (Mintzberg 2010). Man ahnt inzwischen, dass es kein bestes Führungsmodell gibt, sondern Führung stets situativ anzuwenden ist. Das, was sich unter den einen Bedingungen als richtig erwiesen hat, kann in einer anderen Konstellation das Falsche sein (Hersey/Blanchard 1972). Man ahnt inzwischen, dass Führung meist mehr als ein transaktionales Geben und Nehmen ist. Stattdessen geht es – gerade bei Veränderungsprozessen – um transformationales Bewirken, hin zu einer höheren Anspruchshaltung, weg von einem eindeutigen Vorgehensmodell, hin zu einer persönlichen Herangehensweise (Bennis 2003). Man ahnt inzwischen, dass Führungskräfte mit ihren »Basic Assumptions« (Schein 2003), »Mental Models« (Foster/Kaplan 2001), »Theory-in-use« (Argyris 1993) und überhaupt ihren Menschenbildern und daraus abgeleiteten Haltungen (McGregor 1960) möglicherweise fernab der Wirklichkeit gefangen sind und deswegen diesen »lock in« immer wieder aufbrechen müssen. Man ahnt inzwischen, dass sich Legitimation der Führung von physischen, ökonomischen, positionalen Machtquellen hin zu wissensmäßigen und noch mehr zu affektiven Potenzen – charismatischer Einfluss plus inspirative Motivation plus intellektuelle Stimulation plus individuelle Behandlung – verlagert hat (Bass 1985). In der Konsequenz sind »Führungskräfte heute operativ verstärkt damit beschäftigt, das Spannungsverhältnis zu den Mitarbeitern psychologisch auszutarieren« (Vaupel 2008: 84). Man ahnt inzwischen, dass sich menschliche Einstellungen und Verhaltensweisen in den wissensbasierten Organisationen gegenüber früher wesentlich verändert haben. Deswegen sind Erwartungen der Arbeitnehmer an den Arbeitgeber – personell vertreten durch den jeweiligen Vorgesetzten – heute ganz anders als seinerzeit. Der Mitarbeiter von heute möchte von seiner Führungskraft (im Vordergrund) und seinem Unternehmen (im Hintergrund) als Mensch wahrgenommen und wertgeschätzt werden, sich weiterentwickeln und aufsteigen können, dafür Möglichkeiten und Rückmeldungen erhalten und manch anderes mehr.

Man ahnt ferner, dass Führung zwar durch einen gemeinsamen Grundnutzen der Beteiligten erleichtert wird. Aber auch, dass emergente Faktoren wie Respekt, Sympathie und Vertrauen dieses Zusammenspiel deutlich verbessern (Graen/Cashman 1975, Laufer 2007). »In Veränderungsprozessen entscheidet sich alles an einem einzigen Begriff: Vertrauen. … Eine der wichtigsten Aufgaben des Managements ist es daher, sich dieses Vertrauen zu erhalten« (Wefers 2012: 56). Im Change-Management braucht es Vertrauen in die Kompetenz anderer Organisationsmitglieder: »Entscheidungsleistungen Dritter (müssen) ›blind‹ akzeptiert und übernommen werden« (Remer/Lux 2009: 71). Ansonsten ist die Durchsetzung von Richtungsentscheidungen nicht möglich. Ein derartiges *Vertrauen können* (zum Veränderer) und *Vertrauen wollen* (der Veränderten) findet in vielen Unternehmen keine Basis mehr.

Man weiß allerdings noch immer nicht, wie sich gute Führung des Vorgesetzten in gute Ergebnisse des Geführten übersetzt. Dazu fehlen die auf breiter Front akzeptierte Theorie und eine evidenzbasierte Empirie. Man weiß ebenfalls noch immer nicht, ob und wie sich Investments in Führungsqualität unter dem Strich auszahlen. Weil sich Leadership – wie viele weitere weiche Managementthemen – einer ernsthaften monetären Betrachtung verschließt. Viele Manager glauben und denken aber nichtsdestotrotz, dass es durch gute Führung einen signifikanten *Payoff* für das Unternehmen gibt. Andere Mana-

ger besitzen ein weniger bedeutsames Bild von Führung und agieren füh-
rungsignorant (vgl. 4.2).

Wenn – wie dies etwa in besonders ernüchternden Studien Jahr für Jahr aufgezeigt wird (Gallup 2012) – Mitarbeiter eine neue Form der Führung erwarten, in der ihnen die Leistungserwartungen verbindlich erläutert werden, sie
mit einer leistungsförderlichen Ausstattung versehen sind, sie ihre Stärken
einsetzen können, sie ein regelmäßiges Feedback zu ihrer Leistung erhalten,
sie vom Vorgesetzten als Mensch wahrgenommen und behandelt werden und
das Unternehmen sich um ihre Entwicklung am Arbeitsplatz kümmert, ja
dann ist das Führungsverhalten so manches Vorgesetzten nicht mehr ganz
zeitgemäß. Zum IQ und der fachlichen Kompetenz einer Führungskraft sind
der EQ als soziale Kompetenz und weitere Intelligenzen hinzugekommen
(siehe Gardner 1994, Goleman 2002). Zudem müssen Führungskräfte Orientierung und Kohäsion im komplexen Geflecht der Organisation bieten:
»Wenn es Unternehmen gelingt, kompetente, engagierte und integre Mitar-
beitende zu beschäftigen, werden ... sich diese weitgehend selbst führen. Sie
müssen lediglich die gemeinsamen Leitplanken festlegen. In diesem Fall
brauchen wir keine Vorgesetzten mehr, sondern es genügen Vorgenetzte«
(Hilb 2011: 11).

Am liebsten greife ich – doch das bleibt persönlicher Geschmack – auf das
neue Führungsmodell von Mintzberg (2010: 71) zurück. Das auf seinen altbe-
kannten zehn Managerrollen basiert (Mintzberg 1973). Und das keine Unterschiede zwischen Management, Leadership und Führung macht. Mintzberg
versteht Management als geschickte und ausgewogene Kombination von
Kunst (Vision/Kreativität), Wissenschaft (Analyse/Systematik) und Handwerk (Erfahrung/Lernen). Wobei es im konkreten Verhalten darauf ankommt,
also situativ und fast schon fatalistisch: »Beim Managen gibt es kaum Bereiche, für die verlässliche festgelegte Verfahrensweisen existieren, die auf ihre
Wirksamkeit hin überprüft wurden« (Mintzberg 2010: 25). Aus seinem mehr-
schichtigen Managementmodell leitet Mintzberg sechs Rollen (noch über-
sichtlich), 13 Kompetenzen (bereits anspruchsvoll), ebenfalls 13 Dilemmata
(ziemlich erschreckend) und sage und schreibe 52 Qualitäten (richtig beun-
ruhigend) eines Managers ab.

Gelegentlich kommt Mintzberg zu vermeintlich erleichternden Statements,
wie etwa beim Zitieren eines Autors aus dem Jahre 1920 (ebd.: 279): »In der
Wirtschaft bewegen wir uns stets von einem signifikanten Augenblick zum
nächsten, und die Aufgabe der Führungskraft besteht in der Hauptsache darin, den Augenblick der Bewegung zu verstehen. Die Führungskraft sieht, wie
eine Situation in der nächsten aufgeht, und genau diese Situation muss sie
beherrschen«. Aber Vorsicht, eine solche Spontaneität ist längst keine Garantie für gutes Management. Denn er plädiert für *Refl'action*, also die »Notwendigkeit, Reflexion und Aktion zu kombinieren« (ebd.: 209) und dabei ein »ge-

sundes Urteilsvermögen« statt einer Kennzahlenmanie walten zu lassen (ebd.: 291).

Aufgaben des modernen Leaders

Zunehmende Komplexität der Umwelten und vielfältige Ansprüche der Stakeholder werden vom System Organisation an das nächste erreichbare Individuum – die Manager – durchgereicht. Die sollen es dann richten. Wer denn sonst? Schnell sind die Kompetenzmodelle und Zielvereinbarungen angepasst, verbreitert, vertieft. Mitunter explizit und manchmal nur implizit. »Unsere Führungskräfte werden es schon irgendwie hinbekommen«, denkt die Organisation. Kann eine Organisation überhaupt denken?

Es ist eine lange und sicherlich unvollständige Liste von Anforderungen, die von einer Führungskraft, neben der natürlich selbstverständlichen Exzellenz in ihrer fachlichen Sphäre, erwartet wird (vgl. Claßen/Kern 2010: 189):

- Kapitalverzinsung und Resultate über dem Durchschnitt erzielen,

- Kennzahlen und Ergebnisse auf bzw. über der Zielvereinbarung abliefern,

- Kundenbedürfnisse hochwertig und/ oder kostengünstig erfüllen,

- Marktveränderungen unmittelbar erkennen und rechtzeitig aufnehmen,

- Anpassungen von Geschäftsmodell und Wertschöpfung rasch umsetzen,

- Innovationen erschließen und geschickt einführen,

- Wachstum »bis über den Anschlag« sicherstellen,

- in harten Zeiten auch hartes Kostenmanagement betreiben,

- rechtzeitig vom einen Modus (Growth) in den anderen (Costs) umzuschalten,

- sämtliche Mitarbeiter fördern und fordern,

- besonders die Talente auf ihrem Weg nach oben unterstützen,

- die Rolle als Führungskraft bei den mannigfaltigen HRM Prozessen ausfüllen,

- Interessen externer Stakeholder erkennen und befriedigen,

- Spielregeln zur externen und internen Compliance einhalten,

- bei den Unternehmenswerten zum Rollenmodell werden,

- kommunizieren, kommunizieren, kommunizieren,

- sichtbar, zum Anfassen und dabei »ein Mensch« sein,

- sich selber weiter entwickeln und entsprechend positionieren,

- seine persönliche Work-/Life-Balance bewahren.

Sicherlich gibt es noch manch anderes mehr. Bei Glick (2011) sind es 31 Rollen, bei Mintzberg (2010) die schon erwähnten 52 Qualitäten und in so mancher Dissertation/Habilitation vermutlich nochmals ein paar zusätzliche Kompetenzen.

Besonders zu betonen ist – mit Blick auf Change-Management – die Wirkung einer Führungskraft auf die Stimmung im nachgeordneten Bereich: »Up to 70 per cent of a team's climate is determined by its leader« (Hay Group 2012). Man mag diese dominante Rolle des Vorgesetzten etwas weniger stark einschätzen. Zentral für die Atmosphäre im Unternehmen bleiben das Verhalten und die Disposition der jeweiligen Führungskraft in jedem Fall.

Toxische Manager

»Der Mensch verlangt nach einer sinnvollen Welt, findet aber keinen Sinn vor« (Poller 2010: 439). Bei dieser Sinnsuche sind Unternehmen gerne behilflich, vermutlich nicht ganz ohne Hintersinn. Dazu brauchen sie ihre Führungskräfte als Dolmetscher. Der direkte Vorgesetzte gilt als wichtigster Faktor für Rekrutierung, Retention und Engagement von Mitarbeitern. Verschiedene Studien aus Beraterfeder belegen dies mit beeindruckenden Werten (z. B. Carvalho 2006, CLC 2010, IBM 2010, AonHewitt 2011, DDI 2011, DDI 2012, Kienbaum 2012, TowersWatson 2012, BCG/WFPMA 2012). Fazit: »In general, great leaders attract, hire and inspire great people. A mediocre manager will never attract or retain a high-performing employee« (Bersin & Associates 2011: 157). Oder das Ganze auf Deutsch: »Im Alltag jeder Organisation ist erlebbar, dass das Leistungsniveau entscheidend durch die Stärken und Schwächen der Führungskräfte geprägt wird« (Vaupel 2008: 123). Diesbezüglich hat Dave Ulrich mal wieder seine Finger am Puls der Zeit, indem er den Aufbau von Arbeitgeberattraktivität durch sinnstiftende Leadership fordert. Eine Organisation muss ihren Mitgliedern deutlich mehr als bisher bieten (Ulrich/Ulrich 2010).

Neben systemischen Ansatzpunkten sind personelle Ansatzpunkte – also bessere Führungskräfte – ein erfolgskritisches Differenzierungskriterium bei Veränderungsprozessen. Erstklassiges Change-Management benötigt erstklassige Change-Manager. Dies sind in erster Linie die jeweiligen Vorgesetzten und nicht der das ganze System überspannende Vorstandsvorsitzende. Dieses Wissen machte sich eine Stellenanzeige in der Süddeutschen Zeitung (16. 04. 2011) zunutze. Die auf einer großen knallig roten Fläche die simple Frage »Chef doof?« stellt, und zugleich eine Lösung anbietet: »Dann suchen Sie sich doch einfach einen anderen«. Aus derselben Lebenserfahrung wurden TV-Figuren wie »Stromberg« oder deren britisches Vorbild David Brent in »The

Office« kreiert. Unter vergleichbaren Vorgesetzten wie diesen Büroscheusalen leiden Millionen Angestellte und bieten eine mediale Projektionsfläche für den Alltagsfrust.

Nun gibt es zahllose Selbstdarstellungen, Werbebroschüren und eine halbseidene Empirie, die in einer guten Führungskraft den ganz wesentlichen Hebel für die Leistungsbereitschaft von Mitarbeitern sehen. Dies klingt auch *irgendwie* plausibel. Experten sind allemal vom eindeutigen Wirkungszusammenhang überzeugt. Konnten ihn freilich bislang mal wieder nicht handfest belegen. Evidenzbasierte Analysen zum Zusammenhang zwischen Führung und Leistung sind rar. Dies ist ganz wesentlich durch die schwere Fassbarkeit (Operationalisierung) beider Konzepte begründet. Immerhin zeigt eine Metastudie aus vierzehn Einzelstudien (Ariston Group 2007) eine statistisch durchaus eindrucksvolle Korrelation zwischen Führungsqualität und Arbeitszufriedenheit (r = 0,83) sowie zwischen dieser und Arbeitsleistung (r = 0,63). Das sind für sozialwissenschaftliche Analysen ungewöhnlich starke Zusammenhänge. Eine weitere Studie (DDI 2012) befragte Mitarbeiter nach ihrer Produktionssteigerung, wenn sie statt ihres gegenwärtigen Vorgesetzten wieder den in ihrem Berufsleben bislang besten Chef als Führungskraft hätten. Das ist ein cleverer Studienansatz. Über die Hälfte der Befragten vermutete eine Produktionssteigerung zwischen 20 und 60 Prozent. Typische Kommentare aus dieser Analyse: »My current boss just can't compare with my best-ever boss«, »I'm not saying my boss is bad but ...«, »My boss isn't necessarily bad at everything«, »My boss does more harm than good« und »My boss is human – at least I think so«. Verbesserungen der Führungsleistung zahlen sich in solchen Fällen unmittelbar aus. Übrigens: Meist geht es den Befragten ganz einfach um – bis auf die Führungszeit kostenlose – Zeichen menschlicher Wertschätzung wie Zuhören, Erklären, Beteiligen. Am wichtigsten war ihnen überhaupt vom Vorgesetzten bemerkt zu werden (»Recognized me appropriately«) (ebd.: 10). In der Realität des betrieblichen Alltags steht dieses Einmaleins anständigen Führungsverhaltens immer mehr unter dem Zeitvorbehalt. Umso mehr trifft dies für die Hetze bei Veränderungsprozessen zu.

Gute Leader sind rar. Zudem gibt es keine verallgemeinerbaren Eigenschaften erfolgreicher Führungskräfte. Am wichtigsten scheint, um eine gewichtige Studie herauszugreifen, *Kundenorientierung*, direkt gefolgt von *Organizational Development*, *Change-Leadership* und *Team-Leadership*, also Aspekten aus der *People-Dimension* des Unternehmens (McKinsey/Egon Zehnder 2011). Auf einer siebenstufigen Skala erreicht nur ein Prozent der Manager einen Wert von sechs oder sogar sieben. Lediglich zehn Prozent kommen immerhin auf einen Wert von fünf. Acht von neun Managern liegen bei einem allenfalls mittelprächtigen und oft sogar unterdurchschnittlichen Wert ihrer Leadership-Fähigkeiten. Selbst durch intensives Training und Coaching kann, so ein weiteres Ergebnis, der Skalenwert allerhöchstens um zwei Punkte, meist nur um ein Pünktchen angehoben werden. Weitere bemerkenswerte Schlussfolgerung: »It is myth that a small group of high potentials – or just a star CEO – can drive business success. Rather, the study shows that a critical mass of excellent leaders is needed to trigger and sustain corporate growth. … In addition, the utmost importance should be given to the composition of top and senior management teams. Findings call for diverse teams with individuals of complementary leadership spikes« (ebd. o. S.). Eine zweite Studie kommt für USA zu einem ähnlichen Resultat mit Fokus auf Veränderungsprozesse: »There is a general lack of confidence in leaders' ability to drive change« (AonHewitt 2011: 19). In Zeiten des Wandels haben lediglich 13 Prozent der Mitarbeiter ein *Leadership-Alignment* und gar nur zehn Prozent kein *Communication Gap*. Warum sollte dies in Kontinentaleuropa besser sein? Weitere Studien bestätigen die ernüchternde Leadership-Qualität bei Veränderungsprozessen in Unternehmen (DDI 2011: 23). Dies liegt unter anderem an extremen psychischen Defiziten wie Überehrgeiz, Narzissmus und Größenwahn.

Überehrgeiz: Bei Führungskräften mit angespannter Rastlosigkeit und bedingungsloser Leistungsmotivation können vermeintliche Stärken sogar zur tatsächlichen Schwäche werden (Stiefel 2003: 43 – 6): »Führungskompetenz addiert sich nicht aus einer Liste von 'technischen Einzelkompetenzen'. Vielmehr braucht es auch Ethik und Moral im Führungsprozess, um als Manager als kompetent zu gelten. Kompetentes Führungsverhalten erfordert deshalb auch das Engagement und die Auseinandersetzung des Einzelnen, um individuelle Werte und Werte einer Organisation anzugleichen« (ebd.: 143).

Narzissmus: Die egozentrische Ich-Bezogenheit vieler Chefs mit allen ihren das Selbstwertgefühl schützenden und die Selbstverliebtheit förderlichen Verhaltensmechanismen wie Überschätzung von fachlichen und persönlichen Kompetenzen, dem Drang zum Mittelpunkt und zur Vorzugsbehandlung, der fehlenden Anpassungs- und Zusammenarbeitsbereitschaft, der hohen Risikoorientierung sowie dem rasch aufkommenden Gefühl von Kränkung und Benachteiligung nimmt in den Unternehmen deutlich zu (Nevicka 2011). Dieser »Vormarsch der Narzissten« mit ihren Auswirkungen auf Organisationen wie Sabotage und Schikane, Leistungsverweigerung und Vertrauensbrüche belasten zunehmend deren Veränderungsprozesse (Campbell u. a. 2011). Übrigens: Hierzu braucht man keine neuen Bücher lesen. Es reicht bereits das über dreißig Jahre alte Musikvideo »Wunderwelt« des österreichischen Künstlers Klaus Prünster.

Größenwahn: Besonders gefährlich – für ihre Umgebung im Unternehmen und vermutlich sogar für sich selber – werden solche Führungskräfte, bei denen Selbstbild (als tolle Persönlichkeit) und Fremdbild (als *tolle* Person) auseinanderfallen: »Wer langfristig überleben beziehungsweise unabhängig bleiben will, der muss vor allem den einen 'großen' Fehler vermeiden. ... Unter den Ursachen des 'großen' Fehlers scheint Größenwahnsinn eine sehr prominente Rolle zu spielen. Folglich sollten Manager, Eigentümer und Aufsichtsorgane schärfstens darauf achten, dass sich diese Untugend nicht breitmacht. Dabei ist zu beachten, dass anhaltende, außergewöhnliche Erfolge den idealen Nährboden für die Entwicklung von Größenwahnsinn bilden. ... 'Große' Fehler werden eher von Typen begangen, deren herausragende Charaktermerkmale nicht in Integrität und Bescheidenheit liegen« (Simon 2011: 191–2). Pritchard (2010: 185) hat diesen Typus als »prima donna-ish« charakterisiert, eine treffliche Bezeichnung: »You typically have a collection of people with very high IQs and very low EQs, they're virtually emotionally autistic. You get people who are generally very bright, very motivated by money, very conscious of status, prima donna-ish tendencies, egos the size of planets and yet we expect them to be business leaders and good managers«. Man mag über die englische Sprache schimpfen. In manchem bringt sie es halt wie hier – »prima donna-ish« – kürzer und spitzer auf den Punkt. Das deutsche *primadonnen-haft* hört sich gleich wieder nach Verurteilung und Gefängnis an – nach Paris Hilton im Knast.

Ein besonders drastisches Bild des toxischen Managers stammt von Vaill (in Bunker u. a. 2010: 64): »When somebody in a leadership position demonstrates an inability to work with people effectively, this person should be penalized, if not outright removed. ... If you have a surgeon who didn't give a damn about infection in every surgery he or she performed, who just casually sneezed into the wound or used dirty instruments or didn't hold others around the operating table to standards of hygiene and antiseptic, if the doctor was indifferent to hygiene, how long would that doctor last in that job? Not very long. And yet in the organizational world, we often tolerate toxic manager long past the point where they are perceived as toxic«. Klingt eklig und ist es auch. Eigentlich müssten solche Manager sofort in die Wüste geschickt werden. Bevor sie mit ihrem toxischen Verhalten weiteren Schaden in der Organisation anrichten.

Doch das passiert eher selten. In Deutschland tolerieren 77 Prozent der Unternehmen schlechtes Führungsverhalten bei guten operativen Ergebnissen. Und 82 Prozent sehen keinen Trennungsgrund bei schlechtem Führungsverhalten. Hingegen wird motivierendes Führungsverhalten nicht belohnt (Steinert/Halstrup 2011): »Es geht zweifellos nicht darum, das Führungsverhalten zum Nonplusultra der Mitarbeiterbewertung zu erklären. Jedoch fristet dieses Thema in vielen Unternehmen ein Mauerblümchendasein und muss in seinem Stellenwert deutlich steigen. Zukünftig werden sich die Unternehmen ein schlechtes Verhalten ihrer Führungskräfte gar nicht mehr leisten können« (ebd.). Wobei bereits ein Großteil der deutschen Personaler das Monitoring von Führungsqualität ablehnt. Von den betroffenen Führungskräften ganz zu schweigen. Derzeit verknüpft lediglich eines von zehn Großunternehmen hierzulande die Beurteilung von Führungsqualität mit den Vergütungs- und Bonussystemen (Lebrenz 2010). Bislang stehen zur Messung von Führungs-qualität lediglich wenige praxisorientierte Verfahren zur Verfügung (zum Beispiel der befragungsbasierte *Führungsbarometer*, www.100persent.de).

Als Konsequenz für das Change-Management – wie auch das Talent-Management – sind bessere Führungskräfte nötig:

1. durch Auswahl ganz am Beginn, bei der Einstellung;

2. durch Auswahl im Regelprozess, bei der Beurteilung, mit unzweideutigem Feedback und nachdrücklichen Erwartungen;

3. durch Entwicklung, mittels optimiertem Training, Coaching, Mentoring;

4. wenn es gar nicht anders geht – durch Austausch, mittels Verabschiedung aus der Organisation.

In einer Studie rund um diese *Leadership-Revolution* wird eine einfache Formel aufgestellt: *High-Quality-Leadership* führt zu *Enhanced-People-Outcomes* und damit zu *Enhanced-Business-Impact* (DDI 2011: 15). Dies ist bestimmt keine umwälzende Erkenntnis. Oder doch? In der neuen Arbeitswelt mit ihren veränderten Kräften im Arbeitsmarkt wird sie viel stärker zum Tragen kommen. Für ein besseres Management muss der toxische Manager aus den Unternehmen entfernt werden. Ansonsten wird die ganze Organisation vergiftet.

Abnehmende Attraktivität von Führung

Leadership wird für viele potenzielle Führungskräfte immer uninteressanter. »Führung ist nun einmal per se ein recht einsamer Job. Wir wissen aus der Führungs- und Motivforschung, dass es gut wäre, nur solche Personen mit Führungsaufgaben zu betrauen, die ein recht niedriges Anschlussmotiv haben, gepaart mit einem hochgradig sozialisierten Machtmotiv« (Quaquebeke 2009: 32). Die Führungskraft von heute ist formell zwar *oben* und pro forma *mächtig* – bewirken kann sie allerdings meist nur noch etwas über die weichen Schienen, wie etwa Vertrauen durch Redlichkeit, Überzeugung durch Beziehung und Bereitschaft durch Nützlichkeit.

Die Zeiten haben sich grundsätzlich geändert. Wenn man sich Erwartungen an moderne Führungskräfte ansieht, dann ist kaum mehr zu verstehen, warum sich überhaupt noch genügend Menschen für eine Leadership-Rolle begeistern lassen. Eine Kondensation von Eigenschaften einer idealen Führungskraft zu performancerelevanten Mindsets im Sinne der Habitustheorie (Vaupel 2008: 144–193) zeigt beispielsweise, wie anspruchsvoll Leadership inzwischen geworden ist. Der in der heutigen Unternehmenswirklichkeit vermeintlich *Geführte* hat der Führung besonders in Zeiten des Wandels die Kraft genommen. Und die angebliche *Führungs-Kraft* ist der Zampano der Gegenwart: mal Vorbild, mal Coach, mal Trainer, mal Experte, mal Macher, mal Entscheider, mal Integrierer, mal Freund, mal Kumpel, mal Ventil und oftmals einfach nur kraftlos. Spaß macht Führung eigentlich nur noch dann, wenn man auf den Gehaltszettel oder die Visitenkarte sieht – da Karriere und vertikaler Aufstieg im Unternehmen immer noch primär über eine Führungslaufbahn angelegt sind. Es sei denn, die Führungskraft zieht ihre Lust aus der Last, setzt Führen mit Dienen gleich und betrachtet ihr Salär als Schmerzensgeld.

Doch was wird von einer zeitgeistigen Führungskraft erwartet (siehe Kern 2009)? Über allem steht das Bedürfnis des Geführten nach Wertschätzung, Anerkennung, Motivation, möglichst ohne Korrekturen des schönen Selbstbilds. Wunsch Nummer zwei an die Führungskraft ist ihre Delegationsfähigkeit. Also mehr Verantwortung sowie Entscheidungs- und Handlungsspielräume für die Mitarbeiter. Am besten führt offenbar derjenige, der sämtliche Macht, die er besitzt, an seine Untergebenen überträgt. Wunsch Nummer drei dreht sich um Talent-Management, also die Führungskraft als Förderer. Erwartet werden empathische und moderate Anregungen, was Mitarbeiter denn bitte schön beim nächsten Male besser machen könnten. Um dann, wenn sie besser geworden sind, zu neuen Ufern andernorts aufzubrechen. Wunsch Nummer vier, schon mit deutlichem Abstand, ist das Führen über klare und messbare Ziele. Dass dies – bis auf den Vertrieb und einige wenige ebenfalls quantifizierbare Arbeitsfelder – kaum geht oder morgen bereits von der dann relevanten Wirklichkeit überholt ist, steht auf einem anderen Blatt. Führung ist damit nur in solchen Fällen gefragt, bei denen das gewünschte Ergebnis missverständnisfrei erläutert werden kann. Beim Weg dorthin – das ist beim MbO das vermeintlich Charmante für die Mitarbeiter – hat der Vorgesetzte ohnehin nichts mehr zu melden (vgl. 4.3). Wunsch Nummer fünf ist die Fähigkeit zum Führen von heterogenen, inkonstanten, virtuellen Teams. Leadership wird damit als Momentaufnahme entlarvt. Nur noch diejenigen werden gesteuert, die – weil vor Ort – gerade physisch greifbar sind. Und nicht mehr die Entfleuchten, derer Leadership lediglich über Telefonabstimmungen, Videokonferenzen sowie das jährliche Team-Event habhaft wird und die ansonsten *Free Floating* agieren. Die Führungskraft wird also immer mehr zum Fahnder nach den zu Führenden beziehungsweise zum Sucher nach geeigneten Techniken bei der Führung in einer diversen, volatilen, globalen Welt. Wunsch Nummer sechs, nun bereits mit deutlich geringeren Werten, ist die Vorbildfunktion, definiert als Transparenz, Vertrauen und Verbindlichkeit. Gerade mit einer derartigen Definition zeigt sich eindrucksvoll, wie sehr sich Führung inzwischen vom Nehmen zum Geben gedreht hat. Die Mitarbeiter wollen in den schweren Zeiten der Veränderung vom Vorgesetzten gepampert werden. Wer aber fragt nach dessen Gemütszustand in Zeiten des Wandels, etwa der Vorgesetzte des Vorgesetzten? Insgesamt wird das Asynchrone im neuen Führungsverständnis offensichtlich. Selbst wenn ein Mitarbeiter seinen Chef »unfähig sowie meist unausstehlich« findet (was sich bekanntlich in vielen Studien immer wieder zeigt), hat ihm dieser mit Einfühlung und Verständnis, Achtung und Respekt, Beifall und Lob zu begegnen.

Der Autor der hier beispielhaft herangezogenen Studie zieht ein Fazit: »Unternehmen messen der sozialen Kompetenz und den Leadership-Qualitäten ihrer Führungskräfte eine wesentlich größere Bedeutung bei als ihrem fachlichen Know-how. (…) Führung wird künftig keine Nebenbeschäftigung mehr, sondern Hauptaufgabe sein« (Kern 2009: 44). Dies ist die inzwischen gängige und fast schon unwidersprochene Mainstream-Argumentation. Aber hat sich jemand bereits mal Gedanken darüber gemacht, ob derart mutierte Führungspositionen, bei denen der eigene Erfolg über den Erfolg von Dritten definiert wird, überhaupt noch attraktiv sind? Oder für die keine Leader gesucht sind, sondern eine bestimmte – sich selbst in den Hintergrund stellende – Klientel. Also gerade solche Typen, die man landläufig als das totale Gegenteil von den bislang als Leader gewohnten Alphatieren charakterisiert? Das Leben als ein solch moderner Leader mag zwar durchaus bewegt sein. Bewegen lässt sich in diesen Rollen aber wenig. Den Ruhm der Ergebnisse bekommen ohnehin andere.

Dies alles wird dann sogar in ein neues konzeptionelles Gewand gekleidet: *Developmental Leadership* bei der sich Mitarbeiterentwicklung zum Kernbereich von Führung aufschwingt (Gilley u. a. 2011): »Developmental leaders challenge employees to constantly improve and change, encourage and reward risk taking and innovation, and provide them with the tools and freedom to be successful« (ebd.: 389). In diesem zukunftsträchtigen Konzept ergeben sich vier Rollen: *Learning Facilitator, Motivator, Performance-Coach* und *Servant Leader*. Besonders diese vierte Rolle dreht klassische Führung auf den Kopf: »As a servant leader, one's primary responsibility is to provide employees with the resources necessary to be successful in the workplace. … A servantship approach implies a personal philosophy of humility and a willingness to work for the betterment of others. … The lasting value of a servant leader is measured by a person's ability to help others succeed« (ebd.: 395). Ein »betterment of others« und ein »help others succeed« passt nicht in die Vorstellungswelt vieler heutiger Führungskräfte.

Beispiel: Mit ihren in diese Richtung zielenden Führungskräfte-Feedback-Workshops hat sich die Volkswagen Financial Services an der Spitze von Great-Place-to-Work 2012 platziert (Personalmagazin 07/2012: 35): »Über einen Zeitraum von fünf Monaten wurden insgesamt 3.206 Mitarbeiter und 311 Führungskräfte zu hierarchieübergreifenden Workshops eingeladen. Die Rückmeldung zum Führungsverhalten erfolgte mittels einer anonymen On-

164

linebefragung zu Beginn der Veranstaltung. Das Besondere: Sie wurde live ausgewertet und bildete die Grundlage für den nachfolgenden extern moderierten Dialog zwischen Mitarbeitern und Führungskraft. Während die Mitarbeiter anhand von 30 Fragen ihre Bewertungen zur Umsetzung der allgemeinen Führungsgrundsätze und der Unternehmenswerte am Touchscreen eingaben, erhielt der Feedback-Nehmer die Gelegenheit, sich via *Paper-Pencil-Fragebogen* in den verschiedenen Kriterien selbst einzuschätzen. Im anschließenden Austauschprozess wurden die individuellen Beurteilungen, Erwartungen und Hintergründe besprochen. Im Nachgang des Workshops wurde zudem ein reflektierendes Nachgespräch zwischen Moderator und der Führungskraft geführt«. Das ist Pionierarbeit bei der Umsetzung von neuem Führungsverhalten im Sinne des *Developmental Leadership*. Persönlicher Nachsatz: Meine Bereitschaft als Führungskraft einen solchen preiswürdigen Prozess über mich ergehen zu lassen ist gleich Null.

Interview mit Dr. Ursula Schütze-Kreilkamp

Leiterin Personalentwicklung Konzern und Konzernführungskräfte, DB Mobility Logistics AG, Berlin

»Chef doof?«: Toxische Manager als gefährliche Spezies bei Veränderungsprozessen

Warum sind Führungskräfte für das Change-Management so wichtig?

Veränderungen, selbst die freudig erwarteten, machen bekanntermaßen häufig Angst. Hin und her gerissen zwischen der Notwendigkeit zur ständigen Innovation und der Sehnsucht nach Vertrautem, pendelt nicht nur der Einzelne, sondern ganze Gruppen und Organisationen. Führungskräften werden per se Fähigkeiten besonderer Art zugesprochen. So sind Sie Vorbild, Leittier, Orientierungs- und Haltgeber, Ermutiger, Entängstiger und stehen im Fokus der – teilweise angsterfüllten – Erwartung. Sie werden zur Projektionsfläche für Ängste und Sorgen. Die Führungskraft kann und sollte so der lebendige Hauptinitiator des Change sein und legitimiert durch schiere Anwesenheit und Unterstützung der »neuen Sache« die Mühen des Wandels. Hierarchisch gesehen ist diese Form der Legitimation sowohl Ausdruck der »klaren Anweisung« von oben als auch des Wunsches seitens der Konzernspitze, dass die Neuerung zum Erfolg des Unternehmens beitragen möge. Einfluss, Bedeutung, Wille, Wunsch und scheinbar persönliche Trägerschaft des »Neuen« finden so in der jeweiligen Führungskraft ihren Ausdruck.

Welche toxischen Verhaltensweisen sind in einer Organisation besonders lähmend?

Steht die Führungskraft nicht glaubhaft hinter dem Change, kann es bis zur »Lähmung« des gesamten Prozesses kommen. Mutlosigkeit, Angst, Zweifel, Unsicherheit absorbieren dann die nötigen Energien, zersplittern eine Gruppe bis hin zu »Grabenkämpfen« innerhalb der Gruppe. Lähmende Wirkungen können ebenso von Key-Playern aus der Gruppe heraus auftreten. Jeder Key-Player stellt im Sinne der Mut gebenden Ausbreitung einer tragenden Change-Atmosphäre eine wichtige Schaltstelle des Gelingens oder Verlierens dar. Energie, Lust auf Neues, gemeinsame Ermutigung, Spaß im neuen Handeln – all das wird vorwiegend non-verbal in Gruppen ausgetauscht und weitergetragen. Der Umgang mit dem Gruppen- oder Betriebsklima spielt eine ebenso große Rolle wie das Handeln der einzelnen Player. Gerüchte, die gestreut werden, Blicke, Minenspiel – die ganze Klaviatur der kleinen verbalen wie non-verbalen Verständigung muss gebührend beachtet, beobachtet und im Sinne des Change »gepflegt« bleiben und werden. Klarheit im Umgang, Deutlichkeit in der Sache, Eindeutigkeit in der Umsetzung stellen die beste Prophylaxe dar.

Welche Möglichkeiten zur »Dekontaminierung« besitzt eine Organisation?

Als Erstes muss die Situation diagnostisch umfassend analysiert werden. Es müssen Fragen gestellt werden wie: wer, warum, weshalb, wozu, wie? Sind die Ursachen, die Quellen der »Lähmung« bekannt? Wie muss der Maßnahmenplan aussehen? In der Regel gilt, zuallererst mit den »Unruhestiftern« zu sprechen. Statt der strafenden Isolation sollte die transparente Aufklärung im Vordergrund stehen. Letztlich ist häufig der einzelne »Boykotteur« Träger der Ängste vieler Mitarbeiter, er ist Multiplikator und Sprachrohr zugleich. Die wertschätzende, klare, unnachgiebige Aufklärung und Aufarbeitung der ängstigenden Themen schafft den Mehrwert für die nachhaltige Verfolgung des weiteren Change-Weges. Die unabdingbare Klarheit in der Kommunikation und im Handeln gibt Sicherheit, Mut und Vertrauen. Zeigen sich auch diese Maßnahmen als letztendlich nicht hilfreich, muss – zum Schutz des Gesamtorganismus Unternehmen – über die Trennung von diesen »blockierenden« Managern nachgedacht werden. Weder der Change-Manager noch das Unternehmen als solches hat den Auftrag zur Heilung des Einzelnen. Nach ausreichender Analyse der Situation, unter Abwägung aller möglichen und sinnvollen Maßnahmen steht die Trennung als letzter Schritt. Dies kann Schock und Paralyse, aber auch Hoffnung und Bewegung aus der Starre mit sich bringen. Der Verlauf des weiteren Prozesses ist abhängig von der transparenten Kommunikation und dem wertschätzenden Umgang der Beteiligten miteinander. Genau an diesem Punkt offenbart sich oft die Problematik der Gesamtsituation. Denn der uneinsichtige, oft selbst verängstigte Manager ist Problem und Lösung zugleich. Hier wird deutlich, warum es der guten Change-Ausbildungen bedarf, denn in diesen Augenblicken sind Experten gefragt, die professionell diese Situationen managen können.

Wenn Ihnen eine gute Fee zur Seite stehen würde, die Ihnen einen freien Wunsch zum Change-Management zugesteht – welcher wäre dies? Was würden Sie sich für ein noch besseres Change-Management unbedingt wünschen?

Mein Wunsch wäre mehr Zeit zu haben für Kommunikation und unmittelbarere Unterstützung. Werden auch Angst einflößende Pläne, Notwendigkeiten mit Sinn belegt, den jeder Einzelne in seiner Form verstehen und nachvollziehen kann, ist der Einzelne, die Gruppe bzw. Organisation zum Change bereit. Sind die Einzelnen frei von Angst, wird ein Zugang zu positiven Gruppen- und Gemeinschaftsgefühlen möglich, der die Freude am Tun mit sich bringt und Energien oft ungeahnten Ausmaßes freisetzt.

4.2 Leadership-Bubble

Rolle des Mittelmanagements (bei Veränderungsprozessen)

Vor fast einem halben Jahrhundert sprach Likert (1967) von mittleren Führungsebenen als dem erfolgskritischen Verbindungsglied (Linking Pin) zwischen oben (Top-Management) und unten (operatives Management und Belegschaft) (Abb. 32).

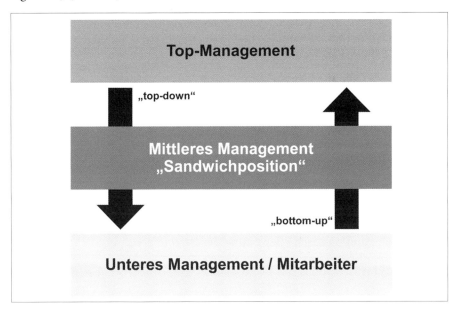

Abb. 32: Mittelmanagement als Verbindungsglied zwischen oben und unten

Dieses Faktum ist in der Theorie und Empirie wiederholt bekräftigt worden (etwa Fiedler 1967, Argyris 1976). Gerade im Verlauf von Veränderungsprozessen ist das Mittelmanagement mit seinen vielfältigen Scharnierfunktionen von hoher Bedeutung (Freimuth u.a. 2003, Philippeit 2009, DDI 2010,

AonHewitt 2011, ComTeam 2011). Wobei diese Aufgabe als Verbindungsglied durch die persönliche Betroffenheit von der Veränderung und daraus resultierende Unsicherheiten sowie die geringen Mitwirkungsmöglichkeiten am großen Ganzen belastet wird. Was die eigene Identifikation mit Zielen und Wegen der Transformation oftmals erheblich erschwert. Für die *Multiplikatoren*, *Promotoren*, *Dolmetscher* und *Modelle* der Transformation im Mittelmanagement ist es alles andere als leicht, dabei noch eine *menschliche Führungskraft* – wie eine der vielfältigen Erwartungen formuliert wird – zu bleiben. Weitere Rollen des mittleren Managements in Zeiten des Wandels sind:

- Vermittlung von Entscheidungen und deren Konsequenzen,

- Darstellung von Verbindungen zwischen der alten und der neuen Welt,

- Ermöglichung der Erledigung von Tagesgeschäft und Veränderungsgeschehen,

- Umsetzung von Veränderungen auf der operativen und exekutiven Ebene,

- Mobilisierung für die künftigen Strukturen, Prozesse und Systeme,

- persönliche Kommunikation mit operativem Management und Belegschaft,

- Unterstützung und Gestaltung von Qualifizierungsmaßnahmen,

- Lieferung von Impulsen und Inputs zur konkreten Ausgestaltung des Wandels,

- Mitwirkung an den PMO- und KPI-Regularien des Veränderungsprojektes,

- konstruktive Rückkopplung von Schwierigkeiten mit Lösungsvorschlägen,

- Aushalten der 80/20 Lösungen während der Transformation,

- Treffen von Entscheidungen mit Unsicherheit und bei Risiko,

- Auflösung von Widerständen und Konflikten,

- emotionale und politische Begleitung der Betroffenen,

- dialogische Verbindung von Erwartungen und Bedürfnissen aller Beteiligten.

Das klingt anspruchsvoll und ist es auch. Selbst dieses Aufgabenpaket hat das mittlere Management nicht vor regelmäßigen Kostensenkungswellen von Verfechtern der *Organizational Effectiveness* geschützt. Mit harmlos daher kommenden Appellen wie *Rightsizing* und *Delayering* sind diese Führungsebenen in der unangenehmen Sandwich-Position immer wieder zurectgestutzt worden. Der Gefahr einer Verfettung an der Taille unterliegt kaum ein Unternehmen.

Im Gegenteil, diese organisatorische Mitte befindet sich vielerorts unter anhaltendem Druck. Die Rollen der obersten Führungsebene (Strategist) und der Belegschaft (Doer) erscheinen hingegen vergleichsweise einfach: »Das mittlere Management einer Organisation ist möglicherweise in der besten Position, um deren Aktivitäten zu integrieren. … Wahrscheinlich benötigt jede große Organisation eine Schicht von mittleren Managern, die die sogenannte Spitze mit der betrieblichen Basis verbinden können. … Diese verbindende Schicht der mittleren Manager ist möglicherweise der Schlüssel zur Vermeidung einer allzu großen Distanz zwischen dem konkreten Geschehen an der Basis und den konzeptionellen Fragestellungen auf den oberen Ebenen« (Mintzberg 2010: 185 – 188).

Viele Manager aus dem Mittelmanagement träumen sich während eines Veränderungsprozesses am liebsten zurück in frühere Zeiten als bemutterter, verwöhnter und geschonter Schützling. Die Realität ist hingegen eine andere. Wie sie unlängst in den beiden Dokumentarfilmen »Work hard – play hard« von Carmen Losmann beziehungsweise »Ein neues Produkt« von Harun Farocki in schaurig-realer Weise beschrieben worden ist.

Am Anschlag und oft darüber

Manch einer denkt idealistisch, dass unsere Marktwirtschaft – wäre sie doch nur endlich wieder in einen richtigen ordnungspolitischen Rahmen eingebettet, die Unternehmen von souveränen Leadern gelotst sowie durch ein modernes People-Management gestützt – zu einem finalen Glückszustand aller Beteiligten führen könne: der Kunden, der Anleger und gerade auch der Belegschaft. Dem ist allerdings gerade im Management nicht so (z. B. Marx 2008, Sinn 2009, Vogl 2010). Gerade bei Veränderungsprozessen zeigt sich diese Hilflosigkeit zahlreicher Führungskräften besonders deutlich: »Viele Führungskräfte verlieren heute ihre Ermessensspielräume und können kein Vertrauen geben und erhalten, weil von oben gleichsam per Notverordnung regiert wird« (Böckelmann 2011: 137).

Für viele Führungskräfte gibt es jeden Tag eine ziemlich heftige Realität: Dauerläufe mit rasantem Tempo, ohne Atempause zum Luftholen, oftmals erschwert durch abrupte Richtungswechsel und wechselnde, meistens nur vage Ziele am fernen Horizont. Selbst Feierabend, Wochenende und Urlaub sind durch moderne Kommunikationstechniken und tradierte Interaktionspraktiken zu einer *Always-on-Aktionsbereitschaft* geworden (24/7/365-Mentalität). »Das ist die Kehrseite der Multioptionalität: Der Stress steigt. Unsere Lebens- und Arbeitswelt erfordert mehr Flexibilität, Mobilität, permanente Aufmerksamkeit und Erreichbarkeit als je zuvor. Die zentralen Lebensknappheiten sind nicht mehr der Mangel an Waren, sondern der Mangel an Zeit und Lebensqualität. Zeitwohlstand wird zur Luxuserfahrung, wertvoller als teure Produkte. Was zählt sind Zeitautonomie, individuelles Wohlergehen und Lebensqualität« (Zukunftsinstitut 2011: 56). Daher – so Kobi (2012: 23) – »ist es schwer vorstellbar, dass die heute 35-jährigen Spitzenmanager das geforderte Tempo 25 bis 30 Jahre durchhalten, ohne auszubrennen«. Wachstumsphilosophie und Innovationsdruck von Börsen und Märkten fordern eben ihren kräftemäßigen Tribut von jedem Einzelnen, mag man als Erklärung und sogar als Entschuldigung anführen. Das Aufkommen neuer Wettbewerber fordert gerade etablierte Konzerne beständig in ihrer Veränderungsfähigkeit. Die Führungskräfte sind dabei Dauer-Transformierte und Dauer-Transformatoren zugleich.

Man könnte dies alles als ein Faktum der postmodernen Zeit hinnehmen und die Parole »Survival of the fittest« ausgeben. Ganz viele mögen zudem für sich selber hoffen, länger als die anderen durchzuhalten. Oder sich auf die Suche nach einer inselglückseligen Nische begeben. Oder sich durch Jobhopping rechtzeitig, bevor es ernst wird, aus dem Staub machen und andernorts wieder durchstarten. Doch dies wäre sowohl hämisch als auch unbedacht. Denn zum einen werden oftmals durchaus exzellente Führungskräfte verheizt. Und zum anderen werden die Entscheidungen von Führungskräften unter Druck bei gleichzeitiger Anspannung sowie körperlicher und psychischer Beeinträchtigung nicht unbedingt besser (siehe Stock-Homburg/Bauer 2008).

Natürlich liegt das Ganze zunächst in der individuellen Verantwortung von Führungskräften selbst. Dem Individuum muss es möglichst gelingen, die ambitionierten (aber realistischen) Ziele seines Unternehmens in definierter Zeit und mit minimalem Aufwand zu erreichen, ohne dabei gegen Gesetze, Normen, Regeln und individuelle Belastungsgrenzen zu verstoßen. Und ohne die nachhaltige Entwicklung der Organisation sowie ihrer Mitglieder und Umwelten zu begrenzen. Denn für sein Befinden ist das Individuum erst einmal selbst zuständig. Hinzu kommen die jeweilige genetische Disposition und die mit den Begriffen Glück/Schicksal umschriebenen Unwägbarkeiten des Lebens. Zudem hängt Gesundheit ganz wesentlich von wirtschaftlicher und gesellschaftlicher Teilhabe ab. Dabei zeigt sich für viele Manager ein zunehmend belastendes Drama. Das Gefühl von Machtlosigkeit gegenüber der übermächtig empfundenen Organisation (*Learned Helplessness*). Dazu kommt das Gefühl des Nichtmehrmithaltens gegenüber den sich selbst reproduzierenden Mythen über Wandel und dessen Dynamik (*Chronic-Change-Fatigue-Syndrom*).

Immerhin wird in Kontinentaleuropa eine gesamtgesellschaftliche Verantwortung empfunden. Und als Reaktion darauf zeigen sich – zumindest in ersten Ansätzen – politische Lösungsansätze aus Berlin, Wien, Bern und Brüssel. So brachte etwa der zuständige EU-Kommissar unlängst einen Richtlinienentwurf mit erheblichen Auflagen für Arbeitgeber ein. Dieser würde Unternehmen zu einer detaillierten, auch stressbedingten Risikoanalyse ihrer Arbeitsplätze zwingen. Beispiel zwei: Die deutsche Arbeitsministerin möchte Unternehmen zu arbeitnehmerfreundlichen Regeln beim Umgang mit Mail und Mobiltelefon bringen, mit schriftlicher Zustimmungspflicht und bezahltem *Bereitschaftsdienst*. Man weiß derzeit noch nicht, welche parlamentarischen, bürokratischen und lobbyistischen Schleifen solche Vorhaben drehen werden. Bislang haben Unternehmen ein zu vernachlässigendes Risiko. Sogar gegenüber bestehenden Regularien wie etwa dem Arbeitszeitgesetz. Gesetzgeber, Sozialversicherer und die Solidargemeinschaft sind allerdings immer weniger bereit, die Sozialisierung von Folgekosten gesundheitlicher Risiken verdichteter und belasteter Arbeitsplätze hinzunehmen und die Unternehmen aus ihrer (Teil-)Verantwortung zu entlassen.

Denn zwischen *dem Individuum* und *dem System* liegt *die Organisation*. Damit wird klar, dass sich ein Unternehmen nicht aus seiner Optimierungsverantwortung verabschieden kann. Solche organisationalen Lösungsansätze sollen in diesem Buch vertieft werden.

Janusköpfigkeit von Organizational Effectiveness

Die vorläufig letzte Krise an den Finanz- und Realmärkten (2008–2009) sorgte eher für ein Mehr als für ein Weniger an Belastung. Eine Erleichterung beim im deutschsprachigen Raum immer noch anhaltenden Aufschwung (2010–2012) ist nicht eingetreten. Im Gegenteil: Randvolle Auftragsbücher treffen auf verschlankte Führungskader und ausgedünnte Belegschaften. Überhaupt scheint Wettbewerbsfähigkeit von Jahr zu Jahr schwieriger erzielbar zu sein. Arbeitsverdichtung und das beständig steigende Anforderungsniveau sind individuelle Wahrnehmung und zumeist auch persönliche Wirklichkeit. Nicht nur für das Vorstandslevel, sondern auch bei den Verbindungsgliedern im oberen und mittleren Management und sogar in den operativen Führungsebenen.

Gerade deren Reihen sind im Zuge von Restrukturierungen in den letzten Jahren unter der Devise Organizational Effectiveness nicht unerheblich gelichtet worden. Die schlanke Organisation ist zum Mantra geworden. Immer wieder verweisen Entscheider im Top-Management mit Blick auf die Ertragserwartungen von Eigentümern zunächst auf die Kostenseite (Bottom-Line) und dann erst auf die Umsatzseite (Top-Line). Dies spart auf einen ersten Blick zwar Aufwände durch Ausdünnung oder sogar Beseitigung von Hierarchiestufen sowie die Verbreiterung von Führungsspannen, das sogenannte Delayering. An anderer Stelle steigen jedoch die Kosten, insbesondere durch die aus einer höheren Arbeitsbelastung der Übriggebliebenen resultierenden negativen Effekte. So etwas belegt die Janusköpfigkeit von Organizational Effectiveness.

Die berechtigten Anforderungen an eine effektive und damit effiziente Organisation sind nicht eindimensional. Simple Lösungen mit Fokus etwa auf die Strukturen oder die Steuerung oder die Prozesse oder die Systeme machen keinen Sinn (z. B. Remer 2004 und Kern/Köbele 2011: 73 – 95). Überdies müssen die zur Verfügung stehenden Ressourcen – mit ihren fachlichen und persönlichen Möglichkeiten und Einschränkungen – im Blickfeld der Gesamtoptimierung bleiben. Es gilt, zwischen Organizational Effectiveness und Leadership-Effectiveness eine Balance zu finden (Abb. 33). Nicht nur bei Veränderungsprozessen. Aber dann ganz besonders.

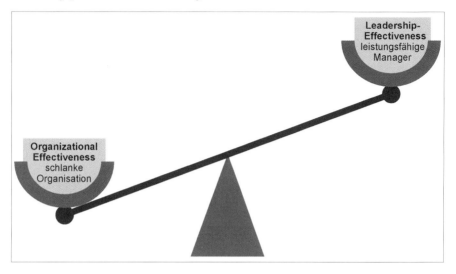

Abb. 33: Zielkonflikt zwischen Organisation und Führungskräften

Privatisierung der Belastung ist ausgereizt

Gerade in Zeiten des Wandels gerät dies leicht zur Farce. Weil das Unternehmen bereits am Anschlag agiert und nun nochmals höher schalten soll: »Eines der häufig nicht gesehenen Problemfelder ergibt sich aus einer Fehleinschätzung des Energieaufwandes. ... Der zusätzliche Zeitbedarf liegt erfahrungsgemäß bei 20 bis 30 Prozent draufgesattelt auf das Tagesgeschäft, das in solchen Umbauphasen ja auch nicht leiden soll. ... Das Management unterstellt vielfach, dass die Organisation schon irgendwie mitzieht. ... Genau dies ist eine illusionäre Annahme« (Wimmer 2009: 6). Besonders bei Veränderungen mit negativem Tenor wie Restrukturierungen erhöhen sich – laut einer Studie der Bundesanstalt für Arbeitsschutz und Arbeitsmedizin – Stress und Arbeitsdruck für die meisten Betroffenen (Köper/Richter 2012).

Eine weitere Beobachtung: Entscheidungen sind – ohne dafür ein empirisch zweifelsfrei anerkanntes Maß anbieten zu können – über die vergangenen Jahre nicht unbedingt besser geworden. Denn das mittlere Management ist nicht bloß ersetzbarer Durchreicher, sondern oftmals das entscheidende Verbindungsglied. Statt stabilen Verknüpfungen sind es oft alles andere als reißfeste Fäden, die eine von der Veränderung erschütterte Organisation *irgendwie* zusammenhalten müssen.

Wenn einem aber alles viel zu viel wird, ist es menschlich, dass man sein Ding macht und sich auf die eigene Innerlichkeit zurückzieht – auf das was man will und was man kann und nicht auf das, was aus Unternehmensperspektive eigentlich erforderlich wäre (Finkelstein/Hambrick 1996). Oder Konsequenzen des Sisyphushaften Mithalteversuchs werden privatisiert: Herzinfarkt, Psychose, Burn-out, Suchtverhalten, Scheidung, soziale Isolation (vgl. Stock-Homburg/Bauer 2008). Viele der auf schmalem Grat gerade so nicht abstürzenden Manager bleiben weiterhin Getriebene, in Sachzwängen und Zielkonflikten Aufgeriebene, unter nicht aufhörendem Ergebnis-, Kosten- und Zeitdruck Stehende, das Mögliche Machende und dies alles oftmals mit deutlichem Abstand zum selbst gewählten Anspruch oder der auferlegten Zielsetzung. Sie stehen gehörig unter Strom, weil es einfach zu viel ist. Bei alledem handelt es sich um die Leadership-Bubble.

Ein weiterer Einwurf: Das Ablenkungsmanöver »Es war schon immer so und ging dann schließlich doch, irgendwie« versagt zunehmend. Hauptgrund sind die unter dem Stichwort Talent-Management beschriebenen Kräfteverschiebungen im Arbeitsmarkt (vgl. 5.1). Als Folge von Demografieentwicklungen (weniger als bisher) und Generationseinstellungen (anders als derzeit) verstärkt sich der Druck auf Unternehmen, Antworten zum Leadership-Management zu finden. Die Jüngeren sind immer weniger bereit und vermutlich immer weniger in der Lage, beim »Steigerungsspiel« (Schulze 2003) mitzumachen. Damit stellt sich – im schematischen Überblick – Leadership-Effectiveness als eine multikausale Herausforderung mit drei grundsätzlichen Lösungsansätzen dar (Abb. 34). Wobei in diesem Buch organisationale Ansatzpunkte im Vordergrund stehen und Leadership-Management besonders behandelt wird.

Zugegeben: Das Glas wird hier als halbleer beschrieben. Es gibt durchaus vielfältige Bemühungen in Unternehmen um Vermeidung von Ursachen der Leadership-Bubble oder um Linderung von deren Wirkungen. An dieser Stelle soll allerdings, wie bereits andernorts (Claßen/Sattelberger 2011 und Claßen/von Kyaw 2010: 54–68), der Blick auf eine grundsätzliche Thematik gerichtet werden. In meiner Wahrnehmung mehren sich die Anzeichen für das Zerplatzen der Leadership-Bubble. Führungskräfte müssen nicht nur wollen wollen. Sie sollen auch können können. Viele Manager sind nicht mehr in der Lage, alle ihre Aufgaben in ordentlicher Manier zu bewerkstelligen.

Da hilft eine abgemilderte Perspektive, die statt von akuten Problemen allzu schnell über Chancen, Möglichkeiten und Herausforderungen spricht, nicht

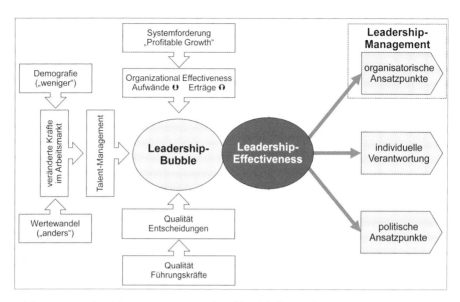

Abb. 34: Leadership-Management im Überblick: Herleitung

weiter. Das Top-Management benötigt tatkräftige und keine ausgelaugten, abgekämpften, ausgereizten Führungskräfte. Nur solche sind in der Lage die alltägliche Organisation am Laufen zu halten, die Zielsetzung des Profitable Growth weiter zu steigern und Veränderungsprozesse erfolgreich über die Bühne zu bringen.

Als besonders gefährdet gelten erfolgsarrogante Organisationen (Greve 2010). Das sind Unternehmen in Spitzenpositionen, also viele derzeitige Marktführer, bei denen das Bewusstsein als Nummer Eins zu überzogenen Steigerungsspielen zur Sicherstellung der Pole Position führt. Und die zudem bei der Rekrutierung eine Klientel mit einer bestimmten Mentalität besonders anziehen. Übrigens: Für die Interviews zu diesem Buch (vgl. Einführung) hatte ich zwei solcher Unternehmen zum Thema »Weiter ganz oben bleiben: Organisationsentwicklung aus der Spitzenposition« angefragt und mir zwei der sehr wenigen Absagen geholt.

Übrigens: Andere beschreiben das Gleiche wie die Leadership-Bubble und nennen es nur anders: »Beschleunigungsfalle« beziehungsweise »Organisationale Energie« (H. Bruch von der Universität Sankt Gallen in: Bruch/Menges 2010), »Organizational Burn-out« (T. Jung von der Beratergruppe Neuwaldegg), »Kollektiver Burn-out« (T. Weegen von Coverdale Deutschland). Das Thema ist längst in den Medien angekommen. Die Burn-out-Titelstrecken der letzten drei Jahre etwa im Spiegel, im Stern, im ManagerMagazin und im Harvard-Businessmanager zeigen dies. Denn im Business stimmt der Umgang der Menschen mit den Menschen längst nicht mehr überall.

Durch Zukunftsängste wird die Leadership-Bubble noch befördert. Wobei –
man denke etwa an die Kriegs- und Nachkriegszeiten – das Leben früher
gleichfalls nicht immer einfach war. »Den Menschen fehlen heute schlechte
Erfahrungen«, lässt sich Hüther zitieren (in Personalmagazin 06/2011: 18).
Da könnte man erwidern: »Zum Glück!«

Eigenverantwortung der Führungskraft

Natürlich ist zunächst jede Führungskraft für ihre eigene Leistungsfähigkeit
und Arbeitszufriedenheit verantwortlich. Dafür gibt es viele und verschiedenartige Ansatzpunkte, in der gesamten Lebenssphäre: »Auch wenn es auf
den ersten Blick paradox erscheint, hat die Zufriedenheit mit dem Privatleben einen signifikant höheren Einfluss auf die Arbeitszufriedenheit als der
Arbeitgeber. Offensichtlich hat der Mensch eine Art 'Zufriedenheitskompe-
tenz', eine Fähigkeit, Wohlbefinden zu schaffen, welche er sowohl im privaten
als auch im beruflichen Umfeld einsetzt – oder eben nicht« (Hilber 2011).
Zudem unterscheiden sich die individuellen Voraussetzungen zur Stressbewältigung. Sie bleiben gleichzeitig persönliche Ansatzpunkte zur Reduktion
von Strapazen:

- physische Ressourcen (zum Beispiel individuelle Konstitution, Erholungs-
  fähigkeit, Erholungsmöglichkeit/Schlaf, Freizeit/Wochenende/Urlaub, Er-
  nährungsgewohnheiten, Bewegung/Sport),

- psychische Ressourcen (zum Beispiel Coping-Strategien, Gelassenheit/Op-
  timismus, Resilienz/Ambiguitätstoleranz),

- soziale Ressourcen (zum Beispiel Unterstützung durch privates Umfeld,
  keine/geringe persönliche Belastungen, Ausgleichsmöglichkeiten/Hobbys).

Zur persönlichen Stärkung gibt es mittlerweile einen nicht mehr überschaubaren und keineswegs überall lauteren Markt der Möglichkeiten: Angefangen
bei kognitiven Angeboten wie etwa Zeitmanagementseminaren, Ernährungs-
ratgebern und Gutenachtfibeln, über reflektive Angebote wie etwa Therapie,
Coaching und Mentoring bis hin zu esoterischen Angeboten wie etwa Hyp-
nose, Psychoclearing, Mentaltraining und Einsatz von Heilern (ein Aktions-
feld in dem ich mich nicht auskenne). Manch einer erfährt bereits auf der
Suche nach Angeboten zur Stressreduktion eine weitere Dosis Stress.

Immer wieder werden aufgewärmte oder umbenannte Lösungsansätze zum
modischen Hype angeboten, gegenwärtig beispielsweise MBSR-Seminare
(Mindfulness-based Stress-Reduction) oder alles rund um Resilienz. Diese
Vokabel – übersetzbar mit Widerstandskräften, Abfederungsvermögen und
psychischer Robustheit – kommt ursprünglich aus der Waldforschung. Es
gibt Bäume, die bei Kalamitäten umknicken, und Bäume, die sich lediglich
verbiegen. Wälder mit resilienten Bäumen haben eine vielschichtige Struktur.

Sie bleiben nach heftigen Kalamitäten im Wesentlichen erhalten, ohne dass eine Neuanpflanzung auf einer Kahlfläche notwendig wird (Wikipedia). Wobei britische Forscher in einer Metastudie – über menschlich Resilienz und nicht über die von Bäumen – zur Conclusio kommen: »Welche Methoden wirklich helfen, wissen wir nicht« (siehe www.cipd.co.uk/hr-resources/research/developing-resilience.aspx). Obendrein verändern sich die Anforderungen und Bedürfnisse im Verlauf der Lebensbiografie. Im mittleren Lebensalter – also zwischen vierzig und sechzig – finden zahlreiche individuelle Veränderungen statt, die mit dem Schlagwort *Midlife Crisis* nur sehr unscharf markiert sind (Perrig-Chiello 2007: 123 – 139).

Für den Einzelnen gibt es selten simple Schlupfwinkel oder rasche Wahlmöglichkeiten. Kaum jemand kann bei Stress einfach so aussteigen oder umsatteln. Zumal im modernen Wirtschaftsgeschehen Humanressourcen zunehmend als flexibler Kapazitätspuffer betrachtet werden. Bei kundenabhängigen Dienstleistungen und Just-in-time-Logistik/-Produktion wird der Faktor Mensch und dessen Arbeitseinsatz sogar zum disponiblen Faktor weiterer Effizienzsteigerung.

Jeder Berufstätige muss eigenverantwortlich lernen, seinen individuellen Weg zur Leistungsfähigkeit und Arbeitszufriedenheit zu finden. Das Unternehmen wird es nur bedingt für ihn richten. Der Soziologe Hartmut Rosa bilanziert: »Die Zeit wird uns wirklich knapp. Es ist ein strukturelles Problem: Wenn sich die ganze Gesellschaft beschleunigt, kann ich individuell nicht langsamer werden« (zitiert im Spiegel vom 25.07.2011: 65). Übrigens: Der durchschnittliche Deutsche schläft von 23:04 bis 6:18 Uhr. Gute Nacht!

Mitverantwortung des Unternehmens

In Zeiten reduzierter Ressourcen (in der People-Dimension) und saturierter Märkte (in der Kundendimension) bei gleichzeitig permanent forcierter Zielwerte (in der Anlegerdimension) ergeben sich für viele – eigentlich fast alle – Manager Zielkonflikte, Gegensätze und Widersprüche. Diese sind mit tradierten Mustern kaum mehr zu bewältigen. Dazu zwei Zitate: »Dass bei vielen Führungskräften ein 'Überlastungssyndrom' festzustellen ist, hängt damit zusammen, dass primär ihnen und nicht der Organisation als Ganzes die Folgen von Handlungen zugerechnet werden. Wir halten üblicher Weise Personen für defizitär« meint der Münchner Soziologieprofessor Armin Nassehi in einem Interview (zitiert in Personalführung 01/2011: 36 – 37). Hacke/diLorenzo (2010: 187 und 210) ergänzen: »Viele Unternehmen stehen bereits an der Schwelle zum Effizienzwahn. Das Modell einer Firma, in der nur Leistungsträger arbeiten, ist eine Utopie; sie zu verwirklichen schafft in letzter Konsequenz ein System, in dem jeder permanent unter der Bedrohung arbeiten müsste, den Anforderungen nicht zu genügen und schnell wieder abgeworfen zu werden. ... Wir leben in einer Zeit der aufs Äußerste ausgereizten Leistungsbereitschaft: So sehr hat jeder Einzelne bereit zu sein, an seine Grenzen zu gehen, dass – jedenfalls für die Führungskräfte unter den Schädelkönigen – ein ganz neuer Berufsstand entstanden ist, der des persönlichen Coaches, der den Einzelnen an den Klippen des beruflichen Scheiterns vorbeizulotsen versucht, ihn möglichst diskret betreut, seine Probleme früh erkennt und seine Leistungsfähigkeit optimiert. Es ist so offensichtlich, dass nicht jeder diesen Anforderungen genügen kann«.

Inzwischen ist ein spannungsgeladener Cocktail entstanden: zum einen die sich im beruflichen Alltag ergebenden und bei Veränderungsprojekten verstärkten Ansprüche, zum anderen eine vom Unternehmen begünstigte beziehungsweise medial geförderte *Can-do-Managementattitüde,* des Weiteren eine grenzwertige Führungspraxis des jeweiligen Vorgesetzten (bis auf Vorstandsniveau) und als Viertes die persönlichen Nöte und faktischen Dilemmata, entstanden aus Zielkonflikten, Gegensätzen und Widersprüchen. Das Leben als Leader sei eben ganz schön anspruchsvoll, heißt es. Die sich daraus für die einzelne Führungskraft ergebenden Schwierigkeiten als menschliches Schwächeln zu charakterisieren, wäre in vielen Fällen ungerecht. Gleichzeitig bekommen Führungskräfte unter der Devise »Das ist doch ihre Rolle« immer noch weitere Aufgaben draufgepackt – gerade im Rahmen des People-Managements. So argumentiert beispielsweise ein bekannter Unternehmensberater: »Durchführungskosten eines Performance-Management Prozesses können ... weitgehend vernachlässigt werden, da sie im Wesentlichen durch die Führungskräfte getragen werden und Teil der originären Führungsaufgabe sind« (zitiert in Personalführung 04/2012: 39). Stimmt bloß zur Hälfte: »Ja zur originären Führungsaufgabe« und »Nein zur Vernachlässigung von Durchführungskosten«. Was sollen Führungskräfte denn noch alles machen, ohne dafür an anderer Stelle entlastet zu werden? Vermeintliche Leistungsdefizite und -defekte sind in wesentlichen Teilen systemimmanent. Sie können nicht einfach auf die Schultern der einzelnen Führungskraft gehoben und von dieser dann gelöst werden. Die Delegation auf das Individuum ist eine mögliche, nicht aber die einzig richtige Lösung.

Man kann nun darauf verweisen, dass im historischen Rückblick unlösbare Sachzwänge und grundlegende Ergebnisprobleme stets zu Systemänderungen (Widerspruch) oder Ausweichbewegungen des Einzelnen hin zu alternativen Lösungsangeboten (Abwanderung) geführt haben (Hirschman 1974). Resignation gegenüber einem scheinbar dominanten und angeblich unabänderlichen System ist eben nur eine menschliche Verhaltensoption. Zwar bestimmt das über viele Generationen tradierte Stufenmodell mit seinem Aufstieg »Schritt für Schritt« nach wie vor die öffentliche Darstellung von Erfolg im Beruf und dient damit als Karrieremuster von angestellten Führungskräften in Organisationen. Inbegriff einer postmodernen Karriere ist dieser Archetypus jedoch längst nicht mehr. Unterdessen zeigen sich – verstärkt durch veränderte Kräfteverhältnisse im Arbeitsmarkt – vielfältige Ausweichbewegungen von *Wertschöpfungsgebern* in alternative Biografien (vgl. 5.1). Die oft Besten suchen und finden andere Möglichkeiten mit mehr Autarkie und Autonomie: sei es in selbständiger Entrepreneurship oder etwas ganz anderem wie sozialem Tätigsein und künstlerischer Verwirklichung.

Von alleine – also durch die viel beschworenen Marktmechanismen – wird sich die Leadership-Bubble ebenfalls nicht auflösen. Da halte ich es lieber mit Vogl (2010) schlicht für Humbug, dass eine fiktive Ordnungsgestalt – sei es die unsichtbare Hand (Smith), das Preissystem (Friedman) oder eine andere laissez-faire-geprägte Idee – das individuelle Eigeninteresse, sogar das unsoziale, ohne aktive Intervention mittels Spielregeln und Interventionen quasi automatisch in eine rationale, effiziente und sogar ethische Wirklichkeit befördert. Der Leitgedanke des *Profitable Growth* hat mittlerweile in vielen Organisationen eine Situation geschaffen, die ihre Mitglieder nicht mehr nur fordert, sondern überfordert. Es bedarf wieder mehr Luft, Zeit zum Atmen und weniger bornierte Organizational Efficiency. Im Gegenteil – es stellt sich eine ganz simple Frage: »Wieviel Unterauslastung ihrer Ressourcen braucht eine Organisation, um flexibel auf … Änderungen reagieren zu können? Wieviel davon braucht sie, um auch die Risiken der Neuerung in Produkten, Verfahren und Organisation auf sich zu nehmen und sie gegebenenfalls abfedern zu können. Wieviel 'slack' also braucht sie« (Moldaschl 2011: 115). In Zeiten von Organizational Efficiency ist das Wort Unterauslastung freilich zu einem Begriff aus einer fernen, fremden, feindlichen Vergangenheit geworden.

Damit wird klar: Nicht nur Individuen, sondern Unternehmen – als solche – sind gefordert. Deren Leitung und gerade auch die HR-Funktion haben zwar unter den Stichworten Selbstmanagement, Führung der eigenen Person sowie Verantwortung für die Karriere und unterfüttert von oberflächenkosmetischer Employability-Philosophie ihre Verantwortung in (un)gehöriger Weise an Führungskräfte zurückdelegiert. Die daraus entstandene Ratlosigkeit der Ent-Entmündigten hat inzwischen zu einer langen Liste von Ratgebern rund um diesen Rückverweis auf das Ich geführt – zudem zu Myriaden von Hilfsangeboten wie den Klassikern Beratung, Training, Mentoring, Coaching, Therapie sowie regelmäßigen Scheininnovationen mehr oder minder seriöser Anbieter von Survival-Leistungen für die Überlebenden von Veränderungsprogrammen.

Immerhin vernimmt man wieder häufiger – vermutlich als Reflex auf den Overstretch im beruflichen Alltag und trotz aller Emotionalisierung des Lebens – die schlichte Forderung aus Zeiten der Aufklärung: »Sapere aude« (habe Mut, Dich Deines Verstandes zu bedienen). Viele der heutigen Nonsens-Entscheidungen sind nur noch durch Plan-, Rast-, Sorg-, Arg- und Mutlosigkeit sowie überzogenen Ehrgeiz, überspannte Risikofreude und überladene Ich-Bezogenheit der Verantwortlichen entschuldbar. Das Innehalten plus Nachdenken, Mitdenken und Vordenken als Basis des Handelns würde manchen offenkundigen Unsinn mit Sicherheit vermeiden. Dazu braucht es mehr Zeit, Luft zum Atmen. Wie sie übrigens auch in einer überwältigen Mehrheit der Interviews zu diesem Buch gefordert wird (vgl. 9). Übersetzt in die Managersprache etwa als »Refl'action« im Minzberg'schen Sinne (2010: 209): Reflektion vor der Aktion.

Eigentlich müsste man sogar die Anforderungen an Führungskräfte wieder auf ein menschliches Maß zu Recht stutzen. Doch wer – um Himmels willen – ist denn dieser *man*? Eingezwängt zwischen *dem System* und *dem Individuum* trägt auch *die Organisation* und mit ihr die Gesamtverantwortlichen in Vorstand/Geschäftsführung sowie im Aufsichtsrat eine gehörige Portion Verantwortung.

Kein »Weiter so!« der Organisation

Spuren einer platzenden Leadership-Bubble zeigen sich – anders als die berstenden Blasen in der jüngeren Vergangenheit – derzeit noch eher individuell als systemisch. Denn systemrelevant ist keine Führungskraft. Selbst wenn sich der eine oder die andere für unersetzlich halten. Nach meinem Eindruck handelt es sich freilich auch nicht um eine singuläre Befindlichkeitsstörung, sondern um eine epidemische Managementproblematik. In Zeiten des Wandels potenziert sich das Ganze noch.

Die geläufigen Adjektive von Anstrengung wie etwa global und kompetitiv, komplex und virtuell sowie das höllische Trio aus Zielkonflikt, Gegensatz und Widerspruch brauchen gar nicht weiter bemüht werden. Immer häufiger werden im Management – gerade in der Praxis und aus der Empirie – deutliche Grenzen des Menschenmöglichen festgestellt: Führungskräfte fallen haufenweise um. Führungskräfte fallen reihenweise aus. Führungskräfte fallen scharenweise ab.

Dem wird aus der Wirtschaftstheorie sowie von vielen ambitionierten Unternehmensverantwortlichen entgegengehalten, dass etwas mehr immer ginge. Doch zahlreiche nicht zu verleugnende Fakten sprechen eine andere Sprache: Für viele Führungskräfte sind ihre individuellen Grenzen bei Arbeitszeit, Arbeitsmenge und Arbeitsdichte längst erreicht. Sie agieren bereits jenseits ihrer Möglichkeiten. Ihre Entscheidungen werden schlechter. Nun ergibt sich ein Dilemma. Denn die aus der Profitable-Growth-Idee abgeleiteten Ziele werden, trotz des routinierten und symbolischen Klagens der Akteure, Jahr für Jahr höher gehängt. Damit geht die Schere zwischen Versprochenen und Machbaren immer weiter auf. Der Druck auf die individuelle Führungskraft nimmt in einer solchen Situation weiter zu. Bei Transformationsprozessen ohnehin.

Man könnte nun das Peter-Prinzip zitieren, schwächelnde Führungskräfte bei Leistungsabfall anzählen und im Falle neuerlichen Versagens flugs durch bessere ersetzen. Denn Lebenszyklen von erfolgreichen Karrieren werden ohnehin immer kürzer. Und die Besseren werden immer rarer. Der demografische Wandel lässt grüßen. Zudem besitzt Knappheit ihren Preis. Nicht jedes Unternehmen kann sich einen Ronaldo, Iniesta oder Messi leisten (um beim Lesen vielleicht bereits überholte Beispiele aus dem Fußballjahr 2012 anzuführen). Die Möglichkeiten beim Austausch des enttäuschenden Herrn Meier durch den vermeintlich noch brennenden Herrn Mayer (Change the Management) sind vielerorts weitgehend ausgereizt. Viele kurzzeitig gefeierte Jungstars verglühen wie Kometen. Oder sie bringen keine besseren Ergebnisse mehr. Da angeblich vorzügliche Neue/Externe mittel- bis langfristig meist nicht besser agieren als vermeintlich ausgereizte Alte/Interne – ganz abgesehen von der Stillstandphase während des Austauschens und Warmlaufens. Volkswirtschaftlich würde dies – ohne den hierzulande ohnehin vernachlässsigten grenzüberschreitenden Import von High Flyern – sowieso zum Nullsummenspiel.

In zahlreichen Studien zeigen sich die Stressfaktoren mit ihren Konsequenzen (siehe Überblick in Claßen/Kern 2010: 193 – 5 und Claßen/von Kyaw 2010: 58 – 59). Inzwischen sind viele weitere Studien hinzugekommen, unterfüttert mit unterschiedlich seriösen Daten und teilweise schaurigen Resultaten. Beispielsweise zieht der Wissenschaftliche Dienst der AOK das Fazit: »Zeitdruck und Stress nehmen zu, und die Gefahr besteht, dass die Menschen von zwei Seiten gleichzeitig ausbrennen, vom Beruf her und durch familiäre Belastungen« (Pressemitteilung vom 19.04.2011). Studie zwei: Das ManagerMagazin (06/2012: 107) zeigt eine detaillierte Analyse, nach der alleine in DAX30-Unternehmen zusammengenommen 73.500 Burn-out-Fälle pro Jahr zu erwarten sind. Wobei es erhebliche Unterschiede zwischen diesen Konzernen gibt: »Das Muster … ist eindeutig: Überall da, wo seit Jahren umgebaut, reorganisiert und gekürzt wird, schießt die psychische Belastung der Mitarbeiter steil nach oben« (ebd.). Die Quellen für solche Aussagen sind freilich fast schon egal. Da beinahe täglich eine Schreckensmeldung durch die Medien gezerrt wird. Sogar die Reparaturkosten bei allfälligen Schäden sind volkswirtschaftlich und einzelbetrieblich quantifiziert worden. Im ersten Fall kommen dabei für eine Ökonomie wie Deutschland laut Berechnungen vom Bundesverband der Unfallkassen dreistellige Milliardenbeträge zusammen. Für einzelne Unternehmen hängen diese Beträge von der Betriebsgröße sowie den Multiplikatorwirkungen und Ausstrahlungseffekten bei Leistungs- und Ergebnisabfällen seiner Manager ab. Vernachlässigbar sind diese Summen nicht mehr.

Leadership-Management ist die organisatorische Antwort auf eine solche Leadership-Bubble und den Wunsch nach Leadership-Effectiveness (als zentralem Element von Organizational Effectiveness). Bislang ist der Auftrag zum Leadership-Management in vielen Unternehmen noch nicht tatsächlich angekommen. Oder der Umschlag mit einem solchen Auftrag wurde zwar bereits an der Pforte abgegeben, ist jedoch bislang von der verantwortlichen Unternehmensführung wegen einer vermeintlich individuellen Pflicht von Führungskräften für »My survival« noch nicht geöffnet worden.

Da individuelle Belastungen aus der Unternehmensrealität für viele Manager inzwischen ein menschliches Maß verloren haben und zur persönlichen Strapaze geworden sind, zeigen sich mehr und mehr mannigfaltige Effekte aus diesen Anspannungen:

- Kurzfristigkeits-Denken (keine längerfristige Perspektive sowie Entscheiden und Handeln, als ob es kein Morgen gäbe),

- Nicht-Entscheiden/Entscheidungsstau/Aussitzen/Vorsichtsprinzip (als Vermeiden von Exposition und Risiko durch vermeintliche politische Fallstricke),

- Schnellschüsse (als voreiliges Festlegen auf einen naheliegenden Lösungsweg ohne vorheriges Durchdenken von Konsequenzen und Alternativen),

- Schlingerkurs (als permanenter Wechsel zwischen den Lösungsalternativen ohne verbindliche Festlegung der Richtung und von strategischen Leitplanken),

- Stakeholder-Bias (durch Orientierung an einer Dimension – meistens dem Shareholder – unter Vernachlässigung anderer wie Kunden und Mitarbeiter),

- KPI-Betrug (bewusstes Fälschen von wichtigen Kennzahlen zur Sicherstellung der Zielerreichung in der Leistungsmessung),

- Compliance-Verstöße (mehr oder weniger bewusster Verstoß gegen gesetzliche Normen bzw. interne Spielregeln trotz inzwischen etablierter organisationaler Absicherungen),

- Corporate-Value-Irrelevanz (vernachlässigbare Wirkung der Regeln *richtigen* Verhaltens im Unternehmen im Alltag).

Gratwanderungen bei Veränderungsprozessen

In Summe sieht obige Auflistung fast schon schwarzmalerisch aus. Solche Phänomene treten Tag für Tag in vielen Unternehmen auf und sind definitiv nicht zu deren Vorteil. Mancherorts stellen sie – als faktische Widerlegung rhetorischer Werteverkündigungskampagnen – nicht einmal mehr die Ausnahme, sondern den Regelfall dar. Die Unerheblichkeit von Corporate-Values zeigt sich vielerorts in einer erschreckenden Diskrepanz zwischen Schriftstück und Wirklichkeit. Mit der Anmeldung an der Rezeption betritt man scheinbar heilige Hallen: Gleich an der Pforte, anschließend im Aufzug und auf den langen Fluren oder spätestens in großen Sitzungszimmern begegnen einem in großen Lettern, mit bündigen Slogans, mit schicken Motiven, mit schönen Menschen die jeweiligen Unternehmenswerte oder eine Employee Value Proposition. Inhaltlich überraschen diese selten, adressieren sie doch vor allem anständiges, menschliches, achtsames Miteinander und beziehen sich auf die berechtigten Anforderungen der zentralen Stakeholder, Kunden, Eigentümer und die Öffentlichkeit. Gestalterisch sind sie eng an das Corporate-Design angelehnt. Meist ist noch eine Kommunikationsagentur zum verbalen Feinschliff und zur optischen Vollendung darübergegangen.

Zur Vermeidung der Leadership-Bubble trägt eine Schrift- und Bildkultur derartiger Unternehmenswerte nicht bei. Nur die wenigsten Unternehmen schaffen es bereits oder beginnen zumindest, werteorientiert Geschäftsleben und Zusammenarbeit zu gestalten. Defizite von Unternehmenskultur sowie Diskrepanz zwischen Leitbildern und Alltagserleben werden hinter vorgehaltener Hand angesprochen. Jeder denkt sich seinen Teil dazu und leidet – je nach persönlicher Disposition – mehr oder weniger darunter. Oder gibt sich der Ironie auf den Fluren hin. Eigentlich müsste dann jede Führungskraft eine eigene normative Sicht auf ihren Entscheidungsbereich finden und dort im Sinne einer Tugendethik konsequent handeln. Ein Change-Manager kann im geeigneten Augenblick – nämlich wenn es nicht nervt und ein Nachdenken zu erwarten ist – den Finger heben und auf das vom Unternehmen selbst auferlegte Regelwerk verweisen. Ein stichhaltiges Instrument sind Corporate Values bei Veränderungsprozessen jedoch nicht.

Die inzwischen weitverbreitete und auf einen ersten Blick ziemlich faire Zielvereinbarungslogik verliert angesichts steigenden Drucks zunehmend ihre Sinnhaftigkeit. Denn sie definiert seitens des Unternehmens lediglich noch das überzogene Was und überlässt das Wie der Verantwortung seiner Führungskräfte. Offiziell bleibt eine Organisation sauber. Ist doch das Wie durch rechtssichere Policies und verbindliche Compliance zu allen nur denkbaren Stolperfallen von vielen Seiten eingekesselt. Zum betrieblichen Null-Fehler-Dogma ist die rechtliche Null-Toleranz-Doktrin hinzugekommen. Meist wird dies durch Unterschrift von Managern unter die Spielregeln justiabel gemacht (also die Compliance-Compliance). Von internen Abteilungen – die in einigen DAX-Unternehmen eine Personalstärke von über 500 Mitarbeitern aufweisen (ManagerMagazin 06/2012) – bewacht. Und von einer Compliance-Industrie aus Rechtsanwälten, Wirtschaftsprüfern und weiteren Kontrollberufen beleuchtet. Verstöße werden dann zu Fehlverhalten des Individuums. Und liegen nicht mehr in Verantwortung der Organisation sowie der für sie haftenden Vorstände beziehungsweise Geschäftsführer. Aus deren Schutzinteresse und zur Vermeidung von teilweise erklecklichen Strafgeldern ist der Compliance-Boom in jüngerer Vergangenheit entstanden (vgl. Moosmayer 2010). Ein umsetzungs- und ergebnisverantwortlicher Manager – als Entrepreneur zum Handeln aufgefordert und am eng mit der Zielvereinbarung verknüpften Bonus interessiert – ist von dieser oftmals unbeherrschbaren und unüberschaubaren Logik überfordert. Sowie vom dahinterliegenden Verhaltensmodell, heißt doch das englische Adjektiv »compliant« übersetzt folgsam, fügsam, gefällig.

Dies alles ist für den Change-Manager nicht nur deshalb bedeutsam, da er sich selbst immer wieder hierzu reflektieren und gegebenenfalls korrigieren sollte. Auch seine internen Kunden, die sich im Wesentlichen aus dem Kreis der angespannten Führungskräfte rekrutieren, sind potenziell von solchen Stressoren und ihren unguten Effekten betroffen. Das erfordert einen behutsamen – im doppelten Wortsinn (bedächtig und vorsichtig) – Umgang mit ihnen. Gerade im Falle von Compliance- und Value-Verstößen ist die Rolle eines Change-Managers alles andere als einfach. Gilt es doch für allfällige Interventionen – diese können systemischen oder individuellen Charakter haben – den richtigen Moment abzupassen. Die Möglichkeiten für ihn, sich dabei die Finger zu verbrennen oder es gar auf immer zu verderben, sind unbestreitbar vorhanden. Der Change-Manager als moralisch-ethischer Tugendwächter ist vom Business, gerade dessen potenziell gefährdeten Bereichen, meist unerwünscht – trotz hehrer Zielsetzungen des Unternehmens. Am ehesten wird der Einwurf des Change-Managers dann zählen, wenn er sich bei seinen eigentlichen Aufgaben bereits auf Augenhöhe hinaufgearbeitet hat und damit eine grundsätzliche persönliche Anerkennung besitzt. Dann kann er es sich ab und an erlauben, die Akteure sanft auf ihre Verbesserungsmöglichkeiten hinzuweisen (vgl. 7.2).

Zielkonflikte, Gegensätze, Widersprüche

Laut Duden gibt es das Wort Meinungslosigkeit nicht. Die Hüter deutscher Sprache kennen – zumindest bislang – lediglich die Meinungsverschiedenheit. Aus ihrer humanistisch geprägten Tradition ist es wohl nicht vorstellbar, dass jemand gänzlich ohne Meinung sein kann (mir egal). Selbst im Internet muss man sich via Button binär entscheiden: »gefällt mir!« – »missfällt mir!« Um unterschiedlicher Meinung zu sein, ein bei Veränderungsprozessen nicht seltenes Phänomen und oftmals zwangsläufiger Reflex der Opponenten, muss jemand eine zumindest halbwegs feste Position beziehen. Als Antwort auf die Komplexität des Weltgeschehens mit ihren Zielkonflikten, Gegensätzen, Widersprüchen retten sich inzwischen viele Entscheider und Betroffene allerdings in die Meinungslosigkeit – zumindest vor der Öffentlichkeit. Dies vereinfacht das Leben im organisatorischen Kontext mit seinen politischen Spannungsfeldern und emotionalen Tretminen. In der privaten Enklave sieht es anders aus.

Eine solche grundsätzliche Meinungslosigkeit ist keine spezifische Haltung der unübersichtlichen Gegenwart bei unvorhersehbarer Zukunft. Bereits

Montaigne hat vor fast fünfhundert Jahren seinem Leitspruch »Was weiß ich?« (»Que je sais?«) die Ablehnung von starren Behauptungen, klaren Ratschlägen und fixen Entscheidungen folgen lassen (Zweig 1960: 62, Poller 2010: 188). Zumindest eine solche Meinungslosigkeit ist eine klare Meinung. Der moderne Zeitgeist übersetzt dies in das Aufkommen sozialer Strömungen mit der Erlaubnis zur Meinungslosigkeit in vielen Politikfeldern (Piraten), in das Unwort des Jahres 2010 (alternativlos) und in populäre Bestseller (»Wofür stehst Du?«). Begründung von diLorenzo (immerhin Chefredakteur der Wochenzeitung »Die Zeit«): »Ich bin heute kein Mensch, der ausgeprägte Meinungen hätte. … Nach einem abendlichen Gespräch mit einem Gewerkschafter habe ich größtes Verständnis für dessen Positionen und kann mich am nächsten Tag in einen Neoliberalen einfühlen. … Jedenfalls stelle ich fest, dass ich, je länger ich mich mit einem Problem beschäftige, desto unentschiedener in meiner Meinung werde. … Ich fürchte, das bleibt unser Leitmotiv: Statt 'lotta continua' (ständiger Kampf) heißt es bei uns: 'Das Abwägen geht weiter!'« (Hacke/diLorenzo 2010: 49–51). Die Begründung der Unwortkommission in ihrem Begründungstext gegen *alternativlos* gibt immerhin Mut: »Das Wort suggeriert sachlich unangemessen, dass es bei einem Entscheidungsprozess von vornherein keine Alternativen und damit auch keine Notwendigkeit der Diskussion und Argumentation gebe« (www.unwortdesjahres.net aufgerufen am 14. Mai 2012).

Diesen Haltungs- und Meinungsspagat unter Vermeidung einer – zumindest vorläufigen – Festlegung von Entscheidungen gibt es auch im Change-Management. Besonders bei denjenigen, die Verantwortung bei der Gestaltung von Veränderungen und in der People-Dimension tragen. Am besten soll immer beides gleichzeitig gelingen, unten und oben, hinten und vorne, links und rechts. Egal wie schwer vereinbar die Gegensätze in der konkreten Situation auch sein mögen. Viele Transformationsmanager scheinen das Herumeiern als Prinzip gewählt zu haben. Und berufen sich bei ihrem Hin und Her auf Mintzberg (2010), der von Führungskräften Ambiguitätstoleranz verlangt: Beim Managen müssten Manager eben Unvereinbares aushalten, Labyrinthe bewältigen und Balanceakte wagen. Denn in Zeiten des Wandels gibt es gar viele Dilemmata.

Mintzberg (2010: 207) unterscheidet im Manageralltag zwölf Dilemmata:

1. Denkdilemmata

- Oberflächlichkeitssyndrom (Wie kann man in die Tiefe gehen, wenn der Druck so groß ist, die Arbeit vom Tisch zu bekommen?)

- Planungsdilemma (Wie kann man in so einem hektischen Job planen, Strategien bilden oder einfach nur nachdenken, geschweige denn vorausdenken?)

- Dekompositionslabyrinth (Wie findet man in einer von Analysen zergliederten Welt zur Synthese?)

2. *Informationsdilemmata*

- Distanzierungsdilemma (Wie bleibt man informiert, wenn die Managertätigkeit selbst einen von Dingen entfernt, die man zu managen hat?)

- Delegierungsdilemma (Wie kann man delegieren, wenn so viele relevante Informationen persönlich, mündlich und häufig privilegiert sind?)

- Mysterien des Messen (Wie kann man managen, wenn man die Managertätigkeit nicht zuverlässig messen kann?)

3. *Zwischenmenschliche Dilemmata*

- Ordnungsrätsel (Wie kann man Ordnung in die Arbeit anderer bringen, wenn die Managertätigkeit selbst so ungeordnet ist?)

- Kontrollparadox (Wie kann man den notwendigen Zustand kontrollierter Unordnung aufrechterhalten, wenn der eigene Manager Ordnung aufzwingt?)

- Souveränitätsfalle (Wie kann man ein hinreichendes Maß am Selbstsicherheit und Souveränität erzeugen, ohne in Arroganz zu verfallen?)

4. *Aktionsdilemmata*

- Entscheidungsdilemma (Wie kann man in einer komplizierten, nuancierten Welt entschlossen handeln?)

- Veränderungsdilemma (Wie kann man Veränderung managen, wenn gleichzeitig die Kontinuität gewahrt werden muss?)

5. *Ultimatives Dilemma*

- Wie kann ein Manager mit all diesen Dilemmata gleichzeitig fertig werden?

Bereits für sich alleine ist jedes dieser Dilemmata kein Kinderspiel. In ihrer Aufsummierung, dem ultimativen Dilemma, werden sie allzu oft zum Drama des beruflichen Alltags: »Der Manager muss nicht nur einen Drahtseilakt vollführen, sondern dies auch noch auf den unterschiedlichsten Seilen in einem vieldimensionalen Raum. Management hat ebenso viel mit Fingerspitzengefühl wie mit Entschiedenheit zu tun. ... Die Kunst besteht darin, die richtige Balance zu finden. Aber dabei handelt es sich nicht um eine stabile Balance, sondern eher schon um eine dynamische. ... Die Paradoxe und Dilemmata, Labyrinte und Rätsel sind integraler Bestandteil der Managertätigkeit – sie sind die Managertätigkeit –, und das werden sie auch in Zukunft bleiben. Sie lassen sich abmildern, aber nicht aus der Welt schaffen, sie lassen sich versöhnen, aber nicht lösen« (ebd.: 248–249).

Ambiguitätstoleranz – das Problem

In der People-Dimension gibt es eine Vielzahl von Spannungsfeldern – besonders bei Veränderungsprozessen (Abb. 35). Diese Ambiguitäten sind keineswegs trivial. Nicht einmal eine solch füllige Auflistung von Zielkonflikten, Gegensätzen, Widersprüchen kann für sich den Anspruch auf Vollzähligkeit, den Ehrgeiz auf Vollständigkeit und damit den Nachweis von Vollkommenheit befriedigen. Wie nun soll sich ein Entscheider, wenn er in knapper Zeit über knappe Mittel beschließen soll, in diesem Spannungsfeld festlegen? »Wofür stehst Du?«, wird man ihn fragen und ihm eine Antwort abnötigen (vgl. Baumann 1995, Beck 1986).

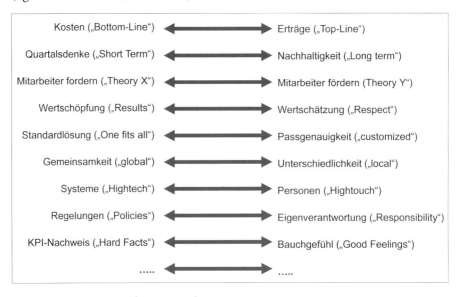

Abb. 35: Gegensätze bei Veränderungsprozessen
(Skizze einer unendlichen Liste)

Es kann sich als nützlich erweisen, seine Haltung im Vorfeld von Entscheidungen zu klären und den Betroffenen deutlich zu machen. Dabei erweist es sich als dienlich, ehrlich zu sich selbst und gegenüber Dritten zu sein. Und nicht einfach den heutigen Moden und gängigen Wegen zu folgen. Ebenso wenig gemeint ist ein wurstiges Verhalten. Denn redliche Antworten auf die Frage »Wofür stehst Du?« legen meist die beste Fährte bei der Ausrichtung des eigenen Tuns. Natürlich muss man dann die daraus entstehenden Spannungen, die es geben wird, auch aushalten können. Das ist mit dem sperrigen Begriff der Ambiguitätstoleranz gemeint. Ambiguitätstoleranz ist – laut Wikipedia – »ein Persönlichkeitskonstrukt, um Widersprüchlichkeiten, Inkonsistenzen oder mehrdeutige Informationslagen in ihrer Vielschichtigkeit wahrzunehmen und positiv zu bewerten«. Als beste Freundin der Ambiguitätstoleranz gilt im Übrigen die Multiperspektivität. Die wiederum vielerorts zur guten Bekannten der Meinungslosigkeit geworden ist. Also Vorsicht!

Unsere Wahrnehmung reibt sich an und entwickelt sich durch das Nichteindeutige (vgl. Przeworski/Teune 1970). Aus Zielkonflikten, Gegensätzen und Widersprüchen entwickeln sich Positionen mit mehr oder weniger Eindeutigkeit. Meistens. Das Wahrnehmen von Ambiguität, das Aushalten von Ambiguität und das Umgehen mit Ambiguität führen zum individuellen Lernen und damit zur persönlichen Entwicklung. Übrigens: Um diese Entwicklung aus Gegensätzen wussten bereits Heraklit und viele weitere Denker der Geistesgeschichte vor Hegel (Poller 2010: 281). So meinte Erasmus von Rotterdam, Gegensätze müsse man eben ertragen. Doch Ambiguität erzeugt auch kognitive Dissonanzen und emotionale Friktionen. Die besonders in den ohnehin instabilen Zeiten des Wandels unangenehme Empfindungen auslösen. Denen wollen viele Menschen möglichst ausweichen.

Bei der Beschäftigung mit einer so verstandenen Ambiguitätstoleranz fallen die vorrangige Problemorientierung und eine geringe Lösungsorientierung ins Auge (Baisch u.a. 1996). Dazu drei Thesen: (1) Ambiguitäten werden gerne aufgezeigt. Es gilt als intellektuell, Zielkonflikte, Gegensätze und Widersprüche zu benennen und darüber die Komplexität und Problematik des Weltgeschehens zu verdeutlichen. Alleine, das reicht nicht. (2) Das Aushalten und Umgehen mit Ambiguität gelten als zentrale, elementare, fundamentale Eigenschaften des Menschen im Hier und Jetzt, besonders in Unternehmen und gerade bei Veränderungen. (3) Aus dieser Forderung nach Ambiguitätstoleranz müssten sich individuelle Entwicklungskonzepte identifizieren lassen. Damit der Einzelne seine persönliche Kompetenz diesbezüglich verbessert und weniger an der Welt samt ihrer Vielfalt leidet. Solche Konzepte sind allerdings in Theorie und Praxis kaum zu finden. Selbst wenn die gegenwärtigen Hypes rund um Therapie, Coaching, Resilienz und anderes mehr genau darauf abzielen. Immerhin wird mit solchen Reflexionsflächen ein Anfang gemacht und oftmals eine erste Grundlage gelegt. Allerdings ist die Psychologie bislang deutlich besser in der Analyse von Ambiguitätsintoleranz – hat dafür entsprechende Verfahren entwickelt (etwa IMA-40) – als in der Beseitigung von individuell geringer Ambiguitätstoleranz.

Startpunkt bei der Wahrnehmung von Ambiguität ist eine wie auch immer entstandene Ausgangsposition des Individuums (Vorurteil): Diese umfasst Glaubenssätze und Weltanschauungen, Bezugsrahmen und Wertvorstellungen. Also das, was beispielsweise Schein (1985: 25) als »basic assumptions and beliefs« bezeichnet hat. Die durch innere und äußere Impulse wieder und wieder einem Verifikationsprozess, was durch Verstärkung angenehm ist, oder einem Falsifizierungsprozess, was infolge Ambiguität weniger erträglich ist, ausgesetzt sind. Veränderungsprojekte sind durch den Wechsel vom bisher Gewohnten zu etwas Neuem per se als Falsifizierungsprozess angelegt. Dieser löst durch seine Ambiguitäten unangenehme Empfindungen bei vielen Betroffenen aus: Ende der Gemütlichkeit.

Oder zumindest Ende des Vertrauten. Wenn etwa einem Mitarbeiter, dem das Leben wichtiger ist als die Arbeit, unter der für ihn völlig nebensächlichen Shareholder-Devise *Profitable Growth* zusätzliche Anstrengungen abverlangt werden, löst dies Ambiguität aus. Wenn, Beispiel zwei, ein anderer Mitarbeiter seine Anstrengung im Blick hat (Input) und weniger das Ergebnis (Output) und nun mit dem Verschlankungsappell *Organizational Effectiveness* konfrontiert wird, löst dies Ambiguität aus. Wenn, Beispiel drei, ein weiterer Mitarbeiter unter dem Zentralisierungsslogan *Overhead Focus* seinen Job im gewohnten Umfeld aufgeben und sich geografisch folgenschwer verändern soll, löst dies Ambiguität aus. Ambiguitäten, die durch Change-Interventionen kaum beseitigt werden können. Wer nicht will, will nicht. Wer nicht kann, kann nicht. Wer nicht muss, muss nicht. Natürlich ist Ambiguitätstoleranz weiterhin eine individuelle und damit persönliche Angelegenheit. Die Organisation kann hierfür – durch Wahrheit und Klarheit – günstige Voraussetzungen schaffen (vgl. 4.4).

4.3 Leadership bei Veränderungsprozessen

Zwei Manager-Typen

In dieser neuen Unübersichtlichkeit ist Leadership gefragt. Die Frage ist nur: welches? In den Medien werden der Einfachheit halber zwei gegensätzliche und mit Sicherheit überzeichnete Manager-Typen angeboten. Wobei in Veränderungssituationen keines dieser beiden Extreme grundsätzlich richtig oder falsch ist. Wer einen situativen Führungsstil praktiziert, was leichter gesagt als getan ist, kann der Polarisierung ohnehin mit Gelassenheit begegnen. Keiner von beiden Idealtypen ist per se für jedwede Veränderungssituation geeignet. Manche Konstellationen verlangen nach klarem, markantem und mitunter gegenüber berechtigten Mitarbeiterinteressen komplett ignorantem Führungsverhalten. Andere erfordern ein integratives, partizipatives, respektierendes Vorgehen. Mit humanistischer oder anderweitig abgeleiteter moralisch-ethischer Aufladung (Haltung). Und mit dieser Unterfütterung schon fast ein – für die Wirtschaft größtenteils noch wunderliches – Verständnis mit viel Entgegenkommen, Aufweichen, Nachgeben sowie bereits einen Hauch von Basisdemokratie. Unter manchen Umständen bedarf es eher des ersten Typus, in anderen mehr vom zweiten. Auf die richtige Wahl im passenden Moment kommt es eben an. Die meisten Change-Management-Verantwortlichen finden selbstverständlich den mitarbeiterorientierten Manager sympathischer. Nicht immer wirkt dieser aber segenbringend.

Übersetzt auf Führungspersönlichkeiten resultieren daraus zwei entgegengesetzte Manager-Typen. Da gibt es zum einen »harte Hunde«. Bei denen die People-Dimension eine völlig nachgeordnete, meist nicht einmal sekundäre Bedeutung besitzt. Top-down ist ihr Faible, emotionale Intelligenz etwas für Weichlinge. Und die bei Auftritten im Unternehmen sowie mit ihrer medialen Präsenz dieses Image pflegen. Typisches Statement: »Wenn der Leidensdruck für die Mitarbeiter nur groß genug ist, werden sie sich schon an die erforderlichen Veränderungen anpassen!« In der früheren Politikszene sind derartige Urgesteine durch ihren unantastbaren, Furcht einflößenden, schaudererregenden Nimbus mit einem Ruf bis in die Gegenwart belegt. Heute gibt es sie dort nicht mehr. Im Sportbereich sind entsprechende Trainer oft Legenden (einst Hennes Weißweiler und Ernst Happel sowie derzeit Felix Magath). Aus der Wirtschaft wurde etwa Fiat-Chef Marchionne bei seinem Rettungsversuch für Opel als »harter Hund im weichen Pullover« (zitiert im Stern vom 06.05.2009) bezeichnet. Aktuelle Beispiele aus dem deutschsprachigen Raum gäbe es auch – müssen aber an dieser Stelle nicht namentlich aufgeführt werden. Übrigens: Mit hartem Hund ist ein markanter Führungsstil und nicht der an anderer Stelle beschriebene toxische Manager gemeint (vgl. 4.1). Wobei es durchaus eine gewisse Korrelation von Input und Output gibt.

Demgegenüber stehen mitarbeiterorientierte Manager. Die sämtliche Entscheidungen vor dem Hintergrund möglicher Auswirkungen auf ihren zentralen Stakeholder – dem Mitarbeiter – reflektieren. Und Nachteiliges in der People-Dimension zu vermeiden versuchen. Sie reservieren nicht unbeträchtliche Zeitbudgets bei ihrem Dialog mit Führungskräften und Belegschaft bis hinein in Werkhallen und Großraumbüros. Bottom-up findet ihr Wohlgefallen. Böse Entscheidungen sind nicht ihre Sache. Dabei geraten sie in Gefahr, anderweitige Erfordernisse ihres Unternehmens auszublenden. Meist erweisen sie sich als ausgewiesene Anhänger und Unterstützer von Change-Management. Typisches Statement: »Wir müssen die Betroffenen zu Beteiligten machen und den Veränderungsprozess aktiv unterstützen!« Dieser Typus wird ebenfalls ab und an in den Wirtschaftsmedien gefeiert. Zumindest solange das Unternehmen floriert. Bei vielen Veränderungsprojekten ist mir auch dieser Charakter leibhaftig begegnet. Einmal gab es sogar einen Vorstand, bei dem sind uns die Mitarbeiter ausgegangen, die sich mit ihm beim Business-Frühstück, Executive-Lunch, Kaminabend oder Town-Hall-Meeting austauschen wollten. Fast waren wir schon so weit, Passanten von der Straße zu holen, gegen einen kleinen Obolus. Es scheiterte letztlich an einer geeigneten Kostenstelle.

Von Interesse ist nun, wie diese beiden pointiert beschriebenen Managertypen in der Realität auftreten (methodische Details zur Analyse sowie differenzierte Ergebnisse siehe bei Claßen/von Kyaw 2008: 19–21). Zur Mitte der letzten Dekade, an drei Zeitpunkten zwischen 2003 und 2007, zeigten sich für die erste und zweite Führungsebene von mitteleuropäischen Unternehmen recht konstante Ergebnisse (Abb. 36). Etwas mehr als die Hälfte der Manager sind mitarbeiterorientiert. Knapp weniger als fünfzig Prozent gehört zur Kategorie harter Hunde. Wenn man also vor einem halben Jahrzehnt zehn zufällig ausgewählte obere Führungskräfte vor sich hatte, waren fünf bis sechs partizipativ ausgerichtet und vier bis fünf als tough zu charakterisieren. Mit den sich daraus ergebenden Friktionen in den Unternehmen durch diese Gegensätzlichkeit. Vergleichbare Ergebnisse liegen aktuell nicht vor. Die immer wieder vermutete Entwicklung hin zum mitarbeiterorientierten Manager verbunden mit dem Aussterben von Hardlinern bleibt damit Vermutung und Hoffnung. Übrigens: In den drei Studien zeigten sich erhebliche Branchenunterschiede sowie eine deutlich stärkere Mitarbeiterorientierung von Führungskräften in Österreich und der Schweiz gegenüber Deutschland.

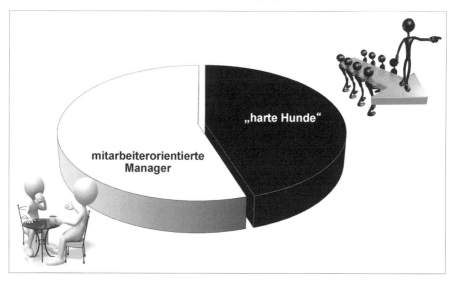

Abb. 36: Mitarbeiterorientierte Führungskräfte und »harte Hunde«

»Nimmt die Menschen mit«

Für Gewinnung und Bindung sowie Motivation und Engagement von Mitarbeitern wird zuvorderst der unmittelbare Vorgesetzte dingfest gemacht. Gerade in Zeiten des Wandels kommt der Führungskraft eine ganz entscheidende Rolle zu. Neben vielen anderen Aufgabenstellungen – im sogenannten Business-Alltag – muss eine Führungskraft während Veränderungsprozessen ihre Leadership-Rolle erfüllen. In zwei Studien wurden dazu diverse Aufgabenfelder bei derartigen Umbruchsituationen identifiziert (vgl. Claßen/von Kyaw 2010: 43–5, Capgemini Consulting 2012: 33). Um es gleich vorwegzusagen: Als »weniger wichtig« oder gar »unwichtig« hat sich für Führungskräfte keine der Aufgabenstellungen erwiesen. Die Varianz spielte sich in den Abstufungen zwischen »sehr wichtig«, »wichtig« und »neutral« ab (Abb. 37).

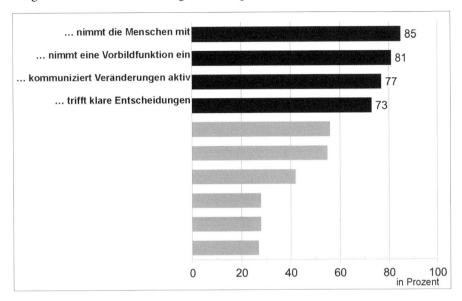

Abb. 37: Rollen von Führungskräften bei Veränderungsprozessen (Durchschnittswerte 2010/12)

An der Spitze steht mit vernachlässigbaren Unterschieden ein eher heterogenes Trio: Zum Ersten die Mobilisierungsfunktion (»... nimmt die Menschen im Unternehmen mit«/ 85 Prozent). Zum zweiten die Prototyprolle (»... nimmt eine Vorbildfunktion ein«/ 81 Prozent). Zum dritten die Kommunikationsfunktion (»... kommuniziert die Veränderungen aktiv«/ 77 Prozent). An vierter Stelle kommt die Entscheidungsfunktion (»... trifft klare Entscheidungen«/ 73 Prozent). Damit wird die enorme Erwartungshaltung an Führungskräfte hinsichtlich Change-Management deutlich. Um diese Aufgaben zufriedenstellend erfüllen zu können, müssten sie eigentlich selbst längst in der neuen Welt angekommen und von dieser überzeugt sein. Dies ist freilich ein Zustand, der oftmals bei Weitem nicht gegeben ist. Damit wird, dies kann aus den Ergebnissen deutlich geschlossen werden, die unmittelbare und persönliche Kommunikation mit der direkten Führungskraft nach wie vor als zentraler Kommunikationskanal gesehen. Wie leicht wird eine wichtige Information im Newsletter oder Intranet flugs übersehen oder falsch interpretiert. Seinem Vorgesetzten hört man genau zu, achtet auf Mimik und Gestik sowie Tonalität und Interpretation. Er steht bei Zweifeln und zur Konkretisierung zur Verfügung.

Wenn Führungskräfte bei Veränderungsprozessen vor allem anderen diese mitarbeiterbezogenen Rollen besitzen, dann muss ihnen dafür im Rahmen des Change-Managements die entsprechende Unterstützung – durch stimmige Instrumente – gegeben werden. Solche Instrumente sind vielerorts noch zu wenig bekannt und zu selten eingeübt. Daher sollten die Führungskräfte professionelle Qualifizierung, individuelles Coaching, situatives Sparring in Anspruch nehmen können. Um diese Instrumente zu erlernen. Aber auch um Haltung und Rollenverständnis zu erfahren. Zudem brauchen sie dafür – einfach nur – viel mehr Zeit, durch Entlastung von sonstigen Aufgabenstellungen. Zeit, die ihnen dann für andere wichtige Tasks und Challenges einer Führungskraft nicht mehr zur Verfügung steht. Dies ist oft nicht möglich oder nicht gewollt. Was niemand explizit und offiziell so sagt. Doch Prioritäten werden vom Top-Management zwischen den Zeilen anders gesetzt. Bei neutraler Betrachtung oft sogar gegen die Veränderung oder durch die locker dahin geworfene Aufforderung »Alles auf einmal«. Was nicht geht. Also bleibt die Erfüllung dieser prozessualen Aufgabenstellungen von Führungskräften im Verlauf von Veränderungsprozessen im Argen. Die Führungskraft steckt im Dilemma. Transformationen kommen nicht voran. Von außen betrachtet wirkt dies nicht selten tragikomisch. Wobei die Tragik überwiegt.

Als Blutsverwandter der Mobilisierungs-/Kommunikationsfunktion gilt die Meinungs(macher)funktion (»… überzeugt ihre Mitarbeiter, dass der Wandel zum Besseren führt«/ 55 Prozent/ Position 6). Deren Wert liegt bereits tiefer. Möglicher Grund: Führungskräften geht wegen eigener Bedenken und fehlender Unterstützung das entscheidende Fünkchen an Überzeugungskraft für den Wandel ab. Es braucht also das Backing von ganz oben. Neben diesen bis auf die Entscheidungsfunktion primär mitarbeiterbezogenen Rollen der Führungskraft fallen ihre auf das eigentliche Voranbringen der Veränderung bezogenen Aufgaben ab: Die Gestaltungsfunktion (»… initiiert und gestaltet die Veränderung«/ 56 Prozent/ Position 5) sowie die Steuerungsfunktion (»… treibt den Veränderungsfortschritt voran und kontrolliert ihn«/ 42 Prozent/ Position 7). Im Fazit der sieben wichtigsten Funktionen einer Führungskraft bei Veränderungsprozessen bedeutet dies: Klar ist, sie muss den angestrebten Wandel durch Management voranbringen. Aber noch klarer ist, sie muss ihren Bereich durch Leadership ins Boot holen.

Weitere Aufgabenstellungen werden als eher sekundär gesehen. Was nicht ihre geringe Bedeutung zum Ausdruck bringt, sondern das noch größere Gewicht der anderen Führungskräfterollen. Es sind die Deeskalationsfunktion (»… löst Konflikte«/ 28 Prozent), die Vermittlungsfunktion (»… vermittelt Hierarchie übergreifend«/ 28 Prozent) sowie die Retentionfunktion (»… bindet Mitarbeiter durch vertrauensbildende Maßnahmen an das Unternehmen«/ 27 Prozent). Natürlich gehören auch diese Rollen und manch anderes mehr zu den ureigensten Aufgaben von Führungskräften, im Unternehmensalltag und noch mehr bei Veränderungsprozessen. Das System Organisation kann hierfür allenfalls die Rahmenbedingungen günstig gestalten. Die Umsetzung muss immer noch vor Ort und live von der Person Vorgesetzter getrieben werden – oft sogar trotz ungünstiger Rahmenbedingungen. Diese drei zweitrangigen Führungskräfterollen erscheinen mir so wichtig, dass sie an anderer Stelle in diesem Buch vertieft werden. Denn Deeskalations-, Retention- und Vermittlungs-Maschinen sind noch nicht erfunden worden (vgl. 3.4, 5.3, 8.2).

Nachklapp: In der fünften Change-Management-Studie wurde hinsichtlich Führungskräfterollen die Diskrepanz zwischen den oben dargelegten Wünschen und der rauhen Betriebswirklichkeit erfragt (Capgemini Consulting 2012: 35). Wieder an der Spitze beim Delta zwischen Soll und Ist: die Kommunikations-, Richtungsgeber- und Entscheidungsfunktionen sowie die Meinungs(macher)funktion. Das was seitens der Führungskräfte bei Veränderungen unbedingt nötig wäre, fehlt eben in vielen Unternehmen noch. Ganz oben steht aber ein großes atmosphärisches Defizit (das nur in 2012 erhoben wurde): Führungskräfte schaffen nur selten ein »Umfeld, in dem kontinuierliches Lernen und Change selbstverständlich werden«. Daran gilt es in Zukunft zu arbeiten.

Kommunikation bei Veränderungsprozessen

Die richtigen Themen zu setzen, die richtigen Worte zu finden, den richtigen Kanal zu nutzen, die richtige Zeit zu wählen und den richtigen Sprecher zu haben, ist eine der größten Herausforderungen bei Veränderungsprozessen (siehe Kienbaum 2012). Dies ist das Ziel von Change-Kommunikation (vgl. 8.2). Das, was gestern als Botschaft wichtig und richtig war, kann heute allerdings schon fragwürdig sein und morgen bereits überholt. Es liegt an der Volatilität des Geschehens, der Ambiguität des Augenblicks und der Flexibilität der Zielsetzung. Trotzdem muss die Zukunft – gerade in der wenig griffigen Zeit des Wandels – fassbarer werden. Anstatt in Beliebigkeit zu zerlaufen, in Worthülsen zu zerbröckeln, in Unschärfen zu zerfließen. Nicht-Kommunizieren ist ohnehin nicht möglich, wie wir ebenfalls von Watzlawick (1976) wissen. Allzu große Offenheit und die zeitweise unvermeidbare Unklarheit, Unstetigkeit und Ungewissheit sind für viele der zu Transformierenden dagegen nicht bekömmlich. Für nicht wenige stellt dies sogar eine persönliche Belastung dar. Einerseits. Andererseits wird Political Correctness mittels rhetorisch einstudierter Floskeln abgelehnt. Kommunikation ist trotz allem das vermutlich am besten geeignetste Instrument, im Verlauf der Veränderung Halt zu geben, ohne Haltung zu verlieren. Kommunikation ist deswegen zentrale Leadership-Aufgabe. Eine der ganz besonders schweren. Bei der man sich ordentlich die Finger verbrennen kann. Oder manche Sprecher sogar kommunikativ verlodert sind.

Wobei den Betroffenen oder aus anderen Gründen wissbegierigen Zuhörern schon einsichtig ist, dass nicht alle Entscheidungen sofort getroffen und kundgetan werden können. Kommunikation kann Zeit – hoffentlich nicht zu lange – benötigen. Wenn aber die Resultate noch nicht kommuniziert werden können, wegen vorgelagerter Untersuchungen, zusätzlicher Entscheidungen, gesetzlicher Anforderungen, dann möchten die Betroffenen zumindest über den Prozess der Entscheidungsfindung informiert werden. Wann sind welche Beschlüssen vorgesehen? »Die Stellenbesetzung wird am 1. Juli veröffentlicht«, »die Standortentscheidung wird am 1. Oktober bekannt gegeben«, »die Sozialplangestaltung wird am 1. Januar feststehen«. Solche Kommunikationsversprechen zeitlicher Natur sind sakrosankt und gestatten nur in allergrößter Not eine Verschiebung.

Wie es mit Kommunikation vor und während einer Transformation richtig gehen könnte, ist im Detail beschrieben worden: in Büchern, in Vorträgen und in Trainings (vgl. 8.2). Stichworte sind: besser persönlich als medial, besser ehrlich als verquast, besser frühzeitig als verzögert. Nicht leichter wird diese anspruchsvolle Aufgabe durch eine immer stärkere Personifizierung von Themen. Bei der die Figur des Vorstandvorsitzenden beziehungsweise Geschäftsführers mit der Identität seines Unternehmens verschmilzt. Solche öffentlichen Menschen sind dann fast nur noch Rollen. Und drohen über dieses Rollenhafte ihre Menschlichkeit, Vertrauenswürdigkeit und Überzeugungskraft zu verlieren. Wie etwa bei Josef »Victory« Ackermann. Der allerdings vom Pressesprecher der Deutschen Bank, Stefan Baron, in einem mehrjährigen Prozess »vom Fiesling zu Deutschlands edlem Nothelfer Joe« gemacht wurde (zitiert nach Süddeutsche Zeitung vom 23.05.2012).

Neben den Inhalten werden Tonalität, Gestik und Mimik auf das Genaueste beobachtet. Eine schmale Gratwanderung: Kommunikation steht und fällt mit dem Sender. Dass in der Realität allenfalls eine Annäherung an einen postulierten Zielzustand erreicht werden kann, muss auch einmal ausgedrückt werden. Kommunikation bei Veränderungsprozessen wird niemals perfekt sein. Besserwisser haben hier ein leichtes Spiel. Das permanente Aufzeigen von Defiziten bringt nichts. Bessermachen lautet die Devise. Kritik bleibt trotzdem erlaubt.

Dies bedeutet zweierlei: Erstens, in der Rückschau war eine Transformation – hoffentlich – die bestmögliche Konsequenz aus den Defiziten der Vergangenheit. Im Nachhinein kann sie als die richtige und einzig sinnvolle Entwicklung verkauft werden. Erst die Retrospektive verklärt das Handeln und seine Ergebnisse. Die Geschichtswissenschaft nennt diese rückwärtsgewandte Prophetie »The benefit of hindsight«, der deutsche Volksmund »Hinterher ist man immer schlauer«. Inmitten einer Transformation kann sich niemand des Zieles und des Weges völlig sicher sein. Im Gegenteil, Undeutlichkeit, Anfeindungen, Belastungsproben gehören zum Alltag von Veränderungen, weswegen Ambiguitätstoleranz zu einem ganz elementaren Wesenszug der Verantwortlichen gehört (vgl. 7.2). Zweitens, Kommunikation und Leadership müssen den vielfältigen Anforderungen an Prägnanz, Imagination, Authentizität, der viel zitierten Offenheit, selbstverständlich auch der Lebensnähe ihrer Zuhörer und vielen weiteren Aspekten genügen. Dies klingt anspruchsvoll und ist alles andere als einfach.

Veränderungsbereitschaft und Veränderungsfähigkeit

Voraussetzung für diese vielfältigen Leadership-Rollen bei Veränderungsprozessen ist zweierlei: Die Führungskraft muss Ziele und Wege der Veränderung zum einen selber wollen (Veränderungsbereitschaft) und zum zweiten leisten können (Veränderungsfähigkeit). In beidem sind inzwischen vielerorts grundsätzliche Probleme festzustellen. Besonders augenfällig ist der Bruch zwischen erster Führungsebene (also Vorstand oder Geschäftsführung als Top-Management) und zweiter Führungsebene (also das Senior-Management unmittelbar darunter). Zwischen Top-Management und Senior-Management zeigt sich ein erheblicher Rückgang bei der individuellen Veränderungsbereitschaft und Veränderungsfähigkeit. Beides fällt von der ersten zur zweiten Führungsebene markant ab mit erwartbaren Auswirkungen auf den Implementierungserfolg. Die Entscheidung zur Veränderung ist eben leichter als die Umsetzung von Veränderung. Wenn es dem Top-Management des Unternehmens schon nicht gelingt, seine *Direct Reports* zum Aufbruch in neue Welten zu bewegen und diese in die Lage dafür zu versetzen, dann ist im mittleren und unteren Management sowie in der Belegschaft erst recht keine Bewegung zu erwarten.

Es ist bildlich gesprochen wie ein Wasserfall, der bereits an der ersten Kaskade trotz der erwarteten Schwerkraft ins Stocken gerät. Diese *obere Zustimmungsblockade* ist in vielen Unternehmen zu beobachten und eine der Hauptbarrieren bei den anstehenden Veränderungsprozessen. Sie hat sich – nach meiner langjährigen Beobachtung aus Veränderungsprojekten – in der letzten Dekade erheblich verschärft. Zudem gibt es noch eine *untere Zustimmungsblockade* zwischen dem Senior-Management und den tieferen Management- und Mitarbeiterebenen. Die gab es eigentlich schon immer. Beides zusammen kann durchaus als das *Doppelblockade-Phänomen* im Veränderungsmanagement bezeichnet werden (Abb. 38 – Details siehe bei Claßen/von Kyaw 2010: 45 – 8). Dieser Zustimmungsabbruch wird in aktuellen Studien bestätigt (Capgemini Consulting 2012: 36 – 37). An dieser Stelle geht es um die obere Blockierung. Veränderungen versanden bereits auf der Ebene unter Vorstand beziehungsweise Geschäftsführung.

Bei der Veränderungsbereitschaft (Wollen) ist diese Zustimmungsblockade der zweiten Führungsebene besonders markant. Drei Viertel der Top-Manager verfügen über eine hohe Veränderungsbereitschaft. Im Senior-Management liegt dieser Wert lediglich bei einem Drittel. Die Hälfte dieser immerhin noch in erheblich verantwortlicher Position befindlichen Führungskräfte hat eine allenfalls mittlere Veränderungsbereitschaft, bei jedem sechsten ist diese

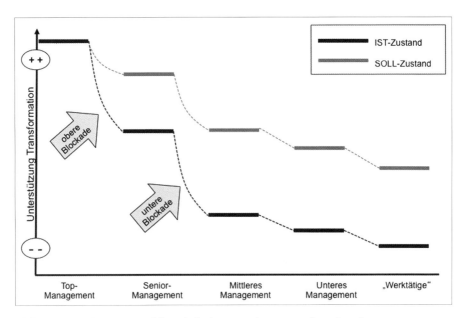

Abb. 38: Zustimmungsabbruch bei Veränderungen bereits ab
Führungsebene Zwei

sogar gering. Auch bei der Veränderungsfähigkeit (Können) klaffen Welten
zwischen der ersten und zweiten Führungsebene. Dem Top-Management
wird in über der Hälfte an Fällen zumindest eine hohe Veränderungskompetenz zugesprochen. Der Vergleichswert für das Senior-Management liegt mit
weniger als einem Drittel deutlich darunter. Wiederum hat die Hälfte der
zweiten Führungsebene eine lediglich mittlere Veränderungskompetenz, bei
jedem Sechsten ist diese erneut gering.

Gründe mangelnder Veränderungsbereitschaft

Was sind nun wesentliche Gründe für diese mangelnde Veränderungsbereitschaft bis in unmittelbare Reichweite der Unternehmensspitze? In Theorie
und Praxis haben sich acht Argumentationsmuster herausdestilliert, die mit
einer Studie untersucht worden sind. Durch die Analysemethode liegt der Er-
wartungswert bei 33 Prozent. Ergebnisse darüber sind überdurchschnittlich
und können als Primärgründe interpretiert werden. Ergebnisse um diesen
Wert sind durchschnittlich und stellen Sekundärgründe dar. Ergebnisse darunter sind unterdurchschnittlich und stehen für nachrangige Tertiärgründe
(Abb. 39 – Details siehe bei Claßen/von Kyaw 2010: 48–50).

Die drei Hauptgründe mangelnder Veränderungsbereitschaft liegen im Fehlen der Einsicht, der Scheu vor Entscheidungen und dem Verlust an Einfluss.
Wenn eine Führungskraft also nicht weiß warum, nicht weiß wie und sich
dazu noch zu den Verlierern der Veränderung zählt, ist ihre individuelle Re-

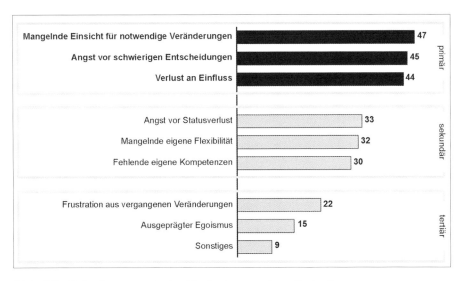

Abb. 39: Gründe mangelnder Veränderungsbereitschaft

aktanz fast schon vorprogrammiert. Weitere Hürden limitieren die Bereitschaft zur Veränderung, so die mit dem Verlust an Einfluss verbundene Angst vor Statusverlust. Weitere Sekundärgründe sind mangelnde Flexibilität und fehlende Kompetenz, also zwei Aspekte, die auf das landläufig als Peter-Prinzip bekannte Phänomen hinweisen: »In einer Hierarchie neigt jeder Beschäftigte dazu, bis zu seiner Stufe der Unfähigkeit aufzusteigen.« Weitere Aspekte der persönlichen Disposition – etwa eine frustrierende Vergangenheit oder ausgeprägter Egoismus – stellen eher tertiäre Barrieren der Veränderungsbereitschaft dar.

Sehen wir uns die drei Hauptgründe näher an. Sie sind bei etwa jeder zweiten Führungskraft im Top-/Senior-Management die Ursache für mangelnde persönliche Veränderungsbereitschaft. Oftmals kumulieren sich diese Barrieren sogar und sind dadurch noch schwerer zu überwinden. Erster Hauptgrund ist mangelnde Einsicht in die Notwendigkeit von Veränderungen. Oder in anderen Worten: Einer von zwei Top-/Senior-Managern hält vom angestrebten Change überhaupt nichts. Ein erschreckender Wert. Folglich muss diese Einsicht erhöht werden, etwa durch intensivierte und optimierte (Überzeugungs-)Kommunikation. So etwas sollte zwischen erster und zweiter Führungsebene eigentlich möglich sein. Dies erfordert freilich viel Zeit und kräftige Argumente. Manche der ins Feld geführten Vorteile einer Neuerung erhalten aber überhaupt erst durch sprachliche Raffinesse und verbale Smartness einen positiven Touch. Ein Mehr und Besser an Kommunikation greift dann zu kurz, wenn bereits das zu Kommunizierende – die *guten* Gründe – schwächeln. Oftmals gibt es keine wirklich überzeugenden Argumente für eine Veränderung. Dann aber kann man miteinander plaudern so lange man will. In einem solchen Fall sollte man es besser beim Status-quo lassen. Der ist vielleicht gar nicht so schlecht.

Zweiter Hauptgrund ist die Angst der Führungskräfte vor schwierigen Entscheidungen. Folglich muss diese Angst genommen werden, etwa durch sorgfältigere Planungsanstrengung, höhere Fehlertoleranz, mildere Folgewirkungen. Denn oftmals ist eine Veränderung auch mit Wirkungen auf der Schattenseite (etwa Downsizing) verbunden und nicht für jedermann auf den ersten Augenschein ein Zugewinn. Und oft auch nicht beim zweiten und dritten Blick. Dies verlangt Zeit und Kraft für ein Durchdenken der Folgewirkungen einer Veränderung sowie eine entsprechende Unternehmenskultur. Erforderlich wird eine Mentalität, die falsche Entscheidungen nicht grundsätzlich sanktioniert oder harte Entscheidungen nicht rücksichtslos exekutiert. Derartig kulturellen Entwicklungen muss man Zeit geben. Zeit, Zeit, Zeit. Ein Mehr davon wird in diesem Buch immer wieder gefordert und bleibt doch eine der größten Klippen heutiger Unternehmensrealität (vgl. 4.4).

Dritter Hauptgrund ist die Angst vor Verlust an Einfluss, eng verbunden mit der Angst vor Statusverlust als viertwichtigster Barriere. Folglich sollte auch diese Angst genommen werden, etwa durch Aufklärung über die unberechtigten Sorgen oder das Aufzeigen der nachteiligen Entwicklungen von alternativen Szenarien. Dies mag in manchen Fällen – bei den tatsächlichen Nicht-Verlierern – nützen. Bei Veränderungsprozessen ist jedoch nicht alles für alle stets ein Win/Win. Die absehbaren Verlierer besitzen einen feinen Sinn für abträgliche Folgewirkungen und werden alles versuchen, Schaden von sich persönlich und dem, was ihnen wichtig ist, abzuwenden. Mit aller ihnen zur Verfügung stehenden Energie. Auch so etwas ist übrigens ökonomische Rationalität. Für den Einfallsreichtum scheint es in der Praxis keine Grenzen zu geben. Mit derartigen Ängsten und den von ihnen Betroffenen im Verlauf von Veränderungsprozessen umzugehen, ist eine der schwierigsten Knacknüsse bei der Gestaltung des Wandels. Gefragt ist dann eigentlich meist ein besseres Business-Management, also inhaltliche Verbesserungen, und nicht das Change-Management. Gefordert sind in jedem Fall ein individueller Ansatz und zur Not auch sanktionierende Maßnahmen bis hin zur symbolischen Entlassung, also der bewussten Freisetzung widerspenstiger Dauernörgler. Für solche Sachen ist das Top-Management höchst selbst verantwortlich. Womit wir wieder beim zweiten Hauptgrund wären, der Angst vor schwierigen Entscheidungen. Delegierbar an ein Projekt und dessen Change-Management ist so etwas keinesfalls. Doch die Versuchung zum Weiterreichen des Problems nach unten bleibt im Top-Management groß. Eine Rückdelegation an die eigentlichen Entscheidungsverantwortlichen ganz oben ist meist die einzig sinnvolle Reaktion.

Diese Ergebnisse wurden – methodisch nur bedingt vergleichbar – in der fünften Change-Management-Studie weitgehend bestätigt (Capgemini Consulting 2012: 37–39). Diesmal rutscht die Angst vor Einfluss- und Statusverlust an die Spitze von Hauptgründen mangelnder Veränderungsbereitschaft. Etwas weniger wichtig sind die Angst vor schwierigen Entscheidungen und die mangelnde Einsicht in die Notwendigkeit von Veränderungen. Dafür wurden zwei weitere Barrieren als Primärgründe mangelnder Veränderungsbereitschaft identifiziert: die Masse an Veränderungen in der Vergangenheit sowie die quantitative und psychische Überlastung von Führungskräften. Beide Problemfelder bilden den Kern dieses Kapitels.

In jedem Fall sind solche Hauptgründe für mangelnde Veränderungsbereitschaft von Führungskräften im Top-/Senior-Management wie auch deren sekundären und tertiären Motive für Widerstand nicht auf die leichte Schulter zu nehmen. Oft entscheidet sich bereits hier – an der oberen Zustimmungsblockade – der Erfolg einer Veränderung. Denn es sind nicht immer nur Widerstände vom mittleren Management abwärts – die untere Zustimmungsblockade –, die den Prozess des Wandels vielerorts so mühsam machen. Die Thesen von einer Lehmschicht des mittleren Managements sowie der im alten Denken verhafteten Belegschaft sind sicherlich keine unbegründete Mär. Aber der Gegendruck zum beabsichtigten Wandel beginnt oft bereits weit oben in der Hierarchie, dem Senior-Management sowie manchmal sogar im Top-Management und dessen nur bedingt vorhandener individueller Veränderungsbereitschaft und Veränderungsfähigkeit.

Interview mit Anonymus

Geschäftsführer Deutschland, Muster AG, Irgendwo

»Wallungen« im Merger-Prozess: Was mich trotz Bindeprämie und verbesserter Position gestört hat

Hintergrund: Bei diesem Interview geht es um persönlich sensible Themen. Daher werden Interviewee und Unternehmen verwischt; sind dem Verfasser aber persönlich bekannt. Die relevante Transformation ist der Kauf eines erfolgreichen Eigentümerunternehmens (Umsatz im Milliardenbereich) durch einen multinationalen Konzern. Der M&A-Prozess zog sich vom Announcement bis zum Closing über 15 Monate hin. Wobei die heiße Phase der »Wallungen« ein viermonatiger Zeitraum war. Mit subjektiv empfundener Unsicherheit und allen ihren Folgen für den privaten Bereich (Rollenängste, Urlaubsverzicht, Umzugsrisiko) sowie einem markantem Leadership-Vakuum »from the top«. Anonymus stand zu keinem Zeitpunkt objektiv ersichtlich auf der Kippe, wie eine Retentionprämie sowie größtenteils freundliche Signale belegen. Außerdem besitzt er glänzende Chancen auf dem externen Arbeitsmarkt. Er war vor dem Merger Geschäftsführer der deutschen

Tochtergesellschaft des gekauften Unternehmens (Umsatz im dreistelligen Millionenbereich). Kurz vor dem Closing wurde er zum Geschäftsführer der zusammengeschlossenen Gesellschaften in Deutschland ernannt, mit nunmehr deutlich höherer Work- und Travelload als Folge diverser Post-Merger-Probleme. Anonymus kann – neben der konsequenten Ergebnis- und Kundenorientierung – eine ebenfalls ausgeprägte People-Ausrichtung zugeschrieben werden. Das Interview fand etwa zwei Monate nach dem Closing statt. Übrigens an einem Tag, an dessen Morgen der Vorgesetzte von Anonymus eine Auszeit wegen Burn-out bekanntgab.

Sie haben am Ende zu den Gewinnern gezählt und auch zwischenzeitlich sah es nie wirklich schlecht aus. Was hat Sie trotzdem belastet?

Die Ungewissheit über die eigene Zukunft und die vieler Mitarbeiter. Für die ich verantwortlich bin. Der Prozess ging über knapp vier Monate. In diesem gar nicht so kurzen Zeitraum wächst die Unsicherheit über die eigene Rolle nach dem Zusammenschluss, von anfänglichen selbstbewussten 90 Prozent auf zwischenzeitlich »fifty:fifty«. Denn es gab ja meine Rolle ebenfalls im Käuferunternehmen. Meine Gedanken über Alternativen wurden immer stärker. Dies führt zur inneren Abkehr vom Unternehmen und einem sinkenden Aktivitätsgrad. Gleichzeitig konnte ich meine Kondition auf dem Mountainbike steigern. Zudem, dies muss ich eingestehen, stieg meine Toleranz bei Prozessabweichungen und Zielabweichungen. Erschwerend kam hinzu, dass der Integrationsprozess bereits recht früh und völlig offen gestartet wurde. Zu einem Zeitpunkt deutlich vor der Rollenbesetzung (für meine Position und die darüber). Konsequenz daraus war, dass in allen Führungsebenen die Kandidaten beider Firmen zur Zusammenarbeit verpflichtet wurden. Dies ging natürlich einher mit einer direkten Konkurrenzsituation. In der der »Gegner« abgeschätzt sowie auf Stärken (»Ist der etwa besser als ich?«) und Schwächen (»Hurra, ich bin besser als der!«) beäugt wurde. Letztlich ist es so, dass es unmöglich ist, über einen Zeitraum von vier Monaten einfach so in Ruhe weiterzuarbeiten. Und dabei alle grundsätzlichen Gedanken zur eigenen Zukunft zu unterdrücken. Mit der Zeit werden Zweifel immer größer. Die Unsicherheit steigt. Dazu entfernt man sich »mental« vom Unternehmen und bekommt eine – mir ansonsten nicht eigene – befremdliche Distanz.

Welche Gedanken und Gefühle kommen hoch, wenn die eigene Zukunft im Unternehmen noch nicht geklärt ist?

Vordringlich stehen Grundsatzfragen im Vordergrund. Was passiert, wenn ich den alten Job nicht behalte? Welche Alternativen werden mir angeboten, falls überhaupt? Wie weit bin ich bereit zurückzustecken? Ist es der richtige Zeitpunkt an den Arbeitsmarkt aktiv heranzutreten und sich nach Alternativen umzuschauen? Wäre es sogar richtig, gerade jetzt etwas Neues zu beginnen? Was kann ich eigentlich und welchen Wert hat meine Arbeit? Kann ich mein Einkommen halten, ist es »under risk« oder kann ich es sogar steigern? Meine Gefühle liefen zyklisch zwischen Hoffnung und Niedergeschlagenheit. Zudem habe ich eine emotionale Abkehr vom Unternehmen durchlebt, die immer noch nachklingt. Die Bedeutung der Firma und ihr Wohlergehen verlieren sich zunehmend. Ich war und bin über diesen Schwebezustand sehr verärgert, in den »man« mich gebracht hatte und den ich bei zunehmender Dauer als extrem belastend empfand. Es war immer wieder ein Gefühl da: Die nutzen mich aus. Die wollen den Gaul noch mal richtig antreiben und dann ... eine ungewisse, schwierige, derbe Zukunft.

Wenn der eigene Boden schwankt: Was bedeutet dies für Leadership und Management der eigenen Organisation?

Es ist unbeschreiblich schwierig, in einer Phase maximaler eigener Unsicherheit ausgerechnet Leadership zu leben. Ich bin sicher, halbwegs sensible Mitarbeiter werden gemerkt haben, dass ich an manchen Tagen nicht mehr ganz bei der Sache war und, wie bereits erwähnt, meine Fehlertoleranz deutlich anstieg. Dann habe ich erfolgskritische Vorgänge im suboptimalen Status einfach nur durchgewunken. Noch ein Unding: Der Deal war extrem teuer. Gleich am Beginn, fast mit dem Announcement wurden als Teil des Deals die vereinbarten Absicherungen des Top-Managements veröffentlicht – mit Beträgen in einer unglaublichen Größenordnung. Summen für das bloße Dasein, die nicht nachvollziehbar sind und eine große Belastung für alle Mitarbeiter bis tief nach unten darstellen. Bei eigentlich jedem ist dann der Gedanke schnell im Kopf, dass es unter solchen Umständen auf ein paar Euro im operativen Geschäft nun wirklich nicht mehr ankommt. Es kann sein, dass einem damit das Leben als Mitarbeiter oder Führungskraft leichter wird. Bei uns sind Leadership- und Managementqualität erheblich gesunken. Der Ehrgeiz war weg und wurde von so einer Art Wachkoma abgelöst: Ich nehme zwar alles wahr, es ist mir aber nicht mehr so ernst.

Wenn Ihnen eine gute Fee zur Seite stehen würde, die Ihnen einen freien Wunsch zum Change-Management zugesteht – welcher wäre dies? Was würden Sie sich für ein noch besseres Change-Management unbedingt wünschen?

Besseres Zeitmanagement, klare Kommunikation, kein Blabla. Es ist zum Teil eine Beleidigung des gesunden Menschenverstandes, was Top-Manager mir als Senior-Manager so erzählen.

4.4 Leadership-Management als Schlüsselthema

Naiver Lösungsansatz des Unternehmens

Wie bereits gesagt: Der Austausch von Führungskräften (Change-Management) ist stets eine bedenkenswerte Option. Wenn auch meist ein schwaches Instrument und bestimmt kein Automatismus. In manchen Unternehmen gewinnt man zwar bei Gesprächen mit Gesamtverantwortlichen den Eindruck, dass mindestens die Hälfte der Manager (oft sogar fast alle) besser heute als morgen auszutauschen sei. Beinahe wie im Fußball, wo die Geduld mit erfolglosen Trainern rasch zu Ende ist. Auch der selbst ernannte profilierteste Managementberater Deutschlands, Sprenger, meint, dass »40 Prozent aller

Top-Manager in den DAX-Unternehmen fehl am Platz« seien und »bei den 100 wichtigsten Unternehmen in Amerika dürften es an die 70 Prozent sein« (FAZ-Interview vom 14.12.2003).

Zu leicht kommt dann die Versuchung auf, nicht die vorhandenen Personen in ihrem Entscheiden, Managen und Führen zu verändern – was ja auch alles andere als einfach ist –, sondern diese durch frische und bei oberflächlicher Betrachtung vermeintlich besser passende Akteure von außen zu ersetzen. In der Bewerbungssituation liegen vielfältige Verführungen des Neuen: Die Kandidaten prahlen, die Headhunter betören, die Personaler lobpreisen. Es darf zwar nicht vergessen werden, dass neue Besen durchaus besser kehren können, aber erst nach längerer Zeit und längst nicht immer. Bis eine neue Führungskraft voll wirksam wird, vergehen oft zwei Jahre von der Identifikation des Problems über Beauftragung des Headhunters, Auswahl der Kandidaten, Zusage des Favoriten, Eintritt der Führungskraft, Einarbeitung in die neue Umgebung, Nachziehen von Netzwerken – ihren Buddies – bis zur Lieferung besserer Ergebnisse. Die Misserfolgsquote ist trotzdem nicht gering.

Trotzdem: In nicht wenigen Unternehmen werden regelmäßig Personalberater mit ihren Diagnostikinstrumenten zum Management-Assessment durch die oberen Flure geschickt. Deren Ergebnisse – etwa als Neunfeldermatrix entlang der beiden Dimensionen Potenzial und Performanz – erscheinen differenziert (Abb. 40): Zum Beispiel »Exceptional Talent« in der Box rechts oben und »Reassign/Rescope« in der Box links unten. Das Erste bedeutet den Karriereturbo, das Zweite ein Karriereaus. Wobei dies selbstverständlich – so steht es im Disclaimer der jeweiligen Management-Summary – keine Beurteilung der Person sei: »Our opinion is«, so drückt es etwa der Marktführer Egon Zehnder in seinem Standardvorspann aus, »that all managers are able in an appropriate position. It is not a manager who lacks ability but it maybe the position which is inappropriate for that individual«. Richtiger Manager und falsche Position also. Konsequent ist es dann, dass bei kritischer Potenzial/Performanz-Einschätzung nur noch außerhalb des Unternehmens nach Ersatz gesucht wird. Was das Geschäft der Personalberater befeuert.

Jeder Veränderungsprofi hat die Kritik am aktuellen Management schon zu oft gehört, um nicht die Irrealität einer solchen reflexartigen Einschätzung zu kennen. Ganz abgesehen davon, dass ein Austausch nicht nur teuer ist und lange dauert, es stellt sich auch noch die Frage, woher denn dieser große Schwung besserer Führungskräfte überhaupt kommen soll. Wo doch andernorts seit Jahren in ähnlicher Weise lamentiert und schwadroniert wird. Zudem wird das derzeit viel beschworene Employer-Branding durch eine solche Hire-and-Fire-Strategie nicht verbessert.

Auch im Fußball sind die Top-Stars lediglich von Vereinen wie Real Madrid, Manchester United oder vielleicht noch Bayern München bezahlbar. Und

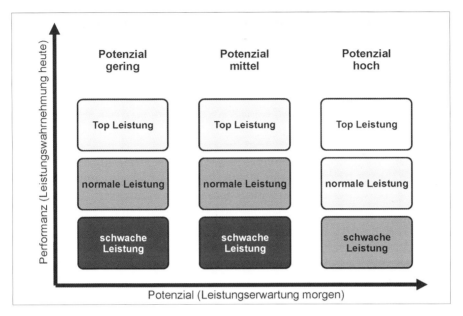

Abb. 40: Personalbeurteilung: Zwei Dimensionen

auch sie bringen dort nicht immer eine ansprechende Leistung. In der deutschen, schweizerischen und österreichischen Wirtschaft gibt es mehrheitlich Unternehmen, die von der Besetzung – absolut gesehen und bildlich gesprochen – in der zweiten und dritten Liga spielen. Was ja nicht schlimm ist, da ihre Wettbewerber ebenfalls nicht weiter oben unterwegs sind. Daher sollte man meines Erachtens grundsätzlich vom Bestand des Teams ausgehen, nicht von teuren Zukäufen reden oder gar in Träumereien von Superstars verfallen. Wirksame Lösungsansätze für ein besseres Leadership-Management sollten im eigenen Haus gesucht werden. Übrigens: Auch im Sport zeigt sich immer wieder, dass ein gutes Team mit einem erstklassigen Trainer bei entsprechendem Einsatz und entsprechender Moral oben mitspielen kann. Eine hoch bezahlte Diva stört dann bloß. Konsequente Weiterentwicklung des Status-quo ist zwar unspektakulär, aber oft die einzige, bezahlbare, nachhaltige Alternative.

Vermeintliche Verhaltensnormierung

Als weitere Hoffnungsträger für Leadership-Management gelten nach wie vor Führungsgrundsätze beziehungsweise Unternehmensleitbilder. Mit solchen Corporate Values wird – aus Sicht der Organisation – *richtiges* Verhalten beschrieben und als verbindlich festgelegt. Gleichzeitig soll *unrichtiges* Verhalten unterbunden oder zumindest drastisch eingeschränkt werden. Zudem bieten sie Mitgliedern der Organisation Haltepunkte für anständiges Verhalten. Und einer interessierten Öffentlichkeit liefern sie Hinweise zum normativ-ethischen Mindset des Unternehmens. Inzwischen hat ein Unternehmen sogar einen Online-Wertecheck (Wertekompass) auf seine Recruitingseiten gestellt, bei dem Bewerber ihr Wertekostüm mit Weltbildern des potenziellen Arbeitgebers mittels Multiple Choice abgleichen sollen, um dann ihr persönliches Moralprofil zu erhalten (www.haniel.de/irj/go/km/docs/haniel_media/ hcw/public/haniel/career/FaszinationHaniel/Werte_Kompass/wertekompass_de.html; aufgerufen am 27.04.2012).

Nach meiner Erfahrung erwarten – von Firma zu Firma unterschiedlich – zwischen einem Drittel und der Hälfte der Belegschaft eine unternehmenskulturelle Basis ihrer Organisation als moralisches Fundament, Tendenz steigend. Bei Projekten zur Entwicklung von Grundsätzen und Leitbildern zeigt sich stets ein harter Kern von außergewöhnlich engagierten Organisationsmitgliedern. Am Ende von umfangreichen Diskussionsrunden stehen dann aber meist nur noch schlagwortartige Überschriften, drei, sieben oder zehn Basisregeln. Kommunikationsagenturen gehen zur sprachlichen Optimierung über die Formulierungen und produzieren eine kurze Zusammenfassung mit Potenzial zur Headline und Gefahr der Plattitüde (vgl. 4.2).

Corporate Values sind natürlich alles andere als falsch und generell zu begrüßen. Außerdem kommt eine Organisation ab einer gewissen Größe heute nicht mehr an ihnen vorbei. Bei Führungsgrundsätzen und Unternehmensleitbildern geht es um die Vereinbarung eines Anspruchsniveaus für Verhaltensweisen. Oder zumindest um Vermeidung von Ausreißern nach unten in Richtung *Toxic Leadership* (vgl. 4.1). Wunderdinge im Sinne eines fortan grundanständigen Paradieses sind allerdings nicht zu erwarten. Corporate Values sind oftmals schwierig in der Anwendung durch die einzelne Führungskraft: Nicht etwa weil die nicht wollen, sondern weil Zielkonflikte, Gegensätze, Widersprüche sowie weitere menschlich oft verständliche Hürden dem anständigen Verhalten entgegenstehen, gerade bei Veränderungsprozessen. Wer traut sich etwa den Führungsgrundsatz über »always open and honest communication« – eine der besonders beliebten Sentenzen – beim Kickoff eines Transformationsvorhabens als Anlass zu nehmen, seinem Vorstandsvorsitzenden bei dessen beredter Unschärfeproduktion ein »Jetzt aber bitte offen und ehrlich« entgegenzurufen? Gut möglich, dass sich der CEO über diese Erinnerung an einen von ihm unterschriebenen Führungsgrundsatz in gerade diesem Augenblick eher gereizt zeigt. Der erwartet nämlich vielmehr Dankbarkeit für seine bloße Anwesenheit, die er sich mühsam aus der übervollen Agenda geschnitten hat und mit der er seine Management-Attention beweisen möchte. Klugheit und langjährige Erfahrung gebieten in solchen Fällen das tiefe Schlucken als alternative Verhaltensweise. Vielerorts bleibt »Reden ist Silber und Schweigen Gold« ein ungeschriebenes Unternehmensleitbild.

Nutzung und Bedeutung von Führungsgrundsätzen sind in der deutschen Unternehmensrealität insgesamt als mau zu bezeichnen. In einer aktuellen Studie (DGFP 2011: 18–19) wird nur einer kleinen Gruppe von Führungskräften (6 Prozent) eine volle Umsetzung im Arbeitsalltag zugesprochen; einem guten Drittel immerhin noch eine »ziemliche Umsetzung«, bei der Hälfte lediglich ein »teils/teils« und den restlichen Führungskräften (8 Prozent) ein »kaum/keine«. Deren Antiverhalten muss als toxisch gelten. Für Personalbeurteilungen und Besetzungsentscheidungen spielen Führungsgrundsätze in weniger als der Hälfte von Unternehmen eine große oder sogar sehr große Rolle. Bei einem Drittel manchmal ja und manchmal nein sowie bei jedem fünften Unternehmen ganz selten oder überhaupt nicht. Und diese Selbstauskünfte verzeichnen die Realität vermutlich sogar noch zum Positiven. In manchen Unternehmen besitzen Führungsgrundsätze und Unternehmensleitbilder also eine Relevanz im betrieblichen Alltag, in anderen nicht. Keine Frage, bei welchen die Voraussetzungen für erfolgreiche Veränderungsprozesse günstiger sind.

Doch gibt es überhaupt Alternativen zu Grundsätzen und Leitbildern, kann eine Organisation ohne sie überleben? Fragwürdiges Verhalten von Managern findet zahlreiche Begründungen: Konnte nicht anders handeln, weil doch eigentlich gar nichts passiert ist, weil nicht alles so schlimm gewesen ist, weil der eigentliche Zweck ein guter ist, weil ich es mir finanziell nicht erlauben kann, weil ich mich doch um meine Familie kümmern muss, weil dies von mir wegen meiner Karriere so erwartet wird. Der Einfallsreichtum an Ausreden ist groß. Oft sind es sogar gewichtige Gründe. Abwiegeln und Ablenken gehören zum Management-Handwerk dazu. Selbstbilder müssen aufrechterhalten werden. Der Kreativität scheinen dabei keine Grenzen gesetzt zu sein.

In Gegenrede dazu wird – meist als Appell – die Bedeutung des persönlichen Wertesystems betont. Es geht um moralische Identität und individuelle Haltung. Beides sollte auf Dauer nicht im Widerspruch zum Zielsystem des Unternehmens stehen. Ein Beispiel mit nicht gerade geringen Ansprüchen an das persönliche Wertesystem liefern Gardner u.a. (2001). Sie fordern eine ausgesprochen reflektorische Attitüde plus konstruktive Kritik wohlgesonnener Menschen plus konsequentes Lernen aus Fehlern verbunden mit der Bereitschaft zu weiteren Fehlern plus große Ehrlichkeit zu sich selbst. Auf dieser anspruchsvollen Basis seien zwei zentrale Vorentscheidungen zu treffen: Erstens, was einem wirklich wichtig ist (zum Beispiel Karriere oder Familie), und zweitens, welchen moralischen Maßstab man für sich selber anlegt, überall und jederzeit. Als klassische Prüffrage wird empfohlen: Über welche Verhaltensweise von mir möchte ich in der lokalen Zeitung bestimmt nicht lesen? Ähnliche Postulate werden auch von anderen Vertretern des normativen Managements aufgestellt, etwa mit der äußeren Ebene im Sankt-Gallener-Management-Modell (vgl. Rüegg-Stürm 2004 und Ulrich 2007). Das Leben als verantwortungsbewusster Manager ist somit nicht leicht. Wenn die Moral des Unternehmens und die der Führungskraft auseinanderfallen, verbleiben letztendlich nur noch zwei Verhaltensweisen: Abwanderung oder Widerspruch (Hirschman 1974). Insgesamt bieten Führungsgrundsätze und Unternehmensleitbilder damit höchstens eine ergänzende Rolle für das Leadership-Management.

Überforderung fördert Regelverstöße: Neun organisatorische Aktionsbereiche

In der jüngeren Vergangenheit ist – verstärkt durch investigative Medienvertreter, scharfsinnige Internetdetektive und rachsüchtige Whistleblower – über Regelverstöße viel zu hören gewesen. Ohne hier konkrete Beispiele anzuprangern, sind zu nennen: Qualitäts-, Ergebnis-, Bestechungs-, Verfälschungs-, Ausforschungs-, Manipulations-, Compliance- und weitere Skandale mit ihren teilweise dramatischen Wirkungen auf Ansehen und Ergebnis des dahinter stehenden Unternehmens. Dies geschieht in Zeiten mit und ohne Wandel. Auch der individuelle KPI-Betrug, also die geschönte Darstellung von Leistungskennzahlen, ist markant angestiegen. Selbst wenn der Nachweis dafür schwierig zu führen ist und von der Öffentlichkeit selten bemerkt wird.

Derartige Übertretungen von eigentlich verständlichen Grenzen geschehen dann mit deutlich höherer Wahrscheinlichkeit, wenn die individuellen Möglichkeiten zur Leistung den organisatorischen Erwartungen nicht mehr gerecht werden. Ich möchte einfach nur zu bedenken geben, dass zur Vermeidung derartiger Diskrepanzen beide Seiten der Medaille im Blick behalten werden müssen:

- individuelle Möglichkeiten zur Leistung

- organisatorische Erwartungen an individuelle Leistung

Um das inzwischen meist überschießende Anforderungsniveau geht es hier (Abb. 41). Natürlich ist früher nicht alles besser gewesen. Doch für Führungskräfte war eine relativ entspannte Situation eher wahrscheinlich. Das Anforderungsniveau ihres Unternehmens war realistisch. Es drohte nicht der Burn-out, sondern allenfalls ein Bore-out. Inzwischen haben sich die Anspruchshaltungen von Unternehmen deutlich nach oben verlagert. Zeitgleich sind Steigerungsmöglichkeiten der Führungskräfte, durch Auswechslung oder Entwicklung von Managern, nicht im selben Ausmaß gewachsen. Diese Lücke ist in vielen Unternehmen real. Dort muss inzwischen nicht nur von Stretch (das wäre noch verkraftbar), sondern von Überforderung gesprochen werden.

Zudem – hierfür zeigen sich inzwischen vermehrt die Fakten – hat sich nicht nur die Leistungsfähigkeit einer menschlichen Grenze genähert. Die Leistungsbereitschaft in nur einem Lebensbereich (der Arbeit) hat sich gerade in der jüngeren Generation deutlich gewandelt (vgl. 5.1). Was sich in einer fast als paradigmatisch zu bezeichnenden Veränderung in deren Einsatzwillen zeigt. Verbunden mit der reduzierten Bereitstellung von Energie für das Business zugunsten einer erhöhten Energiezufuhr in privat verortete Lebensbereiche.

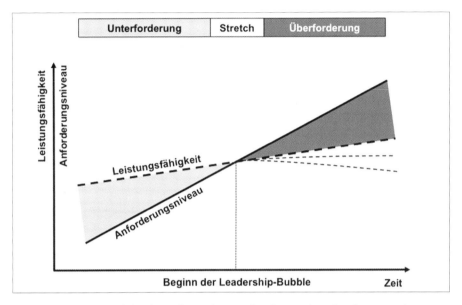

Abb. 41: Leistungsfähigkeit der Führungskräfte und Anforderungsniveau des Unternehmens

Selbstverständlich ist ein Unternehmen hinsichtlich seines Leadership-Managements nicht hilflos. Als mögliche Ansatzpunkte sollen hier – ohne den Anspruch auf Vollständigkeit – neun organisatorische Aktionsbereiche genannt werden (Abb. 42). Diesen Aktionsbereichen entspricht – genauso selbstverständlich im Sinne der Eigenverantwortung für »My Survival« – jeweils ein individueller Aktionsbereich in der Verantwortung der einzelnen Führungskraft.

Hebel Nummer 1: Realistische Unternehmensziele

Diese erste Forderung an Leadership-Management resultiert aus der Beobachtung, dass vielerorts das menschlich Machbare durch systemische Übersteigerung weit überschritten wird. Denn überzogene Unternehmensziele werden in überspannte Individualziele übersetzt. Manche MbO-Praktiken der Firmen erfordern Speed und Power jenseits der Möglichkeiten – vom Organisationssystem und seinen Führungskräften – und damit eine Augen-zu-und-durch-Mentalität. Wenn einseitige Zielsetzung – von gemeinsamer Zielvereinbarung kann bei den meisten MbO-Systemen inzwischen nicht mehr die

Abb. 42: Leadership-Management im Überblick: Ansatzpunkte

Rede sein – unausgesprochen auf 120 Prozent des Realistischen angelegt ist und in jedem neuen Jahr ein Mehr erwartet wird, steht die Führungskraft vor einem unüberwindlichen Berg. Bereits jetzt sind laut einer globalen Studie 44 Prozent der Führungskräfte nach Ansicht ihrer Vorstandsvorsitzenden zu sehr ausgelastet, um die angestrebten Geschäftsziele zu erreichen (Hay 2011). Der entsprechende Wert für Deutschland beträgt 36 Prozent. Was an entspannteren Führungskräften oder anspruchsvolleren Unternehmensführern hierzulande liegen könnte. Als zweitwichtigster Stressor am Arbeitsplatz gilt laut einer seriösen Studie für Großbritannien »My Workload« (Boury u. a. 2011: 103). In Deutschland, Österreich und der Schweiz ist dies vermutlich kaum anders.

Eigentlich wäre sogar eine Zielvereinbarung mit individuellen Spielräumen (Hebel 6) – also Luft zum Atmen – sinnvoll. Das würde dem Einzelnen beeinflussbare Freiheitsgrade ermöglichen – als Entfaltungsmöglichkeit der eigenen Kreativität und als Bewegungsfreiheit für die Unwägbarkeiten im Jahresverlauf. Solche Lösungen werden bei Beyond-Budgeting-Konzepten und im Resourceful-Humans-Ansatz vorgeschlagen. In den allermeisten Fällen bedeutet dies konsequenterweise eine Zielkorrektur nach unten. Der sture Blick auf kurzfristig höher gewichtete Anlegerinteressen lässt aber die meisten Unternehmensführungen davor zurückschrecken. Dann dürfen einen aber auch nicht die bereits erwähnten KPI-Manipulationen wundern. So etwas ist untrügliches Zeichen dafür, dass es um ein Comeback der balancierten Zielvereinbarung und einen Verzicht von dirigistischer Zielsetzung geht.

Vielerorts macht dies – konsequent weitergedacht – den Aufbau zusätzlicher Kapazitäten nötig, an den Engpässen der Organisation und zur Gestaltung von Veränderungen. Permanente Erosion von Ressourcen hat die Input-Output-Relation in den meisten Unternehmen aus dem Gleichgewicht gebracht. Aufbau statt Abbau wird erforderlich: »Hier sind fünf zusätzliche Stellen notwendig« (im Sinne des Wortes) statt »zehn Prozent weniger geht immer«. Vermutlich wird in einigen Unternehmen nicht einmal dies ausreichen. Manchmal geht es um die komplette Entschleunigung und Fokussierung auf das Wesentliche. Die Forderung »Alles auf einmal und dies bitte jetzt« hat ausgedient. Einzig das Wörtchen »bitte« sollte noch bleiben. Solche Hinweise sind – ob als interner oder externer Change-Management-Berater – freilich alles andere als einfach zu platzieren: »Arbeitet man direkt mit Führungskräften zusammen, dann spürt man förmlich den Druck, unter dem diese Auftraggeber heute stehen. Die Frage, ob man sich ... davon anstecken lassen oder reflexiv dagegen halten soll, steht ständig im Raum« (Stiefel in MAO 2/2012: 17).

Spätestens an dieser Stelle gerät man in Gefahr, als realitätsfremder Utopist bezeichnet zu werden, der mit den elementaren Logiken des *Profitable Growth* brechen möchte oder sie nicht einmal verstanden hat. Beim nüchternen Blick auf das Wirtschaftsgeschehen könnte man hingegen auch den Eindruck gewinnen, dass weniger oft mehr ist. Das beständige Drehen an der Ergebnisschraube in eine Richtung sorgt nicht bloß für ein berstendes Gewinde. Sogar die gesamte Schraube kann infolge von Überspannung brechen. Was dann nicht nur den Verlust der individuellen Zielerreichung bedeutet, sondern die Zukunftssicherung des gesamten Unternehmens beeinträchtigt. Die kommende Zeit wird weisen, ob bei Eigentümern und Investoren mit ihren spätestens in den diversen Krisen der jüngeren Vergangenheit transparent gewordenen Motivations- und Verhaltensmustern eine Besinnung auf bescheidenere, dafür aber relativ sicher zu erreichende Ziele verankert werden kann. Die Vernunft gebietet es. Zumal ökonomische Ausweichmöglichkeiten in noch verbliebene Wachstumsmärkte und politische Absicherungsmöglichkeiten durch Rettungsschirme immer rarer werden. Übrigens hat John Stuart Mill, ein Begründer der klassischen Nationalökonomie, bereits vor anderthalb Jahrhunderten eine Zeit kommen sehen, »in der das Wirtschaftswachstum zum Stillstand kommen wird, weil es auf die eisernen Zwänge begrenzter Ressourcen stoßen wird und steigende Soziallasten seine Vorteile vermindern werden« (nach Poller 2010: 302). Und André Reichel, *Postwachstumsökonom* vom European Center for Sustainability Research, hat unlängst in einem Interview festgestellt: »Die These von der Notwendigkeit der Expansion hat sich in den vergangenen Jahrzehnten zum Allgemeingut entwickelt. Sie ist zwar in der Ausnahmesituation der Zeit nach dem Zweiten Weltkrieg entstanden, hat jedoch die Kraft einer kulturellen Prägung gewonnen, von der sich Unternehmer und Manager allmählich befreien sollten« (Badische Zeitung vom 21.06.2012).

In jedem Fall ist Verantwortung durch MbO-Systematiken nicht vollständig von der Unternehmensleitung auf Führungskräfte delegierbar. Es braucht eine Renaissance im sachlichen und kommunikativen Zusammenwirken von Top-Management und nachgeordnetem Management (auch Bottom-up). Anders sind Widerstände gegenüber Veränderungsprozessen des Unternehmens nicht mehr aufzulösen.

Übrigens: Vermehrt treten derzeit Kritiker der MbO-Idee und einer mit ihr verbundenen variablen Vergütung auf den Plan. Zum einen mit Hinweis auf die Subjektivität von Einschätzungen: »Unter dem Druck von Objektivitäts- und Gerechtigkeitsabonnenten wird der Leistungsbegriff zergliedert, digitalisiert und mathematisiert. Dann kommen Vorgesetzte in ein Analysedelirium, das kein normaler Praktiker mehr lösen kann« (Sprenger 2007: 276). Zum Zweiten unter Verweis auf eine Fehlleitung von Anstrengungen: »Die Leistungsfassade wird wichtiger als der Leistungskern« (Watzka 2011: 178). Zum Dritten durch Problematisierung von Ursache-Wirkungs-Zusammenhängen sowie der Zeitdimension: »Was ein Manager wirklich leistet, zeigt sich erst nach längerer Zeit, und wir wissen nicht, wie wir Performance über längere Zeiträume messen sollen; dies gilt zumindest für eine Form, die dem konkreten Manager zugeordnet werden kann. Managerboni gehören folglich abgeschafft. Punkt« (Mintzberg 2010: 289). Vereinzelt führt dies bereits zum Abschied von der variablen Vergütung wie etwa bei Infineon (siehe Interview in 6.2).

Zweifellos ist eine Führungskraft weiterhin selbst gefordert. Indem sie die Gestaltung der eigenen Ziele in die Hand nimmt und sich bewusst mit der Kosten-Nutzen-Relation zur Zielerreichung auseinandersetzt. Diese individuelle Verantwortung kann ihr niemand nehmen (vgl. Günthner/Buchkremer 2006). Aber sie muss auch den Mund aufmachen, wenn sie an ihre Leistungsgrenzen stößt.

Hebel Nummer 2: Vitale Unternehmenskultur

Auf die Bedeutung einer lebenswerten Unternehmenskultur haben bereits viele aus Theorie und Praxis hingewiesen. Solche Postulate sind inzwischen leider oftmals zur gefälligen Floskel degeneriert. Was kein Jota an ihrer Relevanz mindert. Dieser Hebel von Leadership-Management soll in diesem Buch allerdings nicht vertieft und kann an andere Stelle nachgelesen werden (z. B. Schein 2003 und Senge 1990). Bei ihm liegt die individuelle Verantwortung auf der Hand. Sie besteht im Einhalten habitueller, normativer und rechtlicher Regelungen des Unternehmens (vgl. Vaupel 2008)

Als wesentliche Voraussetzungen einer vitalen Unternehmenskultur sind meines Erachtens vier Aspekte zu betonen: Zum einen verständliche Spielregeln, seien es Policies, Compliance sowie weitere Normierungen wie die oben erwähnten Führungsgrundsätze und Unternehmensleitbilder im Sinne von Guiding-Principles. Diese machen schon Sinn. Insbesondere für Transformationsprogramme einer Organisation ist ein ordnungspolitischer Rahmen unabdingbar. Verständlichkeit drückt sich dabei nicht nur im intellektuellen Sinne aus. Verstehen heißt begreifen und einsehen, es geht also um die vielfach beschworene Sinnhaftigkeit und darum, aufgrund dieser Einsicht ein entsprechendes Verhalten zu praktizieren. Zum Zweiten braucht es einen breit gespannten Konsens über diesen ethischen Rahmen: für die Führungsbeziehungen, für das gesamte Miteinander in der Organisation, für die Balance aus Wertschöpfung und Wertschätzung sowie für das Stakeholder-Management bei den externen Beziehungen. Drittens gehört die Popularisierung von stimmigen Rollenmodellen dazu. Aber gleichfalls eine klare Absage an das Billigen fadenscheiniger Ausreden, Anerkennen ungestümer Workaholics sowie das Erdulden toxischer Manager. Außer über ihre Werte, also dem, was eine Organisation normativ, ethisch und moralisch möchte, muss sie sich gleichrangig über ihre *Unwerte* (Quaquebeke), mithin dem, was sie ablehnt, im Klaren sein. Selbst wenn der ökonomische Nutzen aus Unwert-Verhalten attraktiv wäre. Viertens: Natürlich braucht jede Organisation, wie eine Gesellschaft als Ganzes, unzweideutige Konsequenzen bei Nichteinhaltung von Vereinbartem, also ein bestrafendes Sanktions-Management. Nicht nur als Ultima Ratio.

Hebel Nummer 3: Optimierte Unternehmensprozesse

Eigentlich selbstverständlich sollten optimierte Arbeitsprozesse im Frontend- wie im Backstage-Bereich des Unternehmens sein. Die Praxis sieht oft anders aus und führt zu mühsamen Zeitverlusten, Reibungsflächen, Konfliktfeldern. Vermutlich hat Mintzberg (2010: 223) recht, als er unlängst bilanzierte: »Viele Organisationen sind schlicht zu groß«. Anders ausgedrückt: Wenn sich das Unternehmen in seiner Aufbau- und Ablauforganisation effektiv aufstellt, seine Schnittstellen und Verantwortlichkeiten bestmöglich abklärt, komplizierte Organisationslösungen abschafft und simple Unternehmensstrukturen vorzieht, effiziente Workflows zur Verbesserung implementiert, moderne Technologien als Erleichterung einsetzt und sich überhaupt um beständige Optimierung seiner Strukturen, Prozesse, Systeme bemüht, werden Aufgaben der Führungskraft zwar nicht zum Kinderspiel, aber zum gangbaren Heimspiel. Wenn es jedoch an allen Stellen klemmt und die Führungskraft primär mit der Beseitigung von organisatorischen beziehungsweise systemischen Mängeln beschäftigt ist – manche sehen ja gerade darin ihre Hauptaufgabe –, wird sie keine Zeit für Gestaltung der Zukunft haben. Und die Leadership-Bubble wird groß und größer.

Natürlich ist die Optimierung von Unternehmensprozessen ein zentraler Anlass für Veränderungsprojekte (vgl. 2.1). Indes werden die allermeisten Reengineering- und Restrukturierungsvorhaben immer noch ausschließlich nach unmittelbaren Kosteneffekten und Wirkungen auf die Bottom-Line beurteilt. Meist ohne bemerken oder mitdenken zu wollen, dass Einsparungen an der einen Stelle mit Belastungen in anderen Bereichen verbunden sind, wie etwa bei Self-Service-Lösungen oder IT-Enabling-Vorhaben. Im entscheidungsrelevanten Business-Case müssen stets auch die (Kosten-)Wirkungen auf Arbeitsvolumen und -intensität der betroffenen Akteure ihre angemessene Berücksichtigung finden. Bei solchen Veränderungsprozessen gibt es meines Erachtens eine Pflicht für externe Berater, im Rahmen ihrer Entscheidungsunterstützung nicht die spätere Implementierungsfähigkeit zugunsten eines reduzierten und deshalb attraktiven Business-Case auszublenden.

Noch eine Anmerkung: Gerade *moderne* HR-Prozesse – mit ihrer vom Grundsatz her richtigen Rollenverantwortung von Führungskräften als wesentliche Ansprechpartner für Mitarbeiter – bedeuten, wenn sie ernst genommen werden, deutlich mehr Arbeit für die Linie als bisher. Statt mehrdimensionaler Absicherung des jeweils zuständigen Centers-of-Expertise (Rechtssicherheit, Complianceverträglichkeit, Sozialpartnerzustimmung) und der Abdeckung vielfältiger Eventualitäten müssen gerade Personaler wieder den Charme von schlanken, einfachen, handlichen Lösungen neu entdecken, die den Führungskräften keine komplizierten Zeitfresser zumuten (vgl. Claßen/Sauer 2011).

Wie bei anderen Hebeln zum Leadership-Management gibt es bei diesem ebenfalls eine individuelle Verantwortung: Selbstredend müssen Führungskräfte durch Einsatz geeigneter Managementmethoden zur Strukturierung, Optimierung und Professionalisierung die bekannten und bewährten Methoden nutzen. Man kann sich das Arbeitsleben auch unnötig schwer machen.

Hebel Nummer 4: Optimierte kommunikative Infrastruktur

In der bereits erwähnten UK-Studie (Boury u. a. 2011) werden als wichtigster Stressor von Führungskräften »organisation politics« – also mikropolitische Hahnenkämpfe und Zickenkriege – und an dritter Stelle »volume of emails« – also cc- und bcc-Spielwiesen moderner Interaktionstechnologien – identifiziert. Ähnliche Klagen sind aus mitteleuropäischen Firmen zu vernehmen. Bei flüchtigem Blick überschneidet sich dieser Ansatzpunkt für Leadership-Management mit optimierten Unternehmensprozessen (Hebel 3). Denn viele Innovationen im Bereich der Kommunikationstechnologie dienen der Entlastung (z. B. Videokonferenz statt Meetingtourismus). Auch wenn Technologie oftmals die Freiheiten wieder nimmt, die sie vermeintlich zu geben scheint. Doch dies liegt ganz entscheidend an betrieblichen Routinen und individuellem Verhalten.

Deswegen geht es bei der verbesserten kommunikativen Infrastruktur – inklusive kultivierter Entscheidungsprozesse – weniger um Strukturen, Prozesse, Systeme als um die tradierten Praktiken von Interaktion im Unternehmen. Wenn Management heute zu fast einhundert Prozent Kommunikation bedeutet, steht und fällt Leadership-Management mit den diesbezüglichen Gebräuchen und Gewohnheiten im Unternehmen: Wann und wie wird gesprochen, gemailt oder einfach nur getalkt? Für was wird ein Workshop, Meeting, also ein *Termin* einberufen und wer kommt hinzu? Wie verfügbar sind persönliche Outlook-Kalender für Dritte? Sind vereinbarte Treffen eigentlich verbindlich? Wie werden Besprechungen gestaltet: mit Zielen, Agenda, Protokoll? Was ist parallel zum Termin erlaubt, an Telefonaten, an Mailings, an sonstiger Störung? Wie wird miteinander gesprochen: in der Hierarchie, in der Frequenz, in der Tonalität? Finden sogenannte Non-Gespräche statt und welche Bedeutung besitzen gemeinsame Mittagessen? In welcher Form werden Symbole der Macht ausgelebt? Sticht Ober stets den Unter? Wie entladen sich Widerstände und wie wird damit umgegangen?

Diese Praktiken und weitere Moden, Rituale, Usancen werden in vielen Organisationen kaum mehr reflektiert. Sie führen zu Verkrustungen, Verkrampfungen und Verzerrungen, aber auch zu augenfälliger Zeitvergeudung und umständlichen Entscheidungsprozessen. Neue Organisationsmitglieder werden sehr schnell entsprechend sozialisiert. Nachdem sie anfänglich durch andere Routinen vielleicht noch angeeckt sind. Hier gilt es anzusetzen. Weniger mittels einer Mail-Policy und solchen Sachen als mit entsprechendem Rollenverhalten »from the top« gegen verlorene Kommunikation und missliebige Mikropolitik (vgl. 3.4).

Sicherlich, die einzelne Führungskraft ist selbst gefragt, durch regelmäßige Reflexion über das eigene Kommunikationsverhalten (als Sender und Empfänger) und ihre mikropolitische Verführbarkeit. »Der ′reflektierende Muskel′ ist bei Führungskräften [allerdings] unterschiedlich ausgeprägt« (Stiefel 2003: 26). Kurzer persönlicher Nachtrag: Bei meinem Schritt aus einem überkomplexen Beratungskonzern in die unterkomplexe Soloberatung war es eine der überraschendsten Erfahrung, wieviel verquaste Kommunikation es zuvor gegeben hatte. Pro Tag sprangen gefühlte zwei bis drei Stunden Zeitgewinn heraus. »Jedes Jahrhundert hat seine eigene Methode, Lebenszeit zu vergeuden. Unsere heißt Meeting« (Schweikle 2012: 95).

Hebel Nummer 5: Humus für individuelle Ambiguitätstoleranz

Das Erfordernis von Ambiguitätstoleranz – besonders in Zeiten des Wandels – und die damit für viele Menschen verbundenen Schwierigkeiten sind weiter oben beschrieben worden (vgl. 4.3). Eine Organisation kann dieser individuellen Fähigkeit zum möglichst gelassenen Umgang mit Zielkonflikten, Gegensätzen, Widersprüchen zu Hilfe kommen. Indem gesagt wird, was Sache ist:

damit Entscheidungen dem Prinzip von Wahrheit und Klarheit unterliegen; damit nicht zu viele Interpretationsräume geöffnet bleiben, mit der Gefahr von Geflüster, Gemunkel und Gerüchten; damit die Hängepartien am Beginn der Veränderung ein rasches Ende finden, so oder so; damit das Individuum weiß »What's in it for me« und was nicht. Dies wäre dann Bestandteil einer vitalen Unternehmenskultur (Hebel 2). Die unterstützende Funktion des Unternehmens soll hier organisatorisch unterfütterte Ambiguitätstoleranz – im Sinne von Humus – genannt werden. Selbstverständlich reduziert das nicht die individuelle Verantwortung zum Aushalten von unvermeidlichen Gegensätzen. Viele Organisationen konterkarieren diesen Hebel von Leadership-Management freilich durch eine unnötige Steigerung von Ambiguität im Verlauf des Change-Management.

Aus dieser Herausforderung wird übrigens eine der bekanntesten und seit Jahrzehnten wiederholten Change-Management-Forderungen abgeleitet: die Betroffenen dort abzuholen, wo sie stehen und dann zu Beteiligten zu machen. Dazu gehört, sich die Ausgangsposition und Interessenlage von Individuen zu vergegenwärtigen. Und nicht vorschnell das Ziel als Ende einer Strecke auszumalen (»Create a Vision« – Kotter 1995), um dann die Belegschaft wie eine blökende Schafherde dorthin treiben zu wollen. Vor einem Ziel gibt es den Start und dazwischen liegt der Weg. Der Erfolg von Change-Management wird auf dieser Strecke entschieden. Dann nämlich, wenn die von Beginn an vorhandenen und im Verlauf nicht einfach so ausradierbaren individuellen Ambiguitäten möglichst belanglos oder zumindest erträglich werden. Oder eben nicht. Dazu muss natürlich die erwähnte individuelle Bereitschaft und Fähigkeit vorhanden sein. Aber ebenso selbstverständlich ist eine Bereitschaft und Fähigkeit des Unternehmens, auf systemische Zielkonflikte, Gegensätze und Widersprüche einzugehen und sie zu bereinigen. Welche Möglichkeiten gibt es zur Stärkung von individueller Ambiguitätstoleranz durch organisatorische Maßnahmen? Es gibt dazu vier grundsätzliche Strategien (Abb. 43).

- **Strategie 1: Verleugnen/Ignorieren**
  Eine Möglichkeit Zielkonflikte, Gegensätze, Widersprüche und den durch sie aus persönlichen Spagaten resultierenden Widerstand auszuhalten ist es, die Probleme ganz bewusst auszublenden. Warum nicht! Diese Verhaltensoption kann sich als durchaus sinnvoll erweisen, wenn eine Ambiguität nebensächlich und damit vernachlässigbar ist. Etwa bei Renitenz einzelner Akteure ohne Multiplikatorwirkung, bei inhaltlichen Bagatellen ohne größere Folgewirkungen oder bei Protesten an einem peripheren Standort ohne Medienresonanz. In Veränderungsprojekten wird diese Strategie allerdings auch immer wieder dann gewählt, wenn Ambiguität als gegenwärtig unlösbar und damit übermächtig empfunden wird. Also vergleichbar mit einer privaten Situation, wie sie Mary MacGregor in ihrem

Abb. 43: Organisatorische Strategien zum Umgang mit Ambiguität

1976er Hit »Torn between two lovers« besungen hat. Mit dem Fazit: »Feeling like a fool. Loving both of you is breaking all the rules«. Zurück aus der Popwelt: In solchen Fällen wäre eine Vogel-Strauß-Taktik der Unternehmensführung zwar verständlich, jedoch mikropolitisch halsbrecherisch. Nebenbei bemerkt lösen beide Bedingungen selber weitere Ambiguitäten aus: »Ist es wirklich nebensächlich?« und »Ist es tatsächlich unlösbar?« In demokratisch-partizipativen Gesellschaften hört individuelle Ambiguitätstoleranz bei vielen Menschen mittlerweile dort auf, wo die organisatorische Bereitschaft zum Eingehen auf Zielkonflikte, Gegensätze, Widersprüche und die systemische Fähigkeit zu deren Bereinigung nicht vorhanden scheint. Deswegen gilt der Protest bei Stuttgart 21 inzwischen als Menetekel bei der Gestaltung von Wandel (vgl. 2.2). Diese Bereitschaft und Fähigkeit sind nicht in jedem Unternehmen gleich. Somit unterscheidet sich die Veränderungsfähigkeit von Organisationen. Nochmals zurück zu Mary MacGregor: »There are times when a woman has to say what's on her mind. Even though she knows how much it's gonna hurt«.

- **Strategie 2: Alibi-Berücksichtigung**
  Ambiguitäten werden dabei oberflächlich aufgegriffen. Mary MacGregor versucht auch dies in ihrem Song: »There's been another man that I've needed and I've loved. But that doesn't mean I love you less. And he knows you can't possess me and he knows he never will. There's just this empty place inside of me that only he can fill«. Die Hoffnung besteht darin, dass sich durch verbales Aufnehmen und kosmetische Anpassung die Zielkonflikte, Gegensätze, Widersprüche von alleine auflösen oder zumin-

dest versanden. In Unternehmen wird kommunikativ professionell auf Bedenken eingegangen, durch die vielgeschmähten Beruhigungsreden sowie Lippenbekenntnisse, Selbstoffenbarungen und Ablenkungsmanöver (vgl. Ditges 2008). Man hat ja darüber gesprochen, ein bisschen eingelenkt und vermeintlich die Anschlussfähigkeit des Widerstands sichergestellt. Diese gerade bei Veränderungsprojekten beliebte Taktik kann gelingen. Manchmal.

- **Strategie 3: Tatsächliche Berücksichtigung**
  Deutlich mehr Ernsthaftigkeit und Erfolgswahrscheinlichkeit als Humus für individuelle Ambiguitätstoleranz besitzt *die* dritte Strategie einer tatsächlichen Berücksichtigung. Mit ihr führt die aus Zielkonflikten, Gegensätzen, Widersprüchen entspringende konstruktive Kritik über die Auseinandersetzung mit zunächst gegenläufigen Positionen zur fundierten Meinungsbildung und zu besseren Entscheidungen. Widerspruch wird als belebend und nützlich wahrgenommen. Er stammt beispielsweise von selbstbewussten und selbstbestimmten Mitarbeitern, den *Resourceful Humans* (www.resourceful-humans.com). Diese beäugen Autoritäten, Expertise und Kontrolle skeptisch, wenn nicht sogar systemkritisch. Deren Input wird von Umsetzungsverantwortlichen indes oftmals als nervtötend, zeitraubend und entwürdigend empfunden. Was dann auch gegen ihren Einsatz vorgebracht wird. Mit Blick auf die sich steigernde Partizipationsschraube (vgl. 6.1) bleibt oftmals keine andere Wahl als solche organisatorischen Akkomodationsstrategien, fast schon im Sinne einer dialektischen Synthese (Piaget 2003). Es müssen – in weiterhin hierarchischen Unternehmen – nicht immer gleich Formen einer aus der politikwissenschaftlichen Diskussion bekannten *totalen Partizipation* via Bürgergesellschaft, Mediationsverfahren und Basisdemokratie sein. Denn es gibt auch gegenteilige Erfahrungen in der Tradition von Elitetheorien. So meint etwa der Vorstandsvorsitzende der deutschen Bundesagentur für Arbeit, Weise, dem eine der erfolgreichsten Behörden-Transformationen in der jüngeren Vergangenheit zugeschrieben wird, in einem Interview (Human Resources Manager 03/2012: 31): »Eine Erkenntnis, die ich erlangt habe – und das steht im Widerspruch zu manch moderner Aussage – ist, dass man nicht alle sofort mitnehmen kann bei Veränderungen. Das ist gar nicht machbar. Ich glaube, dass eine kleine, gute, entschlossene Mannschaft Überzeugendes leisten und Vorbild sein muss, dann schließen sich auch diejenigen an, die zunächst nur zuschauen«. In jedem Fall nimmt eine partizipative Strategie zusätzliche Zeit in Anspruch und verlängert den Veränderungsprozess. Dabei kann der im Business-Case dargestellte Nutzen klein, kleiner und sogar nichtig werden. Die anfänglich postulierten Vorteile zerrinnen mit der zunehmenden Zeit. Natürlich kann auch der *Push-Modus von oben herab* Kosten verursachen – mit Verzögerung und

dafür umso heftiger. So oder so, für beides gibt es Erfahrungen und Argumente. Es hängt mal wieder davon ab.

- **Strategie 4: Positive Überraschung**
Diese Strategie kommt in der Veränderungspraxis von Unternehmen selten vor. Mit ihr wird der Widerstand von unten wie bei Strategie drei vom Top-Management aufgegriffen und berücksichtigt – ohne darüber im Vorfeld ausführlich mit den Widerständlern zu diskutieren. Es wird quasi über Nacht anders gemacht als bisher beabsichtigt. Im Wirtschaftsgeschehen sind beispielhaft große strategische Kehrtwendungen wie Rücknahme von Akquisitionsvorhaben, Verzicht auf Standortschließungen oder Aufgabe von Outsourcingentscheidungen zu nennen.

Mary MacGregor besingt sogar eine fünfte Strategie. Darin reicht sie das Dilemma einfach weiter: »I couldn't really blame you if you turned and walked away. But with everything I feel inside, I'm asking you to stay«. Ein solches Kalkül führt in der Liebe oft zum Drama. Im Management verstärkt diese Rückdelegation indessen die Nöte Dritter und vergrößert die Leadership-Bubble.

Hebel Nummer 6: Ermöglichung von Freiräumen

Bei Dauerbelastungen jenseits des Menschenmöglichen – dessen Grenze bekanntlich inter- und intraindividuell durchaus sehr variieren – verkümmern nicht nur Kreativität und Innovation, Motivation und Engagement der Führungskraft. Es versiegen auch ziemlich schnell deren Energiereserven, wie bereits beim ersten Hebel für Leadership-Management angedeutet. Im Grunde und als Minimumstandard selbstverständlich sollte für das Unternehmen daher die Achtung vor Arbeitszeitgesetzen und weiteren rechtlichen Anforderungen rund um den Arbeitsschutz sein. Diese Spielregeln sind allesamt aus einem guten Grund eingeführt worden. Eigentlich ist sogar die Ermöglichung von relevanten Freiräumen zur individuellen Disposition sinnvoll: sozusagen Arbeitszeitsouveränität mit fürsorglichen Chefaugen zur Vermeidung von Selbstausbeutung. Wie es übrigens in vielen Ländern möglich und üblich ist. Die Warnung des saturierten »Freizeitparks Deutschland« vor aufstiegsorientierten und deshalb angeblich leistungswilligeren Schwellenländern mit Arbeitseifer etwa in Südostasien erweist sich bei näherer Betrachtung als völlig überzogen. Die individuelle Verantwortung besteht bei diesem Hebel darin, selbst auf die Balance im Spannungsfeld von Arbeits-, Sozial- und Individualzeit zu achten – und nicht zu sehr an die eigene Ungebundenheit, Unverletzlichkeit, Unsterblichkeit zu glauben.

Was bedeutet dies nun konkret? Es sind vielerorts die über Jahre eingeschliffenen impliziten Regeln von Unternehmen, die es als Stressoren zu vermeiden gilt. Und die sich bei zwanzig bis dreißig Prozent Mehrbelastung während Veränderungsprozessen nochmals verschärfen (Wimmer 2009: 6). Zuvorderst geht es darum, die Arbeitskultur bis in den späten Abend tatsächlich zu verpönen. »Um 20:00 Uhr ist die letzte Führungskraft daheim« könnte zur Devise werden. Ein normaler Arbeitstag »from nine to five« ist lang genug. Außerdem sollten prompte Antworten auf E-Mails in Nachtstunden, am Wochenende oder aus dem Urlaub wirklich freiwillig sein und ein Ausbleiben sollte nicht mit blöden Sprüchen kommentiert werden. Überdies könnte auf freitagnachmittägliche Aufträge »Bis Montagmorgen zu erledigen« verzichtet werden. Und so weiter. Die Zeitdiebe des *Corporate Life* lauern immer und überall. Oftmals sind es nicht bloß tatsächliche Ereignisse, sondern deren jederzeitige Möglichkeit, die zu einer *Always-on-Mentalität* mit unausbleiblichen Belastungen führen. Selbst wenn sonntags keine Mail im Eingangsfach ankommt, kann jemand dies nur feststellen, wenn er sich kurzzeitig von der Freizeit wieder in den Arbeitsmodus einklinkt, auf den Bildschirm schielt und sein Smartphone mitführt. Nebenbei bemerkt gilt in vielen Berufsgruppen jenseits des Managements so etwas als bezahlter Bereitschaftsdienst.

Die Schlussfolgerung »Mehr Luft zum Atmen« zieht man unterdessen hier und dort. Dazu fünf Beispiele: (1) Ein Handelsunternehmen unternimmt Jahr für Jahr einen Initiative-Check und mistet sein Projektportfolio konsequent aus. Was die Einstellung von Prio-Zwei-Projekten und entsprechender Veränderungsinitiativen bedeutet. (2) Ein Produktionsunternehmen gerät durch Fokussierung auf ein einziges, das wichtigste, Projekt gleich gar nicht in die Gefahr von Verzettelung. Was ebenfalls den Verzicht auf weitere durchaus vorhandene Veränderungsideen bedeutet. (3) Ein anderes Produktionsunternehmen verzichtet auf eine strategische attraktive Akquisition. Die jedoch für den Integrationsprozess entweder organisatorische Überdehnung oder Verzicht auf alternative Wachstumsmöglichkeiten bedeutet hätte. (4) Ein Versicherungsunternehmen pumpt zusätzliche Kapazität in seine direkten und indirekten Kundenschnittstellen, nachdem sich Servicekennzahlen infolge eines massiven Restrukturierungsprogramms im erfolgskritischen Bereich bewegten. Effizienzgewinne der ursprünglichen Einsparungsinitiative wurden damit weitgehend aufgezehrt. Dafür blieben Kunden erhalten oder kamen wieder zurück. (5) Eine Studie zur Gesundheit in der IT-Branche mit Fokus auf das Unternehmen SAP (Gerlmaier/Latniak 2011) konstatiert eine systematische Überforderung im Arbeitsprozess mit vielfältigen individuellen und organisatorischen Konsequenzen. Bilanz für die Lösung: »Ohne gezielte Entschleunigung drehen sich die Teams selbst die Luft ab«. Es gäbe noch weitere positive Beispiele. Aber auch solche mit umgekehrtem Vorzeichen: weniger Luft und in Folge dieser Atemnot kurz-, mittel- und langfristige ökonomische Schwierigkeiten. Die Gleichung »Gesunde Führungskräfte = Gesundes Unternehmen« wird zunehmend ernst genommen (Hebel 8).

Hebel Nummer 7: Attraktive Führungskräfteentwicklung

Besser werden Führungskräfte durch Training, Coaching, Mentoring sowie – jetzt spreche ich pro domo – mittels Beratung. Eine solche wie auch immer geartete Weiterbildung kann eher fachlich oder stärker persönlich orientiert sein. Dies ist ein gewaltiger Markt von Trainern, Coaches, Consultants. Wobei Manager – aus der Vergangenheit nicht selten over-trained, over-coached und over-consulted – weiterhin ihre Freude und Lust zur eigenen Entwicklung aufrechterhalten sollen. Auf dem Weg zu besserem Leadership sind außerdem Limitationen bei persönlichen Veränderungsprozessen zu bedenken. Denn durch Anlage (genetische Disposition) sowie Erfahrung (bisherige Sozialisation) werden viele Eigenschaften beziehungsweise Einstellungen von Führungskräften erheblich determiniert. Manche meinen sogar zementiert (Vaupel 2008).

Gerade Führungskräfte weisen meist sehr ausgeprägte Persönlichkeitsprofile auf. Von denen sie nur ungern lassen. Denn bislang sind sie damit erfolgreich gewesen. Warum sollten sie etwas verändern und dies dann auch noch als *persönliche Entwicklung* einschätzen? Literatur, Seminare und Individualmaßnahmen rund um Leadership zielen auf eine solche Verbesserung von Managern. Es bestehen freilich immense Schwierigkeiten, die individuellen Prädispositionen von Managern – besonders die der selbstbewussten, selbstsicheren und selbstwirksamen – zu verändern. Gerade dann, wenn die neue Welt diametral zu den bewährten Handlungsweisen, Führungsstilen und Menschenbildern der alten Welt steht.

Ganz elementar sind dabei meines Erachtens drei Eckpunkte (vgl. 8.2): Erstens bedarf es einer strategieumsetzenden Personalentwicklung, mit der die Ambition und Ausrichtung des Unternehmens zum Dreh- und Angelpunkt von Qualifizierung wird (Stiefel 2010). Zweitens fokussiert moderne Weiterbildung auf Schlüsselpositionen statt auf Schlüsselpersonen. Hoffentlich sitzen dann die besten Akteure an den neuralgischen Stellen. Die Position und nicht die Person zum Ausgangspunkt der Qualifizierung zu machen, bietet für das Unternehmen deutlich größere Vorteile, als sich an den fluiden Bedarfen seiner Talente zu orientieren. Drittens wird es mehr und mehr auf die individuelle Stärkung in der aufgetragenen Rolle ankommen. Die in diesem Kapitel vertiefte Ambiguitätstoleranz ist diesbezüglich ein aktuelles Stichwort. Im Grunde geht es um den Kern von Leadership und darum, der Führungskraft ein Vorgehensmodell und Handlungspraktiken an die Hand zu geben – falls sie diese noch nicht hat oder das Aktionsspektrum erweitert werden soll – und auch darum, mit dem täglichen Wahnsinn im und um das Unternehmen besser umgehen zu können. Neben der organisatorischen Verantwortung im Sinne von Leadership-Management gibt es wiederum eine individuelle Verpflichtung. Diese besteht aus der Bereitschaft zur fachlichen und persönlichen Entwicklung.

Mittlerweile ist besonders Coaching zum großen Wachstumsfeld der Führungskräfteentwicklung geworden. Beim Blick in Personalermagazine, beim Gang über Personalermessen und beim Surfen durchs Personalerinternet stolpert man auf Schritt und Tritt über entsprechende Angebote: Beratung bei Problemen, Beseitigung von Defiziten, Unterstützung zum Triumphieren. Die Vielfalt von Haltungen und Ansätzen im Coaching-Markt kann hier nicht weiter vertieft werden. Eine pfiffige Darstellung zum Ziel und Weg des Coaching gibt es etwa im Internet (www.youtube.com/watch?v=UY75MQte4RU). Jeder Interessent muss sich sein eigenes Bild von Nutzen und Kosten, Chancen und Risiken, Möglichkeiten und Begrenzungen des Coachings machen (z.B. Looss 1997, Landsberg 1998, Dehner/Dehner 2006, Dehner/Dehner 2007). Richtig eingesetzt, kann Coaching ein äußerst wirkungsvolles Instrument bei Veränderungsprozessen sein, insbesondere auf der Individualebene des Coachees. Dafür gibt es vielfältige Erfolgsfaktoren:

- persönlicher Fit zwischen Coachee und Coach (Beziehungsebene),

- Bedeutsamkeit und Nützlichkeit des Coachs für Coachee (Rapport),

- Erfahrungen, Interessen und Haltungen des Coachs,

- Vereinbarung über Zielsetzungen des Coachings (Contract),

- Fokus auf *Big Points* (statt Ausbreitung in sämtliche Arbeits-/ Lebensbereiche),

- Lösungsorientierung statt bloßer Problembezüge (Zukunft statt Vergangenheit),

- Reflexion persönlicher Motivations-/Erfahrungsstrukturen des Coachees,

- Erweiterung des Bezugsrahmens/der Verhaltensoptionen des Coachees (Perspektivwechsel),

- verträgliche Diagnostik (keine Therapie),

- Berücksichtigung von vorhandenen und zugänglichen Ressourcen des Coachees,

- kein bloßes Herausmoderieren von Lösungen, sondern Vorschläge durch aktiven Coach (Reiseführer statt Reisebegleiter),

- Vertraulichkeit und Möglichkeiten zum praktischen Ausprobieren (Save Room),

- Abschluss des Coaching-Prozesses bei Zielerreichung (zeitliche Begrenzung).

Allerdings kann Coaching ebenso großen Schaden anrichten oder wirkungslos verpuffen. Meist weiß man dies erst hinterher (vgl. Böckelmann 2011: 40 –

45). Wobei die da und dort vorhandene Scharlatanerie im Coaching von vornherein ausgeschlossen werden sollte. Inzwischen gibt es fast alles, beispielsweise von der Klopfakupressur, über Coaching mit Pferden hin zu *Emotional-Freedom-Techniques*. Übrigens: Nicht jeder Change-Berater ist ein guter Change-Coach (und umgekehrt). Ihre Rollen bei der Gestaltung des Wandels sind verschiedenartig. Die Themenstellungen ebenfalls. In der Beratung geht es um Veränderungsprozesse im *System Organisation*. Beim Coaching um Veränderungsprozesse im *System Person*. Coaching kann dabei allenfalls eine bessere Einstellung des Individuums zur Organisation und seinen Veränderungsprozessen erreichen. Oder aber eine individuelle Initiative zum Wandel der Organisation anstoßen.

Hebel Nummer 8: Achtsames Gesundheitsmanagement

Das gesamte Schrifttum rund um Leadership kreist um zwei Fragen: Was kennzeichnet exzellentes Leadership? Woraus bestehen »Management-Wunderwuzzis« der Gegenwart und Zukunft? Als Antworten werden – neben vielen anderen Merkmalen solcher Führungskräfte mit Vorbildwirkung – physische Eigenschaften angeführt, etwa Robustheit, Energielevel, Stresstoleranz sowie weitere somatische Charakteristika. Natürlich gibt es Menschen mit einer deutlich günstigeren Persönlichkeitsdisposition hinsichtlich Leadership als der Durchschnitt. Gerade Biografien erfolgreicher Unternehmensführer oder Home Storys von Bossen in Manager-Magazinen strotzen vor Neid erfüllenden Charakteristika. Ein entsprechendes Defizitgefühl sollte von *normalen* Führungskräften freilich nicht als unabwendbares Schicksal hingenommen werden. Menschliche Wirksamkeitsgrade können heraufgesetzt werden. Nicht ad ultimo. Aber ein Stück weit schon.

Dementsprechend gibt es vielfältige individuelle und organisatorische Bemühungen um Steigerung oder zumindest Erhaltung der besonders bei Veränderungsprozessen wichtigen Leistungskraft und Vitalität. Durch rechtzeitige Vermeidung von Burn-out, besseren Umgang mit Stress und höheren Stellenwert von Gesundheit. Hier hat in den letzten Dekaden ein massives Umdenken begonnen: weg vom dickbäuchigen, Zigarre rauchenden und dem Alkohol zugeneigten Rollenmodell der Wirtschaftswunderzeit. Mancherorts sogar eine Abkehr von Workaholics zur viel beschworenen Work-Life-Balance (z.B. Stock-Homburg/Bauer 2007). Inzwischen haben nämlich viele Manager den Zeitmanagement-Klassiker Covey (1994: 17) oder ähnliche Tretmühlen-Hinterfrager gelesen: »How many people on their deathbed wish they'd spent more time at the office?«

Die moderne Welt wird als immer schneller empfunden. Aber die Menschen bleiben langsam. Um diese Spannung auszuhalten – meint etwa Marquard (2000: 66–78) – müssen wir uns die Möglichkeit zum langsamen Leben bewahren. Deshalb entstehen immer mehr soziale Bewegungen zur Verstetigung des Lebens. Diese rücken zunehmend von den fernen Rändern des Geschehens in Sichtweite der Unternehmen. Zu nennen sind diverse Entschleunigungsinitiativen wie etwa »The Slow Movement«. Dabei geht es um ein beständiges Gleichgewicht im persönlichen Ressourcenhaushalt. So wird Druck in Zeiten des Wandels besser ausgehalten. Die Gesundheit während der Transformation leidet weniger.

Dass dies kein Problem des dritten Jahrtausends ist, zeigen frühere Publikationen zum Thema (z. B. Hirth u. a. 1981). Die Life-Styling-Diskussion belegt den gegenwärtigen Hype (z. B. Stiefel 2001). Populäre Referenten mit Vorträgen wie »Die Führungskraft im Spannungsfeld von Unternehmen, Familie und Selbst« packen ihre Zuhörer an den Grundfesten des Ichs und bringen sie zum intensiven Nachdenken über sich, ihr Dasein sowie den Rest des Lebens. Zahlreiche kommerzielle Angebote bieten die unterschiedlichsten Hilfestellungen für eine individuelle Bekämpfung der Leadership-Bubble. Zwischenzeitlich breit bekannt sind gängige Coping-Strategien wie Aufgabendelegation, Prioritätensetzung, Selbstreflexion und Neinsagen sowie zur körperlichen Bewegung und gesünderen Ernährung. Und viele Führungskräfte handeln entsprechend, zum eigenen Wohl als Mensch und zum fremden Wohl als Führungskraft.

Natürlich gibt es bei alledem mindestens eine Kehrseite. Geschätzte zwei Millionen Deutsche nehmen sogenannte Neuro-Enhancer (Pillen fürs Gehirn) wie etwa Methylphenidat, Modafinil oder Fluoxetin (www.dak.de/content/dakkrankheit/neuro_enhancer.html). Das ist einer/eine von vierzig. Die Quote bei Führungskräften wird vermutlich deutlich darüber liegen. Wichtig bei alledem ist, bevor es an solche letzten Strohhalme für »My Survival« geht, zunächst einmal die blinden Flecken sowie Stärken und Schwächen der einzelnen Führungskraft zu identifizieren. Letztlich bleibt sie selbst für sich und ihr Wohlbefinden verantwortlich. Wer denn sonst? Wobei die systemischen Folgewirkungen aus individuellen Stresssymptomen und persönlichen Gesundheitsproblemen von der Organisation nicht ignoriert werden können.

Aus diesem Grund hat das betriebliche Gesundheitsmanagement eine Renaissance erfahren. Vom Betriebsarzt beim Mittelständler bis zur Weltgesundheitsorganisation – siehe das facettenreiche WHO-Modell zum Healthy-Workplace (WEF/BCG 2012: 22) – kümmern sich medizinische Experten neuerdings verstärkt um das physische und psychosoziale Wohlbefinden von Führungskräften. Selbst wenn »noch vieles eher PR als Praxis ist« (Spiegel vom 25.04.2011, S. 60). Das betriebliche Gesundheitsmanagement wird durch verminderte Absenzen und gesteigerte Produktivität sogar ökonomisch interessant. Experten schätzen die Hebelwirkung bis auf den Faktor 10 (ebd. S. 67) beziehungsweise auf durchschnittlich über 300 Prozent: »Estimates vary as widely as a return of US$ 1.65 to US$ 9.70 on every dollar spent. A recent Harvard-led meta-analysis, which reviewed 36 studies for analytical rigour, identifies an average ROI of US$ 3.27 for every dollar spent on wellness programmes« (WEF/BCG 2012: 6). Mit einer Wellness-App kann sich ein Unternehmen seinen ROI inzwischen sogar selber ausrechnen (http://wellness.weforum.org).

Vermutlich hilft es bereits die Problemstellung einfach umzudrehen, wie dies Antonovsky (1979) mit seinen salutogenetischen Faktoren als Erster für die Wirtschaftswelt gemacht hat. Was seit einiger Zeit und neuerdings verstärkt von Neurobiologen wiederholt wird (z.B. Gardner 1989, Varela 1990, Hüther 2011). Und was – als Frage nach dem Sinn beziehungsweise der Suche nach dem Glück – die Philosophie seit drei Jahrtausenden beschäftigt (vgl. Poller 2010: 541–545). Statt zu fragen »Warum wird der Mensch krank?« wurden von Antonovsky Antworten auf die Fragestellung »Was hält ihn gesund?« gesucht. Es geht ihm um Kohärenzsinn eines Individuums, der sich aus drei Komponenten zusammensetzt: der Verstehbarkeit, mit der Anforderungen an eine Person strukturiert, vorhersagbar und erklärbar sind; der Gestaltbarkeit/Handhabbarkeit, durch die Ressourcen verfügbar sind, um die Anforderungen, die an eine Person gestellt werden, bewältigen zu können und der Bedeutsamkeit/Sinnhaftigkeit, nach der Anforderungen Herausforderungen darstellen, für die sich Anstrengung und Engagement lohnen. Seine drei Komponenten lesen sich wie Überschriften zu jedem Change-Management-Prozess: Wissen, Können und Wollen.

Hebel Nummer 9: Stimmiger Führungskräftemix

Der hastige Austausch vermeintlich unfähiger, unpassender und somit ungeeigneter Führungskräfte ist weiter oben als oftmals vorschnelle Kurzschlusshandlung der Unternehmensspitze kritisiert worden. Diese Beobachtung aus der Praxis bedeutet aber keinesfalls einen geringen Stellenwert der Riege von Führungskräften, als Einzelkönner in einem harmonischen Team. Wobei sich die Auffassungen darüber, was »stimmiger Führungskräftemix« bedeutet und wie dieser erreicht werden kann – wie vieles heutzutage – markant unterscheiden. Die in diesem Buch vertretene Position ist nur eine von vielen.

Die Grenzen von Teamentwicklung sind – nach meiner Erfahrung – recht früh zu ziehen. Bei Hilferufen aus Unternehmen, wenn ein Team sich gerade in der Storming-Phase befindet und über Norming in den Performing-Status gebracht werden soll, halte ich mich oftmals freundlich zurück. Aus einem unrund funktionierenden Führungskräfte-Konglomerat ist, erst recht in ruppigen Zeiten der Veränderung, keine gut geschmierte Gemeinschaft zu formen. Deshalb ist von Beginn an der Fokus auf die Zusammensetzung von Führungskräfteteams zu legen. Und nicht darauf zu setzen, dass es mittels gruppendynamischer Prozesse und Griffen in die sozialpsychologische Trickkiste gelingt, einen zusammengewürfelten Haufens erstklassiger Spezialisten ihres jeweiligen Fachgebietes in eine schlagkräftige Gemeinschaft zu entwickeln. Oder sogar auf langfristig wirksame Einsicht schwieriger Akteure zu bauen: »Ich will endlich teamfähig werden«. Natürlich gibt es diesbezüglich andere Ansichten (z. B. Katzenbach/Smith 1993, Schmid/Fauser 2004). Unzählige kommerzielle Angebote rund um Teambuilding, angefangen vom Entscheidergremium bis zur Projektarbeitsgruppe – die mit einer personellen und systemischen Teamdiagnostik beginnen (Abb. 44) – zielen in diese Richtung.

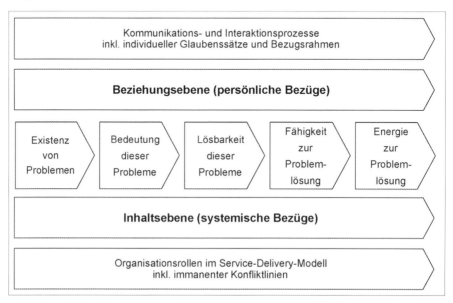

Abb. 44: Modell zur Teamdiagnostik

Eine weitere Diskussion hat sich um Vorteile beziehungsweise Schattenseiten von diversen – also kunterbunt zusammengewürfelten – Teams entspannt. In Deutschland, mehr als in anderen europäischen Ländern, kulminiert diese Debatte derzeit im politischen Streit um eine gesetzliche Frauenquote. Für Homogenität von Managementteams (weiß, deutsch, männlich) spricht insbesondere die rasche Entscheidungsfindung infolge verwandter Wahrnehmungen und ähnlicher Denkmuster; mit der nicht zu unterschätzenden Gefahr von unzeitgemäßen Monokulturen. Als Gewinn von Heterogenität wird die Berücksichtigung verschiedenartiger mentaler Modelle und damit die Suche von Lösungen in größeren Ermessensräumen – was in einer zunehmend diversen Umwelt immer wichtiger wird – gewertet; bei tendenziell steigenden Friktionen im Entscheidungsprozess. Vermutlich liegt das Optimum wie eigentlich so oft in der Mitte bei einem mittleren Diversitätsgrad der Führungsriege. Eine zu große Homogenität beschränkt den Horizont. Und eine überzogene Heterogenität verliert sich bei ihren Koordinationsversuchen. Zusammenfassend ist meines Erachtens Collins (2001) zuzustimmen. Er sieht in passender Zusammensetzung von Managementteams – von Beginn an –

einen ganz entscheidenden Erfolgsfaktor, im Unternehmensalltag und besonders bei Veränderungsprozessen. Ein stimmiger Führungskräftemix »ex ante« sei Dreh- und Angelpunkt auf dem Weg von guten zu exzellenten Unternehmen.

Die Passung zum Team kann durch HR-Instrumente überprüft und gesteigert werden. Diese sollten jedoch nicht erst mit dem Veränderungsprozess zum Einsatz kommen. Professionelle Personalarbeit zeigt sich bereits im Alltag (vgl. 7.4) und wird mit Blick auf Talent-Management künftig noch wichtiger (vgl. 5.2). Als HR-Instrumente auf dem Weg zum stimmigen Führungskräftemix stehen zur Verfügung:

- Rekrutierung auch unter dem Gesichtspunkt des persönlichen Fits,

- Onboarding, verstanden als Akkulturation in das Unternehmen,

- Performance-Management, auch unter dem Gesichtspunkt des persönlichen Stils,

- Management-Diagnostik, auch unter dem Gesichtspunkt des persönlichen Stils,

- Konsequenz-Management durch straighte Trennung von Misfits,

- Sanktions-Management bei Toxic Leadership (vgl. 4.1),

- Führungskräfteentwicklung mit Berücksichtigung von Persönlichkeitstypologien,

- Coaching zur Reflektion der eigenen Persönlichkeitswirkung.

Zum Verdeutlichen von Eigenschaften und Unterschieden der Menschen wurden von der anwendungsorientierten Psychologie zahlreiche Typologien und Profile entwickelt. Für eine Clusterung von Charakteren eignen sich Verhaltenstypologien wie etwa Myers-Briggs (siehe www.capt.org/mbti-assessment/) und LIFO (siehe www.lifoproducts.de). Daneben gibt es Profile wie etwa Ich-Zustände der Transaktionsanalyse (Zeig 2009). Inzwischen gibt es sogar Instrumente zur Einschätzung des persönlichen Veränderungsstils, ob »Consolidator«, »Operator« oder »Initiator« (Stiefel 2006: 192–195) sowie der »CSI – Change-Style-Indicator« (siehe www.discoverylearning.com). Für manche Probanden besteht das wesentliche Learning solcher Typologien und Profile bereits darin, zu erkennen, dass andere Menschen anders sind als sie selbst. Solche Erkenntnisse helfen, im Unternehmen und bei Veränderungen.

Rolle des Change-Manager

Bei alledem kommt dem Change-Manager *nur* eine Rolle von der Seite zu. Mehr sollte er nicht anstreben, weniger allerdings auch nicht. Die systemische Leadership-Bubble kann er nicht beseitigen. Die ökonomische Forderung nach Leadership-Effectiveness wird von anderen erhoben. Und beim organisatorischen Leadership-Management, den neun Ansatzpunkten, kommt dem Change-Manager allenfalls ein *unterstützendes Management* im Sinne Mintzbergs (2010: 195) zu. Er kann dabei mitwirken, Auswirkungen der Leadership-Bubble bei *seinen* Führungskräften zu mildern. Zum einen wird er – als Coach – versuchen, über Fokussierung, Priorisierung, Selektion sowie all die anderen Instrumente zur Erleichterung etwas mehr Klarheit und etwas weniger Ballast aus der People-Dimension des Veränderungsprozesses zu schaffen. Und er wird bemüht sein, zusätzliche Komplexität und weiteres Komplizieren von Herausforderungen bei der Gestaltung des Wandels vermeiden. Zweitens: Der Change-Manager besitzt bei der Vorbereitung von Entscheidungen – als Berater – ein Mitwirkungsrecht. Je besser er berät, umso größer gerät sein Beitrag. Führung als Entscheidung für eine bestimmte Handlungsalternative und gegen andere sowie die damit verbundene Festlegung zur Ressourcenallokation trotz Zielkonflikten, Unwägbarkeiten, Informationsdefiziten verbleibt freilich stets bei der Führungskraft selbst.

Die Frage, die sich jeder Change-Manager stellen muss, lautet, wie stark er sich bei *seinen* Führungskräften engagiert. Ob er mehr als bloß minimalinvasiv agiert. Oder sich sogar ganz zurückzieht. Dazu gibt es keine pauschale Antwort. Persönlich tendiere ich zum stärkeren Engagement. Die Art und Weise ist allemal erheblich von den Umständen abhängig, vom eigenen Schneid, von der Offenheit einer Führungskraft, von deren Bereitschaft zum gecoacht und beraten werden, von Schwierigkeitsgrad und Lösungsmöglichkeit der Themenfelder. Zudem muss sich ein Change-Manager durch Leistung peu à peu für dieses Engagement qualifizieren (»earn the right«). Um sich mit der Zeit durch Wertschöpfung – die bei Coaching und Beratung stets im Auge des Empfängers liegt – Schritt für Schritt voranzutasten. Vorschusslorbeeren wird ihm keiner geben (vgl. 7.2).

Immer wichtiger wird das *reflexive* sowie *aktionsorientierte* Mindset einer Führungskraft: »Ein wichtiger Grund für die heute häufig beklagten Umsetzungsdefizite liegt darin, dass die Entscheidung nicht klar als Umsetzungsvorbereitung mit Konsequenzen für die Ressourcenverteilung im Unternehmen gesehen wird, sondern lediglich als Beitrag in einem Abwägungsprozess. … Um Handlungsalternativen besonders in kritischen Führungs- und Unternehmenssituationen sachgerecht prüfen zu können, sollte das reflexive Mindset so weit geübt sein, dass die Führungskräfte sich aus (krisenhaften) Einbindungen lösen und die längerfristigen Konsequenzen abschätzen können. … Die andere Seite der Performanceklammer verkörpert das aktionsorientierte Mindset. Erst wenn das reflexive und das aktionsorientierte Mindset ihre unterschiedlichen Leistungen erbringen, dann sind die grundlegenden persönlichen Voraussetzungen gegeben. … Die Umsetzung des aktionsorientierten Mindsets bemisst sich folglich daran, inwiefern eine Führungskraft –

über den kognitiven Teil der Entscheidung hinaus – dazu in der Lage ist, sich selbst, die Ressourcen und besonders die Mitarbeiter im Sinn der Entscheidung auszurichten. Erst wenn die Führungskraft dies leistet, ist der Entscheidungsprozess wirksam abgeschlossen und für die Marktbearbeitung relevant« (Vaupel 2008: 186, 152 bzw. 183–184, 309). Mintzberg (2004: 282) ergänzt: »Everything an effective manager does is sandwiched between action on the ground and reflection in the mind. Reflection without action is passive; action without reflection is thoughtless. Effective managers thus function at the interface of these two mindsets: where reflective thinking meets practical doing«.

Eine Führungskraft kann nun versuchen, diese Reflexion und ihre Entscheidungen zum Handeln ganz alleine, völlig eigenständig und komplett auf sich gestellt bewältigen zu wollen. Sie kann sich freilich auch bei Beratern, Beiständen und Ratgebern bedienen. Für die People-Dimension steht einer Führungskraft der Change-Manager (oder HR-Business-Partner) mit Rat und gegebenenfalls auch Tat zur Seite. Ansonsten passieren die klassischen Managementfehler: »Die wegen ihrer einfachen Menschenbilder und Erklärungsmodelle beliebten Theorien im Führungsalltag führen regelmäßig auf den 'Parkplatz der langsamen Einsicht'. Dort reift in der Endphase von strategischen Initiativen oder größeren Projekten in der Regel die kostenintensive Erkenntnis, dass man sich rechtzeitig und professionell auf die kommunikative Arbeit mit den Menschen hätte einstellen und einlassen müssen« (Vaupel 2008: 247).

Ein Change-Manager bewegt sich ständig auf dem schmalen Grat von Coaching und Beratung. Bei dem auf der einen Seite die ungebührliche Anmaßung lauert (Change-Manager entscheidet für die Führungskraft mit) und auf der anderen Seite die unterlassene Wertschöpfung droht (Change-Manager delegiert alles zurück an die Führungskraft).

Marktwirtschaftlicher Modelloptimismus oder lebenspraktische Arbeitsrealitäten?

Einige Führungskräfte können die gesamte Diskussion rund um Leadership-Management entspannt links liegen lassen. Wenn sie es in ihrem Arbeitsleben bereits geschafft haben. Derzeit und vermutlich auch künftig stehen viele Führungskräfte jedoch vor einer als übermächtig empfundenen Organisation. Die Verantwortung der Unternehmen für *ihre* Führungskräfte wird künftig enorm wachsen. Sie wird weit über die Idee einer auf Kompetenzentwicklung reduzierten Employability hinausgehen. Das Unternehmen wird die Beschäftigungsfähigkeit in einem umfassenden Sinn – siehe die neun Hebel von Leadership-Management – angehen müssen: (1) weil sich die staatlichen Institutionen immer mehr aus ihren Betreuungsangeboten zurückziehen oder diese ineffektiv und ineffizient werden; (2) weil sich der moderne High Potential nur noch sehr bedingt sein Leben lang an ein einziges Unternehmen binden möchte; (3) weil sich ein Unternehmen in einer fast schon intimzonenfreien Öffentlichkeit mit seiner Corporate Social Responsibility nicht mehr auf Scheinlösungen ausruhen kann.

Zu Rund-um-sorglos-Zuständen werden wir nicht mehr zurückkehren. Die Unternehmen können und wollen so etwas nicht mehr anbieten. Und die meisten Mitarbeiter brauchen dies nicht mehr. Zumal sie zu ihrer Gegenleistung – lebenslange Verpflichtung auf ein Unternehmen – kaum mehr bereit sind. Und diese sogar als unklug empfunden wird. Die rückläufige Bedeutung der People-Dimension in den vergangenen Jahrzehnten wird sich jedoch – nicht nur aus schwärmerischer Überzeugung von Ideologien, sondern bei nüchterner Betrachtung der Fakten – wieder umkehren. Leadership-Management wird zur Herausforderung werden, bei der das Unternehmen mit Blick auf die Führungskräfte deutlich mehr als heute geben wird und im Gegenzug dafür nicht mehr so viel wie heute nehmen kann. Damit das Ungleichgewicht aus *Organizational Effectiveness* (schlanke Organisation) und *Leadership-Effectiveness* (leistungsfähige Manager) wieder ausgeglichen wird (Abb. 45).

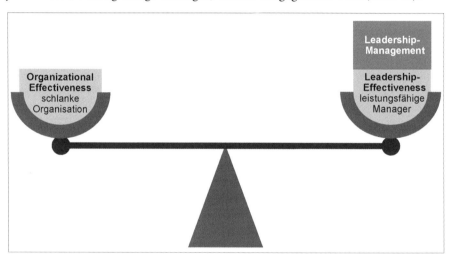

Abb. 45: Leadership-Management als Balance von Organisation und Führungskraft

Im Grunde braucht es *Organizational Slack*. Dies ist »ein spezifischer Ressourcenüberschuss, der zum gegenwärtigen Zeitpunkt, das heißt, bezogen auf die aktuellen Anforderungen an das Unternehmens und seine Organisation, überdimensioniert ist. Am besten könnte man Slack als organisatorischen (Regelungs-)Freiraum bezeichnen, der letztlich dazu führt, dass Handlungsspielräume für die Organisationsmitglieder entstehen. Eine derartige positive Überdimensionierung … ist in einer Mehrzahl von situativen Umweltausprägungen hinreichend effizient. Hinsichtlich der Ressourceneffizienz ist Slack natürlich negativ zu beurteilen, aber Flexibilität gibt es nicht umsonst« (Bach u. a. 2012: 368).

Eigentlich sämtliche der in diesem Kapitel genannten Ansatzpunkte sind alles andere als neuartig. Sie in das Gewand von Leadership-Management zu kleiden, mag sogar ein klein wenig ironisch sein. An der Relevanz dieser Herausforderungen für die zukünftige Unternehmensentwicklung ändert dies jedoch nichts. Zu blauäugig? Im Grunde wird dem marktwirtschaftlichen Modelloptimismus lediglich die lebenspraktische Arbeitsrealität entgegen gestellt. In Zeiten des demografischen Wandels – mit seinen zunehmenden Engpässen bei qualifizierten, engagierten und loyalen Führungskräften und den dadurch verschobenen Kräften im Arbeitsmarkt – bedarf es nicht einmal mehr einer humanistischen Aufladung oder anderer normativ-ethischer Rechtfertigungen dieser Argumentation (vgl. Claßen/Sattelberger 2011). Die Philosophie kann getrost außen vor bleiben. Der Verweis auf die ökonomische Zweckmäßigkeit unternehmerischer Maßnahmen sollte schon ausreichen, um Führungskräfte nicht mehr weitgehend sich selbst zu überlassen. Das neue Motto lautet nicht mehr »My Survival«, sondern »Our Survival«. Es geht nicht mehr bloß um Gesundheit von Belegschaft und Führungskräften. Ein zentrales Zukunftsthema und Voraussetzung für Veränderungsprozesse ist die Gesundheit der Organisation – als Voraussetzung für deren Veränderungsfähigkeit.

5 Talent-Management in Zeiten des Wandels

5.1 Talent-Management als zentrale Herausforderung

Tempi passati

Lange Zeit schwankte das, was wir inzwischen als Talent-Management bezeichnen, im Auf und Ab der Konjunkturzyklen. Bei nachfragestarken Arbeitsmärkten wurde vieles rund um die People-Dimension im Unternehmen begonnen oder wieder aufgefrischt. Um es dann in schwächeren Phasen flugs bis auf Weiteres zu beenden. Deshalb ein kurzer Rückblick auf die beiden jüngsten Dekaden mit Fokus auf Deutschland (wobei sich die Entwicklung in Österreich und der Schweiz nur geringfügig unterscheidet). Am Beginn der 90er Jahre, der Nachwendezeit, boomte die Wirtschaft mit BIP-Fünfprozentern in 1990 und 1991. In ihrem Gefolge brummte der Arbeitsmarkt. Diese wiedervereinigungsbedingte Begeisterung flaute zur Mitte des Jahrzehnts merklich ab, mit zwei harten Dellen in 1993 und 1996 sowie dürftigen Wachstumsraten in den übrigen Jahren. Aus heutiger Sicht waren es klassische Zeiten: Nachfrage führte zu Investitionen, diese zu höherer Beschäftigung und diese zu stärkerer People-Orientierung. Und umgekehrt: Schwächelnde Nachfrage bedingte einen müden Arbeitsmarkt sowie eine vernachlässigte Belegschaft.

Dann aber kam als Folge des New-Economy-Hype um die Jahrtausendwende der erste Strukturbruch. Urplötzlich schoss eine neue Generation jung-dynamischer Akteure aus dem Erdboden. In den Start-ups kreise alles nur noch um eine Frage: Wann man sich nach dem Börsengang mit den Millionen aus einer genialen Internet-Geschäftsidee endlich zur Ruhe setzen könne? Alle diejenigen, die so etwas erst mit vierzig Jahren anstrebten, galten bereits als Loser. Wer nicht spätestens Mitte dreißig ausgesorgt zu haben glaubte, sah sich nach einer noch besseren Gelegenheit im Markt der webbasierten Geistesblitze um. Natürlich war zwischen dem damals hoffähigen Studienabbruch und einer nicht allzu fernen Zukunft als Privatier die Bereitschaft zum knüppelharten Einsatz zu beweisen. Aber der würde sich spätestens beim IPO auszahlen. Dolce Vita oder was man sich darunter für den Rest des Lebens ausmalte würde für die Aneinanderkettung von Nachtschichten und unzählige, auf Dauer nicht mehr genießbare Pizzas vom Italiener nebenan mehr als entschädigen.

Ab Frühjahr 2001 kam es ein klein wenig anders. Die Konjunktur – von der viele sich entkoppelt zu haben glaubten – schlug wieder einmal zu. Der Herbst des gleichen Jahres mit dem 9. September und Unsicherheiten aus der Euro-Einführung setzte dann noch einen drauf. Mit einem Male traten Risiken des Arbeitsmarktes wieder ins Bewusstsein. Die meisten Hoffnungsträger aus dieser ersten War-for-Talent-Welle mussten in den schnöden Modus des Arbeitens für Lebens- oder zumindest Luxusunterhalt umschalten. Viele der Klondike-Cowboys taten sich mit dem Wiedereintritt in eine geregelte Berufsbiografie sogar richtig schwer und versuchten über längere Zeit kleinmütig am einmal abgerissenen Faden traditioneller Beschäftigungsmodelle anzuknüpfen. Manch träger Zeitgenosse, der seinen Wechsel von der verschmähten Old Economy in die fantastische neue Welt schlichtweg versäumt oder verträdelt hatte, war seinerzeit froh über ein zwar kümmerliches, aber immerhin Monat für Monat beständig überwiesenes Salär.

Die Zeiten wurden bis Mitte des Jahrzehnts sogar noch rauher, zwischen 2002 und 2005 mit Wachstumsraten um die Nulllinie. Es waren graue, schwere, bleierne Jahre. Arbeitslosenraten stiegen bis ins Akademikermilieu hinein beträchtlich. Zudem brach der Jugendwahn aus. Ältere Mitarbeiter – so ab Mitte vierzig – wurden per Dekret in den Ruhestand oder zumindest in dessen damals noch vom Staat begünstigte Vorstufen verabschiedet. Auf der anderen Seite wurde blutjungen Bewerbern kein adäquates Jobangebot unterbreitet. Ihnen fehlte die nötige Erfahrung. Und Absatzmärkte gaben *null Perspektive* für den Nachwuchs her. Es entstand die Generation Praktikum. Der Blick vieler Leistungsträger wandte sich nun nicht mehr dahin, mit leichtem Gepäck zu neuen Ufern aufzubrechen, sondern an alten Gestaden ihren bisherigen Strandkorb oder zumindest das Plätzchen für ein Badetuch zu verteidigen. Oder ihre Anschlussfähigkeit für den Arbeitsmarkt in irgendeiner Form zu ergattern. Manch einer ging dabei baden oder sogar unter.

Diese Tristesse hat sich seit Mitte der letzten Dekade schon wieder dreimal gedreht, zum Guten, dann zum Schlechten und – für die Sonnenseite des Arbeitsmarktes vermutlich auf Dauer – erneut zum Guten: 2006 sprach man von einer Belebung der Jobnachfrage. 2007 lehnten Headhunter in bestimmten Segmenten Aufträge wegen Erfolglosigkeit ab. 2008 versprach ein noch besseres Karrierejahr zu werden. Der Run auf Einserabsolventen und Engpasskompetenzen war erneut im vollen Schwange. Der »War for talents 2.0« wurde ausgerufen. Nicht das Vorgeplänkel eine Dekade zuvor, sondern der wirklich wahre Kampf um Talente oder wen die Unternehmen qua Fächerwahl, Zensuren, Biografie, Referenzen und persönlichem Auftritt dafürhielten. Es ging darum, die nun wieder ambitionierten Wachstumsziele erreichen zu können. Doch dann kam erneut ein Herbst. Konjunkturindikatoren zeigten bereits zuvor nach unten. Lehman wurde fallen gelassen. Begriffe wie Rettungsschirm, Abwrackprämie, Kreditklemme bestimmten die Wirtschaftspresse. Zuerst die Finanzmarktkrise, gefolgt von Verschuldungskrise, dann die Wirtschaftskrise und später die Eurokrise führten zu Lähmungen des ökonomischen Betriebes in den exportorientierten Realmärkten, mit großen Unsicherheiten für alle Beteiligten. Im Folgejahr gab es einen fünfprozentigen BIP-Einbruch.

Doch das Talent-Management-Thema blieb en vogue. Es hatte sich von der einbrechenden Konjunktur entkoppelt, zumindest für die deutschsprachigen Länder. Unternehmen setzten, unterstützt durch staatliche Maßnahmen, auf ihre Stammbelegschaft und bemühten sich weiterhin, wenn auch für einige Zeit auf kleinerer Flamme, um den Zustrom von Talenten. Dies geschah nicht aus Ignoranz gegenüber dem konjunkturellen Schock, sondern im mehr oder weniger wachen Bewusstsein der absehbaren Engpässe künftiger Arbeitsmärkte. Unternehmen begannen in einen ungewohnten Vorsorgemodus umzuschalten. Der Aufschwung kam dann früher als gedacht, im Frühjahr 2010, und dauert bis zum Abschluss des Buchmanuskripts an. Dieser aktuelle wirtschaftliche Boom mit den BIP-Dreiprozentern in 2010 und 2011 wird kein Dauerzustand werden. Mit der Nachfrage wird es wieder bergab gehen in diesen bewegten und unberechenbaren Zeiten. Der Herbst – diesmal in 2012 – lässt wiederum die Blätter fallen. Die HR-Herausforderung Talent-Management hat sich allerdings nahezu gänzlich davon befreit und wird – das ist keine besonders mutige Prognose – zumindest in der jetzigen Dekade und wohl noch länger ihre große Bedeutung beibehalten.

Was ist geschehen? Es ist zu elementaren Kräfteverschiebungen in bestimmten – für die *Profitable-Growth-Zielsetzungen* von Unternehmen erfolgskritischen – Arbeitsmarktsegmenten gekommen. Durch Demografieentwicklungen (weniger als bisher) und Generationseinstellungen (anders als derzeit) hat sich der Arbeitsmarkt vom Anbieter- zum Nachfragermarkt gedreht. Der Machtwechsel hat längst begonnen. Er wird aller Voraussicht nach auf Dauer bestehen bleiben. Dieses Kapitel wurde deshalb gegenüber der ersten Ausgabe erheblich ausgeweitet und umgeschrieben. Denn es ist unverkennbar, dass Talent-Management von zeitgeistigen Professoren, schreibenden Personalern und werbenden Consultants als Sammelbecken für Vieles und nunmehr edelste Aufgabe von HR-Bereichen aufgebaut worden ist. Unterbelichtet bleibt dabei, dass die im Begriff mitgeführten HR-Themen in Unternehmen vielerorts noch ungelöst sind oder allenfalls rudimentär angegangen werden. Und deswegen bei jedem Veränderungsprozess von Unternehmen als durch Change-Management zu bedienende *systemische* Herausforderung mitschwingen.

Trends in der Arbeitswelt

Die alte Arbeitswelt bot vergleichsweise leicht nachvollziehbare Tätigkeiten. Dies zeigt sich schon daran, dass traditionelle Berufsfelder durch ein gängiges Prädikat charakterisiert werden können: Ein Bäcker bäckt, ein Fischer fischt, ein Zimmerer zimmert. Sie können sich vom Lehrling über den Gesellen bis zum Meister entwickeln. Das war es dann aber meistens. Doch selbst ein Bauer ist heute Landwirt oder sogar Agronom und arbeitet unterdessen völlig anders als das von ehedem tradierte Klischee. Moderne Berufe der

Dienstleistungswelt oder im Hightech-Bereich sind selbst vielen Experten oft erst bei näherer Beschäftigung zumindest halbwegs eingängig. Die Zeiten klarer Berufsbilder sind, kaum wurden sie in Stellenbeschreibungen, Kompetenzmodellen sowie Laufbahnkonzepten schriftlich notiert und manchmal schon fast justiziabel fixiert, bereits wieder vorbei. Von »modernen Jobs« (Süddeutsche Zeitung vom 23.05.2011) wie etwa Lobbyist, Compliance Officer oder Regulatory Affairs Manager bestehen allenfalls unscharfe Vorstellungen über deren Schaffen und Wirkungen. Wenn ein Systemanalytiker systemanalytikert – was macht er dann eigentlich während seines Arbeitstages? Selbst ich als Berater mache nichts anderes als beraten. Aber was leiste ich dabei tatsächlich?

Beim Blick in die Trendstudien (etwa GfK/FTD 2012, Kienbaum 2011, Roland Berger 2011, Mercer 2011) werden zahlreiche, teilweise bereits seit Langem wirkende Tendenzen in der Arbeitswelt gehandelt. Die ökonomischen, soziologischen und psychologischen Stichworte lauten:

- *Veränderung der Kräfteverhältnisse:* Rückgang Arbeitskräftepotenzial, Abnahme Bindungskräfte, Machtwechsel in Teilbereichen des Arbeitsmarkts, in anderen Segmenten *atmend*e Belegschaft zur Flexibilisierung,

- *Veränderung der Tätigkeiten:* Wachstum Dienstleistungen, Globalisierung der Arbeit, Digitalisierung der Arbeit, Virtualisierung der Arbeit, Integration Beruf/Privat, Zunahme Projekte,

- *Veränderung der Mitarbeiter:* Individualisierung, Zunahme Frauen, Diversity/Inklusion, Urbanisierung/Metropolisierung, Renaissance der Erfahrung, Zunahme Selbstständigkeit,

- *Veränderung der Einstellungen:* Selbstverwirklichung, Eigenverantwortung für Karriere, Balance Privat/Beruf, Arbeit als Lifestyle.

Zeitenwende, Strukturbruch, Paradigmenwechsel

Kurz nach dem Zweiten Weltkrieg wurde die älteste deutsche HR-Zeitschrift »Personal« mit dem Ziel gegründet, »nach anderthalb Jahrhunderten Überbewertung des Produktionsfaktors Kapital endlich den Menschen als Individuum und Subjekt in den Mittelpunkt der Wirtschaft zu stellen«. Seit Dekaden ist nun aus dieser und unzähligen weiteren Quellen die Maxime vom Mitarbeiter als wichtigster Ressource im Unternehmen zu vernehmen: Sonntagsreden, Gefälligkeitssätze und Beruhigungssprüche. Vielerorts sieht die Realität anders aus: »Mitarbeiter sind unsere wichtigste Ressource«, sagt der Vorstandsvorsitzende und verbringt seine Zeit mit noch Wichtigerem: »On average CEO and other senior executives spend less than 9 days a year on activities related to Talent-Management – far fewer than the 20-plus days spent at best practice companies« (BCG/EAPM 2011: 12 bzw. BCG/WFPMA 2012: 23).

Doch eine Zeitenwende kommt selten durch plakative Forderungen. Mal wieder beginnt sich ein System, wie die wachstums- und ergebnisgetriebenen Wirtschaftsunternehmen (Profitable Growth), nicht wegen äußerer Wünsche, sondern durch innere Logik zu verändern, also evolutionär statt revolutionär. Das, was besonders nötig und gleichzeitig knapp ist, wird zum Engpass. Denn Ideen zur Innovation sind selten und deren Implementierung ist schwer geworden (vgl. Christensen/Raynor 2003). Mehr und mehr braucht es dafür kompetente und engagierte Mitarbeiter. Und diese werden rarer, durch Demografieentwicklung und Einstellungswandel – und kostbarer. Humankapital, noch das Unwort des Jahres 2004, wird zum erfolgskritischen Wettbewerbsfaktor deklariert. Mit der sprachlich aufgepeppten Version *Talent-Management* wird das größte Problem vieler Unternehmen beim Namen genannt: Die erste Hälfte des Begriffs impliziert, dass es *irgendwie* nicht um alle Mitarbeiter geht, sondern nur um einige, die Talente. Wer auch immer das ist. Die zweite Hälfte des Begriffs induziert, dass es *irgendwie* um eine Gestaltungsaufgabe geht, die es zu erledigen gilt, das Management. Wie auch immer das geht.

Denn Wettbewerbsfähigkeit von Unternehmen kommt inzwischen primär durch bessere Mitarbeiter. Dazu eine kleine Zitatsammlung aus der Gegenwart. Klaus Schwab, Gründer und Präsident des Weltwirtschaftsforums in Davos meint dort im Frühjahr 2011: »The success of any national or business model for competitiveness in the future will be placed less on capital and much more on talent. We could say that the world is moving from capitalism to 'talentism'«. Zur selben Zeit am selben Ort bilanziert eine führende Strategieberatung: »Now, human capital is replacing financial capital as the engine of economic prosperity« (WEF/BCG 2011: 7). Die Zukunft eines Unternehmens liegt somit in besseren People an den Schaltstellen der Organisation – verglichen mit den jeweiligen Konkurrenten im Sektor. »Der Wettbewerb in einer Branche findet heute auf der Ebene der Kompetenz der Inhaber von Schlüsselpositionen statt« (Stiefel in MAO 3/2011: 6). Professor Lebrenz von der Hochschule Augsburg prognostiziert (FAZ vom 09.08.2011): »Wir müssen uns an den Gedanken gewöhnen, dass Unternehmen mehr von ihren qualifizierten Mitarbeitern abhängen als diese vom Unternehmen«. Schließlich lässt sich der CEO von Procter&Gamble, Bob McDonald, bei der Preisverleihung zur »Best Company of Leaders 2012« zitieren: »I see my role as the chief talent officer of the company. Leadership is the one factor that will ensure our success long after I am gone as CEO« (www.chiefexecutive.net).

Nun sind Zitate noch lange kein Beweis. In Serie belegt Talent-Management jedoch die Spitzenposition bei künftigen HR-Herausforderungen (vgl. 7.4) und sogar einen Podiumsplatz bei sämtlichen CEO-Herausforderungen (Ray

2011: 3). Inzwischen haben die meisten größeren Unternehmen die *Challenge-Talent-Management* für sich entdeckt. Zumindest als wegweisendes Thema, noch selten als stringentes Konzept und fast nie im gewöhnlichen Alltag sowie bei Veränderungsprozessen. Immerhin bezeichnen sich mittlerweile fast alle DAX-30-Unternehmen und viele weitere Firmen in Deutschland, Österreich und der Schweiz als *Employer of Choice*. Zumindest die Absicht ist inzwischen verankert. Dafür gibt es vier Gründe:

1. *Demografische Entwicklung:*
   weniger Quantität und Qualität in Engpassbereichen.

2. *Fundamentaler Mentalitätswandel der Generation Y und selbst der Älteren:*
   Erwartungshaltung »Was kann/muss mir das Unternehmen bieten?«

3. *Weitere Bedeutungszunahme von Führung:*
   direkter Vorgesetzter als wichtigster Faktor für Bindung, Motivation, Engagement.

4. *Fataler Teufelskreis:*
   Leadership-Bubble führt zu Führungsproblemen.

Für Traditionalisten ergibt sich eine verkehrte Welt: Talent-Management dominiert die Personalstrategie und diese sogar in Teilen die Unternehmensstrategie. Die People-Dimension ist deutlich wichtiger geworden und verändert traditionelle Führungssysteme. Denn ein pfleglicher Umgang mit der kostbaren Ressource Personal besitzt – zumindest in Engpassbereichen – einen markanten Business-Impact (vgl. BCG/WFPMA 2012).

Machtwechsel im Arbeitsmarkt

Derzeit gibt es deutlich über sieben Milliarden Erdenbürger. Selbst der weltweit größte Arbeitgeber, Wal-Mart mit unfassbaren 2.100.000 Mitarbeitern (Stand 12/2012) beschäftigt gerade mal 0,03 Prozent der Menschheit. Das ist nicht viel. Bei kleineren Firmen ist es noch deutlich weniger. Zudem haben Unternehmen unter der Zielsetzung »Employer of Choice« mannigfaltige Aktivitäten begonnen, um diesen Anspruch zu untermauern, ihre Bekanntheit und Beliebtheit zu steigern, bei der Einstiegs- und Bleibeentscheidung zu punkten. Damit sie auf dem Arbeitsmarkt ein attraktives Bild abgeben. Kaum ein Unternehmen, das etwas auf sich hält, ist nicht in einer der gängigen Ranglisten vertreten. Oder spult im Internet, via Headhunter, auf Bewerbermessen und in Hochglanzbroschüren ein interessantes Angebot für die umgarnten Talente ab. Was ist eigentlich das Problem?

Eigentlich müsste es für attraktiv aufgestellte Unternehmen weiterhin ein Leichtes sein, aus einer großen Schar an exzellenten Bewerbern die jeweils am besten Geeigneten mit Sorgfalt und Bedacht auszuwählen. Eben das alte

Spiel – das auch bei den sehr bekannten und sehr beliebten Unternehmen immer noch funktioniert, wenn Schein und Sein weitgehend übereinstimmen. Doch die Spielregeln im Arbeitsmarkt haben sich für die allermeisten Firmen geändert. Über dem Talent-Management schweben vier Mega-Trends. Drei dieser Entwicklungen sind für die Unternehmen quasi Naturgewalten und werden weiter unten vertieft. Nummer vier liegt – als Leadership-Management (vgl. 4.4) – in der Gestaltungsdomäne des Unternehmens:

1. *Demografieentwicklung:* weniger Quantität und Qualität in Engpassbereichen, sei es Funktion, Kompetenz/Engagement oder Geografie.

2. *Einstellungswandel:* veränderte Haltung zur Arbeit in der Generation Y sowie inzwischen auch bei vielen Älteren.

3. *Kostenoptimierung:* Wettbewerbsdruck limitiert Spielräume für das »an und für sich« Erforderliche, insbesondere bei Veränderungsprozessen mit Krisencharakter.

4. *Führungsprobleme:* erstklassiger Vorgesetzter als wichtigster Faktor bei fast allen Stellschrauben im Talent-Management (vgl. 4.1).

Inzwischen entwickelt sich vielerorts eine verkehrte Welt: Während nach landläufiger Auffassung die Personalstrategie (People-Strategy) von der Unternehmensstrategie (Business-Strategy) bestimmt wird (z. B. Scholz 2011: 43 – 44), sieht es in der Realität zunehmend anders aus. Talent-Management und mit ihr die Personalstrategie treiben die Unternehmensstrategie und deren Spielräume vor sich her. Heute gibt es Firmen, die wachsen möchten und wachsen könnten. Zumal ihre Produkte und Leistungen mehr als genügend interessierte Abnehmer finden. Alleine, das Personalwachstum hält mit dieser Nachfrage nicht Schritt. »Weil wir nicht genug gute Leute haben, können wir nicht alle Aufträge annehmen«, meint beispielsweise die Personalleiterin Pia Korppi von Ganter Interior (zitiert in insideB 11/2011: 37).

Gespaltener Arbeitsmarkt

Eigentlich ist der Begriff Talent-Management falsch. Denn wir kennen sie aus dem Sport, der Kultur, den Medien (oder haben sie längst vergessen): Ewige Talente, die ihre Vorschusslorbeeren nicht einlösen konnten. »Commitment ist viel schwieriger und für viele Leute ganz unmöglich, wenn eine Wahlmöglichkeit besteht. … 'Embarassés de richesse', erdrückt vom Reichtum, treiben sie unverbindlich von einer Möglichkeit zur anderen, vielversprechend in ihren frühen Jahren und auf lange Sicht enttäuschend und enttäuscht« (Perls 2011: 36).

Es sind immer nur recht wenige Leistungsträger, die tatsächlich etwas bewegen, Veränderungsprojekte faktisch voranbringen und zudem das Tagesgeschäft am Laufen halten. Gerade in den Fluren und auf den Stühlen der

»great places to work« laufen und sitzen derzeit viele Mitläufer ohne wesentlichen Mehrwert herum. Und können stolz sein, gerade dort einen Unterschlupf gefunden zu haben. Von den Unternehmen eigentlich gesucht, sind vor allen anderen die Ergebnisbringer im Hier und Jetzt (True Performer), allenfalls noch im absehbaren Morgen. Ob sich diese ausschließlich aus den Einser-Absolventen im MINT-Fächerkanon beziehungsweise den BWL-Musterschülern mit MBA-Abschluss an den Top Schools rekrutieren lassen, mag dahingestellt sein.

Der Arbeitsmarkt wird sich jedenfalls stärker spalten. Diese Spaltung sah bereits Schelsky (1976) voraus. Auf der einen Seite die Gefragten aus den Engpassbereichen, für die seitens der Unternehmen alles und manchmal sogar noch mehr getan wird, die den Takt vorgeben können, die stark sind. Auf der anderen Seite die Auswechselbaren, die, wenn sie nicht mehr können oder wollen und anfangen zu schwächeln, ziemlich problemlos durch Neue und zumindest kurzzeitig Bessere ersetzt werden. Das Damoklesschwert von Arbeitslosigkeit und den damit verbundenen sozialen, psychischen und materiellen Folgen droht nur auf dieser schattigen Seite.

Die sich daraus ergebenden Spannungen zeigen sich zunächst eher im politischen Raum als in den Unternehmen selbst. So meinte beispielshalber Heribert Prantl bei seiner Rede zur Verleihung des August-Bebel-Preises an Oskar Negt (FAZ vom 03.05.2011): »Im Kampf von Arbeit und Kapital hat das Kapital gesiegt. Damit hat es zwar noch lange nicht recht. Aber: Um noch reicher zu werden, braucht es die Arbeit immer weniger. Und die Arbeit, die es noch braucht, will es sich auf der ganzen Welt preiswert aussuchen. … Den arbeitenden Menschen beschleicht das fatale Gefühl, das seine Emanzipationsgeschichte nun Geschichte werden könnte: Sie handelt davon, das der arbeitende Mensch, der einst nur Sache war, dann zur Person aufstieg und durch das Arbeitsrecht zum Menschen wurde, diesen Status nicht mehr halten kann«. Die derzeitigen Diskussionen um Mindestlöhne und Gehaltsobergrenzen sind ein Indiz dafür. Doch auch in den Firmen beginnt sich eine zunehmende Pluralisierung, Segmentierung und Polarisierung der Belegschaft abzuzeichnen, mit Auswirkungen auf Vergütungsstrukturen, Personalprozesse und Führungsmodelle. Auf der Sonnenseite werden sie heterogener, individueller, maßgeschneiderter und schicker. Auf der Schattenseite bleiben sie weitestgehend homogen und simpel sowie als Shared-Service-Center automatisiert, standardisiert, zentralisiert.

Eigentlich greift eine Dichotomie in Gefragte und Auswechselbare zu kurz. Viele Unternehmen setzen sich bereits aus sechs Belegschaftsgruppen zusammen:

1. Ergebnisbringer in Ausnahmestellung
   (= Talente, High Potential, True Performer).

2. Kernbelegschaft ohne Sonderbehandlung, aber geringem Kündigungsdruck.

3. Randbelegschaft mit prekärem Beschäftigungsverhältnis, in befristeter Anstellung und mit hohem Kündigungsdruck.

4. Zeitarbeitnehmer als *atmende* Belegschaft zur Abdeckung von temporär absehbaren Kapazitätsspitzen oder zur Nutzung externer Personalkostenvorteile.

5. Outsourcingkräfte als *externe Interne* zur Nutzung externer Personal- und Prozesskostenvorteile.

6. Externe Spezialisten wie etwa Experten und Berater zur Erledigung zeitlich limitierter sowie fachlich komplexer Projektaufgaben.

Nicht selten verrichten Vertreter aus diesen verschiedenen Gruppen ähnliche Tätigkeiten, werden vom Unternehmen aber recht unterschiedlich behandelt. Darum soll es an dieser Stelle jedoch nicht gehen, sondern um den Umgang mit ihnen bei Veränderungsprozessen. Im Fokus steht in diesem Kapitel die Behandlung von Ergebnisbringern. Denn sie können eine Transformation zum Erfolg machen oder aber zum Kippen bringen. Die übrigen Gruppen werden durch weitgehend standardisierte Kommunikations- und Qualifizierungslösungen bedient, damit sie wissen, um was es geht und was von Ihnen erwartet wird. Oder sie werden – wie etwa Zeitarbeitnehmer, Outsourcingkräfte und externe Spezialisten schlichtweg vergessen. Obwohl diese periphere Belegschaft von der Veränderung ebenfalls tangiert wird.

»Wertschöpfungsgeber« statt Arbeitnehmer

Derzeit findet also ein Machtwechsel auf dem Arbeitsmarkt statt. Zumindest in solchen Segmenten, in denen das Angebot von Arbeit durch Unternehmen nicht mehr selbstverständlich von der Nachfrage nach Arbeit durch Arbeitnehmer gedeckt wird. Die Kräfte in dieser neuen Arbeitswelt haben sich verschoben. Und sie werden sich noch weiter verschieben, zuungunsten von Unternehmen. Diese veränderten Gewichte sind schon mehrfach in anekdotischer Weise beschrieben worden. Bekannt sind etwa »Thomas der Ingenieur« (von Armin Trost) und die Geschichte von »Yasmin Kilic« (Claßen/Timm 2010). Mitarbeiter stehen nicht mehr verzagt Schlange im Bewerbungsreigen. Vorausgesetzt sie sind kompetent, engagiert und damit knapp. Sie sind auch immer weniger bereit, sich den Spielregeln der Mikropolitik, einem als unzureichend empfundenen Leadership des direkten Vorgesetzten und im gesamten Unternehmen sowie weiterer Enttäuschungen zwischen der geschönten Illusion im Personalmarketing und der erlebten Realität im Berufsalltag zu beugen. Sie machen ganz einfach ihr eigenes Ding. Mal so und mal anders, insgesamt aber unberechenbar und nur selten für längere Zeit konstant. Karrierepatzer potenzieren sich künftig kaum mehr zu Lebensrisiken. Die Anschlussfähigkeit auf dem Arbeitsmarkt wird bei vorhandener Kompetenz und bereitwilligem Engagement nicht mehr aufs Spiel gesetzt.

Die *Arbeit-Geber* werden mehr und mehr zu Bittstellern der neuen Arbeitswelt. Sie werden vieles bieten müssen, um überhaupt noch etwas von solchen *Arbeit-Nehmern* zu bekommen. Eigentlich müsste man inzwischen beide Begriffe drehen, um der veränderten Realität in vielen Bereichen des Arbeitsmarktes gerecht zu werden. Die Kernfrage der neuen Arbeitswelt lautet: Wer hat etwas zu geben? Denn Geben ist seliger als Nehmen. Nicht der Arbeitgeber bietet Arbeit, sondern der Arbeitnehmer bietet Wertschöpfung. Aus kompetenten und engagierten Arbeitnehmern werden *Wertschöpfungsgeber*. Und aus auswechselbaren Arbeitgebern bittstellige *Wertschöpfungsnehmer*. Besonders in toughen Zeiten des Wandels.

Längst geht es um mehr als *Beschäftigung* im Sinne einer durch Kapitaleigner vermittelten Arbeit. Weil Wissen zum Vierten und dem für Innovationen beziehungsweise *Profitable Growth* maßgeblichen Produktionsfaktor geworden ist, hat die Bedeutung des klassischen Trios (Boden, Arbeit, Kapital) in der modernen Arbeitswelt stark nachgelassen. Kapital sei, unter und neben den Rettungsschirmen dieser Welt, derzeit ohnehin mehr als genug vorhanden, sagt man. Heute schafft Wissen die Wertschöpfung (und besorgt sich das Kapital quasi als Selbstläufer). Der Deal in der neuen Arbeitswelt lautet: Bereitstellung von Wissen der Wertschöpfungsgeber durch deren Kompetenz und Engagement. Und als Gegenleistung der Unternehmen möglichst viel von den »drei großen S«: Selbstverwirklichung, Seinsumsorgung und Sinnstiftung. Früher wurde dies in Macht, Geld und Status übersetzt. Inzwischen sind andere Motive hinzugekommen. Gleichzeitig gibt es die schattenseitige Beschäftigung: Viele Arbeitnehmer ringen tagtäglich um eine vernünftige Beschäftigung bei den Arbeitgebern.

»Darwiportunismus«

Darwiportunismus ist ein etwas sperriger Begriff von Scholz (2003 – siehe auch www.darwiportunismus.de). Mit ihm wird die heutige Realität in Teilen des Arbeitsmarktes auf einen Nenner gebracht: Ökonomischer Darwinismus als Maxime in Unternehmen und situativer Opportunismus als Attitüde von Wertschöpfungsgebern. Für diese verlieren klassische Laufbahnmodelle »in einer Firma und für alle Zeit« an Attraktivität. Bewusst wird das – nur scheinbar höhere – Risiko eigenständiger Karrieremodellierung eingegangen. Damit sind Bindungsmöglichkeiten von Unternehmen geringer geworden und tendieren in schwierigen Veränderungsprozessen gegen null. Andererseits verlagern viele Firmen ihre über lange Zeit zumindest ab und an übernommene Verantwortung für nunmehr nicht mehr *ihre* Belegschaft unter dem Stichwort Employability ganz auf den einzelnen Mitarbeiter. Besonders in Zeiten des Wandels. Ab und an wird dies noch etwas gemildert durch mehr oder weniger strapazierfähige Beschäftigungsgarantien.

Die Wertschöpfungsgeber greifen eine derartige Rückdelegation auf das Ich freudig auf. Mit Freude deswegen, da sie ihre persönliche Arbeitsbiografie und die damit verbundene Work-Life-Balance ohnehin selbst am besten gestalten können. Auch wollen sie die Verpflichtungen gegenüber dem gerade aktuellen Arbeitgeber nicht allzu groß werden lassen. Der schweizerische Schriftsteller Robert Walser hat seinen Helden im »Räuber« (1925) sagen lassen: »Mein bemerkenswertes Prinzip lautet: Wer mir nicht nützt, der schadet sich«. Diese Maxime scheint sich immer mehr zur Leitlinie der darwiportunistischen Gegenwartsrealität aufzuschwingen. Sie führt zu einem losen und von reinen Nützlichkeitserwägungen geprägten Kontrakt zwischen Unternehmen und Wertschöpfungsgebern. Die bei Veränderungsprozessen oftmals nötige Emotionalität ist damit nicht mehr zu transportieren. Auf der Schattenseite des Arbeitsmarktes, bei den Humanvermögenspauperisten, verhält sich das Ganze natürlich anders. Statt auf individuelle Stärke setzen diese auf kollektive Macht mithilfe von Gewerkschaften und ähnlichen Solidarformaten.

Hingegen sind Karriererisiken für kompetente und engagierte Charaktere überschaubar geworden. Wertschöpfungsgeber halten losen Kontakt zu weiteren Arbeitgebern. Wenn das eine nicht klappt oder passt, steht bereits mindestens eine Alternative parat, der »Plan B« (oft sogar optional erweitert bis zum »Plan E«). Exzellente Mitarbeiter werden immer mehr zu bewussten Entscheidern. Früher hätten Arbeitgeber und Vorgesetzte die folgenden Fragen als unverschämt empfunden:

- Für welche Organisation möchte ICH arbeiten, für welche sicher nicht? (Arbeitgeber)

- Was für einen Chef möchte ICH haben, wen auf keinen Fall? (Vorgesetzter)

- Was muss mir die Organisation bieten, damit ICH persönlich und fachlich weiterkomme? (Entwicklung)

- Welche Umgestaltung gehe ICH mit, was ist ein »No go!«? (Veränderung)

- Welches Set von Aufgaben möchte ICH lösen, was auf keinen Fall? (Aufgaben)

- Wo, wann und wie möchte ICH arbeiten, was kommt definitiv nicht infrage? (Arbeitsort, -zeit und -prozess)

- Was bedeuten MIR – zum jetzigen Zeitpunkt – Geld, Status, Karriere, was ist für mich sonst noch wichtig, etwa Freiheiten, Beziehungen, Gesundheit sowie Fun, Zeit, Leben? Was befriedigt meine Wünsche? (Erfolgsmaßstab)

Im Veränderungsgeschehen auf dem Absprung sind – neben Windmachern und Schaumschlägern, Untreuen und Bindungslosen sowie Glücksrittern einer globalen Wirtschaft – oft auch Mitarbeiter mit einem mittleren Leistungsniveau. Ihnen wird, zumindest in ihrem Selbstbild, zu wenig gezahlt, sie werden zu wenig gelobt und ihnen wird zu wenig getraut. Zudem mögen sie in kurzen Phasen ihrer Karriere als Wertschöpfungsgeber gezählt haben, zehren immer noch von diesen Lorbeeren und leiten weiterhin ihre Ansprüche hiervon ab. Die aktuelle Realität ist für sie aber weniger rosig, besonders im Sog des Veränderungsgeschehens. Aus diesen Enttäuschungen – der Soziologe nennt dies relative Deprivation – wendet sich der Blick nach außen. Der Frust des Seins, die Lust auf Neues, der Drang zum Gehen wachsen. Vor allem bei kostensenkungsinduzierten Veränderungsprozessen mag die ein oder andere freiwillige Kündigung sogar zu verhaltenem Jubel hinter verschlossenen Managertüren führen. Ersparen sie doch aufwendige Aufhebungsverträge und Abfindungspakete.

Richtig wehtun aber die vom Unternehmen nicht intendierten Eigenkündigungen von Wertschöpfungsgebern. Der von Rednern, Managern und Journalisten so eingängig zitierte Satz »Die besten Mitarbeiter verlassen in Zeiten des Wandels als Erste das Unternehmen«, hat in der betrieblichen Realität zwar keine hundertprozentige Gültigkeit. Das Risiko ist allerdings nicht zu leugnen. Was könnte die *True Performer* zum Bleiben bewegen? Bei Veränderungsprozessen wollen sie ihren Bedürfnissen entsprechend bedient werden. Sonst sind sie weg. Entweder verlassen sie das Unternehmen gleich ganz oder sie wenden sich unverfänglichen Aufgaben zu, seilen sich ab, tauchen unter, zerrinnen.

Unternehmen müssen sich als Folge der für sie immer mehr schwindenden Stärke im Arbeitsmarkt beim Geben und Nehmen an die Bedürfnisse ihrer erfolgskritischen Klientel, den Wertschöpfungsgebern, anpassen:

Mehr geben und *weniger* erwarten.

Dies ist schon im Alltag wichtig und wird gerade bei großformatigen Transformationen noch bedeutsamer. Die veränderten Gewichte verdeutlichen, dass Unternehmen gut daran tun, gerade bei Veränderungsprozessen einem ihrer höchsten Güter, den auch andernorts begehrten Mitarbeitern, besondere Aufmerksamkeit zu widmen. Bislang bleiben dies allzu oft nur Absichtsbekundungen.

Volkswirtschaftliche Effizienzsteigerung: »Rookies« und »Youngtimer«

Mit Argumenten, die für sich genommen allesamt nachvollziehbar sind, wurde in Deutschland der individuelle Leistungsbeitrag für die Volkswirtschaft in der letzten Dekade um insgesamt etwa fünf Lebensjahre gesteigert, am Beginn und zum Abschluss des Berufslebens. Die Stichworte lauten: Abitur nach der zwölften Klasse, Abschaffung der Wehrpflicht (für Männer), Straffung des Studiums durch den Bachelor, Rente mit 67 und Abschaffung von Vorruhestandsschmankerln. Man könnte fast an einen großen Masterplan mit den Stichworten Budgetentlastung, Wettbewerbsfähigkeit und Generationsgerechtigkeit glauben. Darum soll es hier jedoch nicht gehen. Ebenso wenig um die Risiken und Chancen von Zeitvergeudung in einem solch langen Berufsleben.

Vielmehr soll der Blick auf individuelle und organisatorische Auswirkungen gelenkt werden. Zunächst mit Fokus auf die Zeit vor der ersten beruflichen Tätigkeit. Die Maßnahmen sollen und werden dazu führen, dass ein erster akademischer Abschluss bereits mit 20, 21, 22 Jahren vorliegt. Das ist ziemlich früh im Lebensreigen. Über persönliche Reife in diesem Alter lässt sich trefflich streiten. Sie wird individuell sehr unterschiedlich ausfallen. Jeder kennt vermutlich genügend Fälle, bei denen die Persönlichkeit dann noch einen fluiden Charakter aufweist. Das ist nicht grundsätzlich schlimm. Allerdings stellt dies eine erhebliche Aufgabe, Verantwortung und Herausforderung für Unternehmen dar. Die diese knapper werdenden *Talente* zunächst heftig umwerben und dann für ihre Betriebszwecke nützlich machen müssen. Es gilt am *Day One* von einem pampernden Pull- in einen zumindest ansatzweise fordernden Push-Modus umzuschalten. Die Wahrscheinlichkeit, dass der Berufseintritt mit einem größeren Veränderungsprojekt der Organisation zusammenfällt, ist zudem recht groß. Genauso wie der aus beidem zu erwartende Praxisschock. Im Change-Management müssen folglich Reflexionsflächen für unbedarfte Rookies geschaffen werden.

Andererseits wird es immer *Talente* geben, die schon sehr lange in der Arbeitswelt aktiv sind – und noch für einige Zeit dort verbleiben, bis zum tatsächlichen Eintritt in Ruhestand, Lebensabend, Rentenzeit. Sie können, wollen und dürfen als weiterhin willkommene Wertschöpfungsgeber länger arbeiten. Oder sie müssen schier endlos schuften, als darbende Humanvermögenspauperisten. Die Rente mit 67 ist aus Gründen steigender Lebenserwartung, besserer Gesundheitszustände und problematischer Absicherung der *After-Work-Party* bestimmt kein Ende der politischen Diskussion. Von 100 deutschen Männern, die im Jahr 2010 45 Jahre alt waren, erreichen 90 das 65. Lebensjahr (leben also noch in 2030), 65 das 85. Lebensjahr (leben also noch in 2050) und 23 das 95. Lebensjahr (leben also noch in 2060) (nach Sterbetafel DAV 2004R unter Berücksichtigung von Langlebigkeitstrends). (Un)freiwillige Verlängerungen wird es deshalb mehr und mehr geben. Einer meiner über viele Jahre eng verbundenen Kunden ist, beim Schreiben dieser Zeilen, mit 76 Jahren immer noch drei Tage pro Woche in einem DAX-30-Unternehmen tätig, freiwillig. Warum sollten viele andere es ihm nicht nachmachen und als *Silberhaarige* noch ein paar Jahre Berufstätigkeit anhängen?

Während noch vor wenigen Jahren der Jugendwahn die Unternehmen umtrieb, hat sich inzwischen die Einsicht breitgemacht, dass es alleine so nun auch nicht geht. Einerseits gibt es schlicht und ergreifend zu wenig Nachwuchs. Andererseits erfährt die entwicklungspsychologische Erkenntnis, dass Lernen und Veränderung sogar noch in späteren Lebensphasen möglich sind, eine zunehmende Beachtung. Zudem treffen jüngere Verantwortliche aufgrund fehlender Praxiserfahrung, geringerem Risikobewusstsein und stärkerer Karriereorientierung nicht unbedingt die besseren Entscheidungen – im Vergleich mit reflektierten, routinierten, relaxten Managern aus der Generation 60plus und 60plusplus. Solchen Youngtimern (nicht Oldtimern) müssen Change-Management und Change-Manager ebenfalls in einer ganz spezifischen Weise begegnen, die sich noch längst nicht überall herausgebildet hat. *Old Professionals* konnten in den vielen Jahrzehnten ihres Managementerlebens ausgiebige Veränderungserfahrung sammeln und sind mit allen Wassern gewaschen. Der Verweis auf die Kotter'schen Erfolgsfaktoren durch dreißigjährige Change-Management-Consultants wird dann die Beteiligten vermutlich nur betroffen machen.

Die knappen Jungen in Verbindung mit den neuen Alten erfordern außerdem eine veränderte Arbeitsorganisation in Firmen: »Beides wird Unternehmen dazu veranlassen, ihre betriebliche Arbeitsteilung grundlegend zu überdenken. Denn junge Arbeitskräfte werden höchst begehrt und teuer. Es lohnt sich deshalb, sie nur mehr für jene Aufgaben einzusetzen, bei denen sie wirklich besonders gut und unentbehrlich sind, also vor allem bei Tätigkeiten, die ein hohes Maß an 'fluider Intelligenz' voraussetzen, also schnelle Auffassungsgabe und gutes Reaktionsvermögen, originelle Problemlösung und jugendliche Fantasie. Alle anderen Aufgaben erfüllen ältere Arbeitskräfte, die ihre Stärken in sogenannter kristalliner Intelligenz aufweisen: menschliche Erfahrung, Gelassenheit und Kommunikationsfähigkeit. Sie werden auch im Alter zwischen 50 und 60 Jahren noch für neue verantwortungsvolle Aufgaben vorbereitet – auf Kosten der Unternehmen, für die es sich bei längerer Lebensarbeitszeit und Facharbeiterknappheit lohnt, in ihre Mitarbeiter zu investieren« (zitiert nach Paqué in Wirtschaftswoche-Global vom 12.09.2011: 26). Neben der Arbeitsorganisation sind somit das gesamte HR-Management sowie die Gestaltung von Veränderungsprozessen berührt (vgl. 7.4).

Generation Y (1/2): Knapper und anders

Mit Generation Y – auch Millenials oder Digital Natives genannt – ist jene Kohorte gemeint, die ungefähr im Zeitraum zwischen 1980 und 1995 geboren wurde, derzeit also Anfang 20 bis Anfang 30 Jahre alt ist. Ihr werden, bei grober Betrachtung, zwei wesentliche Attribute zugeschrieben. Erstens: Sie sei knapper. Dies stimmt für Mitteleuropa mit Blick auf die Bevölkerungsstatistik (demografischer Wandel). Und zweitens: Sie sei anders. Diese zweite These soll hier beleuchtet werden. Die Generation Y grenzt sich in verschiedener Hinsicht – Einstellungen, Erwartungen, Erfahrungen – von anderen Generationen im Arbeitsmarkt ab (Abb. 46). Die auf sie nachfolgende Kohorte der noch später Geborenen befindet sich derzeit in der Ausbildung (Generation Z). Sie wird wieder anders und nochmals knapper sein. Selbstverständlich gibt es immer wieder die Nivellierungsthese (»Die werden schon noch so werden, wie wir jetzt bereits sind«). Daran glaube ich nur bedingt. Natürlich gibt es lebenszyklische Anpassungen. Aber die Jungen können zum ersten Mal anders bleiben – weil sie knapper bleiben.

Generation	Kennzeichen
Protestgeneration • geboren 1945-1955 • Berufseintritt: 1960-1980 • Arbeitsende: 1995-2020	○ Abgrenzung zur „Aufbaugeneration" und „skeptischen Generation" (Schelsky) ○ größte Welle der Jugendproteste („68er") ○ (anfänglich) unkonventionell, entschlossen, politisch ○ teils noch in Führungspositionen; verschwindet peu à peu aus Arbeitsmarkt
Babyboomer • geboren 1955-1965 • Berufseintritt: 1970-1990 • Arbeitsende: 2010-2030	○ permanente Erfahrung von Masse ○ konsumorientiert, leistungsbewusst und unpolitisch ○ meist am Zenit der individuellen Karriere ○ beginnendes Nachdenken über Abschied aus Erwerbsleben
Generation X • geboren 1965-1980 • Berufseintritt: 1985-2010 • Arbeitsende: 2030-2050	○ keine Erfahrung mit materiellen Nöten; zunehmende Verlustängste ○ ökonomisch sorgenfrei, auf Privatleben orientiert, unpolitisch ○ strebt dem Zenit der individuellen Karriere entgegen ○ hat den Traum vom frühen Ausstieg aus Erwerbsleben ausgeträumt
Generation Y • geboren 1980-1995 • Berufseintritt: 2000-2015 • Arbeitsende: 2045-2065	○ hohe Technikaffinität („Digital Natives"), gebildet, mobil ○ Erfahrung der individuellen Verantwortung für Karriere ○ unstete Erwerbsbiografien (teils als Muss – teils als Lust) ○ anspruchsvoll in vielerlei Hinsicht (Führung, Anreize, Abwechslung, etc.)
Generation Z • geboren 1995-2005 • Berufseintritt: 2015-2025 • Arbeitsende: 2055-2075	

Abb. 46: Generationen im Arbeitsmarkt: Kurze Charakterisierung

Allemal war *die Jugend* aus Erwachsenensicht schon immer anders. Am Autor gingen als Babyboomer die 68er-Proteste mit ihren Folgewirkungen noch vorbei. Hingegen faszinierten mich – da am Bodensee aufgewachsen – ihre verzögerten Ausstrahlungen in die Schweiz im Jahre 1980 (»Züri brännt«). Mit Parolen wie »Nieder mit den Alpen! Freie Sicht aufs Mittelmeer!« wurde der provokante Protest gegen das Establishment gewagt: »Überhaupt wollten wir nicht viel, sondern alles, und zwar subito!« (Roland Heer in NZZ vom 10. 10. 2002). Genug der Reminiszenzen, zurück zur Gegenwart. Welche Erziehung, Entfaltung, Einstellungen besitzen die junge Generation? Wie wirkt sich der veränderte Zeitgeist auf die Generation Y und nachfolgende Kohorten aus. Hinterlassen möglicherweise veränderte Sozialisationserfahrungen, Interaktionspraktiken und Medienwirkungen ihre Spuren? Gibt es einen grundlegenden Wertewandel als Aufbruch in neue Richtungen? Eben die klassischen Fragen der älteren Generation beim Blick auf die jüngere.

Dies alles wird derzeit intensiv untersucht und kann an anderer Stelle vertiefend nachgelesen werden (etwa GfK/FTD 2012, Deloitte 2012, Towers/Watson 2012, Kienbaum 2012, Deal 2012, Mercer 2011, Zukunftsinstitut 2011, Klaffke 2011, Deloitte 2010). Aus Sicht der Unternehmen gibt es dabei einige günstige und nicht wenige ungünstige Eigenschaften der Generation Y. Die besonders ungünstigen Eigenschaften folgen – als Kehrseite der Medaille – im nächsten Abschnitt. Eine tendenziell wohlwollende Beschreibung der Generation Y soll hier etwas ausführlicher dargestellt werden (nach Zukunftsinstitut 2011):

- *Viele neue Freiheiten:* statt »People follow jobs« nun »Jobs follow people«, bei gleichzeitig neuen Risiken und Herausforderungen für alle Beteiligten im Arbeitsmarkt. Selbstmanagement des persönlichen Humankapitals: Bildungs- und Karrierewege werden frühzeitig organisiert, kontinuierlich gemanagt und langfristig finanziert.

- *Leben im Dazwischen:* kein reibungsloser Berufseinstieg, kein Job auf Lebenszeit und keine Erwerbsbiografie ohne Breaks. Organisatorischer Wandel trifft auf individuelle Instabilität.

- *Netzwerkmanagement:* Soziale Beziehungen werden wichtiger. Nur derjenige ist erfolgreich, der seine internen und externen Netzwerke hegt und pflegt.

- *Wertesynthese/ »sowohl als auch«/ MeWe-Generation:* mit der Konsequenz einer Pluralisierung von Lebensstilen (»anything goes«). Individualisierung als Megatrend mit dem Erfordernis zum »one to one« in den Führungs- und Entwicklungsprogrammen der Unternehmen.

- *Healthstyle als Lifestyle:* Gesundheit entwickelt sich zur Lifestyle-Signatur und zum Statussymbol. Die stärkere Gesundheitsorientierung verlagert die Aufmerksamkeit weg vom Unternehmen mit seinen beruflich induzierten Anstrengungen.

- *»Gewisse Portion« Hedonismus und Narzissmus mit Führungskonsequenzen:* zunehmender Feedbackwunsch bei abnehmender Reflexionsbereitschaft (»Bitte sag' mir, dass ich gut bin – anderes mag ich nicht wissen«).

- *Familie bleibt zentraler sozialer Bezugspunkt (und nicht die Arbeit):* Familiengründung wird zum Projekt mit dem Ziel des persönlichen Lebensglücks (dies bedeutet nicht unbedingt Heiraten). Job muss zum *sonstigen* Leben passen. Berufstätigkeit wird anderen Lebensdimensionen nicht mehr übergeordnet, Arbeitszeit wird Lebenszeit.

- *Immaterielles im Berufsleben wichtiger als Materielles:* Die Devise lautet längst nicht mehr »Safety first«. Bei den Lebenszielen steht ein »sinnvoller, erfüllender Job« erst auf Position 6 und »Erfolg im Beruf« sogar nur auf Platz 10.

Der Soziologe Klaus Hurrelmann – Verfasser der bekannten Shell-Jugendstudien – stellte bei seinem Vortrag auf dem DGFP-Kongress (08.06.2011) ebenfalls Thesen über *die* »Jugend von heute« auf: (1) Sie sei opportunistisch, egotaktisch und utilitaristisch. Mit Blick auf Ambiguitäten und Statusinkonsistenz wäre dies freilich eine kluge Grundhaltung. (2) Sie besäße – mehr als viele Ältere – eine gehörige Portion Empathie. Mit einer solchen Decodierungsfähigkeit der Erfolgsfaktoren von Systemen, Situationen und Personen besitzt sie eine elementare Basis für beruflichen Erfolg. (3) Sie wisse um die Bedeutung von Kompetenz und investiere deshalb sehr aktiv in ihre formale Bildung, allerdings oft ohne echtes Engagement. (4) Sie besinne sich wieder zunehmend auf *alte* Werte, ohne aber von den teils widersprechenden postmaterialistischen Werten zu lassen. (5) Junge Männer seien außerdem im Rollengefängnis ihrer Großväter gefangen: Meist noch patriarchalisch erzogen, können sie sich eine solche Haltung öffentlich nicht mehr erlauben. Mit diesen fünf Thesen sind wir nicht mehr weit von der Kehrseite entfernt.

Generation Y (2/2): Kehrseite der Medaille

Bei den Millenials gibt es ein erstaunliches Paradox. Sie sind mit ihrem aktuellen Unternehmen durchaus zufrieden und trotzdem wechselbereit: »Compared to the overall workforce ... the youngest groups of workers ... are more satisfied with their organizations, more satisfied with their jobs, more likely to recommend their organization as a good place to work, and much more likely to be seriously considering leaving their organizations at the present time« (Mercer 2011: 26). Immer weniger Mitarbeiter sind bereit, ihre Zeit und ihr Leben gegen angelernte Wertschätzung vom Vorgesetzten, ein paar Kröten mehr in der Tasche oder andere Annehmlichkeiten auf Dauer an ein einziges Unternehmen zu verkaufen. Junge Talente haben vielfältige und anspruchsvolle Erwartungen an ihren Chef und ihre Firma sowie für ihre Förderung (Abb. 47).

Diese Übersicht von bombastischen Begehrlichkeiten der Millenials ließe sich problemlos vertiefen und verbreitern (Martin/Schmidt 2010, Ritz 2010: 65, WEF/BCG 2011: 18, Zukunftsinstitut 2011: 6, GfK/FTD 2012). Gorgs (2012: 26) zieht ein Fazit: »Es ist keineswegs so, dass die Work-Life-Balance-Welle das Milieu der Workaholics einfach so davongespült hätte. Aber es hat seine gesellschaftliche Prägekraft verloren«. Im Unternehmensalltag entstehen für Traditionalisten skurril anmutende Situationen (nach Personalführung 09/2011: 20): »Frank Roebers, Vorstandsvorsitzender der Synaxon AG (Bielefeld): Es war – den neuen Anforderungen an teamorientiertes Arbeiten folgend – ein unternehmensinternes Wiki als zentrale Austauschplattform angelegt worden. 'Einer meiner Mitarbeiter löschte einen Textabschnitt aus dem Unternehmensleitbild, den ich selber

„Erfüller"	Erwartungen
„mein Chef"	o hilft mir, meinen beruflichen Weg zu finden o erteilt ehrliches Feedback o ist Mentor und Coach für mich o empfiehlt mich für offizielle Personalentwicklungsprogramme o hat kein Problem mit flexibler Zeitplanung
„meine Firma"	o vermittelt mir Fähigkeiten für die Zukunft o Vertritt klare Wertvorstellungen o bietet flexible Vergütungspakete, die ich an meine Bedürfnisse anpassen kann o ermöglicht mir, meine Arbeit optimal mit meinem Privatleben abzustimmen o bietet attraktive Entwicklungsmöglichkeiten
Personal-entwicklung	o Fachwissen in meinem Bereich o Selbstmanagement und produktivem Arbeiten o Führungskompetenz o branchen- oder funktionsbezogenem Wissen o kreative und innovative Strategien

Abb. 47: Erwartungshaltungen der Generation Y
(nach Martin/Schmidt 2010)

geschrieben hatte. Der Absatz handelte von Disziplin, Fleiß und Demut. Als dann plötzlich die automatisch erstellte E-Mail in meinem Postfach landete, dass ein Mitarbeiter die Passage gestrichen hatte, wusste ich im ersten Moment überhaupt nicht, wie ich reagieren sollte. Letztendlich unternahm ich aber gar nichts'«. Was tun? Locker bleiben!

Inzwischen gibt es in Empirie und Praxis weitere solcher Beobachtungen, die aus dem Anderssein der Generation Y einen *Clash-of-Generations* im Unternehmen befürchten. Einer meiner Kunden, selbst aus der Protestgeneration und ein gestandener *Alt-68er*, sprach diesbezüglich vom Untergang des Abendlandes. Dieser wird vermutlich nicht erfolgen. In jedem Fall ist einiges in Bewegung geraten – sechs Beobachtungen:

- *Erstens:* Natürlich ist der Klassiker für die Differenzierung von idealistischen Jungen gegenüber den realistischen Alten weiterhin in Kraft. Bereits bei der Grundsatzfrage nach dem Zweck von Unternehmen unterscheidet sich die Generation Y fundamental vom meist deutlich älteren Leadership ihrer Organisation. Das macht die vom *Profitable-Growth-Gedanken* getragenen Veränderungsprozesse beim diskussionsfreudigen Nachwuchs bestimmt nicht leichter.

- *Zweitens:* Für die Rekrutierung und noch mehr in den ersten Berufsjahren erweist sich Spaß (Having Fun), am liebsten im hierarchiefreien, entspannten, herzlichen Kollegenkreis, wichtiger als hohe Gehaltszahlungen oder attraktive Aufstiegsmöglichkeiten (Tews u. a. 2012). Veränderungsprozesse bewirken allerdings eher selten eine Ausdehnung der Partyzonen auf die Großraumbüros. Dort herrscht eher Verkrampfung als Entspannung.

- *Drittens:* Wenn sie dann endlich vom Unternehmen überzeugt werden konnten und ihre Signatur unter den Arbeitsvertrag gesetzt haben, erfordern talentierte Rookies ein neuartiges und intensiveres Onboarding. »Für die Einarbeitung ist die … deutliche Abnahme des richtigen Umgangs mit Stress und Selbstmanagement bei gleichzeitig deutlich gestiegener Tendenz nur ja nichts falsch machen zu wollen (hohe Misserfolgsvermeidung), zu beachten. Daher sollte bei Neueinsteigern verstärkt darauf geachtet werden, sie in beiden Punkten besonders zu unterstützen und, wenn individuell nötig, zu schulen. Im Durchschnitt hat bei den Absolventen auch die Bereitschaft, Probleme aus der Sicht anderer (z. B. der Kunden) zu sehen und gerne zu lösen (Problemlösungsbereitschaft), deutlich abgenommen« (Wottawa u. a. 2011: 58). Für Veränderungsprozesse sind das keine besonders hilfreichen Initialisierungsriten.

- *Viertens:* Bei Unterschieden zwischen großartiger Einschätzung des Ich und ehrlicher Rückkopplung durch Dritte verzichtet so mancher Millenial – trotz artikulierter Wünsche nach offenem Feedback – auf externe Reflexionsflächen, zugunsten der Aufrechterhaltung von Selbstsicherheit, Selbstwertgefühl und Selbstbewusstsein. »Daher scheitern einige der sogenannten High Potentials im Berufsleben, so die Erfahrung vieler Personalchefs in Deutschland, Österreich und der Schweiz. Gründe hierfür sind aus Sicht der HR-Leiter vor allem mangelnde Soft Skills: Scheitert ein deutscher High Potential, liegt dies in 94 Prozent der Fälle an seiner Selbstüberschätzung und zu 89 Prozent an der mangelnden Fähigkeit zur Selbstkritik. In der Schweiz sind die Selbstüberschätzung (95 Prozent) und in Österreich die mangelnde Fähigkeit zur Selbstkritik (93 Prozent) ebenfalls Hauptgründe für das Scheitern von High Potentials« (Kienbaum 2012). Besonders bei Veränderungsprozessen kann der individuelle *Room-for-Improvement* jedenfalls nicht zum Tabu erklärt werden.

- *Fünftens:* Das scheinbar große Selbstbewusstsein vieler Millenials und ihr Wunsch nach Bewunderung (Admiration) und Verehrung (Adoration) sei eher eine hilflose Egozentrik, so die Einschätzung nicht weniger Soziologen und Psychologen, die die bereits erwähnte Zunahme von Hedonismus und Narzissmus erkennen. »Schon fast eine Massenerscheinung ist die Kombination von Allmachtswahn und Bewährungsangst geworden« (Böckelmann 2011: 223). Dies wird von Lars Weisbrod (zitiert nach www.jetzt.sueddeutsche.de/texte/anzeigen/524939/Im-Chor-der-Deprimierten) aus eigener Anschauung bestätigt: »Alles schreit mal wieder: Jetzt wird es ernst! So heißt es ja oft – vor der Einschulung, vor dem Abitur, vor der Abschlussarbeit. Aber jetzt fühlt es sich mehr denn je auch so an. Man ist Mitte zwanzig, die Party ist vorbei, das Geld reicht auch nicht mehr. Die

Eltern können vielleicht auch nicht mehr lange für einen da sein. Langsam schleicht sich ein Gefühl ein: Diese halbwegs vorhandene Normalität, die man sich leidlich erarbeitet hat, sie hängt an einem dünnen Faden«. Gerade während Veränderungsprozessen kann auf solche persönlichen Sensibilitäten nicht immer Rücksicht genommen werden.

- *Sechstens:* Die fast ausschließliche Nutzung des Internets zur Informationsbeschaffung beschränkt die Weltsicht und das Urteilsvermögen von Digital Natives, meint zumindest Renate Köcher vom Institut für Demoskopie Allensbach (im SZ-Interview vom 02.03.2012). »Bei Jüngeren, für die das Internet ganz selbstverständlich ist, hat sich das Interessenspektrum stark verengt. Es stehen so viele Informationen zur Verfügung wie nie. Das führt aber dazu, dass viel stärker nur das ausgewählt wird, wofür man sich von vornherein interessiert. Die regelmäßige Tageszeitungslektüre ist bei unter 30-Jährigen nicht mehr die Norm. Die Zeitung aber bringt einen viel mehr dazu, sich mit Themen zu beschäftigen, für die man sich noch nicht interessiert und die man sonst einfach wegklicken würde. Untersuchungen zeigen, dass eine Zeitung in aller Regel von vorn nach hinten gelesen wird – so liest man auch Themen, die zunächst nicht interessieren. Sicher überfliegt man vieles. Aber eine Zeitung hat einen Sozialisationseffekt, sie verbreitet nachweislich das Interessenspektrum. ... Das Internet führt gerade bei Jüngeren dazu, dass sie es für Zeitverschwendung halten, sich regelmäßig zu informieren. Wenn dann Themen hochkochen ... wächst die Aufmerksamkeit kurzfristig sprunghaft, aber es fehlt das solide Fundament für die Urteilsbildung«. Parallel dazu verlaufen Klagen von offensichtlich recht anspruchsvollen Philologie-Professoren in einer bislang unveröffentlichten Studie hinsichtlich Rechtschreibung, Sprachkompetenzen und Argumentationsstringenz (Professor Wolf von der Universität Bayreuth zitiert nach dpa vom 23.07.2012): »Viele Studenten können kaum noch einen Gedanken im Kern erfassen und Kritik daran üben. Mit der argumentativen Logik haben es die Studenten immer weniger. Diese Fähigkeiten gehen langsam verloren. Dagegen nimmt die Jargonhaftigkeit zu: Die jungen Studenten verwenden in ihren Arbeiten immer häufiger Begriffe, die sie mal gehört haben, ohne aber zu wissen, was sie eigentlich bedeuten. Viele gehen offenbar mit der Haltung in die Vorlesung, 'die Fakten stehen doch eh' alle im Internet. Ich muss deshalb in der Vorlesung nicht alles verstehen'«. Nun sind Veränderungsprozesse in Unternehmen keine Vorlesung vom Katheder. Aber auch später im Berufsleben kann ein wikipediasierter, vergoogelter und facebookster Horizont das Verständnis für Wandel begrenzen.

Wertschöpfungsgeber sprengen Geschäftsmodelle

Unternehmen geraten mehr und mehr in ein massives Dilemma. Zum einen bewegt sich die Anreizspirale in einigen Arbeitsmarktsegmenten immer schneller, höher, teurer. Interessante Kandidaten aus diesen Nadelöhren lassen sich nur noch dann zur Unterschrift unter einen neuen Arbeitsvertrag bewegen, wenn dort eine größere Zahl steht (»20–25 Prozent mehr Gehalt sind mindestens drin«), eine bedeutendere Rolle (»Geben Sie sich auf gar keinen Fall mit einem Sidestep zufrieden«), ein höherer Status (»BMW 6er Gran Coupé ist steuerlich attraktiv«) sowie weitere Annehmlichkeiten, ohne die es heute nicht mehr geht (»Vergessen Sie nicht Ihre Ausstiegsklausel, Altersvorsorge, Weiterbildung, Meilennutzung, Umzugspauschale, Wochenendregelung, Home-Office-Ausstattung und fragen Sie nach der Gassigehen-Betreuung für Ihren Hund sowie weitere Unterstützung in der beschwerlichen Restzeit des Lebens wie Wohnung putzen, Blusen bügeln, Kinder hüten«). Wer sich die Wunschlisten selbstbewusster Kandidaten ansieht, der fühlt sich an den Spruch erinnert: Dafür musste meine Mutter lange stricken. Auf der anderen Seite bleibt den Unternehmen gar nichts anderes übrig. Ausgangspunkt ihrer Ergebnis- und Wachstumsfantasien ist es, einen permanenten Zufluss von Wertschöpfungsgebern sicherzustellen sowie einen minimalen Abgang solcher Spitzenleute zuzulassen. Für beides müssen sich die Unternehmen inzwischen kräftig bemühen.

Es kommt noch teurer. Die laufenden Kosten für Wertschöpfungsgeber werden durch einmalige Kosten der Personalbeschaffung aufgestockt: In Engpassbereichen geht ohne Headhunter fast gar nichts mehr (plus 30 Prozent des Jahressalärs – bei Toppositionen deutlich mehr). Für das Onboarding bis zur vollen Wirksamkeit veranschlagen Experten nicht nur das Warmlaufen in den ersten hundert Tagen, sondern setzen ein bis zwei Jahre an (durchschnittlich plus 100 Prozent des Jahressalärs). Nicht jeder externe Star kommt mit den Aufgaben und Umständen bei seinem neuen Arbeitgeber zurecht und verlässt diesen bereits während der Probezeit oder kurze Zeit danach (plus 50 bis 150 Prozent des Jahressalärs). Zudem ist jede neue Führungskraft eine kleine Transformation an sich, stoppt sie doch meist erst einmal die laufenden Projekte, um ein Risiko-Assessment der bisherigen Aktivitäten durchzuführen sowie eine Baseline für den eigenen Mehrwert zu legen. Außerdem beäugt sie für längere Zeit ihre bislang unbekannten Mitarbeiter, um die Guten von den Anderen nicht nur auf Basis deren Selbstdarstellung, sondern anhand von tatsächlichen Ergebnissen unterscheiden zu können. Viele Führungskräfte ziehen zudem zur Vermeidung von Start- und Kulturproblemen ihre engsten Buddies aus dem alten Unternehmen nach. Mit diesen langjährig Vertrauten fremdelt es sich weniger. Was jedoch weitere Kosten der Beschaffung und Verzögerungen der Wirksamkeit mit sich bringt.

Nicht alle Geschäftsmodelle der Unternehmen dürften vor dem Hintergrund dieser direkten und indirekten, einmaligen und laufenden Kostenblöcke aufgehen. Lebenserfahrene Manager könnten nun antworten: »Selbst diese Talentblase wird wieder platzen. Dann werden wir wieder Demut, Mäßigung und Bescheidenheit erleben. Wenn starke Wertschöpfungsgeber zu normalen

Arbeitnehmern schrumpfen«. Immer wieder ist das »Ende der Arbeit« ausgerufen worden; verbunden mit der Sorge um einen für die Beschäftigten freundlichen Arbeitsmarkt: von Hannah Arendt in den Sechzigern, von André Gorz in den Achtzigern, von Jeremy Rifkin (1995). Eine solche Implosion dürfte diesmal allerdings auf sich warten lassen – zumindest auf der wirtschaftlichen Sonnenseite, in Wachstumsbranchen sowie für engpässliche betriebliche Funktionsbereiche. Mit Blick auf demografische Entwicklungen und weiterhin aufrechterhaltene Erwartungen der Finanzwelt an *Profitable Growth* ist eher mit einer weiteren Verschärfung im Arbeitsmarkt für Leistungs- und Potenzialträger zu rechnen. Zumindest für die Entwicklung der Bevölkerung und damit des Arbeitskräftepotenzials gibt es für Mitteleuropa ziemlich verlässliche Prognosen: »Von 100 Nachwuchskräften, die in Deutschland benötigt werden, werden 35 nie geboren, wandern zehn aus und schaffen 15 keine Berufsausbildung« (Heinsohn in Simon 2011: 40). Das Ganze ist kein mitteleuropäisches Phänomen. Wertschöpfungsgeber in Deutschland, Österreich und der Schweiz – sowie an vielen anderen Orten im Erdenrund (siehe IBM 2010: 15, WEF/BCG 2011: 11, EIU 2011: 4) – können deshalb inzwischen klar und deutlich sagen, was sie wollen. Vieles davon bekommen sie auch.

Außerdem ist durch das boomende Talent-Management mit seinem Pampern von umgarnten Zielgruppen (knapp und anders) bei ungemütlichen Veränderungen beziehungsweise in der nächsten Krise eine doppelte Gefahr bereits heute absehbar. Erstens: Wie können die inzwischen geweckten Begierden weiterhin bedient und können heutige Versprechungen morgen wieder einkassiert werden? Denn eines ist klar: Manche der eingeführten Wohlfühlgirlanden müssen dann wieder abgehängt werden. Talentzement ist ein Kostenposten. Was ist »non negotiable« wie derzeit beim Auto die Servolenkung, der Airbag und das ESP und was könnte, unter Umständen, von der Ausstattungsliste dann doch gestrichen werden? Zweitens: Wie wird der Spagat im Umgang mit diesen Talenten und allen, die nicht als Überflieger beziehungsweise Engpass definiert sind und deswegen nur mit dem Mindesten bedient werden, so gestaltet, dass kulturelle und emotionale Brüche im Unternehmen nicht zu offensichtlich auftreten? Zumal viele Talente zunehmend sensibel darauf reagieren, wie mit dem Rest der Belegschaft umgegangen wird und schneller als früher ausrufen: »Das ist nicht mehr meine Firma!« Das wird sich dann auf Fluktuation und Motivation auswirken (vgl. 2.5). Wenn Nachhaltigkeit der neue Mainstream vieler Unternehmen ist, wird ein Verzicht auf entsprechende Rückstellungen die Firmenrealität verschleiern: »Vom Umgang mit entlassungsbedrohten Mitarbeitern leitet die verbliebene Belegschaft auch die eigene Behandlung im Sanierungsfall ab. Betriebswirtschaftlich richtiger Personalumbau und -abbau wählen immer den Eingriff, der die betriebswirtschaftlich nötige Wettbewerbsfähigkeit zu möglichst geringen 'psychologischen Kosten' für die Belegschaft sicherstellt« (Sattelberger in Scholz 2011: 511).

Bei Erstauflage dieses Buchs im Jahre 2008 blieb Unternehmen noch etwas Zeit für ein substanzielles Talent-Management. Seriöse Prognosen sagten damals einen spürbaren *Fachkräftemangel* erst ab etwa 2015 voraus. Dieses Jahr ist mit Erscheinen der zweiten Auflage näher gerückt. Die ohnehin bereits harten Prognosen haben sich weiter erhärtet. Viele Unternehmen klagen bereits jetzt lautstark und haben Talent-Management zur wichtigsten Aufgabe im Reigen der HR-Themen deklariert. Die Herausforderung wird heiß bleiben, selbst wenn sich mal wieder ein konjunktureller Abschwung mit seinen Arbeitsmarkteffekten meldet. In jedem Fall sind Talent-Management und damit verbundene Aufgabenstellungen zu einem nicht mehr vernachlässigbaren Faktor im Change-Management geworden. Mithin wird die Gestaltung des Wandels noch komplexer. Insbesondere wenn in der Organisation vier Thesen mit Ja beantwortet werden:

1. Demografischer Wandel ist ein Faktum!

2. Demografischer Wandel wird sich bei uns auswirken!

3. Wertewandel der Jüngeren ist ein Faktum!

4. Wertewandel der Jüngeren wird sich bei uns durchsetzen!

5.2   Talent-Management ist HR-Kernaufgabe

Vor der Konzeption kommt die Haltung

Endlich wieder besitzt die People-Dimension des Unternehmens und mit ihr die HR-Funktion also ein unumstrittenes Thema: Talent-Management. Bei dem geht es längst nicht mehr um das Ob, sondern *nur* noch um das Wie – und auch um die Bereitstellung von ordentlichen Budgets, die Entwicklung von stimmigen Konzepten und damit deutlich mehr als nette Worte plus schöne Charts. Sicherlich, die HR-Blockbuster der jüngeren Vergangenheit wie beispielsweise Leadership-Development, Business-Partnering oder Learning-Organisation hatten ebenfalls eine gehörige Portion Selbstverständlichkeit für sich in Anspruch genommen. Niemand wagte es, die Bedeutung von exzellenter Führung, die Wertschöpfungsorientierung der Personalfunktion oder Organisationseffizienz in der Wissensgesellschaft per se infrage zu stellen. Aber all dies konnte ein Unternehmen ziemlich sachte, bedächtig, gemächlich angehen. Oder es konnte sogar einfach nur so tun *als ob* es so wäre (vgl. Vaihinger 1927), ohne dass bei kurzfristigem Blick größere Katastrophen passiert wären. Der Fokus der Personaler lag auf ihrer Heimstatt, der Personalverwaltung, statt bei den transformationalen Herausforderungen aus der People-Dimension: Man kannte es von denen *eigentlich* gar nicht anders.

Es gab keine Ideen für eine anpassungsfähige, auf äußere und innere Informationen reagierende Unternehmung. Eine höhere Adaptivität der Organisation wäre zwar prima, aber es ging und geht auch so. Vermutlich und hoffentlich werden die Wettbewerber dies alles auch nicht besser hinbekommen.

Ganz anders Talent-Management. Die Sorge morgen noch die richtigen Mitarbeiter zu haben, die sich Innovationen zunächst ausdenken, anschließend umsetzen und damit das Unternehmen erfolgreich im Markt halten, ist überall mit Händen zu greifen. Wo allerdings Probleme auftreten, da finden sich die Lösungen von internen Experten und externen Dienstleistern. Und wo sich ein großes Problem zeigt, da tauchen dann die großartigen Entwürfe mit ihrer oft kleinteiligen Konkretisierung auf, etwa bei der Positionierung im Arbeitsmarkt. Um beim Kampf um die Talente dabei zu sein, ist eine stimmige *Employee-Value-Proposition (EVP)* und ein daraus abgeleitetes *Employer-Branding* unumgänglich.

Beim Blick auf sehr viele EVPs wird jedoch deutlich, dass die Differenzierung und überlegene Positionierung des Unternehmens im Arbeitsmarkt über eine markante *Unique-Selling-Proposition (USP)* nicht stattfindet. *Employer of Choice* wollen heute alle sein. Die allermeisten Unternehmen sind freilich noch auf der Suche nach dem Besonderen bei ihnen als *Toparbeitgeber*. Sie wirken ziemlich gewöhnlich. Wenn allerdings bereits im Alltag die Vorteile einer Organisation als berufliche Wirkungsstätte nicht deutlich werden – was soll einen Wertschöpfungsgeber in den beschwerlichen Zeiten der Veränderung dort begeistern?

Von einer HR-Verantwortlichen stammt die Aussage: »Talent-Management ist kein Instrument, sondern eine Haltung, die sich in allen Personalprozessen widerspiegelt und verstärkt« (Schmutz 2010: 161). Genau! Wie bei Leadership-Development, Business-Partnering oder der Lernenden Organisation geht es zunächst um die Einstellung. Und dann um Werkzeuge. Die Instrumente öffnen lediglich den Raum der Möglichkeiten im Talent-Management. Aus dem können sich Unternehmen für ihre spezifische Situation bedienen. *Das* Talent-Management gibt es nicht. Jedes Unternehmen muss seine eigenen Schwerpunkte finden und entsprechend ausgestalten. Die Eins-zu-Eins-Kopie von anderswo vermeintlich bewährten Ansätzen (Best Practice) kann nicht gelingen. Das situative Adaptieren auf die konkrete Konstellation (Best Fit) bleibt im Talent-Management ein Muss. Damit werden zudem sehr wesentliche Grundlagen für erfolgreiche Veränderungsprozesse gelegt.

Gesamtkonzept

Die mit Abstand größte Herausforderung im Talent-Management ist die Entwicklung eines Gesamtkonzepts. Dies sagen Praktiker: »Viele Unternehmen verteilen die Verantwortung für das Talent-Management über viele Funktionsbereiche, darunter Recruiting, Learning und Personalentwicklung sowie Einkauf. Bereichsleiter tragen möglicherweise ebenfalls die Verantwortung für einige oder alle dieser Aktivitäten innerhalb ihres Zuständigkeitsbereichs. Doch die Konkurrenz um qualifiziertes Personal wächst, und kein Unternehmen kann sich länger auf einen derart fragmentierten Ansatz verlassen, wenn es darum geht, die benötigten Fachkräfte zu entwickeln und einzusetzen. Unternehmen müssen einen integrierten Ansatz entwickeln, der die traditionellen funktionalen Silos auflöst« (IBM 2010: 37).

Dies belegen Theoretiker: »An Handlungskraft und Erfolg auf dem Arbeitsmarkt werden nicht jene Organisationen gewinnen, welche über ausgeklügelte, vielfach sehr kostspielig entwickelte und IT-gestützte Systeme verfügen. Vielmehr werden jene Organisationen ein nachhaltiges Talent-Management aufzubauen vermögen, die erstens auf die Integration in das bisherige Personalmanagement sowie dessen Prozesse achten, zweitens die Zusammenarbeit bei der Entwicklung eines Talent-Managements zwischen der Personalabteilung und der Linie höchste Priorität einräumen und drittens nur das als Talent-Management bezeichnen, was den Namen auch wirklich verdient« (Ritz/Sinelli 2011: 20).

Und dies zeigt die Empirie. Vielfalt und Verschiedenartigkeit von Themenstellungen im Talent-Management verhindern rasche und simple Lösungswege. Die Entwicklung eines stimmigen Gesamtkonzepts gilt deswegen als Herausforderung Nummer Eins im Talent-Management (Abb. 48 – Kienbaum 2011: 59; siehe auch Deloitte 2011: 11, BCG/WFPMA 2012: 12 – 19). Ein intaktes Talent-Management ist heutzutage außerdem Grundvoraussetzung erfolgreicher Veränderungsprozesse. Wenn das HR-Thema Nummer Eins zeitgleich mit einer anstehenden Business-Transformation angegangen oder sogar als deren Unterpunkt betrachtet wird, müssen die entstehenden Konfusionen und Probleme im Umgang mit *True Performern* des Unternehmens nicht wundern.

Leitfrage und Navigator

Talent-Management als derzeitiges und zukünftiges Topthema im HR-Management hat unzählige Autoren angezogen. Bereits vor 2010 erschienen zahlreiche deutschsprachige Bücher zum Thema (z. B. Jäger/Lukasczyk 2009). Alleine im deutschsprachigen Raum folgten im Zeitraum 2010 bis 2012 mindestens zwanzig weitere Publikationen (z. B. Enaux/Henrich 2010, Ritz/Thom 2011, Trost 2012). Übrigens: Mit meinem bewährten Coautor Dieter Kern verfolgte ich ebenfalls einige Zeit ein solches Buchprojekt – um es dann mangels Marktlücke zu verwerfen. Mit Sicherheit werden jedoch weitere Werke zum Kern und an den Rändern von Talent-Management folgen. Im angloamerikanischen Raum sind ebenfalls zahlreiche Publikationen rund um Talent-Management entstanden und in den aufnahmebereiten Markt gedrückt

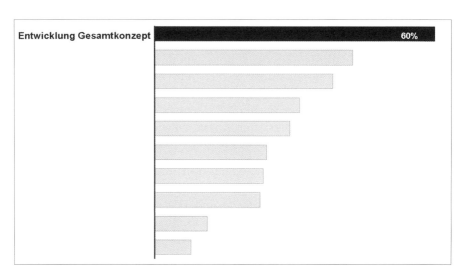

Abb. 48: Herausforderungen im Talent-Management

worden (z. B. Silzer/Dowell 2010, Conaty/Charan 2010). Viele dieser gedruckten Schriften und ihre Pendants im Internet versuchen durch Schlagworte wie *modern, strategisch* oder *innovativ* mithilfe attraktiver Untertitel oder mittels martialischer Begriffe wie *Talentkrieg* auf sich aufmerksam zu machen. Andere Bücher fokussieren auf spezifische Facetten wie Personalbeschaffung beziehungsweise Personalentwicklung oder aktuelle Innovationsfelder wie Web 2.0 und soziale Netzwerke (z. B. Beck 2008, Jäger/Petry 2012). Oder sie versuchen sich in Komplexitätsreduktion und versprechen *Simplicity* (z. B. Effron/Ort 2010).

Bei alledem gibt es für Talent-Management eine zentrale Leitfrage als Ausgangspunkt: »Was müssen wir heute in unserem Unternehmen machen, damit wir morgen bei uns die richtigen Mitarbeiter haben, um übermorgen in unseren Märkten weiter erfolgreich zu sein?« Wobei sich *richtige Mitarbeiter* in kompetente plus engagierte plus loyale Wertschöpfungsgeber übersetzt, die sich – um den Wünschen des Change-Managements zu entsprechen – als veränderungsfähig erweisen.

Es gibt unzählige Antworten auf diese Leitfrage. Auf der einen Seite akademische Vorschläge zur Strukturierung der Talent-Management-Herausforderung (z. B. Silzer/Dowell 2010: 22, Ritz/Thom 2011: 11, Stahl u. a. 2012: 27) und auf der anderen Seite natürlich zahlreiche Konzeptionsvorschläge aus Beraterfeder. Die Eingabe des Stichworts *Talent-Management* in die Bilderfunktion von Google ergibt ein kunterbuntes und formenreiches Bild. An dieser Stelle gestatte ich mir als eigenen Vorschlag den von mir entwickelten und bei der Beratung eingesetzten Talent-Management-Navigator vorzustellen (Abb. 49). Er besteht aus insgesamt acht Elementen. Zunächst – selbstverständlich – die Eigenverantwortung jedes Einzelnen für seine Karriere sowie – ebenso selbstverständlich – die zentrale Rolle von Führungskräften (vgl. 4.1 sowie Conaty/ Charan 2010). Des Weiteren muss die Basis des Talent-Managements gelegt und ein Vorgehensmodell umgesetzt werden. Im Kern besteht Talent-Management aus vier Eckpfeilern: 1) Anziehen von Wertschöpfungsgebern (attract), 2) deren Entwicklung (develop), 3) ihrem Einsatz im Unternehmensalltag sowie bei Veränderungsprozessen (deploy) und 4) deren Bindung (retain). Wichtig ist dabei die Unterscheidung zwischen Entwicklung und Einsatz. Entsprechend der 70/20/10-Regel von Lombardo/Eichinger (1996) findet Lernen und damit persönliches Wachstum zu mehr als zwei Dritteln in der täglichen Berufsausübung statt (»on the job«), zu 20 Prozent durch Feedback wie Mentoring und Coaching und lediglich zu 10 Prozent in seminaristischen Formaten der Weiterbildung (»off the job«).

Abb. 49: Talent-Management-Navigator (von People Consulting)

Mit Sicherheit wird dieser Navigator bei der nächsten Auflage anders aussehen, durch Ergänzung, Umbenennung oder Zusammenfassung einzelner Bestandteile. Nebenbei bemerkt: Als Vertiefung zu diesem Talent-Management-Navigator im Sinne einer Talent-Management-Mindmap habe ich inzwischen fast fünfhundert unterschiedliche Instrumente zu diesen acht Elementen identifiziert und strukturiert.

Strategische Personalplanung

Ein zentraler Ausgangspunkt für Talent-Management und dessen Umsetzung im Verlauf von Veränderungsprozessen ist die Personalbedarfsanalyse (Strategic-Workforce-Management beziehungsweise Workforce-Readiness). Wenn Wertschöpfungsgeber ganz wesentlich über ihre Knappheit definiert sind (vgl. 5.1), dann muss das Unternehmen am Beginn der Transformation wissen, an welchen Stellen der Organisation diese Engpässe bereits heute bestehen oder in absehbarer Zeit auftreten können. In diesen Bereichen muss

Change-Management deutlich verstärkt werden. Ansonsten verschärfen sich solche Nadelöhre durch unerwünschte Fluktuation noch weiter.

Nun kann die Vorgehensweise der strategischen Personalplanung an dieser Stelle nicht im Detail dargestellt werden. Die Identifikation und Prognose von people-bezogenen Flaschenhälsen künftiger Unternehmensentwicklung sind von Beratungsunternehmen in den letzten Jahren bei vielen ihrer Kunden als sperrangelweit offenes Einfallstor entdeckt worden. Vertiefungen zur Methodik können deshalb andernorts betrachtet werden (z. B. Strack u. a. 2008, Kern/Ries 2009, Claßen/Kern 2010: 178–187, WEF/BCG 2011: 22, DDN 2011).

Nicht übersehen werden sollten freilich die Grenzen strategischer Personalplanung: »Die Kalkulation des Personalbedarfs stellt unabhängig von der Verfügbarkeit leistungsfähiger Methoden in der betrieblichen Praxis insofern eine substanzielle Schwachstelle dar, als der Personalbedarf weitgehend als Versuchs-und-Irrtums-Methode über eine spezifische Planung auf Fortführungsbasis bestimmt wird: Danach gilt solange eine Gleichheit von Personalbedarf und Personalbestand, bis neue Aufträge oder aber über zu viel Belastung stöhnende Mitarbeiter einen Zusatzbedarf signalisieren. Auf der anderen Seite wird der Personalbedarf immer dann als deutlich niedriger eingestuft, wenn sich der wirtschaftliche Erfolg beziehungsweise die Konjunktur verschlechtern« (Scholz 2011: 141). Und was hilft eine ausgefeilte Workforce-Readiness-Analyse, wenn deren Input – Geschäftsmodelle und Strategien der Geschäftsbereiche – keine vernünftigen Schlussfolgerungen auf die künftige Qualität, Quantität und Lokalität des Personalkörpers zulassen? Oder, wenn diese beim nächsten Veränderungsprojekt über den Haufen geworfen wird; oder mit Beginn der Transformation längst überholt ist?

Notwendigkeit der Differenzierung

»Alle Menschen sind vor dem Gesetz gleich«. Diese wohlgelittene Regel aus dem deutschen Grundgesetz (Art. 3.1) beschreibt die Stellung von Bürgern im politischen und rechtlichen System. In Österreich und der Schweiz gibt es eine vergleichbare verfassungsrechtliche Verankerung des Egalitätsprinzips. Aus diesem Menschenrecht wird vielerorts der weitgehende Verzicht auf Differenzierung von Mitarbeitern im Unternehmen abgeleitet, im Sinne nivellierender *skandinavischer Verhältnisse*. Die Maxime »Alle Menschen sind gleich« ist auch in Mitteleuropa zum impliziten Leitsatz mancher Unternehmenskulturen geworden. So gibt es hierzulande vielfältige Haltungen, die eine offene Differenzierung der Belegschaft ablehnen. Sei es, weil es nicht gewollt ist, etwa durch entsprechende Managementleitlinien – als Folge normativer Positionen. Oder weil es nicht möglich ist, etwa durch konsequente Widerstandsfronten – in Folge starker Sozialpartner. Oder weil es nicht erforderlich ist, etwa durch unerschöpfliche Verteilungsspielräume – infolge permanenten Wachstums.

Aber Menschen sind verschieden – nicht vor dem Gesetz, aber mit ihrer Wertschöpfung für Unternehmen. Wertschöpfungsgeber bieten überdurchschnittliche Qualität, durch hervorstechendes Können (Kompetenz) und außergewöhnliches Wollen (Engagement). Im Arbeitsmarkt sind sie zudem knapp, können nur schwer ersetzt oder ergänzt werden (vgl. 5.1). Mit den Wertschöpfungsgebern kann und will es sich die Unternehmensführung nicht verderben. Weder im Alltag noch in Veränderungssituationen. Aus dieser kaum zu leugnenden Tatsache entwickeln Silzer/Dowell (2010: 747) ihren Leitsatz: »Effective Talent-Management requires organizations to differentially invest in various employee groups and not to invest equally in all employees«. Diese Überlegung ist nicht blanker amerikanischer Kapitalismus und deshalb auch nicht als Ideologie zu verwerfen. Sie ist aus ökonomischer Perspektive schlichtweg vernünftig: Maßnahmen des Talent-Managements sollen dort wirken, wo sie etwas bringen. Dies wird eben nicht ein gießkannenförmig betriebenes Talent-Management für die gesamte Belegschaft zur Folge haben. »In the days of limited resources, this means that some talent groups will get a greater share of the resources, while other nonstrategic groups will receive a smaller share« (ebd.). Eine aus diesen Gründen herausgehobene Stellung im Talent-Management hat zugleich eine Sonderbehandlung von Wertschöpfungsgebern im Change-Management zur Folge (Abb. 50). Das heißt ja auch nicht, dass der Rest dann nichts bekommt.

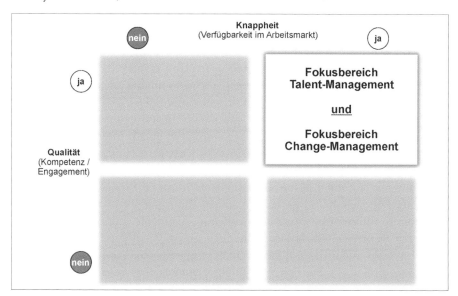

Abb. 50: Fokusbereich Wertschöpfungsgeber

Der arbeitende Mensch wird mit dieser aus Nützlichkeit bestimmten Sichtweise nicht als Subjekt, sondern als Objekt betrachtet. Als Humanressource, die dem Unternehmen etwas Aufsehenerregendes, Ausgezeichnetes, Ausgefallenes bringt und das möglichst exklusiv (Wertschöpfungsgeber). Oder er gilt als jemand, der für das Unternehmen gewöhnlich ist und damit austauschbar bleibt (Arbeitnehmer). An großen Teilen der Belegschaft gehen die Wonnen der neuen Arbeitswelt vorbei. Diese klare Unterscheidung lädt bei skandinavischen Verhältnissen im Unternehmen und bei humanistischer Prägung von Entscheidern zu vielen Relativierungen und Widersprüchen ein. Dass – im Geiste von rheinischem Kapitalismus und Sozialer Marktwirtschaft – der Spagat in einer Organisation nicht zu groß werden soll, versteht sich in Mitteleuropa meist von selbst.

Oder es wird anstelle einer differenzierenden Talent-Management-Strategie ein inklusiver Ansatz gewählt (Stahl 2012: 26), mit Aussagen wie »Alle unsere Mitarbeiter haben das Zeug zum Talent«. Keine Selektion ex ante und damit »100 Prozent Talente bei uns«. Verbunden lediglich mit der Forderung, dass »jeder sein Talent eben Tag für Tag zeigen muss«. In den Worten von Stiefel (2003: 16): »Bei der Förderung von Führungskräften darf es keine Gewinner und Verlierer geben, sondern alle haben die Möglichkeit sich zu entwickeln und zu entfalten. Dabei muss es aber als ganz natürlich eingeschätzt werden, dass einzelne Führungskräfte mehr als andere gefördert werden, sich auch fördern lassen. ... Ein Unternehmen kann keine Führung im Markt beanspruchen, wenn es nicht seinen 'Eliten' und 'Stars' ein besonderes Augenmerk zuerkennt«.

Es gibt – zum Talent-Management und vor Veränderungsprozessen – eine Frage, die sich jedes Unternehmen stellen muss: »From sameness to segmentation: are HR leaders more interested in treating employees the same in the name of preserving supposed fairness and minimizing controversy, or are they more interested in treating employees differently ... based on their roles, contributions, and value to the company?« (Boudreau/Ziskin 2011: 257). Eine mögliche Antwort auf diese Frage wurde bei einem internationalen Veränderungsprojekt gefunden (Abb. 51) und diente als Grundlage für differenzierte Maßnahmen im Talent-und Change-Management. In ähnlicher Weise segmentieren laut einer aktuellen weltweiten Studie 57 Prozent der Unternehmen ihre Belegschaft (»differentiates talent management programs and tailors them to different business and workforce segments«) und 54 Prozent der befragten Firmen leiten daraus individuell unterschiedliche HR-Maßnahmen ab (»formally identifies segments matching expected contributions from employees and the sorts of employment elements that most attract, retain, and motivate them« (TowersWatson 2012).

Neben diesen beiden gegenläufigen Talent-Management-Leitlinien – Engpassprinzip und Chancengleichheit – gibt es außerdem die Bevorzugung bestimmter Zielgruppen wie Nachwuchskräften (*Begabtenförderung* beziehungsweise *Goldfischteich*). Solche Zielgruppen erwarten eine Vorzugsbehandlung, in Zeiten des Wandels noch mehr als sonst.

Abb. 51: Segmentierung Mitarbeitergruppen (Projektbeispiel)

Übrigens: Wertschöpfungsgeber sind nicht nur im High-End-Bereich zu finden. Talent-Management ist weniger ein Elitethema. In erster Linie ist Talent-Management ein Engpassthema. Die knappe Kompetenz und das besondere Engagement unterscheidet im Arbeitsmarkt die Gesuchten von den Austauschbaren. Das ist natürlich der Spitzenabsolvent einer renommierten Universität mit illustrem Lebenslauf (und klaren Indizien für fortwährende Leistungsbereitschaft). Das ist aber ebenfalls die Krankenschwester im Raum Zürich, der Betriebsmeister in Vorarlberg oder der Lokomotivführer im Schwarzwald. Wenn etwa deutsche Lkw-Fahrer wegen akuter Personalnot mit deutlichen Lohnerhöhungen rechnen können und der Präsident des Deutschen Speditions- und Logistikverbands »eine Verdoppelung der Löhne nicht für ausgeschlossen« hält, ist das ein markantes Indiz für diese Engpasssituation (Deutsche Logistikzeitung vom 11.11.2011).

Außerdem ist die in diesem Buch neben der Wertschöpfung für das Unternehmen stets mit gleichem Gewicht propagierte Wertschätzung für die Mitarbeiter auf allen Ebenen der Organisation angesagt. Oder wie eine sorgfältige Analyse programmatisch betitelt ist: »Profit at the bottom of the ladder« (Heymann/Barrera 2010). Nicht nur in den Führungsetagen entsteht Wertschöpfung. Produktions- und Logistikbereiche sowie sämtliche Kundenschnittstellen, etwa an der Kasse oder im Call Center, besitzen eine ökonomische Hebelwirkung. Auch wenn die dort agierenden Mitarbeiter nicht Wertschöpfungsgeber, sondern eher Arbeitnehmer sind, und als solche eine faire Behandlung erwarten dürfen. Als Beleg mag man an Entwicklungen im deutschen Drogeriemarkt und Aufklärungsbücher über Zustände im engmargigen Discounthandel denken.

Die Differenzierung von Belegschaften wird nicht nur wegen deren unterschiedlicher Bedeutung für unternehmerische Wertschöpfung erforderlich. Durch Pluralisierung und Individualisierung von Lebensstilen wird von Wertschöpfungsgebern eine weitaus stärker personalisierte Personalarbeit als bisher verlangt. Und eine Abkehr vom One-fits-all-Denken, wie es in vielen HR-Ressorts immer noch propagiert wird (Meister/Willyerd 2010). Mehr und mehr gibt es eine »workforce of one« (Cantrell/Smith 2010), in der sich das Unternehmen – und seine Führungskräfte als Vorgesetzte (vgl. 4.1) – an die verschiedenartigen Wünsche, Ansprüche, Bedürfnisse seiner *True Performer* anpassen müssen.

Dies beginnt im Vorfeld der Rekrutierung: »Ich glaube, dass sich das Recruiting zukünftig in eine 1:1-Beziehung entwickeln wird. Das heißt, dass ich über die unterschiedlichen Medien Beziehungen zu Einzelpersonen aufbaue und diese pflegen muss und ich wirklich die Leute einzeln einfange. Es wird über Beziehungen gehen und damit meine ich sehr langfristige Beziehungen – also eine Betreuung vom Jugendalter an in Richtung einer Lifecycle-Beziehung« (Beck in Human Resources Manager 01/12: 65). Und es wird, zumindest teilweise, zu einer Abkehr von der gerade erst eingeführten standardisierten, automatisierten und zentralisieren HR-Administration mittels Shared-Service-Centern und unpersönlichen Hotlines führen: »Die Mitarbeiter-Loyalität hat in alarmierender Weise abgenommen, und auch in puncto Motivation besteht Grund zur Sorge. Die Beziehung zwischen Arbeitnehmer und -geber befindet sich derzeit auf einem kritischen Wendepunkt: Motivierte Mitarbeiter sind gefragt wie nie und zugleich schwer zu bekommen. Dies zwingt die Unternehmen dazu, den Ursachen dieser Entwicklung auf den Grund zu gehen und geeignete Gegenmaßnahmen zu entwickeln. Ein möglicher Erklärungsansatz dieser Gesamtentwicklung könnte in der mittlerweile hohen Standardisierung der HR-Instrumente liegen, die es immer schwieriger macht, den spezifischen Bedürfnissen von Mitarbeitergruppen gerecht zu werden« (Mercer 2011: 2).

Karriereorientierung

Die Unternehmen wissen es längst. Und verschweigen es meist. Bei individuellen Karriere- und Beförderungsperspektiven besteht zwischen dem Wunsch von Mitarbeitern und der Wirklichkeit in Organisationen eine große Diskrepanz. Von vielen Talenten gewünscht wird ein generelles Mehr, ein beständiges Aufwärts, ein zuverlässiges Vorwärtskommen, am besten eine Laufbahn mit kurzer Taktung, weiten Sprüngen (und ohne große Anstrengung). Und all dies ist gleichzeitig mit der Forderung nach mehr Geld, mehr Macht, mehr Status und spannenderen Aufgaben verbunden. Für viele gelten diese Motive immer noch als relevante Lebensziele, selbst wenn es heute sehr unterschiedliche Auslegungen von beruflichem Erfolg und den sich daraus ergebenden Rollenkonflikten gibt (vgl. Stiefel 2003: 361 – 367):

1. »*Getting Ahead*«:
   Erfolg = hierarchischer Aufstieg, verbunden mit Geld, Macht und Status

2. »*Getting Secure*«:
   Erfolg = fester Platz (Identität) in einer Organisation als *Company-Man/-Woman*

3. »*Getting Free*«:
   Erfolg = Freizügigkeit, Unabhängigkeit und Kreativität, Freiheit und Autonomie

4. »*Getting Balanced*«:
   Erfolg = Gleichgewicht zwischen Beruf, sozialem Umfeld/Familie und Ich/Selbst

5. »*Getting High*«:
   Erfolg = Stimulierung durch beständig neue Aufgaben und Herausforderungen

Gerne werden hierzu auch die Karriereanker von Schein (1996) herangezogen. Allein, die allermeisten Unternehmen können verbindliche, verlässliche, versorgte Aufwärtsbewegungen nicht mehr bieten (Schein 1996 und Scholz 2003). Wobei Karrieremodelle, Entwicklungspläne und Nachfolgeplanungen ein zeitraubendes Tummelfeld wertschöpfender Personaler sind. Fast drei Viertel der Unternehmen sehen hier allerdings große Defizite (Die Welt/Peakom 2011: 2). Erst recht während einer Transformation, in der organisatorische Nebelschwaden zu individuellen Irrgärten, Sackgassen, Stolperfallen werden. Von den ganz wenigen Firmen abgesehen, die sich durch rasante Expansion noch neue Spielräume und weitere Verteilungsmöglichkeiten erschließen. Für alle ihre Stakeholder, ob Kunden, Anleger, Mitarbeiter. Doch dies ist endlich, wie viele Unternehmen mit anfangs steilem Zuwachs und erwartungsfrohen Mitarbeitern sowie später schwachem Wachstum oder sogar Einbrüchen mit griesgrämiger Belegschaft feststellen mussten. Eben der klassische Zielkonflikt zwischen Talent-Management auf der einen Seite und organisationaler Effizienz – mit flachen Hierarchien – sowie budgetärer Limitation – mit enger Toleranz – auf der anderen Seite (vgl. 4.2). Da gibt es kein Drehen und kein Wenden. Unternehmen bieten gegenwärtig und wohl auch auf Dauer deutlich weniger planbares persönliches Wachstum als ihre Talente wollen. Kurzfristig kann der Einzelne mit Tranquilizern beruhigt und mit Sedativa schmerzfrei gestellt werden, beispielsweise durch überschwängliche Potenzialbeurteilung, perspektivische Entwicklungsversprechen oder überdimensionierte Goldfischteiche. Langfristig funktioniert diese Therapie nicht.

Dieses Dilemma wird seitens der Unternehmen durch eine Neubestimmung von Karriere zu lösen versucht – entweder über die Verheißung von Employability oder flexibilisierte Aufwärtsbewegungen: »Many employees, particul-

263

arly younger ones, increasingly prefer a career trellis offering multiple options rather than a career ladder oriented only vertically. A trellis model gives employees more options for the speed and direction of their careers« (BCG/EAPM 2011: 16). Im Englischen steht – als Unterschied zu »ladder« (Leiter) – der Begriff »trellis« für ein Rankgitter. Dies soll die vielfältigen und nicht nur geradlinigen Wachstumsmöglichkeiten im Unternehmen charakterisieren. Die aus einer solchen Umdefinition von Karriere abgeleiteten Empfehlungen für Unternehmen wirken allerdings ziemlich hilflos. Allgemeinplätze wie etwa »Step into the talent's shoes« (WEF/BCG 2011: 27) verdeutlichen eher das Dilemma, in dem Unternehmen stecken, als dass sie es auflösen. Und selbst der Ideengeber für ein solch neues Karriereverständnis, eine Strategieberatung, setzt weiterhin bei sich selbst auf das lineare Aufstiegsprinzip mit harschen Sortierkriterien à la »up or out«.

Ob Aufwärtssteigen oder Hinaufranken, die Devise vieler Talente lautet weiterhin: »Hauptsache schnell nach oben!« Besonders die Jüngeren ergänzen noch: »Und mühelos!« Alternative Beruhigungspillen von Unternehmen wirken allenfalls kurzfristig: *Fachlaufbahn, laterale Karriere, Seitwärtsschritt vor dem Aufstieg, persönliches Wachstum mit den Aufgaben.* Alles schön und gut. Karrieren wollen immer noch sichtbar sein, für das eigene Ego und als Einordnung im Sozialsystem. Vermutlich immer weniger über Statussymbole wie Fahrzeugtyp, Zimmergröße und Ähnliches. Dafür in einer subjektiven, individuellen Symbolik. Karriere will in Zukunft weiterhin gespürt werden.

Und in der neuen Arbeitswelt führt ein Aufstieg im beruflichen Arbeitsleben nicht zum bereitwilligen Verzicht der Talente in den persönlichen Lebenssphären. Karrieren von Wertschöpfungsgebern sollen nicht nur stabil und attraktiv, sie sollen sogar noch leicht erreichbar sein. Die wenigsten orientieren sich entlang alternativer Lebensmodelle und nennen dies dann *Ausstieg.* Nach Indien fährt man heute nicht mehr zur persönlichen Bewusstseinserweiterung wie in der Hippiezeit. Indien ist inzwischen eine mögliche berufliche Destination zwischen dem Einstieg in der Zentrale und der dortigen Bereichsleitung, eben ein Schritt auf dem persönlichen Karrierepfad.

Bei der Herausforderung, verlässliche Karrieremöglichkeiten für sämtliche Talente zu bieten, stoßen die allermeisten Unternehmen rasch an harte Grenzen. Selbst die ausgeklügelsten Laufbahnmodelle können dies nicht lange kaschieren. Unternehmen haben eigentlich nur zwei Optionen: Die erste, schwere und eigentlich unmögliche lautet Wachstum, Wachstum und noch mal Wachstum sowie gleichzeitig wenig bis keine Veränderungen. Die zweite, keinesfalls leichtere wäre, sich etwas Gutes einfallen zu lassen. Dafür gibt es derzeit noch keine mir bekannten Patentrezepte. Daher kann ich Ihnen, liebe Leserinnen und Leser, nur das Problem und nicht die Lösung nennen. Ein wenig hilft ein solches Problembewusstsein immerhin. Es hütet vor falschen Versprechungen, die für ein nachhaltiges Talent-Management gerade bei permanenten Veränderungsprozessen auf Dauer nicht eingelöst werden können. Ist Ehrlichkeit, also die Verdeutlichung begrenzter Aufstiegsmöglichkeiten, ob über Leitern, Rankgitter oder Turbofahrstühle, eine Lösung? In manchen Fällen sicherlich. Wobei die Bindungskräfte des Unternehmens dann noch kleiner werden.

Beruflicher Aufstieg plus zusätzliche *Goodies* lautet die neue Karriereformel von Talenten. An der für Unternehmen in der neuen Arbeitswelt kein Weg vorbeiführt. Aus China kommt der Spruch »Bevor man eine Leiter besteigt, sollte man sich vergewissern, ob sie an der richtigen Wand lehnt«. Talente suchen sich neue Wände. Wenn die alten im Nichts enden. Sie werden diese in der neuen Arbeitswelt ziemlich sicher finden. Daher muss man – gerade im Verlauf von Veränderungsprozessen – stets damit rechnen, dass wichtige Mitarbeiter das Unternehmen verlassen. Und gleichzeitig vieles, nicht alles, unternehmen, dass dies eher Einzelfälle bleiben.

Retention-Management

Dass Mitarbeiter ihre Organisation verlassen ist per se nicht immer schlecht. In der Organisation »Bundesrepublik Deutschland« sind beispielsweise die beiden letzten Bundespräsidenten von sich aus gegangen, mehr oder weniger plötzlich. Eine gewisse Fluktuation ist vielerorts – zur Blutauffrischung – geradezu erwünscht. Wenn es nicht gerade die Besten sind, die gehen. Und wenn sich Abgänge rasch durch möglicherweise sogar bessere Zugänge ersetzen lassen. Der Abschied einzelner Superstars bedeutet ganz selten den Weltuntergang für ein Unternehmen. Steigt die Fluktuation jedoch über eine gewisse Schwelle, ist dies ein bedenkliches Signal: »Die Fluktuationsrate der Hidden Champions liegt mit 2,7 Prozent pro Jahr weit unter dem deutschen Durchschnitt von 7,3 Prozent« (Simon 2011: 35). Kritisch wird es spätestens dann, wenn aus mehreren Einzelentscheidungen ein Exodus von *True Performern* wird. In modernen Dienstleistungsorganisationen mit ihrem Run auf Wertschöpfungsgeber sind jährliche *Attrition-Rates*, so heißt die inzwischen gebräuchliche Kennzahl, von zwölf, fünfzehn und manchmal sogar zwanzig Prozent keine Seltenheit mehr. Jedenfalls sieht die Situation für Talente im Arbeitsmarkt inzwischen rosig aus: »Outsized expectations and lots of alternatives« (Martin/Schmidt 2010: 27). Das Beste was Unternehmen hinsichtlich der Bindung ihrer Leistungsträger erreichen können ist ein Befinden, das Ritz/Thom (2011: 19) so beschreiben: »Able to go, but happy to stay«.

Für systematisches und proaktives Retention-Management sprechen jedenfalls sechs betriebliche Nachteile einer starken Fluktuation (vgl. Scholz 2011: 461 – 2):

• Verschlechterung betrieblicher Prozesse

• Verlust von Know-how (für Innovationen)

- Verlust von Know-how (in Schlüsselpositionen)

- Verlust von Kapazität, Effektivität und Output

- Verlust von Kunden (durch wechselnde Ansprechpartner)

- Verlust von Kunden (durch Mitnahmeeffekte)

Diese können zumindest für eine gewisse Zeit eintreten und parallel zu Veränderungsprozessen im Sinne einer Doppelbelastung größere Schäden hervorrufen. Daher sollte sich Retention-Management auf Mitarbeiter ausrichten, die – ob nun mit schwacher oder starker emotionaler Bindung an die Firma – aufgrund ihrer Kompetenz und ihres Engagements nicht nur für das Unternehmen, sondern auch für den externen Arbeitsmarkt einen Wert besitzen (Abb. 52). Denn solche auch andernorts begehrte Mitarbeiter sind zum einen gefährdet und zum anderen gefährlich, wegen der geschilderten Verlustgefahren. Da dies unter Umständen ziemlich viele Personen sein können, bedarf es gegebenenfalls einer Priorisierung und Fokussierung, etwa mittels Konzentration auf Schlüsselpositionen. Übrigens: Die gefühlsmäßige Nähe zum Arbeitgeber ist ein Klebemittel, dessen Haltekraft bei Veränderungsprozessen keinesfalls überschätzt werden sollte. Bleiben Wertschätzung, Aufmerksamkeit und Zukunftsperspektiven aus, brechen auch solche emotional verbundenen Wertschöpfungsgeber ohne langes Zaudern zu neuen Ufern auf. Oder sie gestatten sich – zumindest für einige Zeit – einen Suchmodus, verbunden mit der entsprechenden Irritation und Demotivation. Headhunter haben eine genaue Kenntnis und ein feines Gespür für personelle Sollbruchstellen in Unternehmen, besonders im Verlauf von Akquisitionen oder in organisatorischen Schwächephasen.

Im heutigen Change-Management ist Retention-Management deshalb zu einem wesentlichen Baustein geworden. Der dafür erforderliche Aufwand an Zeit, Geld und Nerven ist nicht zu unterschätzen. Retention-Management kostet Führungszeit des Vorgesetzten, Betreuungszeit der Personaler sowie vielerlei *Goodies*. Zu diesen Leckerbissen gehören zum Beispiel die bei Unternehmensakquisitionen gerne eingesetzte Bindungsprämie, das gesamte Spektrum an Personalentwicklungsmaßnahmen, die Ausreizung und manchmal sogar Ausweitung von Spielräumen des Vergütungssystems, die offene Informations- und Kommunikationspolitik sowie, ganz entscheidend, die Befriedigung von Bedürfnissen des Wertgeschätztwerdens und die Würdigung des persönlichen Stellenwerts. Viele Wertschöpfungsgeber fühlen sich inzwischen schnell übergangen, schlecht behandelt oder schlicht vernachlässigt. Besonders dann, wenn sich die Welt um sie herum zu verwandeln beginnt und sie sich ihre positive Teilhabe daran sichern möchten.

Ganz entscheidend ist der individuelle Ansatz im Retention-Management. Sämtliche Theorien zum Verbleib und Abschied von Mitarbeitern setzen

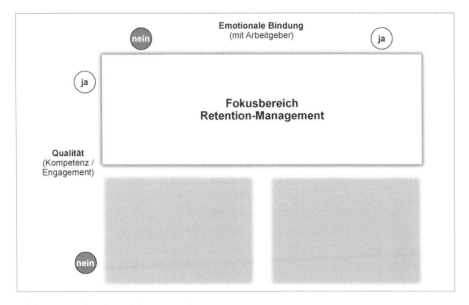

Abb. 52: Fokusbereich Retention-Management

beim Einzelnen und dessen Motiven an (z.B. Scholz 2011: 467–476, Huf 2012). Diese Gründe und Befindlichkeiten können sehr unterschiedlich ausfallen und rasch wechseln (vgl. Mercer 2007, Deloitte 2010, Mercer 2011) und sind vergleichbar mit den fluiden Motiven für und gegen den Eintritt in Unternehmen.

Für das Retention-Management in Veränderungsprozessen sind sechs Schritte zu unterscheiden:

1. Identifikation der Wertschöpfungsgeber vor dem Veränderungsprozess

2. Gegebenenfalls Priorisierung und Fokussierung auf Schlüsselpositionen

3. Ableitung von individuellen Motiven zum Verbleib im Unternehmen

4. Verankerung des Retention-Managements im Transformationsfahrplan

5. Bereitstellung von monetären und zeitlichen Budgets (meist ohne Business-Case)

6. Pampern der Wertschöpfungsgeber am Beginn und im Verlauf der Veränderung

Hierzulande ist Retention-Management in vielen Unternehmen noch ein unbestelltes Feld. Lediglich jedes elfte Unternehmen besitzt – im oft überschätzten Selbstbild – ein strategisches Konzept oder verfügt über stimmige Instrumente (DGFP 2011: 48–49). In einer weiteren Studie mit Fokus auf Veränderungsprozessen (Claßen/von Kyaw 2008: 38) kommt die Vermeidung der Kündigung von Leistungsträgern (»retention of regretted leavers«) überraschend gut weg. In Schulnoten ausgedrückt: eine Drei plus (Durchschnitt von 2,67). Die Hälfte der Befragten sagt »Prima!« und vergibt die Noten Eins und Zwei. Richtig unzufrieden sind lediglich sieben Prozent. Ein erstaunlich positives Ergebnis zum damaligen Zeitpunkt (vor der Finanzmarktkrise). Inzwischen mag ich diesen selbst erhobenen Daten kaum mehr glauben. Wenn sich in der heute weiter verschärften Arbeitsmarktsituation solche Werte halten lassen, wäre für Unternehmen in Zeiten des Wandels viel gewonnen. Die Guten gehen zwar nicht immer als Erste. Sie bleiben aber sicher auch nicht bis zum Letzten. Selbst Kapitäne gehen in modernen Zeiten kaum mehr zuletzt von Bord (wie man bei den letzten Schiffsunglücken lesen konnte).

Interview mit Dr. Rolf Th. Stiefel

Selbstständiger Unternehmensberater, MAO, Kreuzlingen (CH)

Grenzen der Abteilung Personalentwicklung: Lassen sich Persönlichkeit und Kompetenzen bei Veränderungsprozessen überhaupt intern gestalten

Warum ist die Abteilung Personalentwicklung bei Veränderungsprozessen besonders erfolgskritisch?

Transformationsprojekte werden noch immer vornehmlich von großen Beratergruppen mit der Geschäftsführung kontrahiert. Dabei kommt speziell bei Reorganisationen das Mafia-Modell zum Einsatz, das sich durch folgende fünf Merkmale auszeichnet (Stebbins/Shani 1989): (1) Es gibt eine ganz bestimmte Vorstellung, wie die Reorganisation aussehen soll. (2) Einige wenige Experten können am besten die Diagnose vornehmen. (3) Die entscheidenden oberen Führungskräfte und einige als Experten eingekaufte Berater treffen die notwendigen Entscheidungen. (4) Geheimhaltung des ganzen Vorhabens ist absolut kritisch. (5) Da mit der Reorganisation auch drastische Veränderungen verbunden sein können, wird in Kauf genommen, dass man seine Absichten bedeckt hält und im Notfall gegenüber der Belegschaft auch lügt.

Im Gegensatz dazu ist die frühzeitige Einbindung der internen Personalentwicklung aus folgenden Gründen erfolgskritisch:

Grund Nummer 1: Die von Beratergruppen eingekauften Designkonzepte von Veränderungsprojekten tragen immer eine bestimmte Kultur in sich, die in den seltensten Fällen zur Lern- und Veränderungskultur in einem Unternehmen passt. Hat man beispielsweise größere PE-Projekte bislang mit Steuerkreisen aus Führungskräften durchgeführt, dann würde ein neues Veränderungsprojekt als Kulturbruch empfunden werden, wenn jetzt eine externe Beratergruppe einseitig die Dramaturgie ihres Projekts ohne Diskussion mit einem Steuerkreis exekutiert.

Grund Nummer 2: Change-Projekte müssen aus PE-Sicht immer mit einem multiplen Strang-Konzept durchgeführt werden. Dazu gehört der Produktionsstrang (Wie produziert man die angestrebten Veränderungen?), der Kommunikationsstrang (Wie kommunizieren die Beteiligten das Projekt und seine Ziele im Unternehmen?), der Evaluierungsstrang (Wie schafft man Einblick in den Prozess und wie überprüft man die angestrebte Zielerreichung), individueller Lernstrang (Wie wird den Betroffenen geholfen, ihre durch das Veränderungsprojekt ausgelösten individuellen Defizite abzudecken?) sowie der Kulturverankerungsstrang (Wie wird das »Neue« in der vorhandenen Unternehmenskultur verankert, damit es nicht verfliegt?). Dann hat die PE-Abteilung die erfolgskritische Aufgabe, dass die Beratergruppe diese fünf Stränge überzeugend ausgestaltet. Denn es gibt in extern unterstützten Change-Projekten immer einen immanenten Zielkonflikt zwischen Vorstellungen der Beratergruppe über die Gestaltung des Produktionsstrangs und Erwartungen des Unternehmens: Einerseits möchte die Beratergruppe ein möglichst standardisiertes Vorgehen verfolgen, damit sie möglichst günstige Consultants einsetzen und fakturieren kann. Andererseits möchte das Unternehmen eine maßgeschneiderte Dramaturgie mit hoher Passung zu den relevanten Parameter. Die PE-Funktion hat als internes Kompetenzcenter die Designfehler und Nachlässigkeiten bei der Durchführung aufzuspüren, gleichsam eine Rolle als Begutachter einzunehmen.

Wo liegen die Grenzen einer veränderungsumsetzenden Personalentwicklung?

Es gibt in manchen Unternehmen fast schon eine Art Komplott zwischen externen Beratergruppen und einzelnen Geschäftsführern, um ein Change-Projekt durchzuführen. Eine PE-Funktion, die Ungereimtheiten zum Nachteil des Unternehmens aufdeckt, wird als »Störenfried« empfunden. Zudem: Wenn die PE-Abteilung selbst größere Change-Projekte durchführen will, fehlen ihr zumeist die personellen Ressourcen. Deshalb bedeutet ein ausgeprägtes operatives Engagement einer PE-Funktion bei Change-Projekten, dass viele andere PE-Projekte im Unternehmen vernachlässigt werden. Drittens: Da in einem Change-Projekt nicht nur einzelne Personen und kleinere Gruppen zum Gegenstand werden, sondern vorrangig Prozesse und Strukturen überprüft und allfällig geändert werden müssen, braucht es eine gut entwickelte »Schnittstellenkompetenz« der PEler, um andere Abteilungen »ins Boot zu holen«. Für diese Einflussnahme gibt es keine formale Machtbasis. Was bedeutet, dass es von der persönlichen Akzeptanz der PEler abhängt, ob sie andere Abteilungen für das Change-Projekt mobilisieren können.

Welche PE-Konzepte und PE-Instrumente haben sich im Change-Management besonders bewährt?

Mir fallen zwei typische PE-Konzepte ein: Das klassische »Survey-Feedback« in der ursprünglichen Version von Likert. Und zum Zweiten das von mir aus der Praxis heraus entwickelte Konzept der Bearbeitungsmethodik eines »Korridorthemas« (siehe Stiefel 2010: 36–39). Diese Bearbeitungsmethodik ist eine besondere Gestaltung des Produktionsstrangs von Change-Projekten, die ich speziell für strategieumsetzende PE-Abteilungen entwickelt habe. Begrifflich steht das Bild Pate, dass ein von der Geschäftsführung ermittelter unternehmensweiter Veränderungsbedarf wie auf einem Gang von oben nach unten bearbeitet wird. Wobei die einzelnen Führungskräfte sich jeweils ebenen- und funktionsspezifisch mit dem Korridorthema auseinandersetzen. Der Bearbeitungsmodus folgt einer festgelegten Vorgehensmethodik:

(1) Das Korridorthema wird in geschlossenen Arbeitsgruppen behandelt, indem sich jede Gruppe und ihr Vorgesetzter fragen, wie sie ihre Aufgabe und ihre Rolle verändern müssen, um das als strategischen Bedarf deklarierte Korridorthema zu bearbeiten. So fragen sich beispielsweise die Führungskräfte eines reorganisierten Konzerns mit neugeschaffenen Profit-Center-Einheiten, was das Korridorthema »unternehmerisch führen« für ihre jeweilige Rolle bedeutet und welche spezifischen Probleme sie zur neuen Rollenwahrnehmung individuell und als Arbeitsgruppe lösen müssen.

(2) Jede Führungskraft nimmt als Mitglied von zwei Arbeitsgruppen an der Bearbeitung des Korridorthemas teil: Als »führender Manager« seiner eigenen Arbeitsgruppe und als »geführter Manager« der Gruppe seines Vorgesetzten.

(3) Die Moderation der einzelnen Sitzungen wird im Tandem mit einem externen Entwicklungsbegleiter durchgeführt. Eine Führungskraft, die bereits als »geführter Manager« an der Bearbeitung des Korridorthemas teilgenommen hat, übernimmt als »führender Manager« jetzt die Moderation seiner Arbeitsgruppe (und wird von einem Externen begleitet).

(4) Das Korridorthema wird kaskadenförmig von oben nach unten bearbeitet. An der Spitze, gleichsam als erste Gruppe, steht die Geschäftsführung selbst. Die sich ebenfalls damit auseinandersetzt, was das Korridorthema für ihre Rolle als gesamte Geschäftsführung und für jedes einzelne Mitglied der Geschäftsführung bedeutet.

(5) Die Trainingssitzungen zur Bearbeitung des Korridorthemas sind Pflicht oder – um es sprachlich abgeschwächt zu formulieren – werden mit hoher Verbindlichkeit von allen Beteiligten wahrgenommen.

(6) Die Bearbeitung eines Korridorthemas sollte einen Zeitraum von 18 Monaten nicht überschreiten, damit der im gesamten Unternehmen spürbare Veränderungsdruck in Richtung des Korridorthemas nicht verpufft.

Wenn Ihnen eine gute Fee zur Seite stehen würde, die Ihnen einen freien Wunsch zum Change-Management zugesteht – welcher wäre dies? Was würden Sie sich für ein noch besseres Change-Management unbedingt wünschen?

In einer Wirtschaft, in der Veränderungen zum ständigen Thema in allen Unternehmen werden, braucht es eine ausschließliche Verantwortlichkeit für Change-Management auf der Geschäftsführungsebene. In dieser Funktion eines »Chief-Change and Learning-Officer« (CCLO) könnten strategische Anliegen von Lernen und Change-Management gebündelt und so viel Know-how aufgebaut werden, dass Unternehmen nicht mehr zum Opfer von Beraterhaien oder Change- und Trainingsgaunern werden.

5.3 Handlungsanregungen für Veränderungsprozesse

Talent-Management als Flankensicherung

Die bisherigen Ausführungen in diesem Kapitel haben zwei Aspekte deutlich gemacht: Erstens werden sich die Kräfteverhältnisse im Arbeitsmarkt an den kritischen Stellen dauerhaft zuungunsten der Unternehmen verschieben. Inzwischen ist Talent-Management zur zentralen Herausforderung von Unternehmensleitung, Führungskräften und Personalbereich geworden. Zweitens potenziert sich dieser Gestaltungsauftrag in Zeiten des Wandels: Das bedingt ohnehin knapper werdende Angebot kompetenter und engagierter Mitarbeiter trifft während des Transformationsprozesses auf eine labile, fragile, instabile Unternehmensverfassung. Change-Management geht heute und erst recht morgen nicht mehr ohne eine stimmige Talent-Management-Flankensicherung. Diese soll dafür sorgen, dass Verheißungen, Versprechungen und Versicherungen als *Employer of Choice* und *Great place to work* während und nach der Veränderung allenfalls in echten Notzeiten einkassiert werden. Dazu werden zehn Handlungsanregungen vorgestellt. Die – obwohl alles andere als widerspruchsfrei – als harmonisches Ganzes zu verstehen sind.

Interview mit Prof. Dr. Armin Trost

Professor für Human Resource Management, Business School der Hochschule Furtwangen

Anspruchsvolle Klientel: Change-Management mit Talenten

Was sind die neuesten Trends im Talent-Management?

Bei der externen Personalgewinnung steht das Thema Talent-Relationship-Management ganz klar im Vordergrund. Bei der internen Talententwicklung gehen Unternehmen zunehmend dazu über einerseits ihren High Potentials Entwicklungsoptionen auf transparente Weise anzubieten. Andererseits versuchen Unternehmen, ihre Hoffnungsträger zu vernetzen. Letzteres geschieht vor allem über Aktionslernen im Rahmen strategisch relevanter Projekte. Man kommt immer mehr davon ab, talentierte Menschen an der Hand zu nehmen, um sie durch vordefinierte, standardisierte Programme und Karrierepfade zu lenken. Vielmehr öffnet man Türen und schafft Netzwerke. Sie zu nutzen liegt dann in der Verantwortung der Talente.

Sollte man talentierte Mitarbeiter im Rahmen eines Change-Management-Prozesses besonders behandeln?

High Potentials bedeuten im Rahmen eines Change-Managements eine große Chance. Meist sind diese talentierten Mitarbeiter ausgesprochen loyal gegenüber der Unternehmensleitung und ihren Zielen – unter anderem deshalb wurden sie als High Potentials nominiert. Andererseits genießen sie bei ihren Kollegen normalerweise eine hohe Akzeptanz. Insofern sind talentierte Mitarbeiter wichtige Stakeholder. Weshalb man sie bei großen Veränderungen gezielt einbinden und nach Möglichkeit als Multiplikatoren nutzen sollte. Bindet man High Potentials nicht ein, besteht die Gefahr, sie zu verlieren. Und wenn man einen verliert, verliert man im selben Atemzug meistens mehrere Mitarbeiter. Ansonsten muss man Talente nicht besonders behandeln. Sie verdienen genauso viel Offenheit, Klarheit und Respekt wie alle anderen Mitarbeiter. Nur die Chancen und Risiken sind hier extremer.

Welche Möglichkeiten sehen Sie, Talent-Management und Change-Management harmonisch zu verbinden?

Zunächst sollte bei der Identifikation von High Potentials auf deren Fähigkeit und Bereitschaft geachtet werden, mit großen, strategischen Veränderungen umzugehen und sie als Chance zu erkennen. Eine wichtige Maßnahme bei der Förderung von Talenten ist das gemeinsame Lernen. Große Veränderungen bergen immer zahlreiche Herausforderungen. Hier sollte man High Potentials die Möglichkeit geben, sich gemeinsam mit diesen Herausforderungen zu befassen und Lösungen zu erarbeiten. Das hat am Ende den Charakter von Aktionslernen. High Potentials wollen keine fiktiven Fallstudien oder Business-Simulationen. Vielmehr wollen sie sich mit Fragen beschäftigen, die für das Unternehmen und die Unternehmensleitung kritisch sind. Sie wollen dort sein, wo es spannend ist, sozusagen im Auge des Orkans. Veränderungen bieten hier immer zahlreiche Ansatzpunkte und Lernchancen. Lässt man High Potentials gemeinsam Lösungen erarbeiten entwickeln sich Netzwerke, die wiederum entscheidend sind, wenn es darum geht, Mitarbeiter im Unternehmen zu halten. Auf jeden Fall würde ich High Potentials in sogenannte Sounding Boards nominieren. Das sind Gruppen von Mitarbeitern, die im Rahmen von Veränderungen Rückmeldungen an die Projektgruppe geben. High Potentials sind normalerweise sehr gut in der Lage, die Befindlichkeiten, Stimmungen, Ängste aus ihrem Umfeld aufzugreifen, sie differenziert zu strukturieren und sie am Ende zu artikulieren. Für ein Projektteam ist das immer sehr wertvoll.

Wenn Ihnen eine gute Fee zur Seite stehen würde, die Ihnen einen freien Wunsch zum Change-Management zugesteht – welcher wäre dies? Was würden Sie sich für ein noch besseres Change-Management unbedingt wünschen?

Wir haben viele Jahre über Kommunikation, Training, Einbindung und so weiter diskutiert. All diese Dimensionen, die am Ende auf das Können, Wollen und Dürfen der Mitarbeiter abzielen, sind wichtig und richtig. Veränderungen sind aber immer mit Opfer und Verlusten verbunden, die man weder schönkommunizieren noch wegtrainieren kann. Ich bin immer mehr der Meinung, dass man zu Beginn einer Veränderung klare Prioritäten oder Leitprinzipien darüber setzen muss, auf welchen Schmerz man sich einigt. Zwei schöne Beispiele hierzu: Eine deutsche Bank hatte im Rahmen eines aufwendigen Mergers das Prinzip »Geschwindigkeit geht vor Qualität«. Ein anderes Unternehmen hatte im Rahmen einer IT-Implementation den Grundsatz: »Konzentration auf die zwanzig Prozent wichtigen Funktionen. Alles andere wird zunächst weggelassen«. Solche Art von Leitplanken ersparen mühsame Diskussionen in den zahlreichen Situationen, wo es um die Lösung von für Veränderungen so typische Dilemmata geht.

Anregung 1: Eigenverantwortung akzeptieren

Das Angebot von Arbeitgebern an ihre Mitarbeiter für deren berufliche und die damit verbundene persönliche Zukunft lautet allenfalls vereinzelt noch Sicherheit des Arbeitsplatzes plus Sicherheit des Vorwärtskommens. Solche Perspektiven sind, wenn sie überhaupt gegeben werden, auf wenige Jahre geschrumpft. In manchen Branchen nicht einmal mehr das. Dynamische Märkte, instabile Strategien, volatile Konjunkturen lassen sich inzwischen keinesfalls vom Individuum abschotten. Sorglosigkeit, Leichtfertigkeit, Unbekümmertheit sind, wenn sie überhaupt jemals möglich waren, aus vielen Arbeitsleben verschwunden. Selbst für Wertschöpfungsgeber heißt das übrig gebliebene Versprechen von Unternehmen allenfalls Employability, also die mehr oder weniger intensive Unterstützung zur Sicherstellung individueller

Beschäftigungsfähigkeit. In manchen Firmen nicht einmal mehr das. Die über Medien gerade bei Veränderungsprozessen bekannt werdenden Beschäftigungsgesellschaften, Bestandsgarantien, Sozialpakte richten sich lediglich an arbeitsmarktschwache Teile der Belegschaft, als eine Art Grundsicherung. Es sind zumeist klug durchkalkulierte Konzepte der Unternehmensführung mit einer aus deren Sicht attraktiven Kosten-Nutzen-Zeit-Relation. Der DGB-Vorsitzende Michael Sommer hat zur Verabschiedung eines ihm durch gewerkschaftliche Zusammenarbeit verbundenen langjährigen HR-Vorstands eines DAX-30-Unternehmens geäußert (im Juni 2012): »Wir haben manches Gute in die andere Zeit gebracht«. Dieses Gute sei, das räumte er ebenfalls ein, über die Jahre mehr und mehr zerbröselt. Mit »anderer Zeit« meinte er übrigens das Hier und Jetzt mit seinem darwiportunistischen Grundtenor.

In dieser »anderen Zeit« und besonders in unberechenbaren Momenten der Veränderung sprechen – gerade für arbeitsmarktstarke Mitarbeiter – nur wenige Automatismen für ein Bleiben und das augenblickliche Beschäftigungsverhältnis. Die oben erwähnte Devise »Able to go, but happy to stay« (Ritz/Thom 2011: 19) wird zur täglichen Gratwanderung. Die Chancen des Bleibens sind oftmals kleiner als die Chancen andernorts. Und die Risiken des Bleibens sind häufig größer als die des Gehens: »Able to stay, but happy to go«. Mehr und mehr sind die Kompetenten und Engagierten zum Arbeitgeber-Hopping bereit. Und zwar immer dann, wenn spannendere Aufgaben, eine kräftigere Rolle und ein besserer Chef ein Mehr an Sinn, den Zuwachs von Werten, eine Steigerung der Zukunft bieten und damit persönliches Wachstum versprechen. Und, mal ganz ehrlich, sind nicht gerade die trägen, bequemen, abgestumpften Wechselunwilligen oftmals gerade jene, die eine Veränderung der Organisation ebenfalls nicht mitmachen möchten.

Seit Jahren wurde von Unternehmen gepredigt, man möge bittesehr sein Schicksal in die Hände nehmen, zum Entrepreneur der eigenen Karriere werden. Eine schöne Zukunft ergebe sich dann fast von selbst, aus dem eigenen Können und mit dem eigenem Wollen. Nun muss sich in den Firmen niemand wundern, wenn daraus auch Entscheidungen gegen das Bisherige erfolgen und die Anziehungskraft des Arbeitgebers bereits bei kleinen Anlässen Einbußen erleidet. Und es sollte auch niemanden überraschen, wenn die Fliehkräfte bereits mit dem Start von Veränderungsprozessen und erst Recht im ominösen »Tal der Tränen« rasant zunehmen (vgl. 6.4); zumal sich viele Firmen mit fieberhaftem Stellenabbaureflexen, Standortverlagerungen, Outsourcingstrategien für die Belegschaft sowie fragwürdigen Auflösungsverträgen auf Managementebene nicht gerade einen Ruf als fairer und verlässlicher Partner gesichert haben. In der Belegschaft führt Stellenabbau zu vielfältigen Reaktionen wie Produktivitätsrückgang, Risikovermeidung, Vertrauenseinbruch, zum Schmerz der Bleibenden (Überlebendensyndrom) und zur »Mechanik von Demotivation« wie nachlassender Disziplin, anwachsendem Zynismus, umfassender Mikropolitik und freiwilligem Abschied (Marks/de-Meuse 2005). In den Führungsetagen gibt es einerseits kulturschädliche »Trennungen im gegenseitigen Einvernehmen« von geschätzten Vorgesetzen – meist wegen persönlicher Abneigung von weiter oben – und andererseits kulturunverträgliches Festhalten an toxischen Managern (vgl. 4.1).

Von der im Fußballbusiness mittlerweile als Normalzustand akzeptierten Hire-and-Fire-Mentalität für Trainer und Spieler sind manche Unternehmen nicht mehr weit entfernt. Die Darstellung als Toparbeitgeber in Hochglanzbroschüren der Firma auf der einen Seite und auf der anderen Seite die Erwartungshaltung und das Anspruchsdenken der Wertschöpfungsgeber unterscheiden sich inzwischen. Das aktuelle Unternehmen schrumpft dann zum Spatz in der Hand. An dessen Stelle gibt es für viele Wertschöpfungsgeber verlockende Tauben auf dem Dach, in Greifweite also.

Das Design der eigenen Biografie, die persönliche Verantwortung für Karriere, die attraktive Darstellung von Leistungen, Erfolgen und Stärken im Lebenslauf, die Etablierung von tragfähigen Netzwerken stehen heute im Vordergrund. Professionelle Kontaktbörsen wie XING und LinkedIn haben für viele Berufseinsteiger und Mitarbeiter bis ins mittlere Management die latente Bereitschaft zum Absprung gefördert. Ansprechbar sind sie 24 Stunden an 365 Tagen im Jahr. Change-Zeiten sind bevorzugte Surf-Zeiten. Ab dem mittleren Management sind ohnedies die Headhunter am Köpfe jagen – mit bevorzugten Revieren in veränderungsmüden Unternehmen. Die wirklich Guten sind sich ihrer Klasse selbst bewusst und kennen die für sie günstigen Mechanismen des Arbeitsmarktes. Sie wollen eigenverantwortlich wählen, mal festangestellt, mal projektbezogen, mal selbstständig, mal völlig losgelöst, sie sind ihres eigenen Glückes Schmied. Sie besitzen Ambiguitätstoleranz, können mit allfälligen Dilemmata und Instabilitäten umgehen. Angst vor den Risiken eines Wechsels haben sie deswegen schon lange nicht mehr. Sie können sich selbst vermarkten. Die Karriere dient dem Aufbau der »Marke Ich«. Der aktuelle Arbeitgeber ist lediglich der jüngste Datenpunkt im Lebenslauf und bald vielleicht Vergangenheit.

Die aus ökonomischen Zwängen des Unternehmens erfolgte Rückdelegation von Verantwortung für berufliches Überleben beziehungsweise persönliches Weiterkommen auf Führungskräfte und Mitarbeiter (Employability) ist wohl unumkehrbar. Die ebenfalls ökonomische Reaktion von Wertschöpfungsgebern, sie können es sich im Gegensatz zu abhängigen Arbeitnehmern viel eher leisten, ist ebenfalls eine Tatsache. »True Performer« können das Unternehmen jederzeit verlassen und zu neuen Ufern aufbrechen. Zum Glück für Firmen fehlt vielen derzeit noch der Mut zum Wechsel, aus verschiedenen Gründen, meist aus fehlendem Schneid. Doch diese Courage wird wachsen, je nachfrageorientierter der Arbeitsmarkt wird und je besser die Konjunktur ist. Darauf müssen sich Unternehmen einstellen, besonders in Veränderungsprozessen, und diese Eigenverantwortung akzeptieren – und mit ihr die Möglichkeit, dass gute Mitarbeiter kündigen werden. So schwer dies fällt und so hart dies ist.

Übrigens: Dies war eine der schmerzlichsten Erfahrungen meiner eigenen Managementvergangenheit. Die Kündigung wertvoller und persönlich geschätzter Mitarbeiter entgegennehmen zu müssen oder allenfalls für kurze Zeit aufhalten zu können, die sogenannte Pseudo-Retention. Zumal mir manche Abschiede bereits früher ersichtlich waren als den Abgängern selbst: Infolge systemischer Defizite des Unternehmens, wegen unschlagbarer Alternativangebote, anlässlich persönlicher Lebensentscheidungen und bestimmt auch durch mein eigenes Führungsverhalten. Nicht immer kamen bessere oder zumindest ähnliche Kollegen nach. Inzwischen habe ich mich selbst beruflich neu orientiert.

Anregung 2: Zielgruppen einkreisen

Wie bereits gesagt: Nicht jeder Mitarbeiter ist erfolgskritisch für die Gestaltung des Wandels oder die Zukunft nach der Veränderung oder verantwortet derzeit eine Schlüsselposition im Unternehmen. *Talente*, *True Performer*, *Wertschöpfungsgeber* oder wie auch immer man sie nennt, machen oft nur zwei, vielleicht noch fünf und selten mehr als zehn Prozent der Belegschaft aus. In bestimmten Funktionsbereichen und ab gewissen Hierarchieebenen mag diese Quote hier und da höher ausfallen.

Jedenfalls gilt es diese Menschen zu identifizieren – rechtzeitig (am besten vor dem Veränderungsprozess) – und zu verstehen: Mit ihren Erwartungen und Bedenken hinsichtlich der Veränderung, mit ihren persönlichen Motiven und Präferenzen, mit ihrem individuellen Kommunikationsverhalten, mit ihrer Intimität/Distanz zum jeweiligen Vorgesetzten, mit ihren Abwanderungsgelüsten, mit ihren Defiziten und Entwicklungserfordernissen. Ähnlich dem Stakeholder-Mapping (vgl. 3.3) braucht es ein *Retention-Mapping* (Abb. 53). Das sollte verdeutlichen, was das Unternehmen machen muss, überhaupt oder zusätzlich, damit die identifizierten Führungskräfte und Mitarbeiter nicht zu neuen Ufern aufbrechen. Und damit die aus dieser Bedarfsanalyse abgeleiteten Talent-Management-Hebel im Verlauf des Veränderungsprozesses fokussiert und individuell angesetzt werden. Denn nicht jeder ist Talent und jedes Talent ist anders.

Anregung 3: Perspektiven aufzeigen

Wertschöpfungsgeber wissen, dass glatte Lebensläufe passé sind, dass biografische Brüche nichts Ungewöhnliches mehr darstellen, dass sie keine Urkunde für fünfzigjährige Betriebszugehörigkeit erhalten werden, dass definierte Laufbahnmodelle als Verheißung der Unternehmen und nicht als deren Ver-

	A. Müller	B. Meier	...	Z. Schulz
aktuelle Leistung	●	●		◔
zukünftiges Potenzial	◕	●		◕
Zustimmung zu Veränderung	○	◐		◕
Bindung zum Unternehmen	◕	◔		◕
Bindung zum Vorgesetzten	●	○		●
Lebens- ziele	• Familie > Beruf • Wertschätzung	• „Challenge" • Renommee		• Status • Macht
Karriere- ziele	„getting secure"	„getting high"		„getting ahead"
Kommunikations- verhalten	persönlich	hightech		hierarchisch
Anreize / Motive	• Aufgabe • Bestätigung	• Bekanntheit • Anerkennung		• CXO-Kontakte • Gehalt/Bonus
Retention- Fokus	NEIN	JA		NEIN

Abb. 53: Retention-Mapping (beispielhafte Struktur)

sprechen zu werten sind. Menschen haben allerdings nur eine Karriere. Für die letzten Endes jeder selbst verantwortlich ist, trotz vielfältiger Ratschläge von Partnern, Freunden, Eltern, Coachs und Chefs. Karrieren erfordern zumindest für eine gewisse Zeit eine gewisse Festlegung, Verpflichtung, Verbindlichkeit hinsichtlich Arbeitgeber, Tätigkeiten, Verantwortung, Ergebnissen und Örtlichkeiten. So eine Art Lebensabschnittspartnerschaft. Im Gegensatz zu Unternehmen mit zahlreichen Produkten oder zu Fonds mit vielfältigen Aktien können sich Mitarbeiter nicht diversifizieren. Sie müssen sich fokussieren. Und mit ihrer Entscheidung für das Eine die vielen anderen Optionen zunächst zurückstellen. Sogar in der gegenwärtigen Multioptionsgesellschaft (Gross 1994) und trotz intensiven Networkings mit den in alle Richtungen ausgestreckten Fühlern für den nächsten und übernächsten Karriereschritt. Das Arbeitsleben ist wie serielle Monogamie.

Im jeweiligen Moment muss der erste Schuss sitzen. Fehlschüsse gilt es tunlichst zu vermeiden. Im Gegensatz zu früher ist es heute zwar möglich nachzuladen. Doch am besten ist und bleibt ein Volltreffer: edle Arbeitgebermarke, tolle Vorgesetzte und nette Kollegen, attraktive Konditionen sowie Perspektiven; und dazu fachlich und persönlich interessante Herausforderungen, Rollen zum schrittweisen Größerwerden plus ganz viele Lernmöglichkeiten, Entwicklungsräume und Freiheitsgrade. Dies ist die vielleicht wichtigste kollektive Erfahrung der letzten anderthalb Dekaden hinsichtlich Karriere beim Blick auf die Werdegänge von Peers.

In Zeiten des Wandels werden die Sinne noch wacher, die Augen noch größer und die Ohren noch offener für die süßen Verlockungen des Arbeitsmarktes und die hinsichtlich materieller Ausgestaltung sowie perspektivischer Ausdehnung teilweise absurden Versprechungen der Konkurrenz. Das Risiko eines Wechsels ist den Wertschöpfungsgebern durchaus bekannt. Gehen doch bei einem Ausstieg bisherige Verdienste, Erfahrungen und Netzwerke verloren. Und greifen bei einem Einstieg in einer oft unbekannten Umgebung gewohnte Erfolgsrezepte nicht gleich am ersten Tag, sondern meist erst nach Monaten, oft erst nach Jahren, wenn überhaupt. Das Gras jenseits des Zaunes ist meist nur beim schnellen ersten Blick grüner. Daher will es wohlüberlegt sein, welcher Karrierepfad der jeweils richtige für die kommende Zeit sein wird. Genau an dieser Stelle muss das Unternehmen ansetzen, rechtzeitig die Chancen des Bleibens authentisch vermitteln. Auch wenn dies im Verlauf von Veränderungsprozessen besonders schwierig wird. Es gilt, die individuellen Perspektiven – falls es denn welche gibt – individuell aufzuzeigen, Wertschöpfungsgeber für Wertschöpfungsgeber. Das ist Führungsaufgabe. Die vom Unternehmen seinen True Performern gegenüber zu beantwortende Frage lautet, auf Englisch: »What's in it for me?« Die zukunftsgerichteten Antworten auf diese Frage müssen überzeugen: »Able to go, but happy to stay« (Ritz/Thom 2011: 19). Deshalb ist die in der zweiten Anregung ausgeführte Fokussierung so wichtig. Mit zu vielen Perspektiven für zu viele Talente würde sich das Unternehmen übernehmen. Übrigens: Das Miesmachen externer Alternativen und das Anschwärzen von Perspektiven anderswo kommt selten gut an.

Anregung 4: Anreize renovieren

Das Warum, Wofür und Wieso der Arbeit ist erneut zum Thema geworden, gerade durch die gleichfalls wachsenden Herausforderungen aus anderen Lebensbereichen. Wir erleben derzeit die vierte (oder ist es bereits die fünfte?) Postmaterialismus-Welle (vgl. Inglehart 1977, Horx 2009: 159–186). Dabei ist nebensächlich, wie die neuen Mitarbeitertypen charakterisiert werden. Zukunftsforscher und Sozialwissenschaftler sind auf der Suche nach neuen Begriffen sensationell kreativ.

Wertschöpfungsgeber sind alles andere als homogen: »Personalchefs tendieren zu einem stereotypen Bild der High Potentials. Die Selbsteinschätzung der High Potentials ist dagegen breiter gestreut. … Die Annahmen der Personalchefs weichen sehr stark von den Vorstellungen der High Potentials ab. … Die Vorstellungen von den idealen Arbeitsbedingungen gehen zum Teil weit auseinander« (Wittmann u. a. 2012: 3, 10). Für viele Wertschöpfungsgeber soll Arbeit zwar weiterhin Geld, Macht und Status bringen, möglichst viel sogar. Doch die monetäre, positionelle und soziale Dimension wird heute durch identitätsbringende Aspekte ergänzt, die »drei großen S«: Selbstverwirklichung, Seinsumsorgung und Sinnstiftung. Beruflicher Erfolg definiert sich inzwischen für viele nicht mehr ausschließlich – der Logik protestantischer Ethik folgend (Weber 1988) – über sicht- und zeigbaren Erfolg. Von den Speerspitzen traditioneller Karrieren, wie etwa Investmentbanking und Strategieberatungen, Anwaltskanzleien und Universitätskliniken soll hier einmal abgesehen werden. Und selbst dort bröckeln klassische Muster des demonstrativen Konsums von beruflichem Erfolg. Inzwischen braucht es, um aufzufallen, die eigene Luxusjacht, den eigenen Wolkenkratzer, die eigene Südseeinsel, den eigenen Fußballklub, die eigene Weltraumfähre. Solche Insignien des persönlichen Triumphs sind selbst für die allermeisten Guten in unerreichbarer Weite. Mit Blick beispielsweise auf die Vergütung fahren viele *True Performer* deshalb keine Maximizing-, sondern eine Satisfycing-Strategie, allemal auf hohem Niveau. Additive Antreiber aus der Sphäre des Geldes wie Bonus, Tantiemen und Aktienoptionen besitzen für sie einen immer geringeren Grenznutzen. Hingegen hat in einer alternden und rasenden Gesellschaft die Zeitsouveränität einen deutlich höheren Stellenwert erhalten. Und die Gegenwart – gemessen am *Flow* (Csikszentmihalyi 2004) – zählt mehr als jede ferne Zukunft.

Die neue Devise lautet: Mehr vom Bisherigen und dazu noch eine ordentliche Extraration weniger Griffiges, aber zunehmend Wichtiges. Arbeit wird bedeutsamer für Lebenssinn, für Sozialkontakte, für Selbstverwirklichung. Arbeit ist längst nicht mehr Inbegriff des Unangenehmen, Entfremdeten, Unpersönlichen. Heute findet immer mehr Leben in der Arbeit statt. Des Weiteren muss Arbeit stärker mit dem persönlichen Wertesystem in Einklang stehen. Die veröffentlichte Position und stärker noch die öffentliche Wahrnehmung des Unternehmens dürfen keine Unverträglichkeit mit der wie auch immer gearteten normativen Position ihrer Wertschöpfungsgeber aufweisen, sei es nun Nachhaltigkeit, Naturschutz und Gerechtigkeit, gesellschaftliche Verantwortung sowie – ganz schwierig für ein dem *Profitable Growth* verhafteten System (wie es Unternehmen nun einmal sind) – der Verzicht auf die schnelle Mark. Am schwierigsten dürfte für Organisationen das Angebot von Sinngebung sein. Nur wenige Geschäftsmodelle und Veränderungsprojekte sind primär dafür da, unbestritten Werthaltiges wie Freiheit, Gleichheit, Brüderlichkeit oder Ähnliches zu erzeugen. Die allermeisten Zielsysteme von Unternehmen haben eine andere Schwerpunktsetzung.

Durch Kräfteverschiebungen im Arbeitsmarkt ist statt *Employability* nun *Uniquability* (Keicher/Brühl 2008) angesagt, der »einzigartige und marktfähige Mix aus individuellen Talenten, besonderen Interessen und persönlichen Leidenschaften« (ebd.). »Mache das, was Dir richtig Spaß macht!« lautet das frische Credo: »Du selbst wirst vom Markt nachgefragt. Reduziere Dich also nicht auf Deine Fähigkeiten. Mache auch das Beste aus Deiner Persönlichkeit, Deinen Botschaften, Deiner Inspiration! Achte in jedem Fall darauf, Dein

Energielevel stets im grünen Bereich zu halten«. Flow, Lust und die konsequente Suche nach Ausdruck von Individualität treten in den Vordergrund des beruflichen Daseins. Dies trifft für Zeiten des Wandels noch stärker zu als für Phasen der Ruhe. »Sei Du selbst! Du selbst bist Dein Beruf!« Diese Maxime – im althergebrachten Sinne von Berufung – gilt zumindest für diejenigen, die sich als Wertschöpfungsgeber diese Duftmarke erlauben können. Im Ergebnis läuft eine solche Entwicklung auf die klassische Grundidee des Beamtentums hinaus. Nach ihr werden Staatsdiener nicht für ihre Leistungen, sondern für ihr Dasein bezahlt. Auf solche Haltungen ihrer *True Performer* müssen sich Unternehmen mehr und mehr einstellen. Wobei das *dienen* klein geschrieben wird.

Bei dieser Werteverschiebung dürfte es sich um eine nachhaltige Störung handeln. Wahlentscheidungen – die gerade bei Transformationen besonders oft anstehen – zwischen Geld und Freizeit, Geld und Gesundheit, Geld und Sinnhaftigkeit fallen längst nicht mehr immer für den Euro oder Franken aus. Arbeit ist für die allermeisten *True Performer* schon längst nicht mehr Erwerbsarbeit. Arbeit ist zum Ausdruck von Lifestyle geworden. Da greifen alte Anreizsysteme nicht mehr. Sie haben mittlerweile zwei große Nachteile: Erstens sind sie eindimensional auf die klassischen Motivatoren ausgerichtet. Zweitens sind sie undifferenziert von den individuellen Motivatoren pauschalisiert.

Zumindest in ihrer verbalen Darstellung und emotionalen Anmutung haben einige Unternehmen bereits Antworten auf diese Werteverschiebung gefunden. Beispielsweise lässt sich der Personalchef von IBM Deutschland zitieren (Human Resources Manager 04/2011: 40): »Die Mitarbeiter bestimmen, wann sie kommen, wann sie gehen, wann sie arbeiten. Wir messen das Ergebnis und nicht den Aufwand, den sie in die Arbeit stecken. Wann letztlich die Arbeit erbracht wird, liegt weitgehend im Ermessen des Einzelnen. Die Zeitsouveränität erhält natürlich noch dann mehr Attraktivität, wenn sie diese im Zusammenhang sehen mit der Mobilität, die wir bei uns ebenfalls groß schreiben. Das heißt, der Mitarbeiter kann in der Regel entscheiden, ob er von zu Hause arbeitet oder nicht.« Dass dasselbe Unternehmen unter der Devise »Liquid Challenge« eine weitreichende Flexibilisierung seiner Workforce anstrebt ist die andere – bisher von IBM noch nicht kommentierte – Seite der Medaille (vgl. 5.1). Beispiel 2 sind spätimperialistische Arbeitslandschaften wie im Vorzeigeunternehmen Google, die Kreativität und Innovation, Flexibilität und Interaktion fördern sollen und den traditionellen Bewohner mitteleuropäischer Büroräume eher an einen Freizeitpark erinnern. Im Gegenzug gibt es allerdings genügend einengende Beispiele, wie beispielsweise Kleiderordnungen von Finanzdienstleistern, Verhaltensvorschriften für Dienstreisen oder Kleingedrucktes der Fahrzeugregelung.

280

In der neuen Arbeitswelt müssen gerade für Retention-Management bisherige Anreizsysteme überarbeitet werden: in Breite und Tiefe ausgedehnter als bisherige Cafeteria-Ansätze und aus Firmensicht in den Engpassbereichen deutlich spendabler als gegenwärtig. Anreize orientieren sich nicht mehr an Angeboten und Möglichkeiten von Unternehmen, sondern an Nachfrage und Bedürfnissen von Wertschöpfungsgebern mit ihren mehrdimensionalen und ausdifferenzierten Motiven. Wenn die bisherige Firma wenig bietet und sich knausrig, kleinlich, einseitig zeigt, winken genügend andere Firmen mit ihrer Freigiebigkeit. Wie bei der Kundenorientierung müssen Unternehmen bei ihren *True Performern* achtgeben, zuhören und nachfragen. Am besten geschieht dies durch persönliche Talentbefragung im Kleingruppenformat (vgl. Ritz 2010). Es müssen Antworten auf vier Fragen gefunden werden. Was wird heute als Standard vorausgesetzt? Was gibt es nur bei uns im Unternehmen? Was ist bei uns besser als anderswo? Was darf im Verlauf von Veränderungen keinesfalls passieren? Im Grunde ist es die weiter oben bereits als schwierig beschriebene Suche nach einem prägnanten Employer-Branding, auf dem das Anreizsystem basiert. Denn alles andere können andere Unternehmen gleichwertig bieten. In vielen Veränderungsprojekten wird noch nicht einmal gesucht – mangels Einfallsreichtum der Personalbereiche und externen Berater, mangels Einzigartigkeit des Unternehmens sowie mangels Problembewusstsein, Vorstellungskraft und Fingerspitzengefühl der Führungskräfte.

Anregung 5: Führung modernisieren

Für wirksames Talent-Management müssen sich Führungsverständnis und -verhalten vielerorts prinzipiell wandeln. Unter dem Label »Leadership-Management« ist dieser Aspekt weiter vorne bereits ausführlich dargestellt worden (vgl. 4.4). Natürlich berührt diese Anregung vornehmlich die personelle Disposition des Vorgesetzten und gilt unabhängig vom Change-Management. Denn Hauptgrund Nummer Eins für Wegbleiben, Kündigung und Demotivation ist – ob Veränderung oder keine Veränderung – die unmittelbare Führungskraft. Aber deren Leitungsverständnis und -verhalten basiert nicht unwesentlich auf dem systemischen Charakter und kulturellen Setting des Unternehmens. Gerade im Verlauf von Veränderungsprozessen, während denen Management zeitweise in einen vakuumähnlichen Zustand treten kann, kommt Leadership eine stabilisierende Funktion zu. Nachdem es die auf breiter Front eingeführten organisatorischen und damit vermeintlich entpersonifizierten Konzepte von Führung, wie etwa Zielvereinbarungs- und Personalbeurteilungsprozesse nur sehr bedingt geschafft haben, die Wertschöpfungsgeber im Sinne des Unternehmens zu lenken, muss es nun der direkte Vorgesetzte wieder höchst selber richten. Nun aber mit einer vollkommen anderen Haltung und beinahe schon individueller Hingabe. Die Verantwortung für Engagement und Orientierung wird vom System mit seinen Prozessen auf die konkrete Person des Managers zurückdelegiert. »My boss« verkörpert heute das zunehmend anonyme (Groß-)Unternehmen und besitzt eine überragende Bedeutung für Kommen, Bleiben und Einsatz von Talenten. So stellt etwa die Servant-Leadership-Idee, mit der das Jahrtausende alte Top-down-Führungsprinzip mit einem Donnerschlag um 180 Grad gedreht wird, kraft ihrer dienenden Grundhaltung den Mitarbeiter in den Vordergrund und sorgt für ein Gleichgewicht aus Fordern und Fördern im Unternehmen (vgl. 4.1).

Hinzu kommt eine markante Veränderung in der Zuschreibung von Autorität in (Groß-)Unternehmen. Bislang war derjenige unbestrittener Boss, der im Organigramm eine Stufe höher stand. Vorstand/Geschäftsführung (V) saßen im Olymp, die Ebene V-1 war der göttliche Dunstkreis und die Ebene V-2 war noch ziemlich oberbossig. Solche Hierarchien bestehen zwar weiterhin in den meisten Konzernen. Doch positionelle Macht hat durch personelles Ansehen mächtig verloren. Die Ablösung von traditionell hierarchischen Führungsmodellen erfordert natürliche Autorität, soziale Kompetenz sowie manch weitere Eigenschaft. Fachliches Können schadet nicht, hilft allerdings immer weniger. Als Chef erwünscht sind heute solche Persönlichkeiten, von denen Wertschöpfungsgeber den Eindruck besitzen, dass er sie menschlich, inhaltlich und insbesondere karrieretechnisch weiterbringt, ganz im Sinne eines Mentors beziehungsweise Coachs. Immer mehr kommt inzwischen demjenigen die implizite Führungsrolle zu, von dem ein *True Performer* noch individuell profitieren kann. Und der dieses *Servant-Leadership-Versprechen* in partizipativer und inspirierender, authentischer und unprätentiöser Weise einlöst. Dies ist längst nicht mehr in allen Fällen die disziplinarische Führungskraft. Zudem wird vom Vorgesetzten zunächst – als Vorschuss – Freiraum und Vertrauen, später dann – als Einzahlung – Anerkennung und Wertschätzung für die vielen kleinen und gelegentlich großen Erfolge und schließlich – als zinsgünstiger Dispokredit – bei Fehlern allenfalls ein leises Gemecker erwartet. Selbst wenn ein Leader, falls er ehrlich ist, nicht immer begeistert über die Resultate seiner nach einem steten Fluss von Beifall (super!) lechzenden Follower ist. Inzwischen ist nämlich die Kohorte derjenigen im Berufsleben angelegt, die bereits von früh an durch ihre Eltern und sonstigen Erzieher eine gehörige Portion Selbstbewusstsein (»Du bist wertvoll!«/ »Das machst du gut!«) eingeimpft bekommen haben und die tägliche Bestätigung wie Luft zum Atmen benötigen. Der Vorgesetzte wird zum Klimabeauftragten für ein anregendes Ambiente.

In temporären Netzwerkstrukturen von Veränderungsprojekten sind schließlich situative Führungsmodelle vorstellbar, bei denen sich – zeitlich befristet – derjenige Charakter in die Rolle des »Primus inter Pares« aufschwingt, der für die gerade aktuelle Aufgabenstellung qua Geschick, Tüchtigkeit und Wirksamkeit am besten geeignet ist. Und von den anderen Mitwirkenden in dieser Rolle als besonders nützlich erachtet wird, also das alte Cui-bono-Spiel.

Anregung 6: Nestprämien zahlen

Geld wirkt! Auch als Anreiz im Talent-Management. Wer anderes behauptet, kennt nur den intrinsisch motivierten Teil der Menschheit und übersieht Ergebnisse von empirischen Studien (etwa CLC 2010, TowersWatson 2012). In Deutschland ist Vergütung der wichtigste Anziehungsfaktor eines Unternehmens für externe Kandidaten. Zur Unterschrift unter einen neuen Arbeitsvertrag ist Geld für viele der stärkste Indikator für ihren Marktwert und die ihnen entgegengebrachte Wertschätzung. Andererseits ist Vergütung ein eher unwichtiger Engagement-Faktor von internen Wertschöpfungsgebern. Sobald ein Talent zum Mitarbeiter geworden ist, verliert die Bezahlung erheblich an Bedeutung für seine Motivation. Es sei denn, die Weg-von-Motivation vom aktuellen Unternehmen steigt, etwa durch Veränderungsprozesse, und die Hin-zu-Motivation zu anderen Firmen steigt ebenfalls, etwa durch tatsächliche oder zumindest für möglich gehaltene Offerten. In solchen Fällen und immer wieder bereits beim entsprechenden Verdacht gehört die Zahlung von Bindungsprämien – unter Bedingungen – zum Repertoire im Retention-Management. Besonders im M&A-Kontext, denn dann ist dafür oft sogar ein Budget vorgesehen. Solche Prämien müssen nicht ausschließlich monetären Charakter besitzen. Hauptsache ist, dass sie vom *Bindungsobjekt* als angenehm empfunden werden. Kürzlich erzählte mir eine Führungskraft, im sonstigen Leben ein Kunstliebhaber, dass sie aus dem Unternehmensfundus zwei schöne Bilder in den eigenen vier Wänden aufhängen durfte. Nach der Versicherungsregelung habe ich nicht gefragt.

Anregung 7: Entspannung ermöglichen

Aus der alten Redensart »Gut Ding will Weile haben« ist mittlerweile der Buchstabe W wegrationalisiert worden. Deshalb wird es auch in Zukunft das von Unternehmen gewünschte Leitbild des agilen, mobilen und dynamischen Managers geben (oder wie auch immer die Adjektive von Effektivität und Effizienz deklariert sind). Dieses Ideal wird in den Wirtschaftsjournalen weiterhin aufs Podest gehoben. Seine Antipoden – die Verlangsamer, die Balancierer, die Aussteiger – inzwischen ebenfalls. Die beständig zunehmenden Anforderungen an Flexibilität (Wann arbeiten?), Mobilität (Wo arbeiten?) und Interaktivität (Wie arbeiten?) sind allenfalls noch für einen Teil der Wertschöpfungsgeber weiter zu steigern, geschweige denn auf Dauer erträglich (vgl. 4.2). Etliche Talente werden diesen Powereinsatz für eine gewisse Zeit eingehen, in ihren Zwanzigern, meist noch Dreißigern und zuweilen den Vierzigern. Bis die ersten Sporen verdient sind, sie auf der Erfolgsspur einbiegen konnten und sich im Vorfahrtsbereich eingerichtet haben.

Immer seltener wird allerdings durchgehend, unaufhörlich und jederzeit Gas gegeben. »Always on« – die 24/7/365-Mentalität – ist eine befristete Erscheinung: Bitte nicht, denken viele Etablierte nach einer gewissen Zeit oder in der Generation Y gleich am Beginn des Berufslebens. Wo bleiben denn da Partner, Kinder, Freunde, Spaß, Flow und Ich? Arbeiten rund um die Uhr und dies Jahr für Jahr: Dies könne schon ab und zu mal sein. Aber dann bitte wieder ein *Päuschen*: Sabbatical, Elternzeit, Fortbildung oder »Ich bin dann mal weg« genannt. Die Kräfte wollen eingeteilt sein. Die Batterien sollen Zeit zum Aufladen bekommen. Leben sei nicht nur Arbeit und Arbeit nicht bloß permanente Höchstgeschwindigkeit.

Viele True Performer gehen inzwischen die mit Dauerstress verbundenen Nachteile nicht mehr dauerhaft ein, erwarten von ihrem Arbeitgeber im Gegenzug einen fairen Ausgleich. Wollen von ihm zumindest die Garantie, dass ihnen für den zeitweiligen Ausstieg aus dem Volldampf keine eklatanten Karrierenachteile entstehen. Zeit-, Orts- und Stilsouveränität werden zu neuen Statussymbolen vieler Wertschöpfungsgeber. Und wenn sie dies nicht offiziell zugestanden bekommen, kennen sie aus Vertrautheit mit der eigenen Organisation deren unauffällige Ruheoasen. Außerdem beherrschen sie mit der Erfahrung vieler Berufsjahre die von Unternehmen zu Unternehmen unterschiedliche »Symbolik des Rödelns«, können Input vorweisen ohne Output abzuliefern.

Deshalb haben sich Unternehmen als weiterer Gegenzug und ihre Antwort auf diese Entkrampfungserwartung von Wertschöpfungsgebern alle möglichen Flexibilisierungsansätze hinsichtlich Arbeitszeit, -ort und -stil einfallen lassen. In der vierten Anregung (Anreize renovieren) wurde das entsprechende Zitat eines deutschen Personalchefs angeführt. Wenn das Ergebnis stimme, meint er, sei beinahe alles möglich. Die Ergebnisschraube wird freilich dort und andernorts weiterhin angezogen. Solche plumpen Spielzüge werden von Wertschöpfungsgebern schnell durchschaut und können in der neuen Arbeitswelt durch einen Spielfeldwechsel beantwortet werden. Mit den veränderten Kräften im Arbeitsmarkt haben Unternehmen den letzten Zug an die True Performer verloren.

Entschleunigung und ein grundsätzlich langsamerer Arbeitsrhythmus stehen im Widerspruch zu additiven Anstrengungen im Verlauf von Veränderungsprozessen. Die vom Top-Management eigentlich immer on top erwartet werden, ganz selbstverständlich. So einfach ist dies inzwischen nicht mehr. Ein Teil des Widerstandes gegen Neues ist aus der zusätzlichen Change-Management-Belastung zu erklären. Manche Transformationsvorhaben verlieren sich bereits am Beginn in unsäglichen Ressourcendiskussionen. Bei der Gestaltung des Wandels muss deshalb die Hetzerei vermindert werden, durch gestreckte Verläufe, durch zusätzliche Kapazität, durch anschließendes Pausieren. Sowie durch Abstriche bei den Alltagserwartungen. Der besonders in Veränderungssituationen aufkommende Druck verlangt entweder bereits in ihnen selbst oder zumindest unmittelbar im Anschluss nach signifikanten Entspannungsphasen. Natürlich bedingt dies zusätzliche Kosten. Natürlich belastet dies den Business-Case der Transformation. Natürlich fallen manche Veränderungsvorhaben damit durch. Was ist die Alternative – der *Organizational Burn-out* (vgl. 4.2)?

Anregung 8: Spannung halten

Neben dem Burn-out hat der Bore-out – als unerträglicher Überdruss aus Alltäglichem, Eintönigkeit und Fadheit – Einzug in Unternehmen gefunden (Rothlin/Werder 2008). Abwechslung ist schön. Zu Hause, im Fernsehsessel, löst man dieses Problem durch Zappen. Bei der Arbeit, vom Schreibtischstuhl aus, besteht der vielerorts unbegrenzte Zugang zum weltweiten Netz: Surfen, Mailen, Twittern. Unterschiedliche Studien schätzen die private Internetnutzung derzeit zwischen einigen Minuten und mehreren Stunden, pro Tag, und entschuldigen dies als Kompensation für längere Arbeitszeiten. Oder man lässt sich etwas ganz anderes als Zeitvertreib gegen die Langeweile einfallen, wie etwa der schwedische Künstler Magnus Muhr (http://muhrgalleri.area81.se/#11.22). Für den Arbeitskonsumenten der Gegenwart gibt es fast nichts Schlimmeres als Alltägliches, Bekanntes und Wiederkehr. Routinen sind ein starker Quell für Erschlaffung. Man kennt es schon: Langeweile. Man weiß wie es geht: Lässigkeit. Man meint weniger dafür geben zu müssen: Lockerung. Personaler haben sich deswegen Motivationsinstrumente wie Job-Enlargement, Job-Enrichment und Job-Rotation einfallen lassen.

Eigentlich würden Unternehmen bei ihren Wertschöpfungsgebern gerne häufiger auf die Replay-Taste drücken. Die Praxis hat gezeigt, dass Erfahrung bei der Erledigung von Aufgaben nicht schadet. Und Erfahrung entsteht aus dem Aufdecken und Verbessern von Fehlern (Argyris 1993: 3). Ergebnisse werden beim zweiten Mal schon besser, beim dritten richtig gut, die Aufwände oft geringer, Lernkurveneffekte eben. Dies wäre für Firmen vorteilhaft. Doch als »great place to work« müssen Unternehmen vielfältige, kurzweilige, abwechslungsreiche Aufgaben versprechen. Ansonsten zeigen Talente keine Resonanz und wenden sich mit Grauen ab. Wiederholungen sind nicht deren Sache. Besonders in der Generation Y kommt schnell Langeweile auf. Im Grunde müsste diese Gefahr in Phasen des Wandels geringer sein als im monotonen Alltagstrott. Denn dann besteht zumindest eine gewisse Grundspannung. Die *Unfreezing-/Moving-/Refreezing-Wellen* von Veränderungsprozessen (vgl. 2.7) bieten vermeintlichen Veränderungsprofis kaum mehr Abwechslung. In der gewachsenen Erfahrung vieler Manager ist »nach der Transformation« bereits wieder »vor der Transformation« als immerwährendes Hin und Her.

Stopp! Es ist schon erstaunlich, dass selbst die besten Fußballer sich immer wieder auf die neunzig Minuten und die regelmäßigen Trainings dafür einlassen. Geht es doch im Grunde jedes Mal um das Gleiche. Vermutlich können Firmen daraus lernen. Denn ein Fußballspiel bleibt nicht selten bis zum Abpfiff ergebnisoffen. Verlauf und Resultat, Sieger und Verlierer stehen oft erst ganz am Ende fest. Überraschende Verläufe kommen immer wieder vor. Die Geschichte eines Spiels wird nach der letzten Minute geschrieben. Vergleich und Wettbewerb, eine gewisse Unsicherheit und Spannung, ob es am Ende gut ausgeht, ist bei den derzeitigen Win-Win-Appellen in Unternehmen eigentlich verpönt. Sie halten aber sogar bei Erfolgsverwöhnten den Pulsschlag oben, vermeiden ihre schnell aufkommende Langeweile und die damit eng verbundenen Ermüdungserscheinungen. Daneben versuchen erstklassige Fußballtrainer immer wieder neue Reize zu setzen. Dafür lassen sie sich vieles einfallen. Und probieren es einfach mal aus. Im Change-Management hilft entsprechend der gezielte Einsatz dramaturgischer Effekte (vgl. 6.4).

Anregung 9: Extrawürste braten

Bislang ist nicht nur in der transaktionalen Personalwirtschaft (HR-Administration), sondern ebenso im transformationalen HR-Management vieler Unternehmen das Bestreben dominierend, eine einzige Lösung für sämtliche Mitarbeiter zu besitzen. Eine derartige Standardlösung unterstützt die nicht einfach zu harmonisierenden Ziele von Wirtschaftlichkeit und Gerechtigkeit. Übrigens: Viele HR-Veränderungsprojekte hatten und haben genau diese Intention. Möglichst sämtliche People-Aspekte bis zu den letzten Winkeln und Flanken der jeweiligen Organisation unter die Vereinheitlichungs-Devisen »One HR« und »Global Templates« mit einer Regelung, einem Prozess, einem System sowie einer Struktur auf den gemeinsamen Nenner zu bringen (vgl. BCG/WFPMA 2012: 34 – 36). Allenfalls für besonders exquisite Zielgruppen wie etwa das Top-Management werden dann noch Sonderlösungen als zulässig angesehen.

Längst nicht alle Unternehmen haben dieses Ziel erreicht und verfügen weiterhin über komplexe HR-Landschaften. Da zeichnen sich, nicht weit entfernt am Horizont, sondern bereits viel näher, Erfordernisse für differenziertes HR-Management ab: weiterhin Standardlösungen für große Teile der Belegschaft, gegebenenfalls sogar abgespeckt durch Reduzierung, Automatisierung, Zentralisierung und parallel dazu variable, individuelle, multiple Sonderlösungen für Wertschöpfungsgeber. Deren Karrieren sind nicht mehr von der Stange, sondern maßgeschneidert. Daher erwarten sie Exklusivbehandlung (vgl. 5.1): Die eine erhält ein Gehalt weit oberhalb des definierten Bandes. Einem anderen wird der MBA in INSEAD komplett finanziert. Eine dritte kann drei Tage die Woche aus ihrem Home Office arbeiten. Ein weiterer bekommt zweiwöchentlich den Flug von und nach Berlin erstattet. Eine fünfte bekommt das Go für ihr nicht spesenkonformes Lieblingshotel in Zürich. Nummer sechs darf als Raucher seinen Einzelraum behalten. Eine siebte kann durch Vorstandsnähe mit schneller Beförderung rechnen. Hauptsache solche Stars bleiben im Unternehmen und bei Laune.

Unternehmen müssen sich genau überlegen, mit welchen Zielen, für welche Personen, bei welchen Wünschen und zu welchen Zeiten sie exklusive Lösungen zulassen und für wen, für was und ab wann *leider* nicht. Verzerrungen, Einseitigkeiten, Ungerechtigkeiten sind stets die Folge – zumindest in den subjektiven Wahrnehmungen. Neid speist sich nicht nur aus Wissen, sondern bereits aus der Vermutung persönlicher Benachteiligung – ein in vielen Unternehmen flächendeckend verbreiteter Gemütszustand. In den meisten Firmen werden solche Diskussionen deshalb möglichst versteckt geführt und verdeckt gehandhabt. Besonders schwierig wird es, wenn jemand in der Vergangenheit über längere Zeit Extrawürste gebraten bekommen hat und künftig wegen abnehmender Bedeutung oder einer abgelaufenen Situation auf Konservenkost umgestellt werden soll.

Außerdem müssen Unternehmen einer interessierten externen Öffentlichkeit und zuvorderst ihrem Sozialpartner plausible Antworten geben, warum sie Extrawürste braten. Die Diskussion um Bankerboni ist der gegenwärtig offensichtlichste Beleg dafür. Denn nicht jede Vergünstigung bleibt unter der Decke. Zumal Bevorzugung vielen Bevorzugten erst dann Spaß macht, wenn andere ihre Privilegien kennen oder sie zumindest ahnen. Unternehmen sind zwar ökonomische Systeme und nur sehr bedingt für soziale Gerechtigkeit zuständig. Je nach sozio-kultureller Verfassung der Gesellschaft, in Mitteleuropa, Skandinavien, Benelux stärker als im angloamerikanischen Kontext, werden allzu große Spreizungen in der Gesellschaft und auch in Unternehmen mehr oder weniger abgelehnt (vgl. 4.2).

Noch ein Nachsatz: Die HRIT-Lösungen rund um Talent-Management werden sich in ihrer ökonomischen Wirksamkeit relativieren. Ursprünglich angedacht, durch Homogenisierung über sämtliche Mitarbeiter signifikante Skaleneffekte und somit Kostenvorteile zu heben, wird dies mit einer zunehmend aufgespreizten Behandlung von True Performern wieder konterkariert. Sie möchten sich nicht durch ein System behandelt wissen (Hightech), sondern von Mensch zu Mensch, am besten vom obersten Vorgesetzten in persönlicher Reichweite (High Touch). Die Dokumentation von *stillen* Verabredungen des Unternehmens mit ihnen sind zudem in einer digitalen Personalakte weniger gut platziert, es wird also weiterhin Kassiber im Personalbüro geben.

Anregung 10: Rituale auffrischen

In Firmen sind Rituale der konkrete Ausdruck einer spezifischen Unternehmenskultur (Deal/Kennedy 1982 und Schein 2003 sowie Vahs/Weiand 2010: 363–367). Rituale sind Bräuche mit einem wiederholenden, regelmäßigen, gleichbleibenden Charakter und damit das Gegenteil von Veränderung. Sie besitzen zwei wesentliche Funktionen: dienen sie doch der sozialen Orientierung sowie zur individuellen Anschlussfähigkeit an eine Organisation. Damit sind Rituale mehr als bloße Events und dienen der Vergemeinschaftung und Vertrauensbildung (Geissler 2005, Scholtz 2006). Ein solches Wir-Gefühl, beziehungsweise die Abgrenzung zur Außenwelt als »in group«, wird von Wertschöpfungsgebern entweder geschätzt, was wirksam bindet, oder abgelehnt, was offenkundig trennt. Es gibt zahlreiche bewährte Anlässe für Rituale:

- Anfangssituationen/Initialisierung (etwa Onboarding oder Kick-off),

- Übergänge (etwa »day one« bei einer Akquisition oder »going live« bei einer Neuinstallation),

- Schlusssituationen (etwa offizielle Projektbeendigung oder feierliche Verabschiedung),

- Anlässe im Jahresverlauf (etwa Weihnachtsfeier, Geburtstagsfest, Sommerfest und Betriebsausflug),

- Ereignisse von Freude oder Trauer (etwa Begrüßungen, Jubiläen und Trennungen),

- Begegnungen in der Fremde (etwa Messeauftritte),

- gemeinsame Ruhephasen (etwa freies Wochenende oder Werksferien/Betriebsurlaub).

Solche Rituale können einfach so durchrauschen. Oder sie können, mehr oder weniger, zelebriert werden, damit sie aus dem Unternehmensalltag beziehungsweise Veränderungsgeschehen herausragen und ihrer vergemeinschaftenden und vertrauensbildenden Funktion Rechnung tragen.

Natürlich kosten Rituale etwas, Zeit und meist auch Geld, weshalb sie gerne reduziert oder marginalisiert werden. Viele Unternehmen können oder wollen sie sich nicht mehr leisten. Natürlich besitzen gehaltlose Bräuche und überflüssige Routinen keine Daseinsberechtigung. Mit bloßer Gewohnheit geht inzwischen sehr schnell der Raison d'Être verloren. Natürlich soll gerade durch Veränderungsprozesse von altmodischen Gewohnheiten abgelassen und mit überholten Traditionen gebrochen werden. *Alte Zöpfe* werden aus Gründen der Symbolik abgeschnitten, um den Aufbruch in eine bessere Zukunft zu versinnbildlichen. Dies sind nachvollziehbare Argumente gegen überkommene Rituale, die allerdings essenzielle menschliche Bedürfnisse nach sozialer Verankerung ausblenden. Der Sinnspruch »Zukunft braucht Herkunft« fasst dies trefflich zusammen (Marquardt 2003). Das Arbeitsleben ist für die meisten immer noch mehr als Flashmob oder Facebookparty, Adhoc-Begegnung oder spontanes Zusammensein. Moderne Formate für Unternehmensrituale sind beispielsweise After-Work-Lounge (als Mischung aus Bewegung und Begegnung), Night-Campus (als abendliche Veranstaltung im Mix von Bildung und Austausch) oder Firmenteams bei Sportveranstaltungen (wie Stadtmarathons). Der Phantasie sind hier keine Grenzen gesetzt.

Interview mit Prof. Dr. Christian Scholz

Lehrstuhl für Betriebswirtschaftslehre, insbesondere Organisation, Personal- und Informationsmanagement, Universität des Saarlandes, Saarbrücken

»Darwiportunismus reloaded«: Wie wirken die Kräfte des Arbeitsmarktes in Zeiten des Wandels?

Um Ihren Darwiportunismus ist es erstaunlich ruhig geworden. Was hat sich im Zeitraum 1999–2013 verändert?

Die Aufgabe eines Trendforschers besteht darin, Trends zu erkennen – und zwar unabhängig davon, ob man sie für wünschenswert hält. Entscheidend ist lediglich, dass man einen Trend richtig vorhersagt und damit die Möglichkeit öffnet, sich frühzeitig darauf vorzubereiten. Als ich 1999 das Wort »Darwiportunismus« als Beschreibung für ein sich anbahnendes gesellschaftliches Wertesystem eingeführt habe, gab es großen Widerspruch und die obligaten Gutmenschen haben laut aufgeschrien. Das ist auch nachvollziehbar: Die Vorstellung, dass wir in einer darwinistischen Welt aus opportunistischen Menschen leben, ist etwas, das man nur ungern akzeptiert. Inzwischen hat sich diese Prognose bewahrheitet: Umfassende Marktradikalität und konsequentes Ausrichten auf Eigennutz und Selbstverwirklichung sind Normalität – egal ob man von europäischen Ländern, multinationalen Konzernen oder deutschen Hochschulen spricht. Also: Wir stecken inzwischen so tief im Darwiportunismus, dass wir eigentlich gar kein spezielles Wort mehr zur Bezeichnung dieses Normalzustandes brauchen.

Wann bleibt ein kompetenter und engagierter Mitarbeiter bei Veränderungsprozessen im Unternehmen? Wann bricht er zu neuen Ufern auf? Und wie müssen Unternehmen bei Veränderungsprozessen Rücksicht auf abwanderungsfähige Mitarbeiter nehmen?

Das hängt von seinem Wertesystem und davon ab, inwieweit der Veränderungsprozess mit diesem kompatibel ist: Sehnt sich ein Mitarbeiter – auch wenn er kompetent und engagiert ist – nach der guten alten Zeit und der damit verbundenen Sicherheit und Stabilität, dann wird er sich einen Arbeitgeber suchen, bei dem er das findet. Will er ganz klare Anweisungen, dann bevorzugt er einen eher feudalistischen Veränderungsprozess, bei dem die Unternehmensleitung klar kommuniziert, was zu tun ist. Es gibt aber auch den Mitarbeiter, der sich in einem Kindergarten sieht, wo das Unternehmen in einem Change-Prozess primär die Wünsche der Mitarbeiter erfüllen muss, weil diese sonst abwandern. Und dann gibt es den puren Darwiportunismus, wo Mitarbeiter sehr wohl ihren Eigennutz verfolgen – aber in einem selektiven und kompetitiven Umfeld. In der Darwiportunismus-Theorie sind das vier verschiedene psychologische Verträge, über die Unternehmen nachdenken müssen, wenn sie den »kompetenten und engagierten Mitarbeiter« halten wollen. In der Realität gehen das Unternehmen und seine Beratern aber »pragmatisch« und »ohne den Ballast der Theorie« vereinfachend nur von »änderungswilligen« und »nicht-änderungswilligen« Mitarbeitern aus und bauen dann ihre ganze Arbeit auf diesem »gut« beziehungsweise »schlecht« auf, anstelle sich ernsthaft mit den Wertesystemen der Mitarbeitern und ihrem Fit zu den organisatorischen Veränderungen zu beschäftigen.

Wenn Ihnen eine gute Fee zur Seite stehen würde, die Ihnen einen freien Wunsch zum Change-Management zugesteht – welcher wäre dies? Was würden Sie sich für ein noch besseres Change-Management unbedingt wünschen?

Die Idee mit der Fee gefällt mir und ich hätte ziemlich viele Ideen für sie. Wenn ich mich aber auf Change-Management beschränken soll, so gibt es einen ganz klaren Wunsch: Sie soll all jene Change-Management-Berater, für die Change-Management das Ziel (und nicht ein Mittel) ist, in quakende grüne Frösche verwandeln. Bei dieser Verzauberung soll sie auch gleich die Change-Management-Berater mitnehmen, die Organisationen immer noch als mechanische Systeme ansehen, die man auf- und umschrauben kann. Hinter diesem Wunsch stehen zwei ganz klare Probleme: Zum einen ist für viele Change-Management-Berater das eigentliche Ziel »Change«, den man – weil es ein gutes Geschäftsmodell ist – verkaufen will, egal ob Unternehmen es brauchen. Zum anderen denken Change-Management-Berater, auch wenn sie gerne Worte wie ganzheitlich und systemisch verwenden, überwiegend in rein mechanischen Kategorien und verstehen dann auch nicht, dass Unternehmen organische Lebewesen darstellen. Besonders schlimm wird es, wenn technokratische Berater auch Menschen und Unternehmenskulturen als reine Mechanik ansehen, die man wie ein Schlosser umbauen kann. Nur: Auch Change-Management-Berater befinden sich in einer darwiportunistischen Arena und deshalb wird sich mittelfristig vieles von selbst regeln. Abgesehen von der wirklichen Verzauberung in quakende grüne Frösche erfüllt damit der Darwiportunismus in diesem Fall die Funktion der Fee – und das ist auch gut so.

6 Veränderungsarchitektur

6.1 Erfolgsfaktoren der Veränderung

Morgen nicht einfacher als heute

Ein wesentliches Plädoyer dieses Buches zielt auf das situative Vorgehen (Best Fit). Keine Transformation gleicht der anderen. Sie ähneln sich allenfalls hier und dort (vgl. 3.1). In der Konsequenz sind Transformations-Architekturen jedes Mal maßgeschneiderte Einzelfertigungen. Sie können nicht dupliziert werden oder gar in Serienproduktion gehen. Im Change-Management sind *Copy-Paste-Fabriken* höchst problematisch. Erlebnisse, Erfahrungen und Einsichten aus vergangenen Veränderungsprozessen ermöglichen zwar Lerneffekte für die anstehende Transformation. Überdies sind *Storytelling* und *War-Stories* eine beliebte Form des Infotainments. Die Eins-zu-Eins-Übertragung könnte allerdings den zwar kleinen, aber wichtigen Unterschied übersehen. Jede Gestaltung des Wandels besitzt ihre Einmaligkeit. Sie wird zum Unikat: »Von der Suche nach dem Stein der Weisen, das heißt der standardisierten, nachlesbaren Erfolgsformel für konkrete organisatorische Veränderungsprozesse, sollte man meines Erachtens Abschied nehmen« (Nippa nach Kristof 2010: 224).

Dementsprechend wird Veränderung in Zukunft nicht einfacher werden. Warum ist das so? Auf der offiziellen Tonspur verkünden Entscheider zwar fetzige Botschaften zum Veränderungsdruck, Wandlungsentschluss, Transformationsziel sowie über *People* als wichtigster Ressource ihres Unternehmens (vgl. 2.3). Ihre mehr oder weniger unterdrückte Gestik und Mimik sowie schrille Nebentöne anderer Akteure besagen freilich zugleich noch etwas ganz anderes. Der Wille des Top-Managements schlurft über einen tretminenreichen Boden. Denn es geht auch um Ego, um Geld, um Macht, um Status sowie um weitere persönliche Motive. Antworten auf die beiden Fragen »Was heißt dies für mich?« und »Was bringt mir dies eigentlich?« werden immer wieder zur dominierenden Leitlinie individuellen Handelns und damit auch organisatorischer Entscheidungen. Dies kann und wird – wenn es ungünstig läuft – die Business-Tansformation ganz erheblich bremsen oder sogar aushebeln. Viele der zu Verändernden haben es sich hinter einem schwer durchlässigen Schleier bequem gemacht.

Auch morgen und übermorgen wird es höchst menschliche Regungen geben, wie etwa persönliche Zukunftsängste, elementare Missverständnisse, fehlende Einsichten, lähmende Auseinandersetzungen, historische Spannungsfelder, zweiseitige Muskelspiele, wabernde Entscheidungen, mehrdeutige Auslegungen, diffizile Verschwörungen, individuelles Beleidigtsein, prinzipielle Trotzhaltungen, vielfältige Ausweichreaktionen und ziemlich viel anderes mehr. Die Minimierung solcher Widerstände wird Daueraufgabe des (Change)Managements bleiben. Einem (Change) Manager wird die Arbeit nicht ausgehen. Tatsächliche Fortschritte im menschlichen Verhalten und organisatorischen Miteinander scheinen nicht wirklich stattzufinden. Von weitgehender Beseitigung der Widerstände im Sinne einer heiteren organisationsentwickelten Welt sollte man derzeit nicht einmal träumen (vgl. 2.8). Dies mag pessimistisch klingen, beschreibt jedoch gegenwärtige und künftige Realitäten in vielen Unternehmen. Individuelle Ausbruchversuche werden deshalb zunehmen. Besonders weil sich die Kräfte im Arbeitsmarkt verändern (vgl. 5.1). Verbesserungen im persönlichen Umfeld haben dann hoffentlich mehr als nur temporären Charakter.

Die Gestaltung von Wandel ist alles andere als eine leichte Übung. Zur Überprüfung dieser These wurde in einer der immer wieder herangezogenen Change-Management-Studien die Frage nach dem Schwierigkeitsgrad von Transformationsprozessen gestellt (Claßen/von Kyaw 2008: 49–50). Die Skala bewegt sich zwischen den Werten Null (sehr einfach) und Zehn (extrem schwierig). Achtzig Prozent der Veränderungen bewegen sich im subjektiven wahrgenommenen Schwierigkeitsgrad zwischen den Skalenwerten Fünf und Acht und sind damit »schwierig«. Eine von zehn ist mit den Skalenwerten Neun und Zehn sogar »extrem schwierig« (Abb. 54). Einfache Veränderungsprozesse gibt es kaum. Der »durchschnittliche Schwierigkeitsgrad« liegt bei einem Skalenwert von knapp sieben.

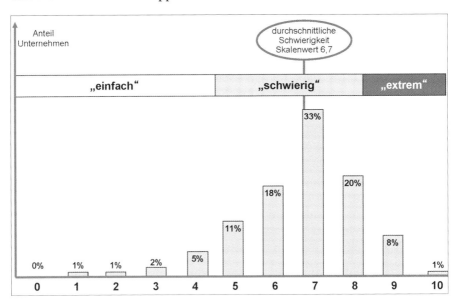

Abb. 54: Subjektive Einschätzung der Schwierigkeit von Veränderungen

Erfolgsquote von Veränderungen

Eines ist sicher. Die durchschnittliche Erfolgsquote von Veränderungsvorhaben liegt unter einhundert Prozent. Manche Transformationen gelingen, andere misslingen zur Gänze oder in Teilen (Oltmanns/Nemeyer 2010: 28). Diese spannende Frage wird – in sehr unterschiedlichen methodischen Settings – seit vielen Jahren empirisch untersucht, manchmal fast im Sinne eines Unterbietungswettbewerbs. Drei Beispiele aus jüngerer Vergangenheit: (1) Fritzenschaft (2012: 12) hält sogar den mir bekannten Allzeit-Tiefenrekord: »Lediglich 12 % aller Veränderungsinitiativen können als erfolgreich eingestuft werden«; (2) Sackmann/Schmidt (2012) ermitteln immerhin eine durchschnittliche Erfolgsquote von 56 Prozent und (3) der HR-Dienstleister Mercuri Urval (2012) eine von 66 Prozent.

Es stellt sich die entscheidende Frage: Wurden sämtliche am Beginn fixierten Ziele einer Transformation erreicht? Das ist für Change-Management die einzig relevante Messlatte. In zwei weiteren Studien wurde dieser Frage nachgegangen (Claßen/von Kyaw 2010: 78–79). Wohlwissend, dass hinter der Bewertung von Veränderungserfolg eine erhebliche persönliche Subjektivität durchschimmert (Abb. 55). Der für sich genommen wenig aussagefähige durchschnittliche Veränderungserfolg liegt in beiden Studien bei genau zwei Dritteln. Diese Gesamtschau ist nicht schlecht, aber eben auch nicht als exzellent zu bezeichnen. Aufschlussreicher ist die detaillierte Betrachtung. Wenn eine Zielerreichung von 100 Prozent und gegebenenfalls noch eine von 90 Prozent als toller Erfolg gewertet werden, ist lediglich eines von acht Veränderungsprojekten mit dem Label »Ziele voll erreicht« zu versehen. Dies bedeutet Einstellung des oben erwähnten Tiefenrekords. Wenn auf der anderen, unschönen, erfolglosen Seite eine Zielerreichung von 50 Prozent und weniger einen klaren Flop und völligen Fehlschlag ausdrückt, trifft dies auf immerhin jedes vierte Veränderungsvorhaben zu. Knappe zwei Drittel der Transformationen bewegen sich mit einer Zielerreichung zwischen 60 und 80 Prozent in der Grauzone von Interpretationsmöglichkeiten. Für den einen mag das Glas noch halb leer sein, für die andere ist es bereits halb voll. Im Grunde ist ein Veränderungsprojekt nur dann als Erfolg zu werten, wenn sämtliche – zuvor definierten und möglichst quantifizierten – Ziele tatsächlich vollauf erreicht worden sind. So etwas ist offenbar sehr selten der Fall.

Es ist nun verführerisch, diese Resultate zum Veränderungserfolg mit anderen Studienergebnissen zu korrelieren. Spannende Themen gäbe es genug – drei Beispiele dazu: Welcher Veränderungs- beziehungsweise Unternehmenstypus besitzt die größte Erfolgswahrscheinlichkeit? Welcher Erfolgsfaktor weist die größte Hebelwirkung auf? Welche Change-Management-Instrumente greifen am besten? Viele weitere Fragestellungen sind denkbar. Derartige Ursache-Wirkung-Analysen sind jedoch Unfug. Selbst wenn dies in manchen Studien inzwischen gängige Praxis zu werden scheint. Die mit den zur Verfü-

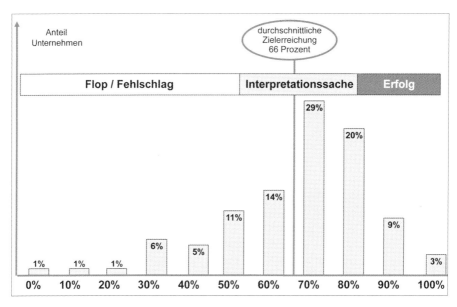

Abb. 55: Subjektive Einschätzung zum Erfolg von Veränderungen
(Durchschnittswerte 2008/10)

gung stehenden Daten statistisch mögliche Korrelation wäre zumindest grenzwertig. Zudem ist eine Korrelation noch lange keine Kausalität. Vor allem sind Statements in Befragungsstudien zum Erfolg von Veränderungsprojekten nicht mehr als ein Schlaglicht, eine Momentaufnahme, eine Wahrnehmungsperspektive der im Augenblick des Ausfüllens vom jeweiligen Befragten empfundenen Realität, ob das Ganze nun als Erfolg zu werten ist oder eben nicht. Für eine tatsächliche Bewertung des Veränderungseffekts müsste tiefer geschürft, sollten von neutralen Betrachtern die angestrebten Ziele den erreichten Ergebnissen gegenübergestellt werden. Das sprengt die Möglichkeiten von Befragungen. Die Subjektivität bei der Bewertung von Veränderungserfolg schwächt sich selbst dadurch nicht ab, dass sich Schönrederei von Tausendsassas und Schlechtmachen von Lästermäulern möglicherweise durch das statistische Gesetz der großen Zahl ausgleichen.

Von Fußangeln und Stolperfallen

Dem Thema Erfolgsfaktoren kann man sich von zwei Seiten nähern, je nach Tagesform: über die positiv formulierten Anforderungen an einen guten Veränderungsprozess oder anhand der negativ akzentuierten Merkmalen einer schlechten Gestaltung von Wandel. Nach den Instrumenten (vgl. 8.1) ist dies der am umfassendsten ausgearbeitete Bereich im Change-Management. Das liegt zum einen daran, dass Praktiker und Journalisten solche Checklisten von Erfolgsfaktoren und Umsetzungsbarrieren lieben: Problem erkannt, Problem gebannt. Am allerliebsten wäre ihnen der eine einzige Schalter. Mit dessen Betätigung die Veränderung wie auf Knopfdruck funktioniert. In jedem Fall suggerieren kurze, knackige Checklisten so etwas wie Mechanik und Orientierung und damit Entschiedenheit, Machbarkeit und Sicherheit. Zum zweiten sind derartige Aufstellungen in der Wissenschaft und noch mehr bei externen Dienstleistern beliebt. Sie sorgen für Aufmerksamkeit und sind außerdem niemals völlig falsch. Außerdem: Einige Schocker aus der großen Problemkiste im Veränderungsmanagement sind immer dabei. Aha-Effekte sind jedenfalls leicht zu erzielen und bedienen tiefe Vorurteile zum unfähigen Top-Management. Die Suche und das Finden werden folglich weitergehen.

Mittlerweile gibt es nicht wenige Warnungen vor einer vorschnellen Festlegung auf ein fixes Set von Erfolgsfaktoren. Zwei Beispiele:

»Die Probleme von Veränderungsprozessen in Unternehmen erscheinen so komplex und überbordend, da die Prozesse nicht vernünftig verstanden sind. … Niemand kann die Vielzahl der Ereignisströme und polyzentrischen und polykontexturalen Beziehungs- und Kommunikationsprozesse überblicken und kontrollieren. … Eine empirische Fundierung der Grundmotive des Verhaltens und Erlebens von Menschen ist bisher nicht gelungen« (Kristof 2010: 54, 68, 138).

Und die Herausgeber der Zeitschrift Organisationsentwicklung ziehen gleichfalls ein ernüchtertes Fazit (04/2011: 1): »Noch existiert nur wenig verlässliches Erfahrungswissen, wie sich Veränderungen in einer sich mehr und mehr demokratisierenden, globalisierenden und virtualisierenden Gesellschaft erfolgreich realisieren lassen«. Wie in den Naturwissenschaften, etwa in der Quantenphysik, werden deshalb im Change-Management unterschiedliche Erklärungsmuster für dieselben Phänomene parallel existieren. Zudem müssen weiterhin das *Prinzip Zufall* oder Glück in der Gestalt von *Fortuna* (Machiavelli) als Begründung herhalten.

Erfolgsfaktoren: Erstens, zweitens, …

Darstellungen von Erfolgsfaktoren gibt es wie Sand am Meer. Die hier zitierten Beispiele stehen für viele weitere aus den letzten zehn Jahren bis in die Jetztzeit (etwa Greif u.a. 2004, Sirkin u.a. 2005, Claßen 2005, Stiefel 2006, Regber 2006, Rank/Scheinpflug 2008, Morello/Olding 2008, Collins/Hansen 2011, Rank/Stößel 2011, Stadler/Wältermann 2012, Sackmann/Schmidt 2012, Boury/Sinclair 2012, Schacht u.a. 2012, Fritzenschaft 2012, Kienbaum 2012, Capgemini Consulting 2012). In hoher Frequenz werde vermutlich nicht nur ich hinsichtlich funkelnagelneuer Erfolgsfaktoren-Analysen kontaktiert, angefangen von Bachelor-Studenten, über Masterarbeiten bis hin zu Dissertationen. Namentlich Beratungsgesellschaften sind diesbezüglich sehr aktiv. Manche Autoren versuchen durch zeitgeistige Analogien wie beispielsweise das »Deutsche Sommermärchen« Aufmerksamkeit zu erhaschen (Jenewein

2008, Oltmanns/Nemeyer 2010: 11–16). Inzwischen werden im Internet ebenfalls unzählige Listen angeboten, etwa »ten reasons people resist change« von der bekannten amerikanischen Professorin Rosabeth Moss Kanter im HBR-Blog (vom 25.09.2012). Das Spektrum spannt sich meist von der Drei- bis zur Zwölf-Punkte-Liste. Manche Verfasser schießen über das Dutzend hinaus und bieten sammelwütig Verlängerungen in Richtung Unendlichkeit an. Der am häufigsten zitierte Erfolgsfaktoren-Autor bleibt weiterhin Kotter (1995). Trotz mancher Schwächen (vgl. 2.7) müssen sich alle neuen Aufstellungen an ihm messen lassen. Kurz vor Redaktionsschluss dieser Zweitauflage hat Kotter (2012: 30–34) selbst nochmals nachgelegt und seine acht Erfolgsfaktoren in *Beschleuniger* umgewandelt (unten in Klammern):

1. »*Establishing a sense of urgency*«
   (Gefühl der Dringlichkeit für bedeutende Chance schaffen)

2. »*Forming a powerful guiding coalition*«
   (lenkende Koalition aufbauen und pflegen)

3. »*Creating a vision*«
   (strategische Vision formulieren und Change-Initiativen entwickeln)

4. »*Communicating the vision*«
   (Vision und Strategie kommunizieren – Unterstützung und Freiwillige gewinnen)

5. »*Empowering others to act on the vision*«
   (Hindernisse beseitigen, um schnelleres Vorankommen zu ermöglichen)

6. »*Planning for and creating short-term wins*«
   (schnelle, bedeutende Erfolge zelebrieren)

7. »*Consolidating improvements and producing still more change*«
   (nie nachlassen, immer weiter lernen, nicht zu früh den Sieg ausrufen)

8. »*Institutionalizing new approaches*«
   (strategischen Wandel in der Unternehmenskultur institutionalisieren)

Fortschritte und Rücktrippeln: Versionen 1.0–2.0–3.0–1.9

Die konzeptionelle Festlegung auf bestimmte Erfolgsfaktoren für Veränderungsprozesse sollte nicht vorschnell erfolgen. Nach fast einem Vierteljahrhundert Beschäftigung mit Change-Management bin ich vorsichtiger geworden. Zumal ich immer mehr erlebe, wie sehr die mentalen Modelle des jeweiligen Gegenübers zunächst nach etwas Vertrautem verlangen. Von meinen eigenen Versionen aus früheren Schaffenszeiten habe ich inzwischen abgelassen. Sie entstanden im Takt der ersten drei Change-Management-Studien und sind dort – als vernachlässigbare Relikte – nachzulesen:

- Version 1.0 (Claßen u. a. 2003: 35 – 38);

- Version 2.0 (Claßen u. a. 2005: 44 – 48);

- Version 3.0 (Claßen/vonKyaw 2008: 39 – 45).

Schon klar, Beratungsunternehmen benötigen solche Ankerpunkte externer Kommunikation zur vertrieblichen Positionierung. Bei der Version 3.0 bin ich mir sogar selbst für einige Zeit sicher gewesen, dass es dies nun ein für alle Mal sei. Zum Glück war die mögliche Weiterentwicklung durch einen *Disclaimer* bereits eingetextet (Claßen/von Kyaw 2010: 19). Bei der in den Jahren 2011/12 entwickelten »Version 1.9« fallen die Ansprüche auf Breitenwirkung deutlich bescheidener aus (Abb. 56). Sie soll daher für sich selbst sprechen und an dieser Stelle nicht weiter erläutert werden. Selbstverständlich werden die einzelnen Komponenten in diesem Buch an unterschiedlichen Stellen jeweils ausführlich behandelt. Drei zentrale empirische Ergebnisse rund um Erfolgsfaktoren sollen allerdings hier nicht unterschlagen werden:

Erstens: In den ersten beiden Change-Management-Studien wurden Umsetzungsbarrieren ausgewertet (Claßen u. a. 2005: 44 – 46). Im Wesentlichen begründen strategische Verwirrungen, politische Verknotungen und handwerkliche Verwicklungen die allfälligen Schwierigkeiten bei der Implementierung. Problemfeld Nummer Eins: »Zu viele Aktivitäten ohne Priorisierung und Fokussierung« (Abb. 57). Und doch gilt: Diese und weitere Umsetzungsbarrieren müssen nicht schicksalhaft hingenommen werden. Sie können durch professio-

1. Business Management
Strategie, Zielsetzung, Inhalts-Dimension

2. Ausgangssituation
Werte, Regeln, Haltung, Historie

3. Ansatzpunkte
Chancen, Risiken, Umsetzungsbarrieren

4. Individuelle Potenz
Veränderungsfähigkeit der Akteure

5. Organisatorische Potenz
Veränderungsfähigkeit des Systems

6. Leadership
"guidance from top", Prozessvorgaben

7. Change Basics
Mobilisierung, Kommunikation, Qualifizierung

8. Partizipation
"engagement from bottom", Prozessöffnung

9. Dramaturgie
bewusste Wendepunkte, gezielte Intervention

10. Energetisierung
Motivation, emotionale Aufladung

Abb. 56: Erfolgsfaktoren – der nächste Wurf (»Version 1.9«)

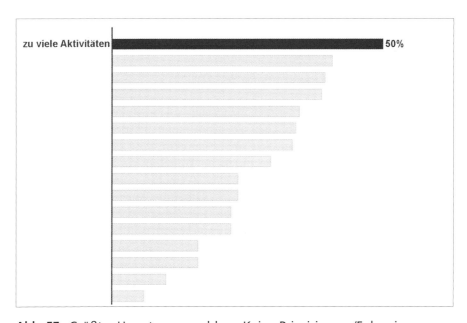

Abb. 57: Größtes Umsetzungsproblem: Keine Priorisierung/Fokussierung

nellen Einsatz von (Change-)Management-Instrumenten in ihrer schädlichen Wirkung vollständig vermieden oder zumindest deutlich verringert werden.

Zweitens: Erfolgsfaktor Nummer Eins – mit weitem Abstand und in zeitlicher Konstanz – ist das Leadership Commitment (vgl. 4.4) und eine sich daraus entwickelnde Mobilisierung (Abb. 58 – siehe Claßen/von Kyaw 2010: 19–26). Mit der Veränderung in Schwung zu kommen und dabei vielfältige Einverständnisse abzuholen ist ein Riesending. Die anfänglich meist wegschauenden Betroffenen zu Beteiligten zu machen, ist eine Mammutaufgabe. Das ganze Vorhaben solide auf die Beine zu stellen und überdies diese träge Masse in die gewünschte Richtung zu bewegen ist ein Monsterberg. Erfolgsfaktor Nummer Zwei ist ein intimes Verständnis der Situation, von Beginn an (vgl. 6.2). Oftmals muss bei Veränderungsprojekten ein Kaltstart konstatiert werden. Der Motor stottert und tuckert dann oder geht gleich ganz aus. Sicherlich besitzt heute kaum jemand noch die Muse für lehrbuchartiges Vorgehen, das vor einer Transformation die sorgfältige Bestandsaufnahme fordert. »Zack-zack-zack« tönt die heutige Marschmusik. Mit Aktivitäten loslegen bevor man überhaupt weiß warum, woher und wohin. Beim emsigen Machen das eigene Ermessen überholen. Erst denken, dann handeln, heißt es in einem klassischen Lehrwort. »Sapere aude«, meinten bereits die Lateiner und später die Aufklärung: Habe Mut, dich deines eigenen Verstandes zu bedienen. Nicht immer ganz einfach – aber ziemlich oft so nötig.

Die große Streuung von Erfolgsfaktoren zeigt jedoch ebenfalls, dass es nicht lediglich ein, zwei Stellhebel gibt, sondern erst die Kombination von Erfolgs-

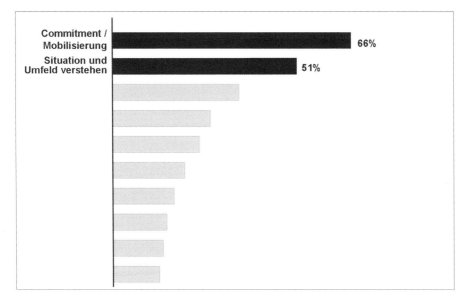

Abb. 58: Wichtigster Erfolgsfaktor (1/2): Commitment und Mobilisierung

faktoren das Resultat von Veränderungsprozessen in die gewünschte Richtung beeinflusst. Übrigens: An dieser Rangfolge von Erfolgsfaktoren hat sich in einer aktuellen, inhaltlich und methodisch ähnlichen Studie wenig geändert (Capgemini Consulting 2012: 26).

Drittens: Ein weiteres erwähnenswertes Ergebnis zu Erfolgsfaktoren stammt von Kristof (2010: 513) mit ihrer Detailanalyse von vierzig »Theories in use«. Dabei zeigen sich Motivation und Motivierbarkeit, Veränderungsdruck und Information als die drei wichtigsten Stellhebel (Abb. 59). Ihre Zusammenfassung: »Veränderungsprozesse zu gestalten ist eine Kunst. 'Kochrezepte' kann es wegen der Komplexität von Veränderungsprozessen und der Zufälle nicht geben, sehr wohl können aber Erfolgsfaktoren, veränderungsfördernde Verhaltensmuster und unterstützende Randbedingungen identifiziert werden. … Notwendig sind – neben einer guten Veränderungsidee – vor allem eine situationsadäquate Prozessgestaltung, das souveräne Bewegen im Akteursnetzwerk mit den jeweils sehr unterschiedlichen Prozesssichten, Fingerspitzengefühl bei einem am Ziel orientierten Kommunikations- und Beteiligungsprozess und das richtige Timing« (ebd. S. 515).

6.2 Start von Veränderungen

Fehlstart vermeiden – eine gar nicht so fiktive Erzählung

»Wow!« rief Bernd Schneider, Abteilungsleiter eines schweizerischen Pharmaunternehmens im Dreiländereck. Gerade hatte der Vorstand angerufen und ihm die Projektleitung zur angekündigten Integration des französischen

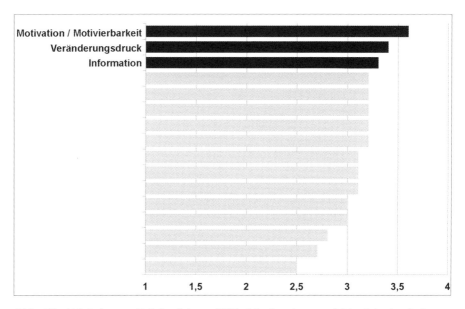

Abb. 59: Wichtigster Erfolgsfaktor (2/2): Motivation und Motivierbarkeit

Spezialanbieters mit einem Umsatz von 600 Millionen Euro und etwas mehr als zweitausend Mitarbeitern angetragen. Ein Nein ist ohnehin keine Alternative. »Der Kaufpreis stimmt. Das Kartellamt wird keine Bedenken haben. Und Sie machen das schon«, meinte sein Chef-Chef-Chef gegen Ende des kurzen Telefonats. Schneider war beschwingt und etwas stolz. »Wir sehen uns. Good luck!«, waren die letzten Worte, bevor der Vorstand auflegte. Vor dieser Situation stehen Führungskräfte immer häufiger: Sie werden urplötzlich für ein Veränderungsprojekt verantwortlich. Auf den ersten Blick bedeutet dies viel Ehre und auf den zweiten noch mehr Risiko. Nicht jeder Wandel kann im Rückblick als erfolgreich bezeichnet werden, nicht einmal jeder zweite gelingt (vgl. 6.1).

Dies liegt zuvorderst daran, dass gleich zu Beginn – oder oft sogar bereits vor dem Startschuss – erfolgskritische Aspekte vernachlässigt wurden. Bei Veränderungsprozessen stehen viele Hürden auf dem Weg vom Start bis zum Ziel. Die Gegner des Wandels schlafen nicht und sind gut im Training. Ein verpatzter Start ist nicht mehr aufzuholen. Die Zuschauer applaudieren nur dem Gewinner. Bernd Schneider wollte gewinnen. Change-Management heißt zunächst einmal, die zahlreichen Hausaufgaben zu machen. Jede Transformation muss sich ihre Legitimation von Stunde Eins an erarbeiten. Die Gestaltung des Wandels sollte vor jeder konkreten Veränderung neu definiert und fixiert werden. Anstatt sich bereits auf den ersten Metern ausbremsen zu lassen, muss ein Fehlstart durch professionelle Vorbereitung vermieden werden. Auch ein Leistungssportler wärmt sich vor Beginn seines Wettkampfes auf, um sein Verletzungsrisiko und damit sein Ausscheiden zu verhindern.

Oft liegen Ursachen für zeitliche Verzögerungen (nicht mehr »in time«), finanzielle Überziehungen (nicht mehr »on budget«) oder inhaltliche Verfehlungen (nicht mehr »at target) an einem klassischen Fehlstart. Die nachfolgenden Lektionen (Tracks) basieren auf unternehmens- und branchenübergreifenden Erfahrungen.

Jeder einzelne Aspekt ist, für sich genommen, eigentlich eine Selbstverständlichkeit, allerdings eine im Unternehmensalltag oft vernachlässigte. Mit dieser Checkliste sollten Verantwortliche gerüstet sein, die nächste Business-Transformation (noch) professioneller zu starten. Hatte nicht Kotter (2009: 13) vor gar nicht so langer Zeit in einem Interview erklärt: »Mit Rückblick auf eine Vielzahl von Studien der vergangenen Jahre ist uns klar geworden, dass in der Anfangsphase eines jeden Veränderungsprozesses die größten Fehler gemacht werden. Dort wird die Grundlage für alles Folgende gelegt«. Selbst wenn die Ausgangssituation von großformatigen Veränderungen wohl niemals lehrbuchmäßig ideal gestaltet werden kann, steht eine lange Reihe von Maßnahmen für einen guten Start zur Verfügung. Spannend ist es deshalb auch immer wieder, die Ergebnisse zeitgleicher und vergleichbarer Veränderungsprogramme gegenüberzustellen, wie etwa die Internationalisierungsprozesse im Maschinenbau, der Umgang mit der Energiewende in deutschen Versorgungsunternehmen oder die Entdeckung der Herausforderung Talent-Management durch Personalabteilungen.

Track 1: Gründe begründen

Später, am Abend erzählte Bernd Schneider seiner Frau stolz vom Anruf und der neuen Aufgabe. »Wird für mich vermutlich ein paar Extrameilen bedeuten«, lies er zwischendrin, fast nuschelnd, anklingen. »Warum wollt ihr eigentlich dieses Unternehmen erwerben?«, fragte sie ihn und konnte die Antwort, in der Wörter wie Marktführer, Kostensynergien und Innovationspotenziale vorkamen, nicht wirklich nachvollziehen. An einer derartigen Unschärfe in der Begründung haben viele Veränderungsprojekte von Beginn an schwer zu kauen. Das Warum steht in den Sternen. Die Sinnfrage des Projekts bleibt hinter einem Blabla-Sprech im Management- und Beraterjargon beziehungsweise blassen Statements wie »Irgendwie besser als vorher« verborgen. Echten Insidern mag eine derart unscharfe Begründung statt einer deutlichen Zielsetzung ausreichen. Gerade bei Akquisitionen gibt es immer noch, trotz zwischenzeitlich gestiegener Umsicht, den Verdacht fragwürdiger Motive von Entscheidern: »Mehr Macht«, »Keine bessere Idee«, »Zu erwartende höhere Vergütung«. Für einen Großteil der Beteiligten und Betroffenen ist eine klare und wahre Sprache erforderlich. Besonders erfolgreich werden Veränderungsprojekte dann, wenn auf Basis einer breit zugänglichen Umfeld-/Status-Analyse (Change-Readiness-Assessment und Change-Impact-Analysis) die drei bis fünf wichtigsten Zielsetzungen identifiziert und kommuniziert werden, das viel beschworene »big picture« statt zahlreicher falsch zusammengesetzter Einzelbelichtungen. Durchaus mit Gebetsmühlencharakter und in jedem Fall unter Benennung offener Themen, erkennbarer Nachteile, alternativer Überlegungen.

Für nicht unerhebliche Teile der Belegschaft ist die Zielsetzung um eine überzeugende Vision über die Zukunft zu ergänzen, da sie hieraus Motivation, Engagement und Loyalität schöpfen. Dieser Hinweis ist insbesondere für solche Entscheider wichtig, die sich ihr ganzes Berufsleben lang hochaktiv, aber visionslos fortbewegen und den Wunsch vieler Führungskräfte und Mitarbeiter nach einer grundsätzlichen Ausrichtung ihres Unternehmens nicht verstehen. Ebenfalls nicht ausgeblendet werden kann die Vorgeschichte einer Transformation. Selbst wenn Change-Management-Blicke reflexartig in die Zukunft gerichtet werden, besitzt die Vergangenheit als prägendes Element jeder Organisation eine nicht zu vernachlässigende Bedeutung. Die Zeit vor der jeweils aktuellen Veränderung ist kein unbeschriebenes Blatt Papier. Selbst wenn mancher Neuerer am liebsten Tabula rasa machen würde. Überdies ist Vergangenheit bei der Begründung von Zukunft nicht zu brandmarken, sondern aufzuarbeiten. Was nicht immer einfach ist, was Individuen, Organisationen und ganze Gesellschaften immer wieder schmerzlich erfahren und nicht selten mit Verdrängung beantworten. Die Vergangenheit hat sich nun einmal ereignet und kann nicht mehr ausradiert werden. Frühere Entscheidungen samt ihrer Begründung sind nur ganz selten grundsätzlich falsch gewesen. Sie bieten lediglich für kommende Herausforderungen nicht mehr die besten Antworten. Zur Perspektive von Veränderungsprozessen gehört die Retrospektive bisheriger Erfahrungen, ohne das große Verunglimpfen, Verschweigen oder Verdammen. Übrigens: Manche Veränderungsprozesse in Organisationen erscheinen wie eine Extremform der Psychotherapie, die Neubeelterung (Reparenting). Mit dieser soll die frühkindliche Sozialisation selbst bei Erwachsenen nochmals ganz auf den Anfang zurückgestellt werden. Dabei werden extrem belastende Vorgeschichten gelöscht und überspielt. So etwas funktioniert nicht.

Track 2: Melodie arrangieren

Bereits im Alten Testament, vor dreitausend Jahren im Buch Jesaja, waren sich dessen verschiedene Autoren nicht einig. Was dieser offenbar bibelfeste Trainer vor wenigen Wochen beim Advanced-Leadership-Course in Barcelona erzählt hatte, war Bernd Schneider plötzlich wieder präsent: »You have to decide, between pull and push«. Bei Jesaja war *Pull* – als anziehende Hin-zu-Motivation – das gelobte Land des Stammvaters Jakob samt Erscheinen des Messias. Kotter hätte dazu »Create Aspiration« gesagt. *Push* hingegen bestand für Jesaja – als abschreckende Weg-von-Motivation – im bevorstehenden Untergang des Staates Juda. Bei Kotter wäre dies eine »Burning Platform«. Vielleicht hatte Schneider es sich nur falsch gemerkt. Ansonsten lehnte der Trainer nämlich ein klares »Entweder oder« ab und sprach vom Zeitalter des »Sowohl als auch«. Das hätte in diesem Fall so etwas wie Pull-Push und damit den Crash bedeutet, dachte Schneider damals. Als Physiker sah er ein, so geht es nicht. Laut Trainer gab es zahlreiche Bilder für diese Melodien des Wandels, ob Dur oder Moll (Abb. 60). Die neuere *Theorie* hätte einen starken Reflex zum Pull (etwa Lippitt 1998, Scharmer 2007). Doch gäbe es immer wieder Push-Situationen. »You have to decide!« Jetzt war das Ausrufezeichen körperlich zu spüren. In Schneiders Ohren klang die Aufforderung des unverkennbar sachkundigen Experten lange nach. Bei einem Merger wie dem mit den Franzosen war die Sache klar. Zudem war ihm »think positive«, »think future« und »think happy« bedeutend sympathischer. Es ging keineswegs um unrühmliche Geschichte, sondern um glorreiche Zukunft. Oder etwa nicht? Meist ist es nämlich nicht so, dass die angestrebte Zukunft unbestritten wundervoll und die gewohnte Gegenwart unerträglich grauenhaft wäre. In der Regel wird es von vielen Betroffenen gerade andersherum empfunden. Die Ist-Situation fängt besonders dann zu glänzen an, wenn mit der Soll-Situation eine Alternative zum ersten Mal ernsthaft Realität zu werden droht. Auf dem Weg in die neue Welt ist Halt gefragt. Die Veränderten verlangen nach Orientierung. Wo werde ich sein? Was werde ich machen? Werde ich dies können? Wem werde ich zuarbeiten? Woran wird er mich beurteilen? Solche Fragen verlangen Antworten.

Dur	Moll
o Pull	o Push
o Chancen des Neuen	o Risiken des Alten
o Change for Excellence	o Change for Survival
o Create a Vision	o Sense of Urgency
o Winning the Princess	o Killing the Dragon
o Luft zum Atmen	o Druck erhöhen
o Paradies / Auferstehung	o Hölle / Verdammnis
o Positiv erwirken	o Negativ erzeugen
o Hin-zu-Motivation	o Weg-von-Motivation
o Organisationsentwicklung	o Change-Management
Soll-Zustand: **angenehme Zielbilder**	**Ist-Zustand:** **unerträgliche Tatsachen**

Abb. 60: Melodien des Wandels

Track 3: Unmögliches ausklammern

Gleich am nächsten Morgen rief Schneider bei seiner Vertreterin Marion Vonlanthen an. Er wünschte sich von ihr – *erwarten* ist ja inzwischen zum altmodischen Führungsstil degeneriert – Unterstützung für seine kommenden Herausforderungen, gerade durch die Duplizität von Alltags- und Projektgeschäft. Sie weilte gerade zwecks Vertragsgesprächen mit einem wichtigen Zulieferer in Hongkong, bereitete sich auf den nächsten Verhandlungsmarathon mit den Chinesen vor und klang übernächtigt. Begeisterung buchstabiert sich anders. Ihre Reaktion (»Was soll ich denn noch alles machen?«) enttäuschte ihn. Die Gleichzeitigkeit von Aufgaben – neudeutsch *Multitasking* oder *Polychronizität* – bedeutet eine hohe Belastung für erfolgsverantwortliche Manager von Veränderungsprozessen, meist ohnehin immer die Gleichen. Im permanenten Wechsel zwischen den großen Paradigmen des Wirtschaftslebens wie Zentralisierung/Dezentralisierung, Fokussierung/Diversifikation, Insourcing/Outsourcing weiß der Einzelne zudem häufig gar nicht mehr, was gerade en vogue ist und wo sein Unternehmen momentan hinwill. Frühere Veränderungen werden nicht finalisiert, gleichzeitige nicht synchronisiert und zukünftige bereits initiiert. Wen kümmert da noch die Veränderung von gestern, wo doch heute eine viel wichtigere Veränderung alle Kräfte bindet und die nun wirklich entscheidende Veränderung von morgen sich bereits am Horizont abzeichnet? Die meist zahlreichen Projekte, Initiativen und Normalaufgaben in einer Organisation sind deshalb in eine Ordnung zu bringen (Project-/Issue-Alignment), am besten mit abgestimmten Prioritäten. Dies kann sogar, weil Wichtigeres ansteht und Anderes unmöglich wird, die bewusste Rückstellung oder ausdrückliche Beendigung ziemlich vieler Themen erforderlich machen. Übrigens: Der Mehrwert von Externen besteht oftmals in nicht mehr als dem Hinweis auf Priorisierung und Fokussierung (vgl. Bach u.a. 2012: 234–235). Darauf könnte eine Führungskraft auch selber kommen.

Track 4: Weg abstecken

Mit Marion Vonlanthen war erst einmal nicht zu rechnen. Auch sein Kollegenfreund Wulf Schretter hatte gerade weder Luft noch Lust, gemeinsam das Projekt anzudenken. Immerhin hatte der versprochen, einen ersten Entwurf »als *Sounding Board* mal zu overviewen und kritisch zu challengen«, wie er sich ausdrückte. Er gab ihm noch eine Empfehlung mit: »Niemals copy/paste von Früherem. Am besten ‚from scratch'«. Mein Gott, erinnerte sich Bernd Schneider, Wulf und sein Denglisch. Er machte sich im kleinen Team mit drei seiner besten Mitarbeiter daran, die zentralen Erfolgsfaktoren, Entscheidungspunkte, Meilensteine, Maßnahmen zur Integration der Franzosen zu erfassen und in ihrer inneren Logik zu vernetzen. In einer Skizze erst einmal recht grob. »High level draft als fact based brain work«, würde Wulf sagen.

Für den schnellen Überblick benötigen Veränderungsprojekte einen guten Drehbuchentwurf (Storyline laut Wulf), der sich auf einer Seite erzählen lässt (Wulfs »one pager«), sei es verbal in Word oder grafisch in Powerpoint. Das Feedback von Wulf einen Tag nach dem Workshop mit seinen Leuten (»Go for it!«) gab Bernd Schneider neben ein paar zusätzlichen Hinweisen den ersten Schub an Sicherheit, noch weit von Gewissheit entfernt.

Track 5: Weg kartieren

Tim, eines seiner jungen Talente, meinte: »Unschärfen, die bei großformatigen Transformationen zweifelsohne nicht vermieden werden können, müssen nach möglichst kurzer Zeit wieder geschärft werden. Unklarheiten, die in Zeiten des Übergangs unausweichlich sind, müssen schnellstmöglich geklärt werden. Unbestimmtheiten, die bei Veränderungsprozessen unabdingbar dazugehören, müssen besser heute als morgen wieder bestimmt werden«. Dieser Schlauberger wollte das Drehbuch sofort in eine vernetzte Planung übersetzen, mit Aktivitäten, kritischem Pfad, Ressourceneinsatz, Risikomanagement, Steuerungsmechanismen, selbstverständlich MS-Project-basiert. »Gemach, gemach«, bremste Bernd Schneider dessen Fingerfertigkeit. Er fürchtete sich in der jetzigen Startphase vor den zwei mal vier Meter großen Initialplanungen früherer Projekte mit zahllosen Details und Verknüpfungen. Von deren vermeintlicher Verbindlichkeit dann kaum mehr abzurücken war.

Auch Wulf Schretter hatte ihn gewarnt. »Jetzt folgt«, meinte der, »der Hubschrauber-Blick«. Details müssten sein, aber noch nicht jetzt. In einem weiteren Workshop, Schneider lud zusätzlich ausgewählte Experten ein, entstand das Gerippe eines Transformations-Fahrplans (Abb. 61). Im Verlauf eines halben Tages wurde dieses mit Aktivitäten, deren Chronologie und Interaktion gefüllt. Manches war noch nicht zu klären und wurde in einer *Open-Issue-List* zusammengeführt. Marion Vonlanthen war aus Hongkong zurück, nahm als Moderatorin teil und brachte ebenfalls ihr Denglish mit. Egal, das Veränderungsprojekt hatte einen Weg und sogar einen Namen: »ENSEMBLE 2015«. Zugegeben, der war nicht besonders spritzig, aber immerhin mit französischem Touch und in Großbuchstaben. Was die Ernsthaftigkeit unterstreichen sollte.

Bernd Schneider atmete nach dem Workshop durch. Für einmal hatten sie mehr »*Work*« als »*Shop*« hinbekommen und die Basis für ihre Projektkommunikation nach oben, innen und außen gelegt. Derartige Übersichten werden am besten nochmals einer Handvoll Outsidern und einigen Spezialisten gezeigt. Als »Proof of Concept«, »Cross Check« und »Prepresent«, wie Schretter und Vonlanthen im Duett sagen würden. Bettine, eine der anderen High Pots aus der Schneider-Abteilung musste lachen: »Habt ihr nicht früher Kindergartentest dazu gesagt«. Ihr Chef entgegnete: »Nee, Absicherung der Vorstandsvorlage«. Natürlich liegt nicht alles gleich am Beginn vor. Vieles entwi-

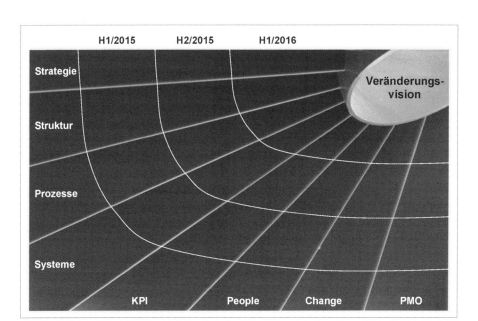

Abb. 61: Weg kartieren, Beispiel Transformations-Fahrplan

ckelt sich erst im Lauf der Zeit. Dies sehen die meisten Betroffenen ein und verlangen keine Antworten auf alles und jedes bereits mit Beginn der Veränderung. Im weiteren Verlauf sollte freilich keineswegs gebummelt, getrödelt, getändelt werden. Führungskräfte und Mitarbeiter haben zudem ein Anrecht darauf zu wissen, wann sie welche konkreten Ergebnisse erwarten können (Fair Process). Die hierzu verkündigten Zeitpunkte sind heilige Termine, unverrückbar.

Track 6: Entscheider enträtseln

Im Eingangsordner von Bernd Schneider war eine Mail von Nancy May, dringend. Sie hatte wie auch immer von seiner Projektleitung erfahren und wollte unbedingt noch diese Woche ein Telefonat mit ihm vereinbaren, um über Teambuilding zu sprechen. Welches Team eigentlich? Bisher hatte er nur eine lose Zusammenarbeit aufgestellt. Er kannte diesen blonden Wirbelwind von der amerikanischen Westküste aus einem früheren Projekt. Als er noch für einen deutschen Autobauer tätig war. Bei damaligen Workshops hatte sie ständig von »Emergent Change« gesprochen und meinte, Unternehmen müssten flexibel, adaptiv, proaktiv sein und bräuchten einen permanenten Wandel aus sich selbst heraus. Als Referenz führte sie Namen wie Massarik, Senge und Ed Schein an. Letzteren kannte sie offenbar persönlich recht gut. Ganz verstanden hatte er das alles ja nicht. Ein wirklich gutes Instrument hatte sie ihm aber beigebracht: Stakeholder-Analyse (vgl. 3.3). Vor fünfzehn Jahren ging es um das Jahr-2000-Problem.

Mon dieu, erinnerte sich Schneider, ist das lange her. Jeder hatte vor dem Jahrtausendwechsel Angst, dass die Computer an Sylvester um Mitternacht explodieren. Damals gab es viele Ansichten und noch mehr Interessen. Der Vorstand fürchtete um den Produktionsstart des neuen Mittelklassewagens. Einige Führungskräfte sorgten sich um den weihnachtlichen Skiurlaub mit der Familie in Lech. IT-Freaks prognostizierten Schäden im *oberen* zweistelligen Millionenbereich (damals zwar noch DM, aber trotzdem viel Geld). Betriebsräte forderten bereits einen üppigen Überstundenausgleich. Berater rannten einem mit ihren Lösungspaketen die Türen ein. Investoren erwarteten eine zeitnahe und effiziente Lösung. Gleich zum Projektstart hatten sie deshalb im kleinen Kreis eine Bestandsaufnahme vorgenommen: Wer hat ein Interesse am Thema und wie sieht es aus? Ist er für das Thema wichtig und ist das Thema wichtig für ihn? Welche Ergebnisse werden von ihm aus dem Projekt erwartet? Wie tickt er und mit wem kann er? Wie kommen wir an ihn heran? Es war eine sehr offene Diskussion. Diese Ehrlichkeit war gut. Im Ergebnis hatte man eine klare Landkarte über Akteure, Motive, Power und einen konkreten Fahrplan zu erforderlichen Maßnahmen für die Meinungsgestaltung im Sinne des Projekterfolges.

Eine derartige Stakeholder-Analyse musste er bei der Unternehmenshochzeit mit den Franzosen unbedingt wieder machen. Wahrscheinlich, dachte sich Bernd Schneider, bekomme ich so gleich zu Beginn einen Überblick über divergierende Meinungen in den verschiedenen Fluren der Hauptverwaltung und jenseits der Grenze. Ob er damit eine seiner größten Sorgen erledigen könnte, wusste er allerdings nicht. Sein Vorstand hatte ihm zwar den Auftrag zugeschoben. Seither hatte er nichts mehr von sich aus hören lassen. Ein Termin war bei ihm überhaupt nicht und wenn, nur mit langem Vorlauf zu erhalten. Selbst in der Kantine konnte man ihn nicht abfangen. Seine Assistentin, Frau Santanides, schottete ihn wie immer hermetisch ab. Diesmal war er »auf Dienstreise«. Schneider erinnerte sich an den Rat eines früheren Mentors, den er damals noch siezte: »Wenn ihr Chef nicht hinter ihnen steht und ihm das Thema nicht ebenfalls richtig wichtig ist, können sie es vergessen.« Dieses *Leadership-Commitment* musste er unbedingt in Erfahrung bringen. Bevor er weitere Schritte unternahm. Notfalls müsste er sich einen anderen Sponsor im Vorstandsgremium suchen. Irgendeiner hatte die Akquisition doch sicherlich gewollt, bei mehr als einer halben Milliarde Kaufpreis.

Track 7: Entscheider entscheiden

Bei seinem früheren Arbeitgeber hatten sie stets Monate über Zusammensetzung und Entscheidungsbefugnisse von Lenkungsausschüssen gestritten. Und lediglich gefühlte Millisekunden über die jeweiligen Projektziele gesprochen. Diesmal, so war Schneiders Plan, würde er flugs seinen Vorschlag zur Projektorganisation erstellen – mit dem entscheidenden Lenkungsausschuss, einigen beratenden und weitaus mehr arbeitenden Akteuren und ganz ohne Nebenbühnen. Ein Vorschlag bei dem es keine Zweifel über die Rolle, Aufgabe und Verantwortung gab. Das Bestimmen, das Mitreden und das Durchführen konnten damit kanalisiert werden. Selbstverständlich würde Bernd Schneider die Franzosen dabei ausreichend berücksichtigen. Sollten sie doch nicht gleich von Beginn an Grund zur Besorgnis erhalten. In Gedanken unterschied er die von ihm identifizierten Kaliber für den Lenkungsausschuss in drei Gruppen: Die Pro-Fraktion, seine Machtbasis. Zur Sicherheit warf er einen Blick in die Stakeholder-Analyse. Die Neutralen, möglichst solche mit einem Konstruktivitäts-Gen und keine Dauernörgler, Hinterhältigen, Bedenkenträger. Sowie die qua organisatorischer Rolle unvermeidlichen Kontras. Für jeden dieser »must have« überlegte er sich eine Reihe von Gegenargumenten. Vielleicht, so hoffte er, könnte er damit ein, zwei Gegner kippen. Schneider erinnerte sich an den Leadership-Commitment-Ratschlag seines alten Mentors. »Ich werde«, meinte er beim Gespräch mit Wulf Schretter, »den Auftrag nur dann fortführen, wenn ich mit halbwegs stabilen Mehrheiten rechnen kann, besonders im Tal der Tränen.« »Good luck«, erwiderte Schretter. »Hast Du denn bei unsicherer Entscheiderlage eine Exit-Strategie?« »Ja!« Schneider lächelte in sich hinein.

Track 8: Auftrag abholen

Vor zwei Jahren beim Ehemaligentreffen in Fontainebleau – es war wie die Male zuvor: interessante Vorträge von Professoren und abendlicher Small Talk der Studienfreunde, der von Jahr zu Jahr mit den weitgehend parallel wachsenden Karrieren ernsthafter zu werden schien. Zwischendurch hatten sie sogar noch etwas Zeit gefunden mit der alten Clique an den Sandsteinfelsen in den herrlichen Wäldern rings um »Bleau« zu bouldern. Mit weniger Kraft und Ehrgeiz als früher. Für Schneider lief es dank seiner regelmäßigen Studiobesuche überraschend gut.

Peter Moser berichtete in einer Kletterpause erstaunlich offen vom damals aktuellen Projekt, einer globalen Harmonisierung von Prozessen, Strukturen und Systemen in den Querschnittsfunktionen einer englischen Bank. Als Österreicher war er wegen seiner Umgänglichkeit als Projektleiter ausgewählt worden, stieß aber infolge unklarer Zuständigkeiten und unterschiedlicher Botschaften rasch an seine Grenzen. Die einzelnen Landesgesellschaften, meist kurz vor der Finanzmarktkrise hinzugekauft, besaßen ihre tradierten und mehr oder weniger überforderten Lösungen. Ganz besonders liebten sie die IT-Systeme, ob SAP, Oracle oder *ihre* Individuallösung, die diesen Namen wegen erheblicher Schnittstellenprobleme völlig zu Recht trug. Keiner der mächtigen Länderfürsten und nicht einmal sämtliche Verantwortliche in der Zentrale sahen einen Vorteil in der Harmonisierung. Obwohl der CEO die Zentralisierungsfanfare blies, die von Beratern aufwendig erstellte Kosten-

Nutzen-Prognose eindeutig positiv war und der CFO diese *Savings* dringend benötigte. Das verantwortliche Projektteam mit Moser an der Spitze lief von Anfang an gegen Mauern aus Beton der Güteklasse C100. Obwohl sein Freund Peter zur Höchstform metternichscher Diplomatie auflief. Die Zielsetzung einer Harmonisierung war zwar prinzipiell gewollt, allerdings bislang in keinem relevanten Gremium verbindlich abgenickt worden. Die Formulierungen in den Protokollen waren windelweich und ließen mehr Raum zur Interpretation als das Alte Testament. Zudem hatten im alles entscheidenden Steuerungskreis die Harmonisierungsgegner, trotz divergierender Einzelinteressen, ein Übergewicht. Die Unilateralisten hatten nur diesen Namen und keine Mehrheit. »Das Projekt«, berichtete sein INSEAD-Kollege, »ist immer noch nicht über den konzeptionellen Status hinaus gekommen.«

Aus diesen Schilderungen hatte Bernd Schneider gelernt. Für seine Aufgabenstellung brauchte er einen eindeutigen sowie unumstößlichen Auftrag, am besten mit Brief und Siegel aus der nächsten Vorstandssitzung, und damit mehr als den bloßen Anruf seines Chefs vor ein paar Tagen. Dann könnte Schneider bei Bedarf dieses klare »Go!« aus der Tasche ziehen. Er wusste zuerst nicht warum, aber in diesem Augenblick erinnerte er sich an seinen Deutschlehrer, einem ausgewiesenen Goethe-Freund: »Nur was Du schwarz auf weiß besitzt, kannst Du getrost nach Hause tragen.«

Track 9: Nutzen nützen

»Was bringt Deiner Firma eigentlich diese Akquisition?«, fragte eines späten Abends seine Frau. »Jetzt fragst sogar noch Du«. Gut möglich, dachte ein übermüdeter Bernd Schneider, dass sie für sich gerade den privaten Business-Case aus seiner häufigen Abwesenheit und wachsenden Gereiztheit (= Kosten) gegen seine möglichen Karriereperspektiven im Erfolgsfall (= Nutzen) kalkulierte. »Und wie hat sich Dein Projekt angelassen?« Sie hatte in ihrem Kosten-Nutzen-Modell sogar Risikoerwägungen eingebaut. »Wir rechnen gerade noch«, war seine Antwort. Zwar hatte die *Due Diligence* zur Akquisition ein deutliches Bild gezeichnet, unzweideutig positiv. Dieser Sack war bereits zu. Aber er war noch dabei, die Zahlen zum Business-Case für das Integrationsprojekt zu erhärten. Seine diversen Chefs drängten bereits mit Verve. Für einige weiche Aufgabenfelder hatten selbst die Controlling-Freaks keine Pfeile im Köcher (vgl. 8.3). »Da müssen qualitative Statements her«, riet der neunmalkluge Schretter. Auch ein alles in allem überzeugender Business-Case, also das deutliche Nutzen- und Chancenplus selbst im Worst-Case, würde die Zweifler zwar weiterhin zweifeln, die Nörgler nörgeln und die Gegner gegnern lassen. »Die wesentlichen Entscheider hast Du damit aber hinter Dir«, so Schretter. »Außerdem brauchst Du ein ehrliches Baselining«, ergänzte er, »denn nur mit einer solchen Nullmessung kannst Du künftige Verbesserungen aufzeigen«. Dies war Bernd Schneider längst klar: »Ich weiß, was

Du gleich sagen wirst. Im Projektteam brauche ich einen, der die Einhaltung des ‚Benefit-Case' durch seriöses ‚Benefit-Tracking' als Ehrensache ansieht«. Darauf konnte nicht einmal der wortgewaltige Schretter etwas erwidern.

Track 10: Projekt positionieren

Der für moderne Zwölftonmusik bekannte Komponist Stockhausen hat in seinem Werk »Luzifers Tanz« ein Bild moderner Kommunikation arrangiert (www.youtube.com/watch?v=P0aC3JzgSTY). Für musikalische Laien wie Schneider ist dies ein dröhnendes Klangchaos. Bei dem nur in seltenen Momenten einzelne Instrumente oder Stimmen herausgehört werden können. Meist schrillt es ohrenbetäubend. Falsch ist diese Metapher keineswegs. Im marktschreierischen Gehabe vieler Akteure in Organisationen gelingt es nur schwer, Aufmerksamkeit für seine Themen zu erhaschen. Dauerndes Posaunen war aber nicht die Sache von Bernd Schneider. Er wollte durch Ergebnisse überzeugen. Vorzeigbare Resultate stellen sich bei Veränderungsprozessen allerdings meist erst recht spät ein. Ein professionelles Projektmarketing ist deshalb zumindest bei größeren Transformationsvorhaben bereits mit dem Startschuss aufzusetzen. Zudem gilt die klassische Beratererfahrung, dass bereits kleine, aber frühe Erfolge, sogenannte »quick hits«, »early wins« oder »low hanging fruits« entsprechend zelebriert werden können.

Zur Verdeutlichung steigen wir in eine Zeitmaschine, über fünfhundert Jahre zurück: Kolumbus verfügte bei seiner ersten Reise nach Amerika noch nicht über die heute üblichen Medien. Wäre er jetzt unterwegs, hätte er einen Kommunikationsprofi bei sich. Der schon vor dem Ablegen entsprechende *Homestorys* liefern könnte. Vermutlich würde er als Startort auch nicht Palos de la Frontera, sondern einen symbolträchtigen Ort wie etwa Venedig vorgeschlagen, wo beim Auslaufen im Hafen – zum Abschluss einer großen Party samt Feuerwerk – ein Double von Marco Polo das Signal zum Ankerlichten geben würde. Als alternativen Startort hätte der Kommunikationsprofi noch London samt Sponsoring durch eine globale Bank in petto. Das Vorbeisegeln an den Azoren würde bereits als erster großer Schritt gefeiert. Schließlich wäre die Landentdeckung sofort über die Ticker gelaufen, mit ausgewählten Medienvertretern live vor Ort und Drei-Sätze-Statements von einigen der entdeckten Indianer. Natürlich würde dieser Kommunikationsprofi Kolumbus anraten, die Verfehlung von Indien als eigentlichem Ziel zuzugeben. Sowie die Entdeckung von etwas vollkommen Neuem (bei Kolumbus noch »Hinterindien« und nicht Amerika) und dem Abschied von Überkommenem (Erde als Scheibe) als viel größeren Erfolg darzustellen. Übrigens: Beim Schreiben dieser Zeilen lief im Hintergrund die Stockhausen-Musik und dröhnte in die Ohren. Aus! Daher ein kurzes Fazit: Selbstverständlich wird ein Projekt in erster Linie die Gründe, Wege und Ziele der angestrebten Veränderung darstellen. Selbstverständlich verkaufen sich die Verantwortlichen über das Projekt als Manager und Mensch unmittelbar selbst. Selbstverständlich müssen Projektmarketinginstrumente und deren Lautstärke, Frequenz, Tonalität zum persönlichen Stil der Akteure passen.

Track 11: Team formen

Veränderungsarbeit ist heute Teamwork und kein Individualsport. Die Etablierung eines Projektteams wird damit zur zentralen Herausforderung. Nancy May hatte ihn bereits auf Teambuilding angesprochen. Bernd Schneider dachte nach: Sicherlich müsste er, sobald die Mannschaft steht, für harmonische und gleichzeitig ergebnisorientierte Stimmung sorgen. Nicht unbedingt ein Team-Event mit gemeinsamem Abseilen in irgendeine Schlucht, Canyoning entlang des Wildbachs und Picknickpause an der Mündung. Wo dann Psychoexperten die Hymnen von Vertrauen, Teamgeist und Zusammenarbeit schmettern. Oder die ewig gleichen Team-Dinner mit Essen, Trinken und Plaudern bis in die Puppen, bei denen ohnehin jeder neben alten Bekannten sitzt und am liebsten um Punkt 21:00 Uhr wieder daheim ist. Oder die längst nicht mehr amüsanten Spielchen mit Plakate malen, Essen kochen und Bälle werfen. Dies alles war inzwischen ausgereizt, zog Schneider ein Fazit. Der Pepp, den diese Dinge im letzten Jahrtausend gehabt haben mögen, war verloren gegangen. Deutschsprachige Bücher mit gruppendynamischen Handlungsanleitungen geben derzeit wenig Neues her.

Hier lohnt der Blick über den großen Teich. Da dort die Ermüdungserscheinungen noch früher eingetreten sind und neue Antworten erforderten (etwa Kanengieter/Rajagopal-Durbin 2012). Forming, Storming, Norming, Performing – so nennt sich der immer noch gängige Vierviteltakt im Teambuilding. Schneider würde Nancy anrufen. Vielleicht hatte sie eine flippige Idee. Das *Deflipping* wäre dann seine Aufgabe. Doch nochmals einen Schritt zurück: Zum Building brauchte es ein Team. Zunächst musste Bernd Schneider seine Mannschaft zusammenbekommen. Mademoiselle Vonlanthen fiel ja bereits aus. Für das Ressourcenmanagement in Transformationsprojekten gibt es wenig verbindliche Empfehlungen. Außer der, die zahlreichen Schwierigkeiten keineswegs zu unterschätzen. Sicherlich könnten fachliche und persönliche Kriterien mittels klarer Kompetenzprofile formuliert werden. In der Theorie spricht man dann von Passung zwischen Anforderungs- und Eignungsprofil. Die Konkurrenz für das Projektteam ist jedoch hoch. Es warten genügend interessante Aufgaben an anderen Stellen der Organisation (oder außerhalb).

Mit der Zusage für ein Projekt übernimmt jedes Teammitglied zudem ein doppeltes Risiko: Wird das Ganze ein Erfolg? Was mache ich danach? Schließlich münden individuelle Erwartungen an Karriere und Rolle, Aufgaben und Lernen in erhebliche Ansprüche der potenziellen Kandidaten. Oft bleiben deshalb nur faule Kompromisse: Beat Berner ist dabei, aber höchstens einen Tag pro Woche. Greta Kaiser macht Vollzeit mit, wenn sie in drei Monaten von ihrem Assignment in Buenos Aires zurückkommt. Francois Mulder wird mitwirken, sofern er mindestens Teilprojektleiter wird. Marianne Fohlen wird Teil des Teams, falls sie eine Lösung zur Kinderbetreuung am Nachmittag findet. Max Möhrle wird abgeordnet, damit er endlich einmal ein großes Projekt von innen kennenlernt. Bernd Schneider müsste sehr viele sehr ernste Gespräche führen. Dies alles bringt meistens nichts, sagte er sich und wurde von Wulf Schretters Faustregel bestätigt. »Jeder im Projektteam soll mit 0,X FTE dabei sein. Wobei X größer gleich 5 ist und dies von allen Parteien garantiert, dem Kandidaten, dem abgebenden Vorgesetzten und der aufnehmenden Kostenstelle«.

Bernd Schneider musste lachen: »Das wäre ein Traum.« Genauso wie eine optimale Teamkonstellation: Es ist noch längst nicht ausgemacht, ob mit größerer Diversity von Teams – wie sie in Veränderungssituationen besonders oft zusammengewürfelt und in der veröffentlichten Meinung zunehmend propagiert wird – auch deren höhere Leistungsfähigkeit einhergeht. Diversity-Mehrwert wird durch Friktionen einer nun nicht mehr homogenen Arbeitsgestaltung, Abstimmungsweise und Problemlösung sowie zeitraubende Hinterfragung bisheriger Selbstverständlichkeiten ausgehöhlt (vgl. Ely/Thomas 2001). Bevor eine Projektgruppe mit vielfältigen Herkünften, Sichtweisen, Perspektiven wirklich ein *High-Performance-Team* bildet, braucht es viel Routine, Toleranz, Balance und eben Teambuilding. Darum geht es aber gar nicht primär. Diversity wird von Unternehmen nicht um der Vielfalt selbst willen angestrebt, sondern um der schieren Unabänderlichkeit wegen, dass bislang homogene Belegschaften sich infolge soziologischer, demografischer und migratorischer Differenzierungen aus immer mehr Herkünften mit Eigenprofilen zusammensetzen. Diese gilt es zu einem möglichst toleranten, harmonischen und produktiven Ganzen zu orchestrieren. Dies wird vor allem in den an sich schon schwierigen Zeiten des Umbaus und noch mehr bei PMI-Projekten erfolgskritisch. Wenn die Resultate von heterogenen Teams dann sogar überlegen sind, na klasse!

Vermutlich liegt das Optimum hinsichtlich Diversität mal wieder in der Mitte zwischen dem einen Extrem, einer Gruppe von Klonen und dem anderen Endpunkt, einem kunterbunten Allerlei. In einem hatte Schretter aber recht: »Bernd, Du brauchst bei Deinen wichtigsten Defiziten eine starke Ergänzung. Jeder weiß, dass Du von der Herkunft Physiker, inzwischen aber kein Zahlenfetischist mehr bist. Also brauchst Du einen, zum Beispiel den Sörensen. Selbst wenn Dich solche Pfennigfuchser ab und an gehörig nerven.«

Track 12: Andere(s) achten

Eigentlich mochte Bernd Schneider die Franzosen nicht. Seit ihm einer von denen damals bei der Klassenreise des Französisch-Leistungskurses die

Freundin ausgespannt hatte, eine echte Amour fou. Immerhin konnte er ihre Sprache seither ganz ordentlich parlieren. Gelegentlich sogar á point, was ihm als Deutschem in der Schweiz ein kleines Stück freundlicher Resonanz eintrug. Mit Schwyzerdütsch hatte er es gleich gar nicht versucht. Entgegenkommen ohne Anbiederung hilft in den von zunehmender Diversity geprägten Business-Welten, meinte Nancy May. Sprache sei dabei ein nicht unwesentliches Signal, genauso wie offenes, freundliches, aufgeschlossenes Verhalten. Anderssein ist inzwischen normal, fasste sie ihr Plädoyer zusammen. »Anything goes!«. »Ist damit alles normal?«, fragte Schneider zurück und fühlte sich erzkonservativ. Zumindest der geschäftliche Habitus in Frankreich war Schneider wirklich lästig. Ausführliche Essen mit Alkohol bereits um die Mittagszeit, rasche Grundsatzentscheidungen ohne richtige Klärung wichtiger Details, Überheblichkeit und Rechthaberei bei Diskussionen. Nicht seine Welt!

Das Klischee vom legeren und charmanten Geschäftspartner aus Gallien galt seiner Meinung überhaupt nicht. »Die sind oft knallhart und fackeln nicht lange herum«. Die Patrons im Zielunternehmen waren vermutlich genauso. Selbst wenn sie aufgrund ihrer volkswirtschaftlichen Krise und als gekaufte Firma im Grunde dankbar und unterwürfig hätten sein können. Allerdings schwieg Schneider über seinen Reflex und versuchte ihn im Zaum zu halten. Das war er seinen Gegenübern schuldig. In einer globalen Wirtschaft sind derartige Animositäten nicht angebracht, vielleicht einmal abends an der Bar als alberne Lästerei unter lauter Gleichgesinnten.

Nicht nur bei Post-Merger-Integrationen, sondern auch bei weiteren Transformationsprojekten wird die unterschiedliche Herkunft von Akteuren oft wenig ernst genommen: Strategen widmen diesem Thema geringe Aufmerksamkeit; Entscheider glauben an die prinzipielle Machbarkeit und wollen Lösungen hören statt Schwierigkeiten anpacken; Umsetzer haben genügend andere Aufgaben zu erledigen und sehen sich zuallerletzt als Klimabeauftragte. Eine Bestandsaufnahme von divergierenden Werten und Charakteren, Erfahrungen und Anschauungen, Verhaltensweisen und Entscheidungsmustern gleich am Beginn der Veränderung – im Sinne von Kulturanalyse (vgl. 3.1) – deckt zu berücksichtigende Unterschiede rechtzeitig auf. Es bedarf nicht der tiefenpsychologischen Fundamentalstudie. Meist reichen einfache Beschreibungen, um die *Dos & Don'ts* zu erkennen. Ergebnis können verbindliche Projektspielregeln sowie eine Selbstbeschränkung beim Herumtrampeln sein.

Gerade in deutschen Unternehmen sind bei Vermittlung solcher Botschaften trotz gewachsener Weltoffenheit nicht selten hüftsteife Zuckungen bei Entscheidern und deren Entourage zu beobachten. Wünschenswert wären hierzulande – trotz aller Wahrheit und Klarheit (vgl. 8.2) – ein geschmeidigeres Eingehen auf spezifische Anliegen sowie eine an der jeweiligen Zielgruppe orientierte Kommunikation. Am schlimmsten ist ein anfangs freundliches

Verhalten bei dem dann irgendwann der Kragen platzt, mit lautem Rums und viel zerbrochenem Porzellan. Durch die Kulturanalyse wird ein weiterer Effekt erzielt. Sie kann bislang übersehene Erfordernisse im Veränderungsprozess aufdecken, die dann in der Transformations-Architektur entsprechend aufgegriffen werden.

Track 13: Guten Gutes tun

Diesen Lehrsatz kennt jeder: »Die besten Mitarbeiter verlassen bei Veränderungen, Zuspitzungen, Schwierigkeiten als erste das Unternehmen«. Er stimmt, fast immer. Natürlich wittern manche der Guten in der allgemeinen Krise ihre persönliche Chance und bleiben. Besonders wenn ihnen der Weggang anderer Guter mehr Luft zum Atmen bietet. Außerdem ist die Bestimmung von *guten Mitarbeitern* sehr vom jeweiligen Zeitgeist in der Organisation abhängig. Ändern sich Umstände und Bestimmer, verschiebt sich nicht selten die Sicht auf Mitarbeiter. Es gab schon die wundervollsten Auferstehungen und schrecklichsten Hinrichtungen. Bernd Schneider erinnerte sich, wie er selbst bei einem der letzten Veränderungsprojekte als *Mission Critical* und deshalb pflegebedürftig identifiziert worden ist. Wenn damals nichts Gutes passiert wäre, hätte er vermutlich das bereits unterschriftsreife Angebot aus München angenommen. Aber dies wusste nur seine Frau. »Hier gilt es anzusetzen«, sagte Schneider zu seinem HR-Business-Partner. Bei dem er zum Glück mit solchen Erwartungen kommen konnte (vgl. 7.4). »Wir müssen die Schlüsselspieler und ihre Befindlichkeiten identifizieren, hier in der Schweiz, drüben in Frankreich und in den wichtigen Landesgesellschaften«. »Mit einem solchen *Retention-Mapping*«, entgegnete dieser, »können wir nicht lange warten. Wer ist für den jetzigen Projekt- und künftigen Unternehmenserfolg tatsächlich wichtig? Und was bringt ihn dazu, mit noch mehr Energie aktiv zu sein? Oder zumindest halbwegs Einsatz zeigend da zu bleiben«. »Eine konstante Energie reicht mir schon«, erwiderte Schneider. Retention-Management ist die systematische Aufdeckung und Absicherung von Kernressourcen einer Organisation. Dabei geht es nicht nur um Geld, sondern auch um individuell wirkende Bindungskräfte (vgl. 5.3).

Track 14: Berater engagieren

Veränderungsprozesse können gleich von Beginn an Unterstützung durch externe Dienstleister erfordern, wegen fehlender Kompetenz oder geringer Kapazität sowie aus vielen weiteren Gründen (vgl. 7.3). Dies wusste Bernd Schneider. Nancy May wollte vermutlich deshalb mit ihm sprechen, um ihre Kollegen und Produkte zu verkaufen. Wulf Schretter hatte wieder einen flotten Spruch: »Wenn Dich viele Berater anrufen zeigt dies, Du bist gerade wichtig. Das ist wie bei Headhuntern. Wenn sich wenige Consultants bei Dir melden, machst Du etwas falsch«. Um nicht pro domo zu erzählen, hilft bei dieser Lektion ein Kunstgriff in die wissenschaftliche Beschäftigung mit Beratereinsatz (Professor Dietmar Fink in www.wgmb.org):

»Erstens, die Rolle des Beraters als Problemlöser: Der Alltag vieler Führungskräfte besteht nicht aus methodisch durchdachten Tätigkeiten, sondern aus einer Auseinandersetzung mit immer neuen, meist willkürlich auftretenden Problemstellungen. Folgt man diesem Bild der Managementpraxis, besteht die zentrale Aufgabe eines Unternehmensberaters darin, seinen Klienten im Rahmen eines nach methodischen Gesichtspunkten gestalteten Problemlösungsprozesses zur Seite zu stehen, durch den die Bemühungen der Klienten zur Problemlösung unterstützt und ihre Kompetenzen zur Bewältigung des Problems verbessert bzw. erweitert werden. Um dies zu bewerkstelligen, muss der Berater (a) dazu in der Lage sein, die betriebswirtschaftlichen, aber auch die psychologischen Einflussgrößen der angestrebten Problemlösung zu verstehen, (b) bei der Einschätzung der Klientensituation analytisch zu abstrahieren und das betreffende Problem in seine wesentlichen Komponenten zu zerlegen, und zugleich auch (c) das Zusammenwirken einzelner Teilaspekte und deren Einbindung in ihren übergeordneten Kontext aus isolierten, oft inkompatiblen Beratungsprojekten zu überschauen, die in einem Unternehmen um die Aufmerksamkeit und die knappen Ressourcen der Mitarbeiter konkurrieren und von unterschiedlichen Akteuren oft unabgestimmt oder sogar in Konkurrenz zueinander vorangetrieben werden.

Zweitens, die Rolle des Beraters als Sinnstifter: Berater sind nicht nur Problemlöser, sie sind als Sinnstifter zugleich auch konzeptionelle Wegbereiter neuer Managementideologien. Transportiert werden diese Ideologien mithilfe von Beratungs- bzw. Managementkonzepten, die vor allem über Bestseller, Artikel in Managementzeitschriften, Seminare und Kongresse einem breiten Diskurs zugeführt werden. Die Beispiele für erfolgreiche Managementkonzepte, die von Unternehmensberatern erdacht und propagiert wurden, sind vielfältig; die Leitgedanken des Shareholder Value zählen ebenso dazu wie die Ideen des Lean Management. ... Viele dieser Ideen zählen heute zu den Klassikern der Unternehmensführung, nicht selten prägten sie das betriebswirtschaftliche Leitbild einer ganzen Epoche«.

So gesehen, ist die Ideologiemaschine Consulting in den letzten Jahren ins Stottern geraten.

Übrigens: Auch Change-Management gilt vielen als solch eine von Beratern lancierte Ideologie (vgl. 2.8). Wulf Schretter wandte sich an Schneider: »Den Selektionsprozess für die Berater mache ich Dir gerne. Das ist Spaß. Bin ja früher selber einer gewesen und kenne deren Impression-Management und unsere Spielzüge aus dem Effeff. Zuerst die Ankündigung, 'request for information', dann die Ausschreibung, 'request for proposal'. Du musst nur ganz konkret sagen, was Du an Beratung brauchst und was nicht. Die Berater sitzen dann begrenzte Zeit an ihren Angeboten, dürfen für ihre Proposals an einem definierten Tag ihre offenen Fragen loswerden. Die Besten laden wir dann zum Vorsingen ein. Denn Du musst Deine potenziellen Partner auch persönlich einschätzen können. Unsere Einkaufsabteilung steuert inzwischen den gesamten Prozess recht professionell. Insbesondere beim Preisdrücken sind die gut. Später, wenn ein Dienstleister ausgewählt ist, heißt das Spiel dann Nehmen und Geben, für die Berater zumindest eine faire Schnitte. Ansonsten sinkt deren Engagement. Selbst wenn einige nicht so aussehen: Berater sind auch nur Menschen. Weißt Du übrigens, dass Dein Vorstand einen erklärten Favoriten hat?« Bingo! Bingo?

Track 15: Zeit kaufen

Die bisherigen Lektionen sind bereits beschwerlich. Diese ist fantastisch. Kein Mensch kann Zeit kaufen. Aber sie kann auf eine realistische Länge gedehnt werden, von den Entscheidern. Vielerorts ist selbst das aussichtslos. Wenn – wie die Erfahrung lehrt – ein Kulturwandel bestenfalls in zehn Jahren zu haben ist, eine großformatige Business-Tansformation mindestens fünf Jahre dauert, eine M&A-Integration ähnlich lange Verdauungsprozesse aufweist, für eine simple Reorganisation bis zum Einschwingen neuer Strukturen zwei Jahre nichts sind und selbst der *Mini-Change* eines neuen Vorgesetzten mehr als ein Jahr des Ankommens beansprucht. Dann sind die bei den meisten Veränderungsprozessen veranschlagten Transformationslängen von wenigen Monaten als Traumtänzerei zu bezeichnen. Bernd Schneider wusste dies. Auch dass sein Vorstand einer von der Sorte »von mir entschieden = von anderen umgesetzt« war. Wulf Schretter hatte ihm deswegen den Spitznamen »Subito« verpasst. »Für Subito bemessen sich Umsetzungszeiträume in der Maßeinheit Dalli-Dalli. Ein Dalli-Dalli entspricht einem Monat. Bei einer so leichten Übung wie Deiner mit den Franzosen bekommst Du höchstens vier Dalli-Dallis, eher drei«. Der konnte entspannt von der Seite zusehen. Schneider überschlug den aus seiner Erfahrung erforderlichen Umsetzungszeitraum bis zur Zielerreichung und stellte die beim ersten Telefonat geäußerte Erwartung seines Vorgesetzten gegenüber, »bis kommendes Frühjahr«, also in sechs bis sieben Dalli-Dallis. Bei dieser zeitlichen Deckungslücke zuckte er. Eine unruhige Nacht später sah er drei Möglichkeiten: Beide Augen zu und durch – nicht sein Stil. Die Exit-Strategie ziehen und sich aus dem Staub machen – dafür war es noch einen Wimpernschlag zu früh. Mit dem Vorstand zeitlich realistische *Deliverables* abstecken – einen Versuch mit guten Argumenten war es wert.

Track 16: Kopf & Herz benutzen

Dass es diesmal 16 Lektionen geworden sind (sechs mehr als in der Erstauflage), konnte ich beim Start der Schreiberei nicht absehen. Mancher eilige Leser möchte bei einem solchen Sammelsurium den Kern auf eine einzige Botschaft kondensiert haben. Das geht nicht. Falls doch, würde sie lauten: Erst denken, dann handeln, also »Refl′action« im Sinne von Minzberg (2010: 209). Jede großformatige Business-Tansformation benötigt Zeit. Zeit zum Vordenken, zum Mitdenken und zum Überdenken. Bei Veränderungsprozessen lösen sich nur wenige Knoten von ganz alleine. Spontanes Loslegen und damit »einfach mal beginnen« haben sich definitiv als ungeeignet erwiesen. Aussitzen von offensichtlichen Barrieren ist eine taktische Variante, die vielen Managern – als aktiven Machern – nicht liegt und ihnen im Falle des Scheiterns als grob fahrlässige Untätigkeit vorgeworfen wird. In vielen Unternehmen stehen darauf hohe Strafen – ohne Bewährung.

Doch was tun? Kopf und Herz benutzen, freilich nicht ad ultimo bis zur Klärung des allerfeinsten Details: »Zu viel Reflexion führt dazu, dass nichts getan wird; zu viel Aktion führt dazu, dass gedankenlos gehandelt wird. … Manager arbeiten nicht nur deduktiv und kopfgesteuert von der Reflektion zur Aktion, von der Formulierung zur Implementierung, vom Konzept zur Konkretisierung: Sie arbeiten auch induktiv, einfühlsam, von der Aktion zur Reflektion, vom Konkreten zum Konzept, wie sie es aus der Erfahrung lernen. Vor allem wechseln sie zwischen beidem hin und her« (ebd.: 277–280). Für jedes Veränderungsprojekt ist – beispielsweise mittels Fokusinterviews (Abb. 62) – eine initiale Analysephase erfolgskritisch (Abb. 63). Für diese gilt: die Strategie und Zielsetzung des Business-Managements aufnehmen, die Ausgangssituation realistisch betrachten, die Erfolgsfaktoren bei der Gestaltung des Wandels nüchtern abwägen, die individuelle und organisatorische Veränderungsfähigkeit sachlich beurteilen.

Am Ende muss eine klare Entscheidung stehen: machen oder lassen. Auch das bewusste »Jetzt nicht!« ist eine stets mögliche Leadership-Entscheidung. Ich habe dies – als Berater von der Seite – gar nicht so selten erlebt, etwa bei Akquisitionsentscheidungen, bei Umstrukturierungen, bei Internationalisierungen. Das angestrebte Ziel war jedes Mal ungemein attraktiv. Doch bei *objektiver* Betrachtung lagen auf dem Weg vom jeweiligen Ausgangspunkt zu viele große Steine. Von den Erfolgsfaktoren waren zu wenige vorhanden oder in Reichweite. Lassen wir zum Abschluss der Erzählung nochmals Wulf Schretter zu Wort kommen: »Bernd, Du alter Schwede, der organizational stretch darf nicht zu groß sein«.

Fokusinterviews

- ○ halbstrukturierter Gesprächsleitfaden (Fragen zur Ist-/Soll-Situation)
- ○ persönliche, subjektive Einschätzungen (Stimmungen, Meinungen, Thesen)
- ○ individuell garantierte Vertraulichkeit
- ○ 10-30 Interviews, bedingt repräsentativ (Erfahrungsträger und Meinungsführer)
- ○ Beginn des Stakeholder-Managements
- ○ konzise Zusammenfassung und Fazit
- ○ individuelle Prepresents der Ergebnisse („keine Überraschungen")
- ○ Basis für Transformationsmanagement (Architektur des Wandels)
- ○ Basis für vertrauenswürdige Zusammenarbeit während Veränderungsprozess

Abb. 62: Fokusinterviews als initiales Analyseinstrument

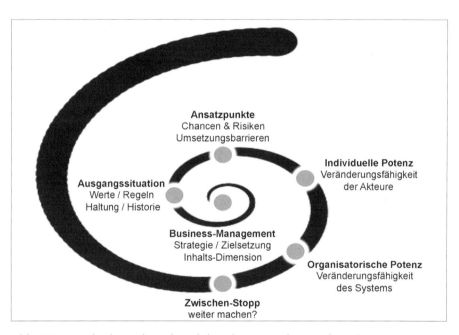

Abb. 63: Erst denken, dann handeln: Elemente der Analysephase

Interview mit Dr. Thomas Marquardt

Global Head of Human Resources, Infineon Technologies, München

»Start von Veränderungen«: Vom richtigen Timing

Sie haben bei Infineon für alle Mitarbeiter die Incentivierung der individu-
ellen Komponente im variablen Vergütungssystem nach zehn Jahren abge-
schafft – weshalb das denn?

Infineon agiert in dynamischen, zyklischen, volatilen Märkten. Das heißt
aber nicht, dass wir ein hektisches Unternehmen sein müssen. Gerade bei
den people-bezogenen Prozessen denken wir, beginnend im Vorstand, in
langen Linien. Wir streben nach HR-Lösungen, die in guten und schlechten
Zeiten passen, die längere Zeit halten. Es gibt natürlich auch Zeitpunkte, an
denen man selbst langfristige Lösungen ändern muss, weil sich die Anforderungen gewandelt haben. Bei unserem Vergütungssystem war dies nach
eben diesen zehn Jahren der Fall. Auch unsere neue Lösung ist nicht als
Kurzläufer ausgelegt. Was waren die Hintergründe für diesen Wechsel? Wir
möchten uns noch stärker zu einem »High Performance«-Unternehmen entwickeln. Dazu müssen unsere HR-Prozesse passen. Aber der Grundsatz unserer Vergütungsphilosophie »Pay for Performance« bleibt bestehen.

Bei der Konkretisierung dieses Ansatzes stellen sich zwei Fragen: Erstens,
welche Performance? Zweitens: Wie wird gezahlt? Wir haben uns entschieden, die finanzielle Honorierung alleinig auf die Unternehmenskomponen-
te zu konzentrieren. Natürlich wird die individuelle Leistung weiterhin im
Feedbackgespräch zwischen Mitarbeiter/-in und Führungskraft diskutiert.
Sie wirkt sich jedoch nicht mehr auf die Geldbörse aus. Warum dieser Verzicht auf die individuelle Vergütungskomponente? Wir erlebten in der Krise
2008/9 wie vermutlich viele andere Unternehmen die Situation, trotz
schlechter Unternehmensergebnisse nicht unerhebliche Bonuszahlungen
ausschütten zu müssen. Zu müssen, weil die Summe individueller Leistungs-
beurteilungen dies zur Folge hatte. Wir hatten daraufhin frühere Jahre aus-
giebig analysiert und drei Dinge festgestellt: Erstens, ob gute oder schlechte
Zeiten, es gab stets überdurchschnittliche Einzelbewertungen. Zweitens,
Motivationsanreize der Individualkomponente – also der Kerngrund solcher
Lösungen – schienen über die Jahre verloren gegangen zu sein. Drittens, die
Komplexität und damit der Aufwand des bisherigen Bewertungsprozesses
waren uns zu groß geworden, vor allem beim Blick auf den geringen moti-
vatorischen Zusatznutzen.

Wir haben uns dann diverse Auswege überlegt. Die meisten waren eher po-
litisch-taktischer Natur und nur auf den ersten Blick clever. Insgesamt war es
ein längerer persönlicher Bewusstwerdensprozess, dass auf die Individualkomponente verzichtet werden kann. Wir haben dann eine stimmige Chan-

ge-Story entwickelt. Denn Leistung soll sich selbstverständlich bei Infineon weiter lohnen und »materialisiert« sich über verbesserte Rollen, Aufgaben, Karrieren auch wieder in der Geldbörse. Übrigens: Details und Mechanik des neuen Systems sind an anderer Stelle beschrieben (Marquardt/Metzdorf 2011).

Warum war für diesen Abschied vom MbO-Vergütungssystem der richtige Zeitpunkt erfolgskritisch? Wäre es früher oder später nicht ebenfalls möglich gewesen?

Der richtige Zeitpunkt ist bei solchen sensiblen Themen entscheidend. Ansonsten landen sie sehr schnell im Papierkorb. Ein »richtiges« Thema zur falschen Zeit ist kein richtiges Thema. Anders hier: Wir haben im engen Schulterschluss mit dem Vorstand, denn neben Timing ist Leadership Commitment erfolgskritisch, in vielen Gesprächen mit unseren Führungskräften den Veränderungsbedarf diskutiert, weiter optimiert. Nicht von oben herab. Das verträgt unsere Kultur nicht. Führungskräfte bis in mittlere Ebenen müssen involviert sein, von der Konzeption bis zur Umsetzung, als doppelt Betroffene: Entscheider und Empfänger von Vergütung. Sowie mit weiteren Stakeholdern, etwa dem Betriebsrat. Erst mit diesem kommunikativen »Ground Work« konnten wir eine stimmige Change-Story entwickeln. Natürlich gab es in der mikropolitischen Gemengelage ebenfalls einige sehr relevante Timing-Aspekte zu berücksichtigen. Das wird in jeder Organisation so sein. Einen weiteren Timing-Aspekt möchte ich nicht vorenthalten. Wir sind mit dem neuen Vergütungssystem aus der Krise heraus gestartet. Also mit fairen Aggregatkomponenten und mit guten Unternehmensergebnissen. Damit haben die Mitarbeiter gesehen: Es ist ein faires System. Das dann auch in weniger guten Jahren trägt.

Gab es bei Infineon Veränderungen, für die die Zeit noch nicht reif war oder die zu spät angegangen wurden?

Natürlich gibt es so etwas bei uns schon auch. Aber eine richtig ernsthafte Fehlsteuerung beim Timing fällt mir nicht ein. Ich habe bereits die langen Linien erwähnt. Damit ist es uns ernst. Seitens HR schaffen wir möglichst kontinuierliche, souveräne Rahmenbedingungen. Personalarbeit soll den ohnehin vorhandenen internen Stress nicht noch weiter erhöhen. Gerade wegen kurzfristiger Branchenverhältnisse suchen wir die langfristige Schwingung von Unternehmensprozessen. Wir schaffen es sogar meistens, nicht bei jeder kleinen Unebenheit gleich in den Krisenmodus zu schalten. Wir schaffen es sogar ziemlich oft, die Veränderungen in den guten Zeiten hinzubekommen. Wir schaffen es sogar immer besser, statt großer Hauruck-Aktionen in Big-Bang-Manier die Neuerungen schrittweise einzuführen. Dies alles verringert die Gefahr falschen Timings enorm.

Wenn Ihnen eine gute Fee zur Seite stehen würde, die Ihnen einen freien Wunsch zum Change-Management zugesteht – welcher wäre dies? Was würden Sie sich für ein noch besseres Change-Management unbedingt wünschen?

Da wünsche ich mir eine noch stärkere Verankerung von Change-Management-Prozessen als »notwendiger« Bestandteil der Unternehmensentwicklung. Nicht durch spezialisierte Change-Agents, die im fernen Orbit kreisen. Sondern durch aktive Menschen in der HR-Funktion, die Veränderungsprozesse begleiten, unterstützen, anreichern.

6.3 Design der Veränderung

Vorteile der Transformations-Architektur

Grundsätzlich gesehen kann ein Veränderungsprozess bis ins kleinste Detail verplant oder vollkommen offen angegangen werden. Der erste Ansatz könnte als *Change-Engineering* bezeichnet werden, der zweite – mit einem Augenzwinkern – als *systemische System-Systemik*. Dazwischen gibt es unterschiedlich akzentuierte Mittelwege hinsichtlich der Ausarbeitung von Transformations-Architekturen im Widerstreit zwischen Programmschule und Adaptivschule (vgl. 2.7 und Abb. 64).

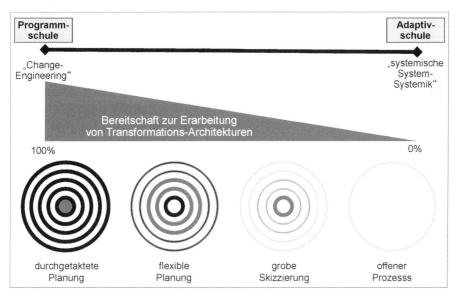

Abb. 64: Herangehensweisen an Veränderungsprozesse und schematische Transformationsarchitekturen

Grundlage der Transformations-Architektur für ein konkretes Veränderungsprojekt sind die erwarteten Erfolgsfaktoren und vermuteten Umsetzungsbarrieren in der People-Dimension einer Organisation (vgl. 6.1). Diese werden in einer initialen Analyse- und Diagnosephase ermittelt. Mit einem derartigen Vordenken können viele erwartbare Entwicklungen perzipiert und dadurch bereits frühzeitig adressiert werden. Natürlich können nicht sämtliche der im Verlauf einer Transformation auftretenden Schwierigkeiten bereits mit dem

Start der Veränderung antizipiert werden. Neben diesen prozessualen Aspekten des Wandels werden inhaltliche Aufgabenstellungen einer Veränderung und deren zeitlicher Verlauf geplant. Denn diese Inhaltsdimension bleibt Taktgeber der Veränderung.

Nicht sämtliche, aber recht viele Erfolgsfaktoren und Umsetzungsbarrieren können durch »Benutzung von Kopf & Herz« (Lektion 16) erfasst und damit gezielt angegangen werden. Bei großformatigen Veränderungsprozessen ist zwar bestimmt niemand vor andersartigen Verläufen, überraschenden Momenten und plötzlichen Überraschungen gefeit. Eine exzellente Vorbereitung zahlt sich immer aus. Vieles kann vorgedacht und vorgefühlt werden, ohne dass man dafür hellseherische Fähigkeiten benötigt. Schwierigkeiten entstehen eher selten ad hoc aus den Umständen. Kein Veränderungsprojekt ist derart einmalig, als dass dort Schwierigkeiten zum allerersten Mal auftreten würden, wie die Neuentdeckung irgendwelcher Insekten auf Papua-Neuguinea. Der These von einer zunehmend unplanbaren Zukunft kann natürlich nicht widersprochen werden. Aber oftmals ist diese These lediglich Ausrede dafür, sich über die Zukunft überhaupt keine Gedanken mehr zu machen und alles auf sich und seinen Verantwortungsbereich zukommen zu lassen. Die meisten Probleme besitzen einen langen zeitlichen Anlauf sowie eine durchaus absehbare Entwicklung: Verlust an Freiheitsgraden, Zunahme von Problembewusstsein, Konflikt der Stakeholder-Interessen, Steigerung des Entscheidungsdrucks, Verstärkung von Widerstandslinien. Nur wer oberflächlich schaut oder wenig erlebt hat, lässt sich von den inhärenten Schwierigkeiten (s)einer Transformation überraschen. Für den Blick in Erfahrungen früherer Projekte (Lessons learned) sollte in der Analyse- und Diagnosephase allemal genügend Zeit sein.

Einige Klassiker können dafür als Beispiele dienen: Fehlt etwa das viel beschworene Leadership-Commitment, sollte ein Veränderungsprozess gleich gar nicht gestartet werden. Zweitens ist mit hundertprozentiger Sicherheit davon auszugehen, dass bei jeder Standardisierung, Automatisierung und Zentralisierung die Entscheidungsprozesse von den bislang Verantwortlichen verzögert, verwässert und verweigert werden. Mit Drohgebärden, nach denen Umsatzeinbrüche von fünfzig und mehr Prozent die logische Konsequenz seien. Drittens sollte es niemanden überraschen, wenn bei dauerhaft fehlenden Budgets und Ressourcen selbst die besten Konzepte über den Schubladenstatus nicht hinauskommen und das Projekt im Sand stecken bleibt. Viertens kann es genauso wenig verwundern, falls bei fehlender, spärlicher oder verspäteter Information, Kommunikation und Qualifizierung die Betroffenen von den neuen Lösungen nur zögerlich Gebrauch machen. Fünftens wird vielerorts an einem ganz bestimmten Zeitpunkt im Projektverlauf die Erkenntnis aufkommen, man habe eigentlich die falschen oder schlechte Führungskräfte und müsse konsequenterweise fast alle Manager auswechseln, ohne dass dies in der Realität möglich oder überhaupt sinnvoll ist. Schließlich ist es eine kaum überraschende Erfahrung, dass nur wenige Organisationen bei unscharfen oder fehlenden Entscheidungen über einen längeren Zeitraum handlungsfähig bleiben. Nicht alles, aber vieles kann aus Erfahrung heraus vorgedacht werden und damit in die Transformations-Architektur einfließen. Übrigens: Es geht nicht darum, selbst klitzekleine Problemchen mit geringer Wahrscheinlichkeit an die Oberfläche zu zerren und aufzubauschen. Vielmehr sollen absehbare Umsetzungsbarrieren erkannt und angegangen sowie bekannte Erfolgsfaktoren verstanden und sichergestellt werden. Nicht mehr, aber auch nicht weniger.

Beispielhafte Transformations-Architekturen

Hinsichtlich konkreter Beispiele gibt es ein grundsätzliches Problem: Veröffentlichte Transformations-Architekturen weisen meist nur generische Elemente auf und wirken auf den Betrachter reichlich platt (etwa Doppler/Lauterburg 2002: 316, Rank/Scheinpflug 2008: 47, 60, 193, Vahs/Weiand 2010: 227–232, Kristof 2010: 239–463, Roehl u. a. 2012: 61–67). Hingegen erfordern tatsächliche Transformations-Architekturen sehr situationsspezifische Designs. Diese sind konkret auf die jeweilige Ausgangslage und Zielsetzung der Veränderung abzustimmen. Doch eine solche Deutlichkeit ist nicht für die Öffentlichkeit bestimmt. Ebenfalls aus Vertraulichkeitsgründen kann ich frische Architekturen aus meiner jüngeren Beratungstätigkeit nicht vorstellen. Die *Klassiker* aus der ersten Auflage dienen als ordentlicher Ersatz. Sie zeigen – durch unterschiedliche Veränderungsanlässe und verschiedenartige Layoutgestaltung – die mögliche Vielfalt bei Transformations-Architekturen. Daneben hat sich bei der Veranschaulichung ein kleines Marktsegment künstlerischer Illustration entwickelt (z. B. www.dialogbild.de).

Beispiel Eins – Restrukturierung: Ein im Weltmarkt führendes Unternehmen der Baustoffindustrie war in Europa als Folge der rezessiven Branchenkonjunktur mit erheblichem Margendruck und der daraus resultierenden Kostensenkung konfrontiert. Einer von mehreren Ansatzpunkten war die Konsolidierung der IT-Funktion und damit verbundener Kern- und Querschnittsprozesse durch ein Shared-Service-Center an einem kostengünstigen Nearshore-Standort. Im Rahmen der Inhaltsdimension wurden die wesentlichen Aufgabenstellungen angegangen: das »Business-Model Alignment« (Anpassung der Prozesse auf einen einzigen europäischen Standard), das IT-Layout (technologische Architektur und Infrastruktur), der »SSC-Setup« (Aufbau der Shared-Service-Center-Strukturen an einem spanischen Standort) sowie »Governance & Management« (Organisationsstruktur und Verantwortliche). Doch es fehlten wichtige Erfolgsfaktoren. Die Leitfrage im Change-Management lautete: »Was müssen wir eigentlich sonst noch machen, um am Ende erfolgreich zu sein (und sind leider bislang durch die bereits erhebliche Arbeitslast nicht dazu gekommen)?« Diese an sich berechtigte Fragestellung nervte die Beteiligten ungemein. Da sie natürlich – bei weitgehend konstanten Ressourcen und Budgets – viele zusätzliche Aufgaben produzierte.

Aus ihr ließen sich vier Aufsetzpunkte festmachen: Wie kommen wir von einer IT als Betriebsfunktion zu einer IT als Business-Partner? Wie kommen wir von einem länderorientierten IT-Betrieb zu einem regional ausgerichteten Shared-Service-Center? Wie kommen wir von einer mediterranen und auf Funktionen ausgerichteten Mentalität zu einem europäischen und an Prozessen orientierten Agieren? Wie kommen wir von einer freundschaftlichen Hilfe für Kollegen in den Nachbarräumen zu einem vertraglich definierten Angebot für interne Kunden aus Hamburg, Zürich, Paris und sogar Tirana?

Die sich aus Beantwortung dieser Anforderungen ergebenden Interventionen wurden identifiziert, priorisiert und in einer Architektur zusammengefasst (Abb. 65). Die Spannweite reichte von *kleinen* Routinen (z.B. Sprachtrainings) zu großen Entwürfen (z.B. SSC-Kultur), von kurzfristigen Aktivitäten (z.B. Zertifizierung) zu langwelligen Maßnahmen (z.B. Business-Development), von wissensorientierten Elementen (z.B. IT-Trainings) zu handlungsrelevanten Interventionen (z.B. Stakeholder-Management). In monatlichen Workshops (Change-Management-Review auf Basis eines Change-Management-Dashbords) mit dem designierten Managementteam des Shared-Service-Centers wurde der Umsetzungsstatus verfolgt. Bei auftretenden Schwierigkeiten wurden konkrete nächste Schritte vereinbart und nachgehalten. In der Rückschau kann als wesentlicher Aspekt für das Gelingen die hohe Aufmerksamkeit und große Ernsthaftigkeit des Gesamtverantwortlichen angesehen werden. An vielen Stellen war er selber gefordert, bei anderen Interventionen musste er seine Führungskräfte zusätzlich zu den ohnehin höchst anspruchsvollen und zeitintensiven Herausforderungen täglich motivieren, nun auch noch die Voraussetzungen für eine Transformation von Organisation und Mitarbeitern zu schaffen.

Beispiel Zwei – Post-Merger-Integration: Als Königsklasse von Veränderungsprozessen gelten Post-Merger-Integrationen (PMI), also die strategische und organisatorische, prozessuale und technologische, personelle und kulturelle Zusammenführung bisher getrennter Welten. Gerade für die von ihren Eigentümern weiterhin erwarteten Wachstumsstrategien der Konzerne stellt der Kauf von anderen Firmen beziehungsweise Teilen davon oft die einzig mögliche Handlungsoption des Managements dar. Ein generisches Wachstum aus sich selbst heraus dauert in vielen Fällen zu lange und ist ebenfalls nicht ohne Probleme. Weitere Motive liegen in der Verwirklichung von Synergiepotenzialen, der Realisierung von Skaleneffekten und der Wahrnehmung von Marktchancen. Die Wahrscheinlichkeit des Scheiterns darf allerdings keinesfalls unterschätzt werden. Die einen wissen aus Erfahrung, dass zwei von drei

	July	August	September	October	November	December	next year
Change management basics							
· Communication / mobilisation							
· Stakeholder management							
Project attractiveness							
· SSC vision / mission							
· Documentation of EBM processes							
· Documentation of SSC procedures							
· SSC/SLA accepted by users							
· Transition period designed							
· Start-up next group company							
· Ongoing optimisation process							
· Certification (e.g. ISO, SEI, ITIL)							
Human resource management basics							
· SSC employee application/assessment							
· SSC employee staffing							
· IT retention other countries							
· HR management							
· HR administration							
· Restructuring IT departments							
Capability development							
· Training SSC people (processes)							
· Service quality training SSC people							
· Language training SSC people							
· Training key user (processes)							
· Language training key user							
SSC culture							
· Create corporate culture in SSC							
· Create positive difference to today							
· Create awareness for diversity							
· Create business development attitude							

Abb. 65: Transformations-Architektur: Beispiel (1/3)

Fällen scheitern. Andere lernen aus den Medien und der Wissenschaft, dass sogar drei von vier Mergern ihre Ziele nicht erreichen. Meistens liegt dies an starken Widerständen aus mindestens einer der beiden Organisationen. Es dominieren emotionale und politische Aspekte. Denn für das neue Unternehmen mag Eins plus Eins sogar Drei sein, theoretisch. Dies nennt man Synergie. Dagegen ist für viele Betroffene Eins plus Eins meist Eins, praktisch. Da in vielen Schlüsselpositionen einer aus beiden Organisationen überzählig ist. Bei kaum einem anderen Veränderungsanlass wird daher die Prozessdimension so uneingeschränkt als wichtigster Schlüssel zum Erfolg gesehen. Dennoch wird er gar nicht oder schlecht gestaltet. Oftmals ist es nach wie vor der Fall, dass bei Anbahnung von Akquisitionen die in der Prozessdimension gebotenen Aspekte keine oder allenfalls eine völlig nebensächliche Rolle spielen. Investment Banker, M&A-Abteilungen und Akquisitionsberater blenden People-Themen vor dem sogenannten Tag 1 (Pre-Merger) häufig aus. Change-Management wird meist erst im Verlauf des Zusammenrückens (Post Merger) als relevant erachtet. Bei der zur Illustration ausgewählten Transformations-Architektur (Abb. 66), dem Merger von zwei Unternehmen aus der Schiffsbauindustrie, war die strategische Passung nahezu lehrbuchmäßig. Divergenzen in der Realität waren jedoch durch denkbar unterschiedliche Kulturen und Personen nur durch ein klar strukturiertes Design – und dessen Umsetzung – zu bewältigen.

Beispiel Drei – IT-Innovation: Inzwischen starten viele erkennbar anspruchsvolle Business-Transformationen zunächst als vermeintlich leichtgängige Technology-Transformation. Während lange Zeit das »G'schäft« der

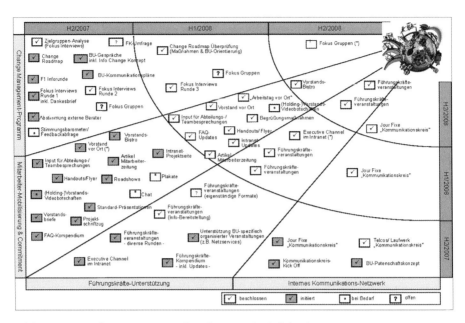

Abb. 66: Transformations-Architektur: Beispiel (2/3)

Technologie seinen Takt vorgab, ist es heute immer öfter umgekehrt. Sowohl inhaltlich als auch politisch werden IT-Innovationen zum Ausgangspunkt großformatiger Transformationsprozesse. Auch der im ersten Beispiel geschilderte fundamentale Veränderungsprozess hatte seinen Ursprung in der Technologie. Auswirkungen auf Geschäftsmodell und -prozesse wurden anfänglich ganz bewusst nicht in den Vordergrund gestellt. Sie waren die Hidden Agenda der Unternehmensleitung. IT-Projekte folgen inzwischen einer fest etablierten Phasenlogik, der sich das Change-Management unterwerfen muss (Abb. 67). Auf die Startphase (Setup) folgen Konzeptionsphase (Blueprint) und Umsetzungsphase (Realising). Dann geht es aus dem Projekt heraus in die Einsatzgebiete, zunächst im Testlauf (Pilot) und dann im flächendeckenden Betrieb (Rollout) sowie einer möglichen Nachbetreuung (»post go live«). Change-Management-Aktivitäten wie etwa die basalen Instrumente rund um Wissen (Mobilisation & Communication) und Können (Knowledge & Skills) sind in allen Phasen relevant. Die Projektsteuerung (Project Management Office) ist meist übergeordnet (vgl. 7.3). Die Inhaltsdimension (Organisation & Processes) steht bei den Entscheidern dominant im Vordergrund. Die nicht zu unterschätzenden emotional-politischen Aspekte (Culture) werden bei IT-Innovationen allzu oft aus Kostengründen oder fehlendem Verständnis einfach ausgeblendet.

Rechtzeitig loslegen

Immer wieder wird von Change-Management-Verantwortlichen beklagt, sie würden bei Veränderungsprozessen zu spät hinzugezogen. Oft sogar erst dann, wenn das Kind längst in den Brunnen gefallen sei, das Haus bereits in lodernden Flammen stehe, das Projekt schon gegen die Wand gefahren wurde, es nun tatsächlich gar nicht mehr anders geht, die Not längst zum Greifen ist. Für erfolgreiche Rettungsmaßnahmen sei es dann meist zu spät. Mit entsprechend dramatischen Bildern kann dem absehbaren Scheitern bereits die Erklärung – samt Entschuldigung – prophylaktisch vorangeschoben werden. Wer zu spät kommt, den bestraft das Leben. Oder er kann nichts dafür.

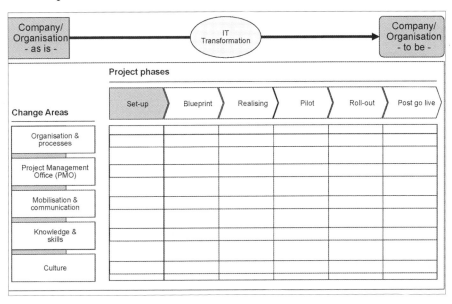

Abb. 67: Transformations-Architektur: Beispiel (3/3)

Die Frage, zu welchem Zeitpunkt des Veränderungsgeschehens das Thema Change-Management mit Leben gefüllt wird, wurde in zwei Studien untersucht (Claßen/von Kyaw 2010: 26–27). Immerhin vier von fünf Transformationen starten ihre Change-Management-Aktivitäten rechtzeitig (Abb. 68). Ganz so schlimm, wie von mancher bösen Zunge immer wieder behauptet, scheint es demnach in der Unternehmensrealität nicht zu sein. Fast jedes vierte Veränderungsprojekt beginnt Change-Management sogar mit ausreichendem Vorlauf. Mehr als jedes dritte legt mit der Gestaltung des Wandels unmittelbar am Beginn der Transformation los. Ein weiteres Fünftel fährt seine Maßnahmen zumindest kurz nach dem Projekt-Startschuss hoch, meist auch noch genügend früh. Mit deutlichen Verzögerungen – und daher eindeutig zu spät – müssen sich Change-Management-Verantwortliche in jedem sechsten Unternehmen abplagen. Lediglich in wenigen Organisationen ertönt der Change-Management-Hilferuf sogar erst dann, wenn der Karren bereits tief im Dreck steckt.

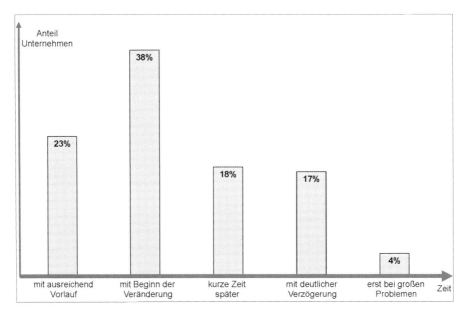

Abb. 68: Start von Change-Management bei Veränderungsprojekten (Durchschnittswerte 2008/10)

Insgesamt ist dies ein erfreuliches Bild. Change-Management muss – so der landläufige Konsens – rechtzeitig starten, mit Beginn der Transformation. Diese Erkenntnis scheint sich zwischenzeitlich selbst im stressigen Anfangsstadium einer Veränderung durchgesetzt zu haben. Das ist Fortschritt! Inzwischen planen viele Unternehmen ihr Change-Management von Beginn an ganz selbstverständlich ein. Dies zeigt sich nicht zuletzt in Ausschreibungsunterlagen für die allfällige externe Unterstützung. In denen wird immer häufiger explizit ein professionelles Change-Management-Konzept nachgefragt. Bei Budgetproblemen gehört Change-Management dann aber weiterhin zu den allerersten Kandidaten, die von Kürzung oder sogar Streichung bedroht sind.

Harmonisch einbauen

Was wäre dies für eine Organisationswelt, in der ein Veränderungsvorhaben säuberlich seziert, eindeutig separiert und vollständig autonom von anderen Transformationen stattfinden könnte. Die Realität sieht anders aus. Man spricht von parallelen, multiplen und seriellen Transformationen. Diese finden entweder zeitgleich, aber andernorts, oder hintereinander, aber gleicherorts, statt. Ob ihrer Ausstrahlungseffekte nach vorne sowie zur Seite müssen sie mit in den Blick genommen werden. Fünf Beispiele für solche wechselseitigen Abhängigkeiten seien hier genannt: 1. Die Standardisierung, Automatisierung und Zentralisierung von Querschnittsfunktionen, die eine gleichzeitige Reorganisation der gesamten Firma nicht ausblenden kann. 2. Die neu aufgelegte Wachstumsinitiative, die nicht auf das alzheimersche Vergessen von gerade erst abgeschlossenen Verschlankungswellen setzen kann. 3. Die Strategieumsetzung im einen Bereich, die eine völlig anders ausgerichtete Initiative in einem anderen Bereich nicht komplett vernachlässigen kann. 4. Die allerjüngste Post-Merger-Integration, die die noch nicht verdauten Akquisitionen der letzten Jahre nicht vergessen kann. 5. Die globale IT-Harmonisierung, die vielfältige lokale Einzelinitiativen für dezentrale Insellösungen keinesfalls ignorieren kann.

In einem typischen mitteleuropäischen Konzern laufen neben den ohnehin schon zum Dauer-Change gewordenen Restrukturierungs-, Reorganisations-, Wachstums-, Innovations- und Optimierungs-Programmen noch Projekte zu Harmonisierung (unter dem Schlagwort One Company), Benchmarking (World-Class), Integration (Post Merger), Internationalisierung (Emerging-Markets), Talent-Management (Workforce-Readiness), Führungskultur (Values) und manch anderes mehr. Sämtliche dieser Veränderungsvorhaben besitzen anspruchsvolle und nur selten widerspruchsfreie Zielsetzungen, einen stets zu kurz getakteten Zeitrahmen sowie eingeschränkte budgetäre und personelle Ressourcen. Als außenstehender Zuschauer ist man geneigt, je nach Veranlagung *ambitioniert* (bei Bewunderung) oder *utopisch* (bei Fassungslosigkeit) zu raunen. Als Change-Manager muss man dies offen ansprechen. Bei all diesen Interdependenzen ist entweder ein übergeordnetes Multi-Projektmanagement oder zumindest ein ernsthaftes *Initiative-Alignment* zur Abstimmung erforderlich, um Zielkonflikte, Widersprüche und Nadelöhre zunächst aufzuzeigen und anschließend auszuräumen.

Diese Abstimmungs-Problematik wurde in zwei Studien auf Basis von Schulnoten analysiert (Claßen/von Kyaw 2010: 28–29). Das Gesamtergebnis ist mit einer Durchschnittsnote von Drei bis Vier allenfalls mittelmäßig (Abb. 69). Nur in jedem fünften Unternehmen wird die Koordination als »gut« bezeichnet. Ein gutes Drittel ringt sich immerhin zum Statement »befriedigend« durch. Fast jedes vierte Unternehmen bezeichnet die Abstimmung paralleler Veränderungsinitiativen lediglich als »ausreichend«, jedes fünfte sogar als »mangelhaft«. Auch die schlechteste Note »ungenügend« wird von einigen Firmen vergeben. Aus diesen Ergebnissen lässt sich für viele Organisationen ein deutlicher Verbesserungsbedarf ableiten. Wenn es an einer Stelle »Hüh!« heißt, an einer zweiten »Hott!« und an einer dritten sogar »Brrr!«, dann stecken die verschiedenen Karren selbst mit guten Lenkern und besten Pferden bald tief im Morast oder stoßen zusammen. Es ist weitaus besser, die Fuhrwerke von vornherein zusammenzuspannen. Oder einige von ihnen wieder im Schuppen mit der Überschrift »Vielleicht später« zu parken.

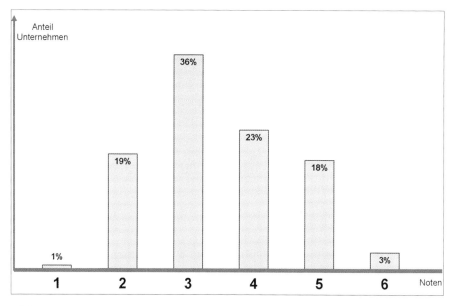

Abb. 69: Abstimmung von Veränderungsprojekten untereinander
(Durchschnittswerte 2008/10)

»Portionierung« der Zeit

Laut Wikipedia beschreibt *Zeit* die Abfolge von Ereignissen, hat also im Gegensatz zu anderen physikalischen Größen eine eindeutige, unumkehrbare Richtung. Mit Hilfe der physikalischen Prinzipien der Thermodynamik kann diese Richtung als Zunahme der Entropie bestimmt werden. Aus einer philosophischen Perspektive beschreibt Zeit das Fortschreiten der Gegenwart von der Vergangenheit kommend zur Zukunft hinführend. Man müsse das richtige *Window of Opportunity* finden. Es gelte den besten *Tipping Point* der Veränderung zu treffen. Beim Tempo der Durchführung sei auf stimmiges *Timing* und *Pacing* zu achten.

Als erstes Erschwernis ist festzuhalten, dass Menschen ein unterschiedliches Zeitverständnis aufweisen. Damit ist nicht gemeint, dass es für die einen »fünf vor zwölf« und die anderen »endlich Mittagspause« ist. Gemeint sind abweichende Vorstellungen über Zeitverläufe (vgl. Holtbrügge nach Kristof 2010: 120):

- zyklisch im Sinne von »alles kehrt wieder«,

- linear im Sinne von »alles fließt«,

- teleologisch im Sinne von »alles verläuft zweckmäßig«,

- spiralförmig im Sinne von »alles bleibt anders«,

- polychron im Sinne von »Ungleichzeitigkeit der Gleichzeitigen«.

Erschwernis Nummer Zwei ist die bei begrenzter Lebenszeit stets präsente Knappheit von Zeit bei Veränderungsprozessen. Selbst wenn dieser Satz recht unscheinbar daherkommt ist er der vermutlich brutalste im ganzen Buch. Simon (2011: 14) hat sicher recht, wenn er festhält: »Angesichts der großen und schnellen Veränderungen stellt sich eine übergeordnete Herausforderung, die effektivere Umsetzung. ... Managementeffizienz und -effektivität beginnen mit einer besseren Nutzung der knappen Ressource Zeit«. Genauso richtig ist freilich die Feststellung, dass die Leadership-Blase vielerorts unmittelbar vor dem Platzen steht (vgl. 4.2).

Erschwernis Nummer Drei ist das Dringend/Wichtig-Paradox (vgl. 2.1) im Sinne »gestauchter Zeitpräferenz« (Simon 2011: 143). Kurzfristige Wirkungen gewinnen im Vergleich zu langfristigen an Gewicht. Erschwernis Nummer vier ist die aus dem Marketing importierte Erfahrung, dass Diffusionsprozesse ihre Zeit brauchen (vgl. Kristof 2010: 491 und Abb. 70).

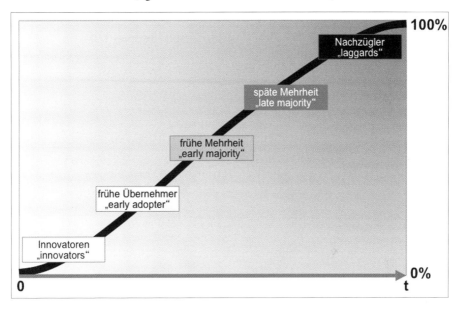

Abb. 70: Diffusionsprozesse brauchen Zeit

Dennoch werden Veränderungsprozesse immer wieder portioniert und entsprechend der *Plan-/Do-/Review-Logik* (Abb. 71 und 72) in Phasen unterteilt. In solchen Phasierungen steckt freilich ziemlich viel Symbolik. Die martialisch als *Deadline* bezeichneten Entscheidungs- und Ergebnispunkte einzelner Phasen sind lediglich Augenblicke im steten Rausch der Zeit. Sie schweben allerdings wie ein Damoklesschwert über der Veränderung: »Ex post sind Veränderungsprozesse deskriptiv in Phasen teilbar, in der Regel wirkt die Einteilung aber willkürlich, da die einzelnen Veränderungsschritte mit guten Gründen auch anders gruppiert werden können. ... Schlussfolgerung ist, dass keine sinnvollen veränderungsprozessübergreifenden Phasenmodelle zur erfolgreichen Gestaltung von Veränderungsprozessen identifiziert werden konnten« (Kristof 2010: 481).

Abb. 71: Phasierung von Veränderungsprozessen (Beispiel 1/2)
(Quelle: Vahs/Weiand 2010: 14)

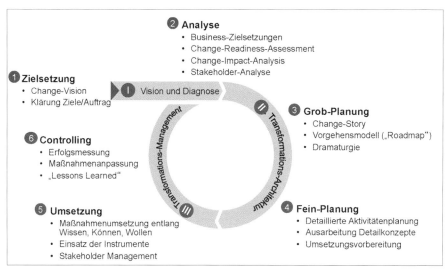

Abb. 72: Phasierung von Veränderungsprozessen (Beispiel 2/2)

Übrigens: Die moderne Physik hat sich der Zeit als Variable weitgehend entledigt: »Fast alle Gesetze lassen die Zeit als eliminierbar erscheinen. Das wird durch die Tatsache bezeugt, dass die Naturgesetze symmetrisch gegenüber Zeittransformationen sind« (Fahr/Geyer 1996: 924). Ganz so weit ist das *moderne* (Change)Management noch nicht. Die Zeitdimension ist deren wahrscheinlich am wenigsten fassbare Ressource. Was für die immer selteneren Normalzeiten zutrifft, gilt erst recht für Veränderungsprozesse. Zeit ist eigentlich immer zu wenig vorhanden. Zeit ist nur bedingt durch additive Ressourcen zu kompensieren. Zeit ist durch Vordenken und Vorhandeln allenfalls in sehr begrenztem Umfang auf Lager zu legen. Also muss bei einer Transformation der Vergänglichkeitsfaktor Zeit mit großer Sorgfalt gemanagt werden.

Am besten wird der Anfang vom *langen Ende* her geplant, werden Aktivitäten mit einem nicht allzu optimistischen Blick in die beste Abfolge entlang des zeitlichen Verrauschens gelegt. Allerdings ist inzwischen der Druck auf einen möglichst raschen Endtermin häufig ins Unermessliche gestiegen (vgl. 4.2). Nicht selten liegt gerade darin der Ursprung von Umsetzungsschwierigkeiten. Diese Erkenntnis ist im Management zwar bekannt, aber nicht beliebt. Sie zeigt sich immer wieder in der Verschiebung des »going live«. Realistische Umsetzungszeiträume wären die konsequente Folgerung. Dem stehen Erwartungen der Eigentümer, Vorstellungen der Entscheider und Ambitionen der Umsetzer entgegen. Jedem, mir als Schreiber und Ihnen als Leserinnen und Leser geistern vermutlich gerade solche Implementierungshektiker vor dem geistigen Auge. Ihnen gilt die kurzfristige zeitliche Taktung – nicht ganz zu Unrecht – als probates Mittel, um »den Druck auf dem Kessel zu lassen«. Lautes Pfeifen der *Ventile*, also von Führungskräften und Mitarbeitern, ist ihnen dann nicht mehr als ein Indiz dafür, gegebenenfalls ein klein wenig Zeit zuzugeben, eher Stunden als Tage. Individuelles Jagdfieber darf jedoch nicht Anlass für eine vergemeinschaftete Hetzjagd sein.

Die Portionierung von Zeit kann jedenfalls niemals statisch oder sogar dogmatisch verstanden werden. Sie muss elastisch bleiben. Transformationsphasen können bei Bedarf weiter granuliert oder auf den individuellen Geschmack, alternative Bezeichnungen sowie auf das im Unternehmen etablierte Prozedere adaptiert werden. Der künftige Erkenntnisfortschritt bei diesem Thema ist allenfalls noch gering. Bahnbrechende Innovationen sind für die Phasierung von Veränderungsprozessen, bei der es primär um den persönlichen Gusto und die jeweilige Praktikabilität geht, in Zukunft kaum mehr zu erwarten. Im Grunde ist das *Unfreezing-/Moving-/Refreezing-Denken* von Lewin (1951) vielerorts immer noch *State-of-the-Art*. Viele der heutigen Lehrbücher benutzen zur Illustration gerne ein Phasenmodell von Veränderungsprozessen, etwa das fünfschrittige Wandlungsprozessmodell: Initialisierung, Konzipierung, Mobilisierung, Umsetzung und Verstetigung (Bach u. a. 2012: 357 – 359). Oder in einer angloamerikanischen *Tick-tick-tick-Finanzsprache:* »stop the bleeding«, »fix the basics«, »facing the future« (Deloitte 2008).

Change-Manager als Architekt

Für die Transformations-Architektur – als Planung der Prozessdimension einer Veränderung – braucht es vor allem eines: Professionalität. Die Verantwortung für dieses Design liegt beim Change-Manager in seiner Rolle als Architekt. Dieser soll die inhaltlichen Zielsetzungen des Bauherrn, dem Business-Manager, und die vielfältigen Anforderungen aus der People-Dimension bei der Gestaltung des Wandels in Einklang bringen: Keine einfache Aufgabe. Dazu muss er viel Erfahrung, eine kräftige Portion Augenmaß und etwas vom Advocatus Diaboli mitbringen – ohne jedoch in eine pessimistische Worst-Case-Mentalität oder ein Lamentieren über fehlende Erfolgsfaktoren zu verfallen. Es gibt vier Leitfragen des Change-Management-Architekten:

1. Was ist – neben der Bestimmung der Strategie- und Inhaltsdimension einer Business-Transformation – sonst noch zu tun, in der Organisation, bei den Führungskräften und Mitarbeitern, also in der People-Dimension, damit der Veränderungsprozess zum Erfolg wird, auf den die meisten Verantwortlichen, Beteiligten und Betroffenen im Rückblick stolz sein werden?

2. Wie kommen Strategie-, Inhalts- und Prozessdimension in Einklang? Damit sich das vielfältige Geschehen einer Veränderung bei den *Hard Issues* nicht von den *Soft Issues* entkoppelt. Dazu bedarf es enger Abstimmung zwischen dem Architekten und seinem Bauherrn aus dem Business-Management.

3. Wie wird eine emotionale und politische Dramaturgie der Business-Transformation entwickelt, damit überschwängliche Hochstimmung (»Ups«) gedrosselt und unvermeidbare Tiefpunkte (»Downs«) aufgefangen werden (vgl. 6.4). Muss die Basissentenz der Veränderung ein vergangenheitsüberwindendes *Management of Fear* sein oder kann es ein zukunftsgestaltendes *Management of Hope* werden (vgl. 6.2)?

4. Wie bleibt die Transformations-Architektur so weit adaptiv, flexibel, elastisch, dass sie beim anschließenden Veränderungsmanagement nicht wie ein steifes Korsett spätere Erkenntnisse sowie Veränderung der Veränderung blockiert? Denn in der Inhaltsdimension wird nicht alles entlang einer ersten Planung laufen. Es werden Verzögerungen auftreten, Anpassungen erforderlich, Schwierigkeiten entstehen und Streitigkeiten eskalieren. Regelmäßige Reflexion und nachträgliche Justierung bleiben erlaubt!

Neben seiner künstlerischen Ader braucht der Architekt in gleichem Maß eine praxisnahe, handwerkliche, instrumentelle Kompetenz. Er durchleuchtet die vielfältigen Veränderungswerkzeuge auf ihre Effektivität und Effizienz in der konkreten Situation und wählt die bestgeeigneten aus (vgl. 8.1). Meist sind es wieder Mittelwege, mit denen der Erfolg kommt. Weder der Stardesigner von extravaganten Nobelvillen in 1a-Lagen noch der Häuslebauer von schlichten Reihenhäusern im 08/15-Format erweisen sich in der überwiegenden Zahl von Fällen als geeignete Architekten der Transformation.

Etwas Zeit sollte für die Entwicklung einer Transformations-Architektur, die ihr vorgeschaltete Diagnostik (vgl. 3.1) sowie Priorisierung und Fokussierung von Instrumenten (vgl. 8.1) zur Verfügung stehen. Wobei mit diesem Appell eher wenige Wochen als viele Monate gemeint sind. Denn sorgfältige Planung hat sich bewährt. Architekturen von der Stange können dabei zum Ausgangspunkt für situatives »Customizing« werden, als Steinbruch und Checkliste. Da zwei Kernbereiche der People-Dimension – Wissen und Können – inzwischen mehr oder weniger zum routinemäßigen Inventar jeder Change-Management-Konzeption gehören, muss der Blick auf einstellungs- wie handlungsrelevantes Wollen und damit die Mobilisierung ausgedehnt werden. Denn dort liegen heute die wichtigsten Erfolgsfaktoren und Umsetzungsbarrieren bei der Gestaltung organisatorischen Wandels.

Wer wirkt eigentlich bei Veränderungsprojekten in maßgeblicher Weise am Change-Management mit? Dies wurde in zwei nicht mehr ganz taufrischen Studien untersucht (Claßen u. a. 2005: 49–51 und Abb. 73). Nicht unerwartet gibt es drei wesentliche Akteure: das Projektteam, die zuständigen Linienmanager sowie bei entsprechender Tragweite der gesamthaftende Vorstand. Diese Akteure stehen für die Transformation, tragen Verantwortung und müssen Rechenschaft abliefern. Außerdem haben sie meist ihre Zielvereinbarung direkt oder indirekt mit dem Projekterfolg verknüpft. Erstaunen muss daher besonders das gute Viertel an Projekten, bei denen das Projektteam keine maßgebliche Mitwirkung in der Prozessdimension zeigt. Wie soll diese Entkopplung des Change-Managements vom *Rest* der Transformation funktio-

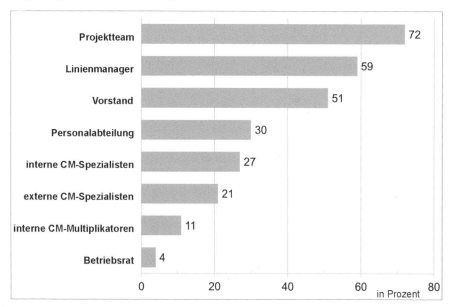

Abb. 73: Maßgebliche Beteiligung beim Change-Management von Veränderungen (Durchschnittswerte 2003/05)

nieren? Komplettdelegation an Experten oder *Stand-alone-Phantasien* von Organisationsentwicklern sind mit Sicherheit der falsche Weg (vgl. 2.8).

Hinzu kommen je nach Lage der Dinge weitere Akteure: aus der Personalabteilung (als Kompetenzcenter oder Business-Partner), interne und/oder externe Change-Management-Spezialisten, interne Change-Management-Multiplikatoren (Change-Agents) sowie ganz vereinzelt auch der Betriebsrat.

Interview mit Jürgen Holeksa

Personalvorstand und Arbeitsdirektor, ZF Friedrichshafen AG, Friedrichshafen

»Neuorganisation«: Marktorientierung durch das Projekt go4ZF!

Bislang war ZF in Deutschland ein heterogenes Unternehmen mit über zehn selbstbewussten Legal Entities. Die mit go4ZF! zur stärkeren Marktorientierung in eine deutsche Zentralgesellschaft verschmolzen worden sind. Wo stehen Sie mit dem Projekt?

ZF zeigt nach go4ZF! eine Organisationsstruktur, die sich deutlicher an Kunden und Märkten orientiert. Dies bedeutet: Ein Produkt ist in einer Verantwortlichkeit in Form einer Division beziehungsweise Business-Unit beheimatet. Ansprechpartner sind daher für Kunden leicht auffindbar. Durch go4ZF! sind vier ungefähr gleich große Divisionen entstanden. Diese Divisionen haben volle Profit- & Loss-Verantwortung und weisen in vielfacher Hinsicht auch hinreichend autarke Strukturen auf. Sie haben jedoch keine eigene Rechtsform mehr, etwa in Form einer AG oder GmbH. Damit entfallen sind auch Strukturen, die aus Gründen einer eigenen Rechtsform erforderlich waren. Gleichzeitig ist trotz unveränderter Profit- & Loss-Verantwortung der Divisionen, der Informations-, Abstimmungs- und Steuerungsbedarf im ZF-Konzern intensiver, auch aus rechtlichen Gründen. Im Konzern ist zudem dafür zu sorgen, dass die Dinge einheitlich gehandhabt werden. In der operativen, aber auch strategischen Personalarbeit ist nicht nur aus Gründen der Gleichbehandlung jetzt darauf zu achten, dass beispielsweise keine unterschiedlichen oder vielleicht sogar widersprüchlichen Konzepte zur Führungskräfteentwicklung Anwendung finden. Darin liegt jedoch auch ein Mehrwert. Da unter Berücksichtigung der bisherigen Praktiken und Vorgehensweisen das Beste im Gesamtunternehmen zur Anwendung kommt und die damit verbundenen Bemühungen in die gleiche Richtung gehen. Und man kann den Themen eine andere Tiefe geben, die in einer heterogenen Struktur nicht zu leisten beziehungsweise nicht zu rechtfertigen ist. Dieser Prozess ist jedoch noch nicht vollständig abgeschlossen. Das eine oder andere »Nachschärfen« ist auf Basis der bisher gemachten Erfahrungen sicherlich erforderlich.

Welche Erfolgsfaktoren sehen Sie – im Rückblick – für dieses Veränderungs-projekt?

Folgende Erfolgsfaktoren von go4ZF! waren meines Erachtens wesentlich für die bisher erfolgreiche Umsetzung: Erstens, eine frühzeitige und umfassende Einbeziehung der Arbeitnehmerseite. Zweitens, ein professionelles Change-Management inklusive einer kontinuierlichen Prozesskommunikation (Wo stehen wir? Was sind die nächsten Schritte?). Drittens, die Bereitschaft und die Flexibilität, Projektfortschritte und deren Inhalte im Projektverlauf ständig zu überprüfen und gegebenenfalls gegenüber der ursprünglichen Zielsetzung anzupassen (Beispiel: Gesamtunternehmen). Viertens, die Verankerung der Projektverantwortung im Top-Management. Wichtig ist fünftens die Erkenntnis, dass trotz der systemischen Dimension von go4ZF! eine Version 2.0 absolut zu erwarten war. Und last but not least: Wir haben sehr viel Zeit und Geld in entsprechende Führungskräfte-Schulungen zum Change-Management investiert.

Wie löst ZF den Zielkonflikt zwischen Anforderungen globaler und inhomogener Märkte und seiner nunmehr gestärkten Zentrale am Bodensee? Wie ermöglichen Sie eine Diversität in der People-Dimension bei künftigen Veränderungsprozessen?

Die Märkte und unsere Kunden sind in der Tat global und inhomogen. Aber die Ausrichtung nach Produkten und damit nach Märkten und Kunden ist meines Erachtens der richtige Ansatz. Alle Divisionen und ihre jeweiligen Business-Units sind nun global verantwortlich und können mit ihren Produkten die jeweiligen Märkte und die jeweiligen Kunden lokal bedienen. Also im Ergebnis eine Glokalisierung ganz im Sinne von »Think global – act local«. Dies ist ein weiteres Indiz, dass go4ZF! eben kein Zentralisierungs-Projekt war und ist, sondern die produktbezogene Ausrichtung zu den Kunden das wesentliche Ziel war und ist. Diese verstärkte Marktorientierung bedeutet für einen global agierenden Konzern wie ZF eine gewisse Standardisierung von Prozessen, Systemen und Strukturen. Eine »starke« Zentrale am Bodensee – oder auch andernorts – könnte insbesondere die lokale Expertise unseres Erachtens nicht leisten. Die damit einhergehende Diversität gerade in der People-Dimension, insbesondere in der Führungskräfte-landschaft, ist hingegen kein Status-quo, sondern künftiges Ziel. Wir wollen und müssen in den nächsten Jahren mehr Diversität und Beweglichkeit in unsere Mann- und Frauschaften hineinbringen. Erste Initiativen dazu werden im Moment erarbeitet oder schon umgesetzt.

Wenn Ihnen eine gute Fee zur Seite stehen würde, die Ihnen einen freien Wunsch zum Change-Management zugesteht – welcher wäre dies? Was würden Sie sich für ein noch besseres Change-Management unbedingt wünschen?

Mein freier Wunsch zum Change-Management ist sicherlich der Wunsch des Kaufmanns nach noch besserer im Sinne von validerer Effizienzmessung sowie der damit verbundenen überprüfbaren Absicherung des Erreichten

(Nachhaltigkeit). Fortschritte auf beiden Gebieten würden die Akzeptanz von Change-Management bestimmt positiv befördern.

6.4 Befeuerung der Veränderung

Motivation und Mobilisierung: Wege zum Wollen

Veränderungsbereite Motivation der Betroffenen und mit ihr eine Mobilisierung von Führungskräften plus Mitarbeitern gelten als zentrale Erfolgsfaktoren in der Change-Management-Psychologie. Allerdings ist wohl auch nur zu wenig anderen psychologischen Konstrukten wie Motivation so viel Unterschiedliches auf den Markt der Meinungen geworfen worden. Dies wurde bereits bei der Diskussion von Führungstheorien verdeutlicht (vgl. 4.1). Zusammenhänge zwischen einer Persönlichkeit, ihrer systemischen Einbettung in das organisatorische Umfeld sowie ihrem Verhalten in Veränderungssituationen mit deren neuartigen Herausforderungen sind bislang allenfalls in Ansätzen verstanden (vgl. Schein 1985, Weinert 1998, Reiss 2002, Sprenger 2007, Vaupel 2008, Kristof 2010, Heckhausen/Heckhausen 2010, Kehr 2011, Sprenger 2012, Weibler 2012). Immerhin ist zumindest das Ziel von Motivation und Mobilisierung im Rahmen des Change-Management-Prozesses klar: Die individuelle Bereitschaft zur Transformation soll abgesichert oder sogar befeuert werden. Gleichzeitig gilt es, negative Energien mit demotivierendem Charakter zu vermeiden.

Mit einem *Panazee* als zauberhaftem Allheilmittel haben sich zahlreiche selbst ernannte Motivationsgurus auf die Podien wenig veränderungsfähiger Organisationen gewagt. Jedes Jahr bringt neue Stars. Angetreten um Menschen zu entflammen, zu entfesseln und zu entzücken. Einige wenige dieser Energetisierer überleben sogar mehr als eine ganze Dekade. Patentrezepte für Motivation und Mobilisierung haben aber selbst sie nicht. Allenfalls ein Problembewusstsein auf höherem Niveau. Gäbe es vollumfänglich wirksame Anreizsysteme, die wie ein Lichtschalter per Fingerdruck anzuknipsen wären, würden Veränderungsprozesse viel öfter, viel schneller und viel einfacher gelingen. Dem Konjunktiv sei ein Ende. Es ist schwer zu akzeptieren, dass Mobilisierung nicht einfach funktioniert. Es ist aber so: Einstellungen und Verhalten von Menschen lassen sich durch Organisationen nur sehr bedingt steuern. Dennoch greifen Verantwortliche in Alltagssituationen und noch mehr bei Veränderungsprozessen jede Anregung auf, die sich ihnen bietet, um die Nabelschnur des Wollens ihrer Führungskräfte und Mitarbeiter an die Organisation anzukoppeln. Diesem Bestreben steht vieles entgegen. Angefangen bei niederen Beweggründen bis hin zu solchen Monstermotiven wie das »Besonderswichtiggenommenwerdenwollen«, das »Nunaberwirklichbeleidigtseindürfen«, das »Zuallemseinensenfdazugebenmüssen«, das »Habeichdochschonimmergesagtverkünden«, das »Wenndasallesmalnurgutgehtzweifeln«, das »Wirdsobeiunsniemalsklappenmeinen« oder das »Istjetztdervölligfalsche-zeitpunktkundtun«.

Dem Motivationsthema kann man sich in unterschiedlichster Weise nähern: Über die Begriffsdefinition, über die Menschenbilder, über die Persönlichkeitsstrukturen, über die Umfeldfaktoren und Rahmenbedingungen, über die Bedürfnisprioritäten, über die Anreizsysteme, über die Antriebsprozesse und Verhaltensbarrieren oder über die grundsätzliche Veränderungsfähigkeit (vgl. 3.2). Dies ist an anderer Stelle – siehe beispielsweise die oben zitierten Quellen – vertieft worden. Jeder lässt sich beim Thema Motivation durch seine eigenen Geschichten, Erfahrungen und Lesestoffe antreiben.

In diesem Buch geht es um extrinsische Anreizsysteme, kollektive Antriebsprozesse und individuelle Verhaltensbarrieren sowie deren Implikationen für die Architektur von Veränderungsprozessen. Motivation soll nämlich mittels Change-Management von außen erzeugt, verstärkt, gesichert werden. Ansonsten – so der Glaubenssatz – sei keine Mobilisierung der neutralen und skeptischen Mehrheit möglich (vgl. 3.3). Führungskräfte und Mitarbeiter wollen wie sie sollen, weil ihnen die Organisation als Gegenleistung etwas dafür gibt und sie dies nehmen. So lautet das motivationale Dogma. Die Verführung von Führungskräften und Mitarbeitern gilt als Motivationshebel. Denn die grundsätzliche Stimmungslage von Betroffenen sei ohne dieses organisatorische Geben ziemlich mau. Wie Jahr für Jahr die gerne als Beleg zitierten Gallup-Umfragen mit ihren niedrigen Engagementwerten zu bestätigen scheinen (Gallup 2012). Motivation bei Veränderungsprozessen kann durchaus als eine Form kollektiver Bestechung interpretiert werden. Die – da sollte man Realist bleiben – bei vielen nur eine Frage der Währung und des Preises ist. Eine so verstandene Motivation belastet als organisatorisches Geben natürlich die Budgets. Deshalb wünschen sich Unternehmen deutlich mehr grundsätzliche Veränderungsbereitschaft ihrer Führungskräfte und Mitarbeiter. Damit Mobilisierungskosten gesenkt werden können. Was weit entfernt ist von der durch andere Motivationsmeister postulierten Autonomie und Aufrufen zu mehr individueller Entrepreneurship (etwa Csikszentmihalyi 2004, Malik 2006, Sprenger 2007, 2012), die auf persönliche Eigenverantwortung und personelle Willensfreiheit pochen.

Anreizsysteme, Antriebsprozesse und Verhaltensbarrieren

Was treibt an bei organisatorischen Veränderungsprozessen und wie? Und was hindert dabei? Dieses Buch wird bestimmt keine endgültigen Antworten liefern. Stattdessen werden die gängigen Optionen für Motivation und zur Mobilisierung aufgezählt (Abb. 74). Sie werden in den Zeiten des Wandels dringend benötigt, sind in der Veränderungsarchitektur vorzusehen und beim Veränderungsmanagement einzusetzen.

Leadership des Vorgesetzten	• Commitment • Vorbild / Rollenmodell • Interaktion, Partizipation und Kommunikation • Delegation und Verantwortungsübertragung
Veränderungsziel	• attraktive Vision („Hin-zu-Motivation") • unerträgliche Gegenwart („Weg-von-Motivation") • verbesserte Arbeitsinhalte, -formate und -prozesse • individuelle Perspektiven und Karrieremöglichkeiten
"Timing" und "Pacing"	• realistischer Zeitrahmen inklusive Work-Life-Balance • Umsetzung erst in ausgereiftem Zustand • Eingewöhnungszeiten und Möglichkeit zum Ausprobieren • Abschied vom Bisherigen inklusive Anerkennung der Vergangenheit
Atmosphäre der Organisation	• veränderungsbereite Grundstimmung • stimmige Unternehmenswerte und menschliche Führungsleitbilder • Teamgeist sowie Veranstaltungen mit Gemeinschaftsgefühl • Möglichkeit konstruktiver Kritik sowie Verzicht auf Nullfehlerkultur
Wertschätzung	• faszinierende Freiräume und angemessene Herausforderungen • Mitwirkungsmöglichkeiten (Integration / Partizipation) • Lob, Achtung und Würdigung • Unternehmensimage (Sichtweisen externer Dritter)
Wissen und Können	• individuelle Informationsmöglichkeiten (Pull-Information) • individuelle Qualifizierungsmöglichkeiten • systematische Personalentwicklung • fokussiertes Talent-Management
Materielles	• Vergütung (fix und variabel) • situative Prämien beziehungsweise Erfolgsbeteiligung • Statussymbole und Extrawürste • materielle Perspektive

Abb. 74: Motivationshebel bei Veränderungsprozessen (mit Beispielen)

Als wichtigstes Anreizsystem gilt die Führungskraft, nicht als Manager, sondern als Leader. Dem Themenkreis Leadership mit seinen Erfordernissen und Schwierigkeiten ist deshalb ein eigenes Kapitel gewidmet (vgl. 4.1). Neben diesem personellen Motivator stehen der Organisation zahlreiche systemische Motivationshebel zur Verfügung. Mit denen das Wollen in die gewünschte Bahn gelenkt und dort verstärkt werden kann. Wie bereits erwähnt, wird daraus sogar ein moralischer Imperativ abgeleitet: Unternehmen sollen motivieren. Als Gegenleistung zur gnädigen Gewährung dieser Anreize durch die Organisation gibt die Führungskraft ihre ganze Führungs-Kraft und wird der Mitarbeiter zum guten Mit-Arbeiter. Damit sie ihren jeweiligen Beitrag bei der Gestaltung einer Veränderung leisten. Als Paradebeispiel systemischer Anreizsysteme gilt das Führen durch Zielvereinbarung (Management by Objectives). Bei dem Individualziele auf Unternehmensziele eingestellt werden. Um bei entsprechender Zielerfüllung oder Überleistung ein Bonus und weitere *Goodies* zu gewährt. Was allerdings nicht nur Vorteile mit sich bringt (vgl. 4.4). Bedauerlicherweise scheint es außerdem so zu sein, dass ungünstige Faktoren zu Demotivation führen und günstige Rahmenbedingungen nicht in gleicher Weise die Motivation erhöhen. Wie zahlreiche empirische Untersuchungen zeigen. Menschen sind schon undankbar.

Übrigens: Neben dem Motivieren-Können wird gelegentlich das normative Problem des Motivieren-Dürfens aufgeworfen (wieder ganz prominent Sprenger, zuletzt 2012). Bei der Gestaltung von Wandel sind dies aber höchstens rhetorische Einwürfe. Wenn ein Transformationsverantwortlicher in fehlender Mobilisierung seine größte Herausforderung zu erkennen glaubt, wird er sich an jeden angebotenen Strohhalm klammern. Was viele Change-Manager wissen und sich mit pragmatischen Interventionsvorschlägen als Motivator positionieren.

Es ist inzwischen zum Bonmot geworden, dass materielle Anreize und unter ihnen in vor allem Gehaltserhöhungen einen allenfalls kurzfristigen Motivationseffekt besitzen (vgl. 5.3). Verzichten möchte dennoch keiner auf sie. Weshalb das Vergütungsthema mindestens einmal im Jahr erst zu Erwartungen und dann zu Enttäuschungen führt. Der Sättigungsgrad immaterieller Anreize ist hingegen meines Wissens noch kaum untersucht worden. Was von der Wissenschaft dringend nachgeholt werden sollte. Denn der motivatorische Grenznutzen des zigsten Seminars, des nächsten Team-Events, der mechanischen Belobigung geht für veränderungsgewohnte Mitarbeiter gegen Null. Oder solche Motivatoren müssen mit einem stets größeren Thrill angereichert werden. Was nur bedingt möglich ist. Für die Veränderungsarchitektur sollten deshalb abgenutzte Anreizsysteme ohne positiven Kick als Change-Management-Sperrmüll ausgesondert werden. In vielen Organisationen bleibt dann nicht mehr viel Reizvolles und Außergewöhnliches übrig. Was übrig bleibt ist die Frage, ob Anreizsysteme des Alltags in Zeiten des Wandels nochmals ein bis zwei Gänge höher geschaltet werden können. Es geht – ein weiteres Mal – um den richtigen Mix in der jeweiligen Situation. Motivation und Mobilisierung als Wege zum Wollen bleiben eine höchste anspruchsvolle Daueraufgabe bei Veränderungsprozessen. Motivationswunder sind jedenfalls nicht zu erwarten.

Immerhin scheint die motivatorische Konstitution in den Unternehmen – selbst bei Veränderungen – zwar alles andere als euphorisch aber auch nicht allzu »gallup-dramatisch« zu sein (vgl. TowersWatson 2010, AonHewitt 2011, Mercer 2011). Was in der dritten Change-Management-Studie näher untersucht wurde (Claßen/von Kyaw 2008: 38). Motivation von Mitarbeitern bei Business-Transformation bekommt im Durchschnitt immerhin eine glatte Drei als Schulnote (Abb. 75). Besser als gedacht!

Dramaturgie: Steuerung der emotionalen Dimension

Bei Transformationsprozessen sind Emotionen das Wichtigste – mit weitem Abstand (vgl. 2.3). Dies wird durch das berühmte Eisbergbild eindringlich visualisiert. Selbst dem verkopftesten Manager sollte es heutzutage klar sein, dass Emotionen und Gefühle ein wichtiges Faktum im (Business-)Leben und bei dessen Veränderungen sind. Andererseits wird die Macht von Gefühlen im Change-Management gelegentlich sogar in einseitiger Weise überstrapaziert (etwa Doppler/Voigt 2012). Dabei sind Emotionen und Gefühle – wie viele Kernbegriffe bei der Gestaltung des Wandels – zunächst nicht mehr als theoretische Konstrukte (Scheffer/Heckhausen in Heckhausen/Heckhausen 2010: 43–72, Holodynski/Oerter in: Oerter/Montada 2008: 535–571, Scholz

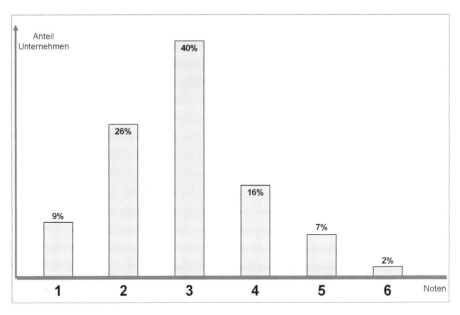

Abb. 75: Motivation bei Veränderungsprojekten

2011: 91 – 115). In Wikipedia lautet dieses Konstrukt dann: »Psychophysiologischer Prozess als (un)bewusste Wahrnehmung eines Objekts oder einer Situation. Die aus einer Emotion folgende subjektive Interpretation bezeichnet man als Gefühl«. Dadurch dass Gefühle eine positive oder negative Empfindung auslösen, geben sie der Emotion ein Wertprofil. In der Psychologie werden Emotionen von Stimmungen unterschieden. Deren Erleben ist zeitlich länger ausgedehnt. Selbstverständlich können längere oder dauernde Transformationsprozesse auch die Stimmung der Betroffenen beeinflussen.

Stimmungen, Emotionen und Gefühle sind vorderhand Privatsache. Jedes Individuum empfindet zunächst einmal für sich selbst. Mit zwischenmenschlicher Kommunikation während eines Veränderungsprojekts und natürlich auch im beruflichen Alltag werden diese persönlichen Angelegenheiten allerdings wechselseitig ausgetauscht: »Wie geht es Dir?« In jeder Organisation gelten bestimmte veröffentlichte Emotionen als zulässig. Während sie mit anderen wenig anzufangen weiß. Wie würde etwa ein Vorstand reagieren, wenn er bei Ankündigung von harten Einschnitten in einer großen Werkshalle mit lautem Schluchzen, Wimmern und Tränen konfrontiert würde. Was gelegentlich sogar passiert. Die Nutzung von Trillerpfeifen sowie lautes Dazwischenrufen gelten hingegen als statthaft. Übrigens: Als wesentliches unternehmenskulturelles Merkmal gelten die Intensität von Emotionen sowie die Zulässigkeit emotionaler Interventionen (vgl. 3.1).

Dieser Exkurs über Emotionen folgt nicht ohne Grund dem über Motivation und Mobilisierung. Aus einem als unangenehm empfundenen Gefühl heraus ist gewünschtes Verhalten deutlich unwahrscheinlicher. Negatives Befinden blockiert positive Motivation. Das Umgekehrte gilt natürlich ebenfalls. Deswegen müssen in der Veränderungsarchitektur zu solchen Zeitpunkten, bei denen Gefühle ins Negative kippen, *von offizieller Seite* möglichst positive Akzente dagegengesetzt werden. Denn es ist durchaus möglich – durch gezieltes Hervorrufen von Emotionen – die Einstellung und letztlich sogar das Verhalten von Menschen zu beeinflussen. So titelte beispielsweise die seriöse New York Times unmittelbar nach dem Ergebnis der letzten amerikanischen Präsidentschaftswahl: »OBAMAs NIGHT: SECOND CHANCE TO CHANGE« (www.nytimes.com vom 07.11.2012 um 6:08 Uhr MEZ). Ein solcher Satz enthält nicht nur Fakten. Solche Headlines lösen unterschiedlichste Emotionen aus. In der Psychologie existieren eine ganze Reihe von Reiz-Reaktions-Theorien (siehe Heckhausen/Heckhausen 2010). Denen allen ist Eines gemeinsam: Für Emotionen bedarf es immer eines auslösenden Ereignisses. Dies wird von therapeutischen Schulen der Psychologie über die Künste – Literatur und Theater, Musik und Filme – bis tief hinein ins Wirtschaftsleben wie etwa für Reklame und eben auch im Change-Management intensiv genutzt. Die Grenzen zur bewussten Manipulation müssen jedes Mal neu austariert werden. Sie unterliegen zudem unterschiedlichen moralisch-ethischen Grenzziehungen.

Übrigens: Menschliches Verhalten ist nicht nur von der Richtung einer emotionalen Erregung abhängig, sondern auch von deren Stärke. Als Optimum gilt ein mittlerer, moderater Erregungsgrad. Ist der emotionale Impuls zu schwach, lockt er niemanden aus der *viel beschworenen* Komfortzone. Ist er zu stark, besteht die Gefahr emotionaler Überreaktion mit unerwünschten Nebeneffekten wie Hektik, Hysterie oder Konfusion. Bei einer emotionalen Intervention muss also nicht nur das richtige Format genutzt werden. Die Dosierung sollte ebenfalls stimmen.

Welche emotionalen Formate stehen dem Menschen überhaupt zur Verfügung? Was für Gefühle hat ein »Homo emotionalis«? Die wissenschaftliche Landschaft hinsichtlich unterschiedlicher Gefühle ist ziemlich unübersichtlich. In der Psychologie war lange Zeit eine Dichotomie von Lust und Unlust maßgeblich, so etwa bei Freud und Jung. Kinder und Jugendliche lieben diese schlichte Ordnung: »Supergeil« beziehungsweise »Null Bock«. Die Reduktion von Goleman (2002) im Rahmen seiner Vorstellung emotionaler Intelligenz auf vier Grundtypen von Emotionen – Freude, Trauer, Wut und Angst – greift für praktische Zwecke ebenfalls zu kurz. Viele andere plausible Vorschläge sind von der Antike bis zur Gegenwart in den Ring geworfen worden.

Die hier vorgestellte Ausdifferenzierung von Plutchik (1980, vgl. auch Abb. 76) ist also lediglich eine von vielen möglichen. Dieser Autor unterscheidet acht angeborene Basisemotionen. Die in ihrer Intensität verschieden stark ausgeprägt sind (von außen nach innen). Durch ihre ringförmige Anordnung sind sie so gruppiert, dass ähnliche Emotionen nahe beieinander

und unähnliche weit voneinander entfernt liegen. Natürlich ist ein solch fein-
gliedriges Modell nicht unwidersprochen geblieben. Dies beginnt mit Kritik
an der Übersetzung ins Deutsche, reicht über den Vorwurf einer zu starken
Mechanik und endet bei der Feststellung fehlender empirischer Fundierung.
Zudem bleiben wichtige Emotionen wie etwa Neid außen vor. Alles richtig!
Dennoch stellt diese Systematik eine brauchbare Strukturierung von Emotionen dar. Sie zeigt zudem deren Vielfalt. Um solche multiplen Emotionen im
Verlauf von Veränderungsprozessen angemessen zu adressieren. Was überaus
schwer ist.

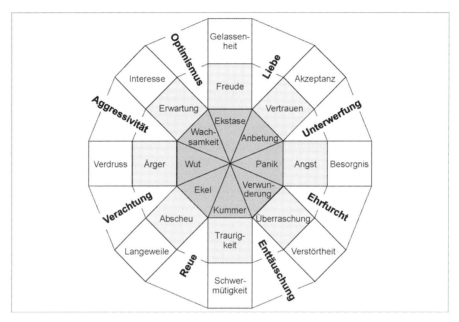

Abb. 76: Primäremotionen nach Plutchik (1980)

Einmaleins der Dramaturgie: »Tal der Tränen«

Bekanntester dramaturgischer Verlauf im Change-Management ist das viel zitierte Tal der Tränen. Welches ursprünglich die individualpsychologische Reaktion von Patienten nach einer Krebsdiagnose beschreibt (Abb. 77). Mit der
Diagnose – oder im Falle von Veränderungen mit deren Start – ist zunächst
ein Schock verbunden. Die emotionale Befindlichkeit sinkt ab. Sie hellt sich
jedoch bald wieder auf. Der Betroffene fühlt sich nicht betroffen, verneint für
seine Person die Fakten und erfährt eine überraschend euphorische Gefühls-
welt. Dieser Fehlschluss wird mehr oder weniger schnell offensichtlich. Mit
zunehmendem Realismus werden die objektiv negativen Tatsachen deutlich.
Die emotionale Befindlichkeit fällt tief, ins Tal der Tränen bis zur Depression.
Durch anstehende Problemlösungen – im Falle des Patienten die Therapie,

im Falle des Mitarbeiters mittels Change-Management – lösen sich hoffentlich und idealtypisch die emotionalen Verkrampfungen: »Alles wird gut!« Angeblich sogar besser als zuvor. Über die beiden Schritte Ausprobieren und Verstehen erfolgt bei Veränderungsprojekten der finale emotionale Status: Zustimmung.

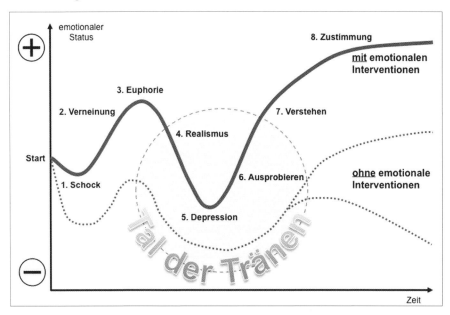

Abb. 77: Tal der Tränen

Dies alles beruht auf der Vermutung, mit richtigem Change-Management und stimmigen emotionalen Interventionen könne man die Tiefen des Tals vermindern und den Ausstieg aus ihm erheblich beschleunigen. Im Rückblick auf selbst erlebte Transformationsprozesse erweisen sich solche simplen Verlaufsmuster jedoch als Dramaturgie aus der Klamottenkiste. Außerdem sagt ein solches Modell überhaupt nichts darüber, wie denn nun das Tal der Tränen konkret verlassen werden kann. Als plakative Werbung pro Change-Management funktioniert es allerdings noch immer recht gut.

Dramaturgie in Veränderungsprozessen

Bei organisatorischen Veränderungsprozessen ist wirksame Dramaturgie sehr, sehr, sehr schwer. Mein Dramaturgie-Optimismus aus der ersten Auflage (Claßen 2008: 146 – 153) muss deshalb hier wieder ein gutes Stück zurückgenommen werden. Großformatige Transformationen sind zu komplex und vielen Kalamitäten ausgesetzt, als dass man ihre dramaturgische Komposition mitsamt Spannungsbogen vorab im Detail planen könnte, wie etwa beim Drehbuch eines Films.

Dort gibt es dafür den Script Consultant. Dessen Aufgabe darin besteht, ein Drehbuch mit seinen Figuren, Themen und Prozessen unter dem Gesichtspunkt von Spannungsverläufen zu optimieren, mit etwa folgenden Fragen:

- Wer tritt auf?

- Was wird jetzt geschehen?

- Wie wird es geschehen?

- Was passiert nicht?

- Was geschieht später?

- Gibt es ein Happy End?

Vermutlich bietet deshalb heute die Kinowelt besten Anschauungsunterricht beim Setzen von emotionalen Akzenten, dem Spiel mit Gefühlen und Stimmungen in den unterschiedlichsten Erzählmustern (etwa Krützen 2004, Kuchenbach 2005, Kamp in Roehl u. a. 2012: 240–248). Wobei auch Musik, Theater und Literatur spannende Lernmöglichkeiten bieten. Zentrales Ziel der Dramaturgie ist es jedenfalls, über das Spiel mit Spannungen und Emotionen den Betrachter an das Geschehen zu fesseln.

In Veränderungsprozessen werden dramaturgische Elemente bislang allenfalls bei einzelnen Interventionen eingesetzt. *Spannungsbögen* und *Emotionsdesigns* für die gesamte Transformation erfolgen höchstens in Ansätzen und dann mit meist nicht mehr als mittelprächtiger Qualität (Claßen/von Kyaw 2008; Abb. 78). Hier geht noch was! Für eine professionelle Dramaturgie wären – in Anlehnung an Verfilmungen – sieben Aspekte relevant (Abb. 79):

1. *Handlungsphasen*
   Unterteilung des Veränderungsprozesses in sukzessive Abschnitte (Szenen). Eine solche Phasierung der gesamten Transformation ermöglicht mehrere emotionale Spannungsbögen mit Start, definierter Dramaturgie und Finale, bei einer im Hintergrund mitschwingenden Grundstimmung des Wandels.

2. *Handlungselemente*
   Emotionalisierte Informationen und Interventionen zur Erhöhung von Anspannung (bei fehlender Achtsamkeit) beziehungsweise zur Ermöglichung von Entspannung (bei drohender Überhitzung). Hinter allem steht dabei das übergeordnete Ziel, den Veränderungsprozess voranzubringen. Aus dem Einsatz der Handlungselemente ergibt sich ein dramaturgisches Profil der Transformation (Abb. 80).

3. *Wendepunkte*
   Besonders betonte Emotionsspitzen als Markierung im steten Fluss des Veränderungsgeschehens. An diesen Punkten lassen sich besondere Im-

pulse (Handlungselemente) im Spannungsbogen setzen. Oftmals stehen solche Momente am Beginn oder als Abschluss von inhaltlich geprägten Handlungsphasen (etwa Projektinitialisierung, Kick-off, »day one«, Pilotstart, Umsetzungsentscheidung, »going live«). In diesen Augenblicken soll die Transformation mit neuer Energie aufgeladen werden.

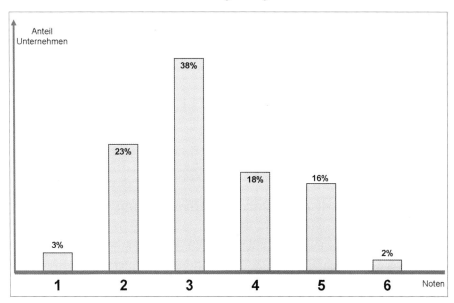

Abb. 78: Dramaturgie von Veränderungsprojekten

Abb. 79: Gestaltung von Spannungsbögen

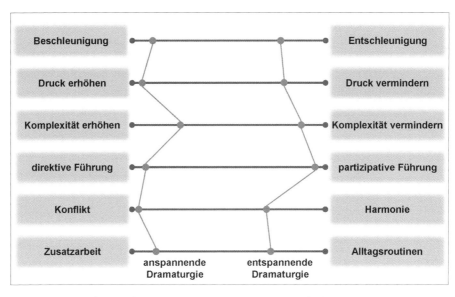

Beschleunigung — Entschleunigung

Druck erhöhen — Druck vermindern

Komplexität erhöhen — Komplexität vermindern

direktive Führung — partizipative Führung

Konflikt — Harmonie

Zusatzarbeit — Alltagsroutinen

anspannende Dramaturgie — entspannende Dramaturgie

Abb. 80: Handlungselemente: Dramaturgisches Profil (An-/Entspannung)

4. *Timing*
   Neben diesen durch die inhaltliche Veränderungsarchitektur mitbestimmten Wendepunkten können weitere emotionale Markierungen als Verstärker erforderlich werden. Solche dramaturgischen Impulse erfordern ein stimmiges Timing: Anfang, Dauer und Ende.

5. *Schauspieler/Medium*
   Emotionen und Gefühle spielen sich weniger in den Sachbezügen als auf der Beziehungsebene ab. Sie bedingen deshalb eine personelle Repräsentation durch seriöse, hochkarätige und authentische Darstellung. Dieser »dramaturgische Transmitter« muss – wie ein Testimonial in der Reklame – vielen Anforderungen genügen. Nicht immer funktioniert George Clooney, der Geschäftsführer oder ein Projektverantwortlicher als bestgeeignete emotionale Personifizierung für die Change-Story. Auch die Vermittlung von Sachbotschaften braucht eine stimmige Wahl geeigneter Kommunikationskanäle. So ist etwa das Internet als Medium schnell, günstig und dazu noch modern und farbig – aber längst nicht immer gut.

6. *Adressaten*
   Jedes Veränderungsprojekt richtet sich an ein vielfältiges Publikum (Stakeholder). Dieses will dramaturgisch unterschiedlich bedient werden (vgl. 3.3). Bei der Gestaltung des Wandels werden – wie bei anspruchsvollen Filmen – oftmals mehrere parallele Erzählebenen der Change-Story mit unterschiedlich oszillierenden Spannungsbögen ausgefaltet: Mal steht der eine Akzent im Vordergrund, für die zunächst wichtigen Stakeholder, später dann ein anderer, für danach relevante Schlüsselakteure. Hier dient

die Filmindustrie erneut als Vorbild: Früher funktionierte James Bond primär als Projektionsfläche maskuliner Zuschauer. Durch Emotionalisierung, Vermenschlichung und Niederlagen des Helden haben sich die jüngsten Folgen neue Zielgruppen erschlossen.

7. *Blickwinkel*

Damit ist die jeweilige Perspektive unterschiedlicher Erzählebenen gemeint. Stakeholder als Adressaten von Botschaften haben verschiedenartige Erwartungen an das Veränderungsprojekt. Den Eigentümern etwa wird eine Change-Story als attraktive Zukunftschance erzählt, den Führungskräften als autonome Selbstbestimmung, den Arbeitnehmern als finale Problemlösung.

Aus alledem folgt eine praktische Konsequenz für professionelles Change-Management: Bei der Auswahl von Werkzeugen für die Veränderungsarchitektur spielt die emotionale Qualität von Instrumenten mit ihrer Möglichkeit zur Beeinflussung der Handlungsmotivation eine entscheidende Rolle (vgl. 8.1). Die *subkutanen* Wirkungen auf die Betroffenen müssen mitbedacht werden, beispielsweise auf Basis der weiter oben dargestellten Basisemotionen von Plutchik (1980). Die bewusste Setzung von dramaturgischen Akzenten in der Veränderungsarchitektur kann gewünschte Verhaltensweisen anfachen und unerwünschte Reaktionen dämpfen.

Dazu ein Beispiel: Bei der Zentralisierung administrativer Prozesse (Shared-Service-Center) ist ab einem bestimmten Zeitpunkt mit hartnäckigem Widerstand lokaler und damit Ressourcen, Verantwortung und Machtstellung abgebender Einheiten zu rechnen. Meist kann dieser Moment ziemlich präzise getimt werden. Wenn nämlich aus den Fingerübungen eines Projektes harte Entscheidungen werden und deren baldige Umsetzung ansteht. Der anfänglich eher halbherzige Gegenwind wird sich nun geballt als Opposition formieren. Da dies wiederum die Projektverantwortlichen wissen, können sie ab diesem Moment ein Medley rationaler, politischer und emotionaler Töne anklingen lassen. Über dieser Dramaturgie steht eine klare Botschaft: »Das Ziel ist sinnvoll, der Weg durchdacht und am großen Ganzen wird nicht mehr gerüttelt«.

Die Alternative zur bewussten Dramaturgie bei Veränderungsprozessen wäre es, emotionale Reaktionen von Stakeholdern passiv abzuwarten. Um sich erst nach den aufbrausenden Wallungen eine deeskalierende Antwort auszudenken, mit hektischen, defensiven, energischen Interventionen. Von elegantem »Change-Management auf Vorrat« – nichts anderes ist die dramaturgische Komposition von Spannungsbögen – wird vielerorts wegen mangelnder Zeit, fehlenden Ideen und angespannten Budgets wenig gehalten.

Selbstverständlich: Nicht nur die gesamte Transformation, auch einzelne Events können *dramatisiert* und damit gefühlsmäßig aufgeladen werden.

Change-Management-Veranstaltungen besitzen neben der kognitiven stets eine emotionale Handlungsebene, die dramaturgisch gestylt werden kann (siehe etwa Philippi 2003, Bonsen in Roehl 2012: 202 – 209). Es muss nicht gleich die »SuperSyntegration als mächtigstes Tool für Big Change« in Ma- lik'scher Manier sein (vgl. 8.1).

7 Veränderungsmanagement

7.1 Menschenwerk

Überraschungen im täglichen Veränderungsgeschehen

Veränderungsmanagement wäre überhaupt nicht mehr erforderlich, wenn bereits im Vorfeld – quasi in weiser Voraussicht – alle Eventualitäten vorgedacht und Lösungen dafür ausgearbeitet worden wären. Dies aber ist unmöglich. Zudem wäre es viel zu aufwendig. Initiale Diagnostik und die auf ihr basierende Veränderungsarchitektur zielen zwar auf ein möglichst stimmiges Vorgehensmodell für die Prozessdimension samt ihrer vielfältigen People-Aspekte. Rationale, politische oder emotionale Einwürfe sowie strategische und inhaltliche Überraschungen können freilich niemals ausgeschlossen werden. Sie erfordern ein professionelles Veränderungsmanagement, bis zum Abschluss des Projekts (Abb. 81).

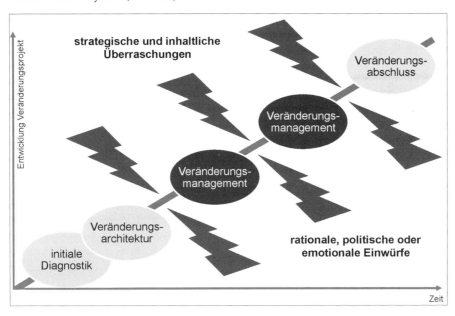

Abb. 81: Erfordernis von Veränderungsmanagement

Bei kleineren und erst recht bei großformatigen Veränderungen passieren Überraschungen, entstehen Störungen, erscheinen Probleme, geschehen Erschütterungen, erfolgen Ermattungen durch endogene beziehungsweise exogene Ereignisse: Die Branchenkonjunktur und damit die Ergebnisprognose für das Unternehmen verdüstern sich; eine neue Beteiligung wird akquiriert und soll parallel integriert werden; der verantwortliche Vorstand stolpert über eine Affäre und geht als Sponsor verlustig; die Produktionsstätten in Vietnam werden ohne Verwarnung enteignet und sorgen für Lieferengpässe; der »going live« eines IT-Systems verschiebt sich durch Programmierfehler um mindestens ein halbes Jahr. Alles möglich! Vieles Weitere wird vorstellbar und ist schon passiert, kann noch passieren, wird einmal passieren. Beeinträchtigungen der Transformation lassen sich nicht vermeiden, allenfalls möglichst früh aufdecken. Dann sind sie zu dämmen, zu mildern, zu lindern – hoffentlich. Das kann natürlich zu Abweichungen vom ursprünglich geplanten Transformationspfad führen. Manche schlagartige Kalamität kann eine Veränderung sogar abrupt beenden oder ein Projekt durch ihre düsteren Schatten in Panik, Ohnmacht oder Schockstarre stürzen. Mir ist so etwas bei der Beratung von Unternehmen mindestens schon zehnmal passiert. Es war nicht schön und trotzdem Fakt. Manche sagen, dass für sie gerade darin der Reiz von Change-Management liegt. Na ja!

Der Baumeister

Nach einem Architekten des Wandels – für die Veränderungsarchitektur (vgl. 6.3) – braucht es einen Baumeister des Wandels – für das Veränderungsmanagement – und damit einen professionellen Umsetzer in der Implementierungsphase. Die Abarbeitung von *Deliverables* und die geforderte Wachsamkeit auf Kalamitäten gehören zu seinen größten Herausforderungen. Beide Kompetenzprofile, das des Architekten und das des Baumeisters, unterscheiden sich. Ein guter Architekt ist nicht unbedingt ein guter Baumeister (und umgekehrt). Aus diesem Grund wechselt recht häufig der Staffelstab im Change-Management beim Übergang von der Konzeptions- in die Implementierungsphase.

Was sind nun Aufgaben eines Change-Management-Baumeisters? Zuvorderst natürlich die effektive und effiziente Erledigung seiner Aufgabenstellungen aus der Transformationsarchitektur. Bereits dies ist anspruchsvoll und zeitfüllend. Hinzu kommen Erkennen und Auflösen von Verknotungen in der Prozessdimension einer Veränderung. Jetzt wird es happig. Zu diesen *hauptamtlichen Nebentätigkeiten* gehört zum einen der enge Kontakt mit erfolgskritischen Akteuren (Stakeholder-Management). Ein Baumeister versucht deren Erwartungen mit Anforderungen des Projekts in Einklang zu bringen. Er wird dies nicht ganz alleine machen können, braucht gute Helfer, gute Freunde und gute Vorgesetzte. Professionelle Baumeister setzen beispielsweise auf ein Change-Agent-Netzwerk in der ganzen Organisation als Kreis von Unterstützern und Übersetzern. Zudem entwickeln sie sich zum fachlichen und teils auch persönlichen Coach wichtiger Führungskräfte.

Zum Zweiten schaut der Baumeister mit hellwachen Augen nach allen Seiten, in jede Richtung und hinter jede Ecke, fast zumindest. Bereits bei schwachen Signalen mit Risikopotenzial stellt er auf Empfang und blickt genauer hin. Er lässt erste Ahnungen entweder als Bagatelle wieder fallen, oder verfolgt sie doch weiter, erhärtet seine Eindrücke, sammelt Fakten. Er verwirft zwischenzeitliche Befürchtungen dann angesichts ihrer Bedeutungslosigkeit oder übermittelt absehbare Probleme den Entscheidern. Er zeigt dabei Lösungs-möglichkeiten auf, pocht auf deutliche Entscheidungen, vereinbart nächste Aktionsschritte. Dabei meistert er so gut es geht den in dieser Frühwarn-funktion höchst schwierigen Spagat aus Problembewusstsein ohne Oberbe-denkenträgerei, ohne Dauernervosität, ohne Umsetzungslähmung. Natürlich wird er dabei Fehler machen, schiefe Eindrücke haben und falsche Empfeh-lungen geben. Das muss man einem Baumeister zugestehen. Null-Fehler-Dogmen können keine Direktive für Umsetzungsverantwortliche von groß-formatigen Veränderungsprojekten sein.

Zum Dritten wirkt ein Baumeister bei der Befreiung seines Projekts von all-fälligen Widerständen mit. Er beteiligt sich selbst an den zentralen Change-Management-Stellschrauben Kommunikation, Partizipation und Mobilisie-rung – gelegentlich direkt, meist jedoch indirekt aus dem Hintergrund der Führungskräfte, deren Kernaufgabe dies bei der Gestaltung des Wandels ist. So wird er zum Antreiber des Managements.

Zum Vierten ist er für Timing, Pacing sowie Dramaturgie der Prozessdimen-sion verantwortlich. Der Baumeister drückt gelegentlich aufs Tempo. Vermut-lich wird er jedoch häufiger entschleunigen müssen. Ohne die Transformati-on per Vollbremsung zum Stillstand zu bringen. Spätestens hier hat die Einschätzung von Argyris (1993: 5) ihre Berechtigung: »It is more an art than a science«. Denn schnelles Handeln, ohne zu denken oder aber langes Den-ken, ohne zu handeln kann problematische Konsequenzen haben: Schnell-schüsse und Lähmungen (vgl. 6.2).

Weitere Rollen

Neben dem Architekten (vgl. 6.3) und dem gerade charakterisierten Bau-meister gibt es vielfältige weitere Rollen bei der Gestaltung des Wandels. Die-se sollen nur kurz beleuchtet werden. Wobei zwei dieser Rollen an anderer Stelle in diesem Buch auftauchen. Kernproblem der meist nebenamtlichen und deswegen additiven Rollen ist übrigens ein Mangel an Zeit, weswegen sie immer wieder nur ungenügend ausgefüllt werden:

1. Bauarbeiter

2. Change-Agent

3. Gesamtprojektleiter

4. Executive Sponsor

5. Externe Dienstleister für Consulting, Kommunikation und Qualifizierung

6. Führungskräfte und Mitarbeiter (vgl. 4.3 und 5.3)

7. Widerständler (vgl. 3.3)

Bauarbeiter: Besonders bedeutsam sind solche Akteure, die als direkte Unterstützer des Baumeisters die vorgesehenen Change-Management-Aktivitäten voranbringen. Nennen wir sie Bauarbeiter, um im gleichen Sprachkontext zu bleiben und ohne despektierlich zu werden. Kein Veränderungsprojekt kann nur auf Vordenker, Veranlasser, Entscheider und weitere Managementrollen setzen. Es benötigt genügend Kompetenz und Kapazität, die das Gedachte, Veranlasste, Entschiedene zum Leben erwecken und konkrete Interventionen durchführen. Damit das Transformationsprojekt vorankommt.

Change-Agent: Zur erweiterten personellen Ausstattung vieler Veränderungsprojekte gehören die sogenannten Change-Agents, selbst wenn dieser Begriff heute inflationär verwendet und gelegentlich missverstanden wird. Change-Agents sind keine geheimen Spione im Untergrund der Organisation mit inoffizieller Mission. Im Gegenteil, sie haben in erster Linie eine Feedback-, Multiplikator- sowie Transmissionsfunktion zwischen den Insidern im Projekt und den betroffenen Outsidern im Unternehmen, also den Führungskräften und Mitarbeitern. Idealerweise sind Change-Agents keine kleinen Lichter, sondern allseits anerkannte Führungspersönlichkeiten. Sonst zeigen sie keine Wirkung. Das macht sie aber immer wieder auch unbequem. Sie sind das informelle, aber essenzielle Bindeglied zwischen Projekt- und Linienverantwortlichen sowie zur Belegschaft (und dies in beide Richtungen).

Architekt, Baumeister sowie Bauarbeiter sind meist hundertprozentige Aufgaben, losgelöst vom Alltagsgeschäft. Hingegen haben Change-Agents weiterhin ihren Hauptjob im Unternehmen zu erfüllen. Ihre Scharnierfunktion im Projekt erledigen sie quasi en passant, als additiven Nebenjob.

Gesamtprojektleiter (GPL): Jede Business-Transformation hat einen »GPL« als Leiter des »PMO« (Program Management Office – vgl. 7.3). Er hält die Zügel der Inhaltsdimension, der Prozessdimension (gleichgewichtig!) sowie deren Vernetzung in der Hand. Für solche anspruchsvollen Rollen kommen nur die Allerbesten infrage. Kompromisse hinsichtlich fachlicher Kompetenz, zeitlicher Kapazität und menschlicher Akzeptanz sollten minimal sein. Zu oft führten schon schwache Gesamtprojektleiter zum Misserfolg des Veränderungsvorhabens. Selbst ein exzellenter Professional stößt in dieser Rolle immer wieder an seine Grenzen. Noch mehr als der weiter unten beschriebene ideale Change-Manager ist er ein Wunderwuzzi. Der perfekte Gesamtprojektleiter verbindet unmenschlich viele menschliche Eigenschaften in einer Person, wie etwa Energie, Zuversicht, Begeisterung, Achtsamkeit, Gelassenheit, Entschlusskraft, Vertrauenswürdigkeit sowie besonders Ambiguitätstoleranz. Um nur wenige der optimalen Eigenschaften zu nennen. Dabei jongliert er mit vielen Themen und hält zahlreiche Belange in der Balance. Er blickt jeden Morgen auf eine ellenlange *To-do-Liste*, die dann am Abend kaum kürzer geworden ist. Da dies alles nicht einfach ist, scheint es fast eine Regel zu sein, dass großformatige Transformationen mindestens einen Hauptverantwortlichen verschleißen. Die Qualität des Gesamtprojektleiters ist ein oftmals unterschätzter zentraler Erfolgsfaktor von Veränderungsprozessen.

Executive Sponsor: Der Gesamtprojektleiter berichtet an diesen Gesamtverantwortlichen der Business-Transformation. Meist ist dies ein karätiges Mitglied aus Vorstand oder Geschäftsführung. Auf dessen rationales Wollen, politische Stärke und emotionale Energie muss sich ein Veränderungsprojekt beständig berufen können (Leadership-Commitment). Ansonsten sind Anfeindungen der stets auf ihre Chance lauernden Widerständler Tür und Tor geöffnet. Gelegentlich agiert der Sponsor als Vorsitzender des obersten Entscheidungsgremiums. Geschickte Sponsoren bauen zwischen ihrer Linienfunktion und dem Projektgeschehen eine Eskalationsstufe ein. Um beim allfälligen Dissens nicht jedes Mal direkt an der Ausarbeitung von Lösungen beteiligt zu werden oder selbst unter Beschuss zu geraten. Zudem kann ein Sponsor dann besser in persönlichen Hintergrundgesprächen mit Widerständlern – geheimdiplomatisch als *Non-Konversation* bezeichnet – Kompromisslinien ausmachen.

Ein direkter Draht des Change-Management-Verantwortlichen zum Executive Sponsor ist von unschätzbarem Vorteil. Dadurch können erfolgskritische Aspekte der Prozessdimension unmittelbar – wenn auch grundsätzlich abgestimmt mit dem Gesamtprojektleiter – adressiert werden. Jede zwischengeschaltete Station über Akteure oder Gremien kühlt Change-Botschaften erfahrungsgemäß ab, oft bis zur Irrelevanz für den Sponsor. Persönlicher Kontakt zwischen Change-Manager und Executive Sponsor entsteht freilich selten aus dem Nichts. Er entspringt einer gedeihlichen Vorgeschichte (»earn the right«), einer vom Sponsor stets aufs Neue überprüften Nützlichkeit sowie wechselseitiger persönlicher Sympathie. Courage seitens des Change-Managers – persönlich und inhaltlich – hilft ebenfalls. Bestes Indiz für Beziehungsqualität ist es, wie schnell eine Abstimmung an den Abschottungsbarrieren des Sponsors vorbei möglich wird. Indirektes Einflüstern über zeit- und nervenschonende Filtermechanismen von Vorständen – Sekretariat oder persönliche Assistenz – sind weitaus weniger effektiv. Zu viel wird bei dieser stillen Post vergessen, verloren, verdreht. Natürlich sollte jeder Terminwunsch mit dem Sponsor auf seine Notwendigkeit – im Wortsinne – geprüft werden. Ein vertrauliches Tête-á-Tête mag zwar für das Ego eines Change-Managers schön sein, kann jedoch bei fehlendem Nutzen für den Sponsor schnell zum letzten Kontakt dieser Art werden. Vorstände geben Zeitfenster in ihrem engen Terminplan selten aufgrund der erwarteten netten Atmosphäre mit einem Change-Manager frei (und wenn, hätte dies vermutlich andere Gründe als das Veränderungsprojekt).

Externe Dienstleister: Oft haben Helfer von außen eine wichtige Funktion bei Veränderungsprojekten, etwa für Consulting, Kommunikation und Qualifizierung. Andererseits gibt es in jeder Organisation stets wiederkehrende

Phasen der Beraterkritik (consultant bashing), Selbstbesinnung (managers duty) und Mittelkürzung (budget freeze). Darüber ist andernorts genügend geschrieben worden (vgl. auch 6.2). Trotz berechtigter Beanstandung von vielfältigen Wildwüchsen der Dienstleisterszene ist der potenzielle Nutzen externer Kompetenz und additiver Kapazität unbestritten. Wegen ihrer Dimensionierung, Komplexität und speziellen Fachlichkeit gelingen großformatige Transformationen inzwischen kaum mehr ohne Unterstützung von außen. Wie bei jeder Dienstleistung, steht und fällt deren Mehrwert allerdings mit den vom Nutzer verfolgten Zielen und vereinbarten Spielregeln.

7.2 Change-Manager als »Wunderwuzzi«

Super(wo)man als Veränderungsmanager

Es soll sie oder ihn tatsächlich geben, im wirklichen Leben von Veränderungsprozessen. Jedenfalls werden Mrs. und Mr. Change blumig beschrieben, in Managementjournalen, Trainingsseminaren und Lehrbüchern (etwa Stiefel 2006: 72–74, Rank/Scheinpflug 2008: 242–246, Kristof 2010: 476–479) sowie *offiziell* vom BDU-Fachverband Change Management (www.changemanagement.bdu.de/cm_haltung.html – aufgerufen am 05.11.2012). Solche Ausmalungen bedienen sich großzügig aus dem Setzkasten von Schlüsselqualifikationen und sonstiger lobenswerter Eigenschaften. Wobei sich selbst offenkundige Widersprüche wie etwa jung-dynamisch und senior-erfahren nicht ausschließen. Übrigens: Der wunderwuzzige Change-Manager erinnert stark an allerhöchste Erwartungen hinsichtlich des HR-Business-Partners (vgl. Claßen/Kern 2010: 265–304).

In Österreich gilt ein Wunderwuzzi als Überflieger, Alleskönner, Tausendsassa. Wenn man einen Blick auf die nachfolgend ausgefalteten Anforderungen eines solchen Erfolgsgaranten wirft, wird man verstehen, weshalb sich dieser Ausdruck aufdrängt. Wohl kein Lebewesen kann sämtliche Aspekte rundherum erfüllen. Einige von ihnen stehen sogar im Spannungsverhältnis zueinander. Bei dieser idealtypischen Vielfalt erstrebenswerter Merkmale ist zudem die Sorge nicht unberechtigt, dass ein derartiges Multitalent selbst einem wichtigen Veränderungsprojekt wegen noch wichtigerer Aufgabenstellungen im Unternehmen rasch abhandenkommt. Erstklassige Change-Manager finden sich rasch in anspruchsvollen Managementpositionen wieder. Ihre Projektlaufbahn erweist sich als lediglich als Zwischenschritt. Damit wird eine große Herausforderung deutlich: vorzügliche Change-Manager bis zum Abschluss der Transformation mit Energie geladen in ihrer Rolle zu halten – bevor sie mit besten Weihen zu neuen Ufern aufbrechen.

Natürlich ist heute keine Aufgabe im Unternehmen mehr eine Funktion auf Lebenszeit. Die des Change-Managers beschränkt sich allenfalls auf einige sukzessive Projekte in einem überschaubaren Zeitraum. Statt ewigem Nomadentum von einer Business-Transformation zur nächsten (Project-hopping) winkt meist eine Linienfunktion als Entwicklungsschritt. Im Zuge der generellen Auflösung längerfristig planbarer Karrierewege wird ein Change-Manager seine berufliche Zukunft in die eigenen Hände nehmen (vgl. 5.1). Daran muss er bei seinem Handeln zusätzlich denken, allerdings nicht in erster Linie. Wenn dieser Blick auf die eigene Karriere dazu führt, es mit niemand zu verderben, bei keinem Thema anzuecken, kaum Verantwortung zu übernehmen, füllt er seine Rolle nicht zufriedenstellend aus. Die Talent-Manager im eigenen Hause wird er damit nicht für sich einnehmen.

Kompetenzprofil (1/3): Empirische Analysen

Die Charakterisierung von *idealen* Change-Managern wurde in zwei Change-Management-Studien aufgegriffen (Claßen/von Kyaw 2008: 22 – 24 – dort auch methodische Details, Abb. 82). An der Spitze wünschenswerter Eigenschaften steht mit weitem Abstand eine soziale Kompetenz: Kommunikationsfähigkeit. Die weiteren Schlüsselkompetenzen prototypischer Veränderungsgestalter lesen sich wie aus dem Bestellkatalog moderner Führungskräfte. Neben einer weiteren sozialen Kompetenz, Motivationsfähigkeit und damit Mobilisierungsstärke, steht eine Reihe tougher Eigenschaften: Zielorientierung, Konfliktfähigkeit, Durchsetzungsfähigkeit sowie Selbstvertrauen. Damit wird eines klar: Change-Manager sind nicht nur Softies.

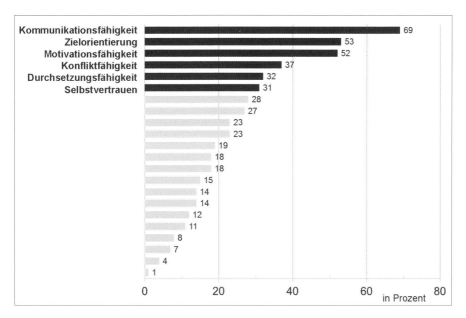

Abb. 82: Eigenschaften des *idealen* Change-Managers
(Durchschnittswerte 2005/08)

Verglichen mit diesen basalen Persönlichkeitsmerkmalen besitzen handwerkliche Kompetenzen, also erlernbare Fertigkeiten, allenfalls eine zweitrangige Bedeutung für Change-Manager. Dazu gehören Kenntnisse in Projektmanagement, als Organisationstalent, in Moderationsfähigkeit oder als Managementcoach. Gut möglich, dass solche Fertigkeiten inzwischen als Selbstverständlichkeit gelten. Übrigens: Die eindeutig prozessuale Rolle von Change-Managern wird durch eine geringe Bedeutung von Branchen-/Marktkenntnissen deutlich (drittunwichtigste der 22 Eigenschaften mit lediglich 7 Prozent). Was anders ausgedrückt bedeutet, dass sie in unterschiedlichen Welten erfolgreich sein können. Das unterscheidet einen Change-Manager sehr deutlich vom Business-Partner (vgl. Claßen/Kern 2010: 256–258).

Empathie gilt oft als naturgegebene, grundlegende und maßgebliche Stärke von Change-Managern. Im Vergleich mit anderen Kompetenzen belegen Einfühlungsvermögen und Vertrauenswürdigkeit jedoch lediglich Mittelplätze. Sie sind kaum wichtiger als Entscheidungsfähigkeit und fehlende Angst vor Hierarchien. Ein Gestalter des Wandels braucht also beides: die Fähigkeit sich in Dritte hineinzuversetzen und gleichzeitig die Fähigkeit vor lauter Mitgefühl nicht auf solche Entscheidungen zu verzichten, die für manchen Betroffenen nachteilig sind. Erstaunlicherweise stehen Resilienz-Charakteristika wie Ambiguitätstoleranz, Belastungsfähigkeit und Stressresistenz im unteren Drittel wünschenswerter Eigenschaften. Übrigens: Dass allzu geschwätzige Change-Manager schlichtweg nerven können, wäre eine mögliche Interpretation der völligen Bedeutungslosigkeit von Extrovertiertheit auf dem letzten Rangplatz.

Die lernpsychologische Kernfrage nach Erlernbarkeit grundlegender Persönlichkeits- und Verhaltensparameter stellt sich auch für den Change-Manager (Stiefel 2006: 164–169). Auf die in zwei Studien gestellte Frage, ob sich Eigenschaften des *idealen* Change-Managers trainieren lassen oder ob sie wesentlich in der Persönlichkeit verankert sind, ist in der Unternehmenspraxis keine klare Auffassung zu erkennen (Claßen/von Kyaw 2008: 24–25). Die eine Hälfte von Befragten glaubt an den geborenen Change-Manager. Solche Unternehmen müssen ihre Veränderungsverantwortlichen demnach durch Selektion finden. Die andere Hälfte setzt auf prinzipielle Erlernbarkeit von Change-Management-Kompetenzen. Solche Unternehmen werden ihre Veränderungsverantwortlichen folglich durch Qualifizierung formen. Dafür gibt es in manchem Unternehmen mehr oder weniger ausgefeilte und anspruchsvolle Kompetenzprofile.

Vor diesem Hintergrund ist von Interesse, ob Change-Management zum festen Bestandteil im internen Weiterbildungsangebot gehört (ebd.). In drei Fünfteln der Unternehmen steht Change-Management im Curriculum interner Schulungen. Dort verlagert sich die Zielgruppe inzwischen von Transformations-Spezialisten zu einem breiten Auditorium, den an Gestaltung des

Wandels interessierten Führungskräften. Ihnen wird mit dieser Weiterbildung ein Bewusstsein und Grundrüstzeug zum Veränderungsmanagement mitgegeben. Vergleichbar dem Erste-Hilfe-Kurs für Verkehrsteilnehmer: ein Tag alle zehn Jahre. Die meisten Teilnehmer beim Roten Kreuz nehmen mindestens ein *Learning* mit: Im Notfall rasch den Sanitäter zu rufen. Aber das wäre ja auch schon was.

Ein recht neuartiges didaktisches Element im Rahmen der Change-Management-Qualifizierung sind Planspiele. Bislang werden Planspiele primär für kognitive Lerninhalte eingesetzt. Inzwischen gibt es mindestens zwei Anbieter, die mittels Planspielen das Thema Change-Management in professioneller Weise vermitteln (in Deutsch und Englisch). Beide Angebote sind durchaus realitätsnah. So arbeiten sie etwa mit gruppendynamischen Effekten, mikropolitischen Spielen und charakterlichen Dispositionen. Der Anbieter Riva (www.riva-online.de) setzt mit seinem ein- bis zweitägigen Planspiel »SysTeamsChange« auf eine didaktisch ausgeklügelte Kombination von haptischen Elementen (Brettspiel mit Figuren für 3 bis 6 Spieler pro Gruppe) und computerunterstützter Simulation. Dabei geht es um eine Organisation mit ihren Mitarbeitern und Stakeholdern auf dem siebenstufigen Weg der Veränderung vom Schock zur Integration. Den Planspielern stehen 42 Change-Instrumente zur Verfügung. Im Nachgang zu den Spielzügen der Teilnehmer vermitteln Trainer systemisch geprägte Change-Management-Theorie, beziehen Aktionen der Spieler durch Storytelling auf konkrete Unternehmenserfahrungen und bieten zahlreiche praxisrelevante Reflexionsflächen (vgl. Kriz 2011). Didaktisch anders angelegt ist das zwei- bis dreitägige Planspiel »TOP-SIM Change-Management«. Es wurde vom deutschen Planspiel-Methusalem Unicon entwickelt (www.topsim.com/de). Dreh- und Angelpunkt ist eine computerunterstützte Simulation rund um die Gestaltung von Veränderungsprozessen. Die Planspieler agieren in konkurrierenden Teams als Change-Manager, die die Belegschaft eines fiktiven Unternehmens bei unterschiedlichen, mehrphasigen Veränderungsanlässen über die beiden Zielgrößen Commitment und Performance zur Mitarbeit bewegen sollen. Dafür stehen 30 Change-Instrumente zur Verfügung. Insgesamt sind die Reflexionsmöglichkeiten eher technokratisch angelegt. Angeboten werden deswegen zusätzlich persönlich vermittelte Theorieeinheiten und Erfahrungsaustausch.

Kompetenzprofil (2/3): Versuch einer Stellenbeschreibung

Change-Management bei großformatigen Veränderungsprozessen ist heute zu einer höchst anspruchsvollen Rolle geworden. Dies hat zwei wesentliche Gründe: Zum einen war Gestaltung organisatorischen Wandels per se schon immer alles andere als leicht. Zum Zweiten können zwischenzeitlich viele Führungskräfte bei der Prozessdimension von Transformationen kompetent mitreden, durch eigene Erfahrung, durch eigene Entwicklung oder durch eigene Vorschläge. Zumindest glauben dies Viele. Der professionelle Change-Manager – ob intern oder extern – muss mittlerweile ein dickes Extra-Plus bieten: mehr als Standardlösungen wie Information und Kommunikation, Mobilisierung und Partizipation, Training und Qualifizierung; mehr als jargonhafte Floskeln aus dem organisatorischen Off wie »Betroffene zu Beteiligten machen«; mehr als Empfindsamkeit, Gefühlsduselei oder Seelenschmalz; mehr als bloße Haltung. Aus diesem Grund wird diesmal die bereits sehr hohe Messlatte aus der ersten Auflage (Claßen 2008: 198–205) nochmals ein ganzes Stück höher gelegt.

Ein idealtypischer Change-Manager besitzt vielfältige und gehaltvolle Kompetenzen. Zusammengefasst auf einer Seite können diese lediglich in kleinem Schriftgrad aufgeführt werden (Abb. 83). Womit schon rein quantitativ das Wunderwuzzige eines erstklassigen Change-Managers deutlich wird. Jeder, der diesem Idealtypus nahe kommt, ist für eine Business-Tansformation wie der Sechser im Lotto. Und genau so selten. In der Realität wird es immer nur Annäherungen an einen solchen Prototypus geben.

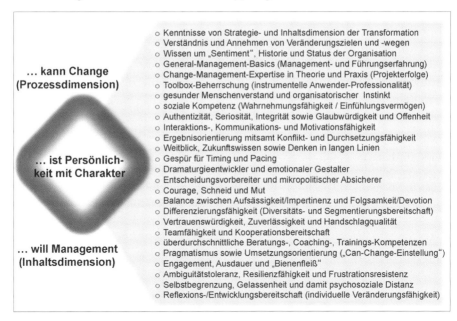

Abb. 83: Kompetenzprofil von Change-Managern (idealtypisch)

Die mehr als zwei Dutzend Charakteristika werden im Gegensatz zur Erstauflage diesmal nicht im Detail ausgefaltet. Sprechen doch die Eigenschaften für sich und sollten den an der People-Dimension interessierten Leserinnen und Lesern eingängig sein. Zumal sämtliche Aspekte in diesem Buch an anderen Stellen detailliert werden. Entscheidend ist die Dualität im Change-Management. Wie es die Bezeichnung bereits ausdrückt: Nicht nur *Change* – als Können der Prozessdimension –, sondern gleichfalls *Management* – als Wollen der Inhaltsdimension. Dazu braucht es zahlreiche anspruchsvolle Merkmale der Persönlichkeit. Diese sollen nachfolgend entlang von 16 Nachläufern vertieft werden.

Kompetenzprofil (3/3): 16 Nachläufer

Erster Nachläufer – Prozessgenossen: Akzeptanz von Strategie- und Inhaltsdimension einer Veränderung sind für jeden Change-Manager eine Conditio sine qua non. »Inhaltsfrei mit Spaß dabei« kann nicht zur Devise bei der Gestaltung von Wandel werden (vgl. 2.8). Wer persönlich mit Zielen und Wegen einer Transformation zusammenstößt, fremdelt, hadert, eignet sich nicht zum Change-Manager bei diesem Veränderungsvorhaben. Fehlen ihm noch diesbezügliche Kenntnisse, muss er sich diese flugs aneignen. Natürlich sind frühere Erfahrungen als Manager und Führungskraft segensreich beim Verstehen der Strategie- und Inhaltsdimension mit ihren Dilemmata (vgl. 4.1). Wer bereits in Verantwortung stand, wird sich bei der Gestaltung von Veränderungsprozessen durch praxisferne Change-Management-Modelle nicht bezirzen lassen.

Zweiter Nachläufer – Kontextbezug: Jede Transformation ist in ihren organisatorischen Kontext eingebettet. Dieser besteht aus vielem: Geschäftsmodell, Marktsituation, Stellhebeln, Stakeholdern und anderem mehr. In diversifizierten Konzernen kann es zudem in verschiedenen Bereichen, Funktionen, Regionen durchaus unterschiedliche Kontexte geben. In der »two speed world« (BCG/WFPMA 2012: 28–33) geht es an einer Stelle aufwärts und an anderer abwärts. Hinzu kommen Gefühlswelten einer Organisation – die Kultur beziehungsweise das Sentiment – sowie deren Vergangenheit mit ihren kollektiven Dogmen und Traumen. Dies alles kann sich ein erstklassiger Change-Manager erschließen, sogar ziemlich rasch. Und er muss Lust auf dieses Einlassen haben. Wichtig ist daher seine Präsenz vor Ort, mitten im Geschehen. Change-Manager sind keine Stubenhocker, sondern Türöffner, Pulschecker, Teilnehmende. Aus der Fremde per ferngesteuerter Intervention oder mit gelegentlichem Einchecken und baldmöglichem Ausfliegen changed es sich schlecht. Das Zugegensein im Trubel des Projektalltags ist heute selbstverständlich, selbst für Stars der externen Beraterszene.

Dritter Nachläufer – Kompetenzzuschreibung: Change-Manager ist keine gesetzlich geschützte Berufsbezeichnung. So kann sich jeder nennen. Zur individuellen Qualifizierung gibt es unendlich viele Möglichkeiten und einen schier unersättlichen Markt unternehmensinterner oder offener ausgeschriebener Angebote: von einer Stunde bis zu mehreren Monaten; mit spezifischem Modell oder basierend auf situativer Philosophie; als *Stand-alone-Thema* oder im Verbund mit weiteren Bildungsinhalten; mit *Enabling-Zielsetzung* als Weg zur Eigenständigkeit oder als geschickter Verkaufskanal von Beratungsdienstleistern (mit Suchtgefahr); mit Zertifikat, Zeugnis, Diplom oder ohne Urkunde; als Seminar vor Ort – auf einer Nordseeinsel, im schönen Alpental beziehungsweise in der Metropole – oder virtuell im weltweiten Netz; in Deutsch, Englisch und vermutlich sogar im Dialekt. Daher wird jeder Interessent seinen Bedarf erfüllen können. Ob er danach sein Metier – professionelles Change-Management – beherrscht, werden seine Kunden entscheiden. Manche von ihnen bleiben weiterhin erstaunlich anspruchslos. Vielleicht nur deshalb, weil ihr Change-Manager sie so lässt wie sie sind.

Vierter Nachläufer – Standing: Change-Manager sind Persönlichkeiten, die etwas bewegen möchten, für ihr Unternehmen, für Kunden und Eigentümer, aber selbstverständlich auch für Führungskräfte, Mitarbeiter und weitere Stakeholder. Sie denken an Wertschöpfung und Wertschätzung, an Kosten- wie Umsatzseite – also Profitable Growth –, manchmal mit kurzfristigem Horizont und möglichst oft mit langfristiger Perspektive *in langen Linien*. Standing ist dann die Ernte harter Arbeit, durch Anpacken und den sich daraus ergebenden Ergebnissen. Dies entsteht nicht über Nacht, sondern reift über die Jahre (»earn the right«).

Fünfter Nachläufer – Interventionstechniken: Im Change-Management gibt es keine Beweise. Mit Haltungen, Erfahrungen, Abhandlungen kann beinahe alles *bewiesen* werden – genauso wie das jeweilige Gegenteil. Fachliche Begründungen stehen auf wackligen Beinen und lösen bei der Beweisführung meist reflexartig Widerspruch aus. In der Praxis führt dies zu meist langwierigen Diskussionen, bei denen sich ein Change-Management-Experte nicht immer qua Kompetenzzuschreibung mitsamt brillanter Argumente durchsetzt. Standing in Organisationen ist keine Angelegenheit der reinen Vernunft. Deshalb benötigt er neben rationalen Erklärungen auch emotionale sowie mikropolitische Finesse, Cleverness und Techniken – ohne deren Schattenseiten wie Manipulation, Suggestion oder Agitation zu verfallen und ohne die unerträglichen Techniken anbiedernder Sympathiebekundung. Dies aber ist nun tatsächlich eine Frage der persönlichen Haltung.

Sechster Nachläufer – Soziale Kompetenz: Überdurchschnittliche zwischenmenschliche Fähigkeiten sind für Change-Manager ein absolutes Muss. Ohne jeden Zweifel! Allerdings unterliegen persönliche Beziehungen und People-Themen bei Transformationen stets dem Prinzip von Versuch und Irrtum. Einfühlungsvermögen, Fingerspitzengefühl, Rücksichtnahme – geht dies überhaupt in den schwierigen Zeiten des Wandels? Mir gefällt das Verständnis des Kommunikationswissenschaftlers Walter Sendlmeier zu sozialer Kompetenz recht gut (im Interview mit der Personalführung 03/2012: 18): »Ich verstehe darunter, dass jemand fähig ist, die beiden Strategien Kooperation und Wettbewerb je nach Situation bewusst zu wählen. Wer nur eine dieser Strategien beherrscht, also entweder nur freundlich, uneigennützig und auf Harmonie bedacht ist oder nur die Ellenbogen ausfährt und dominieren will, hat auf Dauer keinen Erfolg«. Bei nicht wenigen Veränderungsmanagern ist allerdings hohes Einfühlungsvermögen mit großem Entscheidungsunvermögen gepaart.

Siebter Nachläufer – Vertrauenswürdigkeit: Change-Manager leben vom Vertrauen in ihre Arbeit. Einschätzungen, Vorschläge und Ideen – oft »aus der Hüfte« ohne große zeitliche Spielräume erstellt – müssen passen. Viele Flops kann sich keiner erlauben. Ansonsten ist er bald unten durch. Am stärksten zeigt sich dieses Vertrauen, wenn ein Change-Manager vom Business-Manager vor dessen Entscheidung um Rat gefragt wird. Wenn dieser von sich aus auf den Change-Manager zugeht. Das geschieht gelegentlich in unüblichen Momenten, an ungewohnten Lokationen, in unkonventioneller Manier. Eine gewisse *Always-on-Mentalität* und *Stand-by-Bereitschaft* gehören – zumindest in heißen Projektphasen, wenn es hoch hergeht – als Wechselwährung zur Vertrauenswürdigkeit dazu.

Achter Nachläufer – Glaubwürdigkeit: Mit Glaubwürdigkeit ist das so eine Sache. Meint zumindest die – laut angloamerikanischen HR-Magazinen – seit vielen Jahren »most influential person in HR worldwide«, Dave Ulrich. »Seit fünfzehn Jahren belegt die statistische Analyse, wie wichtig Glaubwürdigkeit für HR-Professionsträger ist. … Offensichtlich reicht es für HR-Praktiker heute nicht mehr, nur Vertrauen zu finden und gemocht zu werden; sie müssen auch immer mal ihren Kopf rausstrecken, Risiken eingehen und ihre Nicht-HR-Kollegen auf Themen stoßen, die mit Menschen zu tun und Businessrelevanz haben« (Ulrich u. a. 2008: 59, übersetzt). Und der HR-Papst erschuf dazu eine spezifische Rolle, den *Credible Activist:* »Der ‚Credible Activist' hat keine Scheu vor Konflikten. Er oder sie findet den Maßstab für das eigene Tun nicht so sehr in konkreten Vorgaben, Aufträgen und Erwartungen der Umwelten. Um es scharf zu stellen: Beratungs-Dienstleistungsqualität wird nicht mehr daran festgemacht, dass die gelieferten Leistungen absolut mit vereinbarten Kundenerwartungen übereinstimmen. Organisationen haben gemerkt, dass diese Gängelung der internen Beratungsfunktion in die gemeinsame Nivellierung führt. Der ‚Credible Activist' orientiert sich an der eigenen Expertise, an seinem Selbstverständnis als Angehöriger einer Profession und am Generalauftrag zur Gestaltung des Systems« (Krizanits 2011: 67).

Neunter Nachläufer – Ergebnisorientierung: Ein Change-Manager sollte bei auftretenden Schwierigkeiten nicht nur um optionale Lösungsansätze wissen und darüber neunmalklug parlieren (man müsste, man sollte, man könnte). Er sollte auch praktikable Lösungen durchsetzen können – also *Actionable Knowledge* im Sinne von Argyris (1993: 1). Jeder Professional will von der Idee zur Lieferung konkreter Resultate kommen. Selbst beim Verständnis von Change-Management als stetem Fluss in den unendlichen Weiten von Raum und Zeit braucht es immer wieder greifbare, handfeste, augenfällige *Deliverables.* Geschwätzt wird bei der Gestaltung des Wandels ohnehin genug. Übrigens: Nicht für jede große Problematik oder nebensächliche Problemchen wird bereits am Tag Eins der Veränderung eine stabile Lösung erwartet. Ein guter Change-Manager weiß freilich ebenfalls, wann die Fünf eben doch eine ungerade Zahl ist. Bei bestimmten Themen, für gewisse Akteure, in heiklen Phasen muss er liefern – subito. Dies sind dann seine *Big Points.*

Zehnter Nachläufer – Organisationsmensch: Change-Manager stecken tagtäglich in zahlreichen, wechselnden und kniffligen Interaktionsbeziehungen ihres Unternehmens. Seien sie hierarchisch nach oben, funktional zur Seite oder in der Matrix ohnehin nur vage definiert. Manchen Kollegen begegnet man beim Morgentermin mit anderer Rolle, anderen Zielen, anderen Bündnissen als zum Nachmittags-Date für ein zweites Thema. Bei Veränderungsprozessen spielt so oder so der formelle Bezug zueinander eine immer geringere Rolle. Es geht – für die Organisation – um konstruktive Zusammenarbeit und – für die bilaterale Beziehung – um Verzicht auf verbrannte Erde inklusive Gesichtswahrung. Es geht um Networking in einer zunehmend mehrdimensionalen, internationalen und virtuellen Organisation durch regelmäßige Pflege von Kontakten auch ohne konkreten Anlass und unter Beachtung eines ausgewogenen Gleichgewichts der Austauschbeziehungen (»do ut des«). Um eine funktionale Beziehung zur funktionierenden Beziehung zu entwickeln, ist gelegentlicher Small Talk angebracht. Dazu braucht es soziale Kompetenz, eine Antenne für Situationen und Konstellationen sowie die Lust auf Begegnung.

Elfter Nachläufer – Gremienfestigkeit: Im Grunde sind die allermeisten Unternehmen bürokratische Organisationen. Wesentliche Entscheidungen werden – nach emotionalen und mikropolitischen Aufregern – in Gremien und deren Sitzungen getroffen. Lenkungsausschuss und Steuerkreis sind bei Veränderungsprojekten die wohl prominentesten. Solche Gremien sind ein eigener Mikrokosmos mit spezifischen Gesetzmäßigkeiten. Dort zählt Stil oft mehr als Inhalte. Darüber muss ein Change-Manager verfügen, Gremienfestigkeit eben. Seine Zuhörer sind inzwischen professionelle Standards gewöhnt. Dazu gehört vieles: richtige Powerpoint-Dosierung, elegante Argumentationslinien, geschicktes Storytelling, stimmige Begrifflichkeiten, passende Kleidung sowie zielgruppengerechter Schnickschnack. Die Verpackung von Botschaften muss stimmen. Sonst wird es nichts mit der *richtigen* Entscheidung. Wie meinte schon der Freiherr Knigge über den Umgang mit Menschen: »Lerne den Ton der Gesellschaft anzunehmen, in welcher Du Dich befindest.«

Zwölfter Nachläufer – Courage, Schneid und Mut: Change-Manager wissen um die Bedeutung des Rückgrats für aufrechten Gang. Sie können bei anderer Auffassung als die Hierarchie, der Mainstream oder die Koalitionäre ihre eigenen Vorstellungen zu erfolgskritischen Themen mit starken Argumenten vertreten und klare Positionen beziehen. In anderen Worten: Change-Manager brauchen Mumm und gelegentlich das Wörtchen »Nein!« Natürlich macht substanziell gerechtfertigter Widerstand nicht jederzeit Sinn. Wie auch immer er verpackt wird: als konstruktive Kritik und individuelles Feedback, im Zeichen von Renitenz, als Krawall oder Protest, mit blässlicher Larmoyanz, mit nörgelndem Defätismus und erhabenem Pathos oder als schlichte Zockerei. Es gibt durchaus Situationen, in denen zunächst Schweigen angebracht sein kann. »It depends« mal wieder.

Dreizehnter Nachläufer – Ambiguitätstoleranz: Fortschritt bei Veränderungsprozessen verläuft auf dem schmalen Grat widersprüchlicher Wünsche, Anliegen, Interessen, Meinungen, Erfahrungen, Stimmungen und Hoffnungen. Das lässt mehrdeutige Situationen entstehen: Ambiguität. Change-Manager agieren oft an der Schnittstelle dieser Gegensätze – eine risikobehaftete Gratwanderung mit Absturzgefahr auf beiden Seiten. Manchmal, wenn es die Transformation voranbringt, entscheiden sie sich zwar für eine Seite. Das Erkennen, Aushalten und Bewältigen von Ambiguitäten erfordert jedenfalls Energie, viel Energie. Change-Manager sollten nicht die Grenzen eigener Belastungsfähigkeit ignorieren. Deshalb benötigen sie außergewöhnliche große Ambiguitätstoleranz – ohne in Achtlosigkeit, Desinteresse, Stoizismus zu verfallen. Erst dann können sie mit den vielen undurchsichtigen, undeutlichen, unklaren Momenten jeder Veränderung umgehen. Ein ambiguitätstoleranter Change-Manager geht in dieser Unschärfe – als Experte – nicht unter und leidet an ihr – als Mensch – nicht allzu sehr.

Vierzehnter Nachläufer – Reflexionsflächen: Ein professioneller Change-Manager wird vor seinem Handeln vordenken, bei seinem Handeln mitdenken und nach seinem Handeln nachdenken. Hierfür gibt es unterschiedliche Rezepte: Vom stillen Kämmerlein, beim Joggen, Duschen, Autofahren, über individuelle Settings wie Coaching, Mentoring, Sparring bis hin zu interaktiven Formaten wie Supervision und Intervision (etwa Lippmann 2009, Roehl u. a. 2012: 218 – 228). Jeder Veränderungsverantwortliche sollte sich ausreichend Zeit für solche Rückkopplungen in seinem Terminplan reservieren. Zehn Prozent der *Arbeits*zeit, das wären etwa vier Stunden pro Woche, wären eine sinnvolle Investition auf dem Weg zum Wunderwuzzi.

Fünfzehnter Nachläufer – Ausstrahlung: Es gilt als Binsenweisheit: Miesepeter und Heulsusen küsst man nicht. Dass freundliche Ausstrahlung eine starke Wirkung besitzt und Mitleid kurze Halbwertszeiten aufweist, haben die Meisten spätestens in der Disco gelernt – um sich ein entsprechend attraktives Profil zuzulegen: Charisma, Fluidum, Appeal, Charme, Aura oder was auch immer einem beim Flirten geeignet erscheint. Change-Manager flirten ebenfalls, mit ihren Auftraggebern und Stakeholdern. Manchen gelingt das besser als anderen. Dass sie mehr Erfolge vorzuweisen haben, überrascht nicht wirklich. Zurück in die Disco zum Flirtkurs muss man ihnen nicht mehr zurufen.

Sechzehnter Nachläufer – Selbstbegrenzung: Sogar als Wunderwuzzi wäre ein Change-Manager nicht »Master of the Universe«. Nach den hochfliegenden Eigenschaften im idealtypischen Kompetenzprofil sowie den anspruchsvollen Nachläufern soll abschließend auf drei Tugenden besonders hingewiesen werden: Bescheidenheit, Zurückhaltung und Unaufdringlichkeit. Es gibt eine feine Grenze, in der Organisationsentwicklung in Entmündigung, Anmaßung, Dünkel bis zum Dominanzstreben umschlägt. Starke Business-Manager lassen sich dies vom Change-Manager ohnehin nicht gefallen und setzen auf ihr Mitdenken, ihre eigene Entscheidung und persönliche Verantwortung. Sie erwarten vom Change-Manager die Vorbereitung, Aufbereitung und Nachbereitung sowie einen Sparring Partner, der anstößt, aufzeigt, einwirft. Dabei sollte der es bewenden lassen. Ein kluger Wunderwuzzi wird außerdem nicht am Image, Mythos und Habitus der echten Leader in seiner Organisation kratzen. Oder in den Worten eines österreichischen Literaten: »Wenn man einem Menschen seine Erklärungsversuche nicht glaubt, wenn man gute Argumente dagegen vorbringt, kann es vorkommen, dass er davon ablässt. Ebenso oft, wenn nicht öfter, passiert es aber, dass er sich erst recht hineinsteigert, sich verengt, lieber alles, woran er bisher geglaubt hat, diesem einen lieb gewordenen Erklärungsmodell opfert, bevor er davon ablässt« (Haas 2012: 165).

7.3 Organisationslösungen

Parallelwelt Projekt/Linie

Organisationsthemen gehören zum Spannendsten, gerade in mitteleuropäischen Unternehmen. Über sie könnte man endlos diskutieren. In vielen Firmen passiert dies sogar. Weil es kein rational begründbares sowie emotionsloses und unpolitisches Richtig oder Falsch gibt (vgl. Kern/Köbele 2011: 73 – 95, Claßen/Gärtner 2012). Werfen wir daher den Blick nicht auf das, was sein sollte, sondern auf das, was ist – mit Fokus auf Veränderungsmanagement. In den beiden ersten Change-Management-Studien wurde die Diversität von Change-Management-Organisationen untersucht (Claßen u.a. 2005: 51–54 und Abb. 84). Fazit: Alles ist möglich und wird von Unternehmen bei Transformationsprojekten praktiziert. Es gibt einen bunten Mix an Organisationsformaten samt deren formeller und informeller Vernetzung (vgl. Cross u.a. 2007). Da wundert es dann auch nicht, dass Verantwortung bei Veränderungsprozessen längst nicht überall geklärt ist (DGFP 2011: 20 und Abb. 85).

Vorsicht: Job-Enrichment für Projektleitung, Linienmanager oder reine Fachberater birgt erhebliche Risiken. Besonders wenn es zum Job-Enlargement wird. Neben den zahlreichen anderen Aufgaben kann Change-Management leicht zur ungeliebten Nebensache werden. Auf der *To-do-Liste* rutscht die prozessuale Gestaltung von Wandel schnell nach weit hinten. Um sie – je nach Arbeitsmoral – am späten Abend, auf die Schnelle oder gar nicht zu erledigen. Dies gilt insbesondere dann, wenn der *Zusatzjob Change* mehr Arbeit als Erfolge, mehr Ärger als Lob, mehr Frust als Lust bringt.

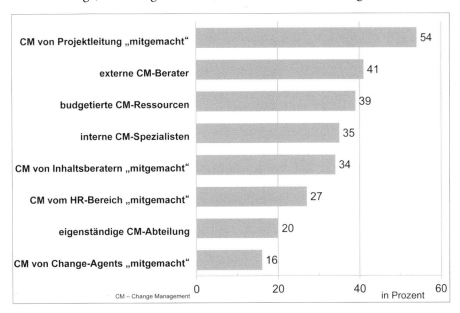

Abb. 84: Organisation von Change-Management in Veränderungsprojekten (Mehrfachnennungen möglich – Durchschnittswerte 2003/05)

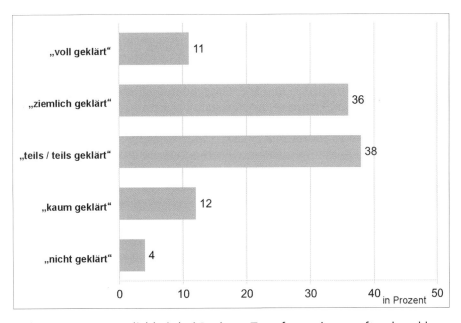

Abb. 85: Verantwortlichkeit bei Business-Transformationen oftmals unklar

Interview mit Jörg Schmülling

Head of Change Consulting, BASF SE, Ludwigshafen

Make statt buy: Erfahrungen im internen Change-Management

Was macht BASF im Change-Management selbst? Und welche Leistungen kaufen Sie von außen zu?

Im Change-Consulting haben wir bei uns derzeit ein Verhältnis von etwa 20 Prozent intern und 80 Prozent extern. Während der Krise war das Verhältnis fast umgekehrt, auf natürlich geringerem Gesamtniveau. Generell war der Anteil unseres internen Change-Consulting früher – unabhängig von der Konjunktursituation – höher. Aber mit Blick auf den Impact ist mein Bereich inzwischen deutlich strategischer unterwegs. Bei den Post-Merger-Integrationen (PMI) von BASF wird nicht mehr gefragt, ob Change dabei ist, sondern lediglich wer. Wir verantworten den Change-Workstream innerhalb der PMI-Projektorganisation und entwickeln den Change-Fahrplan. Daraus ergeben sich die operativen Change-Tätigkeiten. Diese werden dann meist von Externen erbracht. Wichtig ist mir als interner Change-Experte, erste Anlaufstation für unsere oberen Führungskräfte bei Veränderungsprojekten zu sein. Da sind wir in den letzten Jahren deutlich besser geworden und haben neue Felder erschlossen, zum Beispiel die Initialberatung bei der Auswahl externer Anbieter, angefangen bei der Nennung potenzieller Dienstleister, über die Erstellung der Ausschreibung und die Bewertung der Angebote bis hin zur fachlichen Stimme beim Pitch. Später wirken wir dann als interner Sparringspartner und zum Qualitätscheck, sozusagen als »Second Opinion«. Paradoxerweise fragen uns meist die Führungskräfte an, die es am wenigsten bräuchten; das kann man aber auch als positive Selbstverstärkung sehen. Zum Thema »Buy«: Das Feld der externen Berater für Change-Management ist bei BASF breit und tief. Bei Trainingsmaßnahmen, Teamentwicklungen, Beratungen und Moderationen kommen natürlich zahlreiche Externe mit Spezialkompetenzen zum Einsatz, z. B. im Teambereich mit besonderer psychologischer Erfahrung, bei Großgruppenevents mit technologischem Know-how oder im Top-Management bei besonderen beraterischen Qualitäten. Bei globalen BASF-Projekten kommen nur Anbieter mit einer weltweiten Präsenz in Betracht.

Welche Vorteile hat das Insourcing von Change-Management-Aktivitäten. Und welche Nachteile? Ist das »Make« dem »Buy« tatsächlich überlegen?

Es geht nicht um Überlegenheit, weder für das eine noch das andere. Es geht um den spezifischen Nutzen. Den sehe ich für uns Interne in drei Punkten: Erstens die Vertrautheit mit dem Unternehmen und den handelnden Personen. Zwar fehlt uns die manchmal durchaus nützliche Distanz der Externen. In den meisten Fällen bietet es allerdings klare Vorteile, wenn man

Ortskenntnisse mitbringt. Zum Zweiten genießen wir als Interne bei BASF oftmals mehr Vertrauen. Obwohl wir »Insider« sind, gelten wir als ziemlich objektiv. Uns wird keine »Hidden Agenda« und kein Weiterverkaufszwang unterstellt. Den dritten Vorteil sehe ich in der Steuerung von Externen, also der vorhin genannten 80 Prozent zugekaufter Dienstleistung im Sinne von Brokering durch interne Themenkenner mit langjähriger Change-Management-Expertise. Und als Entlastung der Führungskräfte. Dies wird von Jahr zu Jahr wichtiger, da bei BASF der Bedarf an Change-Management weiter stark steigen wird.

Wie kann sich Ihr systemisch geprägter Change-Management-Bereich in der eher kognitiv-rationalen BASF-Welt behaupten?

Sehr gut! Denn unsere systemische Perspektive ermöglicht es uns, die emotionale Seite der Change-Prozesse zu analysieren und das Management strategisch zu beraten. Insofern ergänzen wir die kognitiv-rationale Welt perfekt. Dies hilft dem Business und wird als Bereicherung empfunden. Als interne Berater agieren wir allerdings nicht klassisch systemisch im Sinne eines außenstehenden Beraters, der sich klar vom »System« abgrenzt. Eher passt der von Dave Ulrich geprägte Begriff vom »Credible Activist«. Wir fühlen uns zugehöriger und haben Erfahrungen, Meinungen und Präferenzen in Bezug auf Change, die wir gegenüber den Führungskräften auch klar äußern. Selbstverständlich können ganz spezifische Situationen eine stimmige systemische Intervention erfordern. Diese Option ziehen wir im Bedarfsfall natürlich auch.

Wenn Ihnen eine gute Fee zur Seite stehen würde, die Ihnen einen freien Wunsch zum Change-Management zugesteht – welcher wäre dies? Was würden Sie sich für ein noch besseres Change-Management unbedingt wünschen?

Darf ich ihr bitte zwei Wünsche nennen? Der erste wäre ein stärker globales Change-Management-Netzwerk innerhalb BASF mit global agierenden externen Partnern. Denn unser Business ist inzwischen in vielen Fällen »truly global«. Zum Zweiten wünsche ich mir von der Fee mehr Zeit und Ressourcen für Change-Management-Aktivitäten jenseits der projektbezogenen Unterstützung. Also eine Art Organisationsentwicklungs-Metaberatung, um – als zentrale Expertengruppe – die steigende Zahl von Change-Agents bei BASF in der ganzen Welt professionell und umfassend zu unterstützen.

Change-Management-Abteilungen

Besonders in größeren Organisationen existieren gelegentlich eigenständige Change-Management-Abteilungen oder Kompetenzcenter für Organisationsentwicklung, meist innerhalb der Personalfunktion. Zudem gibt es dort und selbst in vielen kleinen Organisationen vereinzelte Change-Management-Spezialisten, die mehr oder weniger untereinander vernetzt sind. Oft bekommen externe Dienstleister nur noch »Aufträge, die spezielles oder sehr innovatives

Know-how voraussetzen, sehr ressourcenintensive Spitzen mit sich bringen oder 'Bad-Guy-Projekte'. ... Interne Organisationsberatung ist wesentlich niederschwelliger« (Krizanits 2011: 50 – 51).

Firmeneigene Beratungseinheiten mit Fokus auf Change-Management sind mittlerweile zu einem akzeptierten Professionsfeld geworden. Ihre Etablierung hat vielfältige Funktionen (vgl. Claßen 2008: 207 – 209, Krizanits 2011: 45 – 69):

- Expertise/Kompetenz (Innovation von prozessbezogenen Herausforderungen),

- Zweitmeinung (prozessorientierter Sparring Partner für Business-Manager),

- Business-Partnering (Moderation, Beratung und Coaching von Führungs-kräften),

- Lieferung/Kapazität/Grundlast (Bereitstellung interner Ressourcen für Projekte),

- Steuerung/Governance (unternehmensspezifisches Change-Management-Konzept),

- Qualifizierung (Verbreitung von prozessbezogenem Wissen, Können und Wollen),

- Qualitätssicherung (Auswahl und Überprüfung externer Dienstleister),

- Vernetzung (Entwicklung einer lernenden Organisation),

- Wissensmanagement (Dokumentation von Erfahrungen, Instrumenten, Beispielen),

- Regelaufgaben (etwa Mitarbeiterbefragungen, Führungskräftepanels),

- »Think Tank« (für Organisationsentwicklung).

Status und Image von *In-house-Beratern* sind nicht über einen Kamm zu scheren. Die *Recht-gut-Sichtweise* vertritt Krizanits (2011). Verfechter der *Make-statt-buy-Position* werden nach Lektüre ihrer gut recherchierten Darstellung mit erheblichem Selbstbewusstsein ausgestattet sein. Interne Organisationsberatungen hätten hinsichtlich Qualität ihrer Leistungen nicht nur gleichgezogen, sondern teilweise sogar die bislang das Feld dominierenden externen Beratungshäuser überholt. Sie seien oftmals »billiger und besser« (ebd.: 49).

Hauptamtliche Change-Management-Professionals in der Organisation können sich selbst auf einem herausragenden Standing nicht ausruhen. Ihr *Change* der vergangenen Jahre hat aus vielen Führungskräften zumindest ordentliche und in vielen Fällen sogar gleichwertige Partner bei der Gestaltung organisatorischen Wandels gemacht. Innovation, und damit eine nächste Generation wirksamer Theorien, Ansätze und Instrumente, wären jetzt gefragt. Diese sind im Change-Management jedoch alles andere als einfach (vgl. 8.1). Die Nachfrage nach Professionals – ob intern oder extern – steht und fällt mit deren wahrgenommener Wertschöpfung. Alleine darauf zu setzen, dass vielbeschäftigte Führungskräfte keine Zeit für die Gestaltung des Wandels haben, wäre lediglich ein kurzfristig tragfähiges Geschäftsmodell.

 Interview mit Joana Krizanits

Unternehmensberaterin und Buchautorin, Wien

»Nicht mehr zweite Liga«: Rolle interner OE-Beratungen

Welche Aufgaben übernehmen interne OE-Beratungen bei Veränderungsprozessen? Für was werden externe Consultants eingekauft?

Interne OE-Beratungen übernehmen – häufig auf eigene Initiative – niederschwellige Beratungsthemen und gestalten Implementierungsprozesse für neue Strategien, Umstrukturierungen, Bereichsentwicklungen und Cultural-Change. Die in Konzernen eingerichteten Consultingeinheiten implementieren Policies und Best Practices. In Familienunternehmen und anderen eher beratungsaversen Organisationen gestalten die Internen zudem häufig Strategieentwicklungsprozesse. Den Externen kommt zunehmend das Geschäft an den beiden Enden der Gauss-Kurve zu: Kapazitätsabdeckung im Mengengeschäft von Teamentwicklungen und Management-Development einerseits sowie Beratung des Top-Managements und bei innovativen Themen wie zum Beispiel neue Funktionsstrategien andererseits.

Warum können es die guten internen Berater inzwischen mit Experten von außen aufnehmen? Was hat sie auf Augenhöhe gebracht?

Die Internen sind gut ausgebildet in Beratungsskills und Change-Management-Werkzeugen und haben sich das Vertrauen des Top-Management erworben. Sie sind geländegängig, wo es um kulturelle Anschlussfähigkeit geht und können Themen mit Change-Impact einschätzen, da sich durch ihre Querschnittstätigkeit und in ihren informellen Netzwerken frühe Signale verdichten. Ihre proaktive Eigeninitiative, verbunden mit dem »Gesetz des Wiedersehens« nach der Implementierung ihrer Vorschläge verleiht ihnen Vertrauen bei Leitung und Mitarbeitern, wo Externe mit ihrem Renommé punkten.

Worin bestehen noch Optimierungsmöglichkeiten/Entwicklungsfelder für interne Berater?

Ich sehe drei Felder mit Entwicklungspotenzial für die Internen: Differenzierung gegenüber Externen im Selbstverständnis und in der beraterischen Tätigkeit, als eigene Profession Organisationsgrad zu gewinnen – zum Beispiel durch überbetriebliche Vernetzung für Intervision oder themenbezogene Austauschgruppen – und Theoriearbeit zur eigenen Organisation, um Reflexionsfähigkeit und Außenperspektive zu erhalten. Der erste Schritt für viele interne Berater aus HR oder Organisationsberatung ist aber immer noch, aus dem quälenden Abwertungskarussel veralteter Zuschreibungen auszusteigen – das sie oft genug in ihren Beziehungen untereinander reproduzieren – und ihre Umwelten mit einem neuen Selbst-Wert-Verständnis zu überraschen.

Wenn Ihnen eine gute Fee zur Seite stehen würde, die Ihnen einen freien Wunsch zum Change-Management zugesteht – welcher wäre dies? Was würden Sie sich für ein noch besseres Change-Management unbedingt wünschen?

Noch immer ist Change-Management vordergründig ein Set von Sozialtechniken, das eingesetzt wird, ohne die Zielsetzungen des Change – in den meisten Fällen weitere Prozessoptimierungen und Produktivitätszuwächse – theoriegeleitet zu hinterfragen. Dabei wird die Organisation auf das Heute modelliert und so streng gezurrt, dass es dem – für nachhaltige Widerstandsfähigkeit und Entwicklungsfähigkeit so lebenswichtigen – Prinzip der »losen Kopplung« (Weick/Sutcliffe 2007) und Resilienz Hohn spricht. Durch stetige Arbeitsverdichtung steigen die Anforderungen an Aufmerksamkeit und Mindfulness – die Muskelkraft der Wissensgesellschaft – weiter an; keine Rede vom »Pensum«, der auf Dauer leistbaren Arbeitsmenge, obwohl sich angesichts der steigenden Burn-out-Raten hier längst »Materialmüdigkeit« feststellen lässt.

»Großer Bruder« Projektmanagement

Change-Management ist eng mit der Steuerung des gesamten Veränderungsvorhabens verbunden (vgl. Bach u. a. 2012: 359 – 370). Die prozessuale Gestaltung des Wandels wird vom »großen Bruder« Projektmanagement manchmal als »kleine Schwester« betrachtet. Dieses Buch über das komplizierte Schwesterlein kann ihre ebenfalls vielschichtige Verwandtschaft nicht im Detail charakterisieren. Dazu gibt es empfehlenswerte Literatur (etwa Huber u. a. 2011, Schreckeneder 2011, Litke 2007, Burghardt 2007). Der kleinen Schwester sollen aber zumindest vier Umgangsformen für den unvermeidlichen Alltag mit dem anstrengenden großen Bruder mitgegeben werden:

Umgangsform 1 – »Wünsche einflüstern«: Im Gegensatz zum wirklichen Leben ist der große Bruder Projektmanagement ein überaus ordnungsliebender Mensch. Neben der alltäglichen Linienorganisation baut er eine eigenständige Projektwelt auf. In seiner Pingeligkeit denkt er an sehr vieles (Abb. 86). Erbarmen gegenüber Schlamperei, Schlendrian, Schludern besitzt er nicht. Allerdings weiß der große Bruder Projektmanagement nicht immer alles. Er tut nur so. Wenn die kleine Schwester raffiniert ist, wird sie ihm mit persönlichem Einfühlungsvermögen, zum passablen Zeitpunkt und in pfiffigem Stil ihre Vorstellungen beibringen. Gelegentlich sogar so, dass die Verantwortlichen in der Projektleitung glauben, es wären ihre eigenen Ideen. Ja, ja, die kleine Schwester.

- ○ „Program Management Office" (PMO)
- ○ Projektstrukturierung und Schnittstellenmanagement
- ○ Projektplanung und -steuerung (z.B. Microsoft Project)
- ○ Rollenklärung (z.B. RACI) und Ressourcenmanagement
- ○ Aufgabenbeschreibung (z.B. „Project Charters")
- ○ Gremien- und Meeting-Struktur
- ○ Kommunikationsstrukturen
- ○ Reporting-, Monitoring- und Controlling-Strukturen
- ○ Abnahme-, Freigabe- und Eskalationsprozesse
- ○ „Benefit Tracking" und Budgetsteuerung
- ○ „Change Request Management"
- ○ Risikomanagement und Qualitätssicherung
- ○ unabhängige Projektauditierung (Review)
- ○ Prozessbeschreibungslogik (z.B. ARIS)
- ○ Projektformate (z.B. „Templates", Handbücher)
- ○ Projektdokumentation/Wissensmanagement/Dokumentenmanagement (z.B. Sharepoint, Wikis)
- ○ Multiprojektmanagement (Abstimmung mit parallelen Projekten)

Abb. 86: Elemente von professionellem Projektmanagement

Umgangsform 2 – »Da muss man durch!«: Für jeden eingefleischten Change-Manager sind professionelle Projektmanagementwelten ein übertriebenes, nervtötendes, zeitraubendes Grausen. Mir geht dies jedenfalls so. Doch wie bereits gesagt gehört Projektmanagement zur engsten Verwandtschaft. Ihr entkommt keiner. Mit ihrem technizistischen Ordnungswahn bietet sie unschätzbare Vorteile bei großformatigen und deshalb per se komplexen Veränderungsvorhaben. Konsequente, koordinierte und korrekte Projektsteuerung entscheidet über Wohl und Wehe von Transformationen. Das stimmt tatsächlich, wie die Erfahrung lehrt. Selten im Leben wird Sturheit – meinetwegen auch *bedingt flexible Beharrlichkeit* – so zum Erfolgsgaranten wie in Zeiten des Wandels. Distanzierung, Emanzipation, Isolation vom großen Bruder machen keinen Sinn. Das kann die kleine Schwester erst dann machen, wenn sie aus dem Haus ist.

Umgangsform 3 – »Kein ‚Ich-bin-beleidigt-Spiel'!«: Die Steuerung einer Business-Tansformation integriert Change-Management in den allermeisten Fällen als ein Teilprojekt mit Querschnittsfunktion. Eher selten ist eine Parallelisierung von Inhalts- und Prozessdimension der Veränderung (Abb. 87). Dies hat im Regelfall eine Dominanz des großen Bruders Projektmanagement zur Folge. Eine beliebte Zickenreaktion der kleinen Schwester Change-Management ist das »Ich-bin-beleidigt-Spiel«. Dies geht ganz einfach und hat lediglich zwei Spielzüge. Zug Eins: raus aus dem gemeinsamen Spielfeld. Zug Zwei: flugs auf eine eigene Spielwiese. So etwas werden allenfalls antiautoritäre Eltern über längere Zeit ertragen. Eine Entkopplung von inhaltlichem Projektmanagement und prozessualem Change-Management, sei es durch fachliche Auseinandersetzungen, emotionale Verstimmungen, politische Zwietracht oder einfach nur wegen zeitlicher Überlastung führt zu parallelen, konfliktären, disharmonischen Transformationsarchitekturen. Was niemandem etwas bringt – am wenigsten der kleinen Schwester.

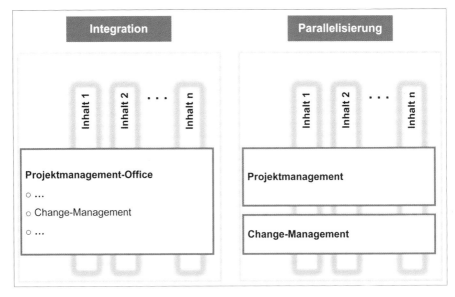

Abb. 87: Change-Management und der »Rest der Veränderung«

Umgangsform 4 – »Dabeisein ist alles«: Das Kuddelmuddel großformatiger Projekte wird durch Großraumbüros (Collaborative Workspace), Teambuilding (Collective Mindset), Projektkommunikation (Team-Meetings), Projektmedien (Transformation-Journals), Interaktionstechnologien (Collaboration-Tools) sowie weitere Koordinationsbemühungen abzumildern versucht. Ein empfehlenswerter Ratschlag für Change-Manager ist deshalb Sichtbarkeit (Visibility). Denn wer gesehen wird, ist offenbar dabei. Und wer dabei ist, macht offenbar mit. Und wer mitmacht, ist offenbar gut. Und wer gut ist, macht seine Sache offenbar richtig. Und wer seine Sache richtig macht, wird meistens in Ruhe gelassen. Und wer in Ruhe gelassen wird, muss nicht immer gesehen werden. Die Psychologie des Projektmanagements ist zur eigenen Wissenschaft geworden (vgl. Huber u. a. 2011).

7.4 Change-Management und die Personalfunktion

Vorbemerkung: Eingrenzung und Ausgrenzung

Immer wieder wird Change-Management in enge Verbindung zum Personalbereich oder neudeutsch dem Human-Resources-Management gebracht. Daher soll auch in dieser Zweitauflage, die in einer vorrangig an Personaler gerichteten Verlagsreihe erscheint, die Brücke geschlagen werden. Zwischenzeitlich ist freilich in derselben Reihe ein umfangreiches Buch über den HR-Business-Partner als Spielmacher des Personalmanagements erschienen (Claßen/Kern 2010). Für sämtliche auf diese Rolle und das dahinter stehende Mindset – die Wertschöpfung aus der People-Dimension – bezogenen Themen wird deshalb auf diese Publikation aus derselben Feder verwiesen. Diese Zweitauflage konzentriert sich auf eine Mitwirkung der Personalfunktion zur Gestaltung des Wandels von Organisationen. Was in vielen Unternehmen natürlich eine zentrale Aufgabe des HR-Business-Partners geworden ist. Dazu werden in diesem Abschnitt zehn unterschiedlich breit ausgeführte Thesen entwickelt.

These 1: Change-Management bleibt zentrale Zukunftsaufgabe von HR-Bereichen

Im Gegensatz zu vielen anderen betrieblichen Funktionen ist die Veränderungsdynamik im People-Management gering. In Personalbereichen geht es – mit Blick auf thematische Innovationen – vergleichsweise gemächlich zu. Die Sondierung von Zukunft für die HR-Funktion wird dennoch niemals enden. Im Kern ist diese Suche ein Aufspüren künftiger Herausforderungen aus der People-Dimension des Unternehmens und stimmiger Lösungsansätze. Diese können dann von HR-Bereichen erobert und besetzt werden – was kaum immer gelingt und manchmal nicht einmal versucht wird.

Berater haben ein feines Gespür für die nächsten *Improvements*, kommenden *Solutions* und anstehenden *Needs*. Sie sind Profiteure solcher Veränderungen. Nichts ist für einen Berater lästiger als die Erträglichkeit des Status quo bei seinen Kunden. Daher sind Trendstudien von Consulting-Konzernen ein Pulsmesser für die Anziehungskraft von Themen, die Marktfähigkeit von Produkten und die Zukunftsperspektive der Funktion (etwa Kern/Köbele 2011: 36, Capgemini 2011: 5, Mercer 2011: 5, Kienbaum 2012: 5, Boury/Sinclair 2012: 10 sowie BCG/WFPMA 2012: 7). Ausnahmslos an der Spitze: das Mega-Ultra-Hyper-Power-Themenfeld Talent-Management mit seiner ganzen Verwandtschaft wie demografischer Wandel und strategische Personalplanung, Arbeitgebermarke und soziale Medien im Web. Diese Aufgaben gelten auf Jahre als Leitsterne, zumindest in dieser Dekade. Und ab 2020 soll das Ganze noch schwieriger werden (vgl. 5.1). Durchwegs ebenfalls ganz weit oben steht das Themenfeld Leadership-Management (vgl. 4.1). Das hier besonders interessierende Change-Management liegt in den meisten Studien im Top-Five-Bereich beim Wettstreit der HR-Strategiethemen um Wichtigkeit.

Besonders leicht fällt Beratern ihre Argumentation über eine Zukunft von HR-Bereichen in solchen Feldern, bei denen die Defizitbehauptung von jedem unterschrieben werden kann: mehr Internationalität der Personalarbeit, mehr Kosteneffizienz im HR-Management, mehr Metrics-Orientierung der People-Dimension. Eben das olympische Motto: schneller, höher, stärker. Einig ist man sich sogar darüber, dass keine wirklich neuen Innovationen als strategische Überraschung um die Ecke biegen werden. Dies erleichtert. Wichtig sind hingegen erstens ein stimmiger Zusammenhang und Zusammenklang der vielfältigen Lösungsansätze sowie zweitens angemessene Antworten auf soziale, politische, rechtliche Entwicklungen im Umfeld. Dies belastet. Normative Themen gelten nach wie vor als Ladenhüter, zumindest aus Beratersicht. Heikle Fragen wie die Ausbalancierung zwischen zu pampernden Talenten und zu flexibilisierender *Workforce* werden gemieden (vgl. 5.2). Immer mehr ist allerdings von Zweiteilungen die Rede. Die von der Gestaltung versus Verwaltung ist inzwischen sogar zur Floskel geworden.

Fazit: Nichts grundlegend Neues – aber weiterhin viel Arbeit. Denn im HR-Management ist die Innovationsrate gering und das Implementierungstempo ebenfalls. Wer noch nicht vorne mit dabei sein sollte, für den besteht Zukunft zunächst einmal darin, diesen Rückstand umgehend aufzuholen. Bevor er Türen und Fenster weit öffnet, um noch mehr frische Luft hereinzulassen. Es ist ja nicht schlimm, wenn man noch etwas rückständig ist. Dann weiß man zumindest, was es als Nächstes zu tun gilt und kann von anderen lernen. Mit diesem Wissen lassen sich dann die zum jetzigen Zeitpunkt bereits bekannten Herausforderungen im eigenen Haus angehen und – besser als die jeweiligen Wettbewerber – umsetzen. Statt Finden geht es spätestens jetzt ans Machen. Da ist es sogar günstig, dass gegenwärtig nicht schon wieder neue Aufgabenstellungen am Horizont auftauchen und für Ablenkung vom Wichtigen sorgen. Die derzeitigen sind bereits anspruchsvoll genug. Vermutlich werden in den kommenden Jahren dennoch immer wieder vermeintlich neue HR-Probleme auftauchen und deren Lösung als Produkte heftig beworben. Manche Dienstleister und Journalisten versuchen weiterhin krampfhaft, etwas Neues aufzustöbern. Falls jemand diesen Schatz bereits gefunden hat, hütet er ihn noch als großes Geheimnis.

These 2: Change-Management verschwistert sich mit Leadership und Talent-Management

Diese zweite These kann sehr kurz gehalten werden. Wenn Leadership-Management und Talent-Management die beiden dominierenden Herausforderungen der People-Dimension von Unternehmen sind, kann Change-Management ihre Aufträge nicht ausblenden. Leadership-Management und Talent-

Management müssen im Kern der Transformations-Architekturen von Veränderungsprozessen stehen. In dieser Zweitauflage hat dies zu eigenen Kapiteln für beide Themenfelder geführt (vgl. 4.1 und 5.1).

These 3: Change-Management durch HR-Bereiche basiert auf einem guten Image

Der *Eigenkosmos HR* ist Ergebnis jahrelanger Entwicklungen im Unternehmen. Gar nicht so selten resultiert ein schlechtes Renommee aus beträchtlichen Verkrustungen, mangelhaften Leistungen und hilflosen Personalern. Gefangen in ihrer borniertem Welt und wenig aufgeschlossen gegenüber Veränderungen im Business. Mancherorts werden Personaler daher als die ewig Gestrigen wahrgenommen. Eine der ungezügelten Beschimpfungen stammt von Hammonds (2005) und begründet »Why we hate HR« (www.fastcompany.com/53319/why-we-hate-hr). Eine zweite Fundamentalkritik kommt von Welbourne (2006) und bilanziert die Frage »HR management: at the table or under it?« (www.workforce.com/article/20060824/NEWS01/308249993). Diese Beschwerdeführung könnte problemlos fortgeführt werden. Beherzte Verteidigungsreden gibt es hingegen nur wenige (etwa Breitfelder/Dowling 2009).

Wer nun entgegnet, solche Einreden seien bereits lange her, nur aus dem Internet und von jenseits des großen Teichs, übersieht, dass es in mitteleuropäischen Gefilden um das Image der HR-Funktion ebenfalls nicht besonders gut bestellt ist. Wie aktuelle Studien zeigen, auch mit Blick auf die Change-Management-Rolle (etwa Beck u. a. 2009: 12, Kienbaum 2010: 26, Beck u. a. 2011: 18, DGFP 2011: 68, DGFP 2012: 11, 38). In manchen Unternehmen – etwa einer schweizerischen Großbank – ist deshalb für sämtliche HR-Transformationsthemen unter dem Motto »Self reliant Business-Management« ein Sog weg vom HR-Bereich hin zu den Führungskräften zu beobachten. Nicht überall ist es bereits so weit. Und nicht überall ist das Image der Personalfunktion unwiederbringlich verdorben. Aber mit angeschlagener Reputation werden HR-Bereiche bei Veränderungsprozessen einen schweren Stand haben. Vom Business-Management werden dann bevorzugt Dritte – etwa externe Beratungen – mit der Gestaltung von Wandel beauftragt. Für ein besseres Ansehen braucht es jedenfalls den Ausbruch aus traditionellen Verhaltensweisen, wie er an anderer Stelle beschrieben wird (Sauer/Claßen 2012). Ernst gemeinte Aussagen von Business-Managern wie »Unser Personalbereich bringt im Change-Management weit mehr als sämtliche Consultants zusammen« wären, wenn sie denn tatsächlich fielen, vielerorts ein echter Quantensprung.

Gelingt es dem HR-Bereich durch seine Aktivitäten wirklichen Mehrwert für die Organisation zu stiften, kann lediglich noch Undankbarkeit – dies bleibt eine bedauerlicherweise schwierig zu verändernde persönliche Eigenschaft mancher (Business) Menschen – den Respekt für die Personalfunktion aufhalten. Wer den Führungskräften bei Veränderungen größere und kleinere *People-Steine* aus dem Weg räumt, auf mögliche Schwierigkeiten bei den *weichen Themen* aufmerksam macht und gleichzeitig eine überzeugende Lösung anbietet, bei den vielen Aufgaben das ein oder andere entscheidungsreif vorbereitet, bei unterschiedlichen Auffassungen auch mal hartnäckig bleibt und mit veritablen Argumenten dagegenhält sowie bei alledem eher ein Lächeln auf den Lippen trägt als eine finstere Miene besitzt oder zynische Worte ausspuckt, der wird bei seinen internen Kunden Bestätigung für die eigenen Rolle sowie die eigene Person erhalten.

These 4: Change-Management wirkt sich auf transaktionale HR-Hemisphäre aus

Seit Jahren gibt es in HR-Bereichen eine Diskussion um den Markenkern. Persil ist Persil, da weiß man, was man hat. Doch was bietet Personalarbeit? Geht es um Kostensenkung, um Wertschöpfung oder um etwas ganz anderes wie etwa Dienstleistung als Querschnittsfunktion? Abseits dieser meist recht unnachgiebig geführten Diskussion teilt sich der *Eigenkosmos HR* immer mehr in zwei sehr unterschiedliche Hemisphären (Abb. 88). Diese offensichtliche Spaltung wird nicht von jedem Personaler gesehen, geschweige denn gewollt. Nichtsdestotrotz hat sie vielerorts längst stattgefunden (vgl. Kern/Köbele 2011: 12 – 13). In zunehmendem Maß teilen sich HR-Bereiche in zwei Hälften: eine mit dem Schwerpunkt auf Transaktion und Kostensenkung bei Personalfaktor- und Personalfunktionskosten sowie eine Zweite mit dem Schwerpunkt auf Transformation und Wertschöpfung aus der People-Dimension (Ulrich 2008: 15). Ob es dann noch eine formale organisatorische Klammer über beide Domänen gibt, ist fast schon egal. In manchen Unternehmen wurden sie längst entklammert.

Immer öfter entstehen deshalb neuartige Welten im HR-Management, wie ich sie als Basis von HR-Strategie-Projekten nutze (Abb. 89). Bei denen wird thematisch und organisatorisch zwischen Wertschöpfung (linke Seite) und Kostensenkung (rechte Seite) sowie zwischen Managern und Wertschöpfungsgebern sowie deren Führungsverantwortung (obere Hälfte) und Mitarbeitern und Arbeitnehmern sowie deren Eigenverantwortung (untere Hälfte) unterschieden. Die weitreichenden Konsequenzen aus dieser doppelten Zweiteilung für Personalbereiche werden in diesem Buch nicht weiter verfolgt. Jedenfalls wirken sich Veränderungsprozesse eines Unternehmens in beiden Hemisphären massiv aus. In dieser vierten These werden zunächst Effekte auf die transaktionale HR-Domäne betrachtet. Denn die mit Abstand wichtigste Aufgabe von Personalbereichen bei Transformationsprozessen – Freisetzung und Rekrutierung von Mitarbeitern – liegt dort (Claßen/Kern 2009: 59 – Abb. 90). Change-Management ist übrigens Hauptaufgabe Nummer Vier.

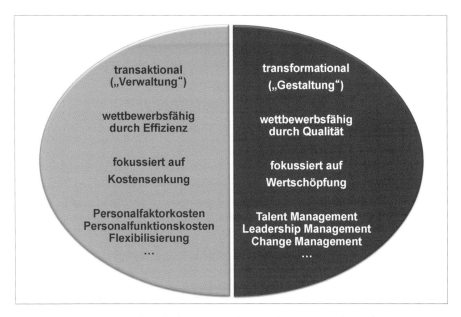

Abb. 88: Zwei unterschiedliche Hemisphären der Personalerwelt

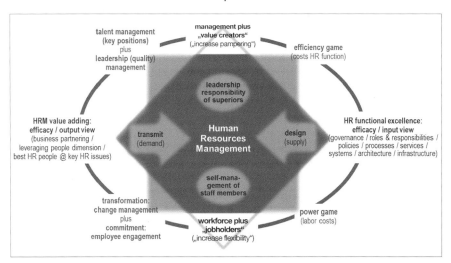

Abb. 89: HR-Management, neu gedacht

In der transaktionalen HR-Domäne geht es nicht nur um Freisetzung und Rekrutierung. Bei Veränderungsprozessen sind viele weitere personalwirtschaftliche Aktionsfelder tangiert: HR-Prozesse müssen angepasst, HR-Regelungen angeglichen, HR-Strukturen abgestimmt, HR-Mitarbeiter entwickelt, HR-Systeme aufdatiert und HR-Schnittstellen nachgeführt werden. Dies alles kostet Zeit, Kraft und Gelder. Insbesondere dann, wenn Anpassungen in der transaktionalen Welt Mal für Mal zur umständlichen Einzelfertigung und Handarbeit werden.

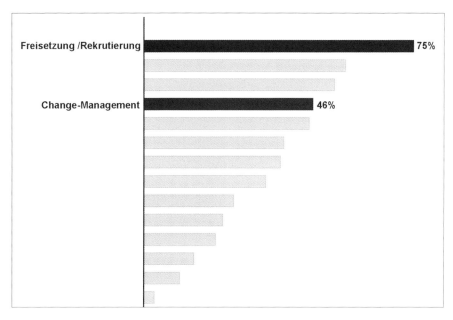

Abb. 90: Hauptaufgaben von HR-Bereichen bei Veränderungsprozessen

Ein derzeit noch sehr seltener Zustand optimierter Anpassungsfähigkeit von Personalbereichen wird künftig zur Basisvoraussetzung für Veränderungsprozesse im Unternehmen: *adaptive HR.* Sie soll dazu beitragen, die mit Sicherheit anstehende nächste Business-Transformation personalwirtschaftlich weitgehend pünktlich, reibungslos und kostengünstig über die Bühne zu bringen. Wenn jeder Veränderungsprozess im Personalressort erst einmal mitgeteilt, dann wahrgenommen, dann verstanden, dann gutgeheißen, dann aufgenommen, dann durchgedacht, dann grob geplant, dann abgesichert, dann fein geplant, dann ausgestattet, dann angegangen und schließlich tatsächlich umgesetzt werden muss, vergeht viel Zeit, reißen die Nerven und entstehen erhebliche Aufwände.

Eine Umstellung der Personalwirtschaft auf die neue Situation nach der Veränderung mit einem einzigen Knopfdruck wird auch in Zukunft wohl eine verträumte Vision bleiben. Aber zwischen einer desaströsen Ist-Situation und dieser utopischen Soll-Situation sind in jedem Fall signifikante Fortschritte vorstellbar. Details auf dem Weg zur *adaptiven HR* sind an anderer Stelle ausführlich beschrieben worden (etwa Claßen/Sauer 2011, Claßen/Kern 2011) sowie in der Erstauflage dieses Buches (Claßen 2008: 232–241).

Erschwerend kommt hinzu, dass in langlebigen Unternehmen der *Eigenkosmos HR* eine über viele Jahre gewachsene Ansammlung von doppelten und oftmals sogar multiplen Parallelwelten mit erheblichen Transaktions- und Komplexitätskosten geworden ist. Infolge von Reorganisationen und Akquisitionen existiert dort eine HR-Mannigfaltigkeit weitgehend gleichberechtigt nebeneinander her. Unternehmen mit einer jahrzehntelangen Geschichte von Umstrukturierungen und Firmenkäufen laufen Gefahr, sich bei ihren Querschnittsfunktionen wie Personal komplett zu verknoten. Zudem schreiben sie teilweise noch Betriebsvereinbarungen, Individuallösungen und Besitzstände aus den fünfziger und siebziger Jahren des letzten Jahrhunderts fort. Wenn dann als Antwort auf Globalisierung im Business die Internationalisierung der HR-Funktion angegangen wird, ist das Fiasko perfekt. In solchen Unternehmen fehlt es bislang an einer beharrlichen Harmonisierung (One HR) oder bewussten Separierung (Divisional HR) und in beiden Fällen an einer unerschütterlichen Reduktion (Simplify HR) und geradlinigen Veränderungsfähigkeit (Adaptive HR). Irgendwann – möglichst rasch – braucht es diesen klaren Schnitt samt Zerschlagung der vielen gordischen Knoten. Noch gibt es allenthalben große Scheu vor solchen eigenständigen HR-Transformationen.

Jedes Unternehmen muss sich fragen, wieviel nicht wertschöpfende Varianz und Komplexität es in seinem *Eigenkosmos HR* weiterhin kultivieren möchte, als Handschellen der Transformation. Die Veränderungsfähigkeit der gesamten Organisation wird durch erhebliche HR-Diversität im Verbund mit fehlender HR-Simplizität und mangelnder HR-Adaptivität erheblich vermindert. Jede traditionsschwangere HR-Administration liegt wie ein nicht abzuschüttelnder Ballast auf der Unternehmensentwicklung. Die bei jedem Veränderungsprozess erforderlichen schweren Geburten bei den transaktionalen Personalprozessen müssten eigentlich als immenser Kostenblock in jeden Business-Case einfließen. Ganz abgesehen von persönlichen Mühen durch individuelle Kraftakte. Dies muss nicht bei jeder neuen Veränderung immer wieder auf's Neue sein! Entstaubung, Entkrampfung, Entrümpelung der transaktionalen HR-Hemisphäre ist angesagt.

These 5: Change-Management ist tragender Pfeiler der transformationalen HR-Hemisphäre

Hingegen ist die Gestaltung des Wandels als Prozessdimension der Veränderung eindeutig eine Kernaufgabe im transformationalen HR-Management (etwa Losey u.a. 2005, Ulrich u.a. 2008, Claßen/Kern 2010, Boudreau/Jesuthasan 2011). Dazu müssen sich die Personalisten aus ihren transaktionalen Herkünften herausbewegen oder ganz andere Motivationen, Kompetenzen, Charaktere von außen ergänzen. Dies ist eine ganz bewusste Entscheidung mit Langzeitwirkung. Viele HR-Bereiche haben sie inzwischen getroffen und sind zumindest aufgebrochen (siehe etwa Kern/Köbele 2011: 14 – 19).

Interview mit Wolfgang Neiß

Head of Organizational Development, Pharma Division, Novartis, Basel

Business-Partner als Change-Manager: Anspruch und Wirklichkeit (1/2)

Wieviel Change-Management machen Business-Partner bei Novartis? Welche Aufgaben haben sie sonst noch?

Natürlich gehören Business-Partner bei den Organizational-Development-Prozessen (OD-Prozesse) von Novartis zu den maßgeblichen Akteuren. Insbesondere die strategischen Business-Partner geben Impulse zum Geschäftsmodell und für die HR-Systeme, als beratendes Vis-à-vis der »Global-Heads-of« im Business. Organisatorisch sind sie bei uns deshalb »solid« im Business und »dotted« bei HR angesiedelt. Business-Partner der nächsten Ebenen sind hingegen eher operativ tätig. Übernehmen allenfalls einzelne Aufgaben innerhalb eines Veränderungsprojektes oder unterstützen einzelne Vorgesetzte bei Veränderungen in deren Bereich. Insgesamt ist das Vorgehen bei Novartis jedoch noch heterogen und differenziert. Eine zweite und zeitlich noch größere Aufgabe eines Business-Partners ist Talent-Management, also Führungskräfteentwicklung, Nachfolgeplanung et cetera. Die ihn oder sie insbesondere in der ersten Jahreshälfte den größten Teil der Zeit in Anspruch nimmt, und auch den Rest des Jahres eine laufende Aufgabe darstellt. Übrigens kenne ich beide Rollen bei Novartis Pharma. Nach zunächst drei Jahren als Business-Partner bin ich seit einer halben Dekade für das OD-Kompetenzcenter verantwortlich. Aus dieser aktuellen Perspektive kann ich sagen: Wir haben als Unternehmen noch keinen fest ausgeprägten Stil im Change-Management. Dies zeigte sich nicht zuletzt in Mitarbeiterbefragungen und den sich daran anschließenden Fokusgruppen. Unsere Mitarbeiter sagten uns, wir würden zu viele Veränderungen starten, die oftmals bloße Ankündigungen blieben und wenig tatsächlichen Business-Impact hätten. Gerade Führungskräfte kamen nicht nur gut weg. Besonders durch die als defizitär empfundene Involvierung und Partizipation. Daran arbeiten wir als Kompetenzcenter gemeinsam mit den Business-Partnern. Das Kompetenzcenter ist bei uns ein breites Netzwerk, die Business-Partner der HR-Führungsebene haben in den Aufbau der OD-Kompetenz in ihren Teams, nahe bei den internen Kunden investiert und wir arbeiten eng zusammen.

Wer wirkt neben dem Business-Partner bei Veränderungsprozessen mit? In welcher Rolle und mit welcher Verantwortung?

Klar, die Verantwortung für den Projekterfolg liegt in der Linie, bei der jeweiligen Führungskraft. Ihr Business-Partner stellt als deren People-Advisor und HR-Spezialist die primäre Kundenschnittstelle dar. Ein Kontakt vom

Kompetenzcenter, wie oben definiert, geht – im reinen Modell – nur über und mit dem Business-Partner. Teilweise werden wir als OD-Experten von Führungskräften aber direkt angesprochen. Beides hat anfänglich zu Konflikten geführt. Es ist aber in der Zwischenzeit viel besser geworden. Heute würde ich die Zusammenarbeit weitgehend als ein Partnership-Modell charakterisieren. Die Business-Partner nutzen das Kompetenzcenter und halten es im Loop. Dafür muss es fachliche Qualität und überlegene Lösungen bieten. Wer ist sonst noch beteiligt: aus Kapazitäts- und Kompetenzgründen die externe Berater, dann die interne Kommunikationsabteilung und wie bereits erwähnt die Führungskräfte als Umsetzungsverantwortliche (»Leaders drive the change«)? Wobei viele Manager die weiche Seite der Transformation immer noch über einen Workstream Change-Management an die Business-Partner, an das Kompetenzcenter oder gar an Consultants delegieren möchten. Mittlerweile beginnt sich dies zu drehen. Was die Bedeutung des Kompetenzcenters als Coach und Trainer erhöht.

Was läuft in der Zusammenarbeit zwischen Business-Partnern und dem für CM/OE zuständigen Kompetenzcenter gut? Wo könnte es besser laufen?

Vieles läuft inzwischen gut. Die Zusammenarbeit hat sich intensiviert. Es gibt das Interesse auf beiden Seiten, bei den Business-Partnern und im Kompetenzzentrum, etwas gemeinsam zu gestalten, im Sinne der Co-Creation. Außerdem wird das CoE unterdessen weder beim OD-Framework noch beim OD-Consulting infrage gestellt. Unser Qualifizierungsangebot für HR-Business-Partner ist sehr gefragt und populär. Was ich mir noch schöner wünschen würde? Eine eher kosmetische Frage: Als zentrales Kompetenzcenter gelten wir bei den Business-Partnern eben auch als Headquarter. Und das ist nirgendwo beliebt.

Wenn Ihnen eine gute Fee zur Seite stehen würde, die Ihnen einen freien Wunsch zum Change-Management zugesteht – welcher wäre dies? Was würden Sie sich für ein noch besseres Change-Management unbedingt wünschen?

Wir sollten die Business-Partner im Change-Management – als Technik – stärker machen. Damit wir als Kompetenzcenter das Business und die Business-Partner »nur noch« zu coachen brauchen. Dann könnten wir als OD-Experten uns auf zusätzliche Themen konzentrieren, die heute zu kurz kommen: strukturierte Diagnose eines Business zum Beispiel oder die Erhöhung des Employee Engagement. Zudem sollten wir uns über die Metaebene Gedanken machen: Wie sieht bei Novartis echte Organisationsentwicklung in einem sich weltweit dramatisch verändernden Pharmamarkt aus? Das ist eigentlich mein Job, Antworten auf die Frage: Wie kann die Organisationsentwicklung beitragen, dass wir zur besten Therapie für unsere Kunden im Vergleich mit dem Wettbewerb kommen? Im Grunde sollte mir die Fee mehr Zeit geben, das bisher Ungedachte andenken zu können.

These 6: Change-Management erfordert permanente HR-Professionalisierung

Neben verbessertem Image (These 3), gemachten Hausaufgaben (These 4) und grundsätzlicher Entscheidung (These 5) braucht es eine weitreichende HR-Professionalisierung. Dazu gibt es diverse Vorstellungen als Professoren-belehrung (etwa Scherm 2011, Scholz 2011, Boudreau/Ziskin 2011) und als Beraterempfehlung (etwa Kurzhals 2010, Bersin 2011, Mercer 2011, Deloitte 2011, Kienbaum 2012). Diese vielfältigen Vorstellungen lassen sich auf einen simplen Nenner bringen: HR-Professionalisierung gelingt durch professionelle Personaler.

Dies erfordert zusätzliche Qualifizierung, etwa im Themenfeld Change-Management: »Many organizations have implemented extensive coaching and training programs for their business functions or high potential roles, but had not considered the need for their own functions« (Bersin 2011: 141). Weitere Ansatzpunkte für professionelle Personaler sind konsequentes Performance-Management und eine durchschnittshebende Rekrutierung. Nicht wenige Personalbereiche würden sich alleine schon dadurch enorm revitalisieren, wenn sie sich von ihren zehn Prozent Niedrigleistern trennen würden.

These 7: Change-Management ist Kernaufgabe im HR Business-Partnering

Business-Partnering in der HR-Funktion ist von vielen Unternehmen inzwischen angegangen worden. Von mindestens ebenso vielen anderen nicht, noch nicht. Die einen Firmen machen es mehr oder weniger konsequent. Andere lassen es. Im Jahre 16 nach Ulrich (1997) gibt es weiterhin Personalabteilungen, die sich vornehmlich der transaktionalen, administrativen, dienstleistenden Welt verschrieben haben, und HR-Bereiche, die mittlerweile vorrangig auf Wertschöpfung aus der People-Dimension des Unternehmens setzen.

Freilich hat die Unternehmensrealität diesseits des Atlantiks auch gezeigt, dass es ein gemeinsames Verständnis von Business-Partnering nicht gibt, sondern nur Variationen von Antworten auf ähnlich gelagerte Anforderungen (vgl. Claßen/Kern 2010: 83–93). Selbst beim *Erfinder* des Business-Partnering hat sich terminologisch und konzeptionell mittlerweile einiges getan, gerade beim Blick auf die Gestaltung des Wandels (Ulrich u. a. 2008). War es anfänglich noch die Rolle der HR-Funktion als »*Change-Agent*«, sind es inzwischen diverse Facetten unterschiedlicher Individualrollen, wie etwa *Culture- und Change-Steward*, *Strategic-Architect-Professional*, *Talent-Manager*, *Organization-Designer*, *Business Ally* und *Credible Activist*. Lediglich als *Operational Executor* sollte sich ein Business-Partner allenfalls gelegentlich betätigen.

Was nun ein solcher Business-Partner den lieben langen Tag konkret macht, bleibt weitgehend Interpretationssache: »Strategic HR means more business discussions and less HR: HR has the difficult job of translating the messy and very complicated realities of the people side of business solutions« (Bersin 2011: 169). Beim Business-Partnering kommen insbesondere solche Herausforderungen aus dem HR-Management zum Tragen, die zur verbesserten Wertschöpfung einer Organisation führen. Dazu gehört natürlich die Gestaltung des Wandels. Es ist mittlerweile unbestritten, dass Change-Management zu den hehren Kernaufgaben im Business-Partnering zählt (vgl. Claßen/Kern 2010: 155). Bei der Realisierung von Business-Partnering haben sich unterdessen einige Erfahrungen herauskristallisiert, teilweise gestützt durch empirische Ergebnisse:

- Nach den beiden Spitzenreitern Leadership-Management und Talent-Management ist Business-Partnering – wie Change-Management – eines der Topthemen im HR-Management. Daran wird sich in den kommenden Jahren kaum etwas ändern.

- Business-Partnering gilt als bester Effektivitätshebel einer HR-Funktion, weit mehr als sämtliche anderen prozessualen, systemischen und organisatorischen Handlungsoptionen (BCG/WFPMA 2010: 34). Dieses empirische Resultat lässt allerdings nach wie vor viele Zweifler kalt.

- Die gelungene Umsetzung von Business-Partnering ist der beste Indikator für die Entwicklung von Personalbereichen zur Hochleistungsorganisation (Bersin 2011: 80). Die Umkehrung trifft ebenfalls zu: Kein oder schlechtes Business-Partnering zeugt von deutlichen Performanzdefiziten der HR-Funktion.

- Die Transformation einer Personalabteilung mit der Zielsetzung Business-Partnering ist das derzeit wohl schwierigste Transformationsvorhaben in diesem Funktionsbereich (BCG/WFPMA 2010: 11). Denn es geht zumeist um Veränderung des genetischen Codes.

- Weit mehr als ein Organisationsmodell für Personalbereiche (Drei-Säulen-Struktur) ist Business-Partnering eine Denkhaltung und Handlungsorientierung von HR-Akteuren: Wertschöpfung aus der People-Dimension des Unternehmens. Sie ist unterschiedlich organisierbar.

- Zentraler Erfolgsfaktor im Business-Partnering sind erstklassige Business-Partner (oder wie auch immer sie genannt werden). Mittelmäßigkeit bringt nichts. Es geht darum, dass die richtigen Akteure an den wichtigen Themen arbeiten und dafür genügend Freiheitsgrade erhalten.

- Eine häufig genutzte Basis für Business-Partner-Selektion sind ausdifferenzierte Kompetenzmodelle, die oft sogar mehrstufig angelegt sind (siehe etwa PWC 2010: 13). Wichtiges Kernelement dabei: Change-Management-Kompetenzen. Überzüchtete Kompetenzmodelle sind allerdings zu vermeiden.

- Bei der Einführung von Business-Partnering haben sich unaufgeregte Vorgehensweisen (»007-Strategie« – Lizenz zur Wertschöpfung für die besten Personaler) als mindestens gleichwertig gegenüber strukturbrechenden Projekten gezeigt (vgl. Claßen/Kern 2010: 324 – 325).

- Als effektivste Form der Weiterentwicklung von Business-Partnern haben sich Training, Coaching und Intervision erwiesen (Abb. 91), gerade auch im Themenfeld Change-Management als zweitwichtigstem Qualifizierungsbereich (vgl. BCG/WFPMA 2010: 37).

- Nach dem Business-Partnering kommen bestimmt der nächste Paradigmenwechsel und Strukturbruch. Die zeichnen sich allerdings derzeit noch in keiner Weise ab. Nach dem Business-Partnering kommt deshalb besseres Business-Partnering, im Sinne eines kontinuierlichen Verbesserungsprozesses.

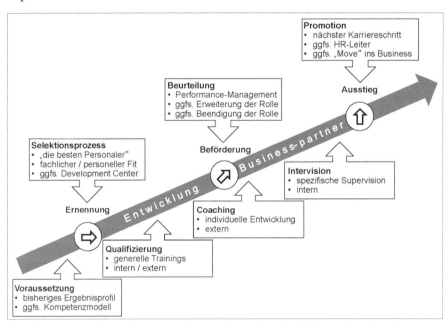

Abb. 91: Entwicklungspfad von Business-Partnern

Interview mit Wulf Schönberg

Vice President and Executive Business Partner,
Deutsche Telekom, Bonn

Business-Partner als Change-Manager: Anspruch und Wirklichkeit (2/2)

Wieviel Change-Management machen Business-Partner bei der Deutschen Telekom? Welche Aufgaben haben Sie sonst noch?

Change-Management ist eine wesentliche Aufgabe der Business-Partner. In den verschiedenen Rollenausprägungen der Business-Partner gehen die Aufgaben von der Gestaltung und Umsetzung der jeweiligen Geschäftsstrategie in allen Belangen des Humankapitals bis hin zur lokalen Umsetzung der business-bezogenen Anforderungen. Die Business-Partner arbeiten aktiv am Geschäft mit. Dazu haben wir ihnen bewusst auch die Gestaltung von strategischen, organisatorischen und kulturellen Veränderungsprojekten ins Portfolio geschrieben. Ohne eine starke Rolle in Transformationsmaßnahmen bleiben ansonsten viele relevante HR-Aktivitäten auf der Strecke. Die Business-Partner haben dafür zu sorgen, dass Sie einerseits Change-Maßnahmen entwickeln und andererseits in jedem relevanten Change-Projekt involviert sind.

Wer wirkt neben dem Business-Partner bei Veränderungsprozessen mit? In welcher Rolle und mit welcher Verantwortung?

Es werden die integriert, die auf das Erreichen des Veränderungsziels Einfluss haben. In der Regel sind das die Fachseiten und HR-Vertreter. Ergänzt wird dies gegebenenfalls um interne oder externe Berater. Häufig sind auch Vertreter der Kommunikationsabteilung beteiligt. Allerdings muss darauf geachtet werden, dass die Change-Maßnahmen nicht nur auf reine Kommunikation reduziert werden. Der Business-Partner hat sicherzustellen, dass Maßnahmen ergriffen werden, damit die Arbeitsproduktivität nicht sinkt beziehungsweise nicht so stark sinkt und diese möglichst schnell wieder ein »normales« Niveau erreicht. Je nach Größe der Veränderungsprozesse ist das verantwortliche Management an entscheidender Stelle zu beteiligen. Ohne eine verantwortliche Rolle der Geschäftsleitung oder des Managements ist ein Veränderungsprozess nur schwer möglich.

Was läuft in der Zusammenarbeit zwischen Business-Partnern und dem für CM/OE zuständigen Kompetenzcenter gut? Wo könnte es besser laufen?

Sobald der Business-Partner in Projekte involviert ist, läuft die Zusammenarbeit generell gut. Aus Sicht der Organisationsentwicklung ist es nach wie vor eine Herausforderung rechtzeitig eingebunden zu werden, um somit auch Zeit zu haben, die Veränderungsmaßnahmen zu konzipieren und umzusetzen. Gelegentlich erfolgt eine Einbindung zu spät, sodass »vollendete

Tatsachen« vorliegen und ein »Involviertsein« von Managern, Mitarbeitern, die betroffen sind, nur schwer oder gar nicht mehr möglich ist. Auf der anderen Seite gibt es aber auch die Anforderung der Business-Partner aufgrund der immer schnelleren Veränderungen des Geschäfts zügig Maßnahmen aufzusetzen und nicht lange Analyse- und Konzeptionsphasen vorzuschalten. Ich denke, dass hier beide Seiten noch sehr viel mehr aufeinander zugehen müssen. Die Business-Partner müssen ein noch ausgeprägteres Know-how über Change-Management haben und die Change-Manager vom Business.

Wenn Ihnen eine gute Fee zur Seite stehen würde, die Ihnen einen freien Wunsch zum Change-Management zugesteht – welcher wäre dies? Was würden Sie sich für ein noch besseres Change-Management unbedingt wünschen?

Change-Management sollte sehr viel mehr in den frühen Phasen der fachseitigen Konzeption involviert sein. Wie fachseitige Vorstellungen entwickelt werden, ob im stillen Kämmerlein oder unter Beteiligung verschiedenster Player sollte als Intervention verstanden werden. Nicht früh genug kann hier der erste Samen für das Wachsen der Veränderungsbereitschaft und damit des Veränderungsprozesses insgesamt gelegt werden. Die Akzeptanz des Change-Managements wird mit dem wachsenden Know-how der Change-Experten, die Business-Diskussionen zu verstehen, steigen. Hiermit meine ich nicht, dass sie bessere Fachexperten sein sollen. Aber häufig vermisse ich die Business-Orientierung bei Changern. Das fängt beim Auftreten an, geht über Unverständnis von unternehmerischen Begriffen und endet beim nicht Verstehen des »Drucks«, dem Manager ausgesetzt sind. Auf der anderen Seite wünsche ich mir, dass Manager und Fachseiten das Change-Management nicht als »da suchen wir uns was aus der Toolbox aus« verstehen.

These 8: Change-Management als Kompetenzcenter ringt um seine Wertschöpfung

Insbesondere in größeren Unternehmen existieren dann und wann Change-Management-Abteilungen mit der Rolle als Kompetenzcenter (vgl. 7.3). Sie sollen nicht nur die Gestaltung des Wandels durch aktive Mitarbeit in Veränderungsprojekten unterstützen, also konkrete Resultate liefern, sondern zudem eine normsetzende Funktion (Policies/Governance) ausüben – etwa durch das firmenspezifische Veränderungsmodell, den eigenständigen Werkzeugkasten, die maßgeschneiderten Trainingsangebote sowie bei Auswahl und Einkauf externer Dienstleistungsanbieter. Die Kompetenzcenter-Praxis von Unternehmen hinsichtlich Change-Management ist bislang noch kaum untersucht worden (vgl. Krizanits 2011). In der europäischen BCG/EAPM-Studie (2011: 30) wird von jeweils einem guten Drittel der befragten Firmen berichtet, bei denen aus der Unternehmenszentrale heraus Change-Management-Richtlinien gesetzt (35 Prozent) oder -Konzepte entwickelt (37 Prozent) werden. Unantastbare globale Standards für Change-Management gibt es freilich nur in einem von sechs Unternehmen (17 Prozent). Die meisten setzen bei der Gestaltung des Wandels auf gänzlich lokale Ansätze (50 Prozent) oder auf Zulässigkeit von erheblichen lokalen Anpassungen (33 Prozent). In der weltweiten BCG/WFPMA-Studie (2012: 35) sind die entsprechenden Werte recht ähnlich: Vollständig lokale Konzepte (31 Prozent) und beträchtliche lokale Abänderungen von einem Weltmodell (54 Prozent) sind der Regelfall. Globale Change-Management-Standards bleiben wiederum die Ausnahme (15 Prozent).

Change-Management-Kompetenzcenter haben sich in der auf konkrete Wertschöpfung konzentrierten Unternehmensrealität selten als durchsetzungsstark, maßgeblich und langlebig erwiesen. Viele von ihnen sind so etwas wie demonstrativer Konsum in Luxuszeiten einer Organisation. Die meisten Quasselbuden haben ohnehin recht kurze Halbwertszeiten, spätestens bis zur nächsten Kostensenkungswelle im Unternehmen. Anerkennung ziehen Change-Management-Abteilungen und ihre Protagonisten viel eher aus ihrer ergebnisorientierten Mitwirkung bei wichtigen Transformationsvorhaben der Organisation. Querschnittsfunktionen wie Change-Management sollen sichtbaren Mehrwert für ihre internen Kunden abliefern, ansonsten das Business-Management aber möglichst in Ruhe lassen und nicht mit langweiligen, nervtötenden, überflüssigen Anforderungen oder Einwänden stören. Dies erwarten Personaler selbst auch von anderen Supportbereichen wie Finanzen, Einkauf und dem von allen am wenigsten geliebten IT-Bereich. Jedenfalls gelten Erfolgsfaktoren und Akzeptanzbarrieren (NoGo) von Kompetenzcentern gleichfalls für das Themenfeld Change-Management (Abb. 92).

These 9: Change-Management verlangt personelle Konstanz »in der Matrix«

Für Personalbereiche sind Matrixorganisationen, die in vielen größeren Unternehmen nach wie vor das dominierende Strukturierungsprinzip darstellen, eine vermeintlich schicksalhafte Tatsache. Damit soll die Komplexität der Außenwelt in die Intimität der Innenwelt transportiert werden. Obwohl sich Matrixstrukturen in Theorie, Empirie und Praxis als höchst problematische Angelegenheit erwiesen haben. Im Zweiklang und oft sogar Dreiklang diverser organisatorischer Dimensionen – Produkte, Geografien und Funktionen – ist die Personalerstimme meist ein heiseres Stimmlein. Weitaus besser wären eindeutige Entscheidungslinien mit klarer Verantwortlichkeit (Accountability) und einem gemeinsamen Grundverständnis (Collective Mindset) (siehe Claßen/Gärtner 2012).

Vielerorts bleiben Matrixstrukturen allerdings weiterhin ein Faktum organisatorischer Realität. In mitteleuropäischen Unternehmen agieren 43 Prozent der Personalbereiche in Matrixwelten (Kern/Köbele 2011: 57). Dort kommt

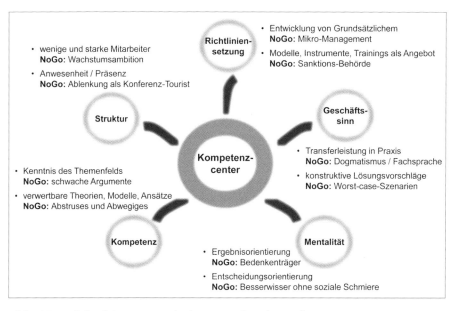

Abb. 92: Erfolgsfaktoren und Akzeptanzbarrieren für Kompetenzcenter Change-Management

der konkreten Ausgestaltung durch die beteiligten Akteure eine große Bedeutung zu. Wenn sich in der Matrix auf der unternehmensinternen Gegenseite – in den Geschäftsbereichen beziehungsweise Ländern – durch häufige Umorganisationen und Neubesetzungen mit steter Regelmäßigkeit die Ansprechpartner ändern, sollte gerade bei Veränderungsprozessen eine personelle Beständigkeit seitens der HR-Funktion angestrebt werden. Denn damit bleiben Wissen und Können sowie Erfahrung aus der Vergangenheit erhalten. Möglicherweise entsteht sogar ein Zusatzgewicht aus diesen drei Pfunden. Am besten werden organisatorische Schnittstellen bei wenigen, im Aushandeln erfahrenen und geschickten »HR grey hairs« gebündelt.

These 10: Change-Management hilft HR-Bereichen bei der eigenen Transformation

Es gibt rauchende Ärzte, Paartherapeuten, denen die eigene Beziehung misslingt, und Consultants mit ausgeprägter Beratungsresistenz. Und es gibt HR-Bereiche, die ihre eigenen Veränderungsprozesse ohne, mit zu wenig oder einem halbseidenen Change-Management durchführen. Auch diese zehnte These kann sehr kurz gehalten werden: »Walk the talk« sollte für jeden Personaler bei den anstehenden HR-Transformationen kein flotter Spruch aus einer fremden Sprache sein.

8 Veränderungswerkzeuge

8.1 Change-Management-Instrumente

Change-Management = Change-Instrumente

Die instrumentelle Ausrichtung im Veränderungsmanagement ist das wahrscheinlich wichtigste Charakteristikum. Bei Beratern ist es nur eine Frage der Zeit, wann sie sich nach einem mehr oder weniger ausschweifenden Brimborium auf die Ebene von Tools hinunter begeben. Denn Tools sind *Deliverables*. Und Deliverables sind *Client-Money*. Auch die Umsetzungsverantwortlichen in der sich ändernden Organisation kommen, als Kunden und Nutzer, nach dem Vorspiel aus Theorien, Modellen und Haltungen ziemlich schnell auf den Punkt: »Schön und gut! Aber was machen wir nun eigentlich und mit welchem Nutzen?«

Die Gleichsetzung von Change-Management mit den jeweils eingesetzten Instrumenten ist die pragmatische Antwort auf das Fehlen einer allgemein akzeptierten Definition (vgl. 2.4). Gestaltung von Veränderungsprozessen definiert sich in der Praxis im Wesentlichen darüber, was unter dem Label Change-Management tatsächlich veranstaltet wird. Change-Management ist die Verpackung für sehr unterschiedliche Inhalte. Das Treiben wird damit kunterbunt. Es wird von den Wortführern nach ihrem Gusto inszeniert. Es wird bis zur Zufriedenheit der Verantwortlichen arrangiert. Es wird auf Bedürfnisse der Betroffenen temperiert. Überdies wird aus Fehlschlägen, Langeweile und Verdruss mit dem bisherigen Instrumentarium immer wieder die Innovationsmaschine angestellt. Was zu frischen Kreationen führt, in Wort und Bild. Da kommt die Wissenschaft mit ihrer Sortierung von Instrumenten längst nicht mehr hinterher.

Egal! Change-Management ist mehr als nur Verpackung für beliebig zusammengestellte Instrumente, die im Falle des Scheiterns bei der nächsten Sperrmüllabfuhr unauffällig entsorgt werden. Es bedarf vielmehr der bewussten Transformations-Architektur und dann des achtsamen Transformations-Managements. Dazu müssen die am besten geeigneten Instrumente identifiziert und zum passenden Zeitpunkt implementiert werden. Kein wahlloser Griff zur erstbesten Idee, zum gerade verfügbaren Notbehelf oder zum Instrument, das man schon lange mal gerne eingesetzt hätte. Die aktive Gestaltung des Wandels muss bei jeder konkreten Veränderung wohlüberlegt angegangen werden. In einem bildhaften Sinne bedeutet Change-Management (1) die Komposition einer stimmigen Melodie, (2) die Orchestrierung mit passenden Instrumenten und (3) das Dirigieren der geeigneten Musiker (vgl. 7.1).

Empfehlenswerte Werkzeugkästen

Dieses Buch will auch in seiner Zweitauflage kein Handbuch mit Tool-Charakter sein. Dazu gibt es inzwischen allein im deutschsprachigen Raum genügend – mehr oder weniger empfehlenswerte – Darstellungen. Aus einer systemischen Perspektive sorgen der deutschsprachige Ultra-Klassiker Doppler/Lauterburg (2002) sowie weitere Veränderungsexperten für eine instrumentelle Konkretisierung (etwa Boos/Heitger 2004, Königswieser/Exner 2006, Krüger 2006, Häfele 2007, Ameln/Kramer 2007, Reineck/Anderl 2012). Die *Werkzeugkiste* der Fachzeitschrift OrganisationsEntwicklung hat inzwischen fast das dritte Dutzend voll und wurde unlängst in Buchform zweitverwertet (Roehl u. a. 2012). In jedem Jahr kommen vier weitere Instrumente dazu. Etwa im Jahr 2028 ist wohl das erste Hundert erreicht. Aus einer eher kognitiven Blickrichtung gibt es kaum weniger Darstellungen des Change-Management-Instrumentariums (etwa Rigall u. a. 2005, Stiefel 2006, Becker-Kolle u. a. 2006, Vahs/Weiand 2010, Leao/Hofmann 2009, 2012). Der Fachverband Change-Management im Bundesverband Deutscher Unternehmensberater (www.changemanagement.bdu.de) nennt 24 Instrumente in fünf Rubriken (aufgerufen am 22.10.2012). Von wiederum anderen wird das bestmögliche Setting von Veranstaltungsformaten dargelegt (etwa Lipp/Will 1996, Will u. a. 2009). Da ist für jedes Bücherregal etwas dabei. Noch einfacher geht es über das Internet, meist immer noch kostenlos. Mit etwas Muße und einer hoffentlich nicht allzu lockeren Copy-Paste-Mentalität ist dort viel brauchbares Material zu finden. Über die Jahre entstehen dann beeindruckende Sammlungen in Unternehmen und von Beratern, am besten in Deutsch und englisch (für den internationalen Einsatz).

Eigentlich jeder Change-Management-Professional sollte in seiner Bibliothek über eine Handvoll der Klassiker verfügen. Und den Zugriff auf die instrumentelle Vielfalt effektiv organisiert und sortiert haben. Dies gehört zu seinen elementaren Hausaufgaben. Ein Veränderungsmanager kann sich aus seinem eigenen und vielen weiteren Werkzeugkästen über die Instrumente anhand von ausführlichen Nutzungsbedingungen, Gebrauchsanleitungen und Anwendungsvoraussetzungen informieren. Über je mehr Tools ein Transformations-Experte verfügt, desto flexibler, situativer, adaptiver sind seine Interventionsmöglichkeiten. Schrauber, Hammer, Bohrer sind selbst beim *Do-it-yourself* des gelegentlichen Heimwerkers inzwischen zu wenig.

Außerdem muss jeder Veränderungsmanager persönliche Vertrautheit und Sicherheit mit seinem Werkzeugkasten gewinnen, durch praktische Anwendung statt reiner Sammelleidenschaft. Sowie seinen eigenen Veränderungsstil ausprägen, zu dem die Change-Management-Instrumente nicht unwesentlich beitragen. Ein paar wenige Mal im Jahr, etwa zu Weihnachten und am Geburtstag, können dann sogar neue Tools auf dem Wunschzettel stehen.

Sehr viele Instrumente

Im weiten und tiefen Rund des Veränderungsmanagements sind aus Theorie und Praxis unterdessen Myriaden von Tools bekannt, in zahlreichen Facetten und mit unterschiedlicher Terminologie. Bei diesem Wildwuchs ist es nicht mehr möglich, den Überblick von Change-Management-Instrumenten zu bewahren. Zudem ist so etwas empirisch kaum zu greifen. In den ersten drei Change-Management-Studien wurde immerhin der Versuch unternommen und eine Bestandsaufnahme von über fünfzig Tools aus der gängigen Beraterpraxis durchgeführt (Claßen/von Kyaw 2008: 26–38). Weitere methodische und inhaltliche Details sind dort nachzulesen sowie in der Erstauflage (Claßen 2008: 245–257). Insgesamt wurden fünf Fragen gestellt:

1. Instrument bekannt?

2. Instrument im Einsatz?

3. Instrument besonders wünschenswert?

4. Externe Unterstützung nicht erforderlich?

5. Externe Unterstützung hilfreich?

Bekanntheitsgrad: Die meisten der insgesamt über fünfzig abgefragten Tools waren einer deutlichen Mehrheit an Veränderungsexperten wohlbekannt. Ihre Auflistung an dieser Stelle wäre eine Beleidigung für die Kompetenz von Ihnen als Leser. »Workshop« – kennen Sie bestimmt. Als erstes Fazit kann also festgehalten werden, dass der basale Werkzeugkasten den potenziellen Nutzern zumindest von der reinen Begrifflichkeit her vertraut ist. Nur wenige Instrumente waren – vor einer halben Dekade – kaum geläufig: Resistance-Radar, analoge Intervention, Lernlandkarten, Change-Readiness-Analyse, Change-Impact-Analyse, World-Cafe, Kulturforen, Storytelling, Kräftefeldanalyse, systemische Aufstellung, Unternehmenstheater sowie Kulturmanagement. Diese Change-Management-Instrumente besaßen einen Bekanntheitsgrad von unter fünfzig Prozent. Das dürfte sich aber deutlich verbessert haben.

Praxiseinsatz: Die Rangliste der von Unternehmen eingesetzten Instrumente unterscheidet sich kaum von der zum Bekanntheitsgrad. Details sind in der Auflistung zu finden (Abb. 93). Instrumentelle Klassiker rund um das Wissen, Können und Wollen werden bei den meisten Veränderungsprozessen eingesetzt. Neben dieser *Basisausstattung* und einer *erweiterten Grundausstattung* werden viele Spezialitäten und Liebhabereien von eher wenigen Firmen genutzt, als *Extraausstattung* (vgl. auch DGFP 2012: 57, Capgemini Consulting 2012: 22).

Einige zentrale handwerkliche Grundlagen für Veränderungsprozesse (»Set the scene«) werden von Unternehmen überraschend selten eingesetzt. Auf Rollen-/Auftragsklärung sowie Umfeld-/Statusanalyse verzichtet jedes dritte

Training / Schulung	92%	Projektbeurteilung	64%	Retention-Management	30%
Projektmanagement	91%	Train-The-Trainer	63%	Change-Story	30%
Kommunikation Internet	91%	Konfliktmanagement	63%	Zukunftskonferenz	26%
Veranstaltungen/Events	89%	Umfeld / Statusanalyse	62%	Konsequenzmanagement	26%
Workshops	89%	Kompetenzmanagement	61%	Kraftfeldanalyse	24%
Befragungen/Surveys	88%	Mitarbeiter-Mobilisierung	59%	Kulturanalyse	23%
Personalentwicklung	85%	Balanced Scorecard	58%	World Cafe	21%
Kommunikation Print	84%	Projektmarketing	53%	Unternehmenstheater	19%
Kommunikation persönlich	84%	Qualitätszirkel	53%	Systemische Aufstellung	17%
Interviews	81%	Stakeholder Management	51%	Storytelling	15%
Assessment-Center / Audit	79%	Wissensmanagement	50%	Kulturmanagement	13%
Coaching	78%	Visionsentwicklung	50%	Change-Impact-Analyse	12%
Führungsgrundsätze	74%	Kreativitätstechniken	49%	Kulturforen	12%
Teambuilding	73%	Transformations-Fahrplan	46%	Analoge Intervention	11%
Organisationsentwicklung	73%	Change-Agents	40%	Change-Readiness-Anal.	10%
Anreizsysteme/Motivation	72%	Lernende Organisation	40%	Resistance Radar	6%
InformationFair/Roadshow	66%	Change-Controlling	38%	Lernlandkarten	6%
Rollen-/Auftragsklärung	66%	Open-Space	33%		

Abb. 93: Praxiseinsatz von Change-Management-Instrumenten

Unternehmen, auf Stakeholder-Management und Visionsentwicklung sogar jedes Zweite. Einen Transformations-Fahrplan nutzen noch weniger Organisationen. Die Bindung von Schlüsselpersonen durch Retention-Management ist in sieben von zehn Unternehmen offenbar kein Thema. Selbst steuernde Instrumente wie Projektbeurteilung und Change-Controlling können nicht als Renner im Werkzeugkasten von Veränderungsverantwortlichen bezeichnet werden. Es ist deshalb nicht falsch, bei einem Drittel bis zur Hälfte der Unternehmen von einer fast schon sträflichen Vernachlässigung ihrer Hausaufgaben für Change-Management zu sprechen.

Wünschenswertes: Das war die Wirklichkeit. Nun kommt der Wunsch. An der Spitze von wünschenswerten Tools bei Veränderungsprozessen stehen anspruchsvolle Instrumente mit hohem Wirkungsgrad – bei richtigen Einsatz. Insgesamt wurden acht Change-Management-Instrumente von einem Drittel der Befragten oder mehr als derzeit nicht vorhanden, aber zweckmäßig bezeichnet. Allesamt können sie als die wirklich großen Herausforderungen der Menschheit, zumindest bei Veränderungsprozessen, angesehen werden. Die noch vielerorts einer zufriedenstellenden Lösung harren:

1. Kulturanalyse/-management,

2. Visionsentwicklung,

3. Lernende Organisation,

4. Wissensmanagement,

5. Change-Agents,

6. Change-Controlling,

7. Konfliktmanagement,

8. Mitarbeitermobilisierung.

Übrigens: Der Bedarf an weiteren Workshops ist in den Unternehmen weitgehend gestillt. Jene Zeiten, in denen die Einberufung eines Workshops als Problemlösung Nummer Eins galt, sind inzwischen offenbar vorbei.

Eigenleistung/Fremdbezug

Beim Einsatz der Instrumente stellt sich die Frage nach Bereitstellung interner Expertise (make) oder Einkauf externen Know-hows und Do-hows (buy). Zweites als Konsequenz der in einer Organisation nicht vorhandenen Kompetenz beziehungsweise Kapazität. Die Nutzung der Spezialisten von außen ist entlang von drei Zielsetzungen möglich: Entlastung (Doing), Befähigung (Enabling) und Begleitung (Coaching). Alle drei Alternativen besitzen unterschiedliche Vor- und Nachteile und beruhen auf jeweils anderen Voraussetzungen (Abb. 94). Beim Blick auf die erwähnten Studien (Claßen/von Kyaw 2008) sind deren Ergebnisse – bezogen auf die abgefragten Change-Management-Instrumente – komplementär: Entweder findet eine Organisation externe Unterstützung hilfreich oder sie macht es bevorzugt selbst.

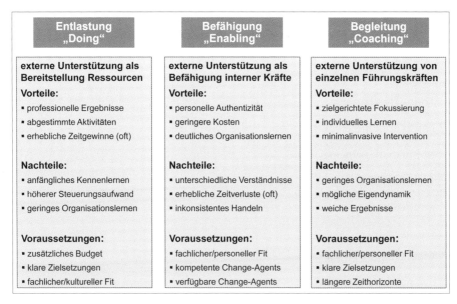

Abb. 94: Begründung externer Unterstützung im Change-Management

Für lediglich sieben Instrumente trifft zu, dass sich höchstens ein Viertel der Unternehmen den Einsatz externer Experten vorstellen kann. Bei über der Hälfte an Instrumenten setzen mehr als fünfzig Prozent der Unternehmen auf externe Kompetenz und Kapazität. Die grundsätzliche Offenheit für Unterstützung von außen ist also in mitteleuropäischen Unternehmen vorhanden. Dies erklärt, warum Change-Management inzwischen zu einem relevanten Beratungs-, Trainings- und Coaching-Markt mit vielen (Nischen-)Anbietern geworden ist.

Gerade in den Hochzeiten einer Veränderung führen offensichtliche Defizite zum lauten Ruf nach externer Unterstützung. Besonders gefragt ist externe Unterstützung bei solchen (Spezial-)Themen, für die eigene Kompetenzen nicht vorhanden sind, die Binnen-Perspektive nicht ausreichend wäre und interne Kapazitäten auf Dauer nicht ausgelastet sind. Die meistgefragten Leistungen von außen sind (mehr als 60 Prozent Zustimmung):

- Unternehmenstheater,
- systemische Aufstellung,
- Coaching,
- Zukunftskonferenz,
- Kulturanalyse,
- Storytelling,
- Change-Impact-Analyse,
- Change-Readiness-Assessment,
- Open Space,
- Training/Schulung,
- Train-The-Trainer,
- Befragungen/Surveys,
- Kulturmanagement,
- Teambuilding,
- Kulturforen,
- World-Cafe,
- Visionsentwicklung,
- Konfliktmanagement,
- analoge Intervention.

Hier ist vieles aus den Werkzeugkästen externer Anbieter dabei, von Spezialthemen in der Startphase und zur Lösung von organisatorischen Verknotungen, bis zu großformatigen *Blockbustern* wie Training/Schulung und Kulturmanagement. Hingegen geben Unternehmen Tools mit kommunikativer, strategischer beziehungsweise politischer Qualität nur ungern aus der Hand und erledigen dies lieber selbst. Zu Change-Management-Instrumenten mit *In-House-Charakter* gehören primär solche als sensitiv wahrgenommen Aufgabenstellungen (weniger als 25 Prozent Zustimmung):

- Kommunikation persönlich,

- Kommunikation Intranet,

- Projektbeurteilung,

- Konsequenzmanagement/Sanktionen,

- Anreizsysteme/Motivation,

- Retention-Management,

- Projektmarketing.

Schlusslicht bei externer Unterstützung ist die persönliche Kommunikation (5 Prozent extern). Kommunikation durch externe Berater statt durch eigene Vorgesetzte wäre für Mitarbeiter das Letzte, was sie sich bei Veränderungen wünschen. Auch wenn ich solche Kundenanfragen immer wieder erhalten und dann abgelehnt oder umgedreht habe. Selbst wenn es sich inzwischen herumgesprochen hat, dass es keine Nicht-Kommunikation gibt (Watzlawick 1976), würde man bei einer derartigen internen Kommunikationsverweigerung besser auf Schweigen als auf Messaging durch Externe setzen.

Übrigens: Zumindest für die Bereiche Print und Internet betreiben inzwischen immer mehr Change-Management-Beratungen einen gut ausgelasteten Kommunikationsbereich. Und Kommunikationsspezialisten verbreitern sich ins Veränderungsbusiness. Bei Transformationsprozessen ist für Gedrucktes und im Web allerdings inhaltliche und sprachliche Sorgfalt sowie eine *Persönlichkeit des Unternehmens* keinesfalls von Schaden. Der interne (Kontroll-)Blick deshalb unabdingbar.

Bei ebenfalls brisanten Instrumenten wie Konsequenzmanagement/Sanktionen (21 Prozent extern), Anreizsysteme/Motivation (23 Prozent), Retention-Management (23 Prozent) sowie Mitarbeiter-Mobilisierung (27 Prozent) und Stakeholder-Management (32 Prozent) werden in nicht gerade wenigen Unternehmen der externe Beitrag und neutrale Blick als Mehrwert empfunden. Für Veränderungsprozesse sind gerade bei diesen Themen immer wieder – eher implizit als explizit – Anfragen nach Unterstützung von außen festzustellen. Zumindest für konzeptionelle und analytische Aspekte solcher Aufgabenstellungen kann der externe Berater seinen Beitrag liefern. Die Umsetzung der Schlussfolgerungen bleibt in jedem Fall ureigenste Aufgabe des jeweiligen Managements.

Zeitliche Überlastung der internen Veränderungsverantwortlichen könnte Hauptgrund dafür sein, dass für drei der fünf am häufigsten eingesetzten Change-Management-Instrumente – Workshops (51 Prozent extern), Veranstaltungen/Events (49 Prozent) und Projektmanagement (40 Prozent) – externe Unterstützung von vielen Unternehmen als hilfreich bezeichnet wird. Oder liegt dies einfach nur daran, dass Vorbereitung, Durchführung und Nachbereitung dieser Aufgaben für vielbeschäftigte Manager anstrengend, zweitrangig oder langweilig sind? Sie ihre federführende Rolle, wegweisende Stellung und tonangebende Bedeutung gering erachten? Sie sich fatalerweise gerade hier als delegationsstark erweisen und nur noch Resultate in Form von Protokollen, *Management-Summaries* und Botschaften ihrer *Buddies* zur Kenntnis nehmen? Solche Schlüsselereignisse und Stellschrauben von Veränderungsprozessen aus der Hand gleiten zu lassen und zu großen Teilen an externe Dritte zu übergeben, ist als grob fahrlässig zu bezeichnen. Und trotz der Forderung externer Berater nach rechtzeitiger Abstimmung im Vorfeld, finden vorbereitende Treffen mit internen Entscheidern wegen deren terminlicher Engpässe oft nicht statt. Oder sie werden verschoben, verwässert, verkürzt. Dies zeigt immer wieder die von Hektik geprägte Projekterfahrung.

Eine für die Beratungsbranche erfreuliche Marktentwicklung kann bei alledem nicht verwundern. Immer mehr erfüllen heute externe Spezialisten die brachliegenden Bedürfnisse von Business-Managern rund um Change-Management. Oft mehr als die unternehmensintern eigentlich (Mit-)Verantwortlichen, etwa aus dem Personalbereich und selbst mehr als manche HR-Business-Partner (vgl. 7.4). Viele Consultants sind ebenfalls regelmäßig vor Ort, kennen sich im Unternehmen also aus: bei den Themen, Akteuren und Problemen. Sie erhalten zudem per se mancherorts eine stärkere Neutralitäts- und Kompetenzzuschreibung. Oftmals sogar zu Recht. Außerdem verstehen sie sich weitaus besser als viele Interne im *Expectation-Management*, *Impression-Management* und *Name-/Issue-Dropping*. Externe Berater sind für jeden internen Change-Manager eine echte Konkurrenz mit Blick auf Make-or-buy-Entscheidungen seiner Kunden im Top-Management.

Mögliche Marktpositionierung

Über die Jahre ist die Professionalisierung im Change-Management markant gewachsen – bei externen Dienstleistern und gleichfalls bei internen Verantwortlichen, seien es Führungskräfte oder Veränderungsspezialisten. Diese habe ihren anfänglichen Rückstand deutlich verringert. Vereinzelt haben sie sich mittlerweile den Gleichstand oder sogar Vorsprung gegenüber kommerziellen Anbietern erarbeitet (vgl. Krizanits 2011). Gelegentlich schlägt die frühere Ehrerbietung, Hochachtung, Bewunderung gegenüber Gurus der externen Szene sogar in despektierliches Verhalten um. Eines ist schon klar: Durch mehrfache Veränderungswellen der Vergangenheit sind viele Ansätze und Instrumente nunmehr großflächig bekannt und vertraut. »Aha«-Erstaunen wird seltener. »Boa«-Effekte brauchen mehr als früher. »Oho«-Beifall ist spärlicher zu erwarten. Business-Manager könn(t)en vieles inzwischen sogar selber machen. Vorausgesetzt sie finden Zeit dafür und haben Lust dazu. Ein Change-Management-Berater, ob aus dem Unternehmen selbst oder von außen kommend, wird sich künftig bewusster positionieren müssen (vgl. Stiefel 2006, Krizanits 2011).

Zum einen könnte er auf Ressourcendefizite im Unternehmen hoffen, um dann im Sinne eines Leiharbeiters auf Zeit (Body-Leasing) das Standardinstrumentarium im Change-Management abzuwickeln. Zum Üben für Anfänger auf dem Weg zum Professional mag dies hilfreich sein. Auf Dauer kann ein derartiges Hangeln von Workshop zu Workshop, von Newsletter zu Newsletter, von Training zu Training allerdings nicht befriedigen. Ein Dasein auf Abruf ist zudem ökonomisch hoch riskant und wenig attraktiv.

Deshalb könnte er zum Zweiten an besseren Ansätzen und Instrumenten des Change-Managements im Sinne einer *Next Generation* feilen. Diese sollten sich aber nicht nur durch schicke Begrifflichkeit und fesche Darstellungen auszeichnen. Vielmehr müssen sie eine tatsächlich überlegene Wirksamkeit bei der Gestaltung von Wandel besitzen, also greifbare Wertschöpfung: kürzere Zeiten, stärkerer Nutzen, weniger Gelder, geringerer Widerstand, kleinerer Ärger. Aufgabenfelder in denen wirksame Innovationen noch der Entdeckung für die Umsetzung harren – obwohl es die Begrifflichkeiten bereits seit langem gibt – sind beispielsweise Leadership-Management (vgl. 4.4) und Talent-Management (vgl. 5.3), natürlich ebenfalls Wissensmanagement, Kulturmanagement, Anreizsysteme und solche Monsterthemen.

Insgesamt ist im Change-Management die Luft nach oben – im Sinne besserer Methodik – zweifelsohne sehr dünn geworden. Manch einer im Markt produziert daher viel heiße Luft, durch neue Semantik und tolles Branding. Manchmal degeneriert das Neue, das Andere, das Originelle nur noch zur l'art pour l'art. Gelegentlich verabschieden sich Change-Management-Innovatoren sogar in die Sphären des Weltraums, heben komplett vom Irdischen ab. Tatsächlich neue Ansätze und Instrumente sind gegenwärtig und wohl auch zukünftig weitgehend Fehlanzeige. Die geringe Innovationsrate macht eine Positionierung im Change-Management als *Front-Runner, Best Practice, Leading-Edge* anstrengend. Wenn – um ein Beispiel zu nennen – das noch vor Jahren vermeintlich revolutionäre *World-Cafe* inzwischen in fast jedem Kreiskrankenhaus der deutschen Provinz als Methode gang und gäbe ist. Gefallen hat mir persönlich als Innovation, um optimistisch zu schließen, beispielsweise der »Walk of Pain« (Kolmerer in Rank/Scheinpflug 2008: 57 – 70). Aber einmal gesehen, gelesen oder gehört, sind Markteintrittsbarrieren bei dieser und weiteren *Erfindungen* recht niedrig. Eigentlich jeder kann das kopieren. Oder glaubt es zumindest. Vorsprünge im Markt sind derzeit nur noch durch *besser machen* zu erzielen. Das aber ist im Vorfeld – vor dem Tun – schwierig nachzuweisen.

Natürlich gibt es noch einen dritten und ziemlich beliebten Weg zur Marktpositionierung: statt besserer Wertschöpfung eine stärkere Wertschätzung gegenüber Kunden und ausgewählten Betroffenen. Möglichst nett sein! Doch dies ist heute zu wenig (vgl. 2.8). Ziel von Instrumenten bei Veränderungsprozessen muss es primär sein, dass sich auf der Wirkungsebene etwas Positives entfaltet oder Negatives verflüchtigt. Etwa beim Wissen, Wollen, Können und Dürfen sowie in den rationalen, politischen und emotionalen Erfolgsfaktoren.

Charakteristika von Instrumenten

In der vierten Change-Management-Studie wurden Merkmale der eingesetzten Instrumente untersucht (Claßen/von Kyaw 2010: 87–89 – methodische Details siehe dort) und in der fünften Studie repliziert (Capgemini Consulting 2012: 21). Dazu wurden Gegensatzpaare im Sinne eines semantischen Differentials zur Auswahl gestellt. Im Durchschnitt aller Unternehmen liegen die Mittelwerte zumeist nahe der Mitte zwischen beiden Begriffen (Abb. 95). Ausnahme in beiden Studien: die deutlich stärkere fachlich-sachliche Ausrichtung von Instrumenten verglichen mit einer eher geringen persönlichen Beziehungsorientierung. Zweite Ausnahme in der jüngeren Studie: die deutlich stärkere Top-down-Orientierung von Instrumenten verglichen mit einer eher geringen Bottom-up-Ausrichtung. Was beides natürlich bedauerlich und unmodern ist.

Im Überblick mag dies als ein ziemlich mittelmäßiges Ergebnis anmuten. Die Interventionen scheinen – bis auf die beiden markanten Ausnahmen – ohne klares Profil zu sein. Dies trifft aber lediglich für den Durchschnitt sämtlicher Unternehmen zu. Die einzelne Organisation besitzt, wie die Studien ebenfalls zeigen, meist ein ausgeprägtes Profil bei den von ihr eingesetzten Change-Management-Instrumenten. Das ist eines der Faszinosa bei der Gestaltung von Wandel. Aus der Helikopterperspektive vermischen sich Sichtweisen zu einer breiigen Masse. Im konkreten Einzelfall von Unternehmen gibt es freilich häufig sehr konkrete und recht profilierte Vorstellungen. Dies ist der wesentliche Grund dafür, dass es im Change-Management derartig mannigfaltige Standpunkte interner Vertreter und reichhaltige Leistungsangebote externer Anbieter gibt. Da ist für jeden Wunsch etwas dabei. Weiterer Appetit kommt dann beim Essen.

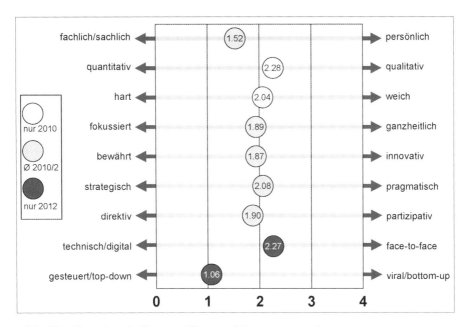

Abb. 95: Charakteristika von Change-Management-Instrumenten

Heißt das nun »anything goes«? Ja und nein! »Ja« schon aus dem einen Grund, dass es im Change-Management kein prinzipielles Richtig oder Falsch gibt. Selbst für die an sich unstrittige Forderung nach offener, rechtzeitiger, persönlicher Kommunikation kann es Grenzen und Ausnahmen geben. Gefragt ist – als Konsequenz zahlreicher Ambiguitäten – die Devise zum »Sowohl als auch«. Denn Trampelpfade, geschweige denn Königswege oder gar Kaiserpromenaden gibt es im Change-Management heute nicht mehr. Falls es sie überhaupt jemals gegeben hat. Jeder darf, kann und muss deshalb für seine Organisation (s)einen eigenen Weg durch den Dschungel der Veränderung finden, mit den dunklen Bäumen, den tiefen Fallen und den wilden Tieren. Dabei ergeben sich meist keine eindeutigen Profile, sondern spannende Mixturen und das alles ohne längere Konstanz. Deswegen scheitern übrigens auch die gelegentlichen Anläufe mancher Unternehmen zur Vereinheitlichung von Ansätzen und Instrumenten. Eigentlich alle der mir bekannten Harmonisierungsversuche sind mit der Zeit wieder ins Beliebige zerfasert. Change-Management-Standards sind kaum durchsetzbar. Also doch »anything goes«? »Nein«, weil es selbstverständlich bessere und weniger geeignete Interventionen in der jeweiligen Konstellation und Situation gibt.

Navigationssysteme

Eine der schwierigsten Aufgaben im Change-Management bleibt weiterhin, für die jeweilige Problemstellung den richtigen Lösungsansatz zu finden. Das Spektrum an Instrumenten und Interventionen, Techniken und Formaten ist enorm. Manche nennen diese Vielfalt inzwischen sogar uferlos, kunterbunt, unordentlich. Zum Glück ist in den letzten Jahren kaum mehr wirklich Neues an Breite, Weite und Tiefe dazu gekommen. Bereits jetzt ist der *Reichtum* möglicher Change-Management-Instrumente ziemlich erdrückend. Selbst Experten geht der Überblick dann leicht verloren. Die Frage bleibt: Wie findet man das am besten geeignete Tool? Es ist wie immer im Leben. Der eine sucht systematisch nach Lösungen, ein anderer erspürt diese intuitiv.

Tool-Bücher und ihre Gegenstücke im Internet bieten meist eine gewisse Rasterung von Instrumenten – dazu ein paar Beispiele: Doppler/Lauterburg (2002) versuchen es bei ihrem »Blick in die Werkstatt« mit Stichworten entsprechend ihrer eigenen Vorgehenslogik. Häfele (2007) strukturiert sein Instrumentarium durch ein phasiertes Prozessmodell. Vahs/Weiand (2010) bewegen sich ebenfalls entlang eines Phasenmodells und bieten sogar ein Tool-Tool (Interventionen auswählen) (ebd. S. 216–227). Ebenfalls mit einem Tool-Tool (Ordnung im Werkzeugkasten) agieren Roehl u. a. (2012: 9–19). In der ersten Auflage dieses Buchs (Claßen 2008: 266–268) wurde ein Transformations-Navigator auf Basis von zehn zentralen Erfolgsfaktoren vorgestellt. Andere Kochbücher entwickeln ihre jeweils eigene Sortierlogik.

Vom mechanistischen Transformations-Navigator bin ich einstweilen abgekommen. Als »Service offering« eines Beratungskonzerns mag er seine Zwecke erfüllen. Inzwischen kommt er mir ziemlich eng, starr und spröde vor. Mittlerweile konzipiere ich beim Design von Transformationsprozessen auf Basis einer instrumentellen Mindmap (Abb. 96). Deren erste und teilweise zweite Ebene sind aus der Abbildung zu ersehen. Konkrete Change-Management-Instrumente sind auf der dritten und vierten Ebene angesiedelt. Und aus Darstellungsgründen weggelassen. Es wären Hundertschaften. Der Zielkonflikt aus Übersichtlichkeit (Einseiter) und Lesbarkeit (Schriftgrad 2) ist unlösbar.

Natürlich ist dies nur eine mögliche Sortierung von ganz vielen. Sie entspricht nicht einmal dem MECE-Prinzip nach Vollständigkeit und Überschneidungsfreiheit (»mutually exclusive and collectively exhaustive«). In der Praxis bedeutet dies eine Mischung aus Systematik (durch Instrumentensuche in der Toolbox) und Intuition (durch Instrumentensuche als spontane Eingebung). Natürlich basiert dies außerdem auf Erfahrung (Was gut ist), Gewohnheit (Was weniger gut ist) und Lustprinzip (Was hier gar nicht passt). Es gäbe viele weitere Vorgehensweisen zur Auswahl von Change-Management-Instrumenten und zur Entwicklung eines Transformationsdesigns, deutlich systematischere und vollkommen intuitive. Im Markt der Veränderungs-Expertise ist, wie bereits gesagt, für jeden Geschmack das Passende erhältlich.

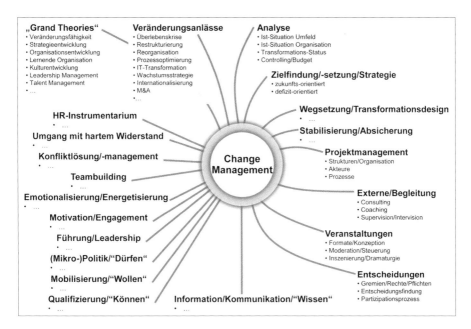

Abb. 96: Change-Management-Instrumente: Mindmap

Viel zu oft wird in einer solchen Situation auf die dem Unternehmen vertraute oder ihrem Berater geläufige Intervention Rückgriff genommen. Die Gründe dafür liegen im fehlenden Wissen der möglichen Alternativen oder schlicht in der Bequemlichkeit, nach besseren als den bekannten Lösungsansätzen Ausschau zu behalten. Weitere Gründe für die Selbstbeschränkung liegen in Zweifeln, Vorsicht, Unlust gegenüber Neuem. Außerdem gibt es zeitlich befristete Tool-Moden und Ausgelutschtes, Altertümliches, Anachronismen. Beispiel: Kaum jemand macht heute noch Teambuilding mittels paramilitärischer Outdoor-Events und Debriefing durch psychologisch geschulte Terrorismusbekämpfer. Inzwischen existieren stimmigere Outdoor-Entwicklungsarchitekturen für Führungskräfte (Kanengieter/Rajagopal-Durbin 2012). Völlig falsch ist das ad-hoc gewählte Instrument nur selten, richtig passend allerdings noch viel seltener. Die Bereitschaft zur kontinuierlichen Verbesserung durch alternative Tools gehört beim Einsatz der Change-Management-Instrumente jedenfalls dazu.

Vielen Consultants, besonders aus Beratungskonzernen, wird vorgeworfen, ohnehin nur normierte Standardinstrumente als Basisangebot ihres Dienstherrn in petto zu haben. Sie würden mittels Fast-Food-Kochbüchern lediglich einfachste Rezepte mit vorgefertigten Zutaten aus womöglich genmanipulierter Ernte exekutieren. Die höhere Kunst des Change-Managements sei von ihnen nicht zu bekommen. Ihren Kollegen aus systemischen Beratungsboutiquen eilt dagegen der kaum weniger freundliche Ruf voraus, auf jeden Fall, komme was wolle, ihr bewährtes Lieblingsinstrument zum Einsatz zu bringen. Wobei es der Kunde bitte schon selbst entdecken soll. Sie seien zudem oftmals felsenfest davon überzeugt, dass ohnehin die personelle Dimension von Change-Management-Instrumenten, also sie selbst, der beste Schlüssel zum Erfolg ist.

Beide noch vor Jahren gar nicht so falschen Vorurteile sind inzwischen größtenteils überholt. Von harten »Tooligans« mit ihrer »Toolmania« abgesehen (vgl. Orthey in Roehl u. a. 2012: 291 – 293), kann bei externen und internen Change-Management-Professionals beider Couleur mittlerweile ein stimmiger Mix aus Systematik, Intuition sowie Erfahrung konstatiert werden: »Also – haltet mal lieber die Werkzeuge nicht so krampfhaft fest!« (Orthey 2007: 75). Gerade beim situativen Thema Transformationsgestaltung wäre es den Kunden gegenüber nämlich fatal, den Eindruck von Allzweckwaffen, Standardangeboten oder Lieblingsinstrumenten zu erwecken. Wie weiter oben bereits bilanziert: Change-Management ist und bleibt die Domäne eines *Best-Fit-Vorgehens*. Für den Erfolg von Instrumenten ist es jedenfalls wichtig, dass (1) die Zielsetzung klar ist, (2) das Tool zur Transformation, Organisation, Situation und den Akteuren passt, (3) seine Voraussetzungen eingehalten werden, (4) das Handling beherrscht wird und (5) der Aufwand in richtiger Relation zum Nutzen steht. Denn ein englisches Bonmot hat auch für Change-Management seine Gültigkeit: »A fool with a tool is still a fool«.

Betrüblicher Nachsatz: Mancher Umsetzungsverantwortliche erwartet von seinen Change-Management-Experten indessen etwas völlig Einzigartiges, das Nochniedagewesene, ein Zaubermittel zur Beschleunigung der Zielerreichung und gleichzeitigem Beiseiteräumen von Schwierigkeiten, Hindernissen und Widerständen. Solche Tools sind noch nicht erfunden und werden wohl eine Träumerei bleiben. Doch wo ein Traum, da auch vermeintliche Traumerfüller. Und Wünsche gibt es rund um die Gestaltung von Wandel noch viele. Wie die Feen-Frage in den Interviews zu diesem Buch zeigt (vgl. Kapitel 9). Der Drang zum »dernier cri« kann manchmal unsäglich werden. Mintzberg (1999: 21) hat freilich recht: »Die moderne Managementliteratur hat bedauerlicherweise einen starken Hang zum Aktuellsten, Neuesten, zum ′Heißesten′. Dadurch wird nicht nur den hervorragenden alten Autoren Unrecht getan, sondern vor allem auch den Lesern, denen viel zu häufig das banale Neue an Stelle des signifikanten Alten vorgesetzt wird«. Im Change-Management besitzen manche der klassischen Lösungsvorschläge eine zeitlose Eleganz. Wobei das Bauchgefühl erfahrener Experten und deren aus langjährigem und vielfältigem Erleben geprägte Eingebung nicht zu unterschätzen sind (vgl. Hayashi 2001).

8.2   Basics im Werkzeugkasten

Zwei tragende Säulen der Transformationsarchitektur

Wie gerade deutlich gemacht ist dies kein Handbuch mit Tool-Charakter. Change-Management-Instrumente sind von anderen, andernorts und andersartig ausgefaltet worden. Zwei Ausnahmen sind mir allerdings ein persönliches Anliegen: Zum einen das aus der Devise »Erst denken, dann handeln« abgeleitete Erfordernis zur Betrachtung von Ist, Soll und möglicher Wege *vor* der Veränderung mit diversen Analyseinstrumenten (vgl. 6.2 und 3.1). Zudem die ob ihrer scheinbaren Selbstverständlichkeit oftmals vernachlässigten »Basics« des Change-Management rund um das Wissen, also Information und Kommunikation und das Können, also Qualifizierung. Vor lauter Buhei vieler Veränderungsexperten um die höhere Kunst im Change-Management werden beide Säulen jeder Transformationsarchitektur immer wieder gering erachtet. Außerdem stehen bei vielen Low-Budget-Veränderungen nicht einmal Geld und Zeit für solche erwiesenermaßen erfolgskritischen Instrumente zur Verfügung. Wenn Führungskräfte wie Mitarbeiter jedoch um das Neue nicht richtig wissen und es nicht richtig können, ist ihr Widerstand eine logische Konsequenz. Erst aus Wissen und Können entsteht Vertrauen.

An dieser Stelle kann nicht der Reichtum an bereits Vorhandenem – im Personalentwicklungs-Management und im Informations-/Kommunikations-Management – ausgefaltet werden. Auch dazu bieten die Change-Management-Kochbücher sowie zahlreiche Einzelpublikationen viele Leckereien für jeden Geschmack. Vielmehr sollen hier einige wenige Essentials mit Bezug zur Gestaltung des Wandels durchscheinen. Wobei ich natürlich, wie jeder andere, bei beiden Essentials unter gewissen Prägungen stehe. Daher werden keine Patentrezepte geboten, sondern Problembewusstsein. Aber das ist doch auch schon etwas. »Und schließlich: Wenn Ihnen etwas merkwürdig vorkommt, dann vertrauen Sie Ihrem Gefühl und nicht nur den üblichen Kochrezepten« (Lutz 2011: 69).

Säule Eins – Information/Kommunikation

1. Verstand/Wissen versus Gefühl/Glauben: Es gibt eine lange geisteswissenschaftliche Tradition, nach der Gefühl und Glauben dem Verstand und Wissen übergeordnet oder zumindest gleichrangig sind. Sämtliche Religionen und die meisten Ideologien basieren auf Gefühl und Glauben. Anselm von Canterbury predigte vor knapp tausend Jahren sein »Ich glaube, damit ich verstehe«. Rousseau stellte sich gegen die Aufklärung mit deren Leitspruch »Sapere aude« (und wurde deshalb von Voltaire für völlig wahnsinnig gehalten). Spätere Lebensphilosophen wie Schopenhauer, Nietzsche und Bergson lehnten eine dominante Vernunft ab: »Das Leben sei nicht mit den Mitteln des bloßen Denkens allein zu erfassen, der Vernunft kommt nur eine dienende Rolle zu« (Poller 2010: 343). In der westlichen Hemisphäre ist nach zwei Jahrhunderten kognitiver Vorherrschaft im Hier und Jetzt eine neuerliche Emanzipation der Emotion festzustellen. Hier und dort scheint sie sich als »affektive Revolution« (Hüther in Storch u. a. 2010: 76–77; siehe auch Gardner 1994, Goleman 2002, Doppler/Voigt 2012) zur Dominanz auszuwachsen, gelegentlich bis zur Esoterik, Spirituellem, Transzendentem. »Gerade bei Veränderungsprozessen ist es für den emotionalen Typus wichtig, dass sich die Veränderung gut 'anfühlt'. Alles ist möglich, aber es muss einen positiven, emotional begeisternden Ansatz haben« (Neun 2011: 84). Sind wir im Grunde nicht allesamt solche emotionalen Typen mit *Feel-Good-Erwartungen*, von einigen *Tough Guys* im Top-Management abgesehen? Dies stellt viele Veränderungsvorhaben vor sehr grundsätzliche Probleme: »In der Regel werden die Inhalte diskutiert, die sozialen, die Macht- und Einflussstrukturen und die Veränderungskultur bleiben aber im Dunklen« (Kristof 2010: 479). Emotionen – ausgeblendet? Subjektives – unangemessen? Irrationales – unzeitgemäß? Wird heute nicht mehr durchgehen.

2. Fehlende Diskussionsbasis: Die bei vielen Sachthemen im Hintergrund mitschwingende Auseinandersetzung zwischen unterschiedlichen Weltanschauungen ist erfahrungsgemäß zeitraubend, nervtötend und fruchtlos. »Wenn die Realität aus so vielen eingezäunten und streng bewachten Privatgrundstücken besteht, bleiben Wahrheitsansprüche nur Entschuldigungen für Ausgrenzung und Vertreibung. Zuerst muss man die Zäune niederreißen« (Baumann 1995: 109). In der heutigen Diskussionsrealität fehlt es allerdings oft an Dialektik. Aus These und Antithese entsteht keine Synthese über ein besseres Morgen, sondern Dauerstreit. Jede Feststellung der einen Seite führt zur Anti-Positionierung der Gegenpartei. Beweise, Testate, Studien sind heute für fast jeden Blödsinn zu bekommen. Die Medien verstärken dieses Spiel noch. Mediatoren, Diplomaten und Schlichter erleben einen Boom. Kompromisse gelingen allenfalls auf dem klitzekleinsten Nenner und bleiben zerbrechlich. Bei drohenden Niederlagen liegen Fluchtmöglichkeiten in Sphären des Emotionalen nahe. In Veränderungsprozessen gibt es immer wieder diese kommunikativen Haltepunkte, an denen *End of Discussion* oder *Basta!* die beste Option sind und Entscheidungen machtpolitisch versucht werden müssen. Weil Partizipation, Integration und Kommunikation gelegentlich erst am 30. Februar zu Ergebnissen führen, am Sankt-Nimmerleins-Tag.

3. NIMBY-Mentalität: Ändern ist im Deutschen bereits sprachlich nicht weit von *anderen* entfernt – bei den anderen eben. Das Sankt-Florians-Prinzip, noch ein Heiliger, englisch NIMBY (»Not in my backyard«), beschreibt die Unlust über Auswirkungen der Transformation im eigenen Bereich auch nur nachzudenken, geschweige denn allfällige Veränderungen bei sich selbst umzusetzen. Schon klar, Betroffene hätten am liebsten eine kommunikative Sonderbehandlung und seriöse Antworten auf ihre fadenscheinigen Einwände.

Nicht immer können sie jedoch zu Beteiligten gemacht werden. Denn bei partizipativer Mitwirkung ist ihre Ablehnung häufig ein unabänderlicher Reflex, trotz kommunikativer Verrenkungen. Veränderung kann immer auch die Enteignung von Interessen, Gewohnheiten, Befindlichkeiten bedeuten. Das bedeutet dann möglichst früh Klartext und kein kommunikatives »Wischi-Waschi«.

4. Dominanz von Verliererinteressen: In der Unternehmensöffentlichkeit und in der medialen Wirklichkeit von Presse, Internet und Fernsehen werden die Benachteiligten zigmal mehr hofiert als über Vorteile einer Transformation berichtet (Kristof 2010: 472): Politiker besuchen die von Schließung bedrohten Standorte. Sender zeigen Bilder demonstrierender Menschen mit bunten Fahnen, lauten Pfeifen und barschen Worten. Der zur *ausgewogenen Berichterstattung* vor das Mikrofon beorderte Unternehmenssprecher kann in zehn Sekunden allenfalls verteidigen. In Blogs und Chats – also außerhalb der Reichweite von Unternehmen – versammeln sich die Unzufriedenen. Kommunikative Gegengewichte aufzubauen – zum Warum, dem Ziel und Weg sowie den Vorteilen der Veränderung – sind ein Kraftakt und doch so nötig.

5. Veraltete Kommunikationstheorien: Nach wie vor haben die Anfänge der Kommunikationstheorie ihre Spuren hinterlassen und halten sich hartnäckig. So meinte einer der ersten Ergründer von »Massenseele«, der Franzose Le Bon, um die Wende zum 20. Jahrhundert: »Ideen, die der Masse suggeriert werden sollen, müssen einfach und bildhaft sein. Die Masse denkt nur in Bildern und kann nur durch Bilder beeinflusst werden. … Nicht Tatsachen erregen die Fantasie des Volkes, sie müssen zu Bildern verdichtet werden, wenn sie ergreifen sollen. Der Mangel an Urteilskraft und kritischem Geist, der die Masse kennzeichnet, lässt sie die Widersprüche nicht sehen« (Poller 2010: 334). Viele Entscheidungsträger von heute – nicht nur in der Politik – agieren noch immer so. Der Mensch mag ja noch immer dumm sein. Er mag im 21. Jahrhundert aber nicht mehr für dumm gehalten werden.

6. Schweigespirale: Mehrheitsmeinungen verstärken sich durch die Meinungsmehrheit, potenziert um die Meinung der Mächtigen. Andere Sichtweisen werden im Kommunikationsprozess unterdrückt (Noelle-Neumann 1980 bzw. Güllner 2012: 122–133). Das kann sich gerade bei Veränderungsprozessen als Vehikel der Macht erweisen, welches bewusst eingesetzt wird: »Menschen fürchten die Isolierung. Es ist schön, auf der richtigen Seite zu sein, aber fürchterlich, ausgegrenzt zu werden. Die Isolationsfurcht veranlasst die Menschen, immer wachsam zu verfolgen: Wie denken die anderen? Der Mensch hat eine ′soziale Haut′, durch die er unablässig die Meinungen in seiner Umwelt beobachtet. Und wenn er feststellt, die Menschen in seiner Umgebung denken anders als er, dann wird er schweigen, denn er will sich durch seine Ansicht nicht isolieren. Die anderen hingegen, die sich von der Meinung aller getragen fühlen, werden immer lauter. Wie in einer Spirale werden die einen immer stiller und die anderen landen schließlich ganz oben im Prozess des Ringens um die öffentliche Meinung. Dieser Vorgang ... hat mit Herrschaft zu tun« (Poller 2010: 493).

7. Kommunikationsstörungen (im Sender-Empfänger Modell): Die Allermeisten, Leser und Autor eingeschlossen, haben ihre Kommunikationserkenntnisse vermutlich aus landläufigen Quellen. Wir wissen um das Nicht-Nicht-Kommunizieren-Können. Wir erleben die Informationsüberflutung am eigenen Leib. Wir kennen die vier Ohren (selbst wenn wir uns einen solchermaßen entstellten Menschen mitnichten vorstellen mögen). Ebenfalls bekannt sind die Konrad Lorenz zugeschriebenen Störmöglichkeiten: Gedacht ist noch lange nicht gesagt, gesagt ist noch lange nicht gehört, gehört ist noch lange nicht verstanden, verstanden ist noch lange nicht einverstanden, einverstanden ist noch lange nicht gekonnt, gekonnt ist noch lange nicht gewollt, gewollt ist nicht gehandelt, gehandelt ist noch lange nicht beibehalten. Wer jemals ein Kind erziehen, seinen Partner verbessern oder sich selbst umwandeln wollte, kennt das. In Organisationen ist dies nicht anders. Dreimal gedacht, zweimal gesagt, einmal gehört bewirkt noch längst keine Transformation. Es braucht deutlich mehr Information und Kommunikation, im steten Fluss.

8. Klarheit und Wahrheit: Es gibt einen Alltagsspruch der Ignoranz: »Was ich nicht weiß, macht mich nicht heiß«. Im Veränderungsgeschehen gilt für die Betroffenen meist das Gegenteil: »Was ich nicht weiß, macht mich richtig heiß«. Gerüchte, Irrtümer, Spekulationen, Fehlschlüsse, Behauptungen, Verfälschungen, Missverständnisse und weitere fiese Kommunikationsstörungen sind die Folge. Die im Verlauf des Wandels hellwachen Mitarbeiter beurteilen Ziele und Wege der Transformation nach der ihnen zur Verfügung stehenden Information. Wenn diese zu knapp gerät oder Möglichkeiten zur Interpretation bietet, sind *falsche* Wahrnehmungen vorprogrammiert. Wie etwa bei der Rede des späteren DaimlerChrysler-Vorstandsvorsitzenden am 18. September 1998 zur »Hochzeit im Himmel«: »Meine Damen und Herren, vielleicht geht es Ihnen jetzt so wie uns nach der gründlichen Analyse der strategischen Optionen: Wir können uns der Logik dieses Zusammenschlusses nicht entziehen. Die beiden Unternehmen, ihre Produkte, ihre Menschen – wir passen zusammen«.

9. M2M-Präferenz: Kommunikation heikler und kniffliger Themen geschieht immer noch am besten von Mensch zu Mensch. »It is ironic, but true, that in this age of electronic communications, personal interaction is becoming more important than ever« (McKenna nach Scholz 2011: 524). Die persönlichen Kommunikationsformate sind längst bekannt, und an der Spitze rangiert mit weitem Abstand immer noch das Gespräch. Der Trend geht jedoch zur Bits-and-Bytes-Interaktion mit hartnäckig monologisierendem Charakter: »Video conferencing, instant messaging and social networking are most widely adopted media to increase workforce connectivity within an organiza-tion« (Capgemini Consulting 2011: 7). Im gesamten People-Management, und damit auch bei der Gestaltung des Wandels, gilt *Digital Change* als zeit-geistig, wie manche Studien belegen (etwa Kern/Köbele 2011: 47 – 51). Zumal es sich bei *E-Communication* um ein vermarktungsfähiges Produkt externer Dienstleister handelt. Hingegen ist einfach nur miteinander reden kostenlos, fast kostenlos.

10. Professioneller Werkzeugkasten: Natürlich braucht es Tools, zuvorderst ein ganzheitliches Informations- und Kommunikationskonzept für den ge-samten Veränderungszeitraum, angefangen mit der *Change-Story* über die Projektmeilensteine bis zum Abschlusstag. Dieses Konzept sollte – bei aller Festlegung – hinreichend flexibel bleiben, auf verbindlichen Interaktions-prinzipien basieren (etwa die viel gerühmten Offenheit und Fairness) und die unterschiedlichen Zielgruppen und Stakeholder jeweils stimmig ansprechen, nach drinnen und draußen. Es sollte sich passender Kanäle, Medien und For-mate bedienen, mit Tendenz zu M2M, dramaturgische Komponenten berück-sichtigen und so weiter. Liebe Leserinnen und Leser, Sie kennen diese und weitere Forderungen zur Genüge. Sie kennen bestimmt auch viele Instru-mente und können diese sowie weitere grundlegende und überflüssige, origi-nelle, kreative und kuriose andernorts erkunden (etwa bei Doppler/Lauter-burg 2002: 335 – 364, Stiefel 2006: 78 – 82).

Säule Zwei – Qualifizierung

1. Veränderungsumsetzende Personalentwicklung: Vor der Veränderung gab es die bekannte alte Welt. Mit der Veränderung kommt eine in mancherlei Hinsicht neue Welt. Die mit ziemlicher Sicherheit – zumindest in Teilberei-chen der veränderten Strategien, Strukturen, Prozesse, Systeme, Regeln – neue Kenntnisse und Fertigkeiten erfordert. Oftmals bei gleichzeitigem Rela-tivieren bisher gültigen Wissens. In Ergänzung zur auf Dauer angelegten strategieumsetzenden Personalentwicklung mit ihrem multiplen Lernstrang-konzept (vgl. Stiefel 2003, 2010, 2011) ist diese veränderungsumsetzende Per-sonalentwicklung nicht primär auf Schlüsselpositionen und -personen ausge-richtet. Jeder Mitarbeiter einer Organisation, von dem in der neuen Welt etwas Anderes als das Bisherige erwartet wird, muss dieses Neue erlernen. Seien es veränderte Haltungen und Sichtweisen, modifizierte Handlungen und Verhaltensweisen. Beispielsweise bei Kundenangang, Softwareanwen-dung, Führungsverständnis sowie vielen weiteren Neuerungen zwischen höchst strategisch und zutiefst operativ. Veränderungsumsetzende Personal-entwicklung begrenzt sich nicht auf obere und mittlere Etagen oder Key-player. In Blue-Collar-Bereichen müssen Veränderungen ebenfalls breitflächig geschult werden, seien es Produktion und Logistik sowie bei sämtlichen Kun-denschnittstellen wie Kasse oder Call-Center (vgl. Heymann/Barrera 2010).

2. Kompetenzmanagement als Basis: Sämtliche Lerninhalte der veränderungsumsetzenden Personalentwicklung bestimmen sich aus einer sorgfältigen Kompetenzanalyse (vorher/nachher). Bestandsaufnahmen von Ist-Kompetenzen sind bereits nicht einfach. Beschreibungen der Soll-Kompetenzen werden oft durch Verzögerungen und Unklarheiten der inhaltlichen Teilprojekten ernstlich erschwert. Wenn hier freilich geschludert wird, zielen die aus einer grobkörnigen Kompetenzanalyse abgeleiteten Qualifizierungsinhalte an der neuen Welt vorbei, greifen zu kurz oder setzen Unbekanntes voraus. Übrigens: Die strategieumsetzende Personalentwicklung – gemessen als Übersetzung der Unternehmensstrategie in stimmige Qualifizierungsformate – gelingt in Deutschland weniger als jedem fünften Unternehmen (vgl. DGFP 2011: 57–58). Es gibt wenig plausible Gründe, warum diese Quote bei der veränderungsumsetzenden Personalentwicklung derzeit höher sein sollte, im Gegenteil.

3. Zunahme von Verhaltensflexibilität: Weil Veränderungen in Organisationen von deren Führungskräften und Mitarbeitern an vorderster Stelle veränderte Einstellungen, Entscheidungen und Handlungen erfordern, muss Qualifizierung tiefer als in kognitiven Wissensbereichen ansetzen. Moderne Personalentwicklung ist Persönlichkeitsentwicklung und kümmert sich um Schlüsselkompetenzen (Seufert/Diesner 2009: 9, Storch u. a. 2010: 67 sowie Snook u. a. 2011 und Stiefel 2011). Nur selten sind bisherige Herangehensweisen völlig falsch und müssen radikal entlernt werden. Sie mögen lediglich nicht mehr in sämtlichen Situationen angemessen sein und sind daher durch alternative Sicht- und Verhaltensweisen zu ergänzen. Qualifizierung bei Transformationsprozessen bedeutet bloß vereinzelt augenblickliche Teufelsaustreibung und anschließende Offenbarung. Es geht meistens um Zunahme von Verhaltensflexibilität statt einem Löschen von mentalen Festplatten und deren kompletter Neuprogrammierung.

4. Massive Budgetbelastung: In der veränderungsumsetzenden Personalentwicklung bestimmt sich das Zulassungssystem (Stiefel 2011: 170) alleine aus der Rolle und den mit ihr verbundenen Qualifizierungsanforderungen hinsichtlich neuer Kompetenzen und Kapabilitäten. Anders als die strategieumsetzende Personalentwicklung konzentriert sie sich nicht nur auf Schlüsselpositionen oder -personen, sondern ist bei den Zielgruppen deutlich breiter angelegt. Im gar nicht so seltenen Extremfall – bei großformatigen Transformationen – können dies alle Mitarbeiter in ziemlich vielen Kenntnis- und Fertigkeitsbereichen sein. Werden sämtliche dafür erforderlichen Personalentwicklungsbudgets aufsummiert, kommen erkleckliche Budgetanforderungen zusammen. Die einen Business-Case der Transformation bis ins Unerträgliche belasten können. Aber Sparen durch Verzicht oder Einschränkung der veränderungsumsetzenden Personalentwicklung ist keine Alternative. Denn nicht zu können bedeutet, das Neue nicht oder anders oder falsch zu machen. Dass neues Wissen wie Manna vom Himmel fällt, ist allerdings ein nicht auslöschbarer Irrglauben vieler Transformationsverantwortlicher.

5. Einfallstor des Sozialpartners: An sich ist Qualifizierung etwas Gutes für Mitarbeiter. Dies haben sich auch die Gesetzgeber gedacht, zumindest in Deutschland und Österreich, und den Betriebsräten erhebliche Mitbestimmungsrechte bei der Weiterbildung zugestanden. Die von diesen meist intensiv genutzt werden. Allerdings nicht nur für den gedachten Mitwirkungskern der Qualifizierung, sondern auch um über Trainingsinhalte ihren Einfluss auf Veränderungsziele und -wege ausdehnen zu können, immer wieder bis hin zum destruktiven Widerstand mit erheblichen Verzögerungswirkungen. Da hilft nur eine belastbare Beziehung durch *vertrauensvolle Zusammenarbeit* in der Vergangenheit sowie frühzeitige Einbindung bei der anstehenden Veränderung im Sinne des Stakeholder-Managements (vgl. 3.3).

6. Reflektives Lernen: Nur ein kleiner Teil des tätigkeitsbezogenen Lernens, etwa 5 bis 15 Prozent, erfolgt über spezifische Qualifizierungsformate. Der große Rest (85 – 95 Prozent) findet am Arbeitsplatz in informellen Settings statt, durch Vorgesetzte, Kollegen oder Trainer vor Ort (siehe etwa Stiefel 2011: 151). Diese auf strategieumsetzende Personalentwicklung bezogenen Quoten mögen sich bei der veränderungsumsetzenden Personalentwicklung etwas annähern, bei anhaltender Dominanz von Arbeitsplatzlernen. Deshalb kann es dort zur engen Verknüpfung zwischen Qualifizierung und Information/Kommunikation kommen. »Die Integration von reflektierenden Schleifen und Prozessen in die gemachten Erfahrungen … wären die vielversprechenden Mechanismen, mit denen aus Erfahrungen für den Einzelnen Lernen werden kann. … Bereits die einstündige Reflexion einer herausfordernden Situation am Arbeitsplatz, mit oder ohne Lernpartner, kann ganz wesentlich das Lernen erhöhen. … Neue Erfahrungen führen nur durch Reflexionsprozesse zu neuem Lernen« (Stiefel 2003: 24 – 26). Oder in den Worten eines Lernpapstes (Argyris 1993: 3): Lernen ist das Aufdecken und Verbessern von Fehlern. Für Veränderungsprozesse möchte man ihn ergänzen: durch bewusste Gegenüberstellung von alter und neuer Welt und ihrer Unterschiede. Wo ginge dies besser als in Reichweite des Arbeitsplatzes? Veränderungsprozesse sind – als reale berufliche Herausforderung – typische Felder für Erfahrungslernen, am besten mit Informations-, Interaktions-, Qualifikations- und Reflektionsschleifen. Besonders geeignet dazu sind Action-Learning-Formate im Sinne von Revans (1998: 83): »There can be no learning without action and no action without learning« (siehe Abb. 97 sowie Mezirow 1990, McCall u. a. 1995, Greif/Kurtz 1996, Donnenberg 1999, Stiefel 2003). So etwas können externe Trainer in einem Seminarraum mit ein bis zwei Tagen kognitiver, abstrakter, autoritärer Berieselung entlang von Storys aus der vermeintlichen Zauberwelt momentaner Wunderunternehmen kaum leisten. Besonders wenn Trainer aus Kostengründen der Billighuberkategorie entstammen und lediglich ihre Standardprogramme herunterspulen. Zum Glück haben solche Formate zumindest Kaffeepausen für den informellen Austausch zwischen den Teilnehmern.

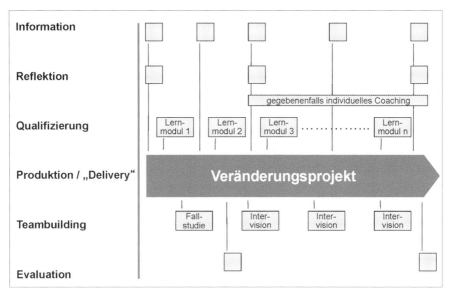

Abb. 97: Action Learning bei Veränderungsprojekten

7. Führungskräfte als »Trainer«: Lernen sei immer mehr »die lustvolle Sondierung unbekannter Räume«, meint Norbert Bolz (Interview in Broschüre zur Learntec 2012). »Die Lerner organisieren sich selbst und tun dies abseits der traditionellen Bildungswege. Gleichzeitig wird die Autorität des Lehrers immer mehr gesucht. Wir erleben den breiten Ausbau des digital aufbereiteten Wissens und zugleich eine Renaissance des Meister-Schüler-Verhältnisses. ... Lehrer stehen vor derselben Herausforderung wie die klassischen Medien oder Bildungsinstitutionen: Sie müssen sich fragen, was an ihnen unverwechselbar – die Unique-Selling-Proposition – ist. Was können sie anbieten, was man in keinem technischen Medium findet? ... Die Autorität des Lehrers beruht auf der Weitergabe von Orientierungswissen, auf seinen Antworten auf die Frage: Was ist überhaupt wichtig? Das ist eben, wenn man über Popularitätsalgorithmen hinausgeht, keine Frage der Information, sondern der Kontextbildung und Urteilskraft«. Bei Veränderungsprozessen sind solche Navigatoren für die Qualifizierung besonders gefragt. Sie sind eher intern als extern zu finden. Meistens werden es die Führungskräfte höchst selber sein, die Orientierung bieten können, ohne dass diese *Einordnung* zur *Einnordung* wird. Solche Führungskräfte sind sehr wertvoll und leider oftmals am Rande ihrer Belastbarkeit (vgl. 4.2).

8.3   Change-Management-Controlling und Budget

Wunsch und Wirklichkeit: Vom Nutzen des Nützlichen

Das wäre einfach wunderbar, zauberhaft und paradiesisch: die allseits akzeptierte und am besten – wir sind gerade beim Wünschen – automatisierte Kalkulation von ökonomischen Vorteilen beim Einsatz von Change-Management, auf Knopfdruck. Natürlich mit überzeugenden Werten unter dem Strich. Der bürokratische Controlling-Knauserer würde bei solchen Zahlen selbst üppige Budgetwünsche selbstverständlich abnicken. Der gefürchtete Investitionsausschuss würde den Tagesordnungspunkt von seiner Agenda nehmen und per Umlaufbeschluss das »Go!« zurufen. Das unzugängliche Vorstandsgremium würde die Entscheidung mit Freude zur Kenntnis nehmen und gerne noch eine Schippe drauflegen. Das wäre doch was in unserer zahlenfetischen Welt. In der trotz aller Desillusionierungen als Folge noch immer nicht überwundener Zahlenkrisen vielerorts weiterhin nichts mehr zählt außer einem *harten* Business-Case mit minimal zwanzigprozentigem Return-Wert und maximal einjähriger Payback-Zeit. Denn Fakt bleibt weiterhin: Eine ökonomische Legitimation von wirtschaftlichen Aktivitäten besitzt zahlreiche Vorteile. Bereits vor zweieinhalbtausend Jahren meinte Pythagoras: »Die Zahl ist das Wesen aller Dinge« und schaffe damit eine Harmonie in der Welt.

Bitte wieder aufwachen! Harte Zahlen bei einem weichen Thema? Mit klaren Kosteneffekten und unscharfer Nutzenwirkung hat es Change-Management und solches *Gedöns* im Wettlauf um betriebswirtschaftlich legitimierte Budgets schwer, verdammt schwer. Da tröstet es wenig, wenn es den Kollegen im Personal, im Marketing und weiteren Stabbereichen ähnlich ergeht. Doch gerade bei derartigen Themen können sich Unternehmen unterscheiden und Wettbewerbsvorteile im Markt erzielen. Die Liste schwierig messbarer und trotzdem erfolgskritischer Managementfelder ist lang: Weiterbildung, Personalmarketing und Führungskräfteentwicklung, Werbung, Public Relations und Kundenbindungsprogramme sowie Forschung und Entwicklung sind Mitglieder im Klub der soften Themen. Alle sind sie zwar intuitiv plausibel. Mit einer ökonomisch fundierten Begründung können sie jedoch nur ganz selten aufwarten. Investitionsentscheidungen für Maschinen, Anlagen oder gleich einen ganzen Standort lassen sich nun mal eindeutiger kalkulieren. Ein Kaufmann lernt dies bereits in der Einführungsvorlesung zum Rechnungswesen. Oder man agiert mit ganz großen Zahlen und mindestens neun Nullen wie bei der Akquisition von Konkurrenzunternehmen und dem Eintritt in Hoffnungsländer, wo Unschärfen im Milliardenbereich dazugehören. Und positive Effekte Jahre später wegen *völlig überraschender* Marktentwicklungen, *nicht geplanten* Kursverläufen und *geringer ausgefallenen* Synergieeffekten dann doch nicht wie unterstellt eintreten. Der Business-Case gehört derzeit zu den fundamentalen Glaubenssätzen bei Managemententscheidungen. Er ist vielerorts zur Pseudorationalisierung in unsicheren Entscheidungssituationen geworden, zumindest in den großen Unternehmen. Dabei ist eine ganz neue Berufsgruppe entstanden, der Excel-Zampano. Kein Wunder, wenn dabei immer mehr geflunkert wird, um überhaupt noch eine positive Entscheidung zu erreichen. Hier eine Annahme etwas optimistischer, da unauffällig eine Zehnerpotenz mehr unterstellt, dort ein mögliches Risiko komplett ausgeblendet und schon sieht das Ganze wesentlich freundlicher aus.

Wirklich nicht messbar?

Der Ausgangspunkt für Messschwierigkeiten von Change-Management liegt bereits in einer unscharfen Zielsetzung und meist nur mittelbar wirkenden Instrumenten. Das Ziel von Mobilisierung besteht darin, die Belegschaft zum angestrebten Zustand zu bewegen. Die Kommunikation bezweckt, das Ziel und den Weg zu verdeutlichen. Mithilfe der Qualifizierung werden die hierfür erforderlichen Kenntnisse vermittelt. Noch grobkörniger sind Zielsetzungen für Visionsentwicklung, Kulturmanagement und andere elementare Interventionen bei der Gestaltung des Wandels. Wie kann so etwas millimetergenau vermessen und in monetäre Werte übersetzt werden? Im Grunde verabschiedet sich Change-Management bereits vor dem Start aus dem Rennen um die knappe Ressource Geld.

Man muss an dieser Stelle fragen: Warum darf Change-Management überhaupt immer wieder stattfinden? Es gibt zwei vernünftige Gründe. Zum einen das Bewusstsein vieler Manager, oftmals entstanden aus einer früheren Erfahrung am eigenen Leib, dass Change-Management einen echten Mehrwert bringt. Zum anderen die Hoffnung, dass aktive Gestaltung von Wandel über die steigende Erfolgswahrscheinlichkeit des Projekts die eigene Karriereperspektive verbessert. Bauchgefühl also! Möglicherweise gibt es sogar einen dritten Grund: Change-Management ist in manchen Unternehmen fast schon zum Standard und darüber zur Routine geworden.

Ansonsten wird es nichts mit Change-Management. Oder schlummert – verborgen in irgendeiner abgelegenen Ecke dieser unübersichtlichen Wissenswelt – ein nützlicher Ansatz zur eindeutigen Kosten-Nutzen-Ermittlung?

Nein! Selbst beim Blick in arbeitspsychologische und organisationssoziologische Spezialliteratur diesseits und jenseits des Atlantiks findet sich nichts wirklich Brauchbares. Allenfalls Kleinststudien in künstlichen Settings sowie grundsätzliche Hinweise über Zusammenhänge von Wahrnehmung und Einstellung auf Formen der Aktivierung wie Motivation, Loyalität, Retention, nicht aber auf die für einen Business-Case relevante Arbeitsproduktivität (vgl. 2.5). Denn in den Sozialwissenschaften – in dieser Welt bewegen wir uns hier und nicht in der ökonometrisierten (und oftmals frisierten) Domäne der Finanzwirtschaft – bleibt die Erforschung von Leistungs- und Erfolgsfaktoren ein kontrovers diskutiertes Feld: ohne Einigkeit unter den Forschenden mit ihren Modellen. Es geht zumeist um definierte Konstrukte, die ursächlich von anderen definierten Konstrukten abhängig sind. Wobei nochmals andere definierte Konstrukte als intervenierende Variable eine Rolle spielen können, und schließlich alles zusammen weitere definierte Konstrukte zur Folge hat. Eine valide Messung bleibt das noch größere Problem. Deshalb hat sich – was im Grunde keineswegs erstaunt – bislang noch niemand mit verbindlichen Kausalmodellen, geschweige denn statistisch signifikanten Parametern an das komplexe Change-Management herangetraut. Der Mensch ist eben kein Automat und agiert nicht wie ein Schalter. Den man bei Bedarf an-, ab- oder umschalten kann. Selbst die als Wundermittel angepriesene evidenzbasierte Managementforschung sowie die Neurowissenschaften müssen hier passen (vgl. 2.6 und 4.4).

Die Frage nach dem monetären Nutzen von Change-Management wird in der empirischen Forschung nicht seriös beantwortet. Sie wird nicht einmal gestellt. Auch Anleihen aus anderen Disziplinen sind noch nicht möglich. Die weiter fortgeschrittene Werbewirkungsforschung analysiert inzwischen ebenfalls neurobiologische Prozesse. Doch selbst hier gibt es noch unerklärliche Brüche zwischen Reizen auf das Nervensystem (Botschaft) und resultierendem Verhaltensweisen (Kaufimpuls). Übrigens: Ein Teil der Change-Management-Experten sieht bereits in der Frage nach Kosten und Nutzen von Change-Management eine Zumutung für ihre Arbeit.

Stimmungsbilder

In der ersten Change-Management-Studie (Claßen u. a. 2003: 42) konnten die Teilnehmer ihre Sichtweisen zum Controlling von Veränderungsprozessen formulieren. Deutlich wurden dabei vier Schwierigkeiten, die durch ihre Zeitlosigkeit heute noch Gültigkeit besitzen.

1. *Einseitigkeit*
   Kosten von Change-Management sind um ein Vielfaches leichter zu messen als dessen Nutzen. Sie fallen zudem auf der Zeitachse wesentlich früher an. Der Nutzen zeigt sich meist spät, oft erst in Jahren. Er bleibt zudem meist sehr vage, ist eher Bauchgefühl als Geldbetrag, der den Aufwendungen gegenübergestellt werden könnte. Dies sind keine guten Voraussetzungen für eine faire Investitionsrechnung.

2. *Empiriedefizit*
   Die Resultate beim Einsatz von und Verzicht auf Change-Management lassen sich ex ante nicht wirklich gegenüberstellen: »Welches Risiko wird eingegangen, wenn wir Change-Management unterlassen?« Vergleichsgruppenanalysen im Sinne eines Vorgehens mit versus ohne Change-Management – wie es sie beispielsweise in der Medikamentenerprobung gibt

(ceteris paribus) – haben bisher noch nicht stattgefunden. Sie werden wohl auch nicht erfolgen.

3. *Messaufwände*
Kosten der Nutzenmessung (etwa durch Fokusgruppen, Befragungen und Interviews) dürfen keineswegs unterschätzt werden. Ziemlich häufig wird sie gegen Ende einer Transformation – »wenn alles gut gelaufen ist« – wegen der bereits anstehenden nächsten Herausforderung gar nicht mehr durchgeführt.

4. *Bewährungsproben*
Change-Management und die dafür stehenden Experten sollten bereits in frühen Projektphasen subjektiv nachvollziehbaren Nutzen stiften (»early wins«), um sich mit solchen »quick hits« ihre sachliche und persönliche Legitimation peu à peu zu erarbeiten. Mit ersten konkreten Erfolgen von Beginn an arbeitet es sich später leichter. Oft darf man dann überhaupt erst weitermachen.

Andererseits wurde von denselben Befragten – trotz solcher als unüberwindlich eingestuften Schwierigkeiten einer soliden Quantifizierung – eine ökonomische Begründung von Change-Management als nötig angesehen. Diese Schizophrenie hat sich in den beiden folgenden Change-Management-Studien bestätigt. Die selbst auferlegte Messlatte für Change-Management liegt sogar sehr hoch. Ein harter Business-Case oder eine zumindest halbwegs präzise Bestimmung von Kosten und Nutzen sollen in konstant etwa achtzig Prozent der Unternehmen die Basis zur Begründung von Change-Management sein (Claßen/von Kyaw 2008: 54). Das zeigt sich in der überwältigenden Zustimmung zu den beiden folgenden Aussagen: Erstens, »Change-Management muss sich an ökonomischen Kriterien messen lassen, selbst wenn die Nutzenseite nur teilweise quantifiziert werden kann. Sämtliche Maßnahmen sind ein Investment, das sich am Ende des Tages rechnen muss«. Zweitens: »Eine genaue Nutzenmessung ist bei Change-Management nur bedingt möglich. Dennoch ist die Bestimmung von Nutzen und Kosten ein wichtiger Aspekt bei der Begründung von Change-Management-Maßnahmen«. Zusammengenommen sind das hohe Ansprüche und eine schwere Wirklichkeit.

Bei konkreter Nachfrage nach tatsächlich eingesetzten Verfahren zur Kosten-Nutzen-Messung zeigen sich dann viele zuvor artikulierte Glaubenssätze rasch als Wunschdenken. In den erwähnten Studien fanden sich nur wenig verwertbare Kommentare und diese blieben sehr generisch: »Wir haben eine Balanced Scorecard!«. Die war nämlich zum Befragungszeitpunkt vor zehn Jahren schick. Die meisten Befragten beschränkten sich auf Eingeständnisse wie etwa »Wir haben leider noch kein systematisches Change-Management-Controlling«. Veränderungsmanagement war damals weit davon entfernt, eine überzeugende Argumentation zur eigenen Rechtfertigung vorzulegen.

Daran hat sich seither nichts geändert. Wunsch und Wirklichkeit fallen im Change-Management-Controlling immer noch weit auseinander. Neuere Lehrbücher zum HR-Controlling oder rund um Humankapitalansätze machen um dieses Themenfeld einen Bogen (etwa Becker 2008, DGFP 2009, Scholz u.a. 2011, Schulte 2011, Scholz/Sattelberger 2012). Selbst Toolbox-Klassiker zum Change-Management überspringen es (etwa Doppler/Lauterburg 2002) oder widmen ihm allenfalls kurze Alibi-Kapitelchen (etwa Vahs/Weiand 2010: 381–386). Und in der fünften Change-Management-Studie belegt Change-Management-Controlling bei der Abfrage von Instrumenten den vorletzten Platz: »Allen Bemühungen zur Messung des Return of Change zum Trotz scheint Change-Management in der Praxis noch ohne management-kompatible Reporting-Strukturen zu funktionieren« (Capgemini Consulting 2012: 23).

Damit wird deutlich, dass Change-Management weitgehend eine Glaubenssache der handelnden Akteure bleibt. Die bereits Gläubigen sehen im aktiven Veränderungsmanagement einen entscheidenden Erfolgsfaktor. Dem gegenüber stehen weiterhin nicht wenige Ungläubige, die den Wandel ganz ohne prozessuale Begleitung durchziehen und dem Change-Management gelegentlich sogar riesige Steine in den Weg legen, monetäre Beweise hin oder her. Vom Saulus zum Paulus wird man im Change-Management nicht durch Zahlen, sondern durch eigene Erfahrung aus Misserfolgen früherer Veränderungsprozesse. Individuelle Erweckungserlebnisse vergleichbar mit der Bekehrung des Apostel Paulus bei seiner Begegnung mit dem Auferstandenen in Damaskus. Manchmal auch durch Erziehung von einem change-affinen Vorgesetzten. Vom einmal angenommenen Change-Management-Glauben fallen dann nur noch die allerwenigsten der bekehrten Jünger ab.

Empirisch validierte Kausalmodelle: Fehlanzeige

Die vermutlich positive Wirkung von Change-Management-Instrumenten auf Mitarbeiterengagement, Partizipationsmöglichkeit, Veränderungsbereitschaft und vieles andere Schöne mag im Grundsatz unbestritten sein. Alleine es fehlt die Übersetzung in die Kosten-Nutzen-Sprache des Business-Case mit dessen Erwartung finanzwirtschaftlicher Kennzahlen, die einen zahlenfetischen CEO/CFO mittels monetärer Fakten und ökonomischer Argumentation überzeugen könnten. Was bleibt ist der Glaube. Und die Erfahrung. Und die Erziehung.

Empirische Forschung hat bislang keinerlei belastbare Ergebnisse in Form von Kausalmodellen für Change-Management hervorgebracht. Das kann so pauschal gesagt werden (vgl. Stock-Homburg 2007, Brodbeck 2008, Claßen 2009). Sehr gerne würde ich an dieser Stelle anderes feststellen. Vielleicht macht mich ja eine Leserin oder ein Leser auf einen Durchbruch aufmerksam. Der dann – versprochen – in der dritten Auflage breiten Raum einnehmen wird. An konkrete Aussagen wie etwa diese – »zielgerichtete Kommunikation im Veränderungsprozess reduziert den Produktivitätsrückgang in der Startphase um acht Prozentpunkte« – hat sich freilich bis heute niemand heran gewagt. Als vergleichsweise tiefschürfende Erkenntnisse können Arbeiten von Vahs/Leiser (2003), Pfeffer/Sutton (2006), Rank (in Rank/Scheinpflug 2008), Vahs/Weiand (2010), Boudreau/Jesuthasan (2011) sowie Dörr u.a (2011) durchgehen. Die immerhin eine Richtung der Wirkungsbeziehung angeben (Kausalität statt Korrelation), aber keine Quantifizierung zur Stärke solcher Effekte. Außerdem wird in solchen Modellen deutlich, dass nicht nur die aktive Gestaltung von Veränderungen im Projekt, sondern auch die individuelle Disposition der Betroffenen und der situative Kontext der Organisation einen nicht zu unterschätzenden Effekt auf den Erfolg einer Veränderung aufweisen. Es kommt halt mal wieder darauf an. Quantitative Change-Management-Modellierungen und darüber ein Business-Case lassen sich aus solchen basalen Überlegungen nicht ableiten. Und Besseres ist bislang nicht entdeckt worden. Bei den Wirkungsmechanismen von Change-Management bestehen jedenfalls noch sehr viele Spielwiesen für künftige Dissertationen und Habilitationen. An die ich mich nicht wagen würde.

Derzeitige »Mess«-Methoden

In Unternehmen werden dennoch immer wieder Anläufe zur Vermessung von Change-Management unternommen und Suchexpeditionen auf die Reise geschickt. Je nach Perspektive der Erfolgsmessung variieren Vorgehensweisen und Instrumente. Vor der Veränderung (ex ante) wird erwartet, sich durch möglichst konkrete Erfassung von absehbaren Kosten- und Nutzeneffekten einem realistischen Business-Case für Change-Management anzunähern. Diesbezüglich steht man weiterhin ganz am Start der Entdeckungsreise. Man ist entweder noch nicht richtig aufgebrochen oder hat die Exkursion inzwischen sogar abgeblasen. Kosten sind halbwegs bekannt, aber schmerzlicher Ballast. Nutzen ist die große Unbekannte, eher Mutmaßung, Sehnsucht, Hoffnung als konkreter Wert. Immer wieder machen sich jedoch Change-Management-Novizen oder Veränderungsmanager in kennzahlenfixierten, zahlenfetischen Unternehmen auf die Suche. Und kommen mit den abenteuerlichsten Entdeckungen zurück. Oder einfach nur frustriert.

Um einiges leichter fällt die Erfolgsbetrachtung im Verlauf einer Veränderung oder zum Abschluss (ex post). Dies kann durchaus hilfreich sein, um entweder für zeitversetzte Implementierungsbereiche (insbesondere bei phasiertem Roll-out) oder künftige Veränderungsprojekte im Sinne eines kontinuierlichen Verbesserungsprozesses zu lernen. Dieses Monitoring von Change-Management-Wirksamkeit ist hier und dort bereits zur Routine geworden, berücksichtigt neben quantitativen Fakten oft auch qualitative Einschätzungen. Verlangt wird es ohnehin von vielen Business-Managern, damit aus den aufgedecktcn Defiziten eine Korrektur von Wegen und Zielen abgeleitet werden kann. Allein, es fehlt auch hier an einem überzeugenden theoretischen Konzept. Als praxiserprobte Instrumente stehen – im Grunde meist nur bedingt quantitative – Erhebungen der Ist-Situation zur Verfügung. Die dann im Zeitvergleich oder als Abgleich mit der Soll-Situation ausgewertet werden, um zielgerichtet weitere Maßnahmen einleiten zu können:

- Statusberichte/ Ampelsysteme,

- Stimmungs-Tracker/ Temperature-Checks,

- Mitarbeiterbefragungen,

- Fokusgruppen (Sounding Boards).

Dies alles sind selten mehr als *Feel-good-Erhebungen*, mit denen das Wollen und gelegentlich noch das Wissen zur Veränderung ermittelt wird. Auch die Nutzermessung, also etwa Hit-Rates im Intranet, oder Teilnehmerquoten, etwa an der Qualifizierung und bei anderen Veranstaltungen, werden herangezogen. Selbst wenn sie primär den Input und nur bedingt den Output anzeigen. Zudem ist man hierbei nicht vor der Grundsatzschwierigkeit gefeit, nicht zu wissen, was bei Verzicht auf Change-Management oder dem Einsatz alternativer, möglicherweise besserer Interventionen denn herausgekommen wäre. Der Konjunktiv ist im Change-Management-Controlling ohnehin ein beliebtes stilistisches Mittel.

Schicke *Offerings* von Beratungsunternehmen zur Erfolgsmessung im Change-Management erzeugen höchstens auf den ersten Blick einen Wow-Effekt. Auch die vor einiger Zeit noch euphorischen und immer bescheidener werdenden Übersichten rund um die Messung von Veränderungserfolg zeigen deren deutliche Grenzen auf (etwa Hornberger 2000, Claßen u.a. 2003, Klarner/Raisch 2007, Roehl u.a. 2012: 265 – 281). Die meisten Instrumente bieten allenfalls grobe zwischenzeitliche Wasserstandsmeldungen. Prognostische Verfahren fehlen nach wie vor fast komplett (eine Ausnahme wird weiter unten skizziert). Zudem kann überhaupt nur mit einem sehr breiten Verständnis von Messung eine halbwegs ansehnliche Auflistung von Controlling-Instrumenten zusammengestellt werden. Mit Ansätzen wie »Lessons learned« (Klarner/Raisch 2007: 9) wird die Domäne des harten Controllings dann endgültig verlassen.

Für einen echten Controller müssen solche Methoden fast schon als Verzweiflungsakt erscheinen. Er hat sich für seine kognitiven Entscheidungsräume schon lange an harte Kennzahlen – im Sinne von *Key-Performance-Indicators (KPI)* – gewöhnt. Selbst die lange Zeit als Allheilmittel angesehene Balanced Scorecard (BSC) ist inzwischen entzaubert. Stöger (2007: 30) zieht ein ernüchterndes Fazit: »Gerade eine BSC ist ein taugliches Mittel zum professionellen Bluff«. Rodenstock (2007: 18 – 19) schlussfolgert: »Was bislang fehlt, ist

ein Diagnose- und Messinstrument, das anzeigt, wo genau welche Punkte des
Kennens, Könnens, Wollens und Sollens in Bezug auf die Veränderungsziel-
größen, wie zum Beispiel Wachstumssteigerungen oder Unternehmenswerte
vorhanden sind bzw. fehlen«. Schade! So etwas wäre sehr gut zu gebrauchen.
Also bleibt Change-Management weiterhin einer jener Bereiche in der das
Management-Mantra »You cannot manage, if you don't measure it« auf absehbare Zeit nicht eingelöst werden kann. Es ist nach wie vor Glaubenssache,
ob die durch schlecht gestaltete Veränderungsprozesse verursachten massiven Produktivitätsverluste und Fluktuationseffekte nun eingeräumt oder
doch angezweifelt werden (vgl. 2.5).

Instrument: Return-on-Change-Management

Eine prognostische Ermittlung des Return on Change-Management (RoCM) wäre
durch den absehbaren Effekt der Veränderungsgestaltung auf die Arbeitsproduktivität möglich. Wenn zum einen stimmt, dass in Zeiten des Wandels die Arbeitsproduktivität der Betroffenen zurückgeht, und zum anderen angenommen wird,
dass Change-Management diesen Rückgang zumindest teilweise abschwächen
kann, dann könnte der verminderte Rückgang von Arbeitsproduktivität der Ha-
benseite von Change-Management zugesprochen werden. Dieser positive Effekt
könnte den Kosten wie interne Ressourcen und externe Consultants, Aufwänden
für Events und Veranstaltungen, Kommunikation, Qualifizierung sowie zeitlichen
Opportunitätskosten der betroffenen Führungskräfte und Mitarbeiter gegenübergestellt werden. Immerhin erwarten Experten einen veränderungsinduzierten
Produktivitätsrückgang von durchschnittlich 25 Prozentpunkten. Also fünfundzwanzig Prozent weniger Produktivität der Belegschaft, wenn beim Veränderungsmanagement grobe Fehler oder gar nichts gemacht werden (vgl. 2.5).

Das RoCM-Instrument mit seinen fünf Schritten ist in der Erstauflage ausführlich dargestellt worden (Claßen 2008: 279–86 und Abb. 98). Es bietet
eine praxiserprobte Prognose von voraussichtlichen Kosten und Nutzen des
Veränderungsmanagements. Die Resonanz dieser Praxis war allerdings sehr
gering: Gläubige brauchen so etwas nicht. Ungläubige verlieren sich in ihren
mit Grundsatzzweifeln, Methodendiskussion und Annahmenkritik verschlei-
erten Abwehrreflexen. Wie jedes ökonometrische Modell bietet das RoCM-
Instrument diverse Ansatzpunkte für seine Zerpflückung. So ist dies halt in
unseren Breiten. Gegenwärtig liegen nämlich über die allermeisten der im Instrument verwendeten Effekte – wie bereits ausgeführt – keine theoretisch
fundierten oder sogar empirisch stabilen Parameter vor. Weshalb diese für
jede Veränderungssituation aus der Erfahrung und Vertrautheit mit dem eigenen Unternehmen plausibel geschätzt werden müssen. Dies erfolgt mit allen dabei denkbaren Unsicherheiten. Darin liegen gewisse Limitationen. Ein
»harter Hund« (vgl. 4.3) verabschiedet sich dann gerne. Er wird allenfalls
über die Begrifflichkeit (gesprochen »rozzm«) schmunzeln.

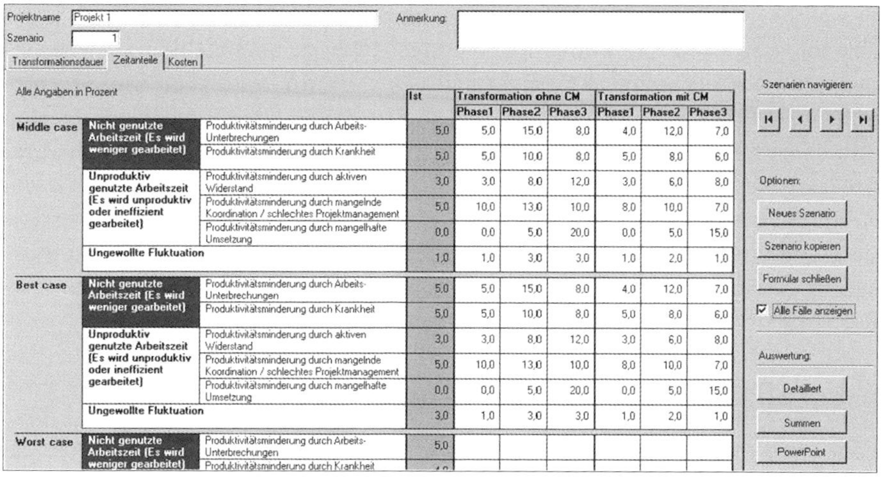

Projektname	Projekt 1			Anmerkung:				
Szenario	1							

Transformationsdauer | Zeitanteile | Kosten

Alle Angaben in Prozent			Ist	Transformation ohne CM			Transformation mit CM		
				Phase1	Phase2	Phase3	Phase1	Phase2	Phase3
Middle case	Nicht genutzte Arbeitszeit (Es wird weniger gearbeitet)	Produktivitätsminderung durch Arbeits-Unterbrechungen	5,0	5,0	15,0	8,0	4,0	12,0	7,0
		Produktivitätsminderung durch Krankheit	5,0	5,0	10,0	8,0	5,0	8,0	6,0
	Unproduktiv genutzte Arbeitszeit (Es wird unproduktiv oder ineffizient gearbeitet)	Produktivitätsminderung durch aktiven Widerstand	3,0	3,0	8,0	12,0	3,0	6,0	8,0
		Produktivitätsminderung durch mangelnde Koordination / schlechtes Projektmanagement	5,0	10,0	13,0	10,0	8,0	10,0	7,0
		Produktivitätsminderung durch mangelhafte Umsetzung	0,0	0,0	5,0	20,0	0,0	5,0	15,0
	Ungewollte Fluktuation		1,0	1,0	3,0	3,0	1,0	2,0	1,0
Best case	Nicht genutzte Arbeitszeit (Es wird weniger gearbeitet)	Produktivitätsminderung durch Arbeits-Unterbrechungen	5,0	5,0	15,0	8,0	4,0	12,0	7,0
		Produktivitätsminderung durch Krankheit	5,0	5,0	10,0	8,0	5,0	8,0	6,0
	Unproduktiv genutzte Arbeitszeit (Es wird unproduktiv oder ineffizient gearbeitet)	Produktivitätsminderung durch aktiven Widerstand	3,0	3,0	8,0	12,0	3,0	6,0	8,0
		Produktivitätsminderung durch mangelnde Koordination / schlechtes Projektmanagement	5,0	10,0	13,0	10,0	8,0	10,0	7,0
		Produktivitätsminderung durch mangelhafte Umsetzung	0,0	0,0	5,0	20,0	0,0	5,0	15,0
	Ungewollte Fluktuation		3,0	1,0	3,0	3,0	1,0	2,0	1,0
Worst case	Nicht genutzte Arbeitszeit (Es wird weniger gearbeitet)	Produktivitätsminderung durch Arbeits-Unterbrechungen	5,0						
		Produktivitätsminderung durch Krankheit	4,0						

Szenarien navigieren:

Optionen:
Neues Szenario
Szenario kopieren
Formular schließen
☑ Alle Fälle anzeigen
Auswertung:
Detailliert
Summen
PowerPoint

Abb. 98: Return on Change Management
(Screenshot des RoCM-Instruments)

Der Praxistest hat immerhin gezeigt, wie das RoCM-Instrument durchaus mit Gewinn vor konkreten Veränderungsprojekten eingesetzt werden kann. Die eigenen, persönlichen Schätzungen der Verantwortlichen sind besser als jede Außensicht oder gar die Vernachlässigung einer ökonomischen Kalkulation. Der Einsatz des Instruments erhöht gleichzeitig den *Buy-in* von Anwendern. Bereits die Diskussion des Modells und seiner Annahmen für sich alleine oder mit den Kollegen brachte manchen Change-Management-Widerständler zum Nachdenken. Er schwenkte dann für sein konkretes Vorhaben zu einer kräftigen Investition in Change-Management um. Damit konnte er nicht nur sein Image als moderne Führungskraft polieren. Am Ende des Tages zahlte sich dies sogar noch signifikant für sein Gesamtbudget und seine rechtzeitige Zielerreichung aus.

Transformation = Investition

Mit einer Veränderung soll Mehrwert generiert und zusätzliche Wertschöpfung realisiert werden. Im Normalfall für Anleger, im Regelfall für Kunden, im Bedarfsfall sogar für Führungskräfte und Mitarbeiter sowie weitere Stakeholder. Sonst macht sie keinen Sinn. Jede Business-Tansformation kann als Investition verstanden werden. Dies bedeutet freilich im gleichen Atemzug, dass für die dabei erforderlichen Anstrengungen wie für jede andere Investition Geld ausgegeben werden kann. Es ist schon erstaunlich, wie schwer dieser an sich selbstverständliche Satz vielen Business-Managern über die Lippen geht. Das Budget für die Hardware der Veränderung – die Inhaltsdimension – mag in vielen Fällen noch als erforderlich durchgehen. Ein ausreichender Etat für die Software der Transformation – die Prozessdimension – stellt vielerorts immer noch die Ausnahme dar. Warum eigentlich?

Eigentlich wären manche Erfolgsfaktoren beim Wie der Veränderung sogar kostenlos zu bekommen und Umsetzungsbarrieren unentgeltlich zu vermeiden. Dies gilt besonders für so zentrale Aspekte wie Leadership und Engagement, Commitment und Alignment, die es vom Alltagsgeschehen in den Veränderungsprozess hinüberzuziehen gilt. Die Realitäten in Veränderungsprozessen sehen in vielen Fällen aber anders aus. Gerade für das Wissen, Können und Wollen der Betroffenen müssen aufwendige Maßnahmen seitens der Umsetzungsverantwortlichen ergriffen werden. Sie kosten Geld und müssen in den Business-Case der Transformation als Investition einfließen. Daher wird ein Change-Management-Budget beansprucht.

Budgetsituation

Gibt es in den Firmen überhaupt solche auf Change-Management fokussierten Budgets? Für mitteleuropäische Unternehmen wurde dieser Status in drei Change-Management-Studien untersucht (Claßen/von Kyaw 2010: 30 – 31). Das Ergebnis: Meistens werden die Gelder für die Prozessdimension in den Gesamtprojektbudgets oder anders deklarierten Positionen des Unternehmenshaushalts (etwa beim Personalressort) subsumiert. Nur etwas mehr als jedes vierte Unternehmen (28 Prozent – Durchschnittswert 2005/08/10) verfügt über eine explizite Budgetposition zum Change-Management. Mit entsprechenden Schwankungen analog zum Konjunkturverlauf. In guten Zeiten gibt es mehr, in Krisen wenig bis nichts.

Unternehmen mit eigenständigen Budgets konnten in den Studien ihre jeweilige Verfügungsmasse angeben. Die absoluten Werte lagen zwischen der Kategorie »Kleinkram – reicht nicht einmal für eine Stelle« und der Kategorie »Mon dieu – was könnte man damit alles anfangen«. Sodass man, als Berater, hellwach wird und am liebsten sofort einen Termin vor Ort vereinbart. Denn einige Unternehmen besitzen einen Etat von einer Million Euro, zehn Millionen Euro oder sogar noch darüber. Nur für Change-Management! Diese Ergebnisse sind nicht mehr als eine erste Indikation. Die zudem immer in Relation zur Unternehmensgröße zu setzen sind. Viele Gelder für Change-Management liegen außerdem auf anderen Kostenstellen. Sie sind im Einzelfall über mehr oder weniger aufwendige Aushandlungs- und Freigabeprozesse lockerzumachen.

Bei ihrer Prognose über künftige Entwicklungen des Change-Management-Budgets verhielten sich die Befragten in den drei Studien ziemlich realistisch. In guten Jahren mit großen Budgets vermutete eine pessimistische Mehrheit für die Zukunft tendenziell Rückgänge. In schlechten Jahren mit kleinen Budgets erwartete die optimistische Überzahl in der kommenden Zeit wieder Zuwächse. Diese prognostizierten Rückgänge und Zuwächse waren im Einzelfall nicht unbeträchtlich und wiegen dann schwer: Halbierung und Verdopplung. Kurzfristig gehen die meisten Befragten jedoch von keinen oder allenfalls kleinen Schwankungen ihrer Manövriermasse für Change-Management aus.

Genügend ausstaffieren

Ein routinierter Seufzer von Change-Management-Verantwortlichen gilt ihrer unzureichenden Ausstattung mit Ressourcen. Klagen gehört zum Handwerk, so das Bonmot dazu. Und natürlich wäre ein Mehr immer wünschenswert. Wobei Zurückhaltung oft bessere Ergebnisse zeitigt als die Möglichkeit zur Völlerei. Wenn sie nicht gerade zur Nulldiät oder Magerkost wird. Knappe personelle und materielle Ressourcen können ein Ansporn sein. Diese Befindlichkeiten wurden in zwei Change-Management-Studien untersucht (Claßen/von Kyaw 2010: 29–30 – Durchschnittswerte 2008/10):

- »Budget üppiger als erforderlich« (1 Prozent),

- »Budget gerade richtig (20 Prozent),

- »Budget etwas zu knapp« (51 Prozent),

- »Budget viel zu knapp« (28 Prozent).

Wenn die von jedem zweiten Befragten gewählte Antwort »etwas zu knapp« als Klagen auf hohem Niveau gewertet wird, sehen sich immerhin zusammengenommen fast drei von vier Change-Management-Verantwortlichen bei ihrer Ressourcenausstattung im grünen oder allenfalls gelben Bereich. Das ist doch was.

Das vierte Viertel leidet unter spärlichen Ressourcen. Maßstab bei der Beantwortung solcher Fragen ist zwar nicht ein objektiver Ansatz, nach dem die Ausstattung fair bemessen werden könnte. Bei dieser Unzufriedenheit ist sicherlich so manche übertriebene Erwartungshaltung an personelle und materielle Verfügungsmasse zum Ausdruck gekommen. Mehr bringt im Change-Management nicht immer mehr. Output steht nicht automatisch in direkter Eins-zu-eins Korrelation zum Input. Dennoch werden die meisten dieser Veränderungsvorhaben zu knabbern haben, ob ihrer eher bescheidenen Gestaltungsmöglichkeiten. Erfolg von Veränderungsvorhaben korreliert jedoch keineswegs unmittelbar mit einem steigenden Change-Management-Budget. Wenn etwa das Veränderungsziel sonnenklar und der Führungsprozess vorbildlich sind, dann braucht es nicht mehr viel zusätzlicher Aktivitäten. Zusammenfassend lässt sich ohnehin ein erfreuliches Fazit ziehen: Im Großen und Ganzen ist die Ressourcenausstattung heutzutage besser als von außen häufig wahrgenommen und nach innen vielfach zum Ausdruck gebracht. Nun müssen aus den verfügbaren Budgets nur noch exzellente, clevere, kreative Change-Management-Konzepte und Interventionen werden.

9 Nachspann: Ausblicke im Change-Management

Erste Annäherung: Drei finale Interviews

Gegen Ende der Buchschreiberei geht man zur Abrundung wieder an den Anfang zurück, zum Einleitungskapitel, und macht sich dann ans Ende, zum Abschlusskapitel. Bei der Erstauflage war die Energie dafür ziemlich aufgezehrt. Damals konnte ich mich gerade noch zu zwei Statements aufschwingen (Claßen 2008: 287–293): Change-Management sei dringend erforderlich und es müsse auf Mittelwege statt Extremhaltungen setzen. Beides ist weiterhin richtig und bestimmt die Grundlinien der Zweitauflage. Diesmal soll ein Ausblick in die kommende Zeit gewagt werden.

Als erste Beleuchtung einer Zukunft im Change-Management dienen die drei abschließenden Interviews. Dazu wurden ein gestandener Praktiker – in Personalunion mehrjähriger Leiter der Fachgruppe Change-Management im deutschen Bundesverband der Personalmanager – sowie zwei Hochschullehrer befragt. Der eine gilt als vielfältig verknüpfter Netzwerker in der deutschsprachigen und angloamerikanischen HR-Szene. Der Zweite ist Vertreter der jungen Wilden mit jahrelanger Expertise bei Veränderungsprojekten. Alle drei äußern Vermutungen und legen erste Spuren.

Interview mit Thomas Belker

Managing Director Corporate Human Resources, OBI, Wermelskirchen sowie Fachgruppenleiter Change-Management, BPM, Berlin

Change-Management-Trends (1/3): Wo die Unternehmen gegenwärtig der Schuh drückt

Was tut sich im Change-Management Neues? Tut sich im Change-Management überhaupt Neues?

Der Bedarf für professionelles Change-Management wächst weiter. Unternehmen, Führungskräfte und Mitarbeiter erleben rasante Veränderungen. Sie suchen nach Unterstützung – für große Vorhaben wie für das Tagesgeschäft des Wandels. Der erste Blick geht meist Richtung Personalbereich. Eine Chance, die dort nicht genug genutzt wird! Wenn intern keine unmittelbare Kompetenz erkennbar ist, wandert der Blick schnell nach außen: Berater haben Konjunktur! Denn Change-Management im Stil der neunziger Jahre – eine Art Prozess-Management mit einem definierten Anfang und Ende – funktioniert nicht mehr. Die Moderne mit »Change as the new Normal« hat bisherige Theorien des Change-Management überholt. In den Unternehmen geben sich permanente Veränderungen die Türklinke in die

Hand. Wir hören sehr häufig die Aussage, dass man »die Projekte nicht mehr alle gleichzeitig umsetzen könne«. Gefragt ist ein Transformations-Management, das die Organisation auf den Umgang mit ständigen, häufig unvorhersehbaren Veränderungen einstellt. Dieser »Dauer-Change« stellt eine zentrale Herausforderung an die Kompetenzen der Mitarbeiter und Führungskräfte dar. Dabei bleiben einzelne Aspekte des »alten« Change-Management auch in diesen Situationen hilfreich. Aber der Dauer-Change fordert eine andere Art zu denken, zu interagieren: Wir brauchen einen »Plan für das Nichtfunktionieren des Plans« und damit eine völlig neue Art des Zusammenarbeitens. Fazit: Während einzelne Change-Management-Tools weiter genutzt werden können, muss sich das Herangehen an Change in den Köpfen der Verantwortlichen ändern. Hierfür ist ein neues methodisches Vorgehen erforderlich. Das nicht nur für Change-Management hilfreich ist, sondern auch für viele andere Herausforderungen an das Business im 21. Jahrhundert.

Welche großen Problemstellungen sehen Sie gegenwärtig und künftig bei den Veränderungsprozessen in BPM-Unternehmen? Welche Lösungsansätze werden diskutiert?

Der Persönlichkeitsaspekt (Soft Skills) spielt heute eine viel größere (und kritischere) Erfolgsrolle als rein fachliche Change-Management-Kenntnisse (Hard Skills). Organisationen müssen lernen umzudenken. Menschen mit bestimmten sozialen und persönlichen Fähigkeiten müssen in die Change-Teams (oder Schlüsselpositionen) integriert werden. Gerade die Auswahl derartiger Mitarbeiter bereitet den Personalentscheidern großes Kopfzerbrechen. Es besteht Handlungsbedarf. Denn es herrscht bei Personalentscheidungen noch immer eine große »Titel-« und »Zeugnis-« Gläubigkeit vor. Quasi ein Weg des kleinsten Aufwands und Widerstands anstelle von dezidierten Auswahlverfahren und -prozessen für Change-Vorhaben. Die Zusammenstellung von Teams außerhalb eingefahrener Muster gewinnt an Bedeutung. Die besten Teams bestehen nicht einfach aus einer Ansammlung von Klassenbesten. Hier können Change-Management-fremde Tools aus dem Gebiet von Auswahlverfahren helfen. Zunächst muss jedoch das Bewusstsein für andere Herangehensweisen geschaffen werden. Der Status quo des vergangenen Erfolges hat nur wenig Aussagekraft für die Erfolgsprognose der Zukunft. Diese Erkenntnis mag der entscheidende Schritt zur Bewältigung der neuen Herausforderungen für erfolgreiche Change-Prozesse sein.

Welche drei frischen Bücher aus der praxisorientierten Literatur sollte ein Change-Professional unbedingt lesen? Und warum?

(1) »The ACE Advantage: How Smart Companies Unleash Talent for Optimal Performance« von William A. Schiemann (2012). Ein frisches Buch, das bislang nur im amerikanischen Original vorliegt. Am Beispiel des Talent-Managements wird Change-Management als das »new normal« in einer praxisnahen Darstellung mit vielen Beispielen und Tipps umgesetzt. Das Praxis-Buch – aber nur für die, die auch gleichzeitig Interesse am Talent-Management

haben. (2) »Der Dialog in Management und Organisation – Illusion oder Perspektive? Eine systemtheoretische Zuspitzung« von Michael Rautenberg (2010). Ein vertiefendes Werk basierend auf einer Doktorarbeit. Für Leser, die sich eingehend mit der Lernfähigkeit von Organisationen im Kontext von Kommunikation und Dialog beschäftigen. Das wissenschaftliche Buch. (3) »Theorie U – Von der Zukunft her führen: Presencing als soziale Technik«. Von Claus Otto Scharmer (2011). Scharmers »Theorie U« beschreibt vier Ebenen des Umgangs mit Veränderung. Erfolgreiche Veränderungen benötigen danach eine aktionsbezogene Integration von Kopf, Herz und Hand, nämlich die Öffnung des Denkens, Fühlens und Willens.

Wenn Ihnen eine gute Fee zur Seite stehen würde, die Ihnen einen freien Wunsch zum Change-Management zugesteht – welcher wäre dies? Was würden Sie sich für ein noch besseres Change-Management unbedingt wünschen?

Eine Vielzahl von Change-Management-Vorhaben scheitert. Grund ist immer der Mensch und die unternehmensinterne »Politik«, nicht die Tools. Hier ist ein ernster, offener und transparenter Dialog vorab mit allen Stakeholdern eine wirkliche Hilfe und der erste Schritt für dauerhaft erfolgreiches Bestehen im Change-Umfeld unserer Tage. Wenn die Karten nicht offen auf dem Tisch liegen, Ziele, Kompetenzen und immanente Grenzen nicht transparent gemacht werden, dann scheitert langfristig jede nachhaltige Veränderung. Schön, dass wir hierfür keine Fee benötigen. Also lassen Sie uns gleich in diesem Sinne starten.

Interview mit Prof. Dr. Karlheinz Schwuchow

Center for International Management Studies,
Hochschule Bremen

Change-Management-Trends (2/3): Aussichten eines Netzwerkers und Vielesers

Bewegt sich Change-Management in Theorie und Praxis eigentlich noch? Oder gibt es nur noch leichte Zuckungen?

Change-Management ist nach wie vor en vogue – vor allem ist es aus dem Beratervokabular nicht wegzudenken. Bei der erkennbaren quantitativen Überstrapazierung stellt sich zwingend die Frage, ob sich qualitativ auch etwas tut. Oder treten alle mit viel Energie auf der Stelle, sodass sich inhaltlich-konzeptionell nichts oder nicht viel bewegt? Nach wie vor stehen Restrukturierung und kurzfristige Ergebnisse im Vordergrund des Denkens und Handelns, kommen Revitalisierung und langfristige Ergebnissicherung zu kurz. Zwar werden unternehmenskulturelle Erfolgsfaktoren immer wieder betont, doch wird verkannt, dass Veränderungen auf dieser Ebene Zeit benötigen. Und so bleibt auch die aktuell viel beschworene »Nachhaltigkeit« eine Worthülse. Insofern sollte der Klassiker »Cracking the Code of Change« von zwei Harvard-Professoren (Beer/Nohria 20000) noch immer Pflichtlektüre sein.

Welchen Change hat Change-Management. Was kommt Neues über den großen Teich? Oder aus anderen Regionen?

Die Tatsache, dass ein Großteil aller Change-Management-Aktivitäten scheitert, ist mittlerweile durch zahlreiche Studien belegt. Auf der Suche nach dem »Warum?« bietet die integrierte Betrachtung von Führung, Innovation und Change interessante Ansatzpunkte. Bei der Führung von Veränderungsprozessen rücken zunehmend die Nutzung von Social Media sowie interkulturelle Aspekte in den Mittelpunkt. Gleichzeitig erkennen auch amerikanische Unternehmen die Notwendigkeit lokaler beziehungsweise regionaler Anpassungen. Gerade mit Blick auf Asien kollidieren hier eine breite Mitarbeiterbeteiligung und eine hierarchische Orientierung. Im Innovationskontext sind es neue Geschäftsmodelle (Osterwalder) sowie disruptive, zerstörerische Innovationen (Christensen) und ganz aktuell das Konzept der »Reverse Innovation« (Govindarajan), die die Diskussion bestimmen.

Welche drei frischen Bücher aus der angloamerikanischen Literatur sollte ein Change-Professional unbedingt lesen? Und warum?

Auch wenn allein seit Anfang 2011 über 10.000 englischsprachige Bücher zum Change-Management erschienen sind, empfehle ich im Sinne des »Thinking out of the box« drei Bücher, die nicht das Thema »Change-Management« im Titel führen. Zum einen von Jeff Dyer, Hal Gregersen und Clayton Christensen (Aktuell die Nr. 1 der Management-Vordenker!) das Buch »The Innovator's DNA: Mastering the Five Skills of Disruptive Innovators«, da es einen gelungenen Brückenschlag zwischen Innovation und Unternehmenskultur vollzieht, der auch für Veränderungsprozesse im Allgemeinen hilfreich ist. Zum anderen »Business-Model Generation« von Alexander Osterwalder und Yves Pigneur, das in sehr praxisnaher und direkt umsetzbarer Weise den Weg zu neuen Geschäftsmodellen aufzeigt und Anregungen für wirklich umfassende Veränderungsprojekte vermittelt. Und last but not least das Buch »The Design of Business« von Roger Martin, das in die Grundlagen des »Design Thinking« einführt und hilft, den Spagat zwischen Effizienz und Kreativität erfolgreich zu bewältigen.

Wenn Dir eine gute Fee zur Seite stehen würde, die einen freien Wunsch zum Change-Management zugesteht – welcher wäre dies? Was würdest Du Dir für ein noch besseres Change-Management unbedingt wünschen?

Mir erscheint die Abkehr vom rein mechanistischen Denken wünschenswert. Es geht nicht um den Austausch eines Rädchens im Unternehmensgetriebe, um auf Geschwindigkeit zu kommen. Veränderungsprozesse haben vielmehr einen evolutionären Charakter und lassen sich nicht einfach überstülpen. Folglich muss man zunächst die Kultur einer Organisation und die Mindsets der Mitarbeiter verstehen und sollte sich nicht von reinen Kennzahlen aus der Vergangenheit leiten lassen. Sonst mag Change-Management zwar kurzfristig und vordergründig einen ökonomischen Mehrwert schaffen. Langfristig wird damit dann aber eine Abwärtsspirale beschritten und Zukunftsfähigkeit verspielt.

Interview mit Prof. Dr. Christian Gärtner

Lehrstuhl für Allgemeine Betriebswirtschaftslehre, Helmut Schmidt Universität, Hamburg

Change-Management-Trends (3/3): Ideen vom Katheder

Thesen gelten in der Wissenschaft so lange, bis sie falsifiziert werden. Was sagst Du zur These: Im Change-Management gibt es seit ein, eher zwei De-kaden nichts Neues mehr!

Neues vom Alten zu unterscheiden bedarf immer eines persönlichen Standpunktes, inklusive des dazugehörigen Wissens und der Wertvorstellungen: Was dem einen neu und wertvoll erscheint, ist für den anderen kalter und ungenießbarer Kaffee. Dann bejubeln die einen soziale Medien als neue Art Change-Management zu betreiben, weil es nicht nur neue Kommunikationsformen ermöglicht, sondern auch endlich die breite Mehrheit der Betroffenen beteiligt und den Veränderungsprozess demokratisiert. Andere hingegen runzeln die Stirn und sehen darin einfach nur einen weiteren Kanal, der keine qualitative Verbesserung des Change-Prozesses bringt, wenn »die da oben« das nicht wollen. Zwischen diesen Extremen gibt es aber auch eine gefühlte Mitte. Und in der tummeln sich meiner Meinung nach recht viele belesene Wissenschaftler und erfahrene Praktiker – und diese vermitteln eher den Eindruck, dass es seit Jahren eher Variationen des Gleichen als wirklich Neues gibt. Insofern: These nicht widerlegt, aber eben auch nicht bestätigt.

In welchen Bereichen von OD/CM zeichnen sich derzeit wissenschaftliche Paradigmenwechsel ab?

Der meines Erachtens größte Wechsel ist, dass man Widerstand und eigennützig handelnde Mitarbeiter nicht mehr so sehr als Konstante und Ausgangsposition betrachtet. Vielmehr denkt man über positive Veränderungsbereitschaft nach und dass Mitarbeiter oft etwas zurückgeben, wenn man ihnen etwas gibt. Die einschlägigen Begriffe in der Wissenschaft lauten dafür »Positives Management« und »Reziprozität«. Es geht dabei eher darum, welche Bedingungen erfüllt sein müssen, dass Mitarbeiter engagiert und aufmerksam für mögliche Verbesserungen sind und sogar selber Veränderungen anstoßen und sich dabei gegenseitig helfen. Alles Faktoren, die Höchstleistungen von und in Organisationen ermöglichen. Ein Bereich, in dem sich die Theorien und Ergebnisse wie in einem Brennpunkt überschneiden, ist die Rückkehr von Erfahrung als wichtigem Baustein. Erfahrung sowohl im Sinne von vergangenen Erlebnissen als auch im Sinne des aktuellen

Erlebens inklusive der dazugehörigen Emotionalität: Um komplexe Abläufe schnell zu erfassen und flexibel darauf zu reagieren, hilft einem Bücherwissen oder das Lesen von Arbeitsanweisungen und Regeln nicht viel. Eher schon die langjährige Expertise gepaart mit sogenannter »Mindfulness«, also einem aufmerksamem Beobachten. Das klingt immer ein wenig nach Organisationsentwürfen für Erzengel und hat den Hauch des Utopischen angesichts von Skandalen, Krisen, Mobbing, Mikropolitik und sonstigen Teufelskreisen. Aber es gibt eine Reihe von Untersuchungen, die zumindest zu dem Ergebnis kommen, dass der Mensch nicht von Natur aus widerborstig und eigennutzorientiert ist, sondern dass dies eher Ergebnis der Arbeitspraktiken und -strukturen ist. Das ist nun für viele Soziologen und Psychologen nicht wirklich neu, aber für den ein oder anderen Ökonomen schon. Und deshalb bildet sich gerade eine etwas breitere und interdisziplinäre Bewegung, die diese Themen verfolgt.

Welche drei frischen Bücher aus der wissenschaftlichen Literatur sollte ein Change-Professional unbedingt lesen? Und warum?

Ein eigentlich schon altes Buch, das aber immer noch »frische« Ideen beinhaltet ist Robert Cialdinis »Die Psychologie des Überzeugens«. Das ist der Klassiker für Ideenverkäufer und Mikropolitiker, also Change-Manager, aber auch für Konsumenten und Mitarbeiter, die sich nicht so einfach durch Psycho-Logik überrumpeln lassen wollen. Als Kontrast zu den doch manchmal recht holzschnittartigen Einordnungen und Empfehlungen Cialdinis bietet sich Günther Ortmanns (2011) »Kunst des Entscheidens – Ein Quantum Trost für Zweifler und Zauderer« an. Wie immer bei ihm, muss man die ein und andere gedankliche Drehung mitmachen, kann sich aber ansonsten auch köstlich am Schreibstil und dem Inhalt der 111 Kurzgeschichten erfreuen. Wo sonst erfährt man, wie die Verlosung eines toten Esels zum Geschäftsmodell werden kann, warum kalkuliertes Vertrauen in Organisationen oder anderswo nicht funktioniert und warum Illegalität manchmal brauchbar ist? Wer einen Überblick zum »Positiven Management« bekommen will, der kann den gleichnamigen Herausgeberband von Max Ringlstetter, Stephan Kaiser und Gordon Müller-Seitz nehmen (die zweite Auflage erschien 2011). Hier wird ein breites Spektrum angesprochen: von Eigeninitiative und positiven Emotionen über organisationale Energie – Heike Bruchs Steckenpferd – bis hin zu Reziprozität und Führungskulturen.

Wenn Dir eine gute Fee zur Seite stehen würde, die einen freien Wunsch zum Change-Management zugesteht – welcher wäre dies? Was würdest Du Dir für ein noch besseres Change-Management unbedingt wünschen?

Gelassenheit. Sowohl auf Seiten der Kunden, die manchmal Anforderungen haben, die wirklich nur Feen, aber nicht Change-Manager wegzaubern können, als auch auf Seiten der Praktiker: Von der Wissenschaft revolutionär neue Paradigmen zu erwarten macht auf Dauer unglücklich.

Zweite Annäherung: 23 Antworten auf die Feen-Frage

In diesen drei Befragungen sowie den weiter oben eingesprengselten Interviews wurde als abschließende und allen gemeinsame Frage der Wunsch an die Fee »für ein noch besseres Change-Management« ermittelt. Insgesamt ergibt dies knapp zwei Dutzend Sehnsüchte von profilierten Experten für eine weiter optimierte Gestaltung organisatorischen Wandels. Die wegen ihrer Vielschichtigkeit nur sehr schwer – als kurze inhaltsanalytisch generierte Headline – scharf zu stellen sind. Und die wegen der subjektiven Auswahl dieser Experten alles andere als repräsentative Zukunftswünsche darstellen. Bei stärker kognitiven beziehungsweise stärker systemisch geprägten Interviewpartnern wären bestimmt andere Träume an die Fee adressiert worden.

Dennoch lohnt es, sich den jeweiligen Kernaspekt aus der Fee-Frage anzusehen. Bis auf eine Ausnahme geht es nie um ein »anders« als bisher. Von der Fee erbeten wird stets ein »mehr« oder »stärker« oder »besser« als gegenwärtig. Die Ausrichtung bei der Weiterentwicklung von Change-Management scheint also zu stimmen:

- besserer Sinn der Veränderungen (fünf Nennungen),

- stärker organisationsentwickelnde HR-Bereiche (fünf Nennungen),

- stärkere Betonung der People-Dimension (vier Nennungen),

- besseres Leadership bei Veränderungen (drei Nennungen),

- mehr Partizipation bei Veränderungen (drei Nennungen).

Hinter vielen Wünschen steht übrigens ein genereller Wunsch: Mehr Zeit. Hinzu kommen noch drei Einzelwünsche: Bessere Change-Management-Berater, besseres Change-Management-Controlling sowie eine grundsätzlich stärkere Basta-Mentalität (kräftigere Leitplanken des Nicht-Diskutablen).

Dritte Annäherung: Studienergebnisse

Wenn man trotz der Feen-Frage noch immer nicht um die Zukunft weiß, bittet man am besten weitere Experten um ihre Prognosen (vgl. Böckelmann 2011: 272 – 276). Quo vadis Change-Management? Diese Frage wurde erstmals in der vierten Change-Management-Studie gestellt (Claßen/von Kyaw 2010: 12 – 13) und in der fünften Auflage wiederholt (Capgemini Consulting 2012: 53 – 57). Antworten zur offenen Fragestellung wurden inhaltsanalytisch in Clustern gebündelt. Nicht unerwartet sind die Zukunftsblicke so mannigfaltig wie die Ausgangspunkte, Erlebniswelten und Sichtweisen, aber auch Hoffnungen und Ernüchterungen der Befragten. Es gibt nicht die eine Zukunft, sondern viele Zukünfte.

Die meisten Prognosen bewegen sich im erwarteten Rahmen:

- wachsende Bedeutung,

- Selbstverständlichkeit im Alltag,

- weitere Professionalisierung,

- integraler Bestandteil der Führungsarbeit,

- stärkere Verknüpfung von Hard Facts mit Soft Facts,

- wenige konzeptionelle und methodische Innovationen.

Zudem gibt es diverse Einzelmeinungen: Change-Management wird sich weiter akzelerieren. Change-Management wird sich weiter emotionalisieren. Change-Management wird sich weiter demokratisieren. Change-Management wird sich – nur ein klein wenig mehr als heute – digitalisieren. Aber auch dies (als Minderheitsvotum): Change-Management wird an Bedeutung verlieren: weil die organisatorische Veränderungsfähigkeit steigt; weil es als Luxusthema in Krisenzeiten keine Budgets spendiert bekommt; weil sein Grundansatz falsch ist und wahre Organisationsentwicklung erforderlich wird. Also viele Wahrheiten und keine Neuigkeiten über Neuerungen im Change-Management.

Thesen für ein zukünftiges Change-Management

Meine erste Begegnung mit Change-Management fand irgendwann in der zweiten Hälfte der achtziger Jahre statt. In einem personalwirtschaftlichen Lehrbuch klassischer Manier (Oechsler 1985). Wobei mich als praxisferner Student die beiden Cartoons zum Thema faszinierten. Da gab es die Strategie *Bombenwurf* als massive Intervention des Managements. Mit Geheimniskrämerei am Beginn und anschließendem Bumm-Bumm-Bumm. Zudem war die Strategie *Schrotschuss* als dreiteiliger Comic skizziert: Beim ersten Bild wurde eine Vogelschar beschossen, die auf einer Stromleitung saß. Im zweiten Bild flogen alle Vögel erschreckt durcheinander. Im dritten Bild saßen dieselben Vögel wieder an einem Plätzchen auf der Stromleitung. Aus solchen simplen Darstellungen hat sich Change-Management längst weiterentwickelt.

Allerdings sind die eindeutigen Zeiten ebenfalls vorbei. Wenn es sie überhaupt jemals gegeben hat. Verlangt wird heute ein Ausgleich zahlreicher Widersprüche, Zielkonflikte, Sachzwänge zu einem wohlausgewogenen Ganzen (vgl. 4.1). Wohl wissend, dass ein solches Gleichgewicht – falls dies vom Einzelnen überhaupt als Balance empfunden wird – allenfalls eine Momentaufnahme ist. Wenn es wieder fragil wird, ist längst die nächste Veränderungswelle in die Organisation geschwappt. Durch Dämme kann der stete Wellenschlag aus den Ecosystemen einer Organisation allenfalls für kurze Zeit ausgegrenzt werden – bis zum nächsten Deichbruch durch Abnutzung, einer größeren Sturmflut durch Orkanbrausen oder anderen Kalamitäten. Die menschliche Sehnsucht nach Ruhe im Augenblick statt immerwährender Bewegung muss künftig vermutlich noch mehr leiden. Beruhigung, Ausstiegslust und Entschleunigung führen meist nur kurzzeitig zur wirksamen Lösung von Knoten.

Womöglich ist aktive Organisationsentwicklung im gegenwärtigen Gesellschafts-, Wirtschafts- und Mediensystem längst an ihre Grenzen gestoßen. Diskontinuität bis hin zur Ruhelosigkeit, Komplexität bis hin zur Unübersichtlichkeit, Akzeleration bis hin zur Verwirbelung bestimmen die Entscheidungsräume. Das Denken in langen Linien, Zukunftssicherung der Organisation und Nachhaltigkeit im Ecosystem sind bislang nicht mehr als Absichtsbekundungen. Laut ökonomischer Theorie sind die Welt der Unternehmen, ihr Weg zum *Profitable Growth*, die Befriedigung von Eigentümerinteressen eigentlich recht einfach. Wenn nicht weitere Stakeholder immer mehr vom Unternehmen verlangen würden. Klar, die Kunden wollen bedient werden. Was in vielen Produktmärkten immer schwieriger wird. Klar, die People wollen wertgeschätzt werden. Was in vielen Arbeitsmärkten immer schwieriger wird. Klar, die Staaten wollen alimentiert werden. Was in vielen Politikmärkten immer schwieriger wird. Klar, die Medien wollen eingeweiht werden. Was in vielen Meinungsmärkten immer schwieriger wird. Klar, die Betriebsräte wollen eingebunden werden. Was in vielen Stimmungsmärkten immer schwieriger wird.

Zu diesen und weiteren traditionellen Stakeholdern kommen mehr und mehr übermütige Anspruchsgruppen hinzu, wie etwa flippige Nichtregierungsorganisationen. Von denen das Unternehmen gar nichts hat, außer vielleicht das Verschontwerden, Inruhegelassenwerden, Nichtandenprangergestelltwerden. Und die doch so viel von ihm als *Gegenleistung* haben möchten. Inzwischen sind zur ökonomischen Kernaufgabe – möglichst viele Produkte möglichst teuer zu verkaufen, morgen noch mehr als heute – neue Herausforderungen hinzugekommen. Change-Management ist nur eine davon. Leadership-Management und Talent-Management gehören dazu, natürlich Corporate Social Responsibility, Corporate Citizenship, Compliance und viele andere mehr. Solche Umwege und Ablenkungen von der ökonomischen Kernaufgabe können ein Unternehmen samt seinem Management leicht überfordern. Entweder vergessen die Verantwortlichen bei der Organisationsentwicklung ihre Produktmärkte. Oder sie übersehen essenzielle Probleme im Ecosystem.

Wie aber geht es weiter für Change-Management? Welche Entwicklungslinien werden in den kommenden Jahren – aus heutiger Sicht bereits erkennbar – das Thema tragen? Worin wird sich eine Drittauflage im Jahre 20XX von diesem Buch unterscheiden? Hoffentlich ohne übermäßige Benutzung der Phrasendreschmaschine werden zum Abschluss 16 Thesen in den Meinungsmarkt geworfen. Es sind doch einige mehr geworden als zunächst gedacht. Unter der Devise Priorisierung hätten sie durchaus ausgedünnt werden können. Nun habe ich sie alle stehen lassen:

These 1 – Permanente Herausforderung: Change-Management als prozessuale Gestaltung großformatiger Veränderung wird nicht an Bedeutung verlieren. Im Gegenteil, es wird noch weitaus relevanter werden. Am deutlichsten formuliert dies der Titel einer Studie: »Change-Management Graduates to the Boardroom: From Afterthought to Prerequisite« (Booz & Co. 2008). In seiner Karriere auf Change-Management zu setzen, als Herangehensweise oder sogar als fokussierte Profession, ist mit einem minimalen Substitutionsrisiko durch *Konkurrenzprodukte* verbunden. Gute und sehr gute Professionals brauchen sich im mittlerweile etablierten Berufsfeld Change-Management keinerlei Sorge um ihre Beschäftigung machen. Denn Veränderung von Organisationen bleibt »the new normal«. Und gerade deshalb enorm anspruchsvoll. Weil es für Change-Management-Experten darum geht, ihr in dieser neuen Normalität gewöhnlich gewordenes Vorsprungwissen mit besserer Wertschöpfung und besserer Wertschätzung aufzuladen.

These 2 – Hennedeppelige Innovationen: Change-Management wird sich allenfalls evolutionär entwickeln und dies nur in »Hennedeppele« (badischer Ausdruck für sehr kurze Schritte). Quellen der Innovation sind weitgehend versiegt. Natürlich preisen Dienstleister im Business-Transformation-Kaufhaus weiterhin vermeintlich neue Produkte und Lösungen an. Ihre Push-, Marketing- und Publikationsanstrengungen werden mit Sicherheit weiter zunehmen. Wirklich Neuartiges, Umwälzendes oder Bahnbrechendes wird äußerst selten dabei sein. Das muss nicht wundern. Während sich alleine im Genfer CERN derzeit über 13.000 Wissenschaftler mit Grundlagen der Physik beschäftigen, bleibt der Fortschritt von Organisationsentwicklung weitgehend das Ding von Einzelkämpfern.

These 3 – Kuddelmuddelige Weltsicht: Change-Management wird auch künftig einen Pluralismus von Zugängen, Haltungen, Theorien, Konzepten, Modellen, Ansätzen, Methoden, Instrumenten und Lösungen bieten. Diversity statt Uniformität! Natürlich wird in diesem heterogenen Kosmos mancher Fixstern gelegentlich hell aufleuchten. Lewin (1951) war so einer. Kotter (1995) war so einer. Scharmer (2007) möchte derzeit so gerne einer sein. Manch andere ebenfalls. Viele Sternschnuppen werden aber als kurze Erscheinung am Firmament verglühen. Besonders extreme Weltsichten wie etwa das *Social Engineering* verlieren an Strahlkraft gegenüber den in diesem Buch propagierten Mittelwegen. Sogar der systemische Ansatz mit seiner Überreizung in Mitteleuropa (systemische System-Systemik) hat seine Deutungshoheit längst wieder abgegeben. Andernorts hat er diese Stellung ohnehin niemals besessen (Abb. 99).

434

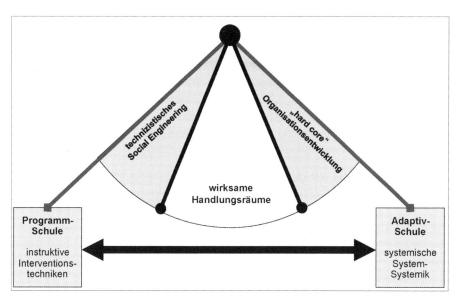

Abb. 99: Mittelwege der Change-Management-Philosophie

These 4 – Integrierende Ansätze: Change-Management wird mehr und mehr »embedded« sein. Es ist viel gestritten worden in den letzten Jahren. Ob und wie sich die Gestaltung von Wandel – sei es als wahre Organisationsentwicklung oder als Ware Change-Management (vgl. 2.8) – gegenüber der Strategie- und Inhaltsdimension einer Business-Transformation öffnen soll. Dieser Streit hat nichts eingebracht, außer Missdeutungen, Verwundungen, Beleidigungen. Die prozessuale Dimension einer Veränderung kann sich *nicht nicht* um deren Grund scheren. Erst Strategie, Inhalt und Prozess zusammen ergeben Sinn. Einen Sinn, den Menschen zur Veränderung brauchen.

These 5 – Unprätentiöses Handwerk: Change-Management bleibt nach dem von Anbietern kultivierten und von Nachfragern goutierten Brimborium das, was unter dem Label Change-Management konkret veranstaltet und effektiv bewirkt wird. Dies ist keine Magie, Zauberei, Wunderheilung. Bei fehlender Innovation geht es schlicht und einfach darum, das bereits Bekannte gut und jeden Tag ein Stückchen besser zu machen. Solide Ausführung ist weiterhin stark nachgefragt. Schnickschnack wird ziemlich schnell als *Chichi* entlarvt.

These 6 – Revitalisierte Diagnosephase: Change-Management wird beim Start von Veränderungen wieder stärker nachdenken, mitdenken und vordenken (müssen). Selbst wenn Möglichkeiten der Planung als immer schwieriger eingeschätzt werden, von Strategie- und Implementierungstheoretikern. In diesen volatilen Zeiten sind deren Argumente natürlich nicht von der Hand zu weisen. Allerdings besitzt auch das kopflose, übereilte, hastige Loslaufen im Sinne von Tom Peters (»Don't plan, just do«) eine Kehrseite. Daher steht künftig wieder eine kompakte und prägnante Diagnosephase am Beginn großformatiger Transformationen.

These 7 – Moderate Digitalisierung: Change-Management wird allenfalls in Teilbereichen den Bits und Bytes Zugänge öffnen. Anders als in vielen anderen Lebenssphären wird *High Touch* nicht durch *High Tech* abgelöst. Allenfalls in abgegrenzten Teilbereichen der Kommunikation und Qualifizierung entfaltet *Digital Change* seine Stärken bei Kosten und Schnelligkeit von Instrumenten.

These 8 – Kraftvolle HR-Organisation: Change-Management wird noch mehr als heute vom eingespielten, einträchtigen, einsichtigen HR-Team abhängig sein. Der Zusammenhang und Zusammenklang von Change-Managern, Business-Partnern sowie Kompetenzcentern kann nicht durch strukturelle oder personelle Friktionen belastet werden. Ein *Collective Mindset* von People-Experten einschließlich ihres »One HR«-Verhaltens gehören bereits heute zu den wesentlichen Erfolgsfaktoren von Veränderungsprozessen (vgl. 7.4).

These 9 – Rationale Renaissance: Change-Management wird sich – wieder einmal – der Vernunft besinnen. Verstand, Klugheit und Umsicht ermöglichen selbst in komplexen Konstellationen sinnvolle Lösungen (vgl. 4.2). Noch mehr an Geisteskraft können Menschen nicht einsetzen. In vielen Situationen wird selbst dies deutlich zu wenig sein. Transformationen schliddern dann ins Durcheinander. Die letzte rationale Zuckung muss dann lauten: Stopp der Veränderung!

These 10 – Beherrschte Emotionen: Change-Management wird es noch stärker mit der affektiven Revolution zu tun bekommen (vgl. 6.4). Die Emanzipation des Subjektiven – weit entfernt vom *objektiv* Vernünftigen – wird in Organisationen zum emotionalen Chaos führen. Das unbeherrscht wirkt und unbeherrschbar scheint. Gefühle und Stimmungen werden zum Brandbeschleuniger bei Veränderungsprozessen. Was im Business-Management den Notruf nach Change-Management erschallen lässt. Beim Löschen emotionaler Feuer sind aber derzeit die Künste selbst professioneller Change-Management-Gurus noch dilettantisch. Dieser Rückstand hinter den sich weiter *de-rationalisierenden Subjekten* kann nicht noch größer werden. Derzeit wird er es.

These 11 – Aufgewertete Emotionen: Change-Management wird seine Akzente – parallel zu beherrschten Emotionen – deutlich stärker auf gefühlsbetonte und empfindsame Weise setzen. Wenn die Ratio ins Leere läuft. Weil die Ratio nicht alles ist. Engagement und Mobilisierung sind oftmals nur noch mit emotional aufgeladenen und sensibel eingesetzten Impulsen möglich, trotz derer mittlerweile recht kurzen Halbwertszeiten. Manchmal sind dies ganz einfache und kostenlose Dinge, wie etwa eine glaubhafte Mimik im entscheidenden Augenblick. Manchmal sind dies sehr umfassende und aufwendige Dinge, wie etwa ein monatelanger Mediationsprozess zur Beruhigung von Gemütern. Das Sentiment der Organisation und ihrer Individuen ist längst ein harter *Change-Fact*.

These 12 – Überbordende Partizipation: Change-Management muss sich gleichfalls dem gesellschaftlich kultivierten Mitwirkungsdrang stellen (vgl. 3.4). Da ist zum einen der Reflex moderner Menschen zum Widerstand bei wahrgenommener Benachteiligung. Da ist zum Zweiten eine in Mitteleuropa inzwischen fest verankerte Mitwirkungsmöglichkeit als Bürger. Die vom weiterhin ziemlich autoritären ökonomischen System gegenüber seinen Stakeholdern längst nicht mehr negiert werden kann. Da ist zum dritten in vielen Organisationen eine Belastung der Beziehungsebene durch langjährig gepflegte systemische und persönliche Friktionen. Gestaltung von Wandel braucht deshalb Macht und gleichzeitig Einbindung von möglichst vielen zu möglichst vielem. Wobei sich Change-Management derzeit noch oftmals wehrt, gegen die Macht oder gegen die Einbindung.

These 13 – Zunehmende People-Engpässe: Change-Management wird sich in den kommenden Jahren noch stärker beiden Kernherausforderungen im modernen People-Management stellen müssen. Engagierte und kompetente Mitarbeiter werden knapper und anders: Vor und bei Veränderungen ist Talent-Management angesagt (vgl. 5.3). Führungskräfte sind bereits heute in vielerlei Hinsicht erfolgskritisch: Vor und bei Veränderungen ist Leadership-Management gefragt (vgl. 4.4).

These 14 – Berstende Leadership-Bubble: Change-Management wird es mehr und mehr mit überforderten Führungskräften oder sogar *toxischen Managern* zu tun bekommen (vgl. 4.1). Das führt in manchen Unternehmen bereits jetzt und in weiteren Organisationen über kurz oder lang zu garstigen Situationen. Dort wird jeder – wenn es ihm irgendwie möglich ist – die Flucht ergreifen. Andererseits muss Change-Management in vielfältiger Weise auf direkte Vorgesetzte bauen. Was dann nicht mehr möglich sein wird. Solche paralysierten Organisationen bleiben unterhalb des Kopfes gelähmt.

These 15 – Normative Prüfsteine: Change-Management wird weiterhin die Haltungsfrage einbringen, jedoch mit Business-Sense und nicht als bloßer Tugendwächter. Wer, wenn nicht Change-Management kann zur vom Business-Management vorgebrachten Wertschöpfung die Wertschätzung für Menschen, weitere Anforderungen aus der People-Dimension sowie Ansprüche erfolgskritischer Stakeholder als gleichrangige Perspektive vorbringen? Keine Frage: Nicht nur im Eiskunstlauf ist die B-Note von großer Bedeutung.

These 16 – Ambitionierte Changeability: Change-Management wird künftig vermehrt an seinen eigenen Voraussetzungen arbeiten, quasi auf Vorrat in den kurzen Alltagsphasen. Da Veränderungen nicht einfacher werden, möchten Organisationen ihre grundsätzliche *Changeability* – als organisatorische Veränderungsfähigkeit – und die *Change-Readiness* ihrer Akteure – als individuelle Veränderungsfähigkeit – erhöhen (vgl. 3.2). Gleichzeitig wird größerer Realismus zur Machbarkeit von Business-Transformation sowie hinsichtlich Innovationsspielräumen einkehren. Manche unmöglichen Veränderungsvorhaben werden mit guten Gründen abgeblasen, aufgeschoben, abgemildert. In der ungeschminkten Wirklichkeit verliert die vielerorts noch wie eine Monstranz verherrlichte *Can-change-Attitüde* viel von ihrem Glanz. Das nüchterne »Jetzt nicht!« ist heute zur validen Handlungsoption geworden.

Immerhin, der Schlusssatz aus der ersten Auflage hat die Neubearbeitung überlebt: Es bleibt jedem Change-Management-Verantwortlichen anheimgestellt, sich für die in diesem Buch skizzierte Herangehensweise an Veränderungsprozesse oder eine völlig andere zu entscheiden. Allzu leicht werden freilich wichtige Zusammenhänge ausgeblendet und schwierige Sachverhalte vernachlässigt. Dann aber bleibt *Change-Management light* lediglich Stückwerk. Und die nächste Veränderung, die ohnehin eher über kurz als über lang ansteht, wird umso rascher und wohl auch heftiger erforderlich werden. Aber dies ist dann eben so.

Literatur

Aiken, C. B. und Keller, S. P.: »The CEO's role in leading transformation«, McKinsey Quarterly, 02/2007, S. 19–25

Ameln F. von und Kramer, J.: »Organisationen in Bewegung bringen«, Heidelberg, 2007

Ameln, F. von und Zech, R.: »Musterwechsel in Organisationen: Latente Organisationsregeln als Schlüsselfaktoren gelingenden Change Managements«. In: Organisationsentwicklung 04/2011, S. 49–55

Anderson, D. L.: »Organization Development: The process of leading organizational Change«, Los Angeles, 2012 (2. Auflage)

Antonovsky, A.: »Health, Stress, and Coping: New perspectives on mental and physical well-being«, San Francisco, 1979

AonHewitt: »Talent Survey: Igniting a High-Performance Culture«, Chicago, 2011

AonHewitt: »Global Engagement Database III/2011«, Chicago, 2011

Argyris, C.: »Increasing Leadership Effectiveness«, Hobokon, 1976

Argyris, C.: »Knowledge for Action: A Guide to Overcoming Barriers to Organizational Change«, San Francisco, 1993

Ariston Group: »Redefining Employee Satisfaction«, München, 2007

Bach, N., Brehm, C., Buchholz, W. und Petry, T.: »Wertschöpfungsorientierte Organisation: Architekturen – Prozesse – Strukturen«, Wiesbaden, 2012

Baecker, D.: »Postheroisches Management: Ein Vademecum«, Berlin, 1994

Baisch, C., Knoepfel, P. und Eberle, A.: »Prinzipien und Instrumente organisationalen Lernens«. In: Organisationsentwicklung 03/1996, S. 4–21

Bass, B. M.: »Leadership and Performance Beyond Expectations«, New York, 1985

Baumann, Z.: »Moderne und Ambivalenz: Das Ende der Eindeutigkeit«, Frankfurt/M., 1995

BCG: »The Most Adaptive Companies 2012: Winning in an Age of Turbulance«, Boston, 2012

BCG und EAPM: »Creating People Advantage: Time to act – HR certainties in uncertain times«, Boston, 2011

BCG und WFPMA: »Creating a New Deal for Middle Managers: Empowering a neglected but critical group«, Boston, 2010

BCG und WFPMA: »Creating People Advantage: Mastering HR Challenges in a Two-Speed World«, Boston, 2012

Beck, C.: »Personalmarketing 2.0: Vom Employer Branding zum Recruiting«, Köln, 2008

Beck, C., Schubert, A. und Sparr, J. L.: »HR-Image 2009: Die Personalabteilung im Spiegelbild ihrer Zielgruppen«, Koblenz, 2009

Beck, C., Bastians, F. und Jessl, R.: »HR-Image 2011: Die Personalabteilung im Fremd- und Eigenbild«, Freiburg, 2011

Beck, U.: »Risikogesellschaft: Auf dem Weg in die Moderne«, Frankfurt/M., 1986

Becker, G. S.: »The Economic Approach to Human Behaviour«, Chicago, 1976

Becker, M.: »Messung und Bewertung von Humanressourcen: Konzepte und Instrumente in der betrieblichen Praxis«, Stuttgart, 2008

Becker, M. und Labucay, I.: »Nach Maß geschneidert oder von der Stange gekauft?«. In: Betriebswirtschaftliche Forschungsbeiträge (Forschungsbericht), Halle, 2008

Becker-Kolle, C., Fischer, T. und Kraus, G.: »Handbuch Change Management«, Berlin, 2006 (2. Auflage)

Beer, M. und Nohria, N.: »Cracking the code of change«. In: Harvard Business Review 05/2000, S. 133–141

Bennebroek-Gravenhorst, K. M., Werkman, R. und Boonstra, J.: »The Change Capacity of Organisations: General Assessment and Five Configurations«. In: Applied Psychology An International Review, 2003, 52/1, S. 83–105

Bennis, W.: »On Becoming a Leader: The Leadership Classic – Updated and Expanded«, New York, 2003

Berger, J.: »Compensation, Performance and Selection: Empirical Studies on the Effectiveness of Incentive Schemes in Firms«, Dissertation, Köln, 2011

Bersin & Associates: »The High-Impact HR Organization«, Oakland, 2011

Bertelsmann-Stiftung: »Messen, werten, optimieren: Erfolg durch Unternehmenskultur. Ein Leitfaden für die Praxis«, Gütersloh, 2006

Bertelsmann-Stiftung: »Managing Corporate Culture at Henkel: Applying the Denison Organizational Culture Survey«, Gütersloh, 2007

Bichsel, P.: »Kindergeschichten«, Darmstadt, 1974

Blanchard, K.: »Who killed change: Solving the mystery of leading people through change«, London, 2008

Blickle, G.: »Einflusskompetenz in Organisationen«. In: Psychologische Rundschau, 55/2004, S. 82–93

Blickle, G. und Solga, M.: »Macht und Einfluss«. In: Schuler, H. und Sonntag, K.H. (Hrsg.), »Handbuch der Psychologie – Arbeits- und Organisationspsychologie«, Göttingen, 2007, S. 373–378

Böckelmann, F.: »Risiko, also bin ich: Von Lust und Last des selbstbestimmten Lebens«, Berlin, 2011

Boos, F. und Heitger, B.: »Veränderung – systemisch. Management des Wandels. Praxis, Konzepte und Zukunft«, Stuttgart, 2004

Booz & Co.: »Change Management Graduates to the Boardroom: From Afterthought to Prerequisite«, Chicago, Studie, 2008

Boudreau, J. W. und Ziskin, I.: »The future of HR and effective organizations«. In: Organizational Dynamics 04/2011, S. 255–266

Boudreau, J. W. und Jesuthasan, R.: »Transformative HR: How Great Companies use Evidence-Based Change for Sustainable Advantage«, San Francisco, 2011

Bower, J. L: »The CEO Within: Why Inside Outsiders Are the Key to Succession Planning«, Boston, 2007

Boury, D., Hennessy, J., Sinclair, A. und Gifford, J.: »The Management Agenda 2011«, Horsham (UK), 2011

Boury, D. und Sinclair, A.: »The Management Agenda 2012«, Horsham (UK), 2012

Breitfelder, M. D. und Dowling, D. W.: »Warum in aller Welt Personalwesen?«. In: Harvard Business Manager 08/2008, S. 90–98

Bridges, W.: »Der Charakter von Organisationen: Organisationsentwicklung aus typologischer Sicht«, Göttingen, 1998

Brodbeck, F. C.: »Evidenzbasiertes (Veränderungs-)Management: Einführung und Überblick«. In: Organisationsentwicklung 01/2008, S. 4–9

Brodbeck, F. C.: »Man muss Betroffene zu Beteiligten machen«. In: Personalführung 04/2012, S. 44–49

Brown, S.L. und Eisenhardt, K. L.: »The art of continuous change: Linking complexity theory and time-paced evolution in relentlessly shifting organizations«. In: Administrative Science Quarterly, 1997, 42/1, S. 1–34

Bruch, H. und Ghoshal, S.: »Unleashing Organizational Energy«. In: MIT Sloan Management Review, 2003, 45/1, S. 45–51

Bruch, H. und Menges, J. I.: »The Acceleration Trap«. In: HarvardBusinessReview 04/2010, S. 80–86

Bruch, H. und Vogel, B.: »Organisationale Energie: Wie Sie das Potenzial Ihres Unternehmens ausschöpfen«, Wiesbaden, 2005

Bunker, K., Hall, D. T. und Kram, K. E.: »Extraordinary Leadership: Addressing the Gaps«. In: Senior Executive Development, Hoboken (NJ), 2010

Burghardt, M.: »Projektmanagement«, Erlangen, 2007 (7. Auflage)

Cameron, K. und Quinn, R.: »Diagnosing and Changing Organizational Culture«, Reading, 1999

Campbell, W. K., Hoffman, B. J., Campbell, S.M. und Marchisio, G.: »Narcissm in organizational contexts«. In: HR Management Review 04/2011, S. 268–284

Cantrell, S. M. und Smith, D.: »Workforce of One: Revolutionizing Talent Management Through Customization«, Boston, 2010

Capgemini Consulting: »Business Transformation Framework«, Berlin, 2007

Capgemini Consulting: »HR at the Executive Table: Linking People Strategy to Business Outcomes«, Paris, 2011

Capgemini Consulting: »Digitale Revolution: Ist Change Management mutig genug für die Zukunft?«, Berlin, 2012 (Studie)

Carvalho, L.: »Proudfoot-Produktivitätsstudie 2006«, Frankfurt/M., 2006

Christensen, C. M. und Raynor, M. E.: »The Innovator's Solution: Creating and Sustaining Successful Growth«, New York, 2003

Christensen, C. M., Marx, M. und Stevenson, H. H.: »The Tools of Cooperation and Change«. In: HarvardBusinessReview 10/2006

Claßen, M.: »Die Weichen rechtzeitig stellen«. In: Harvard Business Manager 02/2005, S. 71–78

Claßen, M.: »Vom Nutzen des Nützlichen«. In: Personalwirtschaft 06/2009, S. 50–52

Claßen, M., Alex, A. und Arnold, S.: »Change Management 2003«, Berlin, 2003 (Capgemini Consulting Studie)

Claßen, M., Arnold, S. und Papritz, N.: »Change Management 2005«, Berlin, 2005 (Capgemini Consulting Studie)

Claßen, M. und Gärtner, C.: »Schmerzen in der Matrix? Alternativrezepte zur Organisation der Personalarbeit«. In: Organisationsentwicklung 03/2012, S. 87–93

Claßen, M. und Kern, D.: »Was das HR Management aus Zukunfts- und Trendstudien lernen kann«. In: Personalführung 12/2007, S. 28–34

Claßen, M. und Kern, D.: »HR Barometer 2009«, Berlin, 2009 (Capgemini Consulting Studie)

Claßen, M. und Kern, D.: »HR Business Partner: Die Spielmacher des Personalmanagements, Köln, 2010

Claßen, M. und Kern, D.: »Da braut sich etwas zusammen«. In: Personalmagazin 12/2011, S. 32–34

Claßen, M. und Kyaw, F. von: »Change Management 2008«, Berlin, 2008 (Capgemini Consulting Studie)

Claßen, M. und Kyaw, F. von: »Change Management 2010«, Berlin, 2010 (Capgemini Consulting Studie)

Claßen, M. und Kyaw, F. von: »Warum der Wandel meist misslingt«. In: Harvard Business Manager 11/2009, S. 10–15

Claßen, M. und Sattelberger, T.: »Vor dem Platzen der 'Leadership Bubble': Verantwortung für eine gesunde Organisation«. In: Organisationsentwicklung 03/2011, S. 58–65

Claßen, M. und Sauer, J.: »In der Einfachheit liegt die Kraft: Simplify HR«. In: Personalmagazin 10/2011, S. 52–54

Claßen, M. und Timm, E.: »Talent Management – die Kunst liegt in der Umsetzung«. In: Ritz, A. und Thom, N. (Hrsg.), »Talent Management«, Wiesbaden, 2010, S. 97–110

Collins, J.: »Good to Great: Why Some Companies Make the Leap and Others Don't«, New York, 2001

Collins, J. und Hansen, M. T.: »Great by Choice: Uncertainty, Chaos, and Luck. Why Some Thrive Despite Them All«, New York, 2011

Comelli, G.: »Organisationsentwicklung«. In: Rosenstiel, L. u.a. »Führung von Mitarbeitern«, Stuttgart, 1993 (2. Auflage), S. 531–552

Conaty, B. und Charan, R.: »The Talent Masters: Why Smart Leaders Put People Before Numbers«, New York, 2010

Cooke, R. A. und Lafferty, J. C.: »Organizational Culture Inquiry«, Plymouth, 1983

Corporate Leadership Council (CLC): »Employment Value Proposition Survey 2010«, Washington/London, 2010

ComTeam: »Führung im Mittelmanagement«, Gmund am Tegernsee, 2011

Covey, S. R.: »First things first«, New York, 1994

Cross, R. L., Parise S. und Weiss L.M.: »The role of networks in organizational change«, 2007, McKinsey Quarterly, web-exclusive 02/2007

Csikszentmihalyi, M.: »Flow im Beruf. Das Geheimnis des Glücks am Arbeitsplatz«, Stuttgart, 2004 (2. Auflage)

Davis, P. und Rogers B.: »Managing the 'C' Performer: An Alternative to Forced Ranking« www.ddiworld.com/pdf/ddi_forcedrankingalternatives_wp.pdf

DDI: »Put Your Money in the Middle: A meta-study and talent management guide for mid-level leaders«, Pittsburgh, 2010

DDI: »Global Leadership Forecast: Time for a Leadership Revolution«, Pittsburgh, 2011

DDI: »Lessons for Leaders from the People who matter«, Pittsburgh, 2012

DDN (Demographie Netzwerk): »Strategische Personalplanung: Die Zukunft heute gestalten«, Bremerhaven, 2011

Deal, J. J.: »Five Millennial Myths«. In: Strategy+Business Magazine von Booz & Company, 66/2012, o.S.

Deal, T. E. und Kennedy, A. A.: »Corporate Cultures: The Rites and Rituals of Corporate Life«, Reading, 1982

Dehner, R. und Dehner, U.: »Steh dir nicht im Weg!: Mentale Blockaden überwinden«, Frankfurt/M., 2006

Dehner, R. und Dehner, U.: »Schluss mit diesen Spielchen! Manipulationen im Alltag erkennen und wirksam dagegen vorgehen«, Frankfurt/M., 2007 (3. Auflage)

Deloitte: »When CFOs debate: Is there more than one right answer?«, o.O., 2008

Deloitte: »Talent Edge 2020: Blueprints for the new normal«, o.O., 2010

Deloitte: »Human Capital Trends«, o.O., 2011

Deloitte: »The Millenial Survey 2011«, o.O., 2012

Denison, D. R.: »Corporate Culture and Organizational Effectiveness«, New York, 1990

Denison, D. R., Hooijberg, R. und Lane, N.: »Leading Culture Change in Global Organizations: Aligning Culture and Strategy«, San Francisco, 2012

DGFP: »Personalcontrolling für die Praxis: Konzepte, Kennzahlen, Unternehmensbeispiele«, Düsseldorf, 2009

DGFP: »Langzeitstudie Professionelles Personalmanagement«, Düsseldorf, 2011

DGFP: »Langzeitstudie Professionelles Personalmanagement«, Düsseldorf, 2012

Die Welt und Peakom: »Unternehmen entwickeln, Kompetenz sichern«, Frankfurt/M., 2011 (Studie)

Ditges, F., Höbel, P. und Hofmann, T.: »Krisenkommunikation", Konstanz, 2008

Dobelli, R.: »Die Kunst des klaren Denkens: 52 Denkfehler die Sie besser anderen überlassen«, München, 2011

Dobelli, R.: »Die Kunst des klugen Handelns: 52 Irrwege die Sie besser anderen überlassen«, München, 2012

Donnenberg, O.: »Action Learning: Ein Handbuch«, Stuttgart, 1999

Doppler, K. und Lauterburg, C.: »Change Management: Den Unternehmenswandel gestalten«, Frankfurt/M., 2002 (10. Auflage)

Doppler, K. und Voigt, B.: »Feel the change! Wie erfolgreiche Change Manager Emotionen steuern«, Frankfurt/M., 2012

Dörr, S., Nazlic, T., Knot, M. und Winkler, B.: »Evaluierung von Veränderungsprojekten: Change Monitoring bei der Swiss Re Germany«. In: Personalführung 07/2011, S. 30–36

Downs, A.: »Ökonomische Theorie der Politik«, Tübingen, 1968

Drucker, P. F.: »Was ist Management?«, Berlin, 2002

Ebeling, I., Vogelauer, W. und Kemm, R.: »Die systemisch-dynamische Organisation im Wandel: Vom fließenden Umgang mit Hierarchie und Netzwerk im Veränderungsprozess«, Bern, 2012

Eberhardt, D.: »Like it – lead it – change it: Führung im Veränderungsprozess«, Berlin, 2012

Eberl, M.: »Ausgetretene Pfade verlassen«. In: Zeitschrift Führung + Organisation 03/2010, S. 156–163

Economist Intelligence Unit: »Global Talent Index Report«, o. O., 2011

Effron, M. und Ort, M.: »One Page Talent Management: Eliminating Complexity, Adding Value«, New York, 2010

Ely, R. J. und Thomas, D. A.: »Cultural diversity at work: The effects of diversity perspectives on work group process and outcomes«. In: Administrative Science Quarterly 02/2001, S. 229–273

Enaux, C. und Henrich, F.: »Strategisches Talent-Management: Talente systematisch finden, entwickeln und binden«, Freiburg, 2010

Engst, J.: »Duden Praxis kompakt: Protokolle, Berichte und Memos verfassen«, Mannheim, 2011

Epikur und Rapp, C.: »Ausgewählte Schriften«, Stuttgart, 2010

Erhard, G. und Granados, A.: »Transformation Agility Index für Erfolgsprognosen groß angelegter Transformationsprojekte«. In: Information Management und Consulting 2010, 25/2, S. 73–76

Fahr, H. J. und Geyer, A.: »Zeit ist keine absolute Größe«. In: Universitas 09/1996, S. 915–926

Falter, J. W.: »Der 'Positivismusstreit' in der amerikanischen Politikwissenschaft: Entstehung, Ablauf und Resultate der sogenannten Behavioralismus-Kontroverse in den Vereinigten Staaten 1945–1975«, Opladen, 1982

Fatzer, G.: »Gute Beratung von Organisationen: Auf dem Weg zu einer Beratungswissenschaft«, Bergisch-Gladbach, 2005

Fatzer, G.: »Inspiration und Organisation«, Bergisch-Gladbach, 2011

Fatzer, G.: »Von der Gestaltpädagogik zur Systemischen Gestalt-Organisationsentwicklung: Eine Forschungs- und Entwicklungsreise von 1980–2010«. In: Profile 22/2011, S. 51–61

Felder, R.: »Human Resources im M&A-Prozess: Spielregeln und Strategien für Personaler«, Frankfurt/M., 2003

Fey, G.: »Überzeugen ohne Sachargumente«, Regensburg, 2012

Fiedler, F. E.: »Theory of Leadership Effectiveness«, Columbus, 1967

Finkelstein, S. und Hambrick, D.: »Strategic Leadership: Top Executives and Their Efforts on Organizations«, St. Paul, 1996

Foster, R. und Kaplan, S.: »Creative Destruction: Why companies that are built to last underperform the market and how to sucessfully transform them«, New York, 2001

Freeman, R. E.: »Strategic Management. A Stakeholder Approach«, Boston, 1984

Freimuth, J., Hauck, O. und Trebesch, K.: »They (n)ever come back: Orientierungsweisen und -waisen im mittleren Management«. In: Organisationsentwicklung 01/2003

Fritzenschaft, T.: »Kritische Erfolgsfaktoren in Veränderungsprojekten: Eine empirische Untersuchung unter erfolgreichen, mittelständischen Unternehmen aus Deutschland«, Master-Thesis an der Hochschue Heilbronn, 2012

Fukuyama, F.: »The End of History and the Last Man«, New York, 1992

Gallup: »Engagement Index Deutschland 2011«, Berlin, 2012

Gandolfi, F.: »Learning from the Past: Downsizing Lessons for Managers«. In: Journal of Management Research 01/2008, S. 3–17

Gardini, M., Giuliani, G. und Marricchi, M.: »Finding the right place to start change«. In: McKinsey Quarterly 11/2011, S. 14–20

Gardner, H.: »Dem Denken auf der Spur: Der Weg der Kognitionswissenschaft«, Stuttgart, 1989

Gardner, H.: »Abschied vom IQ: Die Rahmen-Theorei der vielfachen Intelligenzen«, Stuttgart, 1994

Gardner, H., Csikszentmihalyi, M. und Damon, W.: »Good Work: When Excellence and Ethics Meet«, New York, 2001

Gärtner, C. und Lederle, S.: »Innovation am lunatic fringe: Ist der Rand die Heimat der Innovation?«. In: Bergknapp, A., Gärtner, C. und Lederle, S. (Hrsg.), »Sozioökonomische Organisationsforschung«, München, 2007, S. 106–142

Geissler, K. A.: »Schlußsituationen: Die Suche nach dem guten Ende«, Weinheim, 2005

Gerlmaier, A. und Latniak, E.: »Burnout in der IT-Branche: Ursachen und betriebliche Prävention«, Kröning, 2011

GfK und FTD: »Leben & Arbeiten in Deutschland«, Nürnberg, 2012

Gilley, J. W., Shelton, P. M. und Gilley, A.: »Developmental leadership: A new perspective for human resource development«. In: Advances in Developing Human Resources, 03/2011, S. 386–399

Glasl, F.: »Konfliktmanagement: Ein Handbuch für Führungskräfte, Beraterinnen und Berater«, Stuttgart, 2011 (10. Auflage)

Glick, M. B.: »The Role of Chief Executive Officer«. In: Advances in Developing Human Resources 02/2011, S. 171–184

Gmür, M. und Schwerdt, B.: »Der Beitrag des Personalmanagements zum Unternehmenserfolg: Eine Metaanalyse nach 20 Jahren Erfolgsfaktorenforschung«. In: Zeitschrift für Personalforschung 03/2005, S. 221–251

Goffey, R. und Jones, G.: »The Character of a Corporation«, New York, 1998

Goleman, D.: »EQ 2. Der Erfolgsquotient«, München, 2002

Gomez, P. und Probst, G. J. B., »Die Praxis des ganzheitlichen Problemlösens«, Bern, 1999 (3. Auflage)

Gorgs, C.: »Die Ära der Alleskönner«. In: FTD vom 09.11.2012, S. 25–26

Gouillart, F. J. und Kelly, J. N.: »Transforming the Organization«, New York, 1995

Graen, G. B. und Cashman, J. F.: »A Role Making Model of Leadership in Formal Organizations: A Developmental Approach«. In: Hunt, J.G. und Larson, L.L. (Hrsg.), »Leadership Frontiers«, Kent (OH) 1975, S. 143–165

Greif, S., Runde, B. und Seeberg, I.: »Erfolge und Misserfolge beim Change Management«, Göttingen, 2004

Greif, S. und Kurtz, H. J.: »Handbuch selbstorganisierten Lernens«, Göttingen, 1996

Greve, G.: »Organizational Burnout: Das versteckte Phänomen ausgebrannter Organisationen«, Wiesbaden, 2010

Gross, P.: »Die Multioptionsgesellschaft«, Frankfurt/M., 1994

Große-Peclum, K. H., Krebber, M. und Lips, R.: »Erfolgreiches Change Management in der Post Merger Integration: Fallstudie Commerzbank AG«, Wiesbaden, 2012

Güllner, M.: »Die Grünen: Höhenflug oder Absturz«, Freiburg, 2012

Günthner, A. und Buchkremer, G.: »Stressbewältigung im Beruf und persönlichen Alltag«. In: Hohagen, F. und Nesseler, T. (Hrsg.), »Wenn Geist und Seele streiken: Handbuch psychische Gesundheit«, München, 2006

Haas, W.: »Verteidigung der Missionarsstellung«, Hamburg, 2012

Hacke, A. und di Lorenzo, G.: »Wofür stehst Du? Was in unserem Leben wichtig ist – eine Suche«, Köln, 2010

Häfele, W.: »OE-Prozesse initiieren und gestalten: Ein Handbuch für Führungskräfte, Berater/innen und Projektleiter/innen«, Bern, 2007

Hallinan, J. T.: »Lechts oder Rinks: Warum wir Fehler machen«, München, 2009

Hamel, G.: »Schafft die Manager ab!«. In: Harvard Business Manager 01/2012, S. 22–37

Handy, C. B.: »Gods of Management: The Changing Work of Organizations«, London, 1986

Hayashi, A. M.: »When to Trust Your Gut«. In: Harvard Business Review 02/2001, S. 59 – 65

Hay Group: »Best Companies for Leadership«, Philadelphia, 2011

Hay Group: »Strategic Performance Management Report«, Philadelphia, 2011

Hay Group: »Building the new leader: Leadership challenges of the future revealed«, Philadelphia, 2011

Hay Group: »Studie zum Unternehmensklima in Europa 2012«, aufgerufen im Internet am 11. April 2012

Heckhausen, H. und Heckhausen, J.: »Motivation und Handeln«, Berlin, 2010 (4. Auflage)

Heinemann, T.: »Populäre Wissenschaft: Hirnforschung zwischen Labor und Talkshow«, Göttingen, 2012

Herrero, L.: »Viral Change: The alternative to slow, painful and unsuccessful management of change in organisations«, High Wycombe, 2008 (2. Auflage)

Herrero, L.: »Homo Imitans: The Art of Social Infection – Viral Change in Action«, High Wycombe, 2011

Hersey, P. und Blanchard, K. H.: »Management of Organizational Behaviour: Utilizing human resources«, Englewood Cliffs, 1972

Heymann, J. und Barrera, M.: »Profit at the Bottom of the Ladder: Creating Value by Investing in Your Workforce«, New York, 2010

Hilb, M.: »Vorgenetzte statt Vorgesetzte«. In: Personalwirtschaft 12/2011, S. 10 – 11

Hilber, J.: »Basisstudie Personalbefragungen«, Zug (CH), 2011

Hirschman, A. O.: »Abwanderung und Widerspruch«, München, 1974

Hirth, R., Sattelberger, T. und Stiefel, R.T.: »Life-Styling: Das Leben neu gewinnen«, Landsberg/Lech, 1981

Höfler, M. u. v. a. m.: »Abenteuer Change Management: Handfeste Tipps aus der Praxis für alle, die etwas bewegen wollen«, Frankfurt/M., 2011

Hofstede, G.: »Culture's Consequences, Comparing Values, Behaviors, Institutions, and Organizations Across Nations«, Thousand Oaks CA, 2001

Hohl, D.: »Change-Prozesse erfolgreich gestalten: Menschen bewegen – Unternehmen verändern«, Freiburg, 2012

Hornberger, S.: »Evaluation in Veränderungsprozessen«. In: Schreyögg, G. und Conrad, P. (Hrsg.), »Organisatorischer Wandel und Transformation«, Wiesbaden, 2000, S. 239 – 277

Horx, M.: »Das Buch des Wandels: Wie Menschen Zukunft gestalten«, München, 2009 (4. Auflage)

Hotelling, H.: »Stability in Competition«, Seattle, 1929

Huber, A., Kuhnt, B. und Diener, M.: »Projektmanagement: Erfolgreicher Umgang mit Soft Factors«, Zürich, 2011

Huf, S.: »Ursachen der Fluktuation verstehen, Mitarbeiterbindung optimieren«. In: Personalführung 03/2012, S. 28 – 36

Huntington, S. P.: »The Clash of Civilizations and the Remaking of World Order«, New York, 1996

Hüther, G.: »Was wir sind und was wir sein könnten: Ein neurobiologischer Mutmacher«, Frankfurt/M., 2011

IBM: »Personalführung in einer grenzenlosen Welt: Global CHRO Study«, Ehningen, 2010

Inglehart, R.: »The Silent Revolution: Changing Values and Political Styles among Western Publics«, Princeton, 1977

Jäger, W. und Lukascyk, A.: »Talentmanagement: Mitarbeiter erfolgreich finden und binden«, Köln, 2009

Jäger, W. und Petry, T.: »Enterprise 2.0 – die digitale Revolution der Unternehmenskultur«, Köln, 2012

Jenewein, W.: »Das Klinsmann-Projekt«. In: Harvard Business Manager 06/2008, S. 16 – 28

Johnson, S.: »Die Mäusestrategie für Manager: Veränderungen erfolgreich begegnen«, München, 2000

Jumpertz, S.: »Balanceakt zwischen den Ansprüchen: Karriere machen heute«. In: managerSeminare 10/2011, S. 34 – 40

Kanengieter, J. und Rajagopal-Durbin, A.: »Wilderness Leadership on the job«. In: Harvard Business Review 04/2012, S. 127 – 132

Karp, T.: »Transforming Organizations for Organic Growth: The DNA of Change Leadership«. In: Journal of Change Management, 2006, 6/1, S. 3 – 20

Katz, R.: »Career issues in human resource management«, Englewood Cliffs, 1982

Katzenbach, J. R. und Smith, D. K.: »The Wisdom of Teams: Creating the High-performance Organization«, Boston, 1993

Kehr, H. M.: »Implizite Motive, explizite Ziele und die Steigerung der Willenskraft«. In: Personalführung 04/2011, S. 66 – 71

Keicher, I. und Brühl, K.: »Sie bewegt sich doch! Neue Chancen und Spielregeln für die Arbeitswelt von morgen«, Zürich, 2008

Kern, D. und Ries, S.: »Strategic Workforce Management als Grundlage für Talent Management«. In: Schwuchow, K. H. und Gutmann, J., »Jahrbuch Personalentwicklung 2009«, Köln, 2009, S. 215 – 224

Kern, D. und Köbele, K.: »HR-Barometer 2011: Bedeutung, Strategien, Trends in der Personalarbeit«, München/Berlin, 2011 (Capgemini Consulting Studie)

Kern, U.: »Akrobaten im Spannungsfeld hoher Anforderungen«. In: Personalführung 01/2009, S. 42 – 46

Kets de Vries, M. und Miller, D.: »The Neurotic Organization. Diagnosing and Changing Counterproductive Styles of Management«, San Francisco, 1984

Keulemans, M.: »Exit Mundi: Die besten Weltuntergänge«, München, 2010

Kienbaum: »HR Strategie und Organisation 2010/2011«, Gummersbach, 2011

Kienbaum: »Change-Management-Studie 2011/2012«, Gummersbach, 2012

Kienbaum: »High Potentials 2011/2012«, Gummersbach 2012

Kienbaum: »HR-Klima Index 2012: Die Konjunktur für Personalarbeit«, Gummersbach, 2012

Kienbaum: »Change. Points of View: Change-Management-Studie 2011 – 2012«, Gummersbach, 2012

Kim, W. C. und Mauborgne, R.: »Tipping point leadership«. In: Harvard Business Review 04/2003, S. 60 – 68

Kirchgässner, G.: »Homo oeconomicus: Das ökonomische Modell individuellen Verhaltens und seine Anwendung in den Wirtschafts- und Sozialwissenschaften«, Tübingen, 1991

Kitz, V. und Tusc, M.: »Psycho? Logisch! Nützliche Erkenntnisse der Alltagspsychologie«, München, 2011

Klaffke, M.: »Personalmanagement von Millenials: Konzepte, Instrumente und Best-Practice-Ansätze«, Wiesbaden, 2011

Klarner, P., und Raisch, S.: »Organisationalen Wandel messen«. In: Organisationsentwicklung 04/2007, S. 4 – 13

Kobi, J.-M.: »Gegenlenken mit System«. In: Personalmagazin 05/2012, S. 20 – 25

Königswieser, R. und Exner, A.: »Systemische Intervention: Architekturen und Designs für Berater und Veränderungsmanager«, Stuttgart, 2006 (9. Auflage)

Königswieser, R., Exner, A. und Pelikan, J.: »Systemische Intervention in der Beratung: Managing Diversity – Subkulturen nutzbringend einbeziehen«. In: Organisationsentwicklung 02/1995, S. 30 – 40

Königswieser, R. und Lang, E.: »Wenn 1 plus 1 mehr als 2 macht«. In: Organisationsentwicklung 02/2008; S. 28 – 39

Königswieser, R., Lang, E. und Wimmer, R.: »Komplementärberatung: Quantensprung oder Übergangsphänomen«. In: Organisationsentwicklung 01/2009, S. 46 – 53

Königswieser, R. und Königswieser, U.: »Gegensätze verschmelzen«. In: managerSeminare 132, 03/2009, S. 18 – 24

Königswieser, R., Sonuc, E., Gebhardt, J. und Hillebrand, M.: »Komplementärberatung. Das Zusammenspiel von Fach- und Prozess-Know-how«, Stuttgart, 2006

Köper, B. und Richter, G.: »Restrukturierung in Organisationen und mögliche Auswirkungen auf die Mitarbeiter«, Arbeitspapier der BAuA, Dortmund, 2012 (Download: www.baua.de/de/Publikationen/Fachbeitraege/artikel27.html)

Kotter, J. P.: »Leading Change: Why Transformation Efforts Fail«. In: Harvard Business Review 02/1995, S. 59 – 67

Kotter, J. P.: »Leading Change: Why Transformation Efforts Fail«, Boston, 1996

Kotter, J. P.: »Inseln im Sturm«. In: Organisationsentwicklung 03/2009, S. 12 – 16

Kotter, J. P.: »Leading Change: Wie Sie Ihr Unternehmen in acht Schritten erfolgreich verändern«, München, 2011

Kotter, J. P.: »Die Kraft der zwei Systeme«. In: Harvard Business Manager 12/ 2012, S. 22 – 36

Kotter, J. P. und Cohen, D. S.: »The Heart of Change«, Boston, 2002

Kotter, J. P. und Rathgeber, H.: »Das Pinguin-Prinzip: Wie Veränderung zum Erfolg führt«, München, 2009

Kristof, K.: »Models of Change: Einführung und Verbreitung sozialer Innovationen und gesellschaftlicher Veränderungen in transdisziplinärer Perspektive«, Zürich, 2010

Kristof, K.: »Wege zum Wandel: Wie wir gesellschaftliche Veränderungen erfolgreicher gestalten können«, München, 2010

Kriz, W. C.: »Planspiele für die Personalentwicklung«, Berlin, 2011

Krizanits, J.: »Die systemische Organisationsberatung – wie sie wurde was sie wird: Eine Einführung in das Professionsfeld«, Wien, 2009

Krizanits, J.: »Professionsfeld Inhouse Consulting: Praxis und Theorie der internen Organisationsberatung«, Heidelberg, 2011

Krizanits, J. und Fatzer, G.: »Die US-amerikanischen OE-Ansätze von der Westküste zur Ostküste (Gespräch)«. In: Profile 22/2011, S. 85 – 93

Krüger, W.: »Excellence in Change: Wege zur strategischen Erneuerung«, Wiesbaden, 2006 (3. Auflage)

Krützen, M.: »Dramaturgie des Films: Wie Hollywood erzählt«, Frankfurt/M., 2004

Kuchenbuch, T.: »Filmanalyse: Theorien – Methoden – Kritik«, Köln, 2005 (2. Auflage)

Kurzhals, Y.: »Personalarbeit kann jeder? Professionalisierung im Personalmanagement – Erfolgsrelevante Kompetenzen von HR-Managern«, Mering, 2010

Landsberg, M.: »Das Tao des Coaching«, Frankfurt/M., 1998

Laufer, H.: »Vertrauen und Führung: Vertrauen als Schlüssel zum Führungserfolg«, Offenbach, 2007

Lauterburg, C.: »Wendepunkte«. In: Organisationsentwicklung 04/2011, S. 26 – 29

Lawler, E. E.: »From the Ground up: Six Principles for Building the New Logic Corporation«, San Francisco, 1996

Lawson, B. und Samson, D.: »Developing Innovation Capability in Organisations: A Dy-namic Capability Approach«. In: International Journal of Innovation Management, 2001, 5/3, S. 377 – 400

Leao, A. und Hofmann, M.: »Fit for Change: 44 praxisbewährte Tools und Methoden im Change Management«, Bonn, 2012 (3. Auflage)

Leao, A. und Hofmann, M.: »Fit for Change II: 40 praxisbewährte Tools und Methoden im Change Management«, Bonn, 2009

Lebrenz, C.: »Führungsqualität in deutschen Großunternehmen: Status quo und Trends zur Erfassung der Führungsqualität«, Arbeitspapier der Hochschule Augsburg, 2010

Lee, N., Senior, C. und Butler, M. J. R.: »The Domain of Organizational Cognitive Neuroscience: Theoretical and Empirical Challenges«. In: Journal of Management 38/12, 2012, 921–931

Lewin, K.: »Field Theory in Social Science«, New York, 1951

Likert, R.: »The Human Organization«, New York, 1967

Lipp, U. und Will, H.: »Das große Workshop-Buch«, Weinheim, 1996

Lippitt, L. L.: »Preferred Futuring: Envision the Future you want and unleash the energy to get there«, San Francisco, 1998

Lippmann, E.: »Intervision: Kollegiales Coaching professionell gestalten«, Heidelberg, 2009 (2. Auflage)

Litke, H.-D.: »Projektmanagement«, München, 2007 (5. Auflage)

Lombardo, M. M. und Eichinger, R. W.: »The Career Architect Development Planner«, Minneapolis, 1996

Looss, W.: »Unter vier Augen: Coaching für Manager«, Landsberg/Lech, 1997 (4. Auflage)

Luhmann, N.: »Soziale Systeme«, Frankfurt/M., 1984

Losey, M., Meisinger, S. und Ulrich, D.: »The Future of Human Resource Management«, 2005

Lutz, B.: »Die Sprache im Change Management«. In: Organisationsentwicklung 04/2011, S. 65–69

Malik, F.: »Führen, Leisten, Leben. Wirksames Management für eine neue Zeit«, Frankfurt/M., 2006

Malik, F.: »Strategie: Navigieren in der Komplexität der Neuen Welt«, Frankfurt/M., 2011

March, J. G.: »Exploration und exploitation in organizational learning«. In: Organizational Science 01/1991, S. 71–87

March, J. und Simon, H. A.: »Organizations«, New York, 1958

Marks, M. E. und deMeuse, K. P.: »Resizing the organization: Maximizing the gain while minimizing the pain of layoffs, divestitures, and closings«. In: Organizational Dynamics 01/2005, S. 19–33

Marquard, O.: »Philosophie des Stattdessen«, Stuttgart, 2000

Marquard, O.: »Zukunft braucht Herkunft«, Stuttgart, 2003

Marquardt, T. und Metzdorf, M.: »Bonussysteme: Ein weltweiter Neustart«. In: Personalmagazin 11/2011, S. 17–19

Martin, J. und Schmidt, C.: »So funktioniert Talentmanagement«. In: Harvard Business Manager 07/2010, S. 26–36

Marx, R.: »Das Kapital. Ein Plädoyer für den Menschen«, München, 2008

McCall, M. W., Lombardo, M. M. und Morrison, A. M.: »Erfolg aus Erfahrung«, Stuttgart, 1995

McGregor, D.: »The Human Side of Enterprise«, New York, 1960

McKinsey und Egon Zehnder: »Return on Leadership«, New York, 2011

Meister, J. C. und Willyerd, K.: »The 2020 Workplace: How Innovative Companies Attract, Develop, and Keep Tomorrow's Employees Today«, New York, 2010

Mercer: »Retention Practices During M&A«, o. O., 2007

Mercer: »What's working survey«, o. O., 2011

Mercer: »HR Transformation Study«, o. O., 2011

Mercuri Urval: »Insight Survey 2012«, Wiesbaden, 2012

Mezirow, J.: »Fostering Critical Reflection in Adulthood«, San Francisco, 1990

Mintzberg, H.: »The Nature of Managerial Work«, London, 1973

Mintzberg, H.: »Strategy Safari«, Wien, 1999

Mintzberg, H.: »Managen«, Offenbach, 2010

Mitchell, R. K., Agle, B. R. und Wood, D. J.: »Towards a theory of stakeholder identification and salience. Defining the principles of who and what really counts«. In: Academy of Management Review, 1997, 4/22, S. 853 – 886

Moe, T. M.: »On the Scientific Status of Rational Models«. In: American Journal of Political Science; 23/1979, S. 215 – 243

Moldaschl, M.: »Zukunftsbeherrschungsfähigkeit, Gewissheitsproduktion im Komplexitätszeitalter«. In: Revue für postheroisches Management 9/2011, S. 114 – 123

Moosmayer, K.: »Compliance: Praxisleitfaden für Unternehmen«, München, 2010

Morgan, N.: »How to overcome change fatigue«, Boston, 2005

Morello, D. und Olding, E.: »Rethinking Change: Practical Realities of Successful Transformation«, als Gartner Research Paper (06.02.2008), Stamford, 2008

Nagel, R. und Wimmer, R.: »Systemische Strategieentwicklung«, Stuttgart, 2009 (5. Auflage)

Nevicka, B.: »Narcissists look like good leaders – but they aren't!«, aufgerufen im Internet am 14. Oktober 2011 (www.sciencedaily.com)

Neuberger, O.: »Der Mensch ist Mittelpunkt. Der Mensch ist Mittel. Punkt. Acht Thesen zum Personalwesen«. In: Personalführung 01/1990, S. 3 – 10

Neuberger, O.: »Führen und führen lassen: Ansätze, Ergebnisse und Kritik der Führungsforschung«, Stuttgart, 2002 (6. Auflage)

Neuberger, O.: »Mikropolitik und Moral in Organisationen. Herausforderung der Ordnung«, Stuttgart, 2006 (2. Auflage)

Neun, W.: »Warum es uns so schwerfällt, das Richtige zu tun: Die Psychologie der Entscheidungen«, Göttingen, 2011

Nicolai, A. T.: »Versteckte Kreisgänge in der Managementliteratur«. In: Zeitschrift Organisation und Führung, 2003, 75/5, S. 272 – 278

Noelle-Neumann, E.: »Die Schweigespirale: Öffentliche Meinung – unsere soziale Haut«, München, 1980

Oechsler, W. A.: »Personal und Arbeit: Einführung in die Personalwirtschaft«, München, 1985

Oelsnitz, G. von: »Einführung in die systemische Personalführung«, Heidelberg, 2012

Oerter, R. und Montada, L.: »Entwicklungspsychologie«, Weinheim, 2008 (6. Auflage)

Oltmanns, T. und Nemeyer, D.: »Machtfrage Change: Warum Veränderungsprojekte meist auf Führungsebene scheitern und wie Sie es besser machen«, Frankfurt/M., 2010

Omer, H.: »Gewaltfreier Widerstand: Elterlicher Umgang mit kindlicher Destruktion«. In: systema 02/2001, S. 119–136

Organisationsentwicklung: Zeitschrift für Unternehmensentwicklung und Change Management, zitiert als »OE«, Ausgaben 01/2009, 02/2009 und 04/2011

Orthey, F. M.: »Tools, Tools, Tools, …«. In: Organisationsentwicklung 04/2007, S. 73–75

Pascale, R. T. und Sternin, J.: »Your company's secret change agents«. In: Harvard Business Review 05/2005, S. 73–81

Pechtl, W.: »Zwischen Organismus und Organisation: Wegweiser und Modelle für Berater und Führungskräfte«, Linz, 1995

Perls, L.: »Commitment«. In: Profile 22/2011, S. 34–36

Perrig-Chiello, P.: »In der Lebensmitte: Die Entdeckung der zweiten Lebenshälfte«, Zürich, 2007

Pfeffer, J.: »Competitive Advantage Through People: Unleashing in Power of the Work Force«, Boston, 1994

Pfeffer, J.: »The human equation: Building profits by putting people first«, Boston, 1998

Pfeffer, J.: »Power Play«. In: Harvard Business Review 04/2010, S. 85–92

Pfeffer, J.: »Power: Why Some People Have It – and Others Don't«, New York, 2010

Pfeffer, J. und Sutton, R.: »The Knowing-Doing Gap: How Smart Companies Turn Knowledge into Action«, Boston, 1999

Pfeffer, J. und Sutton, R. I.: »Evidence-Based Management«. In: Harvard Business Review 01/2006, S. 62–74

Philippeit, T.: »Stuck in the middle: Anforderungen an das mittlere Management in Veränderungsprozessen«. In: Organisationsentwicklung 02/2009, S. 21–31

Philippi, R.: »30 Minuten für Veranstaltungs-Dramaturgie«, Offenbach, 2003 (2. Auflage)

Piaget, J.: »Das Erwachen der Intelligenz beim Kinde«, Stuttgart, 2003 (5. Auflage)

Plutchik, R.: »Emotion: A Psychoevolutionary Synthesis«, New York, 1980

Picot, A., Freudenberg, H. und Gaßner, W.: »Management von Reorganisationen: Maßschneidern als Konzept für den Wandel«, Wiesbaden, 1999

Pöyhönen, A.: »Modelling and Measuring Organizational Renewal Capability«, Lappeenranta University of Technology (Dissertation), 2004

Poller H.: »Die Philosophen und ihre Kerngedanken«, München, 2010 (5. Auflage)

Prognos: »Arbeitslandschaft 2030«, München/Basel, VBW-Studie (2. Auflage), 09/2011

Przeworski, A. und Teune, H.: »The Logic of Comparative Social Inquiry«, Malabar 1970

Pritchard, K.: »Becoming an HR strategic partner: tales of transition«. In: Human Resource Management Journal (20/2), 2010, S. 175–188

PWC: »Personalmanagement im Wandel: Eine Untersuchung zum HR-Businesspartner-Modell«, Hamburg/Frankfurt/M., 2010

Quaquebeke, N. van: »Achtung gebührt jedem, Anerkennung muss man sich verdienen«. In: Personalführung 01/2009, S. 30–33

Quinn, R. E., Spreitzer, G. M. und Brown, M. V.: »Changing others through changing ourselves: The transformation of human systems«. In: Journal of Management Inquiry 02/2000, S. 147–158

Radatz, S.: »Veränderung verändern: Das Relationale Veränderungsmanagement. Die zukunftsweisende 4. Schule des Veränderungsmanagements«, Wien, 2009

Rank, S. und Scheinpflug, R. (Hrsg.): »Change Management in der Praxis: Beispiele, Methoden, Instrumente«, Berlin, 2008

Rank, S. und Stößel, D.: »Change Management in Industrieunternehmen: Erfolgsfaktoren aus fünf Fallstudien«. In: Organisationsentwicklung 04/2011, S. 70–78

Ray, R. L.: »CEO Challenge Reflections: Talent Matterns«, Conference-Board-Studie, o. O., 2011

Regber, H.: »Das ABC des Scheiterns: Wie Veränderungsprojekte nachhaltig schief gehen«. In: Organisationsentwicklung 01/2006, S. 52–59

Reineck, U. und Anderl, M.: »Handbuch Prozessberatung: Für Berater, Coaches, Prozessbegleiter und Führungskräfte«, Weinheim, 2012

Reiss, S.: »Who Am I? The 16 Basic Desires That Motivate Our Actions and Define Our Personalities«, New York, 2002

Reiß, M., von Rosenstiel, L. und Lanz, A.: »Change Management: Programme, Projekte und Prozesse«, Stuttgart, 1997

Remer, A.: »Management: System und Konzepte«, Bayreuth, 2004 (2. Auflage)

Remer, A. und Lux, S.: »Schwarmintelligenz: Überleben durch Beweglichkeit«. In: Organisationsentwicklung 04/2009, S. 68–72

Revans, R.: »ABC of action learning: Empowering managers to act und to learn from action«, London, 1998

Rheinberg, F.: »Motivation«, Stuttgart, 2004 (5. Auflage)

Rifkin, J.: »Das Ende der Arbeit und ihre Zukunft«, Frankfurt/M., 1995

Rigall, J., Wolters, G., Goertz, H., Schulte, K. und Tarlatt, A.: »Change Management für Konzerne«, Frankfurt/M., 2005

Ritz, A. und Thom, N. (Hrsg.): »Talent Management: Talente identifizieren, Kompetenzen entwickeln, Leistungsträger erhalten«, Wiesbaden, 2011 (2. Auflage)

Ritz, A.: »Erwartungen junger Talente an ihre Arbeitgeber«. In: Ritz, A. und Thom, N. (Hrsg.), »Talent Management«, Wiesbaden, 2011, S. 59 – 65

Ritz, A. und Sinelli, P.: »Talent Management – Überblick und konzeptionelle Grundlagen«. In: Ritz, A. und Thom, N. (Hrsg.), »Talent Management«, 2. Auflage, Wiesbaden, 2011, S. 3 – 23

Röd, W.: »Der Weg der Philosophie: Band 1 – Altertum, Mittelalter, Renaissance«, München, 1994

Röd, W.: »Der Weg der Philosophie: Band 2 – 17. bis 20. Jahrhundert«, München, 1996

Rodenstock, B.: »Erfolgsfaktor Veränderungsbereitschaft«. In: Organisationsentwicklung 04/2007, S. 14 – 24

Roehl, H., Winkler, B., Eppler, M. und Fröhlich, C.: »Werkzeuge des Wandels: Die 30 wirksamsten Tools des Change Managements«, Stuttgart, 2012

Roland Berger: »Dreamteam statt Quote: Studie zu 'Diversity and Inclusion'«, München, 2011

Rosenstiel, L. von, Regnet, E. und Domsch, M. E.: »Führung von Mitarbeitern: Handbuch für erfolgreiches Personalmanagement«, Stuttgart, 2009 (6. Auflage)

Roth, G.: »Persönlichkeit, Entscheidung und Verhalten. Warum es so schwierig ist, sich und andere zu verändern«, Stuttgart, 2007

Roth, G.: »Bildung braucht Persönlichkeit: Wie Lernen gelingt«, Stuttgart, 2011 (4. Auflage)

Rothlin, P. und Werder, P. R.: »Die Boreout-Falle: Wie Unternehmen Langeweile und Leerlauf vermeiden«, München, 2008

Rousseau, D. M. und Barends E. G. R.: »Becoming an evidence-based HR practitioner«. In: HRM Journal 03/2011, S. 221 – 235

Rüegg-Stürm, J.: (2004): »Das neue St. Galler Management-Modell. Grundkategorien einer integrierten Managementlehre: Der HSG-Ansatz«, Bern, 2004 (2. Auflage)

Rust, H.: »Was engagierter Führungsnachwuchs wirklich will: Führungskompetenzen im Spannungsfeld der Generationen«. In: Personalführung 06/2010, S. 20 – 27

Rust, H.: »Strategie? Genie? Oder Zufall? Was wirklich hinter Managementerfolgen steckt«, Heidelberg, 2012

Ryborz, H.: »Beeinflussen – Überzeugen – Manipulieren«, Regensburg, 2012

Sackmann, S. A.: »Betriebsvergleich Unternehmenskultur: Welche kulturellen Faktoren beeinflussen den Unternehmenserfolg«, Arbeitspapier Institut für Personal- und Organisationsforschung der Universität der Bundeswehr München, Neubiberg, 2006

Sackmann, S. A. und Schmidt, C.: »Change Fitness 2012«, München, 2012

Sandner, K.: »Politische Prozesse im Unternehmen«, Heidelberg, 1992 (2. Auflage)

Sauer, J. und Claßen, M.: »Unternehmensinnovation durch modernes Personalmanagement«. In: Schwuchow, K. und Gutmann, J. (Hrsg.): »Personalentwicklung 2013 – Themen, Trends, Best Practices«, Freiburg, 2012, S. 61 – 68

Schacht, J. P., Ruhwedel, P. und Stowasser, S.: »Organizational Transformation: Maßnahmen zur erfolgreichen Veränderung der Unternehmensorganisation«. In: Zeitschrift Führung + Organisation 03/2012, S. 167 – 173

Scharmer, C. O.: »Theory U: Leading from the Future as it Emerges«, Boston, 2007

Schein, E. H.: »Organizational Culture and Leadership«, San Francisco, 1985

Schein, E. H.: »Process Consultation«, Reading, 1987

Schein, E. H.: »Career Anchors Revisited: Implications for Career Development in the 21st Century«, Cambridge, 1996

Schein, E. H.: »Organisationskultur«, Bergisch Gladbach, 2003

Scherm, E.: »Sieben Wege – ein Ziel?«. In: Personalmagazin 02/2011, S. 40 – 42

Schelsky, H.: »Der selbständige und der betreute Mensch: Politische Schriften und Kommentare«, Stuttgart, 1976

Scheuss, R.: »Handbuch der Strategien: 220 Konzepte der weltbesten Vordenker«, Frankfurt/M., 2008

Schichtel, A.: »Change Management für Dummies«, Weinheim, 2010

Schmid, B. und Fauser, P.: »Teamentwicklung aus systemischer Perspektive«, Bergisch Gladbach, 2004

Schmutz, E.: »Einzigartig mit 'werkstolz' – mehr Wert für Menschen, Produkte und Unternehmen«. In: Ritz, A. und Thom, N. (Hrsg.), »Talent Management«, Wiesbaden, 2010, S. 151 – 161

Scholtz, C.: »Auf den Tisch bringen, was auf den Tisch muss: Über Rituale in der Organisationsentwicklung am Beispiel eines Rituals zur Bearbeitung alter Konflikte«. In: Zeitschrift für Organisationsentwicklung und Gemeindeberatung 08/2006, S. 4 – 13

Scholz, C.: »Spieler ohne Stammplatzgarantie: Darwiportunismus in der neuen Arbeitswelt«, Weinheim, 2003

Scholz, C.: »Grundzüge des Personalmanagements«, München, 2011

Scholz, C., Stein, V. und Bechtel, R.: »Human Capital Management: Raus aus der Unverbindlichkeit«, Köln, 2011 (3. Auflage)

Scholz, C. und Sattelberger, T.: »Human Capital Reporting: HCR10 als Standard für eine transparente Personalberichterstattung«, München, 2012

Schreckeneder, B. C.: »Projektführung für Profis: Widersprüche und Unterschiede managen – Führung bewusst gestalten – Stärke gewinnen«, München, 2011

Schreyögg, G., Sydow, J. und Koch, J.: »Organisatorische Pfade – Von der Pfadabhängigkeit zur Pfadkreation?«. In: Schreyögg, G. und Sydow, J.

(Hrsg.): »Managementforschung 13: Strategische Prozesse und Pfade«, Wiesbaden, 2003

Schreyögg, G. und Kliesch, M.: »Zur Dynamisierung organisationaler Kompetenzen: 'Dynamic Capabilities' als Lösungsansatz?«. In: Zeitschrift für betriebswirtschaftliche Forschung 06/2006, S. 455 – 476

Schubert, H. J.: »Planung und Steuerung von Veränderungen in Organisationen«, Frankfurt/M., 1998

Schulte, C.: »Personal-Controlling mit Kennzahlen«, München 2011 (3. Auflage)

Schulz von Thun, F.: »Miteinander reden 1 – Störungen und Klärungen. Allgemeine Psychologie der Kommunikation«, Reinbek, 1981

Schulze, G.: »Die Beste aller Welten«, München, 2003

Schweikle, J.: »Westwegs: Zu Füß durch eine deutsche Landschaft«, Tübingen, 2012

Senge, P.: »The Fifth Discipline: The Art and Practice of the Learning Organization«, New York, 1990

Senge, P. u. a.: »Das Fieldbook zur 'Fünften Disziplin'«, Stuttgart, 2008

Senge, P.: »Die fünfte Disziplin: Kunst und Praxis der lernenden Organisation«, New York, Stuttgart, 2011 (Neuauflage)

Seufert, S. und Diesner, I.: »Wie Lernen im Unternehmen funktioniert«. In: Harvard Business Manager 08/2010, S. 8 – 12

Siemann, A.: »Die Rolle des mittleren Managements: Führung, Hierarchie und Veränderung«, Wiesbaden, 2012

Silzer, R. und Dowell, B. E.: »Strategy-Driven Talent Management: A Leadership Imperative«, San Francisco, 2010

Simon, H.: »Die Wirtschaftstrends der Zukunft«, Frankfurt/M., 2011

Simon, H.: »Hidden Champions – Aufbruch nach Globalia: Die Erfolgsstrategien unbekannter Weltmarktführer«, Frankfurt/M., 2012

Sinn, H.-W.: »Kasinokapitalismus«, Berlin, 2009

Sirkin, H. L., Keenan, P. und Jackson, A.: »The hard side of change management«. In: Harvard Business Review 10/2005, S. 109 – 118

Smith, A. C. T. und Graetz, F. M.: »Philosophies of Organizational Change«, Cheltenham, 2011

Snook, S. A., Nohria, N. und Khurana, R.: »The Handbook for Teaching Leadership: Knowing, Doing, and Being«, Thousand Oaks, 2011

Spinnen, B. und Posner, E.: »Klarsichthüllen: Ein Dialog über Sprache der modernen Wirtschaft«, München, 2005

Sprenger, R.: »Das Prinzip Selbstverantwortung. Wege zur Motivation«, Frankfurt/M., 2007 (12. Auflage)

Sprenger, R.: »Mythos Motivation«, Frankfurt/M., 2007 (18. Auflage)

Sprenger, R.: »Radikal führen«, Frankfurt/M., 2012

Stadler, C. und Wältermann, P.: »Die Jahrhundert-Champions«, Stuttgart, 2012

Stahl, G. K. u. a.: »Six Principles of Effective Global Talent Management«. In: MIT SloanReview 02/2012, S. 25 – 32

Stebbins, M. und Shani, A.B.: »Organization design: Beyond the 'Mafia' model«. In: Organization Dynamics 03/1989, S. 18 – 30

Steinbrück, P.: »Unterm Strich«, Hamburg, 2010 (3. Auflage)

Steinert, C. und Halstrup, D.: »Schlechte Führung wird toleriert, wenn die Zahlen stimmen: Stellenwert der Personalführung in deutschen Unternehmen«. In: Personalführung 07/2011, S. 38 – 41

Stiefel, R. T.: »Life Styling-Handbuch«, St. Gallen, 2001

Stiefel, R. T.: »Förderungsprogramme: Handbuch der personellen Zukunftssicherung im Management«, Leonberg, 2003

Stiefel, R. T.: »Solo als Berater: Geschäftsiden für Soloberater«, St. Gallen, 2004

Stiefel, R. T.: »Change Management aus der MAO-Perspektive«, St. Gallen, 2006

Stiefel, R. T.: »Strategieumsetzende Personalentwicklung: Schneller lernen als die Konkurrenz«, Wien, 2010

Stiefel. R. T.: »Führungskräfte-Entwicklung als Beruf und Leidenschaft: Spuren ziehen statt ausgetretene Wege gehen«, Wien, 2011

Stock-Homburg, R.: »Nichts ist so konstant wie die Veränderung: Ein Überblick über 16 Jahre Change Management-Forschung«. In: Zeitschrift für Betriebswirtschaft 07/2007, S. 795 – 861

Stock-Homburg, R. und Bauer, E. M.: »Abschalten. Unmöglich?«. In: Harvard Business Manager 07/2008, S. 10 – 15

Stöger, R.: »Balanced Scorecard – eine Bilanz«. In: Organisationsentwicklung 04/2007, S. 25 – 33

Storch, M., Cantieni, B., Hüther, G. und Tschacher, W.: »Embodiment: Die Wechselwirkung von Körper und Psycho verstehen und nutzen«, Bern, 2010 (2. Auflage)

Strack, R., Baier, J. und Fahlander, A.: »Talente fördern – Wissen bewahren«. In: Harvard Business Manager 03/2008, S. 25 – 36

Teece, D. J.: »Explicating Dynamic Capabilities: The Nature and Microfoundations of (Long Run) Enterprise Performance«. In: Strategic Management Journal 2007/4, S. 1 – 28

Tews, M., Michel, J. und Bartlett, A.: »The fundamental role of workplace fun in applicant attraction«. In: Journal of Leadership and Organizational Studies 01/2012, S. 105 – 114

Tomaschek, N.: »Perspektiven systemischer Entwicklung und Beratung von Organisationen«, Heidelberg, 2007

TowersWatson: »Global Workforce Study 2010«, o. O., 2010

TowersWatson: »Global Workforce Study 2012«, o. O., 2012

Trompenaars, F. und Hampden-Turner, C.: »Riding the Waves of Culture: Understanding Cultural Diversity in Business«, London, 1997 (2. Auflage)

Trost, A.: »Talent Relationship Management: Personalgewinnung in Zeiten des Fachkräftemangels«, Berlin, 2012

Ulrich, D.: »Human Resource Champions«, Boston, 1997

Ulrich, D.: Smallwood N. und Sweetman, K.: »The Leadership Code: Five Rules to Lead By«, Boston, 2008

Ulrich, D.: Brockbank, W., Johnson, D. Sandholtz, K. und Younger, J.: »HR Competencies: Mastery at the Intersection of People and Business«, Boston, 2008

Ulrich, D. und Ulrich, W.: »The Why of Work: How Great Leaders Build Abundant Organizations That Win«, Boston, 2010

Ulrich, P.: »Integrative Wirtschaftsethik: Grundlagen einer lebensdienlichen Ökonomie«, Bern, 2007 (4. Auflage)

Vahs, D. und Leiser, W.: »Change Management in schwierigen Zeiten«, Esslingen, 2003

Vaihinger, H.: »Die Philosophie des Als-ob«, Aalen, 1927

Varela, F. J.: »Kognitionswissenschaft – Kognitionstechnik: Eine Skizze aktueller Perspektiven«, Frankfurt/M., 1990

Vaupel, M.: »Leadership Asset Approach: Von den Herausforderungen der Führung zur Steuerung der Führungsperformance«, Wiesbaden, 2008

Vogl, J.: »Das Gespenst des Kapitals«, Zürich, 2010

Watzka, K: »Zielvereinbarungen in Unternehmen: Grundlagen, Umsetzung, Rechtsfragen«, Wiesbaden, 2011

Watzlawick, P.: »Wie wirklich ist die Wirklichkeit: Wahn, Täuschung, Verstehen«, München, 1976

Weber, M.: »Wirtschaft und Gesellschaft«, Tübingen, 1980 (5. Auflage)

Weber, M.: »Die protestantische Ethik und der Geist des Kapitalismus«, Tübingen, 1988 (9. Auflage)

Weber, M.: »Politik als Beruf«, Ditzingen, 1992

Weber, W. G.: »For global social change: Let's work together«. In: Profile 22/2011, S. 82 – 84

Wefers, M.: »Mit Zuversicht, Optimismus und Vertrauen den Wandel meistern: Über die Kunst, Mitarbeiter für Veränderungen zu begeistern«. In: Personalführung 04/2012, S. 50 – 56

Weibler, J.: »Personalführung«, München, 2012 (2. Auflage)

Weick, K. E.: »Organizations Design: Organizations as self designing systems«. In: Organizational Dynamics 2/1977, S. 31 – 46

Weick, K. E. und Sutcliffe, K.: »Managing the Unexpected: Resilient Performance in an Age of Uncertainty«, San Francisco, 2007 (2. Auflage)

Weinert, A. B.: »Organisationspsychologie: Ein Lehrbuch«, Weinheim, 1998 (4. Auflage)

Will, H., Wünsch, U. und Polewsky, S.: »Info-, Lern- und Change-Events: Das Ideenbuch für Veranstaltungen: Tagungen, Kongresse und große Meetings«, Weinheim, 2009

Wimmer, R.: »Der dritte Modus der Beratung«. In: Revue für postheroisches Management 1/2007, S. 28 – 35

Wimmer, R.: »Eins plus eins ist weniger als zwei«. In: managerSeminare 120, 03/2008, S. 18 – 19

Wimmer, R.: »Kraftakt radikaler Umbau: Change Management zur Krisenbewältigung«. In: Organisationsentwicklung 3/2009, S. 4 – 11

Wimmer, R.: »Systemische Organisationsberatung: Jenseits von Fach- und Prozessberatung«. In: Revue für postheroisches Management 7/2010, S. 88 – 103

Wittmann, M. u.a.: »Digital Natives fordern Personalchefs heraus: Selbst- und Fremdbild der nachrückenden Generation von Young Professionals«, Studie Egon Zehnder und Stiftung Neue Verantwortung, o.O., 2012

Wolff, H.: »Der Homo Economicus: Eine Nationalökonomische Fiktion«, Berlin, 1926

World Economic Forum und BCG: »Global Talent Risk – Seven Responses«, Davos, 2011

World Economic Forum und BCG: »The Workplace Wellness Alliance«, Davos, 2012

Wottawa, H., Hiltmann, M., Mette, C., Montel, C. und Zimmer, B.: »Was Frauen in Führungspositionen wirklich wollen: Motive, berufliche Ziele und Leistungspotenziale von Hochschulabsolventinnen«. In: Personalführung 07/2011, S. 54 – 59

Wunderer, R.: »Führung und Zusammenarbeit: Eine unternehmerische Führungslehre«, Stuttgart, 2006 (6. Auflage)

Wüthrich, H. A., Osmetz, D. und Kaduk, S.: »Musterbrecher: Führung neu leben«, Wiesbaden, 2009 (3. Auflage)

Zeig, J. K.: »Einzelunterricht bei Erickson: Hypnotherapeutische Lektionen bei Milton H. Erickson«, Heidelberg, 2009 (3. Auflage)

Zukunftsinstitut: »Trendmonitor 2011«, Heidelberg/Kelkheim, 2011

Zweig, S.: »Montaigne«, Frankfurt/M., 1960

Stichwortverzeichnis